Suisse

PICTOR

Le Cervin, figure emblématique
de la Confédération,
fut vaincu le 14 juillet 1865
par l'alpiniste britannique Edward Whymper.

Direction	Hervé Deguine
Rédaction en chef	Nadia Bosquès
Rédaction	Jean-Claude Saturnin
Mise à jour	Claire Willerval
Informations pratiques	Maryvonne Kerihuel, Claire Watin-Augouard, Thérèse Demont
Documentation	Isabelle du Gardin, Jean-Louis Gallo.
Cartographie	Alain Baldet, Geneviève Corbic, Nicole Mercier, Michèle Cana
Iconographie	Michel Guillot
Secrétariat de rédaction	Mathilde Vergnault
Correction	Aperto Libro, Christiane Cuzol
Mise en page	Marie-Pierre Renier, Jean-Paul Josset, Annie Cortesi
Maquette de couverture	Agence Carré Noir Paris 17e
Fabrication	Pierre Ballochard
Marketing	Cécile Petiau
Ventes	Antoine Baron (France), Robert Van Keerber-ghen (Belgique), Christian Verdon (Suisse), Nadine Naudet (Canada), Sylvaine Cuniberti (grand export)
Relations publiques	Gonzague de Jarnac
Pour nous contacter	Le Guide Vert Michelin – Éditions des Voyages 46, avenue de Breteuil 75324 Paris Cedex 07 ☎ 01 45 66 12 34 Fax : 01 45 66 13 75 www.ViaMichelin.fr LeGuideVert@fr.michelin.com

Note au lecteur

À la découverte de la Suisse

La Suisse est un pays où règnent une qualité de vie et un art de vivre exceptionnels. Les Suisses le savent bien : le charme de leurs cités soignées, le calme reposant de leurs lacs légendaires, la diversité des paysages alpins qui marquent les frontières suscitent dans le monde autant d'admiration que de jalousie. Ajoutez à cela un goût prononcé pour les particularismes locaux, une kyrielle de langues officielles, des institutions sur mesure et un mode social sans équivalent en Europe, vous l'aurez compris, la Suisse est un pays unique en son genre.

Quels que soient vos projets, tout au long de votre voyage, ce Guide Vert « Suisse » sera un compagnon fiable et fidèle, à la hauteur de vos attentes. Il a été rédigé par une équipe de spécialistes expérimentés sous la direction de Nadia Bosquès, rédactrice en chef de la collection française des Guides Verts.

Sa maquette, rythmée, aérée, abondamment illustrée, rend la lecture de ce guide agréable et confortable. Comme dans chacun des 70 titres que compte aujourd'hui la collection des Guides Verts, les cartes et les plans de villes ont été exécutés avec précision par notre équipe de dessinateurs et de cartographes à partir d'observations de première main recueillies sur le terrain, afin de faciliter au mieux vos déplacements.

Pour cette nouvelle édition du guide « Suisse », une attention toute particulière a été portée aux informations pratiques qui ont été étoffées et soigneusement vérifiées pour vous permettre de passer des vacances sans soucis. Si toutefois un changement était survenu après la mise sous presse de ce volume, faites-nous en part ! Car depuis plus de cent ans notre souci est de vous offrir le meilleur des guides.

Merci d'avoir choisi le Guide Vert et bon voyage au pays de Guillaume Tell !

Hervé Deguine
Directeur des Guides Verts
LeGuideVert@fr.michelin.com.

Sommaire

Renseignements pratiques   18

Introduction au voyage   39

Villes et curiosités   76

Carnaval de Bâle

Art populaire de l'Appenzell

4

Une station haut de gamme

Clarines du pays d'Enhaut

Cartographie

LES PRODUITS COMPLÉMENTAIRES AU GUIDE

Carte Michelin n° 927 Suisse à l'échelle 1/400 000 (couverture orange) comportant un répertoire des localités citées et signalant les grandes routes périodiquement enneigées.
Cartes Michelin détaillées à l'échelle 1/200 000 (couverture jaune) couvrant l'ensemble du pays, en signalant le réseau routier principal, secondaire ainsi que la desserte locale et de nombreuses informations touristiques :
n° 216 Neuchâtel-Basel-St. Gallen,
n° 217 Genève-Bern-Andermatt,
n° 218 Andermatt-St. Moritz-Bolzano/Bozen,
n° 219 Aosta/Aoste-Zermatt-Milan.

Et pour se rendre en Suisse

Carte Michelin n° 989 France à l'échelle 1/1 000 000 sur laquelle les postes-frontières entre les deux pays sont signalés par des fanions.

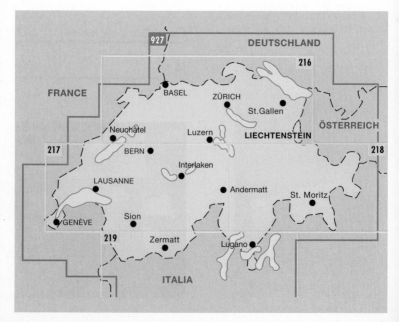

INDEX CARTOGRAPHIQUE

Plans de ville

Plan de monument

Cartes des circuits décrits

Votre guide

Ce guide a été conçu pour vous aider à tirer le plus grand profit de votre voyage en Suisse. Il est présenté en trois grands chapitres, complétés par une sélection attentive de cartes et de plans.

● Les cartes générales, en pages 10 à 19, ont été conçues pour vous aider à préparer votre voyage. La carte des **Plus beaux sites** repère les principaux sites touristiques, celle des **Circuits de découverte** vous suggère des circuits régionaux et des étapes, celle des **Lieux de séjour** vous signale les destinations de villégiature.

● Toutes les informations de nature pratique, les adresses, les transports, les loisirs, les fêtes, sont regroupées dans la partie **Renseignements pratiques**. Avant que vous ne partiez pour la Suisse, permettez-nous de vous recommander la lecture de l'**Introduction au voyage**, qui vous aide à mieux comprendre l'histoire, l'art, la culture, les traditions et la gastronomie du pays.

● La partie **Villes et curiosités** répertorie dans l'ordre alphabétique les principales curiosités naturelles et artistiques de la Suisse. Sous chaque chapitre consacré à une ville ou une zone géographique sont groupées des descriptions de sites. Afin de faciliter votre orientation sur place, le guide a privilégié l'usage de la langue propre à chaque canton dans l'évocation des curiosités. Le symbole ⊘ placé après les curiosités décrites dans la section précédente signale que les horaires de visite et les prix d'entrée sont précisés dans le chapitre **Conditions de visite**.
Pour certaines « villes-phares » et destinations est proposé un choix d'adresses d'hôtels, de restaurants, spectacles et commerces annoncé par un bandeau bleu portant la mention **carnet d'adresses**. On complétera cette sélection par celle, plus ample, du Guide Rouge Suisse/Schweiz/Svizzera.

Votre avis nous intéresse. À votre retour, faites-nous part de vos critiques, de vos idées, de vos bonnes adresses. Bibendum attend votre courrier (46, avenue de Breteuil, 75324 Paris Cedex 07) ou e-mail (LeGuideVert@fr.michelin.com).

Bon voyage !

En route vers le glacier...

Légende

	Curiosité	Station balnéaire	Station de Sports d'hiver	Station thermale
Vaut le voyage	★★★	≋≋≋	❋❋❋	♁♁♁
Mérite un détour	★★	≋≋	❋❋	♁♁
Intéressant	★	≋	❋	♁

Curiosités

⊘	Conditions de visite en fin de volume	►►	Si vous le pouvez : voyez encore…
◉━ ⬛	Itinéraire décrit Départ de la visite	AZ B	Localisation d'une curiosité sur le plan
♙♙♙♙	Église – Temple	🎐	Information touristique
◩ ⌂	Synagogue – Mosquée	⋊ ⸪	Château – Ruines
▭	Bâtiment	⌣ ✿	Barrage – Usine
■	Statue, petit bâtiment	✩ ⌒	Fort – Grotte
✝	Calvaire	ⴲ	Monument mégalithique
◎	Fontaine	▼ Ⅶ	Table d'orientation – Vue
●━●━╸╸	Rempart – Tour – Porte	▲	Curiosités diverses

Sports et loisirs

🏇	Hippodrome	🚶	Sentier balisé
⛸	Patinoire	◆	Base de loisirs
≋ 🏊	Piscine : de plein air, couverte	🤸	Parc d'attractions
⛵	Port de plaisance	🦌	Parc animalier, zoo
⛺	Refuge	✿	Parc floral, arboretum
▫▪▫▪▫	Téléphérique, télécabine	◉	Parc ornithologique, réserve d'oiseaux
🚂	Chemin de fer touristique		

Autres symboles

══ ══	Autoroute ou assimilée	⊗ ⊙	Poste restante – Téléphone
❶ ❶	Échangeur : complet, partiel	✉	Marché couvert
⊨═ ══	Rue piétonne	⁕✕⁕	Caserne
⌶═══⌶	Rue impraticable, réglementée	△	Pont mobile
⊞⊞⊞ ‑‑‑	Escalier – Sentier	⊍ ✕	Carrière – Mine
🚉 🚌	Gare – Gare routière	Ⓑ Ⓕ	Bacs
◻⊦⊦⊦⊦◻	Funiculaire – Voie à crémaillère	⛴	Transport des voitures et des passagers
━━ ◉	Tramway – Métro	⛵	Transport des passagers
Bert (R.)…	Rue commerçante sur les plans de villes	③	Sortie de ville identique sur les plans et les cartes MICHELIN

Abréviations et signes particuliers

Ⓒ	Chef-lieu de canton (Kantonshauptort)	P	Préfecture (Kantonale Verwaltung)
G	Police cantonale (Kantonspolizei)	POL.	Police municipale (Stadtpolizei)
H	Hôtel de ville (Rathaus)	T	Théâtre (Theater)
J	Palais de justice (Justizpalast)	U	Université (Universität)
M	Musée (Museum)	🅿	Parking relais

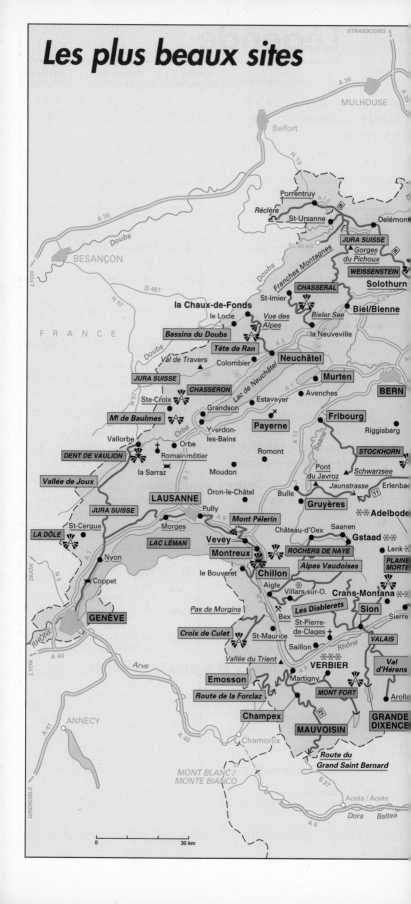

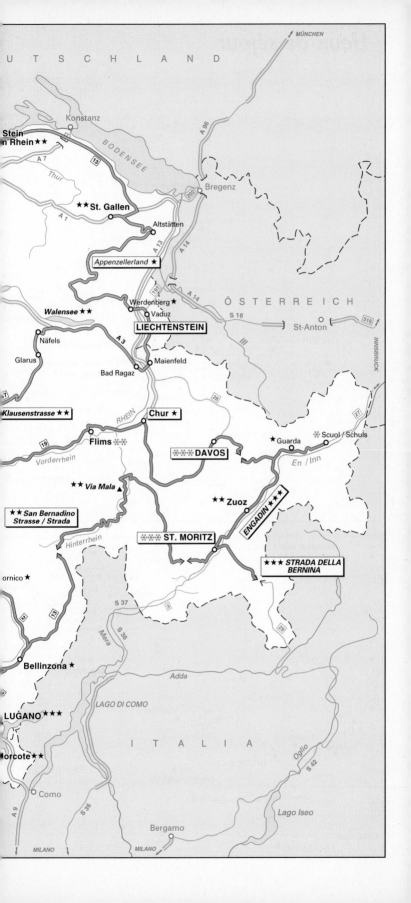

Lieux de séjour

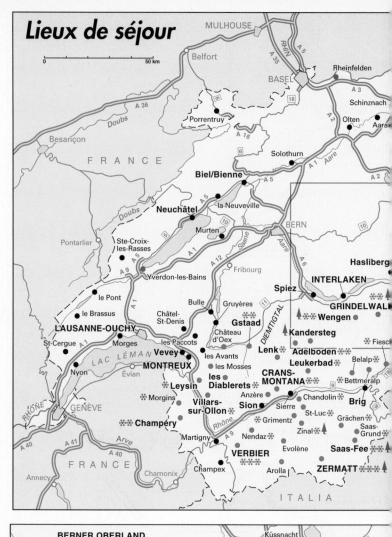

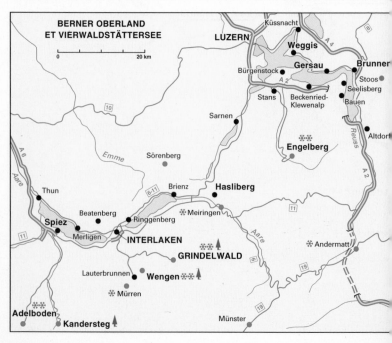

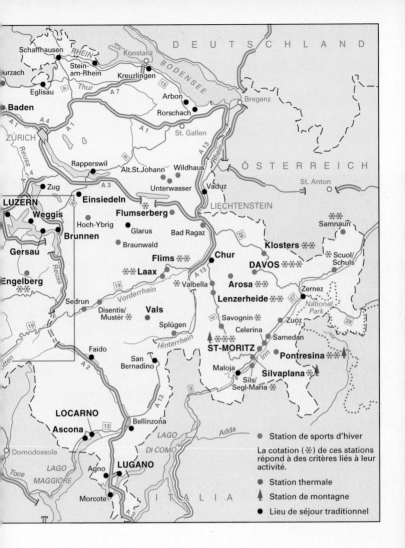

Station de sports d'hiver

La cotation (❄) de ces stations répond à des critères liés à leur activité.

🔴 Station thermale

🔺 Station de montagne

⚫ Lieu de séjour traditionnel

STATIONS DE SPORTS D'HIVER

	Canton	Altitude
Arosa	Grisons	1 742 m
Crans-Montana	Valais	1 500 m
Davos	Grisons	1 563 m
Gstaad	Berne	1 080 m
Saas Fee	Valais	1 790 m
St-Moritz	Grisons	1 856 m
Wengen	Berne	1 275 m
Zermatt	Valais	1 620 m

Renseignements
pratiques

Avant le départ

Quelques adresses pour organiser son voyage et rassembler la documentation nécessaire.

Suisse Tourisme

En France – 11 bis, rue Scribe, 75009 Paris. Bureaux fermés au public. Renseignements uniquement par téléphone ☎ **00 800 100 200 30** (appel gratuit) ou par fax 00 800 100 200 31 (gratuit). Sur Minitel : 3615 Suisse. Par E-mail : info-fr@switzerlandtourism.ch. Sur Internet : www.myswitzerland.com

En Belgique – Avenue Brugmann 24, B-1060 Bruxelles. Bureaux fermés au public. Renseignements uniquement par téléphone **00 800 100 200 30** (appel gratuit) ou par fax 00 800 100 200 31 (gratuit). Sur Internet : www.myswitzerland.com

Au Canada – 926 The East Mail Etobicoke, Toronto Ont. M9B 6K1. ☎ (416) 695 20 90 ; fax (416) 695 27 74.

Ambassades et consulats de Suisse

En France
Ambassade de Suisse à Paris – 142, rue de Grenelle, 75007, ☎ 01 49 55 67 00.

Consulats de Suisse en province – Bordeaux : 14, cours Xavier-Arnotan, 33080, ☎ 05 56 52 18 65. Marseille : 7, rue Arcole, 13006, ☎ 04 96 10 14 10. Mulhouse : 19A, rue du Sauvage, 68100, ☎ 03 89 45 32 12. Strasbourg : 11, bd Président-Edwards, 67000, ☎ 03 88 35 00 70. Villeurbanne : 4 place Charles-Hernu, 69100 ☎ 04 72 75 79 10.

En Belgique
Ambassade de Suisse – Rue de la Loi 26, 1040 Bruxelles, ☎ 22 85 43 50.

Au Canada
Consulat de Suisse – 1572, av. Dr Penfield, Montréal Q.C. H3G-1C4, ☎ 514 932 71 81.

Groupement de villes suisses

Vingt-trois villes, appartenant à différents cantons, se sont regroupées au sein d'une association. Il s'agit de : Appenzell, Baden, Bâle, Bellinzona, Berne, Bienne, Coire, Fribourg, La Chaux-de-Fonds, Genève, Lausanne, Lugano, Montreux, Neuchâtel, St-Gall, Schaffhouse, Sierre, Sion, Soleure, Winterthour, Thoune, Zoug et Zurich.
Un **centre d'information et de réservation** répond à toute demande : Chur Tourismus, Grabenstrasse 5, CH-7002 Chur, ☎ (081) 252 18 18, fax (081) 252 90 76. On peut également s'adresser à l'Office de tourisme de ces villes : leur adresse, précédée du signe 🛈 se trouve à la fin de ce guide, dans la partie réservée aux conditions de visite.

COMMENT SE RENDRE EN SUISSE ?

En voiture

Cartes – La **carte Michelin nº 911** France indique les grands itinéraires, les kilométrages, les temps de parcours, les itinéraires de dégagement, ainsi que les prévisions de circulation dans les grandes villes françaises et les pays limitrophes avec de grandes villes suisses. La **carte Michelin nº 970** Europe indique les autoroutes, routes nationales et régionales entre les différents pays d'Europe.

Propositions d'itinéraires – Le **3615 Michelin** et le site **Internet** www.ViaMichelin.fr permettent d'établir plusieurs itinéraires entre un point de départ en France et une destination en Suisse. Le kilométrage total et le temps de parcours sont indiqués, ainsi que les sites touristiques et la sélection Michelin des hôtels, restaurants et terrains de camping. Pour les itinéraires avec autoroutes, le coût des péages sur le parcours français est également indiqué.
Vous pouvez choisir plusieurs types d'itinéraires : celui conseillé par Michelin, le plus rapide en temps, le plus court en kilomètres, l'itinéraire favorisant les autoroutes ou évitant les péages.

En train

Depuis Paris – Les **TGV « Ligne de cœur »** assurent des liaisons entre **Paris** et la Suisse. Ils relient Genève, ainsi que Lausanne – cette ligne se prolonge, pour certains TGV, jusqu'à Montreux, Aigle, Bex, Martigny, Sion, Sierre, Visp (Viège) et Brigue. La ligne vers Zurich dessert Neuchâtel et Berne. Une réduction de tarif est proposée avec le billet Loisir (individuel ou en groupe) à condition de passer une nuit sur place. Autres réductions : billets Senior, Jeune. Tous les trains sont au départ de la gare de Lyon. Depuis **Dijon**, TGV direct pour Neuchâtel et Berne.

Depuis la province – Depuis **Dijon**, TGV pour Neuchâtel. Depuis **Lyon** ou **Montpellier**, TGV pour Genève.
Par ailleurs, des trains internationaux relient la plupart des grandes villes européennes à de grandes villes suisses, comme Bâle (depuis Paris : départ à la gare de l'Est).

Renseignements et vente – Dans les agences de voyages ou les bureaux de chemins de fer nationaux : **SNCF** en France, ☎ 08 36 35 35 35. Sur Minitel : 3615 ou 3616 SNCF. Sur Internet : www.sncf.fr

Correspondances en Suisse – Renseignements auprès des Chemins de fer suisses (CFF) ☎ 0900 300 300 (1,19 F la mn soit 0,77 euros) ou sur Internet : www.sbb.ch. Ce site très efficace fournit toutes les informations sur les liaisons entre les localités : horaires, correspondances…

En avion

Liaisons – Paris et Bruxelles sont reliés aux aéroports de Bâle, Berne, Genève, Lugano et Zurich. La ville de Luxembourg est reliée à Genève et Zurich. D'autres liaisons directes sont assurées à partir de villes françaises : Biarritz-Genève ; Bordeaux-Genève ; Lyon-Zurich ; Marseille-Genève et Zurich ; Montpellier-Genève ; Clermont-Ferrand-Genève ; Nice-Genève et Zurich ; Nice-Lugano (en été) ; Strasbourg-Zurich ; Toulouse-Genève ; Vannes-Genève.

Compagnies aériennes – **Air France** : 119, av. des Champs-Élysées, 75008 Paris, ☎ 0820 820 820 de 8 h à 21 h. Sur Internet : www.airfrance.fr. Sur Minitel : 3615 ou 3616 AF. Air France propose plusieurs possibilités de tarifs réduits sous le label Tempo, accessible à tous. Le tarif est d'autant plus intéressant que la réservation est précoce.
Swiss : ☎ 0820 04 05 06. Sur Internet : www.swiss.com. Des liaisons sont également assurées par Luxair, Air Littoral et Regional Airline.
SN Srussels Airlines : ☎ depuis la France 0826 10 18 18, depuis la Belgique 070 35 11 11.
EasyJet : liaisons quotidiennes entre Paris et Genève à des prix attractifs. ☎ depuis la France 0825 08 25 08, depuis la Suisse 0848 888 222. Sur Internet : www.easyjet.com

Le service bagages Fly-Rail – Il permet d'acheminer directement les bagages depuis n'importe quel aéroport du monde jusqu'en Suisse – et par n'importe quelle compagnie aérienne, via les aéroports de Zurich, Genève ou Bâle, jusqu'à la gare ferroviaire d'arrivée. Il fonctionne aussi dans l'autre sens, depuis 50 gares suisses jusqu'à l'aéroport de destination. Renseignements et tarifs : CFF ☎ 0900 300 300 ou sur Internet : www.cff.ch

FORMALITÉS

Papiers d'identité – La Suisse ne fait pas partie de l'Union européenne : pour un séjour touristique de 3 mois maximum, les ressortissants français, belges et luxembourgeois doivent être en possession d'une carte d'identité ou d'un passeport en cours de validité. Un passeport périmé depuis moins de 5 ans peut toutefois suffire.
Les **enfants mineurs de nationalité française** doivent être en possession d'une carte d'identité, ou figurer sur le passeport de la personne qui les accompagne. Un enfant mineur voyageant seul doit être muni d'une carte d'identité et d'une attestation d'autorisation de sortie du territoire donnée par un représentant légal (père, mère ou tuteur). Les **enfants de nationalité belge** (âgés de moins de 12 ans) doivent être en possession de la carte blanche sans photo, à condition de voyager avec les parents. À défaut, se procurer un certificat d'identité à la commune du domicile.

Documents pour la circulation – **Voitures** : permis international ou permis national à 3 volets pour le conducteur, carte grise et carte verte internationale d'assurance automobile dite « carte verte » pour le véhicule. Ce dernier doit également porter la plaque réglementaire de nationalité. Pour les possesseurs de **caravane**, celle-ci ne doit être attelée qu'au véhicule tracteur mentionné sur le permis de circulation.
Les **motocyclistes et cyclomotoristes** sont soumis au même régime que les automobilistes, sauf pour des engins inférieurs à 125 cm^3. Le port du casque est obligatoire.

Animaux familiers – Les chiens et les chats doivent avoir été vaccinés contre la rage au moins 30 jours (et au plus un an) avant le passage de la frontière : une attestation vétérinaire est obligatoire. Pour les chiens et chats âgés de moins de 5 mois, il suffit d'un certificat de santé établi par le vétérinaire.
Renseignements : **Office vétérinaire fédéral**, Schwarzenburgstrasse 161, CH-3097 Liebefeld-Bern, ☎ (031) 323 85 02.

Réglementations douanières – La Suisse n'étant pas un pays membre de l'Union européenne, l'importation et l'exportation de marchandises sont soumises à des conditions plus restrictives : se renseigner auprès de Suisse Tourisme *(voir plus haut)* sur les prescriptions en vigueur.

Santé – Les frais médicaux engagés doivent être réglés sur place. Conserver les factures pour les envoyer à la Sécurité sociale au retour.
Aussi peut-il être prudent de contracter une assurance maladie-accidents avant le voyage (Europ-Assistance, Mondial Assistance, Elvia…).

Une fois sur place

DE L'AÉROPORT AU CENTRE VILLE

Les aéroports de Genève et Zurich disposent d'une gare ferroviaire : la liaison vers le centre-ville est régulière et efficace. Depuis l'aéroport de **Genève** : 6 mn de trajet. Depuis l'aéroport de **Zurich** : 10 à 15 mn de trajet. Depuis les aéroports de **Bâle**, **Berne** et **Lugano**, services en bus-navette : 15 à 20 mn de trajet.

AMBASSADES ET CONSULATS

Berne

Ambassade de France : Schosshaldenstrasse 46, 3006 Bern, ☎ (031) 359 21 11, fax (031) 359 21 91. Sur Internet : www.ambafrance-ch.org

Ambassade de Belgique : Jubiläumsstrasse 41, 3005 Bern, ☎ (031) 350 01 50.

Ambassade du Luxembourg : Kramgasse 45, 3000 Bern, ☎ (031) 311 47 32.

Ambassade du Canada : Kirchenfeldstrasse 88, 3000 Bern 6, ☎ (031) 357 32 00.

Bâle

Consulat général de France : Aschengraben 26, 4051 Basel, ☎ (061) 276 56 77.

Consulat honoraire de Belgique : Gerbergasse 1, 4001 Basel, ☎ (061) 261 69 22.

Genève

Consulat général de France : 11, rue J.-Imbert-Galloix, 1205 Genève, ☎ (022) 319 00 00. Sur Internet : www.consulfrance-geneve.org

Consulat général de Belgique : rue de Moillebeau 58, 1209 Genève, ☎ (022) 730 40 00.

Lausanne

Bureau consulaire de France : 30, avenue Ruchonnet, 1003 Lausanne, ☎ (021) 310 39 50.

Lugano

Consulat honoraire de Belgique : 4 via della Posta, 6900 Lugano, ☎ (091) 921 44 09.

Neuchâtel

Consulat honoraire de Belgique : faubourg de l'Hôpital 23, 2000 Neuchâtel, ☎ (032) 725 75 32

Zurich

Consulat général de France : Mühlebachstrasse 7, 8000 Zurich, ☎ (01) 268 85 85. Sur Internet : www.consulfrance-zurich.org
Consulat honoraire de Belgique : Basteiplatz 5, 8022 Zurich, ☎ (01) 212 42 62.

VIE PRATIQUE

Heure – La Suisse adopte l'heure d'été et l'heure d'hiver comme la France et la Belgique.

Ouverture des magasins et banques – **Magasins** : en semaine, généralement de 8 h à 18 h 30, le samedi 16 h ou 17 h ; certains magasins sont fermés le lundi matin. **Banques** : de 8 h à 16 h 30, fermées le samedi.

Monnaie – Le franc suisse (abréviation internationale : CHF). **Parité** : Un euro valait 1,67 CHF en mars 2002. **Billets de banque** : 10, 20, 50, 100, 200, 500 et 1 000 francs. **Pièces** : 5, 10, 20 et 50 centimes ; 1, 2 et 5 francs.

Change – Dans les aéroports et les principales gares, ainsi que certains grands magasins et hôtels. On peut également retirer de l'argent avec certaines cartes de crédit (EC) aux distributeurs des banques.

Cartes de crédit – Les villes et la plupart des petites localités sont équipées de distributeurs de billets. Les principales cartes de crédit sont acceptées : American Express, Diners Club, Eurocard/Mastercard, Visa, Japan Card Bank. Le **Guide Rouge Michelin Suisse** (hôtels et restaurants) signale les établissements qui acceptent le paiement par carte de crédit.

Tax Free – La TVA de 7,5 % est comprise dans le prix de vente. Les touristes étrangers qui effectuent des achats d'une valeur égale ou supérieure à 500 francs suisses dans les magasins affichant la mention Tax Free peuvent obtenir le remboursement de la TVA. Demander le formulaire à remplir au magasin.

Jours fériés – Le calendrier des jours fériés varie selon les 26 cantons, compte tenu de leur religion officielle et de leur passé historique. Les fêtes « générales » sont en principe le 1er et 2 janvier, Vendredi saint, lundi de Pâques, Ascension, lundi de Pentecôte, 25 et 26 décembre. Le 1er août, jour de la fête nationale, est chômé. Le Jeûne fédéral (Fête fédérale d'action de grâce : *Bettag* en allemand) se fête dans tous les cantons, sauf Genève, le 3e dimanche de septembre. Le canton de Genève fête le Jeûne genevois le 2e jeudi de septembre.

POSTE

Dans les grandes villes, les bureaux de poste sont « tout confort » : on y trouve parfois un café débitant sandwiches et pâtisseries et un stand de papeterie où tout s'achète, des trombones aux DVD... Les bureaux sont fermés le samedi à partir de 12 h. Les timbres sont proposés à deux tarifs, qu'il s'agisse d'un envoi en Suisse ou à l'étranger : courrier A (« envoi prioritaire ») pour une distribution rapide, courrier B (« non prioritaire ») pour une expédition dans les trois jours.

TÉLÉPHONE

Dans les cabines, la carte de crédit est couramment acceptée. Coût minimum d'une communication : 60 centimes en 2002. Une télécarte, la **taxcard**, est en vente dans les bureaux de poste, les kiosques et de nombreux hôtels : prix variable selon le nombre d'unités. Il existe des horaires à tarif réduit : – 50 % de 5 h à 8 h, de 17 h à 19 h, et de 21 h à 23 h, ainsi que le week-end. La nuit, de 23 h à 6 h, le tarif est quatre fois moins cher.

Pour appeler en Suisse

Le numéro se compose d'un indicatif régional à trois chiffres commençant par 0, suivi d'un groupe de cinq, six ou sept chiffres. On ne compose pas le premier groupe pour téléphoner à un abonné de la même ville ou d'une ville ayant le même indicatif.

Pour appeler la Suisse :

– de France : 00 41 + indicatif régional sans le 0 + numéro de l'abonné
– de Belgique et du Luxembourg : 00 41 + indicatif régional sans le 0 + numéro de l'abonné.
– du Canada : 011 + 41 + indicatif régional sans le 0 + numéro de l'abonné.

Pour appeler le Liechtenstein :

Indicatif : 00 423 + numéro de l'abonné

Pour appeler depuis la Suisse et le Liechtenstein :

– la France : Paris et région parisienne 00 33 + 1 + numéro de l'abonné 8 chiffres)
– la province : 00 33 + numéro de l'abonné
– la Belgique : 00 32 + indicatif de la zone sans le 0 + numéro de l'abonné
– le Luxembourg : 00 352 + indicatif de la zone sans le 0 + numéro de l'abonné
– le Canada : 00 1 + indicatif régional (3 chiffres) + numéro de l'abonné

Quelques numéros utiles :

111	Renseignements téléphoniques pour la Suisse
1153	Renseignements téléphoniques pour la France
117	Pompiers
118	Police-secours
120	Enneigement, pistes de ski
120	Été : informations touristiques
140	Secours routier 24 h/24
144	Médecin d'urgence et ambulance
161	Horloge parlante
162	Prévisions météorologiques
163	État des routes, circulation routière
168	Nouvelles en français
187	Bulletin des avalanches

CIRCULER EN VOITURE

Si dans la plupart des villes le stationnement est payant (parcomètres, horodateurs), on trouve aussi des endroits où le stationnement est limité à 1 h 1/2 (zones bleues). Aussi est-il recommandé de se procurer un **disque de stationnement** auprès de la police locale ou de l'Office de tourisme local.

Cartes routières

Pour circuler dans l'ensemble du pays, utiliser la carte **Michelin n° 927 Suisse** (couverture orange) à 1/400 000. Elle comporte un répertoire des localités et l'agrandissement de Bâle, Berne, Genève, Lausanne et Zurich.
Les cartes **Michelin détaillées** à 1/200 000 (couverture jaune) couvrent le pays entier :
– n° 216 Neuchâtel-Basel-St. Gallen
– n° 217 Genève-Bern-Andermatt
– n° 218 Andermatt-St. Moritz-Bolzano/Bozen
– n° 219 Aosta/Aoste-Zermatt-Milan.
Les cartes au 1/400 000 et 1/200 000 signalent les grandes routes périodiquement enneigées, avec la date probable de leur fermeture, ainsi que les routes équipées en téléphones de secours.
Les cartes au 1/200 000 signalent les voies très étroites (croisement difficile ou impossible), les montées et descentes accentuées, les parcours difficiles ou dangereux, les tunnels, l'altitude des principaux cols.

Les plus longs tunnels routiers

St-Gothard (Uri, Tessin)	*16,3 km*
Seelisberg (Nidwald, Uri)	*9,3 km*
San Bernardino (Grisons)	*6,6 km*
Grand-St-Bernard (Valais)	*5,9 km*
Belchen (Soleure, Bâle)	*3,2 km*
Landwasser (GR)	*2,8 km*
Isla Bella (Tessin)	*2,4 km*
Binn (Valais)	*1,9 km*
Grancia (Tessin)	*1,7 km*

Sur la route

Quelques règles impératives – Le port de la ceinture de sécurité est obligatoire à l'avant et à l'arrière du véhicule. Les enfants de moins de 12 ans doivent être assis à l'arrière du véhicule.

Vitesse – Sur autoroute, la vitesse est limitée à 120 km/h et sur route, à 80 km/h. Dans les villages et agglomérations, sauf indication spéciale, la vitesse est limitée à 50 km/h. Le dépassement des vitesses autorisées fait l'objet de lourdes amendes. À certains carrefours, lorsque l'attente au feu rouge est relativement longue, un panneau « **coupez votre moteur** » invite l'automobiliste à lutter contre la pollution.

Taux d'alcoolémie – 0,8 g/l.

Phares – Les feux de croisement (codes) sont obligatoires dans les tunnels et la nuit dans les agglomérations.

Triangle de panne – Obligatoire en plus des feux de détresse.

En montagne – La voiture descendante doit la priorité à celle qui monte ainsi qu'aux poids lourds. Les cars postaux, reconnaissables à leur couleur jaune, ont priorité absolue.

Pneus cloutés – En principe, ils sont autorisés du 1er novembre au 30 avril (vitesse autorisée : 80 km/h). Ils sont **strictement interdits** sur les autoroutes.

Caravanes et remorques – Le code de la route suisse limite la largeur des caravanes et remorques à 2,50 m et leur longueur à 12 m, timon compris. Pour les caravanes immatriculées à l'étranger qui dépassent légèrement les dimensions requises, des autorisations peuvent être accordées en s'adressant au bureau des Douanes et en acquittant une taxe de 20 francs suisses.
Les véhicules 4 x 4 peuvent tracter des caravanes ou remorques d'une largeur de 2,50 m au plus.
Vitesse maximum autorisée sur tout le réseau routier et autoroutier :
– jusqu'à 1 t : 80 km/h
– au-dessus de 1 t : 60 km/h.
Routes interdites : cols du Klausen, du Nufenen, du Schelten et du Weissenstein. **Accès** : Bürgenstock, Diemtigtal. Dans certaines vallées du canton du Valais, le poids des caravanes est limité à 1,5 t.

Autoroutes – Une **vignette autoroutière** (valable 14 mois à compter du 1er décembre) est obligatoire pour les véhicules à moteur (et les remorques) jusqu'à 3,5 t. Cette vignette doit être obligatoirement collée sur l'intérieur du pare-brise. Elle est en vente (40 francs ou 27 euros en 2002) dans tous les postes-frontières.
En France, elle peut être également achetée dans les bureaux de l'Automobile club d'Alsace (5, avenue de la Paix, 67004 Strasbourg Cedex, ☎ 03 88 36 04 34, fax 03 88 36 00 63).
En Belgique et au Luxembourg, elle peut être achetée dans les bureaux des automobiles clubs.
Contrairement à la plupart des pays européens, le fléchage des **autoroutes** est signalé par des panneaux à **fond vert** et non à fond bleu (routes à priorité). Ne pas confondre ces panneaux verts avec des itinéraires bis comme en France par exemple.

Stations-service – La plupart sont fermées la nuit, même sur les autoroutes. Cependant, des pompes automatiques fonctionnent avec des billets de 10 et 20 francs.

Carburant – Le super et l'essence sont meilleur marché que la moyenne européenne. Le gazole, moins répandu, est plus cher. Le super sans plomb (indice d'octane 95) est le plus avantageux : on le trouve dans toutes les stations.

Secours routier – En cas de panne, des bornes téléphoniques SOS sont à la disposition des automobilistes sur les autoroutes, ainsi que sur quelques routes à grande circulation et en montagne. Depuis n'importe quel téléphone, on peut obtenir un secours routier 24 h/24 en composant le ☏ 140.

Automobile-clubs – **Touring-Club suisse** (TCS), 4 ch. de Blandonnet, 1214 Vernier, ☏ (022) 417 27 27, fax (022) 417 20 20. Sur Internet : www.tcs.ch **Automobile-Club de Suisse** (ACS), Wasserwerkgasse 39, 3000 Bern 13, ☏ (031) 328 31 11, fax (031) 311 03 10. Sur Internet : www.acs.ch

Priorités en ville – Attention aux piétons qui montent ou descendent des tramways, ils sont prioritaires.

VOYAGER EN TRAIN, BUS OU BATEAU

Informations

Vous pouvez obtenir des informations auprès des guichets ferroviaires ou de Rail Service ☏ 0900 300 300. Sur Internet : www.cff.ch.

Forfaits de transports

Pour voyager moins cher sur le réseau, en 1re ou en 2e classe, vous pouvez, selon vos besoins, vous procurer à prix forfaitaire l'un des titres de transport du Swiss Travel System (STS). Ils sont vendus sur présentation d'une pièce d'identité. Aucune photo n'est nécessaire.

– Le **Swiss Pass** permet une circulation illimitée dans les trains, bateaux et cars postaux du réseau (20 000 km), et dans les tramways et autobus de 35 villes. L'accès gratuit aux circuits panoramiques est également inclus, et des réductions sont proposées dans les trains de montagne. Réduction de 15 % sur le prix du forfait à partir de 2 personnes **(Formule Économie)**. Validité : 4, 8, 15, 22 jours ou 1 mois.

– Le **Swiss Flexi Pass** permet de circuler sur tout le réseau pendant 3, 4, 5, 6 ou 8 jours et offre des réductions sur les trajets de montagne. Réduction de 15 % sur le prix du forfait à partir de 2 personnes **(Formule Économie)**. Validité : un mois.

– Avec le **Swiss Youth Pass**, les jeunes de moins de 26 ans ont droit à 25 % de réduction par rapport aux tarifs ordinaires.
Ces trois forfaits sont en vente en France dans les gares SNCF et les agences agréées, et en Suisse dans les gares importantes.

– Le **Swiss Transfer Ticket** comprend le voyage aller et retour entre la frontière suisse ou l'aéroport et votre lieu de séjour. Le voyage d'aller et celui de retour doivent se dérouler chacun sur une seule journée. Validité : un mois. Ce forfait n'est pas vendu en Suisse : s'adresser aux agences de voyages ou aux guichets de la SNCF.

– La **Swiss Card** donne droit à un voyage aller et retour d'une gare frontière ou d'un aéroport à votre lieu de séjour. De plus, elle permet de voyager pendant un mois en train, car et bateau et d'utiliser la plupart des chemins de fer de montagne avec 50 % de réduction. Validité : 1 mois. En vente uniquement dans les aéroports et quelques gares frontières.

– La carte « famille » **Swiss Travel System** (gratuite) permet aux enfants de moins de 16 ans de voyager sans frais avec leurs parents. Les enfants qui voyagent avec d'autres adultes bénéficient d'une réduction de 50 % sur tous les titres de transport.

Cars postaux

Les célèbres autocars, reconnaissables à leur couleur jaune vif ou à un disque frappé du cor postal, font partie du paysage suisse. Ils partent généralement de la gare ferroviaire ou de la poste, et peuvent conduire le voyageur jusqu'au village le plus isolé.

Transports urbains

Le réseau des transports en commun est d'une efficacité proverbiale, surtout dans les grandes villes : tramway, bus... Des **distributeurs** automatiques de billets sont placés à chaque arrêt. Prévoir des pièces pour payer la somme exacte car ces appareils ne rendent pas toujours la monnaie. Dans de nombreuses villes, surtout les grandes agglomérations, il est possible d'acheter des cartes journalières ou pour plusieurs jours. Tout possesseur d'un **Swiss Pass** peut circuler gratuitement *(voir chapitre : À la découverte de la Suisse)*.

Hébergement

En Suisse, l'hôtellerie reste assez chère, même dans les établissements les plus simples. Pour un certain nombre de localités, notre carnet d'adresses propose un choix d'hôtels, souvent classés en trois catégories. Le prix pour une chambre dépend du nombre de personnes, et peut varier de façon très sensible. Avec chaque adresse, nous indiquons le prix minimum pour une personne, suivi du prix maximum pour deux personnes.

La catégorie **À bon compte** propose des hôtels dont le prix maximum tourne autour de 150 FS. La catégorie **Valeur sûre** indique des hôtels très agréables, notamment pour leur situation ou leur cadre : les prix sont plus élevés, environ 300 FS pour deux. Quant à la catégorie **Une petite folie !**, elle désigne des établissements haut de gamme qui laissent un souvenir impérissable. Les prix, bien sûr, vont de pair.

Vous pouvez aussi consulter le **Guide Rouge Suisse/Schweiz/Svizzera** qui présente un choix plus vaste d'hôtels, avec des indications sur leur équipement.

La Société suisse des hôteliers publie le **Guide suisse des hôtels**, qui classe les différents établissements par régions, certaines regroupant plusieurs cantons. Ce guide est en vente auprès du Schweizer Hotelier-Verein, Hotel-Boutique Monbijoustrasse, 130 Postfach CH-3001 Bern. Sur Internet : www.swisshotels.ch

E&G Swiss Budget Hotels – Ces établissements simples et accueillants disposent de dortoirs, de chambres avec lavabo, de chambres avec douche ou bain. Le petit déjeuner est compris dans le prix indiqué.
Adresse : Case postale 160, 1884 Villars. Réservation directe hors Suisse ☎ 0848 805 508, fax 00 41 24 495 75 14. Site internet : www.rooms.ch. E-mail : info@rooms.ch.

Suisse en direct – Cet organisme propose une sélection d'hôtels à prix modérés, classés selon les régions. Sur Internet : www.SuisseDirecte.ch

Velotels – Ces établissements, reconnaissables à leur panonceau, offrent aux cyclistes un accueil et un service personnalisés. Réservations et informations : ☎ 00 41 1 680 22 23, fax 00 41 1 780 65 64. *Voir aussi plus loin la rubrique À vélo, dans le chapitre À la découverte de la Suisse.*

Locations – Les offices de tourisme locaux disposent de listes de propriétaires ou d'agences immobilières louant chalets ou appartements de vacances.

Logement chez l'habitant – Ce mode d'hébergement, plus répandu en Suisse alémanique, est signalé par le panneau « Zimmer frei/Chambres ». Pour obtenir des adresses, se renseigner auprès des offices de tourisme locaux.

Swiss Family Experiment – Par le biais de cet organisme, les personnes âgées de 18 à 40 ans peuvent être logées comme hôtes payants dans des familles suisses pour une durée de 1 à 3 semaines. Renseignements : The Experiment in International Living, Weingergstrasse 29, CH-8006 Zürich, ☎ 01 262 47 77.

Vacances à la campagne – Cette brochure recense un bon millier d'adresses liées au tourisme rural, principalement en Suisse alémanique. Quatre types de logements sont proposés : appartements meublés, chambres avec petit déjeuner, pension ou demi-pension, hébergements collectifs. Renseignements : **Caisse suisse de voyage Reka**, Neuengasse 15, 3001 Bern, ☎ (031) 66 33, fax (031) 329 66 01. Sur Internet : www.reka.ch

Séjourner à la ferme – Sur Internet, le site www.bauernhof-ferien.ch donne tous les renseignements sur ce mode d'hébergement, proposé dans plus de 250 fermes. Un label de qualité est décerné aux fermes qui répondent à certains critères : confort particulier des chambres ou de l'appartement, produits de la ferme, diversité des animaux que l'on peut y rencontrer... Certaines innovent en proposant des cours d'équitation ou de relaxation, ou permettent de passer la nuit à la paille, dans une ambiance d'alpage. Centrale de réservation : ☎ 00 41 31 329 66 33. E-mail : info@bauernhof-ferien.ch

« Aventure sur la paille » – Cette charte de qualité regroupe quelque 250 fermes où, pour une somme modique, on peut dormir sur la paille, dans une grange. Pensez à apporter votre sac de couchage ! L'accueil comprend un petit-déjeuner fermier. Renseignements : Christian Stähli-Fehr, Bois du Fey, CH-1430 Orges, ☎ (024) 445 16 31, fax (032) 445 16 31. Sur Internet : www.aventure-sur-la-paille.ch

Auberges de jeunesse – La Suisse compte 67 auberges de jeunesse. Contrairement aux idées reçues, il n'y a pas de limite d'âge pour y séjourner, à condition d'être adhérent. On y voit souvent des familles, surtout durant les vacances scolaires. La carte de membre est en vente aux adresses suivantes :
– En France : Fédération unie des auberges de jeunesse (FUAJ) : 27, rue Pajol, 75018 Paris, ☎ 01 44 89 87 27, fax 01 44 89 87 49. Sur Internet : www.fuaj.org
– En Belgique : Auberges de jeunesse (ASBL), rue Van Oost 52, 1030 Bruxelles, ☎ 215 31 00.
Pour obtenir la liste complète des auberges de jeunesse, consulter le site : www.youthhostel.ch. Chaque établissement y est décrit, et on peut y effectuer une réservation en ligne. E-mail : bookingoffice@youthhostel.ch

Camping, caravaning – Le camping sauvage n'est pas autorisé en Suisse. De plus, il est interdit de passer la nuit dans un camping-car ou une caravane sur les parkings et les aires de repos. L'Association suisse des campings, la Fédération suisse de camping et de caravaning et le Touring-Club suisse (TCS) éditent des cartes et des guides. On y trouve tous les renseignements utiles sur la classe des campings, les adresses et les tarifs.

Touring-Club de Suisse : CP 820, CH-1214-Vernier, ☎ (022) 417 25 20.

Nuitées en refuge – Les randonneurs en montagne peuvent être hébergés dans les refuges du CAS (Club alpin suisse), qu'on appelle en Suisse des « cabanes ». Les membres de clubs alpins sont prioritaires.
Pour obtenir un répertoire de ces cabanes, s'adresser au **Club alpin suisse**, Monbijoustrasse 61, CH-3000 Bern 23, ☎ (031) 370 18 18, fax (031) 370 18 00.

Restauration

Pour un certain nombre de localités, nos **carnets d'adresses** indiquent un choix de restaurants retenus pour leur cadre, leur ambiance, leur prix, leur situation ou l'originalité de leurs plats.
Le **Guide Rouge Michelin Suisse** propose également un choix de restaurants : du simple plat du jour, généralement servi le midi en semaine, jusqu'aux tables gastronomiques signalées par les étoiles de bonne table, en passant par des restaurants à prix modérés signalés par le symbole **Bib gourmand** 🍴. Le rapport qualité-prix y est particulièrement favorable, et on peut y faire un repas soigné. Les localités possédant de tels établissements (étoiles ou Bib gourmand) apparaissent sur les cartes de voisinage qui accompagnent, tout au long du guide, les métropoles régionales.
Au **restaurant**, il n'est pas rare de payer le couvert, ainsi que le pain qui accompagne le repas. À midi, on peut souvent se contenter du plat du jour, accompagné d'un ou deux « décis » de vin, puis d'un café. Cette formule est très courante et d'un prix avantageux. Signalons aussi les **buffets de gare**. Les repas servis y sont de bonne qualité, les prix modérés et le décor souvent sympathique.

Quelques spécialités

Le **filet de perche** du lac Léman se consomme avec bonheur au bord du lac, devant quelques « décis » de fendant ou de perlan. La **fondue** au vacherin peut aussi être préparée au gruyère ou encore aux deux fromages. Elle s'accompagne d'un blanc sec. La **raclette**, fromage fondu au feu de bois ou sur un gril spécial, se sert avec des pommes de terre – mais on se passe ici de charcuterie, contrairement à la tradition savoyarde. Les **tripes** à la neuchâteloise se dégustent de préférence avec un œil-de-perdrix rosé ; le **gibier** du Valais avec un cornalin robuste ; la **viande de bœuf** fumée et séchée des Grisons avec un pinot noir velouté ; et l'**émincé de veau** (geschnitzeltes Kalbfleisch) à la zurichoise avec un pinot noir. Goûter aussi l'**assiette bernoise** et le **polpettone** (viandes hachées aromatisées) du Tessin, avec un merlot corsé. Le **papet vaudois** est servi surtout en hiver : il s'agit d'une saucisse au chou, avec des poireaux et des pommes de terre. Les **Rösti** sont de savoureuses pommes de terre coupées en dés et passées à la poêle puis au four. La **saucisse de veau** se consomme dans toute la Suisse, tout comme les consistantes pâtisseries à la crème.

Les boissons

Le vin – Parmi les cépages les plus connus :
– les blancs : le fendant (Valais), le perlan (Genève), le chasselas (Neuchâtel, Vaud), le johannisberg (Valais)
– les rouges : le gamay (Genève), le pinot noir (Grisons, Neuchâtel), le dôle (mélange de pinot noir et de gamay, Valais), le merlot (Tessin)
– les rosés : l'œil-de-perdrix (Neuchâtel), le merlot rosato (Tessin)
1990, 1992 et 1995 sont les meilleurs millésimes récents.
Les vins « ouverts », c'est-à-dire en carafe, sont servis en décilitres (de 2 à 5). On commande par exemple 2 décis de fendant.
En Suisse alémanique, le **Weinstub** permet, dans un cadre agréable et une atmosphère chaleureuse, de déguster les meilleurs vins au verre.

La bière – Dans les différents cantons, les amateurs apprécieront un grand choix de bières savoureuses, à la pression ou en bouteille (Adler, Cardinal, Egger, Eichhof, Feldschlösschen...).
En Suisse alémanique, le **Bierstub** est à la bière ce que le Weinstub est au vin.

L'eau minérale – L'eau ordinaire ou « du robinet », comme on dit en France, ne fait pas tellement partie des coutumes. Au restaurant, il est de bon usage de commander une bouteille d'eau minérale gazeuse ou non (les plus courantes sont Henniez, San Pellegrino et Passuger).

Le café – Il est souvent servi avec un petit pot de crème *(Kaffeesahne)*. L'après-midi, on peut faire une pause dans un « Café » (salon de thé) qui propose un large choix de pâtisseries.

À la découverte de la Suisse

Circuits panoramiques en train

Préalpes suisses

– Le **Voralpen-Express**, de Romanshorn à Lucerne, relie le lac de Constance au lac des Quatre-Cantons. Ce parcours de 2 h 30 permet d'admirer les montagnes et lacs des Préalpes suisses. Internet : www.voralpen-express.ch

– Le **train du Chocolat** fait l'aller et retour entre Montreux, sur la Riviera suisse et Gruyères, patrie du fameux fromage et du chocolat au lait. Au menu : café et croissants, entrée au château et à la fromagerie de Gruyères, visite-dégustation de la fabrique de chocolat Cailler-Nestlé. Tous les mercredis de juin à octobre. Internet : www.mob.ch

– Le **GoldenPass Line** est un train panoramique de Lucerne à Montreux. Durée : 6 h. Il emprunte le col du Brünig et longe le lac de Brienz jusqu'à Interlaken, avant de poursuivre jusqu'à la station huppée de Gstaad et les vignobles du lac Léman. À Interlaken, une escapade s'impose jusqu'au Jungfraujoch (3 454 m) par la ligne ferroviaire la plus haute d'Europe ! Internet : www.goldenpass.ch

– Le petit **train des Vignes** (13 km) assure la liaison de Vevey à Chexbres et Puidoux, dans le Lavaux, au bord du lac Léman. Il s'élève en douceur, à travers les vignes et de pittoresques villages, et permet d'admirer les Alpes suisses et savoyardes. Plusieurs escales sont possibles : caveaux de vignerons, musées, chemins pédestres viticoles...

Grisons

– Le **Bernina-Express** relie Coire à St-Moritz et au col de la Bernina (2 253 m). Un bus mène ensuite à Tirano et Lugano. Un parcours impressionnant tout au long de la transversale alpine, à travers les Grisons. Durée : 4 h.

– Le **Heidi-Express** de Landquart à Tirano (Italie) offre des vues époustouflantes sur les Grisons, par Davos et le col de la Bernina : pentes vertigineuses, viaducs aux courbes audacieuses, torrents et glaciers... Durée : 4 h. En été, un bus conduit de Tirano à Lugano. Internet : www.rhb.ch

– Le célèbre **Glacier-Express** relie Zermatt et Coire à St-Moritz ou Davos. Les dénivelés du parcours, d'une beauté à couper le souffle, dépassent 1 400 m ! Le train emprunte 91 tunnels et 291 ponts, et franchit le col de l'Oberalp (2 033 m) qu'il atteint à la crémaillère depuis Andermatt. Durée : 7 h 30. Internet : www.glacierexpress.ch

– L'**Engadin Star** relie Landquart à St-Moritz. Il emprunte le nouveau Vereinatunnel et permet de découvrir les paysages grandioses de l'Engadine. Durée : 9 h. Internet : www.rhb.ch

Valais

– Le petit **Saint-Bernard-Express** mène de Martigny à Orsières (30 mn) à travers la vallée de la Dranse. De juin à fin septembre, un bus conduit ensuite à Champex-Lac, La Fouly ou l'hospice du Grand-Saint-Bernard (55 mn). Internet : www.momc.ch

P. Wysocki/EXPLORER

Le MOB

– Le petit **Mont-Blanc-Express** relie la Suisse et la France, entre Martigny et Le Fayet : un verdoyant parcours par les vallées du Trient et de Vallorcine. Il dessert Argentière, Chamonix et Les Houches.

– L'**Allalin-Express**, depuis Berne ou Interlaken, mène jusqu'à Brigue d'où un car conduit à Saas-Fee, l'une des plus belles stations du Valais : un village sans voiture, au panorama spectaculaire. Il est possible, avec le funiculaire Alpin-Express, de monter jusqu'à 3 500 m d'altitude pour visiter une grotte glaciaire.

Tessin

– Le **Guillaume Tell-Express** relie la Suisse centrale au Tessin, de Lucerne à Lugano ou Locarno, au bord du lac Majeur. Ce voyage (6 h) comprend une croisière en 1re classe sur le lac des Quatre-Cantons, à bord d'un bateau à aubes. De mai à octobre, uniquement dans le sens Nord-Sud. Internet : www.lakelucerne.ch

– Le **Lötschberg-Centovalli-Express** circule de Berne à Locarno. Le parcours (4 h) est spectaculaire jusqu'au tunnel du Lötschberg, puis redescend fortement vers la vallée du Rhône et Brig. Par le tunnel du Simplon, on rejoint Domodossola (Italie). Internet : www.centovalli.ch

Les plus hauts ponts ferroviaires

Sitterviadukt (St. Gallen)	*97 m*
Wiesenviadukt (Grisons)	*92 m*
Solisbrücke (Grisons)	*85 m*
Viaduc de Grandfey (Fribourg)	*82 m*
Reussbrücke (Uri)	*77 m*
Meienreussbrücke (Uri)	*71 m*
Langwiesviadukt (Grisons)	*66 m*
Landwasserviadukt (Grisons)	*65 m*

Les plus longs tunnels ferroviaires

Simplon (Valais)	*19,8 km*
Furka (Valais, Uri)	*15,4 km*
St-Gothard (Uri, Tessin)	*15 km*
Lötschberg (Berne, Valais)	*14,6 km*
Ricken (St-Gall)	*8,6 km*
Grenchenberg (Soleure, Berne)	*8,6 km*
Hauenstein (Soleure, Bâle)	*8,1 km*

Petits trains à vapeur

Ils font partie du paysage suisse et crachent avec une petite note nostalgique leur panache de fumée. En saison touristique, ils reprennent du service, remis à neuf par des associations de bénévoles passionnés. Les excursions ont souvent lieu en fin de semaine. En voiture !

– Canton de Vaud : **Blonay-Chamby**, ☎ (021) 943 21 21 ; **le Pont-le-Brassus**, ☎ (021) 845 55 15 ; **Lausanne-Echallens-Berger** surnommé « la Brouette », ☎ (021) 886 20 00 ; **Montreux-Caux-Rochers-de-Naye**, ☎ (021) 963 65 31.

– Canton de Neuchâtel : **St-Sulpice-Travers**, ☎ (032) 861 36 78.

– Mittelland bernois : **Berne Weissenbühl-Interlaken Ost-Brienz**, ☎ (031) 327 28 23 ; **Flamatt-Laupen-Gümmenen**, ☎ (031) 740 62 62 ; **Huttwil-Ramsei-Huttwil**, ☎ (034) 422 31 51, **Worblaufen-Worb Dorf/Soleure**, ☎ (031) 925 55 55.

– Canton de Soleure : **Soleure-Burgdorf-Thoune-Soleure**, ☎ (034) 422 31 51.

– Canton du Tessin : **Capolago-Generoso Velta**, ☎ (091) 648 11 05.

Circuits touristiques en car

Le **Palm-Express** relie St-Moritz à Lugano en car postal. Il traverse la Haute-Engadine, vers le Val Bregaglia, déjà méridional, et le lac de Côme. Durée : 4 h. Internet : www.post.ch

– Le **Romantic Route Express** quitte Andermatt par le col de la Furka (2 431 m) et longe le glacier du Rhône jusqu'à Gletsch, que l'on peut aussi rejoindre – en option – par le charmant train à vapeur de la Furka. Étapes suivantes : le col du Grimsel (2 165 m) et la vallée du Hasli, puis Meiringen et Grindelwald, au pied de la face nord de l'Eiger. Un fabuleux décor de pâturages, de fromageries d'alpage et de glaciers... Internet : www.post.ch

En bateau sur les lacs

Une autre silhouette familière du paysage suisse est le bateau à aubes, qui arbore fièrement à sa poupe le pavillon rouge à croix blanche. En saison touristique, des croisières sont organisées. Un service de restauration est offert sur plusieurs bateaux, dans des salles à manger luxueuses. En avant toutes !

– Sur le **lac Léman**,
– Sur le **lac des Quatre-Cantons**,
– Sur le **lac de Zurich**,

- Sur le **lac de Brienz**,
- Sur le **lac de Constance**,
- Sur le **lac de Thoune**,
- Sur le **lac Majeur**,
- Sur le **Greifensee**.

En outre, des bateaux à vapeur sillonnent les lacs en service régulier. Le **Swiss Boat Pass** (abonnement 1/2 tarif) donne droit à un nombre illimité de voyages, pendant une ou deux semaines : en vente aux guichets des ports, sur les bateaux.

Forfaits pour les musées

Le **Passeport Musées Suisses** donne accès à 280 musées dans tous les domaines, y compris les expositions temporaires : beaux-arts, sciences et nature, technologie... Il est délivré pour un mois (30 F) ou un an (90 F). Avec le Passeport Adulte, on peut emmener ses enfants gratuitement dans les musées (35 F pour un mois, 105 F pour un an). En Suisse, ces forfaits sont en vente dans les principaux offices de tourisme et les musées affiliés. Renseignements : Hornbachstrasse 50, Zurich ☎ (01) 389 84 56. Commande sur Internet : www.museums.ch/pass

Le **Passeport des musées du Rhin Supérieur** permet l'entrée libre et illimitée, pendant un an, dans les musées de Bâle et des environs : au total, plus de 150 musées en France, Suisse et Allemagne. Renseignements et vente : en France ☎ (03) 89 33 96 29. Également en vente chez Virgin et à la FNAC. En Suisse : Association du Passeport des musées du Rhin supérieur, Kirchgartenstrasse 7, 4002 Basel ☎ (061) 205 00 40. Également dans les offices de tourisme et les musées concernés. Sur Internet : www.museums.ch/pass

LES LOISIRS

Randonnées à pied

En Suisse, les chemins de randonnée fourmillent. Le réseau est l'un des plus longs du monde avec 68 000 km de chemins balisés, dont la signalisation est uniformisée dans tout le pays : on y lit la direction générale de tel sentier, les étapes intermédiaires, la durée approximative des excursions.

Balisage des chemins – Les panneaux **jaunes à caractères noirs** signalent par un losange jaune les chemins praticables par tous, y compris les enfants et les randonneurs inexpérimentés. Les panneaux **jaunes à pointe blanche et trait rouge** indiquent les randonnées de montagne exigeant une bonne condition physique : on les reconnaît à leur losange rouge. Les chemins difficiles, qui nécessitent des connaissances en varappe, sont annoncés par des **panonceaux bleus à pointe blanche et filet bleu** : glacier ou éboulis, champs de neige... Les passages délicats sont signalés de façon spécifique et assurés par des garde-fous ou des cordes. Les panneaux **bruns à texte blanc** indiquent des curiosités culturelles.

Avec des enfants – Certains sentiers sont accessibles aux poussettes. Parmi les plus belles randonnées : le circuit du Tomlishorn sur le Pilatus, le « circuit du fromager » (Käserstatt) sur le Halisberg, et le chemin panoramique du glacier d'Aletsch. Des suggestions de randonnées accessibles aux poussettes sont données sur le site : www.seilbahnen.org

Renseignements – La Société suisse des chemins de randonnée publie des cartes de parcours que l'on peut se procurer dans la plupart des grandes librairies. On y trouve aussi de nombreux guides de promenades. Pour tout renseignement : Association suisse de tourisme pédestre, Im Hirshalm 49, 4125 Riehen, ☎ (061) 601 15 35. En outre, une sélection d'itinéraires est proposée sur le site de Suisse Tourisme : www.myswitzerland.com

Parcours de santé – Née dans les Grisons, l'idée s'est répandue dans toute la Suisse, y compris de grandes villes comme Bâle. Quelque 500 parcours « fitness « sont équipés chacun d'une vingtaine de haltes où l'on peut s'échauffer, s'étirer, et pratiquer des exercices d'équilibre.

À vélo

Location et transport – Les Chemins de fer fédéraux suisses (CFF) et la majorité des chemins de fer privés acceptent de charger les vélos dans la plupart des trains, comme **bagages accompagnés**. Dans 100 gares, il est possible de louer un vélo et de le restituer dans une autre gare. La CFF propose aux cyclistes un fascicule gratuit : horaires, correspondances les mieux adaptées, prix du chargement. La formule **train + vélo** permet d'allier transport et location. Elle comprend une assurance de responsabilité civile et une couverture financière en cas d'accident. Le billet **Swiss Travel System** permet de bénéficier de tarifs préférentiels pour louer un vélo. Renseignements : Rail Service 0900 300. Sur Internet : www.cff.ch

Grands circuits – Fondation d'utilité publique, **La Suisse à vélo** a balisé neuf itinéraires (3 300 km) qui relient toutes les régions de Suisse, traversant des paysages superbes : route des lacs, route des Grisons... Ces circuits, pour la plupart réservés aux cyclistes, commencent toujours près d'une gare et sont balisés de manière uniforme : pictogramme symbolisant un vélo, distances et destinations, dénivelé, etc.
Chaque route fait l'objet d'un guide très détaillé. L'une des plus sportives est intitulée « Panorama alpin « : l'itinéraire (480 km) emprunte une dizaine de cols et culmine au Klausenpass (alt. 1 948 m).
La Suisse à vélo fournit aussi une liste d'hôtels où le meilleur accueil est réservé aux cyclistes : repas « sportif », emplacement couvert pour les vélos, petit outillage de réparation... Renseignements sur Internet : www.suisse-a-velo.ch

Pistes cyclables – Le pays compte plus de 3 000 km de pistes. La fondation La Suisse au vélo *(voir ci-dessus)* vend une carte synoptique à l'échelle 1/500 000, qui recense tous les itinéraires cyclables.

Manuel du cycliste – En vente dans les librairies : *Bike & Sleep*, édité par Kummerly + Frey.

Alpinisme et varappe

Suisse Tourisme propose, dans chaque région, des idées de parcours aux passionnés de varappe – débutants ou expérimentés. Sans l'Oberland bernois, la via ferrata Tälli est le premier **parcours d'escalade** de Suisse : 78 m d'échelles et 550 pitons en acier sont encastrés dans la paroi de l'imposante Gadmerflue, au col du Susten. Ce parcours s'adresse même aux non-alpinistes. Dans le Liechtenstein, les parois abruptes des Eggstöcke, au-dessus de Braunwald, sont également accessibles à tous les passionnés de montagne. Renseignements : www.myswitzerland.com, tapez « escalade « sur le moteur de recherche du site.
Pour s'initier aux techniques de l'alpinisme ou « faire un sommet », rien ne vaut l'expérience d'un guide : toutes les grandes stations sont dotées d'**écoles** où des ascensions sont proposées sous la conduite de professionnels expérimentés.

Sports nautiques

À la plage – À défaut de criques rocheuses, la Suisse offre ses rives lacustres. Parmi les plus belles plages : celle du Heidsee à Lenzerheide, la plage du petit lac de Cauma, dont les eaux sont réchauffées par des sources souterraines au cœur de la forêt de Flims, ou encore Estavayer-le-Lac, la plus grande plage de sable naturelle du pays.

Voile, planche à voile, ski nautique – Des écoles existent sur tous les grands lacs. Renseignements sur Internet : www.myswitzerland.com

Aviron, canoë, rafting – Le grand nombre de lacs et de rivières favorise la pratique de ces activités. Près de Lucerne, le Rotsee est un lieu privilégié pour les amateurs d'aviron.

Complexes nautiques – La Suisse compte plusieurs parcs de loisirs : piscines à vagues, toboggans gigantesques, piscines à remous... Le Säntispark à Abwill, près de Sankt Gallen, est l'un des plus vastes, avec l'Alpamare de Pfäffikon près de Zurich.

Pêche

La Suisse offre quelque 32 000 km de cours d'eau et 135 000 ha de lacs : ceux qui veulent taquiner le poisson n'ont que l'embarras du choix pour lancer leur ligne...
Pour tout renseignement, notamment sur le permis, s'adresser à l'Office du tourisme local, ou à la Fédération suisse de pêche : **Schweizerischer Fischerei-Verband**, Seilestrasse 27, Postfach 8218, CH-3001 Bern, ☎ (031) 381 32 52.

R. Thxador/TOP

Thermalisme

La Suisse est riche en bains thermaux, alimentés par des souces chaudes naturelles : piscines, bains bouillonnants, sauna... Ce thermalisme de loisirs se pratique à tout âge, et volontiers en famille. En été, on passe la journée aux bains de Saillon ou de Leukerbad, dans les montagnes du Valais. Les Bains de Vals, conçus par Peter Zumthor, un grand nom contemporain de l'architecture, sont déjà classés monument historique ! Renseignements : Espaces thermaux suisses, Rosenbergweg 10c, 6301 Zoug, ☎ (041) 726 30 03. Sur Internet : www.heilbad.org

Deltaplane et parapente

Ces deux sports qui transforment l'homme en oiseau, sont très pratiqués et bénéficient d'une masse d'air assez stable. Dans la région du lac Léman, Villeneuve organise un concours des adeptes du parapente et du delta. Renseignements : Office de tourisme, Grand-Rue 15, 1844 Villeneuve, ☎ (021) 960 22 86. Sur Internet : www.redbull-vertigo.com

« Plus qu'un couteau, un ami ! »

C'est la devise du couteau suisse, qui figure en bonne place dans la panoplie des scouts. Ce véritable emblème helvétique – se méfier des contrefaçons – se reconnaît à sa couleur rouge et à sa croix blanche, inscrite dans un carré aux côtés légèrement arrondis. Il se décline en plus de quatre cents modèles, du plus petit au plus complet. Une gamme particulière a même été réalisée à l'intention des gauchers. Le dernier-né de la gamme, un couteau suisse « digital » qui s'adresse aux alpinistes chevronnés, leur fournit un altimètre et un baromètre ! Ce bijou de la coutellerie de poche est né il y a plus d'un siècle, pour équiper l'armée suisse. Objectif : faciliter la survie en milieux extrêmes. Très vite, le Schweizer Offiziersmesser (ou Swiss Army Knife) a connu la célébrité à travers le monde, pour devenir le fidèle compagnon des débrouillards et des férus d'aventure. Son design lui a même valu de figurer dans les collections du Musée d'art moderne, à New York.

Les fonctions du couteau sont multiples : il peut être utilisé pour couper, trancher, limer, tailler, déboucher, décapsuler, serrer, desserrer, visser, dévisser, s'orienter, écailler, mesurer, démonter, aiguiser, percer... et ouvrir – des boîtes de conserve par exemple. Ne mérite-t-il pas l'appellation « la plus petite boîte à outils du monde « ?

Les deux grands fabricants, qui se différencient par leur logo, sont :
– **Wenger**, dont la fabrique se trouve à Delémont en Suisse romande,
– **Victorinox**, dont la fabrique se trouve à Schwyz, en Suisse alémanique. Cette société a notamment créé un nouveau couteau à l'usage des amateurs d'informatique, le Cyber-Tool. Muni de 13 tournevis, il est capable de déloger les puces d'un ordinateur, voire de les remettre en place.

Quelques livres et films

Ouvrages généraux – Tourisme – Géographie

La Suisse et le Liechtenstein aujourd'hui, par M. Chamson *(Jaguar, Paris)*

Suisse, par Jean-Robert Probst *(Guides Olizane, Genève)*

Le Voyage en Suisse, Anthologie des voyageurs français et européens de la Renaissance au xxe siècle *(Bouquins, Robert Laffont)*

Des villes en Suisse *(Autrement, Paris)*

Alpes valaisannes, par Stéphane Maire et Jacques Darbellay *(Olizane, Genève)*

Lacs suisses, par Herbert Maeder *(Silva, Zurich)*

Nature et histoire du Léman, par Paul Guichonnet *(Éditions Cabédita, Collection sites et villages)*

Les Plus Beaux Villages du Léman, par Bertil Galland, Roselyne Zurbrugg, photos de Claude Huber *(La Bibliothèque des Arts, Lausanne)*

Suisse, un refuge d'équilibre, album de photos *(Minerva)*

180 recettes de cuisine suisse de tous les cantons, par Georges Prade *(Jacques Grancher)*

Dictionnaire encyclopédique suisse, par Alain Nicollier *(GVA, Genève)*

Dictionnaire des mots suisses de la langue française, par Alain Nicollier *(GVA, Genève)*

Histoire – Civilisation – Art

Histoire de la Suisse, par Jean-Jacques Bouquet *(Que sais-je ?)*

La Suisse dans les tempêtes du xxe siècle, par Jean-Jacques Langendorf *(Georg)*

Les Suisses *(Payot, Lausanne)*

Peintres suisses, par Marcel Joray *(Griffon)*

L'Art populaire en Suisse, par Nicolas Bouvier *(Zoé, Carouge)*

Costumes suisses : images et traditions *(Slatkine, Genève)*

Cinéma suisse, nouvelles approches *(Payot, Lausanne)*

La Suisse à travers la littérature

La Nouvelle Héloïse, par Jean-Jacques Rousseau *(Gallimard, Paris)*

La Montagne magique, par Thomas Mann *(Le Livre de Poche, Paris)*

La Grande Peur dans la montagne, par Charles-Ferdinand Ramuz *(Grasset, Paris)*

Jean-Luc persécuté, par Charles-Ferdinand Ramuz *(Grasset et Fasquelle, Cahiers rouges)*

Matterhorn, par Joseph Peyré *(Grasset, Paris)*

Justice, par Friedrich Dürrenmatt *(Julliard/L'Âge d'homme, Paris)*

Helvétie, par Maurice Denuzière *(J'ai lu, Paris)*

Rive-Reine, par Maurice Denuzière *(Denoël, Paris)*

Beauregard, par Maurice Denuzière *(Denoël, Paris)*

Romandie, par Maurice Denuzière *(J'ai lu, Paris)*

L'Esprit de la terre, par Catherine Colomb *(L'Âge d'homme, Lausanne)*

La Suisse à travers la bande dessinée

Astérix chez les Helvètes, par Goscinny et Uderzo

L'Histoire suisse en bandes dessinées, par Jean-René Bory *(Delachaux & Niestlé)*

La Suisse à l'écran

Charles mort ou vif d'Alain Tanner (1969)

La Salamandre d'Alain Tanner (1971)

L'Invitation de Claude Goretta (1972)

Le cœur glacé de Xavier Koller (1980)

L'Âme sœur de Fredi Murer (1985)

Nouvelle vague de Jean-Luc Godard (1990)

Voyage vers l'espoir de Xavier Koller (1991)

Principales manifestations

La fête nationale : le 1ᵉʳ août – Toute la Suisse célèbre chaque année l'anniversaire de l'alliance perpétuelle jurée le 1ᵉʳ août 1291 par les représentants des trois communautés d'Uri, Schwyz et Unterwald. La soirée du 1ᵉʳ août est consacrée à des manifestations patriotiques : les sites historiques du lac d'Uri, en particulier la plaine du Rütli, l'Axenstrasse, sont embrasés et, dans tout le reste du pays, les jeunes des villages allument de grands feux sur les hauteurs. Le spectacle est captivant pour qui peut observer du haut d'un sommet du Jura ou des Alpes. Nombreux feux d'artifice partout dans le pays.

Janvier

Soleure . . . . Journées cinématographiques de Solothurn, consacrées au cinéma suisse

1ᵉʳ lundi de Carême

Bâle . . . . Carnaval (3 jours)

Mars

Genève . . . . Salon international de l'automobile

Février ou début mars

Tessin . . . . Carnaval itinérant, avec risotto en plein air

1ʳᵉ semaine de mars

Fribourg . . . . Festival international du film

Mars ou avril

Bâle . . . . Foire européenne de l'horlogerie et de la bijouterie

Fin mars-début avril

Bâle . . . . Foire suisse d'échantillons (vêtements, meubles, électro-ménager, tout sur la vie quotidienne)

3ᵉˢ dimanche et lundi d'avril

Zurich . . . . Sechseläuten : fête symbolisant la fin de l'hiver ; défilé des corporations ; autodafé du « Böögg » (Bonhomme Hiver)

Derniers vendredi et samedi d'avril

Aarberg . . . . Foire à la brocante

Dernier dimanche d'avril

Appenzell . . . . Landsgemeinde (vote à main levée)

Hunswill . . . . Carte Michelin nº 216 pli 21. Landsgemeinde (années impaires)

Mi-avril à mi-mai

Morges . . . . Fête de la tulipe

1ᵉʳ dimanche de mai

Glaris . . . . Landsgemeinde

Fin avril-début mai ou mai

Montreux . . . . « Rose d'Or » : concours international d'émissions de variétés à la télévision

Une semaine en mai

Berne . . . . Kursaal : festival international de jazz

Fin mai-début juin

Sierre . . . . Festival international de la bande dessinée

Beromünster . . . . Chevauchée de l'Ascension. Plus de cent cavaliers portant croix, ostensoirs, oriflammes se mettent en route au lever du jour, accompagnés de musique et cantiques. Retour l'après-midi pour la bénédiction.

Jeudi de la Fête-Dieu

Appenzell, Fribourg, . . . Messe solennelle et procession de la Fête-Dieu
Saas Fee

Fête-Dieu et jeudi précédent

Lötschental : Kippel,. . . Procession avec défilé des « grenadiers du Bon
Ferden, Wiler, Blatten Dieu »

Juin

Bâle . . . . Salon international d'art (art moderne et contemporain)

Dernier week-end de juin au 1er week-end de juillet

Ascona . . . . New Orleans Jazz Ascona : festival international

Fin juin-début septembre

Interlaken . . . . Représentation en plein air et en allemand du *Guillaume Tell* de Schiller

Juillet

Fribourg . . . . Festival international de jazz
(années paires) . . . . Festival de musique sacrée
Lausanne . . . . « Athletissima » : rencontre internationale d'athlétisme
Lugano . . . . Estival jazz
Montreux . . . . Festival international de jazz
Nyon . . . . « Paléo Festival » : festival international en plein air de rock et de folk
Vevey . . . . Festival Images (photographie, cinéma, multimédia)

Fin juillet-début août

Montreux, Vevey, ... Léman Tradition : rassemblement d'embarcations
La Tour-de-Peilz anciennes, croisières sur le lac, régates

Fin juillet-début septembre

Gstaad/Saanen . . . . Festival de musique classique sous l'égide de Yehudi Menuhin

1re quinzaine d'août
Genève . . . . « Fêtes de Genève », corso fleuri, feux d'artifice
Locarno . . . . Festival international du film

2es vendredi, samedi et dimanche d'août

Saignelégier . . . . Marché-concours national de chevaux : courses campagnardes, cortège folklorique

2e quinzaine d'août

Montreux . . . . « Comedy Festival » : humour et rire au rendez-vous

De mi-août à début septembre

Lucerne . . . . Semaines internationales de musique : concerts, cours d'interprétation, représentations théâtrales

Dernière semaine d'août

Fribourg . . . . Rencontres internationales de folklore
Vevey . . . . Festival des artistes de rue

Derniers vendredi et samedi d'août

Aarberg . . . . Foire à la brocante

Fin août

Willisau . . . . Festival international de jazz

Combat de reines dans le Valais

Charmey . . . . Bénichon de la montagne (course de charrettes à foin)

3e dimanche d'octobre

Châtel-St-Denis . . . . Carte Michelin n° 217 pli 14. La Bénichon (bénédiction) : fête marquant la fin des gros travaux d'été ; défilé folklorique, menus traditionnels « de Bénichon »

Berne . . . . Zibelemärit : traditionnel marché aux oignons symbolisant l'arrivée de l'hiver ; bataille de confettis

Genève. . . . . Fête de l'Escalade

Fribourg. . . . . Marché et foire de St-Nicolas (Décembre)

Bâle. . . . . Marché de Noël

Berne . . . . Marché de Noël

Zurich . . . . Marché de Noël

First et le Wetterhorn

Introduction
au voyage

Physionomie du pays

La Suisse se présente, dans son ensemble, comme une dépression (le Plateau ou Moyen-Pays) allongée entre les barrières montagneuses des Alpes et du Jura.

LES ALPES SUISSES

Les Alpes occupent les 3/5 du territoire helvétique, faisant de la Suisse le second des États alpins après l'Autriche, où cette proportion est des 2/3. En mettant à part la portion des Grisons située à l'Est de la vallée du Rhin Postérieur – qui évoque déjà l'Europe centrale – les Alpes suisses sont à rattacher, comme les Alpes françaises, au groupe des Alpes occidentales, c'est-à-dire au secteur de la chaîne le plus arqué, le plus violemment plissé et, par voie de conséquence, le plus disséqué par l'érosion.

Le point culminant de ce monde de glaciers, de pics et de lacs est, pour la Confédération, le mont Rose (pointe Dufour – alt. 4 634 m), mais c'est le massif du St-Gothard (Pizzo Rotondo – alt. 3 192 m), ce château d'eau de l'Europe, qui représente ici la clé de voûte de tout l'édifice.

La dissymétrie de profil transversal est sans doute la caractéristique la plus frappante de la chaîne depuis l'effondrement de la plaine du Pô : le passage d'un col comme le St-Gothard rend sensible à l'automobiliste le contraste brutal qui

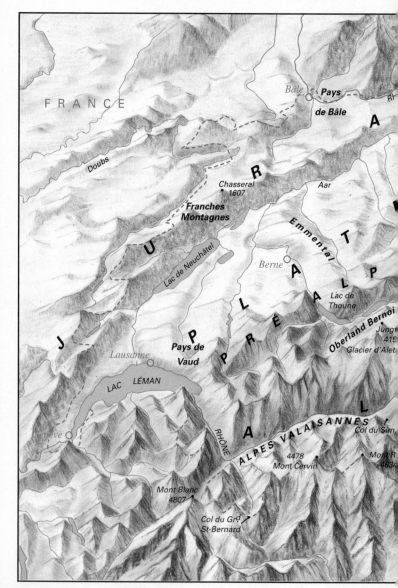

oppose les pentes relativement douces du versant Nord à la subite dégringolade du versant Sud.

Dans le sens longitudinal, le très remarquable sillon qui se creuse en pleine montagne, de Martigny jusqu'à Coire, et que drainent, suivant des directions opposées, le Rhône et le Rhin antérieur, forme une grande rocade stratégique et touristique.

Les glaciers – Les Alpes suisses possèdent environ 2 000 km^2 de glaciers, soit cinq fois plus que les Alpes françaises. Le type le plus classique d'appareil glaciaire est le « glacier de vallée », dont le glacier d'Aletsch *(voir ce nom)*, le plus vaste d'Europe (169 km^2), offre un somptueux exemple. D'amont en aval, on relève la succession d'un **névé** (en allemand *Firn*), bassin d'accumulation où la neige se tasse et se transforme en glace, et d'une **langue glaciaire** (en allemand *Gletscher*) – zone d'écoulement et de fusion – fissurée d'un réseau serré de crevasses.

Les ruptures de pente qui, sur un torrent, se traduiraient par une cascade ou des rapides, sont marquées par les amoncellements chaotiques et instables des **séracs**.

Les **moraines**, accumulations de débris rocheux entraînés par le glacier, souillent fréquemment la blancheur de la langue glaciaire, quand elles ne la masquent pas complètement, comme au Steingletscher. Une fois stabilisées, elles forment sur ses bords des remblais caractéristiques.

L'héritage des glaciers quaternaires – Il y a une centaine de siècles, les glaciers, abondamment alimentés, comblaient complètement la dépression séparant le Jura des Alpes.

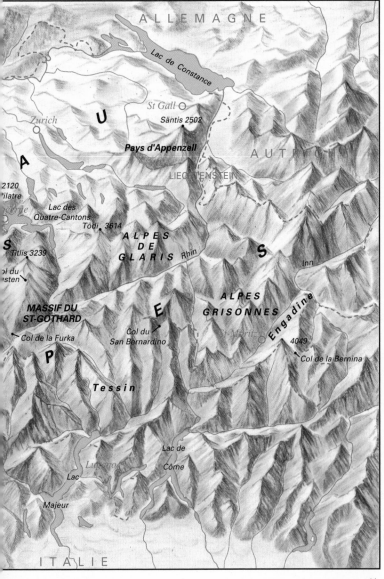

À l'intérieur du massif, ces fleuves solides atteignaient des proportions monstrueuses : le glacier du Rhône, dans le Valais, n'avait pas moins de 1 500 m d'épaisseur.

Ces géants ont laissé partout des traces frappantes : succession de rétrécissements et d'épanouissements, ruptures de pente brisant le profil longitudinal, bosses rocheuses des **verrous** encombrant certains fonds de vallées au point de les obturer presque complètement, vallées affluentes **« suspendues »** se raccordant par un ressaut très marqué avec la vallée principale, dite **« en auge »** à cause de la forme particulière de son profil transversal. Toutes ces formes de relief ont favorisé l'aménagement de hautes chutes pour la production d'énergie hydroélectrique.

Après la disparition des glaces, les eaux fluviales réapparues ont travaillé à atténuer ces contrastes.

Des **gorges de raccordement** ont alors approfondi leur trait de scie, échancrant les verrous, comme aux gorges de l'Aare, ou reliant le fond d'une vallée suspendue à celui de la vallée principale.

Mais les torrents alpins construisent aussi d'encombrants **cônes de déjection**, dont l'exemple le plus frappant est fourni, en Suisse, par le cône de l'Illgraben, tel qu'on le voit de Loèche.

La végétation alpine

Si la végétation est toujours étroitement tributaire du climat et des sols, elle l'est aussi, en montagne, de l'exposition des versants et de l'altitude qui détermine l'étagement des espèces. Cet étagement connaît des correctifs dus à l'action de l'homme, qui a souvent modifié les paysages originels, et à l'exposition. Le versant « endroit » (exposé au Sud), le plus propice aux cultures et à l'habitat, a été très défriché, alors que le versant « envers » (exposé au Nord), le plus souvent vide d'hommes, bénéficie d'une humidité favorisant le développement de vigoureux peuplements forestiers. Cette opposition est particulièrement marquée lorsque la vallée est orientée Ouest-Est.

Au-dessus des cultures qui s'élèvent jusqu'à 1 500 m environ, on trouve l'étage montagnard, domaine des forêts de conifères. À partir de 2 200 m, les arbres laissant la place aux alpages, c'est l'étage alpin où poussent les herbes vivaces, les myrtilles et la flore alpine. Après 3 000 m, on entre dans le domaine minéral : seuls quelques mousses et lichens s'accrochent aux rochers.

La forêt – Nous rappelons ci-dessous les caractères essentiels des spécimens les plus familiers de la tribu des conifères, si bien représentée dans les Alpes.

Épicéa – En allemand « Fichte », en italien « abete rosso ». Essence spécifiquement montagnarde, caractéristique des versants exposés au Nord (versants « envers »). Cime pointue en forme de fuseau. Aspect général hirsute, avec branches infléchies « en queue d'épagneul ». L'écorce, tirant sur le rouge, devient très crevassée avec l'âge. Aiguilles piquantes. Les cônes, pendants, tombent à maturité, tout d'une pièce, sur le sol.

Sapin – En allemand « Tanne », en italien « abete bianco ». Cime large, à pointe aplatie « en nid de cigogne » chez les arbres âgés. Écorce tirant sur le gris. Les cônes, dressés comme des chandelles, se désagrègent sur place à maturité en perdant leurs écailles. Les aiguilles, molles, disposées sur le même plan comme les dents d'un peigne (d'où le nom de « sapin pectiné ») présentent sur leur face interne une double ligne blanche (d'où le nom de « sapin argenté »).

Mélèze – En allemand « Lärche », en italien « larice ». C'est le seul conifère des Alpes suisses qui perd ses feuilles en hiver. Arbre caractéristique des versants ensoleillés de haute montagne, particulièrement dans le Valais et les Grisons. Cônes tout petits. L'ombre légère du feuillage, vert clair et ténu, n'interdit pas la pousse du gazon ; aussi le charme des sous-bois de mélèzes est-il connu des touristes.

MICHELIN

Mélèze

Pin arolle – En allemand « Arve », en italien « pino cembro ». Les nombreuses espèces de pins ont pour caractéristique commune la présentation de leurs aiguilles, réunies par une gaine écailleuse en bouquets de 2 à 5. Leurs cônes sont à écailles dures et coriaces. Le pin arolle se reconnaît à la disposition de ses ramures, profondément incurvées comme les branches d'un candélabre. Il est fréquemment mutilé par les vents.

La flore – On réserve le nom de plantes alpines aux végétaux qui poussent au-dessus de la limite supérieure des forêts. La floraison précoce de ces espèces, vivaces et de petite taille, est commandée par la brièveté de la période végétative (juin-août). Le développement disproportionné de la fleur par rapport au reste de la plante et sa belle coloration s'expliquent par la richesse de la lumière des hautes altitudes en rayons ultraviolets. Voici quelques espèces alpines :

Fleurs des Alpes

J. Blanc/JACANA

Ancolie des Alpes

M.Viard/JACANA

Gentiane pourpre

E. Julei/JACANA

Oreille d'ours

Edelweiss   M. Zahnd/JACANA

P. Nieri/JACANA

Lis martagon

F. Lieutier/JACANA

Lis orangé

Egersi/JACANA

Aster des Alpes

Ancolie des Alpes – Famille des renonculacées. 20 à 30 cm de haut. Se trouve parmi les buissons, entre les pierres. Fleurit en juillet et août.

Lis martagon – Famille des liliacées. 30 à 110 cm de haut. Se trouve dans les bois et prairies humides. Fleurit de juin à août.

Aster des Alpes – Famille des composées. Tige de 3 à 15 cm de haut. Se trouve dans les rochers et sur les pentes sèches. 1 500 à 3 000 m. Fleurit en juillet et août.

Edelweiss – Famille des composées. 5 à 10 cm de haut. Se trouve parmi les rochers et sur les pentes gazonnées. Fleurit de juillet à septembre.

Gentiane pourpre – Famille des gentinacées. 20 à 60 cm de haut. Se trouve dans les pâturages alpestres et les bois clairs. 1 500 à 2 700 m. Fleurit en juillet et août.

Lis orangé – Famille des liliacées. Tige pouvant atteindre 1 m de haut. Se trouve dans les forêts claires et les endroits rocheux. 700 à 2 400 m. Fleurit en juin et juillet.

Oreille d'ours ou auricule – Famille des primulacées. 7 à 20 cm de haut. Se trouve dans les fissures de roches calcaires, les éboulis. 1 000 m à 2 500 m. Fleurit d'avril à juillet.

Des sites adéquats – En montagne, les plantes ne poussent pas n'importe où : aux unes il faut un sol calcaire, à d'autres un sol siliceux ; un éboulis, une fente rocheuse, une tourbière ont des hôtes bien différents, en fonction des conditions de vie qu'ils leur dispensent. À chaque emplacement type correspond ainsi une espèce végétale particulière, ou une association d'espèces – toujours les mêmes – également capables d'y subsister.

Protection de la flore alpine – La cueillette de certaines fleurs des Alpes menacées de disparition (cyclamen, aster des alpes, primevère, edelweiss) est sévèrement réglementée en Suisse.

Le climat alpin

Comparé aux conditions climatiques régnant dans les plaines voisines, le climat alpin apparaît infiniment contrasté, suivant les différences d'altitude, les formes de relief, l'exposition.
Certains phénomènes météorologiques comme les brises et le föhn ne laisseront pas indifférents les touristes.

Les brises – Pendant la saison chaude, les décalages qui se produisent journellement entre le refroidissement et le réchauffement des différents paliers d'une vallée montagnarde engendrent des vents locaux, les brises, de mécanisme analogue à celui des brises de terre et de mer.
À la fin de la matinée, l'air chaud et dilaté des vallées remonte les couloirs naturels qui lui offrent un passage vers les hauteurs et vient provoquer la formation de nuages autour des sommets. Cette augmentation de la nébulosité au cours de l'après-midi est un gage de beau temps stable (elle doit cependant inciter les promeneurs à monter aux belvédères de très bon matin). Vers cinq heures de l'après-midi, cette « brise de vallée » cesse de souffler : c'est maintenant au tour de la « brise de montagne », froide et généralement plus violente, de balayer en sens inverse la vallée.

Le föhn – Ce vent marque, pendant la saison froide, un bouleversement complet de la situation climatique des Alpes, généralement très stable à cette époque de l'année. Il sévit sous sa forme la plus brutale au Nord de la chaîne, dans les hautes vallées de l'Aar et de la Reuss.
Le phénomène est déclenché par le passage d'une forte dépression barométrique le long du versant Nord des Alpes. S'étant dépouillé de son humidité sur le versant italien de la chaîne, où la pluie et les orages ne cessent alors de régner, l'air aspiré par cette dépression se précipite par-dessus la ligne de crête et, se réchauffant par compression en perdant de l'altitude, se transforme en un souffle sec et brûlant, tandis que l'atmosphère prend une transparence idéale.
En montagne, chacun est sur le qui-vive : les torrents se gonflent, les avalanches grondent, l'eau des grands lacs se soulève en tempête, les risques d'incendies catastrophiques se multiplient. Certaines communes mettent alors en application un plan de sécurité draconien (on le verra affiché dans les cafés de la haute vallée de la Reuss) allant jusqu'à l'interdiction absolue de fumer. Le föhn provoque chez les humains des malaises si caractérisés qu'un laboratoire bâlois a pu lancer sur le marché une médication spéciale « anti-föhn ».
En compensation, le föhn provoque la fonte des neiges et permet d'ouvrir très tôt aux troupeaux l'accès des « alpes » ; grâce à lui, certaines vallées voient prospérer des espèces méditerranéennes (maïs, vigne, châtaignier) bien au-delà de leur aire normale d'extension : son apparition est un événement de premier plan dans la vie de toute la Suisse montagnarde. En 1861, le föhn joua un rôle très actif dans l'incendie qui ravagea Glarus, chef-lieu du canton du même nom.

LE JURA SUISSE

Le Jura, qui culmine à 1 723 m au crêt de la Neige, en France, se présente en territoire helvétique comme un faisceau de chaînons calcaires vigoureusement plissés, s'arquant sur une longueur de 200 km entre la Dôle (alt. 1 677 m) et le Lägern (alt. 859 m – au-dessus de Baden). Alors que le Jura s'abaisse du côté de la plaine de la Saône en un gigantesque escalier de plateaux, les dernières rides du massif forment au-dessus du Plateau *(voir ci-dessous)* un rempart continu, s'élevant d'un seul élan à plus de 1 000 m d'altitude, face à l'admirable décor des Alpes bernoises et du massif du Mont-Blanc.

Comme en France, les frais paysages de la montagne jurassienne dévoilent une structure régulièrement plissée, héritée des mouvements de l'écorce terrestre qui ont fait surgir, à l'époque tertiaire, la chaîne des Alpes.

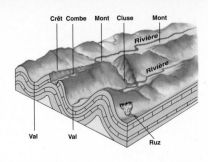

Mais à côté de cette « houle figée » de « vals » et de « monts », il y a encore place, de ce côté de la frontière, pour de hauts plateaux à peine moutonnés, comme celui des Franches Montagnes *(voir ce nom)*. Les attaques de l'érosion ont développé dans ce socle rocheux tout un réseau de coupures, de bassins intérieurs, et dégagent, à la grande satisfaction du touriste, des escarpements rocheux souvent inattendus.

LE PLATEAU OU MOYEN-PAYS

Le Plateau suisse s'allonge entre les Alpes et le Jura, du lac Léman au lac de Constance, formant un glacis en pente douce à la surface duquel s'est accumulée la masse de débris arrachés aux Alpes. La disposition du réseau hydrographique de l'Aare montre que tout le drainage se fait, ici, au profit du Rhin, par une gouttière creusée au pied de la dernière ride du Jura. Avant les glaciations quaternaires, le Rhône filait dans cette dépression que jalonnent aujourd'hui un chapelet de lacs (lacs de Bienne et de Neuchâtel) et de zones marécageuses. En fait, le Plateau se présente comme une région de collines, accidentée : ravins, vallées à méandres encaissés. Le Plateau rassemble les centres vitaux de l'activité agricole suisse. Les cités les plus populeuses de la Confédération s'y concentrent.

La conquête des sommets

Les multiples épisodes, dramatiques ou glorieux, de la lutte engagée entre l'homme et la montagne, n'ont cessé de passionner l'opinion. Si les victoires enregistrées au 19e s. sur les sommets réputés les plus inaccessibles ont détruit peu à peu la crainte superstitieuse dont les entourait l'imagination populaire, l'alpinisme compte encore, à côté d'adeptes de plus en plus nombreux, bien des détracteurs.

La Suisse, qui peut s'enorgueillir de tant de « 4 000 », constitue un terrrain de choix pour l'alpiniste. On raconte que, dès le 14e s., six ecclésiastiques de Lucerne entreprirent l'escalade du Pilate, non sans subir, à la suite de cet exploit, les foudres de leur supérieur. L'une des premières ascensions inscrite au palmarès de la Suisse est celle du Titlis, effectuée en 1744 par quatre paysans d'Engelberg. En 1792, Spescha, moine de Disentis, triomphe de l'Oberalpstock. L'année 1811 est marquée par une remarquable expédition : les frères **Meyer**, riches négociants d'Aarau, gagnent le Valais par le Grimsel et, partant du Lötschental, escaladent la Jungfrau (4 158 m). Parallèlement, la Savoie et l'Autriche s'attaquent à leurs points culminants. En 1786, le guide **Jacques Balmat**, de Chamonix, atteint le sommet du Mont Blanc et renouvelle son expédition en 1787, en compagnie du physicien suisse de Saussure. Les Autrichiens, de leur côté, effectuent, en 1800, la première ascension du Grossglockner (3 797 m).

En 1813, le Breithorn (4 164 m) est vaincu à son tour, puis le Tödi en 1824 et le Piz Bernina (4 049 m) en 1850. Jusqu'alors, les Suisses s'étaient en quelque sorte réservé le monopole de ces performances. À partir de 1840, les Anglais vont inscrire à leur tour, dans la chronique de l'alpinisme, de célèbres « premières » : le **Stockhorn** en 1842 et le **Wasenhorn** en 1844, par J.-D. Forbes ; la pointe Dufour (4 634 m) en 1855, par les trois frères **Smyth** ; l'**Eiger** en 1858, par Ch. Barrington ; et surtout, en 1865, le Cervin (4 478 m) par **Edward Whymper**. Ces victoires, auxquelles s'ajouteront celles des Français et des Italiens, font du 19e s. la période classique de l'alpinisme.

Les principaux sommets au-dessus de 4 000 mètres

Mont Rose (Valais)	4 634 m	Aletschhorn (Valais)	4 195 m
Dom (Mischabel ; Valais)	4 545 m	Breithorn (Valais)	4 164 m
Weisshorn (Valais)	4 505 m	Jungfrau (Berne-Valais)	4 158 m
Le Cervin (Valais)	4 478 m	Mönch (Berne-Valais)	4 099 m
Dent Blanche (Valais)	4 357 m	Schreckhorn (Berne)	4 078 m
Grand Combin (Valais)	4 314 m	Piz Bernina (Grisons)	4 049 m
Finsteraarhorn (Valais)	4 274 m	Lauteraarhorn (Berne)	4 042 m

Une économie dynamique

La Suisse possède l'un des niveaux de vie les plus élevés du monde. Sa réussite s'appuie sur un secteur tertiaire particulièrement dynamique, une main-d'œuvre très qualifiée, une monnaie forte et une situation politique stable. Son industrie à la fois traditionnelle et innovante est performante, mais dépend beaucoup de l'étranger pour ses débouchés. Pays de montagnes, la Confédération dispose de ressources naturelles insuffisantes pour satisfaire tous les besoins de sa population. La Suisse s'est donc très tôt ouverte sur l'extérieur en important notamment des matières premières. Les mentalités restent pourtant très protectionnistes. L'immigration est très contrôlée et les travailleurs étrangers représentent 25 % de la population active. Son refus d'adhésion à l'Espace économique européen en 1992 remet en question ses perspectives de croissance et un programme de revitalisation est alors mis en place en 1993 pour stimuler l'économie. En 1995, la Suisse s'engage, pourtant, dans l'Organisation mondiale du commerce (OMC). Les structures traditionnelles de son économie se préparent désormais à son intégration dans l'économie mondiale.

L'ÉCONOMIE SUISSE, HIER ET AUJOURD'HUI

La Suisse reste un «havre de paix » et un refuge pour l'étranger.
Genève est le siège de nombreux organismes mondiaux : l'ONU, le Gatt, Le Haut-Commissariat pour les réfugiés…
Zurich est la capitale économique, le siège des banques. La neutralité suisse encourage la confiance des capitaux étrangers, protégés par le secret bancaire (assoupli aujourd'hui pour lutter contre le blanchiment d'argent) et par la monnaie forte et stable : 40 % de l'épargne privée mondiale est concentrée en Suisse. Par ailleurs, les investissements étrangers, en particulier américains, ont beaucoup progressé avec la libéralisation de l'économie suisse. L'assurance, la finance et le commerce sont les secteurs connaissant les investissements les plus importants.
La Suisse a échappé pendant longtemps à la crise qui sévissait dans l'ensemble des pays occidentaux : pays du plein emploi pendant longtemps avec une main-d'œuvre très qualifiée, des conditions de vie très confortables pour tous, un enseignement accessible à tous depuis longtemps et des formations professionnelles de très haut niveau.
Depuis le début des années 1990, le pays subit la morosité de la conjoncture internationale et sa monnaie trop forte empêche les produits suisses d'être compétitifs. Par ailleurs, le secteur de la construction est en crise. Les dépenses publiques sont aussi ralenties afin de réduire la dette. En conséquence, l'activité économique stagne et le chômage a fait son apparition. Fin 1996, il dépasse le seuil des 5 % da la population active.Il reste faible, cependant, et se stabilise à 2,7 % de la population active en 2000. Si la Suisse semble traverser la crise plus sereinement que la plupart de ses voisins, de profonds bouleversements et restructurations sont attendus dans son économie. La votation de mai 2000 annonce son rapprochement avec les pays de l'Union européenne en matière d'économie. En 2002 Ile cours élevé du franc suisse constitue un handicap pour les exportations, notamment vers les pays de l'Union européenne. Le tourisme s'en ressent également.

LES SECTEURS D'ACTIVITÉ

Agriculture – L'agriculture a un statut très particulier en Suisse. Très protégée et subventionnée par l'État, sa fonction est surtout sociale. Directement intégrée à la vie rurale et au paysage, elle est un aspect typique de la culture suisse et une source d'attraction touristique. Pays montagneux, la Suisse s'est tournée vers l'élevage qui représente les 3/4 de sa production agricole. Les produits du pays sont protégés par des droits de douane et des taxes élevés. La production nationale est ainsi écoulée avant de s'approvisionner à l'étranger puisque l'autosuffisance suisse est estimée à 60 %.
Les céréales, très subventionnées par l'État, restent chères, même si le rendement s'est beaucoup amélioré grâce à l'utilisation des engrais chimiques. Toutefois, ces nouvelles techniques de production, néfastes pour l'environnement, ne sont pas bien acceptées par la population. Les cultures bio sont désormais encouragées mais encore trop coûteuses. L'élevage a été touché par l'embargo suite à la crise de la vache folle, mais un contrôle sévère de l'épidémie s'est rapidement mis en place. La production de lait, élément clé de l'agriculture suisse, dépasse largement les besoins de la population. La moitié du fromage suisse (soit 1/4 de la production laitière) est exportée et sa réputation est mondiale en particulier pour le gruyère de la région de Gruyères et l'emmental de la région de Lemme.
L'exploitation de la forêt est très réglementée depuis 1993. Celle-ci couvre 30 % du territoire et protège des catastrophes naturelles (avalanches, glissements de terrain…). Le déboisement est interdit.

Industrie – L'industrie suisse se caractérise par une exigence de qualité qui garantit sa renommée mondiale.

Les secteurs les plus dynamiques sont ceux des **machines** (fabrication de machines-outils, machines agricoles et d'imprimerie) et de l'**électromécanique**, qui représentent 45 % des exportations suisses. Leur réputation n'est plus à faire ! Zurich, Baden, Winterthur sont des centres industriels actifs.

Les secteurs de la chimie et surtout de la **pharmacie**, concentrée dans la région de Bâle, connaissent aussi des résultats très satisfaisants. La recherche et le développement sont particulièrement dynamiques et ces secteurs sont très peu sensibles à la conjoncture internationale. De grands groupes pharmaceutiques suisses sont parmi les premiers mondiaux : *Roche* est le 9e groupe pharmaceutique mondial et *Novartis*, issu de la fusion des deux grandes sociétés suisses *Ciba* et *Sandoz*, est désormais le 2e mondial.

Quant aux industries traditionnelles, horlogerie et agroalimentaire, symboles de la Suisse, elles restent très compétitives. La Suisse reste « le gardien international du temps » ! Désormais concentrée sur l'**horlogerie** de luxe (les Asiatiques se sont emparés des basses et moyennes gammes), appréciée mondialement, de qualité remarquable et en permanente innovation, elle reste attachée au label « Swiss made ». 95 % de sa production sont exportés. Le succès des montres Swatch a montré que cette industrie avait aussi su apporter des réponses « marketing » à sa demande de croissance.

L'**agroalimentaire** est en très bonne santé. Nestlé, installé à Vevey, est le plus grand groupe suisse et le premier groupe agroalimentaire mondial. À ses côtés, le chocolat maintient l'image traditionnelle de la Suisse à l'étranger et fait toujours le bonheur des Suisses dont la réputation de gourmands invétérés est mondialement connue (107 tablettes par habitant et par an).

Face à ces résultats plutôt positifs, certains secteurs de l'industrie suisse sont en difficulté.

L'**industrie textile** suisse ne peut plus faire face à la production textile asiatique et à ses coûts très bas. Les industries travaillant la soie et situées dans l'Est et le centre du pays sont contraintes de se délocaliser. La recherche et l'innovation restent les seules voies de développement possible, avec la fabrication de tissus synthétiques à Lucerne notamment.

Protection de l'environnement – La Suisse s'affirme dans ce secteur en pleine expansion. En 1992-1993, 6 milliards de francs suisses ont été consacrés à des investissements dans ce secteur. Ce problème concerne les entreprises privées, les pouvoirs publics et les particuliers. L'agriculture se développe désormais en respectant l'environnement. De même, une industrie de traitement des déchets est en plein essor. Le respect de l'environnement est quotidien chez les Suisses, attentifs au recyclage des déchets (tri du verre, papier, métal). Par ailleurs, un moratoire sur la construction de centrales nucléaires avait été voté jusqu'en 2000. Depuis il n'y a aucun projet concernant la construction de nouvelles centrales.

Services – Les services font le dynamisme de l'économie suisse. Ils concernent 70 % de la population active et représentent 70 % du PIB. Si le secteur de la banque et de l'assurance est en plein essor, celui du tourisme fait face à un changement des habitudes et celui du commerce est touché par des difficultés. Les infrastructures suisses sont en pleine modernisation.

La population suisse a un grand esprit d'épargne et sa monnaie très stable attire de nombreux capitaux. Zurich est la première place financière suisse. Le marché de l'**assurance** est aussi en plein essor, en particulier celui de l'assurance-vie. Les Suisses sont d'ailleurs « le peuple le mieux et le plus assuré du monde ». Ce secteur est dominé par trois sociétés : la *Rentenanstalt/Swiss Life*, la *Winterthur* et la *Zürich*. Ces sociétés d'assurances sont aussi très actives à l'étranger.

Le **commerce** de détail s'essouffle et demeure sous le contrôle de quelques gros distributeurs comme *Migros, Coop* et *Denner*, qui représentent 80 % de la distribution.

Tourisme – Les chalets typiques, les paysages, la qualité de vie font toute la réputation de la Suisse. Pourtant, le **tourisme** traditionnel suisse est en crise. Les hôtels de luxe n'ont plus la faveur des consommateurs qui réduisent leurs dépenses et préfèrent des formules plus rapides et moins onéreuses. Le cours élevé du franc suisse ne facilite pas les choses. En revanche, les agences de voyages sont en plein essor, et les séjours courts et fréquents à des prix plus accessibles font le bonheur des touristes à la recherche d'offres spéciales.

Transports – La Suisse, carrefour européen, cherche à s'intégrer aux réseaux de communication des pays voisins. Aujourd'hui, le transport ferroviaire pour les marchandises et les transports en commun sont encouragés. La ville de Berne, par exemple, a souhaité diminuer son trafic automobile de 50 %.

Quelques faits historiques

L'Helvétie primitive

AVANT J.-C.	Dans le Jura, on a découvert le crâne d'un homme de Cro-Magnon qui remonterait à 12 000 avant notre ère.
2e s.	Les **Helvètes** franchissent le Rhin. Cette puissante tribu celte semi-nomade s'était établie sur un territoire qui s'étendait du lac de Constance à Genève, des Alpes au Jura.
1er s.	Les Helvètes, chassés par les Alamans, sont définitivement arrêtés dans leur exode en Gaule par les Romains conduits par Jules César. La bataille a lieu à Bibracte (Autun) en l'an 58. Commence alors une longue période de colonisation qui s'étend jusqu'au cœur des Alpes. Des colonies comme Nyon, Augusta Raurica sont créées.
APRÈS J.-C.	
1er s.	L'Helvétie devient une province intérieure de l'Empire romain et Vindonissa le quartier général.
2e s.	La position géographique de l'Helvétie entre l'Italie et les possessions du Nord et du Nord-Ouest oblige les Romains à entreprendre de grands travaux de communication, notamment sous le règne des Antonins. Aventicum (Avenches), fondée par Auguste, connaît son apogée.
3e-5e s.	Les **Burgondes**, d'origine nordique, s'installent en Helvétie occidentale. Les **Alamans** d'origine germanique, s'emparent d'Aventicum et occupent l'Helvétie centrale et orientale.
6e-9e s.	À partir de 530 les Francs déferlent sur le pays. La tutelle franque des Mérovingiens et des Carolingiens va s'exercer sur l'Helvétie, surtout à l'Ouest, jusqu'en 888. Des moines irlandais conduits par saint Colomban viennent apporter la bonne parole. Sous leur impulsion, plusieurs monastères vont être créés. Celui fondé par saint Gall deviendra un haut lieu de l'enseignement en Europe.

La Suisse au Moyen Âge

1032	À la mort de Rodolphe II, le pays passe par héritage aux rois de Germanie.
11e-13e s.	Sous la lointaine autorité nominale des rois puis empereurs de Germanie, les grands seigneurs féodaux et les villes libres ont le pouvoir effectif.
1191	Fondation de Berne.

Roger-Viollet

48

1291	Avant de mourir, **Rodolphe de Habsbourg** livre l'Helvétie à ses fils, les ducs d'Autriche.
1er août 1291	Dans les vallées alpestres proches du lac des Quatre-Cantons, refusant d'être placés sous l'autorité des Habsbourg et des baillis qu'ils ont nommés, les trois cantons primitifs (Waldstätten) d'Uri, Schwyz et Unterwald concluent un pacte d'assistance mutuelle ou **serment du Rütli**. Ce pacte est le véritable acte de naissance de la **Confédération helvétique** (appelée Suisse à partir de 1350). L'arbalétrier **Guillaume Tell**, qui y joue un rôle plus ou moins mythique, en deviendra le héros national.
1315	Les Confédérés battent le duc Léopold au **Morgaten**.
1386	Les cantons (au nombre de 8 à présent) battent encore les Autrichiens à **Sempach**. De leur côté, les Romands gagnent leur autonomie aux dépens du comte de Savoie.
15e s.	**L'enjeu du St-Gothard** : pour contrôler cette route vitale, les Suisses occupent une partie du Tessin, l'Argovie, la Thurgovie, St-Gall et les Grisons. À l'instigation du roi de France Louis XI, ils s'emparent du pays de Vaud.

Guerre bourguignonne et guerres d'Italie

1476	Les troupes du duc de Bourgogne, **Charles le Téméraire**, sont écrasées à **Grandson**, puis à **Morat**.
1513	Le nombre des cantons est porté à treize.
1515	Alliés à la papauté et aux Milanais, les Suisses sont battus à Marignan par **François Ier**, avec qui ils concluent un pacte d'alliance.
1525	La défaite franco-suisse de Pavie face à Charles Quint marque la fin du rôle politique de la Suisse hors de ses frontières.

De la Réforme au 18e s.

16e s.	Trouvant en Suisse, grâce à des humanistes comme Érasme, un terrain favorable à son expansion, la **Réforme**, prêchée par Zwingli et Calvin, propagée par les armes bernoises dans toute la Suisse romande, pénètre profondément les treize cantons.
1536	Berne, fer de lance de la cause protestante, reprend le pays de Vaud au duc de Savoie.
1648	S'étant gardée de participer à la guerre de Trente Ans, la Suisse voit sa neutralité reconnue au congrès de Münster. Mais ses luttes internes l'ayant appauvrie, des révoltes éclatent.
18e s.	Pays homogène où se côtoient plusieurs langues et religions, la Suisse est pénétrée par les idées du Siècle des lumières auxquelles contribue le Genevois **Jean-Jacques Rousseau**. À leur suite, les doctrines révolutionnaires se propagent dans le pays.
1798	À l'appel des Vaudois, l'armée française républicaine intervient contre Berne, qui est prise. Instauration d'une **République helvétique**, tout à fait inadaptée au tempérament national.

Du Consulat de Bonaparte à la fin du 19e s.

1803	Les luttes entre unitaires et fédéralistes amènent Bonaparte à parrainer une nouvelle constitution plus souple et à annexer Genève et le Valais.
1804-1815	Sous l'Empire, la Suisse devient un champ de bataille et les actions armées ne manquent pas contre les troupes napoléoniennes.
1815	Le congrès de Vienne réaffirme la neutralité perpétuelle de la Suisse ; le nombre de cantons passe à 22. Une partie du Jura français est rattachée au canton de Berne.
1846	Les discordes religieuses engendrent la ligue séparatiste catholique du **Sonderbund**, bientôt dissoute par la Diète réunie à Berne et grâce à l'action du général **Dufour**, chef de l'armée fédérale, qui met fin aux hostilités dans les délais les plus brefs et ouvre les voies à une réconciliation générale.
1848	Une nouvelle constitution instaure un pouvoir plus centralisé ainsi que la laïcité.
1863	Le Genevois **Henri Dunant** fonde la Croix-Rouge.

Le 20e s.

1914-1918	La Suisse protège ses frontières avec vigilance et accepte les réfugiés de toute origine.
1919	La neutralité suisse est honorée par le choix de Genève comme siège de la **Société des Nations (SDN)**.
1939-1945	La Seconde Guerre mondiale renvoie l'armée suisse sur ses frontières sous le commandement du général **Guisan**.
	Durant les années d'après-guerre, Genève, siège des Nations unies pour l'Europe, déploie une intense activité diplomatique dans le cadre de diverses conférences et commissions : conférences sur le désarmement (la première en juillet 1954 réunissant pour l'Ouest D. Eisenhower, F. Dulles, A. Eden et Edgar Faure, et pour l'URSS le maréchal Boulganine et Moltotov), dialogues Nord-Sud et Est-Ouest pour le commerce et Commission des droits de l'homme.
1978	Avec la création du canton du Jura, le nombre de cantons passe à 23.
16 mars 1986	Par référendum (76 % des voix), la Suisse refuse d'adhérer à l'ONU. Ce qui ne remet nullement en cause sa participation internationale dans le cadre des organisations spéciales menées par les Nations unies.
1989	Par votation, les Suisses se prononcent pour le maintien de l'armée fédérale.
1991	Adoption de l'abaissement du droit de vote et d'éligibilité de 20 à 18 ans.
1992	La Suisse refuse d'adhérer à la Communauté européenne, mais devient membre du Fonds monétaire international et de la Banque mondiale.
1995	L'Organisation mondiale du commerce (OMC), décidée le 15 avril 1994 à Marrakech, succède au GATT (accord général sur les tarifs douaniers et le commerce). Son siège est à Genève.
1er janvier 1999	Ruth Dreifuss est la première femme élue présidente de la Confédération.
21 mai 2000	Accords bilatéraux : par votation, les Suisses se prononcent à 67 % pour le rapprochement économique avec l'Union européenne relançant ainsi la question de l'adhésion de la Suisse à l'Union.

Le 21e s.

3 mars 2002	Avec une majorité de 54,6 % des voix, les Suisses votent pour l'entrée de la Confédération dans l'Organisation des Nations unies. La Suisse devient le 190e état membre.
15 mai-20 octobre 2002	Dans le pays des Trois-Lacs, Bienne, Morat, Neuchâtel et Yverdon-les-Bains accueillent l'exposition nationale **Expo.02**.

Le drapeau national

Tous les bateaux de promenade qui sillonnent les lacs suisses arborent fièrement à leur poupe la croix blanche sur fond rouge.

C'est le 21 juillet 1840 que la Diète décrète l'adoption de l'emblème national. Avant cette date chaque contingent servait dans l'armée fédérale sous les couleurs de son canton. Déjà en 1815 le général Dufour – colonel à l'époque – soucieux de sceller l'unité nationale, avait recommandé le choix d'un seul drapeau, signe de ralliement unique. « Quand on porte les mêmes couleurs, quand on combat sous la même bannière, on est plus disposé à se prêter secours dans le danger, on est plus véritablement frères » avait-il notamment déclaré.

Le drapeau s'inspire des armes figurant sur la bannière des mercenaires du canton de Schwyz, remise par l'empereur Frédéric II à ses fidèles serviteurs.

LES SUISSES ILLUSTRES

Des héros de légende aux grands artistes... Des réformateurs religieux aux savants... Nombreux sont ces Suisses illustres. Il nous suffira d'en citer quelques-uns parmi ceux ayant acquis un renom international.

14e s. : Guillaume **Tell** ; Arnold de **Winkelried**.

15e s. : Saint Nicolas de **Flüe**.

15e/16e s. : Matthäus **Schiner** ; Ulrich **Zwingli** ; Joachim von Watt, dit **Vadian** ; Theophrastus Bombastus von Hohenheim, dit **Paracelse**, médecin-alchimiste ; François de **Bonivard**.

16e/17e s. : Domenico **Fontana**, architecte, et son élève Carlo **Maderno**.

17e s. : Kaspar Jodok von **Stockalper**.

17e/18e s. : Jacques et Jean **Bernoulli**, mathématiciens.

18e s. : Daniel Bernoulli, mathématicien ; Jean-Étienne **Liotard**, peintre ; Leonhard **Euler**, mathématicien ; Jean-Jacques **Rousseau** ; Salomon **Gessner**, poète et peintre ; Horace Bénédict de **Saussure**, physicien.

18e/19e s. : Jacques **Necker**, financier et homme d'État ; Johann Caspar **Lavater**, philosophe ; Johann David **Wyss**, écrivain ; Johann Heinrich **Pestalozzi**, pédagogue ; Frédéric César de **Laharpe**, homme politique ; Guillaume Henri **Dufour**, général ; Léopold **Robert**, peintre ; Albert Bitzius, dit Jeremias **Gotthelf**, écrivain ; Rodolphe **Toepffer**, dessinateur.

19e s. : Louis **Agassiz**, géologue ; Jacob **Burckhardt**, philosophe ; Gottfried **Keller**, poète ; Henri Frédéric **Amiel**, écrivain.

19e/20e s. : Arnold **Böcklin**, peintre ; Henri **Dunant**, fondateur de la Croix-Rouge ; César **Ritz**, homme d'affaires et hôtelier ; Carl **Spitteler**, poète ; Ferdinand **Hodler**, peintre ; Ferdinand de **Saussure**, linguiste ; Félix **Vallotton**, peintre ; Henri **Guisan**, général ; Carl Gustav **Jung**, psychanalyste ; Charles Ferdinand **Ramuz**, écrivain ; Adrien **Wettach**, plus connu sous le nom de **Grock**, clown de renommée internationale ; Ernest **Ansermet**, chef d'orchestre ; Frédéric Sauser, dit Blaise **Cendrars**, écrivain ; Édouard Jeanneret-Gris, dit **Le Corbusier**, architecte ; Frank Martin et Arthur **Honegger**, musiciens, Michel **Simon**, comédien.

20e s. : Alberto **Giacometti**, peintre et sculpteur ; Hans **Erni**, peintre ; Jean **Tinguely**, sculpteur, Mario **Botta**, architecte.

À cette liste peuvent s'ajouter certains Suisses d'origine s'étant choisi une nouvelle patrie : tels les écrivains français (outre J.-J. Rousseau lui-même) Benjamin Constant et Mme de Staël... Ou, à l'inverse, des **Suisses d'adoption** : les peintres Conrad Witz, Holbein le Jeune, Paul Klee, le plasticien Daniel Spoerri, l'écrivain Hermann Hesse, le cinéaste Charlie Chaplin, l'écrivain Georges Simenon, le père du commissaire Maigret, le chanteur-compositeur Charles Aznavour, le négociant de cigares Zino Davidoff, Frédéric Dard le père du non moins célèbre commissaire San Antonio...

La démocratie en action

La Constitution de 1848, révisée en 1874, puis en 1978, a remplacé par un État fédératif moderne l'ancienne confédération de cantons qui pratiquaient une politique individualiste, chacun possédant sa monnaie propre, ses postes, ses douanes.

Les communes – Liberté individuelle, liberté de croyance et de conscience, liberté de presse et d'association sont reconnues par la Constitution qui fait de tout Suisse âgé de dix-huit ans révolus un citoyen actif, électeur et éligible. Tout le régime repose sur le principe de la souveraineté des citoyens, qui, vivant dans quelque 3 000 communes, forment le fondement même de la volonté nationale.
Dans tous les domaines, la commune est habilitée à trancher en première instance, le canton n'intervenant qu'en appel. Particularité très révélatrice : l'acquisition de la nationalité helvétique par un étranger requiert l'admission préalable du postulant dans le corps des « bourgeois » d'une commune déterminée.

Landsgemeinde à Glaris

Suisse Tourisme

L'autorité cantonale – Les cantons ont conservé chacun leur souveraineté politique, avec leur constitution et leur législation propres. Dans chacun des 23 cantons (26 en comptant les demi-cantons) *(voir ci-après : Les cantons)*, le pouvoir exécutif est détenu par le Conseil d'État, le pouvoir législatif par le **Grand Conseil**.

Les pratiques de la démocratie directe survivent encore dans quelques cantons de montagne (Appenzell, Glaris et Unterwald), où l'on peut voir se réunir chaque printemps, en plein air, l'ensemble des citoyens actifs, appelés à voter à main levée sur toutes les questions intéressant la collectivité : ce sont les **« Landsgemeinden »** *(tableau des principales manifestations dans le chapitre Renseignements pratiques)* accompagnées d'un grand déploiement de cérémonies religieuses, de serments et de proclamations solennelles.

Les autorités fédérales – Le pouvoir législatif est exercé par deux assemblées, le **Conseil national** et le **Conseil des États** ; l'exécutif par un collège de sept membres, le **Conseil fédéral**. Les deux assemblées législatives réunies forment l'Assemblée fédérale. Le Conseil national représente le peuple : ses membres sont élus à raison d'un député pour un peu plus de 30 000 habitants (200 membres), chaque canton ou demi-canton obtenant au moins un siège. Le Conseil des États, mandataire des cantons, compte 46 députés, soit deux par canton quelle qu'en soit la population.

Ce système bicaméral, qui évoque les institutions parlementaires américaines, sauvegarde, dans toute la mesure du possible, les intérêts des petites communautés.

Le pouvoir exécutif est confié au Conseil fédéral : élus pour quatre ans (par l'Assemblée fédérale), ses sept membres administrent chacun un département, c'est-à-dire un ministère. L'élection annuelle du président, qui porte le titre de « président de la Confédération », et celle du vice-président, apparaissent comme une simple formalité, le vice-président étant toujours appelé à devenir président et son successeur étant nommé selon un tour établi par convention.

Le peuple souverain – Les décisions de l'Assemblée fédérale ne sont prises qu'après un vote favorable des deux chambres. Mais là encore intervient la souveraineté populaire : il suffit que dans les 90 jours qui suivent la décision de l'Assemblée soient réunies 50 000 signatures de citoyens actifs pour que le peuple entier soit appelé à décider de l'adoption ou du rejet définitif de la loi. C'est le **droit de référendum**, qui joue surtout dans un sens conservateur. « Le référendum c'est le droit que nous avons de dire non quand Berne a dit oui », fait-on dire au Vaudois moyen. Le peuple dispose encore du **droit d'initiative** : 100 000 citoyens peuvent demander la modification d'articles de la Constitution ou l'adoption d'articles nouveaux.

Ainsi la volonté populaire peut s'exprimer à tous les stades de la vie politique et exercer un contrôle permanent sur la bonne marche des institutions du pays.

Début décembre 1992, le peuple suisse, appelé aux urnes, répond par la négative au projet de rejoindre l'Espace économique européen (EEE).

Obligations militaires – Les obligations militaires tiennent une place de premier plan dans la vie du citoyen suisse. L'armée, en opérant un brassage continu des classes de la société et des différents groupes ethniques suisses, constitue un agent essentiel d'« helvétisation ». Tout homme valide est astreint au service militaire. Les femmes peuvent s'engager à titre volontaire. Toutes les fonctions leur sont ouvertes à l'exception du combat.

L'armée suisse est une armée de milices ne comportant pas d'« active » (le terme de service actif désigne la situation créée par la mobilisation). Elle n'a de « général » qu'en temps de guerre ou de mobilisation générale (général Guisan, de 1939 à 1945).

Le service proprement dit, comprend, à 20 ans, une période de base appelée « école de recrues », qui dure ordinairement 4 mois et est suivie de périodes de rappel annuelles, dites « cours de répétition » de deux ou trois semaines. À l'issue de son école de recrues, le citoyen-soldat est incorporé dans une unité opérationnelle avec laquelle

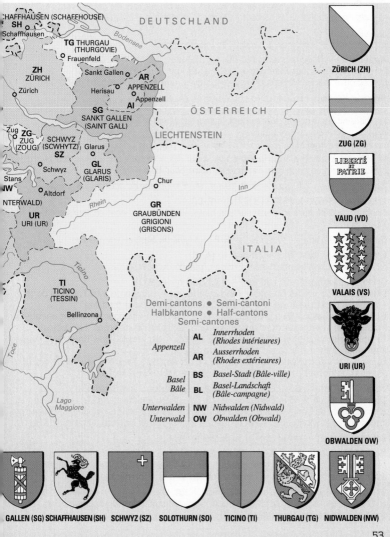

il effectue ses cours de répétition annuels jusqu'à concurrence des 300 jours de service auxquels il est astreint. En cas de crise grave ou de guerre, il reste mobilisable avec sa formation jusqu'à l'âge de 42 ans (52 pour les officiers).

Le soldat suisse est dépositaire de tout son équipement : uniforme, fusil, munitions, masque de protection nucléaire-biologique-chimique... En dehors des périodes militaires, l'entraînement au tir à l'arme de guerre reste obligatoire : il faut réunir dans l'année un certain nombre de points, inscrits au livret militaire.

Le système militaire suisse est actuellement en profonde mutation. La nouvelle armée XXI devrait être opérationnelle le 1er janvier 2004.

Les votations – Bien que cumulées dans toute la mesure du possible sur tel ou tel dimanche, les « votations » populaires – communales, cantonales et fédérales – reviennent dans la vie du citoyen actif, à une cadence qui pourra étonner l'étranger. Dans des cantons comme Berne et Zurich, très férus d'un contrôle strict des différents budgets, on peut dire plaisamment que le vote revient aussi souvent que la partie de « jass » (la belote suisse). On votera aussi bien sur l'opportunité de construire un abri pour arrêt d'autobus (votation communale) ou de corriger un torrent de montagne (votation cantonale) que sur le contrôle des prix (votation fédérale).

Le nombre de ces consultations explique le désintérêt que leur témoigne une fraction importante de l'électorat, dont le taux moyen de participation ne varie guère que de 50 à 35 %, voire à moins de 30 % dans le cas des votations cantonales !

LES CANTONS

Sous l'écusson : le nom du canton et son abréviation officielle (utilisée pour l'immatriculation des automobiles).

Sur la carte : les limites des cantons et leur capitale.

Dans le répertoire : le nom français et, s'il y a lieu, le nom du canton dans la langue majoritaire, la superficie, la population, la majorité linguistique et la majorité confessionnelle.

Abréviations :
A. : *allemand,* **F.** : *français,* **I.** : *italien,* **P.** : *protestant,* **C.** : *catholique.*

Appenzell – Rhodes-Intérieures (AI) : 172 km^2 – 13 870 h. (**A.-C.**).
– Rhodes-Extérieures (AR) : 243 km^2 – 52 229 h. (**A.-P.**).
On retrouve, dans l'écusson d'Appenzell, l'ours, emblème de l'abbaye de St-Gall.

Argovie (Aargau) – 1 404 km^2 – 507 508 h. (**A.-P.**).
Ce nom signifie pays de l'Aar, rivière figurée par des lignes ondées. Les trois étoiles symbolisent les trois territoires dont le regroupement a formé le canton.

Bâle (Basel) – Bâle-Campagne (BL) : 428 km^2 – 233 488 h. (**A.-P.**).
– Bâle-Ville (BS) : 37 km^2 – 198 428 h. (**A.-P.**).
La ville fut le siège d'un prince-évêque. Aussi ses armoiries ont-elles gardé la crosse épiscopale (rouge pour Bâle-Campagne, noire pour Bâle-Ville).

Berne (Bern) – 6 050 km^2 – 958 192 h. (**A.-P.**). *Origine du blason : voir Berne.*

Fribourg – 1 670 km^2 – 213 571 h. (**F.-C.**).
Fribourg (« Ville libre ») porte sur son blason le blanc et le noir, couleurs des ducs de Zähringen.

Genève – 282 km^2 – 379 590 h. (**F.-P.**). *Origine du blason : voir Genève.*

Glaris (Glarus) – 684 km^2 – 38 508 h. (**A.-P.**).
Ses armoiries représentent saint Fridolin, patron du pays.

Grisons (Graubünden) – 7 106 km^2 – 173 890 h. (**A.-P.**).
L'histoire moderne des Grisons – l'ancienne Rhétie – commence avec l'alliance de trois « Ligues » constituées aux 14e et 15e s. sur les débris de la féodalité.
La ligue de la Maison-Dieu groupait sous l'écu chargé du « bouquetin saillant de sable » les sujets de l'évêque et du chapitre de Coire (Coire et ses environs, l'Engadine).
La ligue Grise (écu mi-parti de sable et d'argent) – d'où les Grisons tirent leur nom – avait pour domaine le bassin supérieur du Rhin.
La bannière « écartelée d'azur et d'or à la croix de l'un à l'autre » de la ligue des Dix-Juridictions flottait dans le Prättigau, région de Davos et d'Arosa.

Jura – 837 km^2 – 66 163 h. (**F.-C.**). *Origine du blason : voir Delémont.*
Canton constitué le 24 septembre 1978 par une votation nationale approuvant un arrêté fédéral du 9 mars 1978. Ses trois districts, de Delémont (la capitale), Porrentruy et des Franches Montagnes, formaient auparavant l'extrémité Nord du canton de Berne.

Lucerne (Luzern) – 1 492 km^2 – 326 268 h. (**A.-C.**).

Neuchâtel – 797 km^2 – 163 985 h. (**F.-P.**).
Le blason actuel date de la proclamation, en 1848, de la République neuchâteloise ; la croix blanche sur fond rouge rappelle l'adhésion à la Confédération.

St-Gall (St-Gallen) – 2 014 km^2 – 427 501 h. (**A.-C.**).
Le faisceau qui orne l'écusson de St-Gall rappelle l'union des territoires qui, en 1803, constituèrent ce nouveau canton.

Schaffhouse (Schaffhausen) – 298 km^2 – 72 160 h. (**A.-P.**).
Schaffhouse signifie « maison du mouton » (de Schaf : mouton).

Schwyz – 908 km^2 – 111 964 h. (**A.-C.**).
À l'origine entièrement rouge, l'écusson de Schwyz fut timbré par la suite d'une croix blanche et adopté par la Confédération comme drapeau fédéral.

Soleure (Solothurn) – 791 km^2 – 231 746 h. (**A.-C.**).

Tessin (Ticino) – 2 811 km^2 – 282 181 h. (**I.-C.**).

Thurgovie (Thurgau) – 1 013 km^2 – 209 362 h. (**A.-P.**).
Les deux lions qui figurent dans les armoiries ont été empruntés au blason des comtes de Kybourg.

Unterwald (Unterwalden) – Nidwald (NW) : 276 km^2 – 33 044 h. (**A.-C.**).
          – Obwald (OW) : 491 km^2 – 29 025 h. (**A.-C.**).
Les armoiries portent les clefs de saint Pierre : celles de Nidwald sont sur fond rouge, celles d'Obwald sur fond rouge et blanc.

Uri – 1 076 km^2 – 34 208 h. (**A.-C.**).

Valais – 5 226 km^2 – 249 817 h. (**F.-C.**).
Son écusson, dont le rouge et le blanc évoquent la bannière épiscopale de Sion, est constellé de treize étoiles représentant les treize dizains (districts) du canton.

Vaud – 3 219 km^2 – 601 816 h. (**F.-P.**).
En 1798, lors de la fondation de la République lémanique, fut adopté le drapeau vert. En 1803, à l'occasion de l'entrée de Vaud dans la Confédération, furent adoptés le blanc et la devise « Liberté et Patrie ».

Zoug (Zug) – 239 km^2 – 85 546 h. (**A.-C.**).

Zurich (Zürich) – 1 729 km^2 – 1 179 044 h. (**A.-P.**).

LANGUES ET RELIGIONS

La coexistence de plusieurs groupes linguistiques et confessionnels au sein d'une même communauté nationale est une des réussites du régime fédéral helvétique. Depuis le 19e s., l'industrialisation du pays, en provoquant de nombreux mouvements de population, surtout dans les villes, a rendu impensable toute manifestation affichée d'intolérance.

Les races et les langues – *La majorité linguistique de chaque canton est donnée dans les pages précédentes, dans le chapitre : Les cantons.* À la chute de l'Empire romain, au 5e s., le territoire actuel de la Suisse romande est occupé par les Burgondes, chassés de la Gaule, qui assimilent progressivement les modes de vie de la civilisation latine et adoptent la religion chrétienne (plus exactement l'hérésie arienne).
Peu avant, d'autres barbares, venus du Nord, les Alamans ou Alémanes, avaient déjà envahi le Plateau mais avaient été refoulés par les Burgondes jusqu'à la **Sarine** : ce dernier

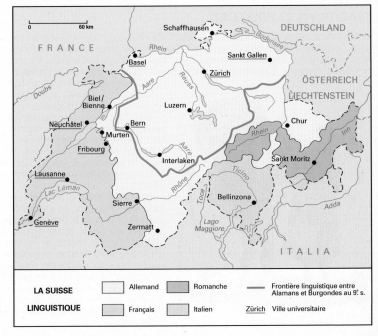

cours d'eau (« Saane » en allemand) est devenu, par le rôle frontière qu'il assume, le symbole même de la pluralité linguistique de la Suisse.

L'un des points les plus intéressants de la ligne de démarcation entre le français et l'allemand est la ville de Bienne, cité bilingue par excellence.

Les Suisses de langue allemande constituent 64 % de la population helvétique. Le « Schwyzerdütsch », patois suisse-allemand du groupe souabe comme l'alsacien, aux nombreuses variétés locales, est utilisé dans la conversation courante, l'emploi de l'allemand classique étant réservé aux relations officielles.

Le groupe de langue française (18 %) voit, par contre, ses dialectes tomber en désuétude. L'italien (11 %) est parlé dans la presque totalité du Tessin et dans une partie des Grisons. Le romanche, qui n'est pas un patois mais une langue de souche latine, n'est utilisé que par 7 % des Suisses, groupés dans le canton des Grisons (en Engadine et dans l'Oberland grison).

L'allemand, le français et l'italien sont considérés comme langues officielles de la Confédération et employés par les autorités et les administrations fédérales. Au moins deux de ces langues sont enseignées obligatoirement dès l'école primaire. Le romanche a été reconnu comme quatrième langue nationale en 1938, grâce aux efforts de la Ligue romanche pour développer cette langue par l'enseignement et la presse.

La question religieuse – *La majorité confessionnelle de chaque canton est donnée plus haut, dans le chapitre : Les cantons.* Jusqu'au milieu du 19e s., la question religieuse s'est posée avec acuité et a paru longtemps être un obstacle à l'unité de la Confédération. La guerre du Sonderbund *(voir le chapitre : Un peu d'histoire)* en fut la preuve. Mais depuis 1848 la tolérance la plus complète est de règle.

Actuellement, les protestants représentent 44,33 % de la population d'origine helvétique, les catholiques romains 47,60 %. La Suisse romande est en majorité protestante, à l'exception des cantons de Fribourg et du Valais. La Suisse centrale est catholique, celle du Nord et de l'Est protestante.

Le tempérament protestant, en Suisse, dans ce qu'il a de foncièrement démocratique et patriotique, doit beaucoup plus à la vigoureuse personnalité de Zwingli *(voir ce nom)* qu'à la rigueur doctrinale de Calvin, celui-ci ayant fait école surtout à Genève. L'organisation des églises protestantes, assez lâche, reproduit la structure fédéraliste du pays et laisse subsister, à côté d'églises d'État subventionnées, des églises vivant des dons des fidèles. Les catholiques romains dépendent de six diocèses : Bâle (évêché à Soleure), Lausanne-Genève-Fribourg (évêché à Fribourg), Sion, Coire, St-Gall, Lugano. Le clergé régulier se répartit entre un petit nombre de vastes abbayes, telles que St-Maurice, Einsiedeln ou Engelberg.

Enfin, de nombreuses églises dissidentes, catholiques ou protestantes, et sectes philosophiques ont trouvé en Suisse un terrain favorable.

La Suisse pittoresque

TRADITIONS ET FOLKLORE

Le folklore suisse peut toujours se prévaloir d'une riche collection de costumes régionaux. Toutefois, c'est surtout en montagne que l'étranger rencontrera des populations quotidiennement fidèles à leur costume traditionnel. La Gruyère et le Valais sont, sous ce rapport, favorisés. L'armailli (vacher) de la Gruyère continue à porter le « bredzon »,

courte veste de toile à manches ballon – héritage des modes de l'Empire – brodée de points d'épine et, aux revers, d'edelweiss. La toque de paille bordée de velours est dite « capette ». Dans toutes les régions pastorales de l'Oberland bernois se retrouvent, mais moins fréquemment, des tenues du même genre (la veste y est souvent en velours).

À Évolène, le costume de travail comporte une simple robe, un « mouchoir » rouge et blanc pour le cou, un chapeau de paille aux bords garnis de velours rabattus sur les oreilles et au fond cerclé de rubans brochés disposés en escalier. Les jours de grandes fêtes, les Évolénardes revêtent le tablier de soie chatoyant, le « mandzon » (sorte de jaquette à manches longues) et coiffent sur un bonnet de dentelle blanche le feutre rond, extra-plat.

Anciens costumes d'Appenzell

D'après document Ed. Kalt-Zehnder

Traditions pastorales – Elles sont encore bien vivantes dans les régions de montagne comme le Val d'Anniviers *(voir ce nom)*, où les mouvements du bétail du village au « mayen » *(voir ce nom)* et à « l'alpe », lorsque la neige a disparu, continuent à régler toute la vie de la population.

La montée à l'alpe (fin mai-début juin) est, sur tout le versant Nord de la chaîne, l'occasion de joyeuses et pittoresques parades : les bêtes aux cornes enrubannées et fleuries se succèdent le long des chemins, toutes cloches sonnantes, escortées des vachers, pliant sous l'attirail nécessaire à leur installation dans les chalets (les plus robustes portent sur un bâti de bois l'énorme chaudron à fromage). En Valais (Verbier, col de Balme – entre Trient et Argentière),

Montée à l'alpage

l'arrivée au terme du voyage est marquée par des combats de vaches, à l'issue desquels la « reine » du troupeau pourra arborer la cloche géante qui lui est dévolue.

Le plein été, période de travail acharné, est peu propice aux distractions. Cependant, une fête de la « Mi-Été », qui attire la foule des parents et amis, vient parfois rompre la solitude des armaillis.

La descente de l'alpe, la « désalpe », met aussi beaucoup d'animation sur les routes et dans les villages. C'est par un tel cortège que s'ouvrent les représentations en plein air de « Guillaume Tell » à Interlaken.

Traditions urbaines – Elles sont d'inspiration plus volontiers civique et patriotique, comme la fête de l'Escalade à Genève qui commémore l'échec savoyard de 1602 ou le « Knabenschiessen » de Zurich. Dans un esprit tout différent et plus proche des traditions rhénanes, le carnaval de Bâle, mêlant toutes les classes de la société dans les bals masqués et autour des cortèges satiriques, fait souffler un vent de folie sur la cité d'Érasme. Sous l'anonymat d'une figurine grotesque, chacun peut donner libre cours à son humeur railleuse, en visant de préférence ses proches et ses amis, toutes conventions étant alors abolies.

Les sports nationaux – L'activité des sociétés de tir et de gymnastique, qui touche plus du tiers de la population masculine âgée de plus de 19 ans, se manifeste par des défilés martiaux de sportifs et par l'exposition des trophées de concours dans les salles d'auberge et de café.

Quant aux sports rustiques traditionnels, comme la lutte sur le pré, le lancer de la pierre, le hornuss (sport populaire qui consiste à renvoyer à l'aide d'une raquette une balle dure propulsée par l'équipe adverse au moyen d'une sorte d'arquebuse), le jeu du drapeau, ceux-ci survivent encore dans quelques fêtes villageoises de Suisse alémanique – en particulier dans l'Emmental – où l'on pourra entendre, en outre, les accents caverneux de l'immense trompe dite « cor des Alpes » et les vocalises des yodleurs.

LE PAYSAGE URBAIN

Certaines grandes villes suisses proposent d'admirables ensembles urbains et disposent de points d'observation bien choisis *(mentionnés dans les textes ou sous les rubriques « Belvédères »)*. Lors de son voyage de 1779, Goethe déclarait déjà que Berne était la plus belle ville qu'il eût jamais vue. De nombreuses cités du Moyen-Pays conservent des fragments de leur décor médiéval : les quartiers historiques, habités « bourgeoisement », n'ont pas connu, ici, la destinée du noyau ancien de tant de villes européennes, souvent détruit par la guerre ou abandonné à une dégradation regrettable.

Fontaines – *Voir page suivante.*

Arcades (en allemand « Lauben ») – D'origine transalpine, ce procédé de construction a été popularisé au Nord des Alpes, à partir du 14e s., par les « Messieurs de Berne » : les rues à arcades de nombreuses villes du Moyen-Pays témoignent d'une période d'hégémonie bernoise.

Peintures extérieures – Elles sont en très grande faveur, depuis la Renaissance, non seulement dans les régions au climat sec comme l'Engadine *(1)*, mais encore dans nombre de cités de la Suisse alémanique, où les façades s'enluminent de vastes compositions allégoriques ou historiques, faisant appel à l'Olympe aussi bien qu'à la Bible. Dans toute la Confédération, les monuments historiques et certains bâtiments publics arborent des volets peints de chevrons aux couleurs du canton *(voir écussons dans le chapitre : Les cantons)*.

---

(1) Ne pas confondre peinture murale et « sgraffite » (lire plus loin « la maison engadinoise)

Fontaines

Toujours fleuries, elles rendent accueillantes les places et les rues qui constituent le centre d'animation traditionnel de la cité. Leur fût central, repeint et redoré avec soin, supporte souvent un animal ou un sujet allégorique : guerrier, héros légendaire et, surtout, « banneret » (homme d'armes portant la bannière aux armes de la ville).

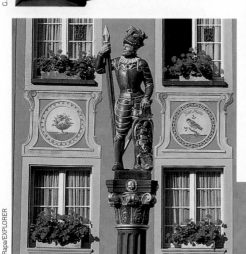

Ponts couverts – Ce type de construction, très populaire dans toute la Suisse alémanique, répondait surtout à une nécessité technique : la protection d'un toit réduit les dépenses d'entretien d'un ouvrage bâti entièrement en charpente. Le dernier pont couvert construit en Suisse date de 1943 (Hohe Brücke, sur la route de Flüeli à Kerns, *voir Sachseln*). Quelques rares localités établies à flanc de pente (Lausanne, Erlenbach, Thoune) montrent des escaliers publics couverts, tout en bois.

Oriels (en allemand « Erker ») – Ces loggias en encorbellement, parfois à double étage, sont dans les villes du Nord-Est (St-Gall, Stein am Rhein, Rorschach) de véritables œuvres d'art décorées de sculptures ou de peintures. Avec des moyens plus modestes, le paysan de l'Engadine a fait saillir des murs gris de sa maison des oriels d'une fantaisie exquise.

Oriel à Stein am Rhein

Sloen/CEDRI

Bâtiments officiels – Une impression de confort bourgeois se dégage des monuments publics suisses, tels que ces hôtels de ville dont s'enorgueillissent les moindres cités. Ces constructions constituent de précieux exemples de l'architecture civile aux époques gothique, Renaissance et classique. Leurs aménagements intérieurs – salles ornées de stucs, de boiseries, de vitraux de cabinet, de poêles de faïence – reflètent un art de vivre raffiné.

Rivalisant avec ces édifices, les anciennes maisons de corporations (Zunfthaus) proposent souvent, dans leur salle d'honneur embellie d'un plafond à caissons, un panorama complet des arts décoratifs ayant fleuri à leur époque : mobilier, vaisselle, orfèvrerie, etc. Transformées, de nombreuses maisons de corporations sont devenues des restaurants.

Ainsi prend forme, par petites touches, le décor avenant des cités suisses. Il est révélateur que les monuments exceptionnels, comme les grandes cathédrales gothiques, soient, en Suisse, les témoins de styles étrangers. Le génie helvétique trouve son épanouissement moins dans le chef-d'œuvre isolé, la « curiosité », que dans la présentation d'ensemble d'un quartier, d'une rue, d'une simple église de campagne.

La maison paysanne

Entretenue et fleurie avec un soin jaloux, la maison paysanne suisse témoigne – surtout en Suisse alémanique – d'un souci remarquable de confort et de décorum, ainsi que d'un sens pratique très développé.

Maison de l'Oberland bernois – Elle montre un toit aplati, largement débordant de tous côtés, encore pourvu, dans les hautes vallées, de sa couverture de bardeaux lestés de grosses pierres. La décoration est très poussée : poutres taillées à facettes, consoles supportant le toit complètement ouvragées, etc. C'est ce type d'habitation qui a popularisé, dans le monde entier, ce qu'on appelle le chalet suisse.

Maison de la Suisse centrale – Construction d'une grande distinction, caractérisée par un toit en très forte pente et des auvents individuels, abritant, du côté pignon, la rangée de fenêtres de chaque étage.
Le rez-de-chaussée, très surélevé, n'est accessible que latéralement, par un escalier extérieur.

Maison appenzelloise – Dans cette région au climat pluvieux, le regroupement des bâtiments agricoles en un même bloc s'impose et les tavaillons, disposés en écailles de poisson, forment une cuirasse protectrice jusque sur les façades.
Le pignon du pavillon d'habitation fait toujours face à la vallée. Au niveau du sol s'ouvrent les fenêtres de la cave, où les brodeuses trouvent l'atmosphère convenant à leurs délicats travaux. Les volets se rabattent verticalement et peuvent disparaître dans une fente en haut de la fenêtre.

Maison de la campagne bernoise – Immense toit retombant, sur les côtés, jusqu'au premier étage et abritant une grange très vaste.
Les paysans les plus cossus, imitant les gens de la ville, ont rogné souvent le pan de toiture triangulaire du pignon – se présentant, sur le dessin, de face – et dressé, de ce côté, une arche de charpente entièrement lambrissée.

La maison paysanne

Maison valaisanne
(Évolène)

Maison de la
Suisse centrale
(région de Lucerne)

Maison appenzelloise
(environs de Trogen)

Maison de la
campagne bernoise
(Emmental)

Maison de
l'Oberland bernois
(région de Jungfrau)

R. Corbel/MICHELIN

Maison tessinoise – Construction de pierre aux dispositions primitives : les communications entre les différents étages se font uniquement par des escaliers et galeries de bois en plein air. Les murs sont très épais (jusqu'à 0,90 m) étant donné l'irrégularité des moellons employés. Couverture en dalles de pierre. Le sommet du pignon est ouvert à tous les vents, ou clos par une claire-voie grossière de madriers superposés.

Maison valaisanne – Dans le Valais de langue française, les maisons de bois poussent souvent en hauteur. Les étages habitables (partie bois sont reliés par des galeries latérales ouvertes au bloc des cuisines (partie maçonnerie partiellement visible à droite). Près de la maison valaisanne on peut voir le **raccard** *(voir illustration, Le Valais)*, petite construction en bois servant de grenier ou de remise. Ce type de petit chalet se rencontre également dans le Tessin sous le nom de *torba*.

Maison engadinoise – Lourde construction cubique grisâtre, la maison engadinoise abrite facilement deux familles sous son vaste pignon dominant une façade dont un décrochement rompt parfois l'alignement. Sur la blancheur de ses murs ressortent des motifs floraux, géométriques ou héraldiques exécutés au pinceau – la sécheresse du climat favorise la conservation des peintures – ou suivant la technique du **sgraffite** : le maçon pose une première couche de crépi gris, puis recouvre celle-ci d'un lait de chaux : par simple grattage – mais avec quel coup de main ! – il fait ensuite réapparaître, en gris, la décoration désirée (rosettes, rinceaux, etc., à la manière de la Renaissance).
Les fenêtres, petites et irrégulièrement distribuées, s'évasent de l'intérieur vers l'extérieur. De luxueuses grilles de fer forgé signalent les pièces d'apparat, tandis que de charmants oriels forment saillie. Les « Bündnerstuben » des hôtels pourront donner, lorsqu'elles ne sont pas trop fantaisistes, un premier aperçu du style du mobilier régional, apparenté à celui du Tyrol. Dans les hôtels des Grisons, la Bündnerstub est une pièce intime, meublée et décorée suivant les traditions du canton.
Une visite au Musée engadinois de St-Moritz reste cependant indispensable à qui désire se faire une idée d'ensemble des aménagements intérieurs. La pièce la plus typique est certainement le **sulèr**, sorte de cour couverte, commune à la grange et au local d'habitation, qui sert de salle de travail et de lieu de réunion. Un pavage impeccablement entretenu, une voûte surbaissée blanchie à la chaux et sobrement décorée de caissons caractérisent cette salle sombre et fraîche, qui ne reçoit le jour que par un large guichet pratiqué dans la porte cochère.

L'art en Suisse

La Suisse est au croisement de trois civilisations européennes : française, italienne et allemande. Depuis toujours, elle est le creuset de ces influences très différentes, ouverte aux échanges, s'enrichissant de leurs apports, les adaptant, les transformant, les confrontant suivant ses besoins et ses traditions. Jusqu'à la fin du 19e s., on parle rarement d'art suisse mais plutôt d'un art en Suisse interprétant diverses tendances artistiques européennes. Mais au 20e s. elle va participer à l'évolution artistique et s'inscrire dans l'avant-garde sur la scène artistique mondiale.

L'ANTIQUITÉ : SOUS LA DOMINATION ROMAINE

Dès l'Antiquité, la Suisse côtoie la civilisation romaine et ses traditions qui vont influencer et participer à la construction de son patrimoine culturel.
Les vestiges de l'Antiquité en Suisse révèlent un art impérial romain et un art local dans le style impérial ou plus populaire et typique. Certains sites sont très riches en témoignages de cette période. L'un des plus réputés, celui d'Augst près de Bâle, témoigne de la vie quotidienne et de son organisation particulièrement ingénieuse (villas avec des systèmes d'égouts et de chauffage).
Les mosaïques et les peintures murales sont aussi révélatrices des goûts et du raffinement de cette civilisation. La **Villa Rustica** à **Orbe** possède de magnifiques scènes mythologiques en mosaïque et la **Villa Commugny** près de Nyon dévoilent de remarquables peintures murales avec des architectures en trompe-l'œil et des scènes narratives.

LE HAUT MOYEN ÂGE : LE CHRISTIANISME, SOURCE D'UN NOUVEL ÉLAN ARTISTIQUE

Après l'effondrement de l'Empire romain au 5e s., l'évolution artistique est ralentie. Les œuvres en mosaïque et les peintures murales, fruits de la civilisation gréco-latine, deviennent rares. Un autre langage plastique influencé par le christianisme donne un nouveau souffle à l'art. L'Église devient une institution importante et déterminante dans l'avenir de tous les arts : peinture, sculpture et architecture. Malheureusement, aucune église de cette période ne subsiste. Les recherches archéologiques sont donc primordiales pour situer le contexte de ce premier art chrétien.

Le haut Moyen Âge est marqué par l'essor de l'enluminure et de la peinture murale religieuse dont il ne reste qu'un témoignage, le **plafond de Saint-Martin de Zillis**. Les scènes de la vie du Christ avec anges, personnages allégoriques et animaux fantastiques y sont peintes avec une vérité et un réalisme rares à l'époque, libres de toutes conventions de représentation.

L'évangélisation est forte et soutenue par la fondation de nombreux couvents dès le 7e s. Ces centres religieux deviennent les refuges de l'art et de hauts lieux culturels. Le **couvent de St-Gall** connaît une influence et un rayonnement considérables en Europe du 8e au 10e s. L'effervescence intellectuelle et artistique de cette époque se révèle dans les enluminures d'une qualité exceptionnelle et les manuscrits remontant au 7e s., conservés dans sa bibliothèque.

LA SUISSE ROMANE, CREUSET D'INFLUENCES EUROPÉENNES

La Suisse connaît de multiples influences comme en témoignent les églises, synthèse de ces tendances artistiques et intellectuelles voisines adaptées au contexte culturel local.

L'influence lombarde est évidente dans la plupart des églises du Tessin. À l'**église St-Nicolas de Giornico**, les colonnes du portail d'entrée reposant sur des fauves accroupis, la crypte avec ses trois nefs à trois travées couvertes de voûtes d'arêtes portées par des colonnes lisses et la sculpture aux motifs à la fois imaginaires et réalistes d'une grande expressivité sont de type lombard. De même, à l'**église de Biasca**, le plan basilical à trois nefs avec une abside unique clôturant le chœur, sans crypte ni absidioles latérales, est un trait architectural typiquement lombard. Enfin, à Zurich, la forme en arc de triomphe du portail Nord de la cathédrale est fréquente en Italie.

L'influence bourguignonne est, elle aussi, marquée. Elle se perçoit dans l'un des plus grands et derniers monuments romans, la **cathédrale de Bâle**, édifice de transition entre l'art roman et l'art gothique. L'élévation à trois étages, l'utilisation de l'arc brisé et le chœur polygonal avec déambulatoire sont caractéristiques de l'architecture bourguignonne. De même, sur le tympan sculpté de la célèbre « porte de St-Gall », trésor de la sculpture romane, représentant le Christ entre saint Pierre et saint Paul et la parabole des Vierges sages et des Vierges folles, les personnages dégagent une grâce et un mouvement souple et fluide typiquement bourguignons.

L'influence de la Provence se manifeste surtout dans la sculpture : les quatre statues-colonnes des apôtres de la **cathédrale de Coire** sont proches des sculptures antérieures de St-Trophime d'Arles par les plis serrés des vêtements tombant raides sur leurs jambes et leur style antiquisant. Par contre, les chapiteaux de la **cathédrale de Genève**, sobres et empreints d'une certaine rigidité, se rapprochent des chapiteaux de Lyon et de Vienne en particulier. Enfin, le roman germanique s'affirme notamment dans l'**église de Tous-Les-Saints à Schaffhouse**, un des édifices les plus complets de l'école de Hursau, caractérisée par une grande rigueur géométrique autour du carré et une grande pureté des formes architecturales avec son chevet plat et son plan basilical à colonnes.

Architecture : tradition clunisienne et cistercienne

L'abbatiale de Cluny, fondée en 910, eut un rayonnement extraordinaire avec la création en moins de deux siècles de centaines de couvents dont elle a inspira l'architecture plutôt élancée et sobre, adaptée aux besoins de la prière et aux cérémonies religieuses fréquentes. Les abbatiales de **Romainmôtiers** et de **Payerne** dans le canton de Vaud sont les premières manifestations de l'art roman, directement inspirées de l'architecture clunisienne. Romainmôtiers est une réplique de l'abbatiale de Cluny dans son deuxième état, avec de grosses colonnes sur des bases carrées qui donnent une impression de stabilité, de puissance, accentuée par le dépouillement ornemental et la répartition parfaite des sources lumineuses. Payerne, plus récent, est une réussite architecturale et témoigne de la prospérité de la communauté. Avec ses deux étages, ses chapelles munies d'absidioles et son narthex d'entrée, elle appartient à la tradition clunisienne.

Dans le Valais, l'**église** de **St-Pierre-de-Clages** qui montre une belle unité de style, a appartenu à un prieuré bénédictin.

Au 12e s., l'âge d'or roman triomphe avec la venue d'une nouvelle communauté religieuse, les cisterciens. Simplicité, austérité et perfection des proportions caractérisent leur architecture. L'**abbaye de Bonmont**, près de Nyon, est d'une architecture cistercienne, avec son plan en croix, sa nef tripartite et son chevet plat.

Sculpture

En sculpture, les motifs et figures représentés s'adaptent au cadre architectural et ne cherchent pas à traduire formellement la réalité, mais plutôt à exprimer le surnaturel. Leur iconographie est très riche, avec un dialogue entre l'Ancien et le Nouveau Testament. Certains personnages apparaissent tassés ou archaïques, comme sur les chapiteaux de **Payerne**, ou démesurément allongés. Les chapiteaux de l'**église St-Jean-Baptiste de Grandson** sont parmi les plus travaillés de Suisse. « L'aigle aux ailes déployées » ou « Saint Michel terrassant le dragon » témoignent d'une très grande maîtrise du sculpteur.

Intérieur de l'église de St-Pierre-de-Clages

L'ART GOTHIQUE

L'art gothique et son arc ogival est introduit en Suisse au 13e s. seulement par les moines cisterciens. Il se caractérise en architecture par l'utilisation systématique des voûtes sur croisées d'ogives, de l'arc brisé et des arcs-boutants soutenant la grand-nef, par l'importance du vitrail permettant l'élévation spirituelle des fidèles, et en sculpture par la création de statues-colonnes (statues taillées dans le même bloc que la colonne).

Architecture : creuset des influences européennes et rôle important des ordres mendiants

L'architecture gothique, avec la disparition des murs au profit de la lumière et le triomphe de la verticalité, supplante l'esprit roman. Ce souffle nouveau est à l'origine de grands chantiers. La **cathédrale de Genève** marque la transition entre l'art roman et l'art gothique, alors que la **cathédrale de Lausanne** est l'aboutissement du style gothique d'inspiration nettement bourguignonne, avec sa tour lanterne, son triforium continu, directement inspiré des cathédrales de Sens, Laon ou Canterbury.

Le 15e s. voit le triomphe du gothique flamboyant, parfaitement traduit par la **cathédrale de Berne**, d'influence germanique, dernier grand édifice gothique.

Aux 13e et 14e s., les ordres mendiants, franciscains et dominicains, développent une architecture d'un style particulier. La nef est souvent vaste, vouée à la prédication, et se prolonge par un chœur étroit et long avec une absence de sculpture ornementale. **L'abbaye de Königsfelden**, fondée en 1308 par les franciscains, est le reflet de l'austérité de cet ordre avec son plafond plat en bois dans la nef sans ornement.

Sculpture

La sculpture gothique se libère, la raideur et le hiératisme romans laissent place à la grâce et à l'humanisation des personnages. Les influences bourguignonnes, germaniques et lombardes se perpétuent et se renforcent avec la mobilité des artistes travaillant sur plusieurs projets dans différents pays comme le célèbre sculpteur allemand **Peter Parler** qui réalisa les **chœurs** des cathédrales de Fribourg et de Bâle vers 1350. À la fin du 14e s., un courant international traverse l'Europe. Les œuvres prennent de petites dimensions pour faciliter les transports et enrichir les échanges artistiques.

Le culte marial et celui des saints se développent et les commandes de **retables** somptueux, comme celui de la **cathédrale de Coire**, sont abondant.

Les portails sculptés utilisent aussi le répertoire gothique. Le célèbre **portail peint** de la **cathédrale de Lausanne** est de ce point de vue tout à fait exceptionnel. Polychrome, étonnamment bien conservé, il illustre la Dormition de la Vierge, directement inspiré de la cathédrale de Senlis. Les scènes du centre du tympan représentent le Christ en majesté couronnant la Vierge. Cette iconographie reste unique pour l'époque gothique. La polychromie avait une vocation d'enseignement et frappait les fidèles. Le portail du Jugement dernier de la **cathédrale de Berne** est le chef-d'œuvre du gothique flamboyant. Son iconographie est la plus riche d'Europe et aucune partie n'échappe à la sculpture.

Le mobilier sculpté a également joué un rôle primordial dans la sculpture gothique, en particulier les stalles d'église, pleines d'humour, reflet de l'évolution artistique du 13e s. à la Réforme.

Cathédrale de Lausanne

Peinture

L'amélioration de la situation économique favorise les investissements artistiques dès le 14e s. et des artistes étrangers participent fréquemment aux chantiers. Les programmes et les techniques de représentation sont très variés. L'influence byzantine apparaît dans certaines peintures, comme sur les fresques du narthex de **Payerne** datant du 13e s. et traitant le thème de l'Apocalypse. Les sujets religieux et profanes se côtoient parfois dans une même peinture comme à celles de **Romainmôtiers** où les scènes de la Genèse se mêlent aux scènes de musiciens. Dans l'art gothique, le vitrail a souvent remplacé la peinture et cette confrontation du profane et du religieux se retrouve dans la rose de la cathédrale de Lausanne, qui donne une vision profane du monde avec un calendrier des saisons et des mois.

Par ailleurs, de grands foyers de peinture gothique se développent, notamment autour de **Conrad Witz** (vers 1400-1446), qui travaille à Bâle et à Genève. Son œuvre la plus célèbre, *La Pêche miraculeuse* de 1444, représente, avec un grand souci d'exactitude et de réalisme, le lac Léman à Genève et ses berges. Le contenu religieux est présenté de manière profane, échappant à toutes les conventions de représentation. L'interprétation réaliste d'un paysage fait de Conrad Witz un précurseur dans ce style de représentation, mais la plupart des peintres suisses restent attachés à l'esprit et à la forme gothiques, plus symboliques.

Jusqu'en 1536, la peinture est florissante et très créative. Mais à la veille de la Réforme, les commanditaires sont rares et les réformateurs rejettent l'image. La peinture est en plein bouleversement.

L'ART RENAISSANT

Effervescence artistique et bouleversement politique animent la fin du 15e et le début du 16e s. La Réforme fait disparaître les dernières expressions de l'art médiéval. C'est l'abandon des grands retables au profit des toiles et panneaux peints. La Renaissance apporte son humanisme. Pourtant, la tradition gothique persiste parfois jusqu'au 15e s. dans certaines régions, et dans l'expression Renaissance, quelques caractères gothiques se perçoivent.

Architecture : innovation, résistance gothique et permanence des influences européennes

Les ordres superposés et les arcades, typiquement Renaissance, se rencontrent de plus en plus souvent. **L'hôtel de ville de Palud** à Lausanne est le bâtiment le plus représentatif de cette époque avec sa façade exceptionnelle. Le rythme subtil des fenêtres de plus en plus rapprochées pour souligner l'axe de l'hôtel témoigne d'une vraie recherche architecturale. En outre, un esprit novateur s'affirme parmi certains architectes bernois (Abraham Düntz, Samuel Jenner), dès 1667, autour d'une architecture dépouillée de toute surcharge décorative baroque. Ainsi l'ovale devient-il source de réflexion. Permettant d'accueillir une assemblée de fidèles, cette forme géométrique d'une grande simplicité souligne en même temps la pureté des volumes, comme l'illustre le **temple de Chêne-Paquer** de 1667 dans le canton de Vaud.

Si la Réforme a donné un nouveau souffle à l'architecture civile, la construction d'édifices religieux s'est ralentie au 16e s., le mouvement réformateur s'appropriant les églises catholiques existantes.

Cependant, le style gothique finissant d'influence germanique persiste à côté de la vogue Renaissance, surtout en Suisse alémanique. La ville de **Schaffhouse** illustre cette harmonie réussie de deux styles avec ses « oliers » richement sculptés. Ces tourelles gothiques, placées à l'origine à l'angle des maisons, s'installent désormais au centre de la façade au-dessus de la porte d'entrée.

En revanche, l'influence italienne l'emporte progressivement dans le canton du Tessin et se traduit par un certain maniérisme qui annonce déjà le baroque, comme l'illustrent les fresques de **Ste-Marie-des-Anges** à Lugano dans le Tessin ou l'ancien hôtel de ville de Lucerne.

Ces deux formes d'art de la Renaissance issues du Nord et du Sud témoignent de traditions culturelles différentes.

Peinture et gravure

Certains artistes, comme le Bernois **Niklaus Manuel Deutsch** (1484-1530), font la transition entre les tendances modernistes de la Renaissance et les persistances gothiques. La liberté de l'imagination se traduit par un côté fantastique.

Puis l'arrivée de nombreux artistes étrangers en Suisse donne un nouvel élan à la peinture. Parmi eux, **Hans Holbein le Jeune**, allemand mais bâlois d'adoption, réalise le portrait d'Érasme, son protecteur, conservé au musée des Beaux-Arts de Bâle. Dans ses œuvres se mêlent l'esprit de la Renaissance italienne pour l'harmonie des compositions et l'art des pays du Nord pour son souci du détail.

La Danse macabre, œuvre de Niklaus Manuel Deutsch (cathédrale de Berne)

EXPLORER

La Réforme compromet malheureusement sa carrière et l'évolution de la peinture en général. Alors qu'elle rejette les images religieuses, elle tolère la décoration peinte avec des rinceaux comme dans le **temple de Lutry** (1577). En revanche, l'art catholique s'affirme dans un style baroque extrême.

Cette époque est aussi marquée par l'invention de l'imprimerie et l'utilisation de la gravure pour la diffusion des idées de la Réforme. L'imprimerie est introduite à Bâle en 1468. Dès lors, le livre remplace le manuscrit, trop précieux et permet une diffusion plus populaire, plus massive et plus large. **Urs Graf** (1485-1527), célèbre graveur, représente des scènes macabres, érotiques et militaires avec un sens dramatique profond.

Sculpture

La sculpture n'est pas très novatrice pendant cette période. La rigueur Renaissance va remplacer la richesse du gothique finissant. Face au déclin de la commande ecclésiastique, la construction soudaine de fontaines pour mettre en valeur l'espace urbain est caractéristique de l'époque Renaissance en Suisse. Au centre d'un bassin, une grande colonne sculptée et dorée est souvent surmontée d'une figure allégorique, comme la Justice que l'on peut rencontrer à Lausanne, jeune femme aux yeux bandés tenant une balance et un glaive, victorieuse des puissants dominant le monde.

LE 18e SIÈCLE

La société devient plus raffinée, élégante. Les salons littéraires et musicaux fleurissent. Genève et Lausanne brillent dans toute l'Europe et attirent tous les intellectuels et artistes européens. Un goût pour la grandiloquence et une grande puissance d'invention, de liberté et de fantaisie animent cette période.

L'architecture

Jusqu'en 1770, la Suisse est marquée par le style baroque, qui favorise l'union des arts (architecture, sculpture, peinture et arts appliqués). À la fin du siècle, l'architecture française connaît un rayonnement immense qui influence toute l'expression artistique suisse.

Pour servir la Contre-Réforme, le style baroque est exacerbé jusqu'au rococo dans les édifices religieux. L'**église de l'abbaye d'Einsiedeln**, construite par **Gaspard Moosbrugger** (1656-1723) de 1674 à 1745, est le monument baroque par excellence, tout comme l'**église abbatiale** et la **bibliothèque de St-Gall** conçue par **Pierre Thumb** (1681-1766) et **Jean-Michel Beer**. Les jésuites et les franciscains encouragent également l'édification de quelques églises dans un style baroque, notamment à Lucerne, Fribourg et Soleure. La recherche de la grandeur et la surcharge des ornements, les volutes et les plafonds peints reflètent tout le faste de cette époque éblouissante. L'**église abbatiale de Disentis/Mustér** (1695-1712) quant à elle s'inspire du baroque autrichien du Voralberg.

L'union de la peinture et de la sculpture avec l'architecture est caractéristique du style baroque. Les motifs en trompe l'œil prolongent l'architecture comme dans les peintures de Saint-Gall réalisées par **Johann Christian Wentzinger** (1710-1797).

Certains architectes français comme Saussure exerçant en Suisse, influencent fortement les artistes locaux. À Berne, les Suisses adaptent les principes de Mansard aux traditions du pays. Mais les plus belles réussites architecturales directement inspirées du modèle français se rencontrent à Genève avec les **hôtels Buisson** et **de Saussure** et à Soleure avec l'**hôtel de la Couronne**.

Peinture : le renouveau

Le portrait, en vogue au 18e s., apporte le renouveau de la peinture avec le Genevois **Jean-Étienne Liotard** (1702-1789), célèbre portraitiste du Siècle des lumières. Sa peinture réaliste, réduite en couleurs aux contrastes audacieux, échappe à toutes conventions esthétiques et bien pensantes. À la fin du 18e s., l'exaltation des sentiments est à la mode et le portrait permet à **Anton Graff** (1736-1813) de dévoiler les émotions profondes des personnes représentées.

À partir de 1750, la peinture d'histoire connaît aussi un renouveau avec le style néoclassique. Les événements de l'histoire nationale sont célébrés et une conscience patriotique et morale est développée. Le Genevois **Jean-Pierre Saint-Ours** (1752-1809) s'engage pour la patrie et travaille par exemple sur l'allégorie de la République de Genève en 1794. Ces représentations de l'histoire nationale vont se perpétuer jusqu'au milieu du 20e s.

Einsiedeln – Église abbatiale

Disentis/Mustér – Le chœur de l'église abbatiale

La fin du 18e s. voit l'apparition de la peinture de paysages qui devient rapidement un genre typiquement suisse. L'exaltation de la nature et de son sublime, la richesse de ses paysages se généralisent dans l'art suisse et se poursuivront au 19e s. Ses précurseurs, **Wolf** (1735-1783) et **Johann Heinrich Wüest** (1741-1821) y puisent leur inspiration.
À cette époque, beaucoup d'artistes suisses poursuivent leur formation à l'étranger (Paris, Rome ou Munich en général) et y font carrière. **Heinrich Füssli** (1741-1825), peintre majeur de la fin du 18e s., fait carrière à Londres. Ses visions angoissantes et fantastiques, à l'opposé des préoccupations rationalistes de son temps, s'inspirent en général d'œuvres littéraires. Son œuvre ne cesse d'inspirer les artistes des générations suivantes et son monde surnaturel et tourmenté reste encore à explorer.

LE 19e SIÈCLE

La fin du 18e s. annonce déjà les thèmes du siècle suivant. Nés avec le Siècle des Lumières, l'idéal républicain et les valeurs nationales s'épanouissent dans le néoclassicisme des œuvres académiques et d'art officiel. Face à ce retour à l'antique, de nouveaux genres sensibles au monde intérieur, aux sentiments et aux émotions, renouvellent les thèmes artistiques et s'inscrivent dans une évolution artistique européenne.

Architecture : néoclassicisme et romantisme

L'essoufflement du baroque favorise l'affirmation du néoclassicisme et de son style sobre correspondant à l'idéal républicain. À Lausanne, le bâtiment du Grand Conseil, typiquement néoclassique, conçu par l'architecte **Alexandre Perregaux** de 1803 à 1806, devient le symbole du canton et du peuple vaudois. À Avenches, la construction du « Casino » (cercle privé) est réalisée sur le modèle antique comme un petit temple dans un style très sobre. Mais **La Gordanne** à Féchy reste le chef-d'œuvre de l'architecture palladienne, directement inspiré de l'antique avec sa coupole et son portique à colonnes ioniques.
Pourtant, un nouvel élan de fantaisie vient troubler l'ordre de cette architecture sobre et classique. Après 1840, les fausses ruines et les jardins à l'anglaise sont très à la mode. Le château de l'Aile à Vevey, conçu par les architectes **Philippe Framel** et **Jean-Louis Brocher** en 1840-1842, est typique de cette vogue néogothique.

B. Wassman/RAPHO

Peinture

Au 19e s., de nouveaux genres apparaissent à côté du néoclassicisme académique et donnent un nouvel élan à la peinture. Il s'agit du romantisme, du symbolisme et de l'art de l'affiche et de la satire.

Mélancolie et sentimentalité traduisent l'esprit de ce siècle romantique qui se retrouve dans les œuvres de **Charles Gleyre**, avec ses personnages pleins de grâce et de tendresse, enveloppés de couleurs et d'une lumière douce qui touchent profondément le public. La **peinture de paysages** prend également un caractère pathétique et la lumière va y jouer un rôle capital. Si **Alexandre Calame** (1810-1864) célèbre les paysages alpestres et dévoile leur mystère et leur sublime, **Arnold Böcklin** (1827-1901) joue aussi sur ce côté sentimental pour toucher l'âme de son public. Il imagine notamment l'*Île des morts* (1880-1886) comme un paysage où le silence pesant nourrit un mystère impénétrable. À la fin du 19e s., la peinture connaît un nouveau tournant avec le **symbolisme** qui donne une signification spirituelle, voire mystique, à la réalité. Arnold Böcklin et son monde fantastique reflétant l'inquiétude de l'homme y participent. **Ferdinand Hodler** (1853-1918) est aussi symboliste car sa nouvelle organisation formelle autour de la symétrie révèle l'unité inhérente aux choses comme l'illustre son œuvre *La Vérité* de 1903. En revanche, les paysages de la fin de sa vie réalisés spontanément sans réflexion formelle sont les précurseurs de l'impressionnisme. Pour **Félix Vallotton**, membre du groupe des Nabis, directement influencé par Gauguin, son œuvre symboliste se traduit par l'illustration des mœurs de son temps en respectant les principes théoriques d'un art pur et symbolique.

Enfin, l'**affiche** et la **satire** sont aussi en plein essor au 19e s. avec Félix Vallotton, **Théophile-Alexandre Steinlen** (1859-1923) et **Eugène Grasset** (1845-1917). Elles s'intéressent aux opprimés, dénoncent les injustices, décrivent la vie quotidienne avec simplicité et s'adressent à un public plus large et populaire.

Sculpture

Au 19e s., la sculpture est en plein épanouissement. Grâce aux salons, la sculpture de petite dimension connaît un immense succès dans le domaine privé, surtout parmi les bourgeois. Dans le domaine public, son rayonnement est inattendu avec la décoration de théâtres, casinos, banques, gares, places. Elle participe ainsi au nouvel aménagement urbain et permet l'expression d'un sentiment national et patriotique profond.

La « calme grandeur » néoclassique remplace l'exubérance rococo. **Trippel**, premier sculpteur néoclassique, adopte les idées du Siècle des lumières et sa sculpture reflète un fort sentiment patriotique.

Le début du 19e s. se caractérise aussi par la redécouverte du Moyen Âge, comme en peinture et en architecture. Une nostalgie du passé et des traditions et valeurs féodales révolues se ressent dans les œuvres de cette époque et se traduit par un style dit néogothique que l'on retrouve surtout dans les monuments funéraires provenant des commandes ecclésiastiques.

Face au néoclassicisme, **Vincenzo Vela** (1820-1891) propose une sculpture très naturaliste et développe le « vérisme ». Très apprécié en France, il y réalise en 1866 *Les Derniers Jours de Napoléon Ier*, apparaissant vieilli et abattu. En accord avec ses engagements politiques défendant les opprimés, il conçoit le « Monument aux victimes du travail » en 1883.

À la fin du siècle, la sculpture connaît un renouveau et une liberté sans précédent. Elle se tourne vers une clientèle privée de collectionneurs grâce à l'ouverture de la fonderie d'art Mario Pastori à Genève, qui met à la disposition des artistes les nouvelles techniques de fonte. Les idées symbolistes et l'Art nouveau vont être la source d'une liberté qui va croître sans cesse. Le sculpteur **Auguste de Niederhäusern**, dit Rodo, s'inspire du symbolisme de Rodin et fait jaillir ses sculptures de la matière comme *Le Jet d'eau* de 1910-1911. À travers l'Art nouveau, les arts fusionnent et l'œuvre du sculpteur **Hermann Obrist** tente d'atteindre cette unité entre l'art, l'esprit et la nature dans sa réflexion utopiste autour de la spirale, expression la plus accomplie de l'énergie vitale.

LE 20e SIÈCLE

Le 20e s. est déterminant pour la Suisse, impliquée dans l'élan artistique qui traverse l'Europe, en particulier à partir de 1930. Elle n'est plus simplement une terre d'accueil pour toutes les expressions artistiques venues d'ailleurs, elle contribue désormais à l'évolution artistique mondiale.

Architecture

Dans les années 1920, l'architecture suisse est très influencée par les théories du Bauhaus de Walter Gropius. La création artistique doit permettre le rassemblement de tous les arts pour aboutir à un nouvel ordre architectural. Le système d'« ordre » est abandonné et les bâtiments dépouillés de toute décoration. **Robert Maillard** (1872-1940) se spécialise dans la construction des ponts atteignant une « pureté poétique » sans équivalent. Charles Édouard Jeanneret (1887-1965), dit **Le Corbusier**, s'engage dans le mouvement fonctionnaliste et devient le « bâtisseur des villes radieuses ». Il cherche à adapter l'existence de l'homme à celle de la société industrielle. Son activité se développe surtout à l'étranger car sa conception de l'architecture est difficilement acceptée en Suisse. **Karl Moser** s'affirme dans la recherche d'un nouvel art religieux. Il utilise des matériaux modernes comme le béton armé pour concevoir de vastes espaces où l'éclairage joue un rôle essentiel. L'église St-Antoine de Bâle est la plus caractéristique. À Lucerne, il est suivi par ses élèves Fritz Metzger (église St-Charles) et Otto Dreyer (église St-Joseph).

Après la Seconde Guerre mondiale, l'architecture contemporaine se concentre surtout dans le canton du Tessin, à Bâle, à Baden et dans certaines régions de la Suisse romande. Elle doit répondre à des besoins économiques croissants, à des infrastructures en plein essor, à une restructuration permanente et à une société soucieuse de son bien-être et de son environnement. Le développement de la construction dans des zones jusqu'à présent désaffectées est nécessaire face à la croissance économique. Par ailleurs, le réseau routier national, l'un des plus denses au monde, est la plus grande construction de l'après-guerre. Dans cet univers dépourvu d'âme, **Christian Menn** et **Rino Tami** réalisent des constructions exceptionnelles comme le portail Sud du tunnel du St-Gothard à Airolo (Tessin) conçu par Tami. Les gares, lieu de correspondances et d'activités très diverses, font aussi l'objet d'une recherche architecturale pour les rendre plus conviviales. Le déclin de l'industrie suppose la transformation et l'aménagement des bâtiments abandonnés en centres culturels par exemple, lesquels utilisent cette esthétique, témoin d'une époque et d'une activité. L'architecture contemporaine remplit de nouvelles fonctions liées au prestige des entreprises dont elle est l'image de marque et qui jouent le rôle de mécènes. Depuis le milieu des années 1970, la protection de l'environnement a donné naissance à une architecture écologique répondant aux besoins touristiques.

L'enjeu capital de l'architecture contemporaine est de sauver la ville. Dans les années 1960, **Aldo Rossi** s'oppose à la « ville radieuse » de Le Corbusier et propose une esthétique « universelle » de la ville. Chaque bâtiment est conçu pour un lieu précis mais garde une flexibilité pour répondre aux éventuels besoins à venir. Il est suivi par les architectes **Luigi Snozzi**, **Aurelio Galfetti** et **Mario Botta** avec ses formes géométriques simples et pures. Ce dernier conçoit le **musée Tinguely** à Bâle et l'**église Ste-Marie-des-Anges** au Monte Tamaro. Pour le musée, la légèreté du style contraste avec les machines envahissantes de Tinguely ; pour l'église, une parfaite communion se crée entre la montagne et l'architecture.

Un autre courant architectural, le postmodernisme, se réfère à l'histoire de l'architecture dans sa structure, ses matériaux et ses motifs. **Bruno Reichlin** et **Fabio Reinhart** s'inspirent des maîtres de l'architecture des siècles précédents comme Andrea Palladio au 16e s. ou Francesco Borromini au 17e s. **Jacques Herzog** et **Pierre de Meuro** développent une poétique des matériaux en les confrontant de manière inattendue.

Dans la première moitié du siècle, l'architecture moderne est de nouveau d'actualité : les édifices des années 1920 et 1930 ont besoin de restauration. Par ailleurs, les œuvres des architectes **Karl Moser**, **Rudolf Gaberel** ou **Maurice Braillard** sont réactualisées grâce à plusieurs études. L'architecture des années 1950 avec ses façades modulaires, liées au progrès, stimule à nouveau la création architecturale. Le talent des architectes suisses n'est pas ignoré à l'étranger. **Bernard Tschumi** participe au projet du Parc de la Villette à Paris et Mario Botta, l'architecte suisse le plus célèbre, réalise des projets à Tokyo, San Francisco et Paris.

Peinture et sculpture : effervescence et persistance de l'influence européenne

Les courants modernistes qui traversent l'Europe à la fin de la Première Guerre mondiale ne pénètrent en Suisse qu'à travers des expositions itinérantes. Par ailleurs la peinture suisse tombe dans un profond isolement. Un art national se développe et tout ce qui est étranger apparaît comme une menace. Les thèmes de fuite et de l'isolement sont alors fréquents dans la peinture de **Giacometti** et de **Meret Oppenheim**. Pourtant de 1915 à 1920, Zurich et Genève deviennent le théâtre de manifestations d'un anti-art libre : le dadaïsme. C'est l'abolition de la logique, l'absurde, la vie avec tout son côté irrationnel. Les collages, les photomontages et la poésie sonore dénoncent la barbarie de la civilisation de cette époque de guerre et luttent contre toute convention. Un malaise s'installe dans le pays et des siècles de culture artistique sont remis en question. La sculpture suisse d'avant-garde s'épanouit donc surtout à l'étranger avec Hans Arp, Sophie Taeuber-Arp et Alberto Giacometti. Pourtant, dans les années 1920, l'expressionnisme des sculptures sur bois d'**Hermann Scherer** est une brève rupture mais sans lendemain.

L'entre-deux-guerres voit le réveil de la sculpture suisse alors que les débats entre art figuratif et non figuratif deviennent plus vifs. **Alberto Giacometti** (1901-1966) renouvelle la représentation de la figure humaine avec la découverte de l'art tribal et de sa symbolique. Ses sculptures toujours plus minces, filiformes et immenses, à la texture bouleversée par des traces de pouce et de canif, traduisent cette réalité insaisissable. En revanche, **Max Bill** prône un retour à l'ordre et au rationnel dans l'Art concret. Ses sculptures parfaitement lisses et très esthétiques, comme son *Ruban sans fin* de 1935, s'appuient sur des théories mathématiques très pointues, tout comme sa peinture.

ALINARI-GIRAUDON/© ADAGP PARIS 1999

Caroline par Giacometti

En même temps, un art national en peinture, soutenu par les nombreuses commandes officielles pour des bâtiments publics, se développe. Ce courant de pensée souhaite l'ordre et le calme et organise la propagande d'un « bien-être » artificiel. L'art se détachant de ces représentations heureuses et défendant une conception artistique liant toutes les disciplines est dit « dégénéré » et exclu (Meret Oppenheim, Sophie Taeuber-Arp).

La Seconde Guerre mondiale fait de la Suisse un refuge pour des artistes européens, en particulier **Germaine Richier** qui traduit le traumatisme de l'humanité dans ses sculptures aux surfaces mutilées et à l'aspect étrange, à la fois humaines, végétales et animales, issues de son imagination. Certains Suisses reviennent, comme le surréaliste **Paul Klee** (1879-1940) qui cherche à saisir le monde intériorisé, voyage entre l'abstraction et la figuration fondé sur un nouvel ordre reposant sur la couleur et la ligne.

Après la Seconde Guerre mondiale, l'utilisation de nouveaux matériaux contribue au renouveau de la sculpture suisse. Le retour à la pierre se manifeste dans les superpositions instables de blocs de marbre ou granit défiant la pesanteur du Zurichois **Hans Äschbacher** (1906-1980). Le béton offre aussi de nouvelles possibilités plastiques, liant la sculpture à l'architecture dans les œuvres de **Walter M. Förderer** (né en 1928), qui conçoit l'église St-Nicolas à Hérémence, comme une sculpture. Enfin, le fer triomphe et permet toutes les audaces. **Walter Bodmer**, précurseur avec ses « tableaux-fil de fer », poursuit sa recherche dans des œuvres monumentales au sol, jouant avec la transparence et la légèreté. En revanche, chez **Bernard Luginbühl** (né en 1929) ou chez **Jean Tinguely** (1925-1991), les sculptures en fer sont plus massives, envahissantes et démesurées : nostalgie de l'époque révolue de la révolution industrielle chez Luginbühl, dérision vis-à-vis de l'histoire et du marché de l'art chez Tinguely avec ses machines éphémères autodestructrices. Mais sa sculpture *Eurêka*, présentée à l'Exposition universelle de Brisbane (Australie) en 1988, est parfaitement maîtrisée, avec la précision helvétique si réputée !

Dans les années 1960, **André Thomkins, Daniel Spoerri, Dieter Roth**, et **Karl Gestner** s'affirment avec les idées du mouvement Fluxus : Thomkins travaille sur le changement d'identité et de fonction des éléments, car, selon Fluxus, tout est en continuelle mutation ; et Daniel Spoerri glorifie l'objet dans ses « tableaux-pièges » ironiques.

Depuis les années 1980, **Samuel Buri** et **Markus Raetz** travaillent sur les métamorphoses. Buri perturbe les formes en superposant des trames colorées sur l'image mais il s'attache aussi à la figuration avec beaucoup d'humour et réalise des vaches grandeur nature en polyester de couleurs vives exposées dans les foires et expositions. Markus Raetz travaille sur les métamorphoses du corps et de la tête, sur l'ombre et le mouvement et conçoit aussi des installations en pleine nature.

Vous pourrez admirer des œuvres :

– de Paul Klee au musée des Beaux-Arts de Berne

– de Jean Tinguely au musée Jean Tinguely de Bâle

– d'Arnold Böcklin et de Konrad Witz au musée des Beaux-Arts de Bâle

– de Félix Vallotton au musée des Beaux-Arts de Lausanne

– illustrant l'impressionnisme à la fondation-collection E. G. Bührle de Zurich, au Museum Langmatt Sidney et Jenny Brown de Baden

– illustrant le postimpressionnisme à la villa Flora de Winterthour, à la fondation Beyeler de Riehen

– illustrant l'art contemporain au musée d'Art contemporain de Bâle

La montagne en hiver

Grâce à son relief, la Suisse est une merveilleuse terre d'élection pour la pratique des sports d'hiver. C'est même le premier pays où ils ont connu un développement sensible. Dès le 19e s., certains villages suisses à l'image de St-Moritz accueillaient les touristes britanniques en hiver.

Grâce à ses atouts naturels et au professionnalisme de ses habitants, la Suisse accueille une clientèle largement internationale, plutôt familiale et souvent fidélisée. Les Allemands sont de loin les plus nombreux, puis les Britanniques et les Hollandais. Quelques stations comme Zermatt et Grindelwald attirent même les Japonais et les Américains en nombre. Il en résulte une ambiance cosmopolite et dépaysante.

La saison d'hiver commence dans la plupart des stations suisses peu avant Noël et dure jusqu'à début avril. L'enneigement est variable d'une saison à l'autre mais sa qualité est généralement optimale entre mi-janvier et début mars, selon l'altitude. La fin de saison présente l'avantage d'offrir des journées plus longues, des températures clémentes et une affluence moindre. Dans les stations d'altitude (Zermatt, Saas Fee, St-Moritz...), l'enneigement reste généralement satisfaisant jusqu'à Pâques, voire début mai au-dessus de 2 500 m. La neige de printemps facilite de plus la pratique du ski hors piste, à découvrir avec un moniteur.

SPORTS DE GLISSE ET SPORTS DE GLACE

Le ski alpin

Le ski alpin (ou de descente) constitue de loin le sport le plus prisé et se pratique dans quasiment toutes les stations. Comme l'Autriche, la Suisse propose un grand nombre de domaines skiables de dimension petite à moyenne, comblant les skieurs détente.

La configuration du relief n'a cependant pas permis de constituer d'immenses domaines skiables reliés skis aux pieds, comme on en trouve en France (à l'image de Courchevel-Méribel-Les Menuires-Val-Thorens ou Tignes-Val-d'Isère). La seule exception notable est l'ensemble formé par les 4 Vallées (avec Verbier comme station principale), qui offrent 400 km de pistes à caractère sportif.

Les autres stations à proposer un domaine consistant sont Laax-Flims (220 km de pistes), Davos (230 km de pistes plus ou moins bien reliées) et St-Moritz (230 km de pistes sur la vallée de l'Engadine, mais avec des liaisons très peu pratiques nécessitant l'emploi de trains ou de bus). Certaines stations frontalières se sont alliées avec des stations françaises, italiennes ou autrichiennes pour optimiser leurs prestations. On peut citer le domaine franco-suisse Les Portes du Soleil, qui compte 600 km de pistes se déployant davantage du côté français (avec Avoriaz, Morzine et Châtel comme stations phares). Notons également Zermatt, qui propose 260 km de pistes grâce à sa liaison avec la station italienne de Breuil-Cervinia. Sans oublier Samnaun, offrant 200 km de pistes avec la station autrichienne d'Ischgl.

Les liaisons entre stations ou massifs sont de façon générale loin d'être optimales, compte tenu des contraintes posées par le terrain et de l'ancienneté des remontées mécaniques.

Les accès aux cimes se font souvent par des trains, funiculaires ou téléphériques, qui s'avèrent peu fonctionnels pour la pratique du ski (lenteur des trajets dans le cas du train, longues files d'attente et manque de confort dans le cas du téléphérique ou du funiculaire). De fait, les mordus de ski, aimant enchaîner rapidement des descentes longues et variées, seront difficilement conquis par la grande majorité des stations suisses. Notons toutefois que les équipements commencent à évoluer positivement sur certains sites (Funitel à Crans-Montana et Verbier, multiplication des télésièges débrayables...).

Les atouts de la Suisse comme destination de ski alpin se situent à un autre niveau. Tout d'abord, la Suisse offre une palette de paysages exceptionnels, allant de la moyenne montagne – harmonieuse, douce et largement boisée – au cadre somptueux de haute altitude. Les contemplatifs seront donc séduits par les sites grandioses de Grindelwald, Zermatt, Saas Fee, Crans-Montana, St-Moritz ou Pontresina, qui ont peu d'équivalents au monde. Ces sites ont le privilège de permettre aux skieurs peu expérimentés de tutoyer le monde des 4 000 m sans fatigue et sans prise de risques. Ils offrent de longues balades en pente modérée, parfaitement damées et balisées. De plus, la haute altitude et la présence de glaciers garantissent un enneigement satisfaisant et une saison d'hiver prolongée. Quelques domaines sont même ouverts en été (Petit Cervin à Zermatt, Mittelallalin à Saas Fee...).

Par ailleurs, nombre de stations tirent beaucoup de charme de leur architecture, inspirée de l'habitat traditionnel. Certaines se sont développées à partir d'un village préexistant (Klosters, Arosa, Saas Fee, Zermatt, Adelboden...). Le style « chalets » parvient même parfois à être respecté dans de grandes stations, à l'image de Verbier (qui propose pourtant pas moins de 25 000 lits touristiques). Le développement architectural dans les Alpes suisses n'a cependant pas toujours été heureux. Comme la France, la Suisse n'a pas échappé à la construction de grands ensembles de type urbain, sans grand charme et manquant parfois de cohérence. Ainsi en va-t-il de Davos, St. Moritz-Bad, Thyon voire Crans-Montana.

Quelques sites se sont résolument tournés vers le haut de gamme, voire le luxe (St. Moritz-Dorf, Gstaad, Zermatt), multipliant boutiques élégantes, hôtels de standing et restaurants prestigieux. La Suisse se caractérise par une grande tradition hôtelière, certains établissements datant de plus de 100 ans. Les hôtels appartiennent généralement à des particuliers, qui veillent à offrir à leurs hôtes un accueil personnalisé et une qualité de service impeccable.

Autre point fort fondamental des sports d'hiver en Suisse : la variété des activités sportives proposées.

Le ski de fond

Le ski de fond tient aux côtés du ski alpin une place de choix. Il permet une autre approche de la montagne : balades en forêt souvent au calme dans une pratique plus ou moins sportive selon les adeptes. Les plus beaux sites se trouvent notamment dans les Grisons (150 km de pistes à proximité de St-Moritz, 75 km à Davos), à Laax-Flims, dans la région de Gstaad (lorsque les conditions d'enneigement sont favorables)...

Le ski de randonnée

Le ski de randonnée est une sorte de compromis entre le ski alpin et le ski de fond. Le talon est laissé libre pour les montées et fixé pour les descentes. Les possibilités offertes par les Alpes suisses sont illimitées pour ce sport, avec des itinéraires exceptionnels entre Chamonix et Zermatt ainsi qu'en Engadine, à n'entreprendre qu'avec l'accompagnement d'un guide de haute montagne.

Le snowboard

Le sport qui a le plus progressé ces dernières années est le snowboard (ou surf des neiges), qui offre d'exceptionnelles sensations de glisse surtout en poudreuse. La Suisse s'est vite adaptée à cette demande spécifique, créant et entretenant des snowparks (avec half pipe, boardercross, high jump...) et organisant régulièrement des contests (challenges de surf). Parmi les stations les mieux équipées dans ce domaine, citons Les Diablerets, Saas Fee, Laax (qui organise chaque année une épreuve de coupe du monde)...

Le ski parabolique

Découlant du ski alpin, le ski parabolique connaît également un engouement particulier depuis 1997. Élargi à ses extrémités et légèrement plus court que le ski alpin, il se caractérise par une grande facilité dans les enchaînements de virages. Il connaît donc un certain succès auprès des skieurs peu expérimentés, pour lesquels l'apprentissage du ski revêt un caractère plus facile. En outre, il s'avère grisant et donne des sensations de glisse extrêmes pour les skieurs chevronnés car il permet d'attaquer des virages en position très penchée, presque parallèle au sol (ce qu'on appelle le « carving »). Certaines pistes sont entretenues et réservées en Suisse pour la pratique du ski parabolique.

Le skijöring

Autre sport de glisse, le skijöring, dans lequel le skieur est tiré par un cheval au galop, nécessite une très bonne forme. Certaines stations comme St. Moritz organisent aussi régulièrement des courses hippiques sur neige.

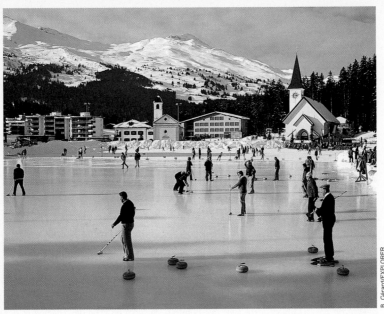

Curling

Les sports de glace

Les sports de glace sont également à l'honneur, avec de nombreuses patinoires naturelles ou artificielles, couvertes ou en plein air. Outre le **patinage**, les Suisses sont friands de **hockey** et de **curling** (sport nécessitant adresse et concentration).

Enfin, on ne saurait oublier les importants aménagements réalisés pour la pratique de la **luge**. Des chemins de plusieurs kilomètres, damés et balisés, existent dans de nombreuses stations pour permettre aux enfants comme aux adultes de s'adonner aux joies de ce sport. Grindelwald et Saas Fee notamment offrent des prestations remarquables, en ayant réservé des massifs entiers pour la pratique de la luge. Ce moyen de locomotion, dont l'apprentissage présente l'avantage d'être très rapide, permet alors de réaliser de véritables balades au cœur de la montagne, pouvant durer plusieurs heures.

Quant au **bobsleigh** (descente possible avec un pilote, notamment à St-Moritz), il procure des sensations à couper le souffle.

PROMENADES SUR LA NEIGE

La marche à pied

N'oublions pas la simple mais très agréable marche à pied, les stations étant dotées de nombreux itinéraires balisés et damés aux abords des stations ainsi qu'en altitude (grâce aux accès offerts par les remontées mécaniques).

Les balades en raquettes

Plus sportives, les balades en raquettes permettent de s'enfoncer dans la neige fraîche et de sortir des chemins battus. Le plaisir est grand de découvrir des sites vierges, calmes et de toute beauté, mais il est préférable de se faire accompagner par un professionnel pour éviter les zones avalancheuses et mieux apprendre à connaître la faune et le terroir.

Les promenades en traîneaux à chiens

Encore d'autres sensations pour les promenades en traîneaux à chiens, pendant lesquelles les attelages peuvent atteindre des pointes de 40 km/h.
La panoplie d'activités est donc très large, garantissant des vacances toniques qui permettent comme on dit familièrement de bien « recharger les batteries ». S'il est possible de vivre pleinement ces activités en les pratiquant soi-même, il est également agréable de les redécouvrir en assistant aux nombreux championnats ou compétitions organisés tout au long de la saison d'hiver.

La table

Dans un pays où se rencontrent les traditions culinaires germaniques, italiennes et françaises, la cuisine est riche en spécialités gastronomiques régionales, sinon raffinées, du moins saines et savoureuses, qui méritent d'être mises à l'épreuve.

Le repas au restaurant – Le menu présenté habituellement dans les restaurants suisses comprend un potage (à midi comme le soir), une entrée (poisson de lac ou de torrent, œufs, croûte au fromage, etc.) et un plat de viande garni. Le dessert est souvent un supplément. Les mets commandés « à la carte » sont très copieux.

La fondue – Les grands fromages à pâte dure, gruyère et emmental, qui portent le prestige de l'industrie laitière suisse à l'étranger, sont à la base de la fondue, véritable institution nationale pour les Suisses français. Chaque canton romand, Vaud, Neuchâtel et Fribourg, revendique le secret des dosages (entre le gruyère, l'emmental ou le vacherin) et des additions qui font la meilleure fondue. La recette de base est, en tout cas, la suivante : faire bouillir du vin blanc dans un poêlon de terre cuite – le « caquelon » – au fond préalablement frotté d'ail. Y verser d'un coup le fromage coupé en lamelles ou en cubes et brasser jusqu'à ce que le mélange soit bien liquide. Ajouter alors les épices, le kirsch, etc. Servir bouillant sur un réchaud soigneusement réglé. La fondue est dégustée en trempant dans le caquelon des petits cubes de pain piqués au bout de longues fourchettes. Et gare au maladroit qui laisse choir son pain dans le caquelon : il devra payer une nouvelle bouteille de « fendant ».

La **raclette** est une spécialité du Valais. Elle se prépare en présentant au feu une moitié de pièce de fromage du Valais (fromage à pâte douce de Bagnes ou de Conches). La tranche ainsi ramollie est « râclée » directement dans l'assiette avec un couteau ou une palette de bois. On la déguste avec des pommes de terre en robe des champs et des cornichons.

Viandes, cochonnailles et poissons – Au chapitre de la viande de boucherie, la **Bündnerfleisch** ou viande séchée des Grisons est la spécialité helvétique la plus originale : il s'agit de viande de bœuf crue, fumée et séchée, servie en minces copeaux. Cette curiosité mise à part, les menus suisses courants voient revenir surtout l'escalope de veau (Schnitzel), la côte de porc et le bifteck de cheval. Les Zurichois, réputés fins gourmets, ont popularisé des préparations telles que l'émincé de veau (ou de foie de veau) à la crème (geschnitzeltes Kalbfleisch) et les Leberspiessli (brochettes de foie de veau entrelardé).

Contrastant avec cette gamme assez pauvre, les charcuteries présentent un extraordinaire échantillonnage de saucisses et saucissons (Wurst). Les Suisses alémaniques font une grande consommation de produits doux : Gnagi (jarret de porc, très apprécié à Berne pour la collation de quatre heures), Klöpfer (cervelas) de Bâle, Schüblig (longue saucisse de porc) de St-Gall, Kalbsbratwurst (saucisse de veau) de Zurich, Salsiz (petit salami) de l'Engadine. Mais le plat national de la Suisse alémanique est l'amalgame doré des **Rösti** (pommes de terre bouillies, coupées en dés et passées à la poêle, puis au four). Les Suisses romands donnent la préférence aux saucisses fumées, d'un goût plus relevé (boutefas de Payerne, longeole de Genève, etc.). Tirant parti de ces ressources, la monumentale **Berner Platte** (« Plat de Berne ») associe le lard, les saucisses, le jambon, le bœuf bouilli parfois, la choucroute et les pommes de terre ou les haricots verts.

Rivières et lacs fournissent une grande variété de poissons comme la perche (filets de perche des bords du Léman), la truite, le brochet, la bondelle, la tanche, la carpe, la féra qui, accommodés selon la région, séduiront les connaisseurs.

Entremets et desserts – La crème fraîche entre dans la composition de nombreux desserts et entremets : meringues, Schaffhauserzungen (biscuits fourrés).

La tourte au kirsch de Zoug, les Basler Leckerli – pain d'épice à base de miel et d'amandes – ont leurs fidèles partisans. Quant au chocolat, dont la renommée n'est plus à faire, il est utilisé dans la préparation de gâteaux et d'entremets exquis. À l'hôtel, on le trouve souvent sur la table de nuit ou l'oreiller.

Les vins – Le vignoble, qui compte moins de 14 000 ha, n'assure que 36 % de la consommation nationale de vin.

Les vins blancs vaudois ont un goût de pierre à fusil. Le lavaux, le dézaley, le féchy, l'aigle et l'yvorne en sont les crus les plus renommés.

On trouve en Valais une très grande variété de vins blancs et de vins rouges : le fendant est blanc, ainsi que le johannisberg dont le bouquet, plus délicat, rappelle les vins du Rhin. La dôle, le cru rouge le plus populaire de Suisse, est un vin bouqueté issu d'un mélange de pinot noir et de gamay, cépages constituant la majeure partie du vignoble bourguignon. Le canton de Genève, le troisième canton viticole après le Valais et le pays de Vaud, offre une intéressante variété de cépages donnant comme vins blancs accompagnant très bien le poisson : le perlan sec et fruité, l'aligoté sec et corsé, le pinot gris sec et moelleux, le chardonnay sec et charpenté. Le gewürztraminer moelleux et parfumé sera le compagnon des desserts avec le riesling-sylvaner sec qui peut également accompagner coquillages et crustacés. Le gamay rouge, fruité et parfumé, peut se boire frais avec charcuterie, viandes blanches et volailles. Les viandes rouges et le gibier feront meilleur ménage avec le pinot noir, un vin rouge sec et chaleureux. Enfin le rosé de pinot noir ou œil-de-perdrix est très agréable en été, où, servi frais, il s'adapte à tous les mets.

Si le cortaillod est un vin rouge corsé et vigoureux, la plupart des autres vins neuchâtellois – tels ceux d'Auvernier, de Boudry, de Colombier – sont des blancs frais et pétillants, provenant d'un plant noble, le chasselas, et issus d'un sol calcaire. Le vignoble tessinois donne des crus capiteux, riches en alcool, et constituant d'agréables vins de dessert, tels le mezzana (vins rouges et vins blancs) et le nostrano (rouge). Les vins rouges et blancs et les rosés (Süssdruck) de Suisse orientale et de la vallée alpestre du Rhin sont appréciés pour leur finesse et leur légèreté.

Le service des vins ; l'étoile – La diversité des plants et des terroirs offre une gamme assez étendue pour satisfaire aux exigences d'un menu bien ordonné. Les blancs vaudois (dorin) et le fendant valaisan, les crus blancs de Neuchâtel *(voir ci-dessus)* et de Bienne (twanner) accompagnent hors-d'œuvre et poissons. Un cortaillod ou une grande dôle feront apprécier les rôtis et les venaisons. Le johannisberg et la malvoisie du Valais, certains vins tessinois ont toutes les qualités de vins de dessert. Kirsch de Zoug, marc du Valais et Williamine terminent agréablement le repas. Certains vins blancs se doivent de « faire l'étoile » : ceux de Neuchâtel, par exemple, mis en bouteilles très tôt, gardent en suspension du gaz carbonique et, une fois débouchés et versés de haut (remarquer le geste des serveuses), pétillent dans le verre en formant une sorte d'étoile.

Les vins de pays sont servis « ouverts », en carafe de 2, 3 ou 5 « décis » (décilitres).

Termes d'hôtellerie

Bündnerstube	« Salle grisonne » : dans les hôtels des Grisons, c'est une pièce intime, meublée et décorée suivant les traditions du pays.
Café	Salon de thé (en Suisse alémanique).
Carnotzet	Dans les hôtels du Pays de Vaud et du Valais, salle (ou caveau) typique où l'on vient déguster la fondue et les vins du pays.
Garni	Hôtel sans restaurant.
Gasthaus	Café (restaurant si cela est précisé).
Grotto	au Tessin : guinguette champêtre où l'on vient déguster le vin du pays et où l'on peut vaincre une fringale.
Kurhaus	Établissement généralement isolé, de dimensions imposantes et d'un aménagement souvent rustique. Il existe des « Kurhaus » thermaux, de montagne, qui se présentent comme des lieux de villégiature.
Meublé	Hôtel sans restaurant.
Pension	Petit établissement recevant une clientèle familiale.
Restaurant	Dans certaines villes de Suisse alémanique, en particulier à Lucerne, certains « Restaurants » ne servent que des consommations comme un café, à moins d'afficher « Speise-Restaurant ».
Wirtschaft	Buvette.

75

Baden

Gontscharoff/PIX

Villes
et curiosités

AARAU

C Aargau – 15 299 habitants
Cartes Michelin n°s 927 I 3 ou 216 plis 16, 17 – Alt. 383 m

Capitale du canton d'Argovie, Aarau occupe un site agréable au pied du Jura. Du pont sur l'Aare, se découvre la meilleure vue d'ensemble sur la ville ancienne, étagée en terrasses au-dessus de la rivière et dominée par les tours du beffroi, de l'église et du vieux château.

La ville ancienne – Au hasard des rues étroites, le touriste découvre de belles maisons, parfois ornées d'oriels *(voir Introduction : La Suisse pittoresque)*, d'enseignes de fer forgé, rappelant par leur style la longue domination bernoise : façades couvertes de fresques, toits bruns aux pignons en escalier ou aux avant-toits décorés.

Stadtkirche (Église paroissiale) – Perchée sur l'extrême bord d'un éperon s'avançant vers l'Ouest, elle est surmontée d'un clocher de la fin du 17e s. Sur une petite place attenante, belle fontaine de la Justice de 1643 et vue agréable sur la campagne.

ENVIRONS

★**Schönenwerd** – *4,5 km au Sud-Ouest par la route d'Olten.*
À l'écart du bourg ancien, que domine une église collégiale remontant au 12e s., s'est développé un quartier moderne qui doit son existence aux usines Bally.

★★**Schuhmuseum** ⓥ (Musée de la chaussure Bally) – Installé dans la maison du « Felsgarten », que le fondateur de la firme habita et où il aménagea ses bureaux et ses premiers ateliers, il renferme des collections d'une valeur exceptionnelle, provenant de toutes les époques, suivant l'histoire de la chaussure au cours des siècles chez les peuples les plus différents. Des emblèmes corporatifs, des livres de maîtrise et de voyage, des ordonnances royales et impériales complètent cette exposition originale.

★**Schloss Hallwil** ⓥ – *18 km au Sud-Est par la route de Suhr. De Teufenthal, gagner Hallwil et Boniswil, puis la route de Seengen.*
Il s'agit en fait d'un double et ravissant château, à tours rondes pointues et enceinte crénelée, élevé et agrandi du 11e au 16e s. (puis restauré) sur deux îlots d'une rivière tributaire du Hallwiler See. Son entrée se fait par un pont-levis et une cour d'honneur par où l'on gagne la deuxième île pour visiter le corps de logis aménagé en musée d'art et de traditions populaires (forge, imprimerie, intérieur paysan argovien reconstitué, mannequins de carnaval). Dans la tour du corps de logis de la première île, on voit au 1er étage un appartement seigneurial meublé du 17e s., et au 2e étage, un appartement bourgeois du 19e s.

ADELBODEN★★

Bern – 3 650 habitants
Cartes Michelin n°s 927 G 6 ou 217 pli 16
Schéma : BERNER OBERLAND – Alt. 1 356 m

Dans l'ample **bassin**★ ensoleillé qui marque l'origine de la vallée de l'Engstligen, Adelboden compte parmi les villégiatures élégantes de l'Oberland bernois les plus élevées et les plus réputées, été comme hiver, pour la bienfaisance de leur climat.
Le village, bien groupé à mi-pente, s'allonge face à un majestueux horizon de montagnes calcaires. Le sommet tabulaire neigeux du Wildstrubel (alt. 3 243 m) fermant l'immense cirque d'alpages de l'Engstligenalp d'où s'échappent, sautant un gradin rocheux, les chutes de l'Engstligen (Engstligenfälle), constitue l'élément le plus frappant de cet ensemble.

Le domaine skiable – Le domaine de ski alpin, relié à celui de Lenk, comprend 160 km de pistes et une cinquantaine de remontées mécaniques. Culminant au Luegli à 2 138 m d'altitude, il satisfait surtout les skieurs de niveau intermédiaire, qui trouvent de belles balades en forêt. À noter l'existence d'un petit domaine à l'Engstligenalp (accessible en navette) entre 1 964 et 2 400 m.

★★★**Engstligenfälle (Chutes de l'Engstligen)** – *Prévoir des vêtements imperméables, un parapluie et de bonnes chaussures. 4 km de route d'Adelboden, puis accès par téléphérique (5 mn de montée).* À l'arrivée (alt. 1 964 m), **vue**★ d'ensemble sur Adelboden dominé par le Gsür (2 708 m) à gauche et le massif du Gross Lohner à droite. On surplombe la partie supérieure des chutes de l'Engstligen. Au Sud s'étendent les alpages de l'Engstligenalp, tapissés de gentianes, au pied du Wildstrubel.
Plusieurs **randonnées** sont possibles, notamment le col Ammertenpass (alt. 2 443 m à 2 h de montée) et la **pointe Ammertenspitz**★★ (alt. 2 613 m à 2 h 30), d'où se révèle un vaste panorama sur le Steghorn, le Tierhorn, les Diablerets et les Walliser Alpen. Mais l'excursion la plus spectaculaire est de loin la descente le long des chutes de l'Engstligen, d'une dénivelée de 476 m *(1 h 30 de marche sans compter les pauses).* De l'Engstligenalp, prendre la direction « Unter dem Berg ». Cent mètres après,

continuer tout droit direction « Wasserfall ». Au bout d'une 1/2 h de marche, on découvre une **vue★★★** époustouflante à l'approche du pont qui traverse les chutes, d'une hauteur et d'une violence impressionnantes.

La randonnée se poursuit dans une belle forêt de mélèzes, au pied de parois abruptes, d'où dévalent de fines cascades. En vue du départ du téléphérique, suivre les indications « Engstligenfall » (bifurcation à gauche). Un sentier étroit, en descente assez raide, s'enfonce dans une végétation luxuriante. Il est bordé à certains endroits d'ancolies, fleur très rare, (mince tige d'une cinquantaine de cm et pétales de couleur bordeaux foncé). On parvient enfin au **belvédère★★** sur les chutes inférieures, également spectaculaire. On retourne au parking en 10 mn en suivant le bon chemin vers « Unter dem Berg ».

AIGLE

Vaud – 7 532 habitants

Cartes Michelin nᵒˢ 927 E 7 ou 217 pli 14 – Schéma : ALPES VAUDOISES – Alt. 417 m

Centre viticole et industriel, et dépôt militaire, au confluent de la vallée du Rhône et de celle des Ormonts, Aigle est une avenante petite ville de plaine, encadrée de hauteurs d'où dévale (jusqu'au cœur de l'agglomération) un vignoble estimé que cloisonnent des murets de pierre ou de ciment.

On flânera sur la promenade ombragée Gustave Doret (au bord du torrent de la Grande Eau) et, dans le centre, devant le curieux passage, couvert de galeries de bois fleuries, de la « Ruelle de Jérusalem ». À l'extrémité Est de la ville, le château et l'église St-Maurice à flèche de pierre gothique forment un ensemble plaisant.

Château – Encore dans son enceinte cantonnée de tourelles pointues et cernée de vignes, cet ancien petit fief savoyard du 13ᵉ s., pris et reconstruit par les Bernois au 15ᵉ s. et restauré de nos jours, abrite un musée du pays vaudois ainsi que quelques meubles anciens. Le chemin de ronde, couvert, conserve des peintures murales polychromes (fleurs et fruits).

Musée de la Vigne et du Vin ⊘ – Le musée vigneron occupe plusieurs salles du corps de logis et trois étages de la tour principale : verrerie, étains, tonnellerie, outils... du 17ᵉ s. à nos jours ; on remarque particulièrement deux énormes pressoirs (à levier d'environ 1600 ; à vis, de 1706), ainsi qu'une lumineuse tapisserie de Lurçat sur le thème de la vigne et du raisin (1943).

Musée international de l'Étiquette ⊘ – Face au château, la maison de la Dîme (16ᵉ s.) abrite ce musée. Sous une magnifique charpente est exposée une intéressante collection d'étiquettes extraites d'un ensemble de plus de 150 000 pièces provenant de 52 pays.

Les ALPES VAUDOISES★★

Cartes Michelin nᵒˢ 927 plis 12, 13 ou 217 plis 14, 15

Partagées entre le bassin du Rhône et le bassin de l'Aare (haute vallée de la Sarine), les Alpes vaudoises doivent leur individualité à leurs paysages d'amples vallées verdoyantes, d'escarpements calcaires et de sommets enneigés.

Leurs populations montagnardes parlent le français, pratiquent la religion réformée et construisent leurs chalets comme en Oberland bernois *(illustration en Introduction : La Suisse pittoresque)*. L'extraordinaire dispersion de ces chalets, sur le versant de la Grande Eau comme sur le versant de la Sarine, constitue un trait frappant du paysage régional. Les vallées desservies par les routes décrites ci-après – vallée des Ormonts et pays d'Enhaut – sont tout indiquées comme voies de passage entre la région du Léman et l'Oberland bernois. Au touriste, elles offrent le calme et la tranquillité de villégiatures comme Château-d'Oex ou Les Diablerets, tandis que Leysin et Villars-Chesières, situées en terrasse à 1 000 m au-dessus de la vallée du Rhône, face aux dents du Midi, attirent une clientèle sportive et mondaine.

★★ ① VALLÉE DES ORMONTS

D'Aigle à Saanen *45 km – environ 1 h 1/2*

Le col du Pillon peut se trouver fermé entre novembre et avril, en période de fort enneigement.

Aigle – *Voir ce nom.*

On pénètre bientôt, à haute altitude, dans l'étroit sillon boisé des **gorges★** creusées par la Grande Eau.

CARNET D'ADRESSES

Des stations comme Les Diablerets, Leysin et Gstaad sont des centres privilégiés pour partir à la découverte de cette région, très prisée en hiver comme en été. On peut s'adresser aux différents offices de tourisme pour tout renseignement.

Offices de tourisme

Les Diablerets – ☎ (024) 492 33 58 – fax (024) 492 23 48.

Leysin – ☎ (024) 494 22 44 – fax (024) 494 16 16.

Gstaad – Tourismusbüro, Promenade – ☎ (033) 748 81 81 – fax (033) 748 81 33.

Se loger dans les Alpes vaudoises

Les Diablerets

Hostellerie Les Sources – *Chemin du Vernex* – ☎ *(024) 492 21 26 – fax (024) 492 23 35 – 48 chambres – 108 à 186 F –* **GB** *– restaurant – ouvert du 1er décembre au 7 avril et du 2 juin au 19 octobre.*
Un hôtel à bon compte. Situation très agréable au calme près du centre du village avec vue sur le massif des Diablerets.

Hôtel des Diablerets – ☎ *(024) 492 35 51 – fax (024) 492 23 91 – 59 chambres – 115 à 280 F –* **GB** *– ouvert du 20 décembre au 15 avril et du 1er juin au 30 septembre.*
Peut être considéré comme une « petite folie » pour les chambres avec vue sur le glacier. Piscine couverte.

Se restaurer dans les Alpes vaudoises

Les Diablerets

Café de la Couronne – ☎ *(024) 492 31 75 – fermé en basse saison le lundi soir et le mardi.*
Une carte régionale. Bonne charcuterie maison.

Les Lilas – ☎ *(024) 492 31 34 – fermé du 22 mai au 8 juin, et en basse saison le dimanche soir et le lundi.*
Un chalet auberge dans un cadre montagnard proposant une carte classique.

✵ **Leysin** – *De la route d'itinéraire, 4 km par une route à gauche avant d'atteindre le Sépey.* Son **site★★** forme une splendide terrasse dominant la vallée du Rhône, face aux dents du Midi. La station bénéficie d'un climat doux et d'un ensoleillement intense.
On apprécie ensuite, surtout dans la descente qui précède l'arrivée à la station, le site du village des Diablerets, au pied des superbes escarpements du même nom.

✵ **Les Diablerets** – Bourg principal de la vallée des Ormonts, la station se disperse dans un bassin de prairies très évasé, piqueté de frênes et d'érables. Le **site★★** est à la fois gracieux et grandiose.
Les murailles des Diablerets apparaissent ici profondément incurvées en cirque (Creux de Champ), entre l'éperon du Scex Rouge et le Culan.
Entre Les Diablerets et le col du Pillon, une boucle serrée dans le ravin du pont Bourquin fait apparaître, entre les arbres, de curieux monolithes blanchâtres, dus à un phénomène de dissolution du gypse. Sur le versant opposé, le torrent du Dard s'échappe, en cascades ténues, de deux **cirques★** rocheux emboîtés.

Le domaine skiable – Les Diablerets sont célèbres pour ces champs de neige qui s'étagent sur 3 massifs : Meilleret (1 949 m), qui assure une liaison skis aux pieds avec **Villars-sur-Ollon**✵ (voir ce nom), Isenau (2 120 m au Floriettaz) et le glacier de Scex Rouge. Le domaine est de dimension modeste (50 km de pistes) et présente des équipements peu fonctionnels, mais il offre quelques superbes descentes. Les skieurs de niveau intermédiaire apprécient le secteur d'Isenau, les longues pistes en forêt du Meilleret et surtout la piste rouge de Cabane à Oldenegg. Pour les bons skieurs, la **combe d'Audon★★**, depuis le Scex Rouge, constitue une véritable référence, avec une excellente neige et un cadre somptueux.
Les snowboarders ne sont pas oubliés, avec de bons snowparks sur Isenau en hiver et sur le glacier de Scex Rouge en été. Le forfait intégral des Alpes vaudoises permet de skier sur Villars, Leysin et les Mosses (220 km de pistes pour 77 remontées mécaniques). Les fondeurs, pour leur part, disposent de 31 km de boucles en bas de vallée et en altitude.

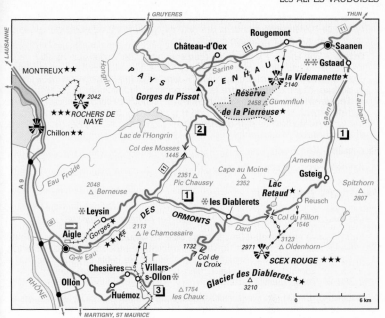

Scex Rouge** Ⓥ – *Accès : 35 mn, par télécabine et téléphériques au départ du col du Pillon, ou par téléphériques au départ de Reusch.* Au cours de la montée, on pourra guetter marmottes et chamois, mais l'attention se partage surtout entre le bassin des Diablerets et la formidable paroi enneigée précédant l'arrivée à la station supérieure. De cette dernière, un escalier *(praticable seulement en plein été)* mène au sommet du Scex Rouge (alt. 2 971 m) d'où s'observe un merveilleux **panorama** : au Sud, sur la chaîne des Alpes suisses (Cervin, visible derrière un monolithe) et françaises (Mont Blanc) entre les autres sommets tout proches des Diablerets (tremplin neigeux du point culminant d'un côté, Oldenhorn rocheux aux blanches « épaules » de l'autre), et sur l'éblouissant **glacier des Diablerets****, prolongement Nord du glacier de Tsanfleuron ; au Nord, sur les sommets plus modestes mais aigus (Tornette, Palette...) se dressant derrière la vallée des Ormonts.

*****Lac Retaud** – *Du col du Pillon, 1,5 km par chemin de montagne étroit.* Cette jolie nappe aux eaux vertes noie un creux d'alpages, face au double cirque du Dard dominé à gauche par l'Oldenhorn et à droite par le Scex Rouge.

Glacier des Diablerets

81

Un troisième cirque se découvre, entre les contreforts Nord-Est de l'Oldenhorn (vallon de l'Oldenbach), lors de la descente du col du Pillon vers Gsteig ; celle-ci se termine en vue de la pyramide du Spitzhorn.

Gsteig – Une église, à la flèche de charpente aiguë, est inséparable du **site**★ de ce joli village, le plus élevé de la vallée de la Sarine. Le vallon rocheux « suspendu » *(lire « L'héritage des glaciers quaternaires » dans le chapitre : Physionomie du pays)* qui se dessine, plus en amont, entre les escarpements du Spitzhorn et du Mittaghorn et d'où dévale la gerbe d'une puissante cascade, conduit au col du Sanetsch, passage autrefois très fréquenté entre l'Oberland et le Valais. L'hôtel Bären est aménagé dans une vaste **construction**★ de style oberlandais, en pignon décoré de frises géométriques et d'inscriptions.

✶✶ **Gstaad** – *Voir ce nom.*

Saanen – *Voir ce nom.*

★★ ② **PAYS D'ENHAUT**

De Saanen à Aigle *45 km – environ 1 h (visites non comprises)*

Entre Saanen et Château-d'Oex, le court **défilé des Alamans** marque à la fois la limite entre les cantons de Berne et de Vaud et la frontière linguistique entre le français et l'allemand, comme en témoigne le nom même de ce défilé et du hameau qui le borde. Le sommet rocheux élancé bien nommé Rubli (carotte), qui culmine à 2 284 m, fixe longtemps l'attention.

Rougemont – De son passé monastique, cette charmante localité aux chalets en bois, siège d'un prieuré clunisien entre le 11e s. et la Réforme, a gardé une église pittoresquement abritée sous un vaste toit retombant. À l'intérieur, le sévère vaisseau à trois nefs supportés par de lourds piliers carrés est caractéristique des constructions romanes primitives en territoire helvétique. Remarquer, aux vitraux du chœur, le motif de la grue, symbole de la Gruyère *(voir Gruyères)*.
Le prieuré a fait place au château (16e s.), lui-même entièrement reconstruit et restauré suite à l'incendie de février 1973 ; les bâtiments contigus aux murailles s'harmonisent plaisamment avec la silhouette encapuchonnée du sanctuaire.

★ **La Videmanette** ⓥ – Alt. 2 140 m. *Accès par télécabine en 18 mn au départ de Rougemont.* La station supérieure coiffe une crête de la Videmanette qu'encadrent les sommets, voisins et dominants, du Rubli et du Rocher Plat. Monter sur le toit-terrasse du restaurant pour profiter de la **vue**★ embrassant entre autres, de droite à gauche, les trois cimes caractéristiques de la Tornette, celles, cornues, des Diablerets, les lacs Arnensee et de Retaud derrière la Gummfluh, la chaîne de l'Oldenhorn et, lointaines, les crêtes du massif de la Jungfrau avec, à l'extrême gauche, l'Eiger.

★ **Réserve de la Pierreuse** – *Visite à pied : compter 1/2 journée.* Aux Granges, tourner à gauche *(attention : à angle très aigu)* dans la route, en descente, de Gérignoz qui emprunte un tunnel *(voie unique)* et le pont sur la Sarine.
Avant une importante scierie, prendre à droite pour remonter le versant opposé de la vallée.

Laisser la voiture avant le pont des Leyssalets.

Au pied des parois rocheuses Nord de la Gummfluh, dans un **site**★ accidenté d'éboulis couverts de bois ou d'alpages, la réserve naturelle de la Pierreuse couvre environ 880 ha, entre 1 300 m et 2 460 m d'altitude. La flore et la faune, aux espèces d'origine ou réintroduites (épicéas, marmottes, bouquetins), y sont intégralement protégées.
Les cimes jumelles de la Gummfluh se présentent par l'échancrure du vallon affluent de Gérignoz.

Château-d'Oex – *Voir ce nom.*

Gorges du Pissot – Un belvédère aménagé dans un virage permet d'apprécier l'encaissement et le cadre boisé de cette coupure rocheuse, parcourue par la Torneresse.
Après la traversée de ces gorges, la route fait une courbe au creux du vallon pastoral de l'Etivaz, donnant, en contrebas, un aperçu sur la petite dent de la Cape au Moine. On aboutit dans la très large dépression de prés-bois des Mosses.
À la Lécherette, on atteint la haute vallée de l'Hongrin, qu'occupe un lac de barrage. Le versant des Ormonts, en aval de la Comballaz, offre une vue dégagée sur les dômes glaciaires des Diablerets, à gauche desquels pointent le Scex Rouge et l'Oldenhorn. Dans l'enfilade du sillon de la Grande Eau, en aval, se situent les installations de cure et les grands hôtels de Leysin et, à l'horizon, les dents du Midi. Entre le Sépey et Aigle, la route se maintient longtemps, en haute corniche, au-dessus des **gorges**★ boisées de la **Grande Eau**, puis, en quelques lacets, s'abaisse vers le fond de la vallée du Rhône. La cité d'Aigle, annoncée par son château, se présente alors dans son cadre de vignobles.

Aigle – *Voir ce nom.*

★★③ ROUTE DU COL DE LA CROIX

D'Aigle aux Diablerets, par Villars *29 km – environ 1 h*

Aigle – *Voir ce nom.*

Au départ d'Aigle, la route, en palier, file entre les vignes, les arbres fruitiers, les prairies parsemées de ruches, en vue des crêtes enneigées du Grand Muveran et des Diablerets.

Ollon – Charmant village vigneron étagé autour de son église.
La route grimpe désormais, sinueuse mais excellente, tantôt en corniche, tantôt sous bois. Trois kilomètres après Ollon, une **vue**★★ superbe se dégage sur les deux massifs du Grand Muveran et des Diablerets, séparés par la dépression du Pas de Cheville derrière laquelle se profile le mont Gond.

Huémoz – Village montagnard typique, vieux chalets.

Chesières ; Villars-sur-Ollon✳ – *Voir ce nom.*

Après Villars, la montée devient sévère (13 %) et le massif des Diablerets emplit l'horizon de ses cimes aux cornes neigeuses. À partir du **col de la Croix** (alt. 1 732 m), le parcours procure des vues magnifiques sur les architectures rocheuses du massif, avant la descente finale vers l'immense cuvette où s'étale la station des Diablerets.

✳ **Les Diablerets** – *Voir plus haut.*

ALPI TICINESI★

Les ALPES TESSINOISES
Cartes Michelin nos 927 pli 15 ou 218 plis 1, 2, 11 et 12
Schéma : SANKT GOTTHARD MASSIV

Le Tessin (Ticino) est le canton le plus méridional de la Confédération, « italien » par sa langue et sa personnalité suisse mais politiquement suisse depuis le Moyen Âge. Il creuse sa vallée sur les pentes du versant Sud du St-Gothard, de la plaine lombarde au centre culminant du massif dont la barrière protectrice permet aux régions des lacs Majeur et de Lugano de bénéficier d'un climat exceptionnellement doux pour leur latitude.
Le caractère montagneux du pays, à cette extrémité Sud de la chaîne des Alpes, s'observe pleinement dans le parcours des routes du St-Gothard et du Lukmanier, comme aussi de la route du Nufenen *(voir ce nom).*

CARNET D'ADRESSES

Offices de tourisme

Airolo – *Levantina Turismo* – ☎ *(091) 869 15 33 – fax (091) 869 26 42.*

Andermatt – *Verkehrsverein, Gotthardstr. 2* – ☎ *(041) 887 14 54 – fax (041) 887 01 85.*

Biasca – *Ente Turistico Biasca e Riviera, Contrada Cavalier Pellanda* – ☎ *(091) 862 33 27 – fax (091) 862 42 69.*

Se loger et se restaurer dans les Alpes tessinoises

Airolo

Albergo Hotel Forni – ☎ *(091) 869 12 70 – fax (091) 869 15 23 – 19 chambres – 85/180 F* – **GB** – *fermé du 21 octobre au 5 décembre.*
Un petit hôtel familial aux chambres spacieuses. Belle décoration rustique.

Andermatt

Badus – *Gotthardstr. 25* – ☎ *(041) 887 12 86 – fax (041) 887 03 38 – 23 chambres – 65/150 F* – **GB**.
Hôtel moderne et confortable.

Zur Sonne – *Gotthardstr. 76* – ☎ *(041) 887 12 26 – fax (041) 887 06 26 – 21 chambres – 85/170 F* – **GB** – *ouvert du 20 décembre au 21 avril et du 2 juin au 27 octobre.*
Hôtel style chalet. Confortable avec sauna. À deux pas du chemin de fer qui dessert le Gemsstock (alt. 2 961 m).

★ROUTE DU ST-GOTHARD

Lire à Massif du St-Gothard les détails historiques concernant cette route.

Le tracé actuel date, dans son ensemble, de 1830, mais de grands travaux de rectification et d'élargissement de la chaussée – particulièrement nécessaires au passage du val Tremola – en ont amélioré les caractéristiques. Sur le versant du Tessin, la chaussée est beaucoup plus roulante que le long de la Reuss. La route du Gothard connaît pendant toute sa période d'ouverture une animation intense.

Le col du St-Gothard est généralement obstrué par la neige de novembre à juin.

Le tunnel routier du St-Gothard entre Göschenen et Airolo, ouvert depuis fin 1980, détient le nouveau record mondial de longueur : 16,918 km.

D'Andermatt à Biasca

65 km – environ 2 h – itinéraire 2 *de la visite du massif du St-Gothard.*

✳ **Andermatt** – Alt. 1 436 m. Au fond de la conque harmonieuse et austère du val d'Urseren, cœur du massif du St-Gothard, Andermatt se trouve à la jonction des routes du Gothard, de la Furka et de l'Oberalp : c'est, par excellence, le carrefour des Alpes suisses. L'animation locale, marquée d'une pointe d'exubérance méridionale, se répartit le long d'une étroite rue de traversée dont certaines sections de chaussée montrent encore le « binario » typiquement italien (chemin de roulement en dalles de granit).
En hiver, alors que la neige ensevelit les versants voisins, tout striés d'ouvrages de protection contre les avalanches, Andermatt reçoit de nombreux skieurs attirés par ses commodités d'accès. Les principaux centres d'activité sportive sont la région de Nätschen (direction du col de l'Oberalp), desservie régulièrement par des navettes ferroviaires et par télésiège, ainsi que les pentes du Gemsstock équipées d'une télécabine.
C'est au pied de l'antique tour de garde d'Hospental que débute, sur le versant d'Andermatt, la dernière rampe du St-Gothard ; la route s'élève au-dessus du val d'Urseren que ferme, à droite du col de la Furka, le cimier neigeux du Galenstock, puis elle s'engage dans l'ingrat vallon de Gams.

★★ **Gemsstock** – *Compter 1 h AR min. dont 40 mn de téléphérique en 2 tronçons. Possibilité de randonnées.* Accéder à la terrasse supérieure, dotée de tables d'orientation. **Panorama★★**, sans premier plan spectaculaire, mais très étendu avec plus de 600 sommets visibles. Le Finsteraarhorn trône sur l'Oberland Bernois à l'Ouest. Plus proche, la vallée de Göschen est dominée par le Dammastock. Au Sud, remarquer le mont Rose et les Alpes italiennes.

Passo del San Gottardo (Col du St-Gothard) – Alt. 2 108 m. Dans un cadre morne de roches moutonnées parsemées de lacs, le passage doit son nom à une chapelle érigée vers 1300 en l'honneur de saint Gothard, évêque d'Hildesheim (près de Hanovre).
Situé au sommet du col au milieu de ce paysage hostile mais grandiose, le **musée national du St-Gothard★** ⊙ (Museo Nazionale del San Gottardo) met particulièrement bien en valeur l'histoire et l'importance de ce lieu de passage déjà emprunté dès l'époque romaine, véritable trait d'union entre le Nord et le Sud, entre la Suisse et le reste de l'Europe. Chaque thème est illustré au moyen de maquettes, photographies, reconstitutions et panneaux explicatifs en quatre langues. Parmi ces thèmes : la route, le tunnel, l'hospice du St-Gothard où les voyageurs trouvaient gîte et couvert, les liaisons postales, l'importance militaire du col (bataille de la Tremola le 24 septembre 1799 opposant les Français aux troupes russo-autrichiennes), la flore et la faune.

Val Tremola – *Accessible en août seulement.* Il s'étend sur 13 km à partir du col du St-Gothard. La chaussée de 1830 n'est qu'une suite de lacets à l'assaut de ce raide couloir au nom inquiétant (val du tremblement). Vue d'en bas (se placer sur le pont désaffecté, au fond du ravin), avec son accumulation de murs de soutènement apparemment enchevêtrés, elle donne une haute idée de l'audace de ses constructeurs. La chaussée moderne, d'une hardiesse exceptionnelle, évite le passage difficile du val Tremola grâce à un tracé dévié à flanc de montagne comprenant 3 lacets seulement – l'un d'eux est édifié, en partie, sur un viaduc courbe : un autre est aménagé en **belvédère★** – et un tunnel de 700 m.
La descente se poursuit, très rapide, en vue de la Haute-Léventine, mollement ouverte entre ses versants forestiers et toute parsemée de villages mêlant, au pied de quelque campanile, les maisons de pierre tessinoises et les chalets alpestres à superstructures de bois.
D'Airolo au défilé de Piottino s'épanouit le bassin d'Ambri-Piotta, encore encadré de sapins et de mélèzes, où l'on remarque les conduites forcées de la centrale de Ritom. En aval du défilé de Piottino, la vallée se resserre progressivement au pied d'une succession d'éperons abrupts, délimitant des ravins sauvages dont les torrents se terminent en cascade.

★ Val Piora – Alt. 1 796 m. *De la grande centrale de Ritom, 12 mn de funiculaire.* Une très belle promenade le long de sentiers bien dessinés, où l'on découvre de petits lacs d'alpage ainsi qu'une flore et une faune variées.

Faido – Grâce à son équipement hôtelier, à ses environs riches en sous-bois et en eaux vives (cascades de la Piumogna), ce bourg, chef-lieu administratif de la Léventine, peut être conseillé comme villégiature estivale.
L'hémicycle de sa place principale compose, avec son couvert de tilleuls, sa statue dédiée à la gloire locale, ses vieilles maisons coiffées de curieux toits de pierre tronconiques, ses cafés poussant quelques chaises en plein air, un ensemble déjà latin. Dès la sortie de Faido, remarquer la jolie silhouette perchée de l'église de Calonico.

★ Giornico – *Voir ce nom.*
Le palier inférieur de la Léventine voit prospérer la vigne. Obscurcie par les fumées de l'usine électrochimique de Bodio, cette section doit aux épaulements escarpés de la Cima Bianca, du Pizzo di Mezzodi et du Madone Grosso un cadre encore farouche.

Biasca – *Description ci-dessous.*

★ ROUTE DU LUKMANIER

De Biasca à Disentis/Mustér

66 km – environ 2 h 3/4 – itinéraire ⒈ *de la visite du massif du St-Gothard.*

Le col du Lukmanier est généralement obstrué par la neige de novembre à mai.

Biasca – Petite ville-carrefour au confluent des vallées du Tessin et du Brenno, elle est dominée par son imposante **église Sts-Pierre-et-Paul** ⊙ du 12ᵉ s., bâtie à même le roc et accessible par de longs escaliers. L'édifice, en granit du pays, présente un haut clocher à arcatures et une façade à double perron sous péristyle ornée d'une fresque murale (Christ bénissant) à demi effacée. À l'intérieur, vaste nef à plafond plat décoré, chapelle baroque (à droite), restes d'intéressantes **fresques** polychromes des 14ᵉ et 15ᵉ s. dans les bas-côtés (à gauche : *Noces de Cana*) et du 17ᵉ s. dans l'abside (autre Christ bénissant, dans une mandorle).

Malvaglia – Le **campanile**★ roman de l'église, dont le nombre d'arcatures s'accroît, suivant la mode lombarde, à mesure que l'on se rapproche du couronnement, est le plus élégant du val Blenio.
L'aridité du val Blenio inférieur, aggravée naguère par l'activité dévastatrice des affluents du Brenno, s'atténue en amont de Dongio : c'est un bassin plus verdoyant qui s'épanouit maintenant, tandis qu'apparaît, en amont, la pyramide hardie du Sosto.

★ Lottigna – Ce village, étiré en balcon sur la vallée, a installé dans l'ancienne maison (15ᵉ s.) de ses baillis, décorée des écussons des premiers cantons suisses, le **musée du Blenio** ⊙, intéressant par ses collections d'ethnographie (outils, ustensiles et costumes régionaux traditionnels), d'art sacré (sculptures anciennes, ornements ecclésiastiques) et surtout d'armes (plus d'un millier, du 14ᵉ s. à nos jours, dont de rares spécimens de pistolets de duel et « à système » du 18ᵉ s.).

À Acquarossa, prendre à gauche la petite route sur le versant Ouest du val Blenio.

Prugiasco – L'intérieur de l'église Sant'Ambrogio séduit par son décor baroque : dessus d'autel en bois sculpté doré, chapelle (à droite) ornée de stucs et de peintures en médaillons (vie de la Vierge) au-dessus d'une statue de Madone à l'Enfant.

Prendre à gauche de l'église la rue montante continuée par une route étroite que l'on suit sur 2 km jusqu'au pied de la butte herbeuse portant le sanctuaire du Negrentino.

★ Église San Carlo du Negrentino ⊙ – *1/2 h à pied AR.* Dans une position aussi dominante que solitaire, cette vénérable petite église romane (11ᵉ s.) tourne vers la vallée son chevet à double abside flanqué d'un campanile ajouré de baies géminées. L'intérieur est paré d'une admirable série de **fresques**★★ polychromes, dont la réalisation s'est poursuivie du 11ᵉ au 16ᵉ s. ; parmi les plus belles : Nativité, Jésus en croix, en gloire…
Après Castro, dont on remarque la petite église datée de 1730 (au clocher plus ancien), et Ponto-Valentino, on retrouve à Aquila la route directe du Lukmanier.
D'Olivone à Acquacalda, la route s'échappe latéralement du cul-de-sac d'Olivone par deux séries de lacets séparées par le palier de Camperio, après lesquels s'offre une **vue**★, à l'Est, sur les cimes neigeuses du massif de l'Adula.

Passo del Lucomagno (Col du Lukmanier) – Alt. 1 916 m. Sur la ligne de partage des eaux et des langues (italien et romanche), le col sépare, aussi, deux types d'architecture régionale : au Sud, les bâtisses en maçonnerie groupées autour d'un campanile élancé, au Nord les chalets de bois et les églises coiffées d'un bulbe.
Le Lukmanier est le plus bas des passages transalpins de Suisse, mais le tracé trop détourné de ses voies d'accès, sur le versant Nord des Alpes, lui a fait préférer le St-Gothard pour le grand trafic international. Sur le versant du Rhin, la haute dépression alpestre est noyée, en partie, par les eaux du barrage de Santa Maria.

Entre le barrage de Santa Maria et Disentis, au-delà d'un val noyé d'éboulis, où la végétation arbustive se réduit à quelques plaques d'aulnes nains et de rhododendrons, la chaussée traverse le Rhin de Cristallina, aux eaux transparentes, et, tandis que les conifères réapparaissent, débouche dans le bassin central du val de Medel. Avec ses pentes de prairies, coupées de ravins en zigzag, ses chalets sombres, le clocher à bulbe de Curaglia, cette petite cellule montagnarde forme un **ensemble**★ des plus attachants. Remarquer les claies verticales où s'achève la maturation des céréales moissonnées prématurément en raison de la rigueur du climat à cette altitude voisine de 1 500 m.

Medelserschlucht (Gorges de Medel) – Les chutes du Rhin de Medel remplissent de vacarme cette faille rocheuse où la nouvelle route comporte de nombreux passages en tunnel. L'ancien tracé, que l'on ne peut plus suivre qu'à pied, à partir de la porte de sortie du 2e tunnel (long de plus de 500 m) est plus spectaculaire.

La trouée des gorges de Medel ouvre bientôt une perspective sur Disentis et la masse blanche de son abbaye et, par-delà, sur le massif du Tödi.

✳ **Disentis/Mustér** – *Voir ce nom.*

ALTDORF

C Uri – 8 613 habitants

Cartes Michelin n⁰ˢ 927 J 5 ou 217 pli 10

Schémas : VIERWALDSTÄTTER SEE et SANKT GOTTHARD MASSIV – Alt. 462 m

Placé entre le lac des Quatre-Cantons et les défilés de la haute vallée de la Reuss, Altdorf, clé du passage du St-Gothard sur le versant Nord des Alpes, a gardé sa dignité de petite capitale traditionnelle. Le passant attentif aux changements d'ambiance sera sensible aux influences méridionales qui se manifestent déjà dans la ville : l'assortiment des épiceries, les menus des restaurants, la rencontre de quelques habitants de type tessinois, quelques vestiges de **binario** *(voir Andermatt ci-dessous)* sont autant d'indices qui préparent à un plus complet dépaysement.

Telldenkmal (Monument de Tell) – La statue du célèbre arbalétrier sur la place centrale du bourg, contre une tour à dôme peinturluré, est intéressante surtout par le fait qu'elle a créé le type physique de Tell. Cette effigie (datant de 1895) est bien à sa place dans le canton qui, le premier, s'émancipa de la tutelle étrangère. Un petit **musée Tell** ⊙ est aménagé à Bürglen sur la route du col du Klausen *(voir ce nom).*

ENVIRONS

★**Bauen** – *10 km au Nord-Ouest.* Ravissant village blotti dans la verdure et les fleurs au pied des montagnes et sur la rive Ouest du lac d'Uri. Son **site**★, son élégante petite église (de 1812 ; intérieur néobaroque), ses hôtels et chalets fleuris, sa végétation témoignant d'un microclimat privilégié (pins, araucarias, palmiers, bananiers...) lui confèrent le cachet d'une minuscule Riviera.

Val d'ANNIVIERS★

Cartes Michelin n⁰ˢ 927 plis 13, 22 ou 217 pli 16 et 219 pli 3 – Schéma : VALAIS

Bien connu des spécialistes de géographie humaine pour les déplacements saisonniers de sa population, perpétuellement en mouvement entre les vignobles de la vallée du Rhône, le village principal (Vissoie par exemple), les mayens *(voir l'index)* et les alpes – situant les différents niveaux d'activité de ses habitants –, le **val d'Anniviers** est resté jusqu'à nos jours le fief de quelques « purs » de l'alpinisme, conquis par le charme d'une station comme **Zinal**.

DE SIERRE À ZINAL

49 km – environ 2 h 1/2 – itinéraire ③ *de la visite du Valais.*

Sierre – *Voir ce nom.*

Se détachant de la route de Brigue à l'orée de la forêt de Finges, la route s'élève rapidement au-dessus du bassin de Sierre, où se dressent les grosses usines d'aluminium de Chippis. À l'opposé, sur le versant Nord de la vallée du Rhône, s'alignent les hôtels de Montana et de Crans. Niouc et sa chapelle marquent le début de la pénétration dans le val d'Anniviers. En contrebas, la Navisence reste très encaissée. La vue s'éclaircit, en amont, en direction du Zinalrothorn et de l'Ober Gabelhorn, de part et d'autre de la double pointe rocheuse du Besso.

Chapelle des Pontis – Au bord de l'à-pic – le nouveau tracé de la route évite ce passage par un tunnel – ce petit sanctuaire permet aux perpétuels voyageurs que sont les Anniviards de se mettre sous la protection de la Vierge et de saint Christophe. On remarque, sur le versant opposé, le long d'une croupe en forte pente, les chalets de Pinsec.

Vissoie – Joli village-balcon que signalent sa tour carrée et son église rustique. Dans la montée en lacet qui mène à St-Luc, la vue s'attache encore sur le site étonnant de Pinsec. L'horizon montagneux s'élargit : la tête du Cervin surgit au dernier plan.

✳ **St-Luc** – Ce bourg, admirablement situé, est aménagé en station de sports d'hiver. De la table d'orientation située à l'entrée du village, **vue**★★ impressionnante sur la vallée et sur la chaîne de montagnes, d'où se détachent à gauche le mont Marais (2 412 m) et à droite le mont Boivin (2 995 m). La route de St-Luc à Chandolin, tracée à flanc de montagne, pénètre bientôt sous bois, offrant, au cours du trajet, de superbes échappées sur le sillon du val d'Anniviers, Sierre, les massifs du Wildhorn et du Wildstrubel.

✳ **Chandolin** – Alt. 1 936 m. L'arrivée se fait par le nouveau village, station de sports d'hiver composée de chalets modernes et de petits immeubles construits dans le style du pays. *Poursuivre à pied.*
Le vieux village, typique avec ses vieux chalets en bois, est l'un des plus hauts d'Europe habités en permanence. Il s'agrippe à la pente, en vue d'un **panorama**★★ splendide sur les Alpes valaisannes (de gauche à droite : Zinalrothorn, Besso, Ober Gabelhorn, pointe de Zinal, dent Blanche). La croix érigée sur une bosse, en arrière de l'église, constitue un belvédère.

Revenir à Vissoie et prendre au Sud la route de Grimentz.

La route escalade d'abord le versant Ouest du roc d'Orzival. Elle s'étire parfois en corniche vertigineuse sur le ravin, aux allures de gouffre où coule la Navisence et qu'enserrent de magnifiques parois rocheuses. Des crêtes neigeuses barrent l'horizon.

✳ **Grimentz** – Cette ravissante station-village (400 habitants, mais une capacité d'accueil de 4 000 lits !) est située face à la Corne de Sorebois, dont la proue sépare la vallée de Zinal de celle de Moiry. Ses ruelles conservent de nombreux mazots ou raccards anciens *(voir illustration, Le Valais)*, dont certains remontent au 15ᵉ s., et une belle **maison bourgeoise** (1550). En été, les combats de reines et les fêtes d'alpage au son des fifres et tambours contribuent, avec le concours des balcons fleuris, à l'atmosphère du village.
À la mi-août, Grimentz est le but du fameux Grand Raid Cristalp depuis Verbier, la plus longue **course à VTT** au monde. Le vélo tout terrain est d'ailleurs un atout de la station, qui offre quatre circuits balisés (de 12 à 24 km) dont celui de **Bendolla**, point de départ que l'on peut atteindre en télécabine : plus de 400 m de dénivellation.

★ **Val de Moiry** – *13 km au départ de Grimentz.* Autre prolongement du val d'Anniviers, son parcours fait découvrir, au bout de 2 km, une belle cascade (à gauche), le site de Grimentz (à droite), puis la dent Blanche dans l'axe de la route. Au 4ᵉ km, à gauche, ample **vue**★ d'enfilade sur Grimentz et le val d'Anniviers. Un kilomètre plus loin on discerne, devant la dent Blanche, la concavité du **barrage de Moiry** qui, bientôt, semble barrer la route. Celle-ci le contourne et, après un tunnel, débouche sur sa gauche. Du milieu du barrage (alt. 2 249 m ; capacité : 77 millions de m³), **vue**★ sur le lac, les sommets des Alpes Pennines et leurs glaciers. En suivant la route *(médiocre)* qui domine le lac, où dévalent d'innombrables cascatelles, on jouit soudain, à l'extrémité de la retenue, d'une **vue**★ saisissante sur le glacier de Moiry et celui de Zinal à sa gauche. La route s'achève au bassin de compensation du barrage, entre deux versants rocheux, face au glacier de Moiry.

Revenir à Grimentz et prendre la route de Zinal.

★★★ **Randonnée à la cabane de Moiry** – Alt. 2 825 m. *Du terminus de la route (parking – alt. 2 409 m), compter 2 h 45 de marche AR.* L'itinéraire, longeant le glacier de Moiry sur la gauche, est d'abord en pente modérée. Il suit une moraine (passage pittoresque) puis aboutit au refuge, après une forte montée. De la cabane de Moiry, **vue**★★★ magnifique sur le Pigne de la Lé (3 396 m), les Bouquetins (3 662 m), le Grand Cornier (3 962 m), la dent des Rosses (3 613 m), la pointe de Moiry (3 303 m)... La partie supérieure du glacier de Moiry étincelle sous son épaisse couche de neige ; la partie inférieure est beaucoup plus tourmentée.
Les bons marcheurs poursuivront la marche *(2 h 15 AR supplémentaires – suivre les cairns et le balisage jaune).* Le sentier s'arrête au bord du glacier, en vue du col de Pigne. Par temps sec et si les conditions sont favorables (demander conseil au préalable au refuge), les montagnards expérimentés peuvent continuer jusqu'au col. La partie terminale se parcourt sur des névés *(prévoir de préférence un piolet ou un bâton).* Du col (alt. 3 140 m), situé en contrebas de la Pigne de la Lé, **panorama**★★★ élargi sur la vallée de Zinal (Weisshorn, Besso, Zinalrothorn).

Revenir à Grimentz et prendre la route de Zinal.

** Vallée de Zinal – Le parcours offre une double et saisissante **vue**** d'enfilade : en avant, sur la vallée de Zinal et le bourg d'Ayer juché sur l'autre versant ; en arrière, sur tout le val d'Anniviers que ferme au loin le massif neigeux du Wildstrubel. La vallée se rétrécit ensuite, bordée de sapins et de plus en plus « écrasée » par la silhouette acérée du Weisshorn. Après avoir franchi la Navisence et longé l'usine hydroélectrique de Pralong, la route traverse Zinal, centre d'alpinisme réputé, et se termine 2 km plus loin au lieu dit la Tsoudanaz, dans un petit cirque glaciaire, animé de cascatelles, au pied du glacier de Zinal.

* Zinal – Alt. 1 670 m. Bénéficiant d'un site magnifique de haute montagne, Zinal est une agréable petite station de sports d'hiver et d'été, dont l'offre touristique est complétée par 6 villages de proximité (Ayer, Mission, Mottec, Curianey, La Combaz et Les Morands). Entourée par la « Couronne impériale » (composée des célèbres sommets du Weisshorn, du Zinalrothorn, du Besso, du Obergabelhorn, du Cervin et de la dent Blanche), elle constitue un centre d'alpinisme réputé depuis le 19e s. C'est aussi une superbe base de randonnées, avec 200 km de sentiers balisés. À 1 h de marche, la **mine de cuivre de la Lée** (Kupfermine) se visite : réservation à l'Office du tourisme.

Le domaine skiable – En hiver, Zinal est équipée d'un téléphérique et de 8 téléskis, desservant des pistes de tous niveaux entre 1 670 m et 2 895 m d'altitude. L'orientation Nord-Est du domaine garantit, en général, un enneigement satisfaisant. Avec le même forfait de ski, il est possible d'accéder à l'ensemble des installations de la vallée (Chandolin, St-Luc, Grimentz, Vercorin), soit 46 remontées mécaniques et près de 200 km de pistes. Néanmoins, les liaisons ne se font pas skis aux pieds. Quant aux fondeurs, 12 km de boucles leur sont réservés aux abords de Zinal.

** Sorebois – Alt. 2 441 m. *Accès de Zinal en 5 mn par téléphérique.* Très belle vue sur le mont Durand, l'Obergabelhorn, la pyramide rocheuse du Besso, le majestueux Zinalrothorn et, encore plus à gauche, le Weisshorn.

*** Randonnée au Petit Mountet – *4 h 30 de marche depuis Sorebois à n'entreprendre que par temps sec (se méfier des débuts d'été, durant lesquels le terrain peut être délicat et glissant). 800 m de dénivelée en descente.*
En sortant du téléphérique, prendre à gauche. Le sentier évolue à flanc de montagne, réservant constamment des vues remarquables. Après 2 h de marche environ, à l'approche du refuge, **tour d'horizon***** magnifique sur la dent Blanche, la pointe de Zinal et le Cervin. Il s'en suit une descente soutenue sur le refuge du Petit Mountet (alt. 2 142 m). Une fois ce dernier dépassé, l'itinéraire est agrémenté par des cascades et une végétation de plus en plus étoffée.

APPENZELL

C Appenzell (Innerrhoden) – 5 535 habitants
Cartes Michelin nos 927 M 4 ou 216 pli 21 –
Schéma : APPENZELLERLAND – Alt. 789 m

Au pied des contreforts verdoyants de l'Alpstein, dans un décor de pastorale, Appenzell est resté l'un des centres traditionnels de la « Suisse primitive de l'Est ». Ni ville ni village, Appenzell est un **« Flecken »** – ce terme désigne dans les pays germaniques une catégorie d'agglomérations, de caractère à la fois rustique et bourgeois.
Le nom même d'Appenzell (« Abbatis cella » : cellule de l'abbé) est un héritage de la colonisation primitive du pays par les moines de St-Gall.
On parcourra à pied, avec agrément… et non sans quelques motifs de tentation (magasins de broderies, étalages de gâteaux fourrés d'Appenzell décorés du vacher à culotte jaune et gilet écarlate), la **Hauptgasse*** (rue principale), entre l'église, au décor baroque exubérant, et la maison de la Löwendrogerie. L'élégant pignon en accolade de cette demeure abrite une série de peintures consacrées aux plantes médicinales, accompagnées de ce commentaire désabusé : « Beaucoup de plantes contre la maladie, aucune contre la mort. »

Appenzell Museum ⊙ – Aménagé dans l'hôtel de ville et dans la maison mitoyenne, construits en 1560, ce musée évoque la culture du canton. Commencer la visite par l'étage supérieur. Outre des monnaies que les Rhodes-Intérieures n'ont pu frapper que durant cinq ans (1737-1742) et une cellule de prison datant de 1570, on remarque des costumes appenzellois (dont la coiffe en tulle noir est particulièrement raffinée), des bannières, un triptyque dû à Jacob Girtanner (16e s.) et des planches de morts (aujourd'hui disparues, elles chassaient les démons). Le musée s'enorgueillit en outre de posséder un sarcophage égyptien (vers 1000 avant J.-C.) provenant d'un temple thébain.

Blaues Haus ⊙ – Le charme de ce petit musée de folklore et d'artisanat local est personnifié par la propriétaire, qui a conservé tout ce qui concerne sa chère localité – dont l'atelier d'ébéniste de son défunt mari. Collection d'images rupestres, broderies d'Appenzell…

CARNET D'ADRESSES

Office de tourisme – Appenzellerland Tourismus, Hauptgasse 4 – ☎ (071) 788 96 41 – fax (071) 788 96 49. E-mail :– info.ai@appenzell.ch. Internet : www.appenzell.ch

Se loger à Appenzell

Schwägalp – *Säntis* – ☎ *(071) 365 66 00 – fax (071) 365 66 01 – 30 chambres – 84/150 F* – ☐B.
Dans un chalet en bois, vous apprécierez le calme et la très belle vue sur la terrasse à deux pas de la station de ski de Säntis.

Kaubad – ☎ *(071) 787 48 44 – fax (071) 787 15 53 – 17 chambres – 85/150 F* – ☐B.
Idéal pour sa tranquillité, ce chalet vous accueille et vous promet de bons moments de repos en pleine nature. Vous savourerez ses spécialités typiquement suisses dont le prix est raisonnable.

Appenzell – *Hauptgasse 37 – ☎ (071)788 15 15 – fax (071)788 15 51 – 17 chambres – 103/210 F* – ☐B.
À Appenzell même, cette maison confortable et accueillante sera votre refuge après vos excursions.

Säntis – *Landsgemeindeplatz – ☎ (071) 788 11 11 – fax (071) 788 11 10 – 37 chambres – 110/260 F* – ☐B.
Romantique et chaleureux avec sa façade en bois, typique d'Appenzell.

Se restaurer à Appenzell

Rössli – *Potzplatz – ☎ (071) 787 12 56 – fermé le lundi et le mardi et de mi-janvier à mi-février.*
Atmosphère locale avec les habitués, joueurs de cartes rassemblés dans ce très vieux café.

Bären – *Schlatt, à 5 km d'Appenzell – ☎ (071) 787 14 13 – fermé du 11 février au 1er mars, du 15 au 31 juillet, le mardi et le mercredi.*
Venez découvrir la vue sur les Alpes et sur la vallée, installé à la terrasse.

Bären – *Hauptstrasse, à Gonten, à 6 km d'Appenzell – ☎ (071) 795 40 10 – fermé le dimanche soir, et trois semaines à partir de fin mars.*
Réputé pour ses plats typiques d'Appenzell, une cuisine à découvrir et à ne pas manquer dans un cadre paisible et rustique.

Schäfli – *im Störgel Nord, à 3 km de Teufen – ☎ (071) 367 11 90 – fermé le mercredi d'octobre à avril et le jeudi.*
Dans une très belle maison, typique d'Appenzell, vous apprécierez les plats régionaux et vous découvrirez le pont pour piétons le plus haut d'Europe.

Museum Liner – Dans un bâtiment postmoderne créé en 1998 par les architectes Annette Gigon et Mike Guyer, des expositions temporaires apportent un éclairage sur l'œuvre d'artistes locaux tels le paysagiste Carl-August Liner (1871-1946) et Carl-Walter Liner (1914-1997), un précurseur de la peinture abstraite. Le musée présente aussi une collection d'art moderne : Arp, Kirchner, Tàpies...

ENVIRONS

★★**Hoher Kasten** ⊙ – Alt. 1 795 m. *7 km au Sud-Est par la route de Weissbad, puis celle de Brülisau. Téléphérique au départ de Brülisau (alt. 924 m).*
La montée (8 mn) au-dessus des sapins et des pâturages, où l'on distingue des cabanes de bergers, procure de belles vues : à droite sur le défilé boisé au fond duquel dort la nappe bleue du Säntisersee, en avant sur le gros éperon calcaire du Hoher Kasten. Le sommet-belvédère est rapidement accessible en contre-haut du restaurant de la station supérieure, où l'on découvre un jardin alpin et un **panorama**★★ splendide : à l'Ouest et au Nord-Ouest, sur la ville d'Appenzell et les collines du « pays » de ce nom ; à l'Est, en vue plongeante, sur le vaste sillon du Rheinthal où s'étirent les méandres du fleuve, du lac de Constance au Nord jusqu'aux monts du Liechtenstein au Sud, avec à l'arrière-plan le moutonnement des Alpes autrichiennes ; au Sud-Ouest, sur le massif de l'Alpstein où domine le Säntis.
Un sentier balisé mène à Staubern puis aux lacs de Fälensee et de Sämtisersee, avant de rejoindre Brülisau : sur le parcours, 14 panneaux d'orientation évoquent la géologie du massif.

** **Ebenalp** ⊙ – Alt. 1 640 m. *7 km – environ 1 h 1/2 – en suivant la route de Weissbad-Wasserauen jusqu'à son terminus, puis 8 mn de téléphérique.*

Le promontoire d'alpages d'Ebenalp, ceinturé de falaises, s'avance au-dessus du pays d'Appenzell, dont les ondulations apparaissent toutes mouchetées de fermes.

De l'Ebenalp, on peut redescendre à pied, en 1 h 1/2 environ, sur Wasserauen, par la **grotte-tunnel de Wildkirchli**, longue de 80 m : des fouilles y ont mis au jour les vestiges de l'établissement préhistorique le plus ancien de Suisse. Sur le parcours s'étire le **lac de Seealp★**, dont la nappe sombre s'étale au pied de l'éperon du Rossmad, détaché du Säntis.

APPENZELLERLAND★

Pays d'APPENZELL

Cartes Michelin n⁰ˢ 927 plis 7, 8 ou 216 plis 21, 22

Une coiffe

Le pays d'Appenzell et la grande combe alpestre du Toggenbourg (haute vallée de la Thur), bien que séparés par une frontière administrative – Appenzell est un canton séparé depuis 1513 alors que le Toggenbourg vit toujours dans la dépendance de St-Gall, comme au temps de l'apogée de la célèbre abbaye –, forment une seule région touristique : ils constituent en effet, géographiquement, les dépendances de la chaîne préalpine de l'Alpstein, dont les crêtes dentelées, culminant au Säntis (alt. 2 502 m), s'allongent au-dessus de la vallée du Rhin, face aux montagnes du Vorarlberg.

Les automobilistes appelés à passer la frontière autrichienne à St-Margrethen-Höchst profiteront de leur arrivée à St-Gall pour abandonner la route n⁰ 7 et suivre les petits chemins sinueux desservant les communes de Trogen et de Heiden en vue du lac de Constance.

La vie en Appenzell – Le pays d'Appenzell présente, au pied de la barrière Nord de l'Alpstein, un doux paysage de collines uniformément verdoyantes, toutes piquetées de fermes *(description de la maison rurale appenzelloise, voir Introduction au voyage).*

Ses bourgs cossus, aux coquettes maisons à pignons en accolade, voient encore se réunir les traditionnelles « Landsgemeinden » *(voir Introduction : La démocratie en action)* : ces assemblées de paysans portant l'épée – attribut de leur dignité de citoyens actifs – ont lieu à Appenzell pour le demi-canton des Rhodes-Intérieures (catholique), et, pour le demi-canton des Rhodes-Extérieures (protestant), alternativement à Trogen (années paires) et à Hundwil (années impaires). *Voir tableau des principales manifestations touristiques, dans les Renseignements pratiques en début de guide.*

La survivance de l'élégant costume féminin de cérémonie, caractérisé par une coiffe aux immenses ailes de tulle, le maintien de spécialités gastronomiques telles que le fromage gras d'Appenzell, l'un des plus forts de la gamme helvétique, et la petite saucisse sèche de montagne dite « Alpenklübler », la persistance de la belle industrie traditionnelle de la broderie, subsistant encore sous sa forme familiale dans les Rhodes-Intérieures, confirment une originalité bien digne d'attirer l'étranger. Les amateurs de costumes régionaux choisiront, ici, l'époque de la Fête-Dieu ou de la descente de l'alpage.

★① VALLÉE DE LA SITTER ET ROUTE DE STOSS

De St-Gall à Altstätten *34 km – environ 2 h*

Les routes empruntées sont longées, sur certaines sections, par des voies de tramway sur accotement. Attention aux passages à niveau non gardés.

** **St. Gallen** – *Visite : 2 h. Voir ce nom.*

Au départ de St-Gall, l'itinéraire recommandé offre d'agréables coups d'œil tout le long de la vallée de la Sitter. D'abord profond ravin, celle-ci se transforme en une molle dépression mamelonnée où se disséminent des fermes du plus pur style appenzellois : le groupe situé à 1 km au Sud-Est de la bifurcation de Hundwil en constitue l'exemple le plus typique.

Stein – La traversée de ce village, posé sur un plateau dont l'altitude (823 m) dépasse celle de ses voisins, procure des vues étendues sur le pays environnant. L'**Appenzeller Volkskunde Museum** Ⓥ présente au rez-de-chaussée une reconstitution d'une fromagerie alpestre *(début de la production à 13 h 30)* entourée d'objets traditionnels (sellerie, cloches, tonnellerie). Au sous-sol, deux personnes font la démonstration d'un métier à tisser et d'un tambour à broder (très beaux tissus jacquard). Au 1er étage, ne pas manquer les trois parois en bois (16e s.), aux dessins délicieusement naïfs, provenant de la proche localité de Gais.

Peinture sur bois (16e s.)

Appenzell – *Voir ce nom.*

Gais – Ce bourg attirait encore au siècle dernier les adeptes des cures de petit-lait. Sur la place centrale, une rangée de maisons à pignons en accolade constitue un bel exemple d'architecture baroque, avec ses boisages bien entretenus.

★ **Stoss** – Ce large seuil fut le théâtre, en 1405, de la bataille qui marqua, pour les Appenzellois, leur affranchissement du joug autrichien. Pour apprécier le **panorama**★★, très lointain, sur le Rheinthal et les Alpes du Vorarlberg, monter à la chapelle commémorative puis, à droite de celle-ci, à l'obélisque situé à 100 m de là et signalé par un bouquet d'arbres.

Altstätten – Au cœur du Rheinthal – vallée alpestre du Rhin, entre les Grisons et le lac de Constance – chaude plaine intérieure avec ses riches cultures de maïs, ses vergers, sa frange de vignobles, Altstätten présente un fort cachet médiéval, surtout dans la pittoresque Marktgasse, bordée de maisons aux pignons aigus, bâties sur un soubassement à piliers formant galeries, où le passant peut flâner à couvert. L'Engelplatz, avec sa fontaine fleurie et ses maisons dégingandées, offre un autre ensemble plaisant.

★ ② LE TOGGENBOURG

D'Appenzell à Buchs *62 km – environ 2 h 1/2*

Appenzell – *Voir ce nom.*

Urnäsch – Le village est connu pour son petit **musée folklorique** Ⓥ (Museum für Appenzeller Brauchtum) installé dans un chalet en bois du 19e s. dont l'intérieur amuse par ses pièces exiguës au plafond bas et au plancher de guingois... On y trouve : au rez-de-chaussée, une quinzaine de somptueux costumes de fête et des chapeaux extraordinaires ; au 1er étage (7 salles), des collections d'habits anciens, ceintures et bretelles, bijoux, pipes, tableaux, figurines peintes, clarines, cloches, plus un atelier de menuiserie ; au 2e étage (8 salles), un intérieur appenzellois aux meubles peints dont un lit-armoire, avec sa chambre réservée au vacher ; dans les combles (3 salles), une salle de musique, une laiterie, des poupées et jouets en bois anciens.
Entre Urnäsch et Schwägalp, la route quitte le fond du vallon, semé de frênes et de sapins, pour déboucher au pied des imposantes falaises Nord du Säntis.

★★★ **Le Säntis** – *Voir ce nom.*

Le trajet Schwägalp-Nesslau, par le « col » à peine sensible de Kräzeren (alt. 1 300 m), fait longer la barrière Sud-Ouest de l'Alpstein (Silberplatten, Lütispitz). À un paysage de parc succèdent des alpages accidentés d'éboulis. Un fond de vallée tout boursouflé de pitons verdoyants d'origine morainique forme le cadre des bâtiments neufs abritant l'établissement thermal de Rietbad.

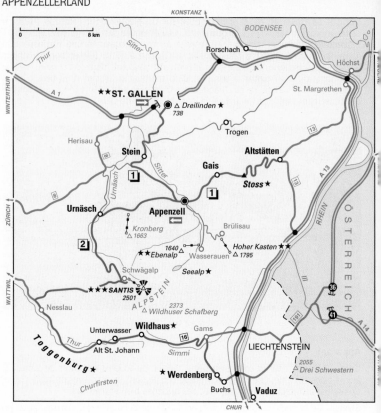

Entre Nesslau et Wildhaus, en amont de deux cluses boisées, s'ouvre, harmonieusement, la dépression du Haut-Toggenbourg ; celle-ci est parsemée d'habitations dont on remarquera les murs protégés des intempéries par un revêtement d'écailles de bois.

La route qui s'élève entre Unterwasser (lieu de séjour) et Wildhaus permet d'admirer les escarpements vigoureusement plissés du Wildhuser-Schafberg et les surprenantes dentelures des Churfirsten. Les deux stations exploitent en hiver avec Alt St. Johann (lieu de séjour) un immense champ de neige.

★**Wildhaus** – Cette agréable station est située sur un seuil séparant le Toggenbourg du Rheinthal, en vue du Wildhuser-Schafberg, des Churfirsten et des Drei Schwestern.

Wildhaus est la patrie du grand réformateur Zwingli *(voir ce nom)* dont on voit encore la maisonnette familiale *(ne se visite pas)*.

De Wildhaus à Gams, la route plonge vers le Rheinthal dont l'apparition marque la fin de l'étape. Dans les lacets précédant Gams, on apprécie l'ampleur de cette dépression que dominent à l'Est les montagnes du Vorarlberg et du Liechtenstein ; celles-ci sont séparées par la trouée de Feldkirch, qu'empruntent la route et la voie ferrée de l'Arlberg.

Le territoire de la commune de Grabs est un immense verger. Remarquer les énormes poiriers.

★**Werdenberg** – *Voir ce nom.*

Dans le prolongement de ce village, Buchs constitue la dernière étape.

Schloss ARENENBERG

Château d'ARENENBERG – Thurgau

Cartes Michelin nᵒˢ 927 L 2 ou 216 pli 9 – 1,5 km à l'Ouest d'Ermatingen

Le petit château d'Arenenberg, entouré de jardins et d'un beau parc, se dresse sur une terrasse dominant le bassin occidental du lac de Constance (Untersee).

Une Malmaison suisse – Construit au 16ᵉ s. par un riche bourgeois de Constance, le château devint en 1817 la propriété de la reine Hortense, fille de Joséphine de Beauharnais et épouse de l'ancien roi de Hollande, Louis Bonaparte. Hortense et son fils Louis Napoléon, le futur empereur Napoléon III, passèrent tous les étés à Arenenberg de 1820 à 1837. Après la chute du Second Empire, l'impératrice Eugénie et le prince impérial y séjournèrent fréquemment.
En 1906, Eugénie fit don du château d'Arenenberg au canton de Thurgovie, qui le transforma en musée.

★ **Napoleonmuseum** ⓥ **(Musée napoléonien)** – Le château a conservé les objets d'art et le mobilier rassemblés par ses anciens propriétaires. On y voit le salon de la reine Hortense, magnifiquement meublé dans le style de l'époque, la bibliothèque, les chambres et les boudoirs qui renferment des souvenirs de la famille impériale.
De la chambre de la reine Hortense, **vue** sur le lac de Constance et l'île de Reichenau. Une petite chapelle abrite une belle statue en marbre de la reine Hortense.

Gorges de l'AREUSE★

Cartes Michelin nᵒˢ 927 E 5 et 216 pli 12 ou 217 pli 4 – Schéma : JURA SUISSE

La visite de ces gorges du Jura neuchâtelois s'inscrit dans l'itinéraire du val de Travers *(voir ce nom)*.

Visite – *Environ 1 h à pied au départ de la gare de Noiraigue.*
Après l'usine du Plan-de-l'Eau, le sentier, en palier ou en descente, longe l'Areuse, torrent domestiqué par les ingénieurs hydroélectriciens mais qui coule au fond de gorges en V, très boisées, aux sommets crêtés de falaises calcaires.
À mi-parcours, un belvédère domine à-pic impressionnant à l'endroit le plus resserré des gorges, où l'Areuse se précipite en cascade : le **site★**, agrémenté par un vieux pont en dos d'âne, est romantique à souhait.

Champ-du-Moulin – *Accès par un chemin revêtu, sous bois.* Hameau disséminé dans le joli site boisé de l'issue des gorges et avant lequel on découvre, solitaire à 100 m du chemin, à gauche, la **maison de J.-J. Rousseau**, datée de 1722 (et dotée aujourd'hui de fenêtres Renaissance provenant d'une maison de Valangin), où séjourna l'illustre vagabond en septembre 1764.
Monter à la gare de Champ-du-Moulin, d'où se révèle une vue agréable sur la sortie des gorges de l'Areuse et d'où l'on reviendra par le train *(passages fréquents)* à Noiraigue.

AROSA★★

Graubünden – 2 342 habitants

Cartes Michelin nᵒˢ 927 N 5 ou 218 pli 5 – Schéma : GRAUBÜNDEN – Alt. 1 742 m

L'élégante station d'Arosa disperse ses hôtels dans la cuvette supérieure du Schanfigg, vallée de la Plessur. Elle séduit par son cadre de versants boisés doucement inclinés, où miroitent de petits lacs.
Située en dehors des grandes routes, Arosa ignore les arrivées massives de touristes, mais, favorisée par son climat de montagne, son atmosphère sans cesse renouvelée et son ensoleillement intense, elle se prête, été comme hiver, à la détente autant qu'aux activités sportives.

Accès – *De Coire à Arosa, 31 km – environ 1 h.* La **route d'Arosa★** (ou **de la vallée du Schanfigg★**), sinueuse et pittoresque, en corniche élevée sur le Schanfigg, traverse des villages-terrasses fleuris aux charmantes églises. Elle coupe en outre, dans le dernier tiers de son parcours, de curieuses arêtes calcaires, convexes et boisées côté Nord, concaves et stériles côté Sud.
Remarquer aussi, des abords du hameau de Langwies, très en contrebas à droite, le viaduc ferroviaire, lui-même jeté au-dessus d'un abîme.

La station – La route de Coire, après avoir desservi **Ausser-Arosa**, le principal centre d'animation (quartier de la gare et des lacs), sort de la forêt et se termine à **Inner-Arosa**, à l'origine du cirque supérieur de la Plessur (Aroser Alp).
Plus isolé, le centre annexe de **Maran**, que les vacanciers d'Arosa prennent comme but de promenade en suivant des sentiers sous bois en pente douce (Eichhörnliweg : « sentier des Écureuils »), se disperse, à découvert, dans les alpages.

En hiver – la grande saison d'Arosa – les remontées mécaniques, dont la pièce maîtresse est le téléphérique de l'Aroser Weisshorn, offrent aux skieurs des parcours faciles, accidentés ou difficiles, dont certains dépassent 1 000 m de dénivellation.

★★ **Weisshorn** Ⓥ – *Alt. 2 653 m. Accès en 20 mn par téléphérique.*
La montée jusqu'à la station intermédiaire, Law Mittel Station (alt. 2 013 m), procure des vues de plus en plus amples sur Arosa et ses lacs, son bassin verdoyant et son cirque de montagnes.
Au sommet (table d'orientation), très beau **panorama**★★ sur les hauteurs environnantes et les crêtes neigeuses des Alpes grisonnes que barrent au Sud le Piz Kesch, le Piz d'Ela, l'Erzhorn... Arosa reste visible, et Coire se découvre au Nord-Ouest, au pied du Calanda.

ASCONA★★

Ticino – 4 984 habitants
Cartes Michelin nᵒˢ 927 K 7 ou 219 Nord des plis 7, 8 – Schéma : LOCARNO
Alt. 210 m – Plan dans le Guide Rouge Michelin Suisse

Au bord du lac Majeur, Ascona occupe une position de choix identique à celle de Locarno, par rapport à l'embouchure de la Maggia, et bénéficie, comme sa grande voisine, des vastes dégagements qu'offrent, pour les installations sportives, les terres basses du delta formé par ce torrent.
Cette bourgade de pêcheurs, colorée, depuis longtemps fort prisée des artistes, est devenue une importante villégiature particulièrement appréciée (festival de jazz New Orleans en juillet et semaines internationales de musique classique en septembre).
Le « front de lac » (interdit à la circulation automobile, sauf dérogation) où se succèdent les terrasses des cafés et des restaurants est le lieu de promenade privilégié des touristes. Le soir, en saison, musique « live » et chansons s'échappent de plusieurs ruelles ou courettes, ajoutant à l'atmosphère de vacances qui règne dans la ville.
Des bateaux partent régulièrement pour Locarno, Porte Ronco, les îles de Brissago et d'autres destinations comme Cannobio et Luino en Italie.

CURIOSITÉS

Santa Maria della Misericordia – *Via delle Cappelle.*
Formant un côté du cloître de l'établissement religieux (Collegio Papio) qui s'est bâti auprès d'elle, l'église N.-D.-de-la-Miséricorde a été fondée en 1399 et transformée au 15ᵉ s. – à l'exception du chœur, resté gothique. Elle est connue pour ses fresques polychromes des 15ᵉ-16ᵉ s. *(certaines très dégradées ou quasi effacées)* décorant les murs de la nef (St Christophe, Père éternel, Vierge au chêne, St Roch, St Sébastien...), les murs et les voûtes du chœur (Ancien Testament, Vierge au manteau, Nouveau Testament...), ainsi que pour son très beau **retable** de la vie de la Vierge (dû à Giovanni Antonio della Gaïa – 1519) surmontant le maître-autel. *Éclairage à droite de l'entrée.*

SS. Pietro e Paolo – *Piazza San Pietro.* Au cœur du dédale des ruelles, l'église paroissiale St-Pierre-et-St-Paul renferme un beau retable et de belles toiles de Giovanni Serodine, élève du Caravage.
Sur la place, une belle maison dont les fenêtres sont ornées de sculptures abrite l'Office de tourisme.

ENVIRONS

★★ **Circuit de Ronco** – *17 km – environ 1 h 1/2. Prendre la route de Losone. Description : voir Locarno – Environs.*

★ **Isole di Brissago** Ⓥ **(Îles de Brissago)** – Ces deux îles minuscules (San Pancrazio et Sant'Appollinare) bénéficient d'un climat privilégié et la plus grande, l'île de San Pancrazio, est le but de promenade classique des touristes séjournant à Ascona. La traversée en bateau contribue fortement au charme de l'excursion.
Les îles furent acquises en 1885 par la baronne Antonietta de Saint-Léger, une passionnée de botanique. C'est ainsi qu'elle transforma San Pancrazio en jardin exotique, devenu depuis le Parc botanique du canton du Tessin. Le climat modéré de la région permet toute l'année la culture d'espèces originaires de tous les continents, regroupées selon leur provenance. Des panneaux explicatifs en trois langues (italien, allemand et français) facilitent la découverte d'essences inconnues en Europe. Le parcours offre également de belles vues sur le lac. Une petite plage ombragée évoque les tropiques.

CARNET D'ADRESSES

Office de tourisme – Ente turistico Laggo Maggiore Ascona, Casa Serodine – ☎ (091) 791 00 91 – fax (091) 785 19 41.

Se loger à Ascona

Al Faro – *Piazza G. Motta 27* – ☎ *(091) 791 85 15 – fax (091) 791 65 77 – 9 chambres – 140/240 F* – GB – *ouvert de mi-février à fin octobre.*
En y mettant le prix, une chambre avec vue sur le lac rendra le séjour bien sûr plus attrayant.

Al Porto – *Piazza G. Motta* – ☎ *091) 785 85 85 – fax (091) 785 85 86 – 37 chambres – 124/285 F* – GB.
Cet hôtel dispose également d'une annexe sur l'arrière. Chambres simples au mobilier rustique. Il est très agréable de prendre une consommation ou de manger sur la terrasse qui donne sur le lac.

Tamaro – *Piazza G. Motta 35* – ☎ *(091) 785 48 48 – fax (091) 791 29 28 – 50 chambres – 95/285 F* – GB – *ouvert du 2 mars au 12 novembre.*
Le bâtiment principal est bien situé sur la promenade le long du lac (annexe avec 6 chambres quelque peu éloignée). Agréable jardin intérieur où l'on peut prendre ses repas.

Castello – *Piazza G. Motta* – ☎ *(091) 791 01 61 – fax (091) 791 18 04 – 45 chambres – 178/548 F* – GB – *ouvert du 1er mars au 9 novembre.*
Si vous avez envie de vous faire plaisir et d'une « petite folie », pourquoi pas cet ancien château médiéval qui a conservé son charme romantique. Les chambres sont fort accueillantes, décorées pour la plupart de mobilier de style. Piscine découverte.

À Losone, 2 km au Nord-Ouest

Albergo-garni Elena – *Via Gaggioli 25* – ☎ *(091) 791 63 26 – fax (091) 792 29 22 – ouvert du 16 mars au 31 octobre – 20 chambres – 140/180 F.*
Un hôtel « budget » sans restaurant, d'un bon rapport qualité-prix. Deux atouts : son calme et sa piscine.

Casa Berno – ☎ *091) 791 32 32 – fax (091) 792 11 14 – 62 chambres – 235/457 F* – GB – *ouvert d'avril à octobre.*
Une « petite folie » si l'on veut bénéficier d'un cadre enchanteur sur la route panoramique de Ronco et apprécier une vue magnifique sur le lac et la montagne. Calme assuré.

Se restaurer à Ascona

Della Carrà – *Carrà dei Nasi* – ☎ *(091) 791 44 52 – fermé du 1er au 20 décembre et le dimanche sauf le dimanche soir de Pâques à octobre.*
Cuisine régionale.

À Losone, 2 km au Nord-Ouest

Osteria Dell'Enoteca – *Contrada Maggiore 24* – ☎ *(091) 791 78 17 – fermé du 1er janvier au 7 mars ainsi que le lundi et le mardi.*
Une osteria sympathique où l'on peut manger dans un jardin accueillant.

À Ponte Brolla, 5 km au Nord

Da Enzo – ☎ *(091) 796 14 75 – fermé le jeudi midi, le mercredi toute la journée et du 15 janvier au 1er mars.*
Spécialités italiennes dans une belle maison tessinoise nichée dans la verdure.

À Brissago, 7 km à l'Ouest

Mirafiori – *Via Leoncavallo 14* – ☎ *(091) 793 12 34 – ouvert du 11 mars au 27 octobre.*
Un bon repas sur la terrasse ombragée au bord du lac.

Osteria Grotto Borei – *À Piodina, à 3 km au Sud-Ouest de Brissago* – ☎ *(091) 793 01 95 – fermé le jeudi et du 17 décembre au 15 mars, en novembre et décembre ouvert seulement le vendredi, le samedi et le dimanche.*
Établissement familial offrant une cuisine typiquement tessinoise. Bien placé dans la montagne avec de beaux points de vue sur le lac.

Ruines romaines d'AUGST★★

AUGUSTA RAURICA – Basel-Land

Cartes Michelin nos 927 H 3 ou 216 plis 4,5 – 11 km au Sud-Est de Bâle

C'est à un ami de Jules César, le général romain Munatius Plancus, que la Suisse doit la présence de vestiges de la plus ancienne colonie romaine établie sur le Rhin, la *colonia raurica*, fondée en 44-43 avant J.-C. L'implantation de la colonie sur le site d'Augst lui-même semble remonter à l'an 10 avant J.-C.

Une ville antique importante – Au 2e s. après J.-C., la ville, qui s'est considérablement étoffée, compte 20 000 habitants, possède une activité commerciale florissante et un artisanat prospère. Bien située sur la frontière Nord de l'Empire romain, la cité est aussi un foyer de culture antique, auréolé de riches bâtiments publics. Dans le contexte troublé de la fin du 3e s., il semble bien qu'Augst ait été à peu près détruite, peut-être dès 260, lors de la chute du limes (frontière) de l'empire sous les assauts des Alamans. L'armée, pour tenir le très important passage sur le Rhin, a construit dans les premières années du 4e s., légèrement au Nord d'Augst, le puissant castrum de **Kaiseraugst**. Une bonne partie de ces fortifications a dû survivre à la fin de l'Empire romain et servir de protection aux populations locales durant tout le haut Moyen Âge.

Les fouilles – Au 16e s., période de rayonnement des grands humanistes bâlois, le célèbre juriste **Amerbach** *(voir Basel)* réalisa les premières investigations scientifiques en utilisant les travaux des fouilles entreprises quelques années plus tôt par le négociant bâlois Andreas Ryff. Périodiquement, d'autres fouilles eurent lieu çà et là. En 1839, la Société historique et archéologique de Bâle (Historische und Antiquarische Gesellschaft zu Basel) organisa des recherches sur la cité romaine puis, à partir de 1878, des fouilles systématiques et scientifiquement organisées. Ces recherches continuent à l'époque actuelle.

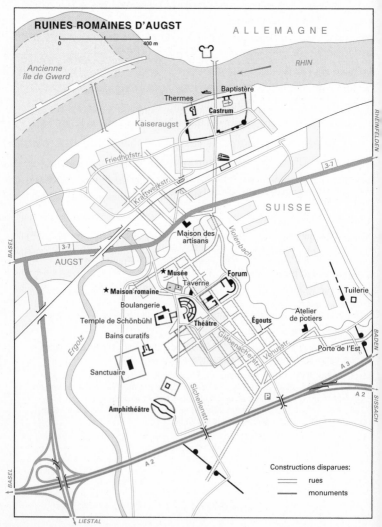

Vestiges antiques ⓥ – *Visite : 1/2 h à une journée, selon le circuit choisi. Dépliant en français et plan des parcours proposés au musée. Balisage des ruines en français et allemand. Des plans aident à comprendre comment tous ces vestiges prenaient place dans la cité romaine.*

Une vingtaine de monuments ont pu être restaurés, parmi lesquels le **théâtre**, la plus importante ruine romaine de Suisse, qui pouvait recevoir 8 000 spectateurs. Il se prête aujourd'hui à des représentations et des concerts en plein air. Le centre administratif, politique et religieux de la ville était le **forum** avec basilique, curie (dans la cave : exposition de mosaïques) et temple de Jupiter. C'est au forum que se tenaient les marchés, mais aussi certaines festivités officielles. L'**égout** ou cloaque permettait d'évacuer les eaux des thermes centraux au vallon du Violental. On peut pénétrer dans ce boyau de 70 cm de largeur dont les murs sont constitués de moellons de calcaire et le sol de dalles de grès. L'**amphithéâtre** *(parking à proximité en bordure de la N 2)* où se déroulaient les jeux, courses et combats jusqu'à ce que mort s'ensuive, était construit quelque peu à l'écart de la cité afin de favoriser l'évacuation rapide des spectateurs, environ 5 600 personnes.

Mosaïque romaine

Römermuseum, Augst.

★ **Römermuseum** ⓥ **(Musée romain)** – Attenant à la maison romaine, il présente une sélection représentative des quelque 700 000 objets glanés au cours des fouilles de la cité antique. Le **trésor d'argenterie**★★ (Silberschatz), découvert en 1962 au pied des anciennes murailles de Kaiseraugst, recèle notamment 68 pièces d'un service de table fastueux : plats décorés de scènes mythologiques, gobelets, écuelles, cuillers, candélabre... Trois lingots d'argent appartenant au trésor ont pu être précisément datés de l'an 350 grâce au sceau qu'ils portent. L'ensemble du trésor pourrait bien avoir été enterré lors d'invasions des Germains en 352-353.

★ **Römerhaus** ⓥ **(Maison romaine)** – Cette maison d'habitation et de commerce est une reconstitution fidèle du type de demeure que l'on construisait à Augst à l'époque romaine. Ses pièces principales (cuisine, salle à manger, chambre à coucher, salle d'eau, atelier et magasin) sont garnies de copies ou d'authentiques objets ou ustensiles trouvés au cours des fouilles. Le sol de l'étuve montre en coupe l'astucieux système romain de chauffage par le sol, ou hypocauste. À l'extérieur de la maison romaine, à droite en sortant, est apposé contre le mur un fragment de la célèbre **mosaïque des Gladiateurs** considérée comme la plus belle et la plus grande de la cité romaine. Elle embellissait le sol d'une salle à manger d'une villa urbaine. Le médaillon central est exposé dans la curie.

AVENCHES

Vaud – 2 510 habitants

Cartes Michelin nᵒˢ 927 F 5 ou 217 pli 5 – 4 km au Sud du lac de Morat – Alt. 480 m

La petite ville d'Avenches est bâtie à l'emplacement de l'ancienne capitale des Helvètes, l'Aventicum romaine fondée par Auguste et élevée au rang de colonie par Vespasien. Aventicum, qui compta jusqu'à 20 000 habitants, connut une période florissante pendant tout le 2ᵉ s. avant d'être dévastée en 259.

Au centre de la ville, le château à la façade Renaissance fut construit à la fin du 13ᵉ s. par les évêques de Lausanne, suzerains d'alors. Au 16ᵉ s., il fut transformé et agrandi par les autorités bernoises qui en avaient fait la résidence de leurs baillis.

La ville actuelle, ancien capitole, est beaucoup moins étendue que l'antique cité, dont les vestiges mis au jour permettent de mesurer l'importance. Il devint propriété de la commune en 1804.

Avenches est la ville natale du général Guisan, commandant en chef de l'armée suisse de 1939 à 1945 (buste devant la poste au milieu du carrefour).

AVENCHES

Au temps des légions – Une enceinte de presque 6 km de tour, dont les murs hauts de 7 m étaient garnis de créneaux, défendait Aventicum.

Des tours semi-circulaires, adossées à l'intérieur de la muraille, étaient utilisées comme postes d'observation ; l'une d'elles subsiste, la « Tornallaz », mais elle a été maladroitement restaurée.

On peut visiter les ruines de l'amphithéâtre, du théâtre romain (route de Fribourg) et d'un grand sanctuaire dit « du Cigognier », dont ne subsiste qu'une seule colonne. Des restes du podium du temple et d'un portique ont également été dégagés.

Amphithéâtre – Sa construction remonte probablement à la fin du 1er s. après J.-C. Il était destiné aux combats entre gladiateurs ou contre des bêtes sauvages. Son arène de forme elliptique est entourée de gradins qui pouvaient contenir (après les différentes étapes de travaux) jusqu'à 16 000 spectateurs.

★ **Musée romain** ⊙ – Installé dans une grosse tour carrée, construite au Moyen Âge au-dessus de l'entrée principale de l'amphithéâtre, le musée renferme les objets découverts au cours des fouilles.

Au rez-de-chaussée sont exposées une très belle louve allaitant Romulus et Rémus et de nombreuses inscriptions, des peintures murales et des mosaïques ; un programme audiovisuel relate l'histoire d'Avenches.

Au 1er étage, à la copie du buste en or de Marc Aurèle (l'original se trouve dans la salle musée d'Archéologie et d'Histoire de Lausanne) s'ajoutent des bronzes (Bacchus, Silène, main votive, divinité gauloise), des marbres (Minerve, Mercure, art funéraire), ainsi qu'une présentation de monnaies frappées à Aventicum.

Au second étage, un beau bronze de danseuse, une intéressante vitrine titrée « jardin zoologique », des outils et poteries complètent cette collection qui donne une image vivante de la civilisation romaine en Suisse.

EXCURSION

Musée romain de Vallon ⊙ – *6 km à l'Ouest. Prendre la route en direction d'Estavayer-le-Lac.*

Au pied de l'éperon de Carignan (charmante petite église), lors de travaux destinés à la pose d'une conduite d'eau, les restes d'un établissement gallo-romain ont été mis au jour. D'où l'idée de construire un musée à l'emplacement même des différentes découvertes. Les recherches attestent que de grands domaines s'étaient installés dans la campagne entourant Aventicum. Sur ce site, l'existence d'un édifice composé de trois bâtiments, flanqué d'un portique à colonnade et comportant une quarantaine de pièces, a pu être démontrée. Les pièces maîtresses mises en valeur sont incontestablement deux magnifiques **mosaïques**★★ polychromes. Celle dite « de Bacchus et d'Ariane » ornait le sol d'une salle à abside, la bibliothèque. La mosaïque de la venatio illustre quatre scènes de chasse. C'est la plus grande mosaïque conservée au Nord des Alpes (97 m^2) ; elle recouvrait le sol d'une grande pièce de réception. Parmi les objets exposés dans le musée, on remarque des objets de la vie quotidienne et surtout une très belle collection de statuettes en bronze provenant du laraire (sorte de petite chapelle de la maison romaine).

BADEN

Aargau – 15 984 habitants

Cartes Michelin nos 927 I 3 ou 216 plis 6, 7 – Alt. 385 m

Bâtie au pied des derniers contreforts du Jura, Baden occupe un site★ pittoresque sur les rives de la Limmat. La ville thermale et les quartiers industriels s'étendent au pied de la ville ancienne, massée sur un éperon dominant la rivière et portant les ruines du château de Stein. Cette imposante forteresse avait servi d'arsenal et de refuge aux Autrichiens lors des campagnes qui s'étaient soldées pour eux par les défaites de Morgarten et de Sempach. En 1415, les Confédérés s'en emparent et la brûlent. Reconstruite au 17ᵉ s. par les habitants de Baden que soutenaient les cantons catholiques, elle fut de nouveau détruite en 1712 par les Bernois et les Zurichois.

Réputée pour ses sources chaudes (47° à la source), Baden s'appelait « Aquae Helveticae » à l'époque romaine, et fut, vers la fin du Moyen Âge, l'une des plus importantes stations balnéaires de toute la Suisse. Des célébrités ont compté parmi ses curistes, tels les écrivains Goethe, Thomas Mann, Hermann Hesse ou encore le chef d'orchestre Karl Böhm.

Centre industriel mondialement connu pour ses fabrications de matériel électromécanique, Baden est aujourd'hui l'une des villes les plus actives du canton d'Argovie.

CURIOSITÉS

★**Vieille ville** – Du pont-route moderne, on découvre une belle vue★ sur la ville ancienne. Ses maisons aux pignons en escalier, aux beaux toits bruns percés de nombreuses lucarnes descendent jusqu'à la Limmat que franchit un vieux pont de bois couvert (Holzbrücke).

L'église paroissiale (Stadtkirche) et la tour de ville (Stadtturm) ornée d'un clocheton, de tourelles d'angle et couverte d'un toit de tuiles vernissées, dominent l'ensemble.

Landvogteischloss (Château des baillis) – Il se dresse près du pont couvert (Holzbrücke), sur la rive droite de la Limmat.

Un **musée historique** ⓥ (Historisches Museum) est installé dans le donjon de ce vieux château qui servit de résidence aux baillis de 1415 à 1798.

On remarque des collections d'armes, du mobilier ancien, des peintures et sculptures, des poteries, bronzes et monnaies d'origine romaine découverts dans la région et des costumes du canton d'Argovie. Depuis les différents étages du donjon, on découvre de jolies vues sur le pont couvert et la ville ancienne avec ses pignons à redents et ses toits à lucarnes.

À proximité du château dans un bâtiment moderne, on peut voir une exposition sur l'histoire industrielle de la ville et l'histoire des thermes.

★**Museum Langmatt Sidney und Jenny Brown** ⓥ – L'industriel Sidney Brown (1865-1941), dont le nom est perpétué par la firme ABB (Asea Brown Boveri), fut un collectionneur de toiles impressionnistes, aujourd'hui exposées dans sa maison – une villa bâtie par l'architecte suisse Karl Moser en 1901. Il s'agit, pour l'essentiel, de tableaux de petit format. Outre deux séries majeures signées P.-A. Renoir et P. Cézanne, on découvre quelques toiles réalisées par d'autres artistes de renom. Retiennent l'attention *Étude de nu* de E. Degas, *Rentrée des bateaux de pêche à Trouville* de E. Boudin, *Châtaigniers à Louveciennes* de C. Pissarro, *La Débâcle de la Seine* de C. Monet, trois dessins à l'encre de Chine dus à H. Matisse et une marine de O. Redon. Des toiles de C. Corot, G. Courbet, H. Fantin-Latour, P. Gauguin, A. Sisley et V. van Gogh, ainsi qu'un petit salon présentant des œuvres françaises du 18ᵉ s. (Fragonard, Greuze et Watteau) et des paysages du Zurichois S. Gessner complètent la visite. Expositions temporaires au premier étage.

La ville thermale – Ses 19 sources chaudes – sulfureuses, chlorurées, sodiques – sont les plus minéralisées du pays et débitent environ 1 million de litres par jour. La station est spécialisée dans le traitement des rhumatismes articulaires, des troubles circulatoires et du stress. Ses bains publics (Thermalbad) se trouvent sur la Kurplatz. La Limmat-Promenade, tracée au bord de la rivière entre le quartier des bains et le pont couvert, est agréable à parcourir à pied.

ENVIRONS

★**Ehem. Zisterzienserkloster Wettingen** ⓥ **(Abbaye de Wettingen)** – *3 km au Sud de Baden, entre la voie ferrée et la Limmat.*

Cette ancienne abbaye cistercienne, fondée au 13ᵉ s. à la suite d'un vœu par le comte Henri de Rapperswil, abrite actuellement une école cantonale.

Le **cloître** de style gothique montre des arcades cloisonnées et ornées de vitraux du 13ᵉ s. au 17ᵉ s. Tout autour des galeries ont été placées des statues de moines et d'abbés.

L'**église conventuelle** a été reconstruite à partir de 1517 à la suite d'un incendie. L'**intérieur★**, malgré une décoration baroque souvent surchargée, ne manque pas d'homogénéité : fresques, tableaux, statues, stucs et marbres, boiseries (**stalles★★**) sont distribués à profusion.

BASEL★★★

BÂLE – C Basel – 166 074 habitants
Cartes Michelin nᵒˢ 927 G 3 ou 216 pli 4
Schéma : JURA SUISSE
Plan d'agglomération dans le Guide Rouge Michelin Suisse

Sise à l'extrême Nord-Ouest du territoire suisse, face au pays de Bade et à l'Alsace, Bâle est baignée par le Rhin, à l'endroit où il devient navigable. Sur la rive où s'étend la vieille ville, se trouve le Grand Bâle, séparée du Petit Bâle par le large fleuve qui ouvre la cité aux échanges maritimes.

Troisième ville de Suisse par sa population, Bâle est une ville en pleine ébullition culturelle, qui compte une trentaine de musées – il s'en ouvre un par an ! Elle assoit sa prospérité sur son port, ses banques et compagnies d'assurances, et parmi ses industries, sur de puissantes firmes chimiques et pharmaceutiques. Quelque 30 000 frontaliers viennent travailler chaque jour à Bâle, dont environ un tiers d'Allemands, et deux tiers de Français, essentiellement originaires d'Alsace.

UN PEU D'HISTOIRE

Les premiers temps – À l'époque celtique, une ville fortifiée se dresse déjà sur la colline : des vestiges (environ 100 ans avant J.-C.) ont été exhumés dans le quartier de St. Johann. La colonie romaine d'Augusta Raurica est fondée en 44 avant J.-C. Elle fait partie de l'Empire germanique dès 1032, mais passe sous la domination d'un prince-évêque, vassal de l'empereur – ce que rappellent les armes de Bâle, où figure une crosse épiscopale.

Du concile à la Réforme – De 1431 à 1448, le concile de Bâle s'attache à réformer le clergé et à ramener les hérétiques dans l'Église. De graves discordes entre le pape et les évêques troublent cette assemblée, si bien qu'Eugène IV tente de réunir un autre concile à Ferrare. Le concile offre alors la tiare à Amédée VIII, duc de Savoie, qui accepte et prend le nom de Félix V ; c'est l'époque du Grand Schisme qui prendra fin avec la renonciation d'Amédée à la papauté, en 1449.

Bâle n'entre que tardivement dans la Confédération, en 1501. Accueillante à la Réforme, elle adopte très vite (en 1529) la nouvelle confession, telle que l'avait introduite Johannes Husschin, connu sous le nom d'Œcolampade. Cet ancien moine et prêtre avait prêché une réforme modérée, respectueuse de l'attachement des fidèles aux pratiques catholiques.

Naissance de l'industrie – Sa situation géographique et son ouverture intellectuelle valent à Bâle d'accueillir, après la révocation de l'édit de Nantes, des huguenots français qui introduisent le tissage de la soie. Ainsi démarre la production de rubans dont Bâle se fait une spécialité, fournissant toute l'Europe pour les chapeaux et crinolines... L'industrie de la teinture prend son essor, marquant les débuts de l'industrie chimique avec la création, en 1785, de l'entreprise Geigy.

L'âge d'or du 18ᵉ s. fait surgir de nombreux palais aristocratiques, empreints de rigueur huguenote. Mais les bourgeois de Berne ont, vis-à-vis de la campagne environnante, une attitude dominatrice. Après un conflit sanglant, deux demi-cantons sont créés en 1883 : Bâle-Ville (crosse noire) et Bâle-Campagne (crosse rouge).

Bâle – Le carnaval

Truculent carnaval !

Enraciné en terre alémanique, le carnaval de Bâle tire son origine du Moyen Âge catholique. Ce fut le seul à subsister en pays protestant après la Réforme. Parenthèse ouverte dans la vie quotidienne, il marque le début du Carême. Trois jours durant, cortèges et mascarades déambulent dans les vieilles ruelles, régis par des rites précisément codés. Le déroulement du carnaval est le fruit d'une lente élaboration qui prit sa forme définitive en 1946, se greffant sur les traditions des cortèges de corporations bâloises.

Le *Morgenstraich* (mot à mot : le « coup du matin » rappelant le réveil des armées) marque l'ouverture des festivités, le premier lundi de Carême à 4 h du matin. Toutes les lumières de la ville sont plongées dans le noir... Les participants, masqués et costumés, se rangent en « cliques » de 20 à 200 personnes derrière un lampion coloré pouvant atteindre 3 m de haut, la « laterne ». Ils s'ébranlent au son des fifres et des tambours. D'impertinentes banderoles *(Schnitzelbangg)* égratignent la vie politique bâloise. La manifestation s'achève vers 6 h dans les restaurants, par la traditionnelle soupe à la farine *(Määlsuppe)* et la tarte à l'oignon *(Zibelewäie)*.

Les masques, défilant en ordre ou déambulant individuellement, selon les moments, animent la ville jusqu'au mercredi. Le mardi après-midi, réservé aux enfants, se déroule le cortège des petits garçons.

Le dialecte bâlois – Comparé à d'autres dialectes alémaniques, celui de Bâle paraît plus doux, car les voyelles sont étouffées. Point de rencontres de trois frontières, Bâle emprunte des mots au français, comme *Baareblyy* (parapluie) ou *Boorpmenee* (porte-monnaie). Ici, on dit *Exgyysi* pour « Excusez-moi » et *Aadie* pour bonjour... et non adieu.

★★★ LA VIEILLE VILLE

visite : 3 h

Pour atteindre la Münster-platz et découvrir la belle façade de la cathédrale, emprunter le Münsterberg.

★★ **Münster** ⊘ **(Cathédrale) (CY)** – Ce vaste édifice en grès rouge des Vosges (12ᵉ s.) fut reconstruit partiellement aux 14ᵉ et 15ᵉ s. et restauré au 19ᵉ s. Il est surmonté par deux tours gothiques : au sommet, belle vue sur la ville. Entre les tours s'élève un porche du milieu du 13ᵉ s. Les voussures du portail principal sont délicatement ornées de figurines de

Cathédrale de Bâle – Portail de St-Gall

prophètes et d'anges, et de cordons de feuillages et de fleurs. À droite, statues du Tentateur et d'une Vierge folle.

En contournant l'édifice par la gauche, on atteint le **portail de St-Gall** (12ᵉ s.) : au tympan, le Christ juge, les Vierges sages et les Vierges folles au linteau, et une Résurrection des morts au-dessus de l'archivolte ; une « roue de fortune » surmonte l'ensemble.

Le chevet, en partie roman, est décoré d'une frise et d'amusants modillons. Il donne sur la terrasse du « Pfalz » (nom de l'ancien « palais » épiscopal) d'où l'on découvre une jolie **vue★** sur le Rhin, la ville, la Forêt-Noire et les Vosges.

Par un passage étroit et sombre, on accède à un **cloître** gothique du 15ᵉ s. que prolonge un autre cloître de la même époque, contenant de nombreuses épitaphes.

Pénétrer dans la cathédrale par le portail de la façade.

L'intérieur compte cinq vaisseaux. La nef centrale possède des chapiteaux et un triforium romans. À l'extrémité du bas-côté gauche se trouve un bas-relief en grès rouge (11ᵉ s.) représentant le martyre de saint Vincent. Au bas-côté droit, un autre bas-relief (11ᵉ s.) montre, sous des arcades, des apôtres s'entretenant deux à deux. La cathédrale abrite la **tombe d'Érasme**, qui fit de Bâle un foyer d'humanisme chrétien, et y mourut en 1536.

À gauche du chœur, quelques marches conduisent à la crypte, qui abrite les tombeaux des évêques de Bâle du 10ᵉ au 13ᵉ s. Ses voûtes d'arêtes reposent sur de puissants piliers. Ses chapiteaux présentent des scènes de chasse et de fables.

CARNET D'ADRESSES

Office de tourisme – Basel Tourismus, Schifflände 5 – ☎ (061) 268 68 68 – fax (061) 268 68 71. www.baseltourismus.ch E-mail : info@baseltourismus.ch Ouvert du lundi au vendredi de 8 h 30 à 18 h ; le samedi de 10 h à 16 h. On peut s'y procurer un plan de la ville et un fascicule en français sur les musées. Un petit guide, très bien fait, recense cinq parcours (45 mn à 1 h 30) dans la vieille ville : circuits Érasme, Holbein, etc. Ils sont matérialisés par des panonceaux de couleur et partent tous de la Marktplatz.

Transports en commun – À Bâle, tout est fait pour limiter la circulation automobile : nombreux sens uniques, interdictions de circuler… Dès 13 h, le centre ville est réservé aux piétons, taxis et vélos. Les tickets de transport s'achètent aux automates. Un forfait, valable un ou plusieurs jours, est en vente à l'Office de tourisme. Toute personne qui séjourne au moins une nuit à l'hôtel reçoit un **Mobility ticket** : usage gratuit du réseau public.

En bac – Quatre lignes de *Fähri* traversent le Rhin (5 mn). Les bacs circulent tous les jours en été de 9 h à 19 h. En hiver, les deux bacs du milieu circulent de 11 h à 17 h.

À vélo – L'Office de tourisme fournit un plan des pistes cyclables. À la belle saison, il est possible d'emprunter gratuitement une bicyclette de 8 h à 22 h, moyennant le dépôt d'une caution et d'une pièce d'identité. Stands : à la gare, Theaterplatz, Claraplatz et Schifflände.

Musées – La **BaselCard** est valable un, deux ou trois jours (25 F, 33 F, 45 F). Elle permet l'entrée gratuite dans de nombreux musées, des réductions pour les nuits d'hôtel et les spectacles, les promenades en bateau, etc. Le **Passeport des musées du Rhin supérieur** permet d'entrer gratuitement pendant un an dans les musées de Bâle et des environs. Il s'achète aux caisses des musées et à l'Office de tourisme.

Excursions en bateau – Plusieurs circuits sont proposés, comprenant repas, traversée des écluses entre Bâle et Rheinfelden, excursions nocturnes en musique… Vente de billets : **Basel Personenschiffahrt**, Schifflände, à côté de l'Office du tourisme. ☎ (061) 639 95 00.

Théâtre et musique

Vous trouverez le programme dans la brochure bimensuelle *Basel live*, distribuée à l'Office de tourisme et dans les hôtels.

Théâtre de Bâle – Theaterstrasse 7 – ☎ (061) 295 11 33. Une programmation réputée d'opéras, théâtre et danse.

Komödie – Steinenvorstadt 63 – ☎ (061) 295 11 00.

Stadtcasino – Steinberg 14 – ☎ (061) 272 66 58.

Musical Theater – Erlenstrasse 1 – ☎ (061) 699 88 99.

Vitrines et marchés

Les abords de la **Marktplatz** sont dévolus au shopping. Le grand magasin **Globus** et de nombreuses boutiques (vêtements, design, cristaux et souvenirs…) se succèdent dans la **Freie Strasse** ou la **Gebergasse** jusqu'à la **Barfüsserplatz**. Le grand magasin **Manor** s'ouvre sur la **Greifengasse**, dans le quartier St-Alban.

Souvenirs – L'emblème local est le *Basilisk*, sorte de dragon avec une tête de coq que l'on retrouve notamment sur des broches.

Marchés – **Produits divers** : sur Barfüsserplatz, *tous les jeudis de janvier à mi-octobre, de 7 h à 18 h 30*. **Marché alimentaire, fleurs et produits « bio »**: Markplatz, *tous les jours l'après-midi et jusqu'à 19 h lundi, mercredi et vendredi*. Attention, les prix sont souvent indiqués à la livre (1/2 kg). **Marché aux puces** : Peterplatz, le samedi. **Marché de Noël** : en décembre, sur Barfüsserplatz et Claraplatz.

Bains publics dans le Rhin

Rheinbad Breite – St.Alban-Rheinweg 195 ☎ (061) 311 41 44. Vue sur la cathédrale.

Rheinbad St. Johann – St. Johanns-Rheinweg ☎ (061) 311 25 75.

Se loger à Bâle

VALEUR SÛRE

Rochat – *Petersgraben 23 – ☎ (061) 261 81 40 – fax (091) 261 64 92 – nfo@hotelrochat.ch – 50 chambres – 135/210 F –* GB.
À proximité du vieux centre, ce bâtiment de 1899, que l'on repère à sa façade rouge vif, est classé monument historique. Chambres claires et calmes à prix plutôt raisonnables. Restaurant sans alcool.

Wettstein – *Grenzacherstrasse 8* – ☎ *(061) 690 69 69* – *fax (061) 691 05 45* – *hotel-wettstein@bluewin.ch* – *42 chambres* – *210/310 F* – 🆖.
Cet hôtel sans restaurant est situé sur la rive droite du Rhin, à quelques enjambées de la Wettsteinplatz : accès facile par les transports en commun.

St. Gotthard – *Centralbahnstrasse 13* – ☎ *(061) 225 13 13* – *fax (061) 225 13 14* – *reception@st-gotthard.ch* – *104 chambres* – *223/406 F* – 🆖.
Bien situé juste en face de la gare centrale, tout près d'une station de tramways : le centre-ville est à quelques minutes. Bon petit déjeuner-buffet.

Baslertor – *En dehors de la ville à Muttenz, 4,5 km au Sud-Est* – *St. Jakobsstrasse 1* – ☎ *(061) 465 55 55* – *fax (061) 465 55 50* – *270/330 F* – 🆖.
Un hôtel moderne d'un bon rapport qualité-prix.

UNE PETITE FOLIE !

Drei König am Rhein (Hôtel des Trois Rois) – *Blumenrain 8* – ☎ *(061) 260 50 50* – *fax (061) 260 50 60* – *info@drei-koenige-basel.ch* – *82 chambres et 6 suites* – *320/690 F* – 🆖.
L'établissement se reconnaît à son allure majestueuse, en bordure du Rhin, et aux trois rois qui ornent la façade. À l'intérieur, ambiance « vieille Europe ». Dans les chambres donnant sur le Rhin, on voit passer les bateaux… L'établissement a reçu têtes couronnées et célébrités de tous les pays : Voltaire, Napoléon, Metternich, Pierre Ier de Serbie, des peintres comme Picasso, des musiciens comme Duke Ellington, Lionel Hampton, Igor Stravinski et… les Rolling Stones. Restaurant gastronomique ou brasserie.

Se restaurer à Bâle

Löwenzorn – *Gemsberg 2-4* – ☎ *(061) 261 42 13* – *fermé du 24 décembre au 5 janvier, à Pâques et le dimanche et les jours fériés.*
Des plats traditionnels bâlois dans une ancienne maison de corporation, dotée d'une cour intérieure.

St. Alban-Stübli – *St. Alban-Vorstadt 74* – ☎ *(061) 272 54 15* – *fermé du 23 décembre au 9 janvier, le samedi midi, le dimanche et les jours fériés.*
Dans une rue pittoresque, cette maison se reconnaît à son enseigne. Repas à prix raisonnables.

Schlüsselzunft – *Freie Strasse 25* – ☎ *(061) 261 20 46* – *fax (061) 261 20 56* – *fermé le dimanche et les jours fériés.*
Cette ancienne maison de la corporation des serruriers date du 15e s. On se restaure dans une belle salle à manger où trône un poêle en faïence.

Zum Goldenen Sternen – *St. Alban-Rheinweg 70* – ☎ *(061) 272 16 66* – *fax (061) 272 16 67* – *fermé du 23 décembre au 3 janvier, le dimanche soir et le lundi.*
Situé au bord du Rhin, sous les châtaigniers, c'est le plus vieux restaurant de Bâle, créé en 1412. Un bac accoste à quelques mètres de la terrasse. Dans la salle à manger dotée d'un beau plafond à caissons, spécialités de poissons et menu saisonnier.

Harmonie – *Petersgraben 71* – ☎ *(061) 261 07 18.* La clientèle d'habitués se retrouve dans cette petite salle chaleureuse, sur la colline du Spalenberg. Des plats simples mais généreux, comme l'émincé de veau à la zurichoise, le foie aux rösti et la salade géante *im Schlüsseli* (« en saladier »).

Café Spitz – *Rheingasse 2* – ☎ *(061) 685 11 00* – *fax (061) 685 11 01. Fermé le 25 décembre.*
Ici s'installa, en 1833, la maison corporative des trois confréries du Petit Bâle, que symbolisent le sauvage, le lion et le griffon. La terrasse de ce restaurant de poissons réputé offre une vue spectaculaire sur le Rhin.

Chez Donati – *St. Johanns-Vorstadt 48* – ☎ *(061) 322 09 19* – *fermé le lundi et le dimanche, et de mi-juillet à mi-août.*
Un restaurant à la mode, avec de splendides lustres en verres de Murano. La carte est très appréciée par les amateurs de gastronomie et de vins italiens. Accueil chaleureux du patron.

Waldhaus – *À Birsfelden, 2 km à l'Est* – ☎ *(061) 313 00 11* – *fermé le dimanche soir et le lundi ainsi que du 23 décembre au 11 janvier.*
Une ancienne maison forestière, dans un parc au bord du Rhin. Pour manger au calme, loin des bruits de la ville.

Où prendre un verre ?

Le bar de l'**hôtel des Trois Rois** (Mittlere Rheinbrücke) est très agréable en été, avec sa terrasse couverte qui domine le Rhin. La couverture de la carte comporte les signatures et commentaires de personnalités ayant fréquenté l'établissement. Non loin, sur la Marktplatz le café tea-room **Schiesser** propose, depuis 1870, ses succulentes confiseries. Au-delà du Mittlere Rheinbrücke, sur la rive droite, le Petit Bâle est apprécié des noctambules.

Dans la Clarastrasse, rue commerçante très animée, se trouvent des établissements très fréquentés : **Mr Pickwick Pub** (ambiance pub anglais), le **Plaza Club** qui présente des soirées à thème (karaoké, concerts, spectacles) et le **Grischuna Bar** de l'hôtel Alexander (concerts tous les soirs).

Dans le quartier de la gare, on prendra un verre dans une ambiance feutrée au bar de l'hôtel **Euler** (Centralbahnpl. 14). Dans un cadre raffiné, le **Old City Bar** de l'hôtel Hilton (Aeschengraben 31) comporte un piano-bar.

Le **Kalineo's** du Stadt-Casino (Barfüsserplatz 6) accueille des pianistes de tous les pays.

Le **Caveau** (Grünpfahlgasse 4, près de la poste) propose chaque semaine plusieurs variétés de vins suisses, français, californiens, italiens...

L'**Atlantis** (Klosterberg 9) est un restaurant-concert bien connu dans la vieille ville, notamment pour ses excellents concerts de jazz que l'on écoute autour de la scène, ou en mezzanine.

Manifestations

Tous les ans, en juin, la **Foire internationale d'art** (Art Internationale Kunstmesse) attire collectionneurs, courtiers et galeristes : c'est la plus grande manifestation de ce genre au monde. Depuis 1471 se tient la **Foire d'automne** : attractions foraines et grande roue s'installent sur les places – Barfüsserplatz, Kaserne, Mustermesse...

En sortant de l'édifice, apprécier le charme de la vaste place et les belles façades des maisons aux beaux toits pentus.

Prendre à droite l'Augustinergasse.

Dans cette rue agrémentée d'une jolie fontaine s'alignent des maisons du 16e s. Continuer tout droit par le **Rheinsprung**, ruelle en pente bordée de maisons à colombage du 15e au 18e s. qui offre une jolie **vue** sur le Rhin, le Petit Bâle et le Mittlere Rheinbrücke avec sa chapelle aux tuiles vernissées. À hauteur de la terrasse, admirer deux maisons achevées en 1770 : la **Blaues Haus** (« maison bleue », n° 16) et la **Weisses Haus** (« maison blanche », n° 18). À gauche en descendant, des escaliers permettent d'accéder à l'**église St-Martin** (14e s.) où sont donnés de nombreux concerts – son plafond bas favorise une bonne acoustique. Le Rheinsprung débouche sur l'**Eisengasse**, rue aux nombreuses boutiques que l'on prend à gauche vers la place du Marché.

Marktplatz (Place du Marché) (BY) – Entourée de maisons à encorbellement, elle est animée par le marché qui se tient devant les arcades de l'hôtel de ville, près de la maison de la corporation des tonneliers (1578).

★ **Rathaus** ⊘ (**Hôtel de ville**) (BY H) – Construit entre 1508 et 1514 dans un style gothique tardif, il a été agrandi et restauré de 1898 à 1902. La façade, décorée de fresques, est flanquée d'un beffroi moderne orné de clochetons. Dans la cour intérieure, voir la fresque de Hans Bock (1610) sur le thème de la justice et la statue du fondateur présumé de la ville : Munatius Plancus. La salle du Conseil d'État a gardé ses boiseries richement décorées et ses vitraux héraldiques du 16e s.

À l'extrémité de la Marktplatz, prendre à gauche, puis à droite la Marktgasse (rue du Marché), qui rejoint la Fischmarktplatz.

Fischmarktplatz (Place du Marché aux Poissons) (BY) – Zone bruyante du quartier commercial de Bâle, elle est décorée par la **fontaine** du Marché aux Poissons, l'une des plus belles fontaines gothiques de Suisse : son tronc (11 m) est orné d'anges, saints et prophètes.

★ **Fischmarktbrunnen** (**Fontaine du Marché aux Poissons**) (BY) – La colonne gothique est surmontée d'une Vierge et de deux saints dont l'original (1390), dû à Jacob Sarbach, est exposé au Musée historique.

★ **Rues anciennes** (BY) – Prendre à gauche la Stadthausgasse et suivre la Schneidergasse. À droite se blottit la charmante **Andreasplatz**, avec sa

---

Douceurs sucrées

Le Lekerli, fabriqué depuis le Moyen Âge, est un biscuit de taille modeste... mais très riche puisqu'il est à base de miel, farine, amandes, noix, concentré d'orange et de citron, épices et eau-de-vie ! On le trouve dans toutes les pâtisseries de la ville, et à la Läckerlihaus qui lui est dédiée, au n° 57 de la Gerberstrasse. Durant le Carnaval, on déguste le Fastnachtskiechli, un gâteau frit et saupoudré de sucre et la Fastenwähe, brioche au beurre piquée de cumin.

fontaine ornée d'un singe mangeant du raisin. On aboutit au **Spalenberg**, pittoresque ruelle en montée où abondent galeries d'art et antiquaires.

Tourner à gauche dans le **Gemsberg**, jolie ruelle qui mène à une place entourée de maisons des 13e et 14e s., aux façades claires et colorées. La fontaine du Chamois ajoute au charme de la place. À gauche de la fontaine, prendre la ruelle **Unterer Heuberg**, avec ses jolies maisons, puis tourner à droite dans le **Heuberg**. On remarque d'intéressantes demeures (13e et 14e s.) dont certaines sont équipées, au dernier étage, d'un système de poulie qui servait à monter les marchandises au grenier (nos 24, 20, 6).

Holbeinbrunnen (Fontaine de Holbein) (BY) – *Située à gauche du Spalenvorstadt.*
Cette fontaine Renaissance (16e s.) représente un joueur de cornemuse, inspiré d'une gravure de Dürer, et une danse de paysans d'après un célèbre tableau de Holbein le Jeune.

Spalentor (Porte de Spalen) (ABY) – Cette belle porte monumentale (1398) a été restaurée à la fin du 19e s. Deux tours rondes crénelées encadrent le corps de logis surmonté d'un haut toit pointu aux tuiles vernissées. Le sommet de la façade Ouest, au-dessus de la lourde herse en chêne, est orné de statues en grès rose et des armoiries de Bâle.

Revenir par le Spalenvorstadt et, au carrefour, tourner à gauche.

Peterskirche ⏱ **(Église St-Pierre)** (BY) – Cet édifice en grès rose date de la fin du gothique. À l'intérieur, des fresques (14e-15e s.) sont visibles dans le bas-côté droit et dans la chapelle à gauche du chœur.

À gauche du chevet de l'église, prendre la **Petersgasse**, au charme tout médiéval. Remarquer notamment les maisons aux nos 52, 42, 40 et 17.

Bâle – Hôtel de ville

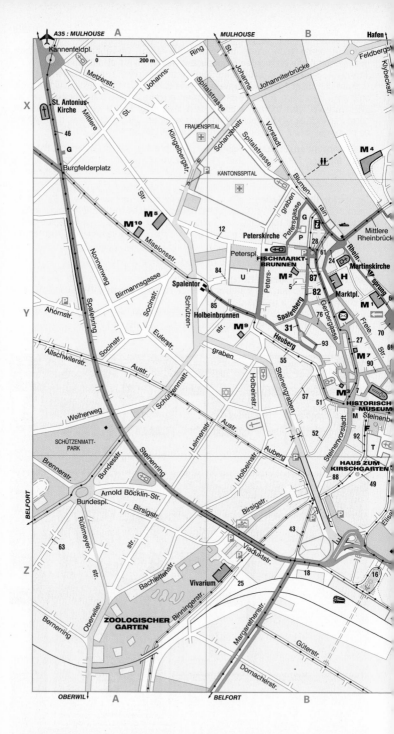

Le Blumenrain conduit au Mittlere Rheinbrücke qui permet de gagner la rive droite du Rhin. À l'extrémité du pont, descendre quelques marches à droite.

Oberer Rheinweg (CY) – Cette promenade tracée le long du Rhin offre une **vue**★ – notamment depuis le pont **Wettsteinbrücke**, à l'Est – sur les vieux quartiers de Bâle, les tours et le chevet de la cathédrale, l'église St-Martin, les palais et les étroites maisons d'artisans au bord de l'eau.
Des passages relient le quai à la Rheingasse : celle-ci débouche sur l'**église St-Théodore** dont la tour fut élevée en 1277 (beaux vitraux de la fin du 14e s.).

En laissant l'ancienne chartreuse sur la droite, traverser le Wettsteinbrücke et revenir à la Münsterplatz.

BASEL

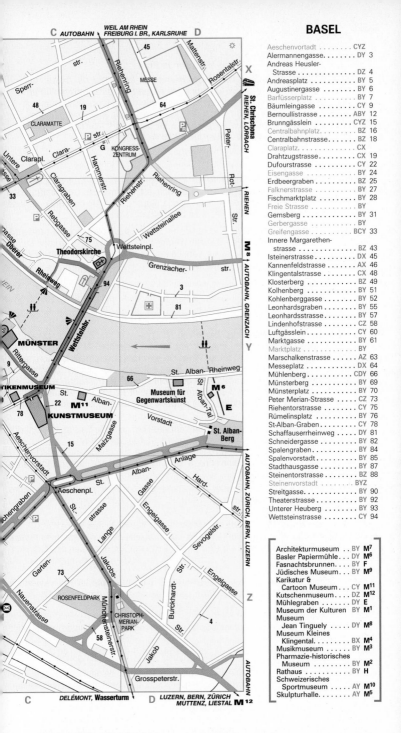

QUARTIER ST-ALBAN (ST. ALBAN-TAL) (DY)

Ce quartier doit son nom au couvent le plus ancien de la ville, fondé par l'évêque de Bâle en 1083. De l'édifice clunisien initial ne subsiste qu'une aile de cloître romane, intégrée dans une maison d'habitation : on peut l'apercevoir depuis l'ancien cimetière de l'église St-Alban (chœur et tour gothiques, nef 19ᵉ s.). C'est dans cette demeure que le peintre **Arnold Böcklin** a passé son enfance.

Quelques moulins témoignent d'une ancienne spécialisation du quartier, liée à la création d'un canal par les moines au 12ᵉ s. : point de vue sur le bief et plusieurs moulins au début de la rue St. Alban-Tal.

Des bacs sur le Rhin

Quatre lignes de bacs à fond plat assurent la traversée du fleuve, une tradition qui remonte à 1854. Ils portent les noms des confréries du Petit Bâle. Dépourvus de moteur, ils ne sont mus que par la force du courant, et guidés par un câble tendu entre les deux rives *(voir le Carnet pratique)*. Rapportez une histoire invraisemblable à un Bâlois. Il vous répondra peut-être : « Raconte ça au *Fäärimaa* » (le pilote du bac).

Mühlegraben (**E**) – Ces vestiges très restaurés rappellent le mur d'enceinte de Bâle, construit au 14ᵉ s. Le chemin de ronde en bois est reconstitué. Les fortifications médiévales de la ville furent détruites, pour la plupart, à partir de 1860, période d'accroissement démographique liée à l'industrialisation du 19ᵉ s.

St. Alban-Berg – En traversant le canal, on pourra suivre le tracé de l'ancienne fortification, aux restes arasés : il suffit d'emprunter le sentier qui grimpe sur la colline de St.Alban. Un jardin couvre l'éminence où se dresse la porte et sa herse (St. Alba-Tor) dont l'origine remonte au 13ᵉ s.

LES MUSÉES

Dans le Grand Bâle

★★★**Kunstmuseum** ⓥ **(Musée des Beaux-Arts)** (**CY**) – Ce musée, qui rassemble d'innombrables chefs-d'œuvre, met l'accent sur les peintures et dessins du Rhin supérieur et des Pays-Bas du 15ᵉ au 17ᵉ s. On y trouve notamment la plus grande collection au monde des œuvres de la famille **Holbein**. La plupart des œuvres anciennes proviennent du fonds d'un collectionneur de la Renaissance, le Bâlois Basilius Amerbach, dont le père était l'ami d'Érasme et de Holbein. Acquises par la ville en 1661, elles sont à l'origine de la création du musée, dont l'autre point fort est l'art des 19e et 20ᵉ s.

Cour d'entrée – Sculptures de Rodin (monument des Bourgeois de Calais), d'Alexandre Calder *(Die Grosse Spinne)* et d'Eduardo Chillida *(Autour du vide IV)*.
Dans la galerie qui entoure la cour d'entrée se trouve une importante collection de tableaux d'Arnold Böcklin, peintre né à Bâle, à qui l'on doit des compositions mythologiques et symbolistes.

Rez-de-chaussée – À droite, le cabinet des estampes expose par roulement de riches collections de dessins et de gravures. À gauche, plusieurs salles sont réservées à des expositions temporaires.

1ᵉʳ étage – Les salles 1 à 12 sont consacrées à l'**art pictural du Haut-Rhin** (15ᵉ-17ᵉ s.). Du Bâlois Konrad Witz (env. 1400-1445), l'admirable série de panneaux du retable *Miroir de la Sainte-Salvation* se caractérise par l'observation des volumes, le charme des paysages (panneau de saint Christophe), la recherche de la composition et du rapport des couleurs.
Martin Schongauer, peintre alsacien (env. 1430-1491), adapte les expériences de l'école de Konrad Witz à la description pleine de tendresse des scènes familiales, notamment *Marie et l'Enfant dans leur chambre*.
De Grünewald (1460-1528), remarquer le Christ en croix, d'un réalisme effrayant. Son contemporain, le Strasbourgeois Hans Baldung Grien, a notamment peint *La Mort et la jeune fille*.
Le Bernois Niklaus Manuel Deutsch (env. 1484-1530) a le goût de l'étrange et du narratif, comme en témoignent *Le Jugement de Pâris* ou *Pyrame et Thisbé*.
Hans **Holbein le Jeune** (v. 1497-1543) marque l'apogée de la Renaissance. Une vingtaine de tableaux résument son œuvre. Son art, analytique et pessimiste, exprime le réel avec simplicité. Remarquer le *Christ mort* aux membres raidis, l'admirable *Portrait de la femme de l'artiste et ses enfants,* exprimant une tristesse indicible, et le *Portrait du vieil Érasme,* au regard perspicace. De Lucas Cranach l'Ancien (1472-1553), on remarquera une *Vierge à l'Enfant tenant un morceau de pain* et le *Jugement de Pâris*.
Les salles 13 à 19 sont réservées à la **peinture néerlandaise** du 17ᵉ s. *David devant Saül* est une remarquable œuvre de jeunesse de Rembrandt (1606-1669). Sont également présents : Rubens, Goltzius, Ruysdael, Brouwer et Stoskopff.
Les salles 20 à 29 exposent des œuvres d'Odilon Redon, des toiles romantiques (Delacroix, Géricault, Daumier), réalistes (Courbet, Manet), ainsi qu'une belle collection d'œuvres impressionnistes et post-impressionnistes : paysages de Monet *(Effet de neige)*, Pissarro *(Les Moissonneuses)* et Sisley *(Bords du Loing à Moret)* ; *Champ de courses* de Degas ; *Jeune fille couchée sur l'herbe* de Renoir ; *Montagne Ste-Victoire* de Cézanne ; des paysages et portraits de Van Gogh ; et parmi les œuvres de Gauguin, *Nafea Faa ipoipo* (« *Quand te maries-tu ? »*), une toile majeure de son séjour tahitien.

Les salles 30 et 31 réunissent des œuvres importantes de Caspar Wolf et Johann Heinrich Füssli. Les nazaréens sont représentés par des œuvres de Josef Anton Koch et Johann Friedrich Overbeck.

2e étage – Dans le foyer, une toile de Georg Baselitz *(Couple d'animaux)* annonce la remarquable collection du 20e s. Elle provient en partie de donations de grands collectionneurs. Le cubisme, qui apparut vers 1908, est représenté par des compositions de Braque *(Paysage, Broc et violon)*, Picasso *(Pains et compotier aux fruits sur une table, L'Aficionado)*, Juan Gris *(Le Violon)*, Fernand Léger *(La Femme en bleu)*. Les œuvres de Matisse illustrent le fauvisme.
Parmi les expressionnistes allemands, on remarque Franz Marc *(Tierschicksale)*, Emil Nolde *(Vorabend : Marschlandschaft)*, Kokoschka *(Die Windsbraut)*, Lovis Corinth *(Ecce Homo)*. Parmi les surréalistes figurent Giorgio de Chirico, Salvador Dalí, Miró, Max Ernst et Yves Tanguy. Quelques salles évoquent l'art abstrait avec Arp, Mondrian *(Composition en bleu, jaune et blanc)*, Van Doesburg *(Composition en noir et blanc)*, Vantongerloo (énigmatique $L^2 = S$), Kandinsky, Schwitters. Le Douanier Rousseau, Chagall et Paul Klee sont également représentés.
L'art américain depuis 1945 occupe une place de choix. L'expressionnisme abstrait, mouvement essentiellement non figuratif, est connu également sous le nom d'école de New York (New York School). L'Action Painting ou peinture gestuelle est présente avec Franz Kline *(Andes)* et Clyfford Still *(Painting)* ; le Color Field ou abstraction chromatique est illustré par Barnett Newman *(Day Before One, White Fire II)* et Mark Rothko *(No 1)*. Frank Stella est l'un des précurseurs du Minimal Art. Mentionnons aussi Sam Francis *(Deep Orange and Black)*, Cy Twombly *(Nini's Painting)* et Bruce Nauman pour le Body Art ou art corporel. Parmi les représentants du Pop Art, citons Jasper Johns, Andy Warhol, Claes Oldenburg.

★ **Museum der Kulturen** ⊙ (Musée des Civilisations) (BY M¹) – Ce musée abrite la plus grande collection d'ethnographie en Suisse, avec près de 140 000 pièces : masques, armes, sculptures, céramiques, étoffes du monde entier, œuvres d'art d'Océanie et de l'Amérique précolombienne. On remarque, au rez-de-chaussée, des collections concernant la Mélanésie : case-temple papoue haute de 16 m, masques, totems, pirogues... D'autres collections se rapportent à l'Indonésie, notamment Bali. Plusieurs salles exposent de précieux tissus, indonésiens pour la plupart. À voir aussi : la salle consacrée aux objets de l'Égypte antique (momies, sarcophages).
Un peu à l'écart, un département est consacré à l'Europe et aux traditions suisses : art populaire religieux, vie rurale, carnaval *(en restructuration jusqu'en 2004)*.
À droite de l'entrée, le musée accueille une importante section de **sciences naturelles** et de préhistoire : animaux de la région, espèces exotiques, salle des dinosaures, animaux vivants dans les terrariums.

Museum für Gegenwartskunst ⊙ (Musée d'Art contemporain) (DY) – Cette dépendance du musée des Beaux-Arts s'abrite dans un bâtiment moderne et lumineux, accolé à une ancienne usine du 19e s. Les expositions temporaires illustrent les tendances de l'art contemporain depuis 1960 : Art minimal, Art conceptuel, Arte povera, Figuration libre, installations vidéo. Des noms comme Frank Stella, Bruce Nauman, Joseph Beuys, Cindy Sherman y sont associés. Les vastes salles aux murs blancs mettent en valeur des œuvres souvent monumentales, extraites du fonds permanent.

★★ **Antikenmuseum Basel und Sammlung Ludwig** ⊙ (Musée d'Art antique) (CY) – Seul musée de Suisse exclusivement consacré à l'art antique de la Méditerranée, il doit son fonds, pour l'essentiel, à des collectionneurs privés et couvre cinq millénaires, de 4000 avant J.-C. jusqu'au 7e s. après J.-C. Le musée n'aborde pas seulement Rome et la Grèce : deux départements sont consacrés depuis 2001 à l'Égypte et aux civilisations du Moyen et du Proche-Orient. Les œuvres sont mises en valeur par un éclairage subtil, mais la plupart des textes ne sont disponibles qu'en allemand et en anglais. Des visites guidées sont proposées en français.

★★ **Orient, Chypre et débuts de la Grèce antique** – *Au sous-sol, salle de gauche.* Quelque 350 œuvres illustrent les relations très riches qu'ont entretenues l'île de Chypre et les civilisations orientales – Iran, Mésopotamie, Syrie, Ourartou, Anatolie – avec la mer Égée. Avant même l'apparition de l'écriture, le haut plateau iranien produisait des céramiques et des objets de bronze raffinés : leur décor s'inspirait souvent du règne animalier, tel ce superbe **vase à libation**★ en forme de cervidé (1300-700 avant J.-C.). À voir aussi : les coupes de Syrie ornées de lions (8e s. avant J.-C.), les chaudrons de bronze d'Ourartou décorés d'une tête de taureau, les statuettes votives de Chypre où transparaissent maintes influences, comme celles de l'Anatolie ou de l'Égypte (7e s. avant J.-C.). L'Orient inspira également l'art grec, tels ces récipients à mélange où courent des frises d'animaux (vers 600 avant J.-C.).

★★ **Égypte ancienne** – Au sous-sol, salles de droite. Des sarcophages aux imposantes statues-cubes et aux bijoux, c'est la plus importante collection égyptienne de Suisse. Plus de 600 objets s'offfrent au regard selon un parcours chronologique, mais sans cloisonnement réducteur. Pour la période prédynastique, on remarque un hippopotame en céramique brune, d'une forme simple mais très maîtrisée (vers

3500 avant J.-C.). L'ère ramesside est notamment illustrée par une étonnante tête en jaspe rouge, et une rare statue de faïence, celle de Ramsès II en faucon (vers 1250 avant J.-C.). Pour le Nouvel Empire, voir une cuiller à fard représentant une servante et un coffret destiné à accueillir des oushebtis – statuettes représentant le défunt (1303-1224 avant J.-C.). Sur un mur se déroule une version quasi complète d'un Livre des morts de la période ptolémaïque (305-30 avant J.-C.).

Le sous-sol renferme aussi des **œuvres hellénistiques et romaines** : groupe d'Achille et Penthésilée, sarcophages romains dont l'un représente la légende de Médée, stèles funéraires de Phrygie, statuettes en terre cuite et petits bronzes.

Époques archaïque et classique – *Au rez-de-chaussée.* Sculptures de marbre et statuettes de bronze (600-300 avant J.-C.). Admirer la stèle funéraire d'un médecin (480 avant J.-C.) appelée « Relief du médecin de Bâle ».

Vases attiques – *Au 1er étage.* Dans cette vaste collection (520-350 avant J.-C.) se distinguent les œuvres du peintre dit de Berlin. Sur une grande amphore avec couvercle se présentent la déesse Athéna et Héraclès. On remarque aussi des monnaies (Italie du Sud et Sicile) et des bijoux.

Vases grecs – *Au 2e étage.* La période géométrique (1100-700 avant J.-C.) est abordée, puis la période archaïque (620-500 avant J.-C.) dont les plus anciens vases se distinguent par des figures noires sur fond d'argile clair. À voir aussi : des armes grecques et italiques (Italie ancienne) et des objets étrusques (statuettes votives et figurines en bronze).

** **Historisches Museum** Ⓥ **(Musée historique)** **(BY)** – Les cordeliers de l'ordre des Franciscains ont occupé cette ancienne église à trois nefs de 1231 jusqu'à la Réforme, en 1259. Son cadre superbe se prête à la présentation de collections particulièrement riches : art du Haut-Rhin, objets de la vie courante.

Sous-sol – Près de l'escalier qui y conduit, populaire « Roi Lälli » *(Lällenkönig)*, petite figure joviale (17e s.) dont les yeux et la langue sont mobiles. Au sous-sol se retrace l'histoire de la ville, qui devint à partir du 13e s. une véritable cité indépendante, objet des convoitises de l'évêque et de l'empereur, avant d'entrer dans la Confédération. Plusieurs pièces reconstituées (salle à manger, chambre à coucher) présentent de très beaux meubles d'époque. Le cabinet numismatique et le trésor laïc (gobelet d'Érasme, 1531 ; couronne de prévôt, 1671) achèvent la visite du sous-sol.

Un escalier monte vers la sacristie Nord où sont exposés les fragments de la *Danse macabre* de Konrad Witz (15e s.), fresque célèbre qui fut réalisée à l'époque du concile de Bâle.

Rez-de-chaussée – Dans le chœur, où plusieurs sculptures religieuses sont exposées, on remarque le grand retable à volets de l'église de Santa Maria in Calanca (Grisons). Cette œuvre polychrome, sortie de l'atelier d'Ivo Strigel en 1512, est en bois de tilleul sculpté. Le panneau central représente des scènes de la vie de la Vierge. Des objets liturgiques garnissent les petites sacristies Nord. Le couloir du jubé abrite des vitraux ; sur le jubé est présenté le trésor de la cathédrale (buste-reliquaire de sainte Ursule en argent et cuivre repoussés partiellement dorés, 14e s. ; ostensoir des Innocents ou des Apôtres en argent doré, 1335-1340). Le bas-côté Nord est consacré aux corporations bâloises. Au nombre de quinze, ces dernières animaient au 18e s. la vie politique, économique, sociale, administrative et religieuse de la cité. Le bas-côté Sud rassemble plusieurs objets de la région du Haut-Rhin, et comprend de belles tapisseries issues des ateliers bâlois (tapisserie dite du Jardin d'amour, 15e s.), des coffres en bois sculpté ou peint ayant pour thème l'amour, des faïences de poêles et des coupes : voir le hanap en bois de poirier, avec ses montures en argent ciselé et doré, qui fut offert à Martin Luther par l'électeur de Saxe Jean le Constant en 1530. Dans la nef, stalles des magistrats de la cathédrale de Bâle (chêne massif, 16e s.) et colonnes de fontaines du 14e au 17e s. La fontaine de Holbein en grès peint est dite fontaine du Joueur de cornemuse (16e s.).

Musikmuseum Ⓥ **(Musée de la Musique)** **(BY M³)** – Cette collection du Musée historique, la plus importante de Suisse, est exposée dans le Lohnhof, ancien couvent dont la partie la plus ancienne remonte au 11e s. Il servit longtemps de prison, et a été réaménagé en 2000 pour accueillir quelque 650 instruments de musique présentés dans 24 anciennes cellules.

La section « Musique à Bâle » replace les instruments dans leur contexte social : concerts publics, fifres et tambours… Une autre section, « Concert, chorale et danse » les expose en tant que genre musical : musique de chambre, instruments de couvent… Une troisième, « Parade, fête et signaux » évoque les événements où l'on joue de ces instruments : cour princière, chasse… Le public peut écouter 200 extraits musicaux et recueillir des informations – y compris en français – sur écran électronique.

Karikatur & Cartoon Museum Ⓥ **(Musée de la Caricature et de la Bande dessinée)** **(CY M¹¹)** – Dans une vieille maison très bien rénovée, ce petit musée accueille 150 originaux signés par les plus grands dessinateurs humoristiques : Tomi Ungerer, E. K. Waechter, Claire Bretécher, etc. Les enfants peuvent exercer leur talent de dessinateur dans une salle à leur disposition.

★ **Basler Papiermühle** ⓥ **(Musée du Papier)** (DY **M⁶**) – Ce musée très complet a été créé en 1980 dans l'ancien moulin à blé du couvent de Klingental, devenu moulin à papier à partir de 1453. Il présente de façon vivante, sur quatre niveaux, l'histoire du papier et des activités qui s'y rapportent. Comme autrefois, la roue à aubes continue d'entraîner le pilon.

Chaque étage correspond à un thème qui fait l'objet de démonstrations. On peut y participer pour créer son « œuvre » : fabrication du papier, fonte de caractères, typographie, reliure.

Pharmazie-historisches Museum ⓥ **(Musée historique de la Pharmacie)** (BY **M²**) – Il renferme des instruments et médicaments utilisés autrefois. Un laboratoire d'alchimie et une pharmacie (boiseries des 18ᵉ et 19ᵉ s.) sont reconstitués. Remarquer la curieuse pharmacie portative japonaise du 18ᵉ s., sorte de valise en bois munie de petits tiroirs, ainsi que la vitrine sur l'Afrique et ses remèdes. Belle collection de pots du 15ᵉ au 19ᵉ s.

Architekturmuseum ⓥ **(Musée d'Architecture)** (BY **M⁷**) – Il accueille des expositions temporaires consacrées à l'architecture moderne : construction dans les Alpes, maisons et vergers, architecture et art…

Jüdisches Museum der Schweiz ⓥ **(Musée juif de Suisse)** (BY **M⁹**) – Ce petit musée est le seul musée juif de Suisse. À l'appel de Theodor Herzl, les Juifs d'Europe et d'Amérique se rassemblèrent à Bâle pour le premier congrès sioniste du 29 au 31 août 1897 dans la salle de concerts du casino. Cet événement important est évoqué dans l'histoire de la communauté juive bâloise. D'autres thèmes comme la doctrine, l'année juive et ses fêtes, la vie quotidienne et ses traditions – prière, alimentation, shabbat, mariage, décès – sont illustrés au moyen d'une succession d'objets incluant les textes de la loi, ou Torah.

★ **Haus zum Kirschgarten** ⓥ **(Musée du Kirschgarten)** (BZ) – Cet ancien hôtel particulier du 18ᵉ s. fut la propriété du fabricant de ruban de soie J. R. Burckhardt. Au rez-de-chaussée, on admire une rare collection de pendules, de coqs de montres et montres du 16ᵉ au 19ᵉ s., des poêles de faïence et une importante collection de figurines de porcelaine. Aux 1ᵉʳ et 2ᵉ étages : salons ornés de tapisseries d'Aubusson, tableaux, meubles français, boudoirs, costumes des 18ᵉ et 19ᵉ s. ; salle à manger, salle de musique, cuisine aux cuivres magnifiques ; dans une annexe, intérieurs Biedermeier et Art déco.

Le 3ᵉ étage abrite une curieuse collection de jouets anciens : maisons de poupées, calèches miniatures, chevaux à bascule, bateaux et premières automobiles.

Le sous-sol renferme des faïences et porcelaines de Suisse, Allemagne, France et Chine, des tonneaux sculptés datant de 1723, dont l'un d'une capacité de 10 000 litres.

Skulpturhalle ⓥ **(Musée des Moulages)** (AY **M⁵**) – Partie intégrante du musée d'Art antique, il expose de nombreux moulages de sculptures romaines et grecques – dont une importante collection de sculptures du Parthénon.

Schweizerisches Sportmuseum ⓥ **(Musée suisse des Sports)** (AY **M¹⁰**) – Ce musée est consacré au sport depuis l'Antiquité. Les sports d'hiver (glace et neige), les jeux nationaux (lutte, hornus), les jeux de balle (tennis, tennis de table, golf) sont illustrés par des photos, des objets et des équipements que le visiteur peut essayer : joueur de hockey, patineur, joueur de football, etc. Dans la partie réservée au cyclisme, on découvre le bicycle avec lequel Albert Aichele battit le record du monde de l'heure, à la vitesse de 38,07 km/h (Munich, 1888).

Dans le Petit Bâle et rive droite du Rhin

Museum Kleines Klingental ⓥ (BX **M⁴**) – Dans l'ancien couvent des dominicaines, fondé au 13ᵉ s. et partiellement détruit en 1860, une salle voûtée en carène de bois renversée accueille des sculptures médiévales de la cathédrale de Bâle : gargouilles, gisants, statues dont plusieurs équestres, frises et bas-reliefs. Il s'agit d'originaux ou copies, en grès rouge ou bois.

Dans les autres salles sont exposés des chapiteaux, des stalles, des modèles en plâtre de la porte dite de St-Gall et du portail principal, ainsi que des maquettes et dessins du vieux Bâle.

À Riehen

Bien que cette commune soit indépendante, sa proximité de Bâle en fait presque un faubourg de la ville.

Accès en voiture par le Wettsteinbrücke et la Riehenstrasse. Pour éviter tout problème de circulation et de stationnement, il est plutôt conseillé d'utiliser le tram n° 6 depuis la Marktplatz.

★★ **Fondation Beyeler** ⓥ – *Tramway n° 6, arrêt Fondation Beyeler*.
Pendant cinquante ans, Hildy et Ernst Beyeler, un couple de collectionneurs bâlois, ont réuni des œuvres d'art du 20ᵉ s. Pour mettre en valeur ces toiles et sculptures, ils ont sollicité l'architecte génois **Renzo Piano** – concepteur, avec Richard Rogers, du

centre Georges-Pompidou à Paris. Le bâtiment (2 700 m^2) est d'une sobriété exemplaire : créé en 1997, il ouvre trois baies sur le parc à l'anglaise du Berower, où surgit une sculpture de Calder (*The Tree*, 1966) et qu'agrémente un parterre d'eau – allusion au *Bassin aux nymphéas* de Monet, gigantesque tryptique de 9 m exposé dans la fondation. « Posée » sur les murs en porphyre rouge, la toiture de verre assure un éclairage optimal.

Quelque 200 tableaux et sculptures résument l'art moderne, de l'impressionnisme au cubisme. Les *Sept baigneurs* de Cézanne, le *Champ de blé aux bleuets* de Van Gogh, *La Cathédrale de Rouen* par Monet, la *Femme lisant* de Braque, *Le lion ayant faim se jette sur l'antilope* du Douanier Rousseau, *la Femme en vert* de Picasso, *l'Intérieur à la fougère noire* de Matisse comptent parmi de célèbres toiles.

L'art abstrait, apparu en Russie avant la Première Guerre mondiale, privilégie les formes et les couleurs : la *Fugue* de Kandinsky, le *Tableau n° I* de Mondrian... La Suisse est présente avec des œuvres de Klee *(Diana, Ein Tor...)* et de Giacometti : *Femme assise, Caroline, La Rue*. L'abstraction de l'après-guerre fait la part belle à **Mark Rothko**, avec dix-huit œuvres prêtées par deux musées américains et des héritiers du peintre : six appartiennent à la période surréaliste et douze aux années 1950-1960, caractérisées par de grands aplats horizontaux de couleurs comme *Red (Orange)*, *Red Brown*, *Black*, *Green*, *Red*, des compositions de Lichtenstein *(Girl with Tear III)* et de Rauschenberg *(Windward)*. Une salle est consacrée à Francis Bacon, peintre britannique (1909-1992) dont les sujets se caractérisent par des formes hallucinatoires ou difformes *(Portrait of George Dyer riding a bicycle)*. La collection se clôt sur des toiles de Jean Dubuffet, Georg Baselitz et Anselm Kiefer.

Quelque 25 objets d'art tribal (Alaska, Océanie, Afrique) ponctuent le parcours, en affinité avec les œuvres. La fondation accueille aussi de remarquables expositions temporaires qui éclairent le dialogue entre l'art moderne et l'art contemporain.

★ **Spielzeugmuseum** ⊘ **(Musée du Jouet)** – *Tramway n° 6, arrêt Riehen Dorf*. Ce musée occupe une partie de la Wettsteinhaus. Cet ancien manoir, magnifiquement restauré, appartint à Johann Rudolf Wettstein, bourgmestre de Bâle de 1645 à 1666. Jouets en tôle ou en bois, figurines en étain ou en plomb, jeux de société, petits théâtres, marionnettes, « lanternes magiques », maisons de poupées et jeux de construction rappellent à chacun une part de son enfance. Les différentes pièces, sorties pour la plupart de fabriques européennes, expriment l'évolution des techniques, les goûts et les modes des différentes époques.

Le manoir abrite également le **Dorfmuseum**, consacré à la vie quotidienne à Riehen, et le **Rebbaumuseum**, voué à la vigne et au vin.

Rive droite et aux environs

★ **Museum Jean Tinguely** ⊘ **(DY M⁸)** – *De la gare SBB, tram n° 2 jusqu'à Wettsteinplatz, puis bus n° 31 direction Habermatten/Hörnli, arrêt Musée Tinguely.*
Ce musée a été conçu par Mario Botta, architecte mondialement connu, originaire du Tessin. Situé au bord du Rhin, dans le parc de la Solitude, il comporte une longue rampe vitrée, accolée à une structure en grès rose. Cette *barca* permet d'accéder de l'intérieur aux salles d'exposition, tout en suivant du regard le fleuve qui coule à quelques pas.

Le musée est dédié au grand sculpteur sur métal Jean Tinguely, père des « drôles de machines » et figure marquante de l'après-guerre *(voir encadré à Fribourg)*. Chaque salle de la mezzanine illustre une période de sa vie artistique. Les années 1950 *(Méta-mécanique 1955)* se caractérisent par des reliefs animés par des moteurs. Dans les années 1960, Tinguely crée des assemblages de ferraille, avant de passer aux sculptures-machines peintes en noir. Les années 1980 sont marquées par de grandes compositions *(Lola T 180 – Mémorial pour Joachim B)*. Chacun peut déclencher le fonctionnement des machines à sa guise.

L'étage supérieur réunit plusieurs lettres et dessins ainsi que des sculptures comme *Lotus et les veuves de Eva Aeppli, Hannibal II*, œuvre impressionnante traduisant l'obsession de Tinguely pour la mort, et des bustes insolites de philosophes : *Friedrich Engels, J.-J. Rousseau, Martin Heidegger, Henri Bergson* et bien d'autres, exposés par roulement.

Au rez-de-chaussée, où l'on descend ensuite, l'œuvre majeure de l'immense salle est sans doute *Grosse Méta Maxi-Maxi Utopia* (1987) dont Tinguely avait dit : « Je veux faire faire quelque chose de gai, quelque chose pour les enfants, qui grimpent, qui sautent, j'aimerais que cela devienne bien, impressionnant, joyeux, fou, style fête foraine aussi... »

Kutschenmuseum ⊘ **(Musée historique de calèches et de traîneaux)** **(DZ M¹²)** – Situé dans un ancien domaine, à Brüglingen, il accueille des calèches et traîneaux des 19e et 20e s. ayant appartenu à de grandes familles bâloises. Breaks de chasse, phaétons, coupés et landaus témoignent de l'habileté des carrossiers locaux. On découvre aussi des malles-poste, des voitures-incendie artisanales, des traîneaux et calèches pour les enfants.

AUTRES CURIOSITÉS

★★★ **Zoologischer Garten** ⓥ **(Jardin zoologique)** (AZ) – Situé au cœur de la ville, ce zoo de réputation internationale, le plus grand de Suisse (13 ha) avec celui de Berne, a été fondé en 1874. Il compte plus de 5 300 animaux de tous les continents et se spécialise dans la reproduction et l'élevage des espèces menacées de disparition : rhinocéros d'Asie, gorilles, ours à lunettes.
Son parc, émaillé de pièces d'eau où s'ébattent cygnes, canards, flamants et autres oiseaux exotiques, est pourvu de restaurants, aires de pique-nique, jeux d'enfants, etc. Un « zoo des enfants » leur permet d'approcher certains animaux, jeunes ou nouveau-nés, et de se promener à dos de poney ou d'éléphant. Les repas des fauves et des otaries, la présentation des éléphants sont très appréciés du public.
Outre de nombreux enclos, divers bâtiments regroupent la plupart des familles animales : le pavillon des singes, celui des oiseaux, la « maison » des éléphants et celle des fauves.
Dans le **vivarium** sont représentées 250 espèces de poissons de mer ou d'eau douce, 250 espèces de reptiles et 40 espèces d'amphibiens, dont certaines sont rarissimes. Au niveau inférieur, le bassin des manchots et pingouins (plusieurs dizaines d'individus) est l'attraction principale.

Fastnachtsbrunnen (Fontaine de Carnaval) (BY F) – Les jeux d'eau de Jean Tinguely (1925-1991) animent l'esplanade du théâtre municipal. L'artiste étudia la peinture à l'École des beaux-arts de Bâle, avant de s'établir à Paris comme sculpteur. Dans un vaste bassin, neuf créations métalliques articulées, par leurs seuls mouvements cocasses et répétitifs, évoquent avec humour et fantaisie l'agitation inutile de l'homme.

St-Antonius-Kirche (Église St-Antoine) (AX) – Cette construction en béton armé fut exécutée à partir de 1925, d'après les plans de l'architecte Moser, et terminée en 1931. La nef en berceau est voûtée en caissons. Les bas-côtés sont couverts de plafonds à caissons. Des vitraux multicolores de Hans Stocker et Otto Staiger éclairent l'immense vaisseau.

LE PORT (HAFEN) par Klybeckstrasse (BX)

La ville participait depuis le Moyen Âge à l'échange de marchandises entre la mer du Nord et la Méditerranée, entre la Souabe et la Bourgogne. La navigation fluviale disparut avec la construction des grandes routes alpines et des voies ferrées, et il fallut attendre 1906 pour que le trafic reprenne jusqu'à Anvers et Rotterdam.
Ses principaux bassins s'étendent en aval de la ville, au Petit-Huningue, où se trouvent l'obélisque et la table d'orientation marquant la jonction des frontières française, allemande et suisse. Celles-ci forment un obstacle à l'extension du port qui se heurte aux territoires français et allemand, à l'exemple de l'aérodrome de Blotzheim utilisé en commun avec Mulhouse.
Les ports de Bâle-Ville et de Bâle-Campagne sont équipés pour recevoir les plus grands bâtiments et convois poussés. Hydrocarbures, houille, céréales, produits métallurgiques et matières premières de l'industrie alimentent la majeure partie du trafic, essentiellement d'importation.

Visite en bateau ⓥ – L'été, des excursions comportant la visite du port, sont organisées sur le Rhin et le canal de Kembs. *Embarcadère* (BY).

Ausstellung Verkehrsdrehscheibe Schweiz und unser Weg zum Meer ⓥ **(Exposition De Bâle à la haute mer)** – *Westquaistrasse. Prendre la direction Rheinhafen, puis Kleinhüningen par la Gärtnerstrasse. Tourner à gauche après le pont. De la Hochbergerplatz, continuer tout droit. En tramway : terminus de la ligne 14.* Cette exposition évoque les différents aspects de la navigation suisse sur le Rhin et illustre le rôle du fleuve pour le commerce extérieur de la Confédération. Nombreuses maquettes de bateaux et de péniches.

Siloterrasse Dreiländereck ⓥ – *Dans le port de Kleinhüningen, près de l'exposition précédente, le long de la voie ferrée. Accès par un escalier métallique, puis par un ascenseur.* Sur la terrasse du silo de la Compagnie suisse de navigation, on découvre un vaste **panorama★** sur la ville et les installations du port. Au-delà, s'étend la plaine d'Alsace : par temps clair, on discerne le ballon d'Alsace (alt. 1 250 m). Les Vosges, la Forêt-Noire et le Jura se distinguent en arrière-plan.

EXCURSIONS

★★ **Ruines romaines d'Augst** – *Voir ce nom.*

★ **Liestal** – *16 km au Sud-Est.* Cette jolie petite ville, sur un promontoire entre l'Ergolz et l'Orisbach, est le chef-lieu du demi-canton de Bâle-Campagne. On flâne dans sa rue principale **(Rathausstrasse)** aux maisons peintes du siècle dernier, entre sa porte médiévale et son hôtel de ville, construit en 1586 et agrandi en 1938 : ses fresques d'époque Renaissance ont été restaurées en 1900.

Le **musée cantonal de Bâle-Campagne** ⊙ (Kantonsmuseum Baselland), situé Zeughaus-Platz, contient une section intéressante sur l'environnement naturel et surtout sur la rubanerie, une activité importante introduite en 1550 par des réfugiés huguenots venus de France, des Pays-Bas et d'Italie, et exercée dans la région pendant près de quatre siècles. Très dépendant de la mode et exporté vers l'Angleterre, la France et même l'Australie, le ruban de soie connut son apogée à la fin du 19e s. Les différentes étapes de sa fabrication depuis l'ébauche jusqu'à la commercialisation sont bien illustrées (vitrines, machines).

Sur les hauteurs du Schleifenberg, belvédère de l'Aussichtsturm : **vue** sur le Rhin et par temps clair, jusqu'aux Alpes. Nombreuses possibilités de promenades dans les forêts environnantes.

Le dimanche, durant la saison touristique, un **petit train à vapeur** (Waldenburger Dampfzug) relie Liestal à Waldenburg, à 14 km au Sud.

★ **Rheinfelden** – Voir ce nom.

★ **St. Chrischona-Kapelle** – 8 km – environ 1/4 h. *Quitter Bâle par la route de Riehen*.
À hauteur de la poste de Riehen, prendre à droite en direction de Bettingen. La route traverse les quartiers résidentiels de Bâle, puis Bettingen et s'élève jusqu'à la chapelle St-Chrischona. De la terrasse voisine, le **panorama**★ se dévoile du Säntis à l'Est aux chaînons du Jura à l'Ouest ; on aperçoit Bâle dans la plaine du Rhin.

★ **Wasserturm Bruderholz** ⊙ (Château d'eau de Bruderholz) – *3,5 km au Sud*.
Un château d'eau se dresse sur la vaste esplanade de la Batterie, ainsi nommée en souvenir des redoutes élevées par les Confédérés en 1815, lors de la dernière campagne des Alliés contre Napoléon Ier. Du sommet de la tour (164 marches), on découvre un **panorama**★ circulaire sur Bâle, la vallée de la Birse, le Jura et la Forêt-Noire.

Muttenz – *5 km au Sud-Est*. Dans le centre-ville s'élève une église fortifiée, la **Pfarrkirche**, romane à l'origine puis transformée aux 15e et 16e s. Elle est entourée d'une enceinte circulaire crénelée. Dans la petite nef unique, au plafond de bois sculpté, beaux fragments restaurés de fresques religieuses du début de la Renaissance.

Vitra Design Museum – *À Weil am Rhein en Allemagne. Prendre le tramway no 8, descendre à Kleinünningen et prendre le bus. En voiture par la Riehenstrasse et le Riehenring, direction Freiburg.*
Cet **édifice**★, éclatant de blancheur, est l'œuvre de l'architecte californien Frank O. Gehry, qui réalisa en Europe sa première œuvre de style « déconstructiviste ». Le musée expose surtout du mobilier des années 1850 jusqu'à nos jours, mais aussi des lampes et des objets de décoration : débuts du fonctionnalisme, design post-moderne des années 1980... On y retrouve les noms de Charles et Ray Eames, Tietvield, Alvar Aalto et Mies van der Rohe. Les pièces sont exposées par rotation, de façon thématique. Le musée accueille aussi des expositions itinérantes.

BEATENBERG★

Bern – 1 266 habitants
Cartes Michelin nos 927 H 5 ou 217 pli 7 – Schéma : INTERLAKEN (Environs)
Alt. 1 150 m

Accès : *10 km à partir d'Interlaken, également accessible par funiculaire à partir de la route de Thoune (voir lac de Thoune). La route d'accès (s'embranchant sur la rue Scheidgasse, dans Unterseen), sinueuse mais excellente, procure de belles échappées sur le site d'Interlaken, puis sur la Jungfrau et le lac de Thoune.*
Beatenberg, « station-terrasse » tout en longueur (plus de 7 km) faite d'hôtels et de chalets de villégiature noyés dans les arbres, offre des vues sur le lac de Thoune et plus loin, à droite, sur le Niesen et à gauche, sur la Jungfrau et le Mönch. Mais il faut monter au Niederhorn pour compléter le panorama.

★★ **Niederhorn** ⊙ – Alt. 1 950 m. *Accès par télésiège*. Du sommet (tables d'orientation) de cette « montagne à vaches », très beau **panorama**★★ : au Sud, par-delà le lac de Thoune, sur les glaciers du massif de la Jungfrau ; au Sud-Ouest, sur le Niesen et au loin le Mont Blanc, visible de justesse ; à l'Ouest, sur la pointe du Stockhorn ; au Nord-Ouest, jusqu'aux lacs de Neuchâtel et de Morat ; au Nord, sur les montagnes précédant l'Emmental ; à l'Est, par-delà le lac de Brienz, sur les falaises du Brienzer Rothorn.

BELLINZONA ★

C Ticino – 16 996 habitants

Cartes Michelin nᵒˢ 927 L 7 ou 218 Sud du pli 12
Schéma : GRAUBÜNDEN – Alt. 223 m

Point de passage inévitable pour le trafic transalpin empruntant les itinéraires du St-Gothard, du Lukmanier ou du San Bernardino, sur le versant italien des Alpes, Bellinzona a hérité de sa fonction millénaire de place forte, verrouillant la vallée du Tessin, le rôle de capitale administrative du canton auquel fut attribué, en 1803, le nom de ce cours d'eau.

Si Bellinzona (Bellinzone en français), surnommée « la clé des Alpes », est surtout connue pour son dispositif fortifié construit entre les 13ᵉ et 15ᵉ s., il convient d'ajouter que son centre historique – qu'il faut découvrir à pied – ne manque pas d'intérêt.

LE CENTRE HISTORIQUE

Collegiata dei SS. Pietro e Stefano – Sur la Piazza della Collegiata, cette église dédiée à saint Pierre et saint Étienne se remarque par son imposante façade Renaissance en pierre de Castione ornée d'une rosace. L'intérieur baroque abrite une belle chaire en stuc brillant imitant le marbre et un bénitier sculpté. Parmi les fresques qui décorent les chapelles latérales, celle des Anges musiciens (5ᵉ à droite) est la plus célèbre. Elle fut réalisée par Giuseppe Antonio Felice Orelli vers 1770.

Voir à droite de la collégiale dans la **Via Nosetto** deux maisons intéressantes : une dont la façade est décorée de niches contenant des bustes de personnages célèbres (Galilée, Dante, Pétrarque, Aristote, Volta), et au nᵒ 1 la « Casa Rossa » ou maison rouge, imitation d'une maison lombarde avec ses ornements en terre cuite.

Piazza Nosetto – Sur cette place typique avec ses arcades et dans les rues voisines se tient tous les samedis matin un marché célèbre particulièrement animé qui attire non seulement les citadins mais aussi beaucoup de gens de la région.

Palazzo Civico – Inspiré de la Renaissance italienne, l'hôtel de ville possède une élégante cour intérieure à deux rangées d'arcades en anse de panier décorées de dessins de Baldo Carugo représentant des images de la ville dans le passé. Le troisième niveau prend la forme d'une galerie dont les colonnes sont couronnées de chapiteaux. L'escalier en pierre se termine par un beau plafond à caissons.

La Via Teatro mène au théâtre.

Teatro Sociale – Réouvert en octobre 1997 après d'importants travaux de restauration et d'aménagement, le théâtre de Bellinzona a la particularité d'être le seul théâtre néoclassique à l'italienne de Suisse. Son élégante façade ornée à l'étage de quatre pilastres à chapiteaux ioniques est surmontée d'un fronton sobre. La salle peut accueillir quelque 300 personnes.

CARNET D'ADRESSES

Office de tourisme – Bellinzona Turismo, Palazzo Civico, Via Camminata 2 – ☎ (091) 825 21 31 – fax (091) 825 38 17.

Se loger à Bellinzona

Albergo Internazionale – *Piazza Stazione 35 – ☎ (091) 825 43 33 – fax (091) 826 13 59 – 20 chambres – 130/180 F – GB.*
Dans un bâtiment historique face à la gare, cet établissement offre des chambres au confort moderne, la plupart avec balcon.

Unione – *Via Generale Guisan 1 – ☎ (091) 825 55 77 – fax (091) 825 94 60 – 33 chambres – 165/215 F – GB – fermé du 22 décembre au 20 janvier.*
Bon rapport qualité-prix dans cet hôtel central. Les repas peuvent être pris dans le jardin.

Se restaurer à Bellinzona

Castelgrande – *Salita al Castello (accès par ascenseur) – ☎ (091) 826 23 53 – fermé le lundi.*
Un restaurant situé dans l'enceinte du château médiéval Castelgrande. Vins du vignoble du château.

Osseria Sasso Corbaro – *Dans le Castello Sasso Corbaro – ☎ (091) 825 55 32 – ouvert du 16 mars au 30 novembre.*
Une petite adresse sympathique dans le château le plus élevé. Cuisine régionale. Terrasse et vue sur la ville.

LES CHÂTEAUX

Le dispositif fortifié de la ville s'appuyait sur trois châteaux dont deux étaient reliés entre eux (Castelgrande et Castello di Montebello) par des murailles encore bien visibles, même de loin.

Castelgrande ⓥ – *Accès recommandé par un ascenseur situé Piazzella Mario della Valle au pied du rocher.*
C'est le plus ancien des trois châteaux. Bâti sur la bosse rocheuse qui obligeait la route du St-Gothard à se coller à la montagne, au fond d'une encoche facile à surveiller, il montre de loin ses deux tours quadrangulaires (la Torre Bianca et la Torre Nera). D'importants vestiges de son enceinte, à « merlons gibelins », sont encore visibles çà et là dans la ville. Centre naturel de la défense de la ville, protégé par des falaises abruptes, le Castelgrande s'entoura d'importantes fortifications entre 1250 et 1500 à la suite des guerres qui ravagèrent la région. À partir de la Torre Nera qui marque le centre du château, l'enceinte crénelée se divise en trois grandes cours. D'importants travaux de restauration ont été entrepris de 1982 à 1992 sous la houlette de l'architecte tessinois Aurelio Galfetti. Les bâtiments de la cour méridionale abritent maintenant un restaurant (on peut y déguster le « vin du château » produit à partir des vignes cultivées au pied du rocher), des salles de réception et dans l'aile Sud le **Musée historique et archéologique** (museo storico archeologico). On peut y voir plusieurs salles consacrées à l'histoire des châteaux ainsi qu'une salle sur les pièces d'or et d'argent frappées à Bellinzone au 16ᵉ s. C'est en 1503 que les trois cantons d'Uri, de Schwyz et de Nidwald décidèrent la création d'un atelier de la monnaie dans la ville devenue confédérée.
À l'Ouest du château, une longue muraille fortifiée, la Murata, offre une **vue** intéressante sur la ville.

★**Castello di Montebello** ⓥ – *Accès en voiture par la route qui part de la Viale Stazione. Parking.*
Cette citadelle formidable, au plan en losange, est un exemple type de forteresse bâtie suivant les règles de l'architecture militaire lombarde. Construit au 13ᵉ s. par la puissante famille Rusca, le château devint la propriété des Visconti à la fin du 14ᵉ s. Au 16ᵉ s., sous les Confédérés, il prit le nom de Castello di Svitto (château de Schwyz), puis de San Martino au 18ᵉ s. Un pont-levis permet de franchir le fossé et d'accéder au noyau central autour duquel se sont élevées les lignes de fortification au cours des 14ᵉ et 15ᵉ s. Le **Musée municipal** (Museo Civico) réunit des armes anciennes et, dans le donjon, des collections d'objets découverts lors de fouilles sur les sites archéologiques tessinois de Gudo, Gorduno, Ascona, Giubiasco, Madrano, etc.

Castello di Sasso Corbaro ⓥ – *Du château précédent accès en voiture par la Via Artore en forte montée, puis la Via Benedetto Ferrini à droite et la Via Sasso Corbaro. Parking.*
Le dernier château, le plus élevé, se présente comme une forteresse isolée émergeant des châtaigneraies. De plan carré, le château fut édifié au 15ᵉ s. sur ordre du duc de Milan pour renforcer le système de défense de la ville jugé trop vulnérable à cet endroit.

Castelgrande

De la terrasse de l'avant-cour, belle **vue**★ sur la ville et sur la basse vallée du Tessin jusqu'au lac Majeur.

On peut s'arrêter quelques instants pour voir la petite chapelle qui se trouve dans la cour, puis visiter le **musée des Arts et Traditions populaires** (Museo dell'Arte e delle Tradizioni Popolari) installé dans le donjon. La salle 3 ou salle Emma-Poglia montre une chambre aux murs lambrissés et au plafond à caissons en bois sculpté provenant de la maison de la famille Poglia d'Olivone. La vie tessinoise passée renaît au fil des salles suivantes grâce à la présentation d'objets de la vie quotidienne.

RAVECCHIA

De la Piazza Indipendenza, la Via Lugano conduit au paisible faubourg de Ravecchia.

Santa Maria della Grazie – Ancienne église du couvent des frères mineurs (15e s.), l'église N.-D.-des-Grâces renferme d'intéressantes fresques dont une émouvante *Crucifixion* ornant le jubé, entourée de quinze tableaux illustrant la vie du Christ. Cette peinture réalisée fin 15e-début 16e s. est probablement l'œuvre d'un peintre lombard. Dans une chapelle à droite une belle Dormition de la Vierge retient également l'attention.

San Biagio – Cette petite église médiévale au clocher quadrangulaire est également digne d'une visite pour ses fresques. Déjà sur la façade on peut admirer un grand Saint Christophe et une Vierge à l'Enfant du 14e s. aux tons rosés. Dès la porte franchie, le regard se porte vers le chœur décoré de belles peintures murales bien mises en valeur par un éclairage indirect. Remarquer aussi les peintures sur les piliers dont celles représentant sainte Agathe et saint Barthélomy.

Villa dei Cedri ⓥ – Tout près de l'église San Biagio, la villa dei Cedri constitue la galerie d'art de la ville. Cette demeure cossue située dans un parc non moins agréable, consacre l'essentiel de ses collections à l'art figuratif suisse et italien des 19e et 20e s. Les œuvres acquises grâce à de prestigieuses donations portent les signatures de Chiesa, Franzoni, Rossi, Foglia, Guido Tallone parmi tant d'autres.

QUELQUES VILLAGES PITTORESQUES

Bosco/Gurín (Tessin)

Cornippo (Tessin)

Gandria (Tessin)

Giornico (Tessin)

Gruyères (Fribourg)

Guarda (Grisons)

Kippel (Valais)

Morcote (Tessin)

Mürren (Berne)

St-Ursanne (Jura)

Soglio (Grisons)

Stein am Rhein (Schaffhouse)

Zuoz (Grisons)

BERN★★★

BERNE – [C] Bern – 130 000 habitants

Cartes Michelin nos 927 G 5 ou 217 pli 6 – Alt. 548 m
Plan d'agglomération dans le Guide Rouge Michelin Suisse

Siège des autorités fédérales de Suisse, de 70 ambassades et de plusieurs organisations internationales, Berne est construite sur un éperon dominant un méandre verdoyant de l'Aare, face aux Alpes. La personnalité de la vieille ville médiévale, classée au patrimoine de l'Unesco, tient à ses six kilomètres d'arcades, qui cachent d'innombrables boutiques formant l'un des plus longs « centres commerciaux » d'Europe. Elle se découvre à pied, avec ses tours et ses fontaines fleuries, et conserve, malgré son animation, une atmosphère plutôt provinciale, d'autant plus que les voitures n'y ont pas droit de cité – ou presque. Sur les tramways et les trolleybus, des emblèmes rappellent que Berne est la capitale de la Suisse.

UN PEU D'HISTOIRE

La fondation de Berne – Une chronique du 15e s. rapporte la fondation de la ville par le duc **Berthold V de Zähringen**, en 1191. Désireux de créer une cité, le duc demande conseil à ses chasseurs et à son grand veneur. L'un d'entre eux lui répond : « Maître, dans la boucle, là où s'élève votre château de la Nydegg, se trouve un emplacement favorable. » Le gibier étant fort abondant, le duc convient de donner à la nouvelle ville le nom du premier animal qui sera capturé à la chasse. Le sort veut que ce soit un ours (Bär). Le duc baptise donc la cité « Berne » et fait de l'ours son emblème. Le plantigrade apparaît à la fin du 15e s. sur des gravures de la ville.

Le temps des annexions – Du 14e au 16e s., Berne mène une adroite politique d'expansion et joue un rôle prééminent au sein de la Confédération. La ville assure son hégémonie sur les deux rives de l'Aare. Au 15e s., la conquête de l'Argovie lui permet de s'étendre jusqu'à la limite de la Reuss inférieure. Son attitude résolue au cours des guerres de Bourgogne la place au premier rang des cantons suisses. Avec l'annexion de la Gruyère et du pays de Vaud, Berne domine au 16e s. tout le pays s'étendant de la Reuss inférieure au Léman.

Berne dans la Confédération – Au lendemain de la défaite du Sonderbund, lorsqu'est élaborée la Constitution de 1848, Berne est, d'un commun accord, choisie comme siège des autorités fédérales : elle joue un rôle politique de premier plan, renforcé par sa position au centre de la Confédération, au point de jonction des cultures latine et germanique. Pourtant, si la ville est le siège des chambres fédérales, des régies publiques, de la poste et des chemins de fer fédéraux, elle n'est

Berne, ville fédérale

pas pour autant le centre administratif du pays au même titre que Paris ou Washington : le système fédéraliste s'oppose à ce qu'une seule ville détienne la prééminence politique.

Ferdinand Hodler – C'est à Berne que ce peintre voit le jour en 1853. Après une enfance difficile, marquée par le décès de ses parents et de ses frères, Hodler entre en apprentissage chez Ferdinand Sommer, peintre de « vues suisses » à Thoune, et passe quelque temps à Langenthal (Berne). À 19 ans, il part pour Genève afin d'y copier les paysages romantiques du peintre Calame. Grâce à son professeur Barthélemy Menn (1815-1893), élève d'Ingres et ami de Corot, Hodler s'éloigne de la peinture conventionnelle. Il exécute, parmi de nombreuses toiles, des portraits dont certains annoncent les grandes œuvres décoratives. Un voyage en Espagne (1878-1879) lui permet d'admirer la technique de Vélasquez. Par la suite, il perfectionne sa technique et sa palette s'éclaircit. À cette époque, Hodler réalise de nombreux paysages ; les Alpes et le lac de Thoune sont des sujets qu'il affectionne particulièrement.

Dans l'œuvre de Hodler, on reconnaît trois courants à son époque : réalisme, symbolisme, Art nouveau. Mais l'artiste se distingue dès 1885 par le parallélisme, système pictural caractérisé par la répétition de motifs semblables, la symétrie et une composition à l'axe vertical ou horizontal. Holder considère ce procédé, qui procure une forte expression d'unité à ses tableaux, comme « une loi qui dépasse l'art ». On retrouve le parallélisme aussi bien dans les sujets allégoriques (*La Nuit*, 1889/1890 ; *Le Jour*, 1899/1900) que dans les peintures d'histoire telles que *La Retraite de Marignan*, qui vaut à Hodler le premier prix du concours de décoration du Musée national de Zurich (1897), et le vigoureux *Guillaume Tell (illustration, voir Vierwaldstätter See)*. Peu à peu, Hodler simplifie les compositions de ses paysages et ne copie plus la nature. Les reflets dans les lacs accentuent la symétrie, et la tendance à la monochromie – le bleu est sa couleur préférée – renforce encore l'unité des tableaux. À la fin de sa vie, Hodler se consacre à « des paysages planétaires » où il n'y a plus que lignes et espace, et aucune trace de vie ou de mort. Il s'éteint en 1918, à Genève.

★★ LE VIEUX BERNE visite : 2 h 1/2

La ville, rebâtie en grès teinté d'un vert jaune depuis le terrible incendie de 1405, reste un modèle d'adaptation au site, avec ses rues qui s'enroulent en boucle et ses jardins en terrasses dominant la rivière. De Pâques à fin octobre, les principaux monuments sont illuminés tous les soirs jusqu'à minuit. L'été, le bruit des calèches résonne dans les rues médiévales.

Heiliggeist-Kirche (Église du St-Esprit) (DZ) – Cette église baroque a été édifiée de 1726 à 1729.

Prendre la Spitalgasse, rue commerçante très animée et bordée d'arcades, ornée en son centre de la fontaine du Joueur de cornemuse (16ᵉ et 19ᵉ s.).

Bärenplatz (DZ) – Jadis s'y trouvait la fosse aux ours. Aujourd'hui, c'est une vaste esplanade où se côtoient des terrasses de cafés.

Käfigturm (Tour des Prisons) (DZ A) – Cette porte s'élève à l'entrée de la Marktgasse. Elle marquait la limite Ouest de la ville de 1250 à 1350, et a été restaurée au 18ᵉ s.

★ **Marktgasse (DZ)** – Élégante et animée, c'est la rue principale de la ville ancienne, avec ses magasins de luxe et ses nombreux éventaires de fleuristes. De belles maisons des 17ᵉ et 18ᵉ s. égrènent leurs arcades, donnant à l'ensemble beaucoup d'unité.

La fontaine d'Anna Seiler (16ᵉ et 17ᵉ s.) est dédiée à une femme qui, en 1354, dota la ville de son premier hôpital. Plus loin, la fontaine de l'Arquebusier (1543) représente un porte-bannière : entre ses jambes, un petit ours revêtu d'une armure tire un coup de fusil.

À gauche, sur la Kornhausplatz, la fontaine de l'Ogre (Kindlifresserbrunnen) représente ce personnage qui dévore un petit garçon. Il tient de la main gauche d'autres marmots qui vont subir le même sort.

★ **Zeitglockenturm (Tour de l'Horloge) (EZ C)** – Appelée *Zytgloggeturm* dans le dialecte local, elle est si présente dans la vie de Berne que les bornes kilométriques se réfèrent à cet édifice pour exprimer les distances depuis la ville. Créée de 1191 à 1250, elle marquait jadis la limite Ouest de Berne. Remarquer le jaquemart du 15ᵉ s. (du côté de la Kramgasse) et les deux couronnes ducales surmontant le cadran doré.

Le carillon sonne 4 mn avant l'heure. De nombreuses **figurines** peintes (15ᵉ au 17ᵉ s.) se mettent alors en mouvement : le coq chante en battant des ailes, puis le cortège d'ours défile au son des clochettes du fou, avant un nouveau chant du coq. Le dieu Chronos retourne son tablier, et la grande cloche indique l'heure, frappée par Hans von Thann, un chevalier en bois de tilleul revêtu d'une armure dorée. Au même instant, Chronos compte les coups et agite son sceptre, tandis que le lion tourne la tête. Le spectacle s'achève avec un troisième chant du coq...

CARNET D'ADRESSES

Office de tourisme – Bern Tourismus. Dans la gare, et près de la fosse aux ours – ☎ (031) 328 12 12 – fax (031) 312 12 33. Ouvert d'octobre à mai, du lundi au samedi de 9 h à 18 h 30 et le dimanche de 10 h à 17 h ; de juin à septembre tlj de 9 h à 20 h 30. Sur Internet : www.bernetourism.ch. E-mail : infores@bernetourism.ch. Visite guidées : la ville en bus, la tour de l'Horloge et le vieux Berne à pied...

Circuler

La majeure partie du centre-ville est fermée aux voitures. La visiter à pied est recommandé, à moins d'utiliser les lignes de **tramways** et de **bus**. Une carte forfaitaire (24 h, 48 h ou 72 h) est en vente à l'Office du tourisme et dans les hôtels. Certains bus, circulant depuis la gare, sont nocturnes du vendredi au dimanche (jusqu'à 3 h 15). **Location de vélos** : à la gare, ☎ (0512) 20 23 74. Les pistes cyclables sont signalées par des lignes jaunes.

Shopping

Principales rues commerçantes – Spitalgasse, Marktgasse, Kramgasse, Gerechtigkeitsgasse. Il suffit de descendre vers l'Aare pour trouver des enseignes plus insolites : antiquaires, jouets en bois, artisans...

Marchés – Fruits, légumes, fleurs et marchandises diverses : le mardi et le samedi matin sur Bundesplatz, Bärenplatz, Waisenhausplatz. Le traditionnel **marché aux oignons (Zwiebelmarkt)** se tient le 4e lundi de novembre dans toute la ville. Celui de **Noël** a lieu sur la Münsterplatz.

Théâtre et musique

Théâtre municipal – Kornhausplatz 20 – ☎ (031) 329 51 51.

Puppentheater (Théâtre de marionnettes) – Gerechtigkeitsgasse 31 – ☎ (031) 311 95 85.

Casino – Herrengasse 25 – ☎ (031) 311 42 42.

Kursaal – Schänzlistrasse 71-77 – ☎ (031) 339 55 00.

Se loger à Berne

À BON COMPTE

Zum Goldenen Schlüssel – *Rathausgasse 72 – ☎ (031) 311 02 16 – fax (031) 311 02 16 – info@goldener-schluessel.ch – 48 chambres – 82/145 F.*
Situé dans une rue charmante de la vieille ville, cet hôtel offre des chambres à prix raisonnables. Au rez-de-chaussée, sous les arcades du vieux Berne, un bon restaurant où l'on sert notamment du gibier et des plats végétariens. Accueil sympathique.

VALEUR SÛRE

City am Bahnhof – *Bubenbergplatz 7 – ☎ (031) 311 53 77 – fax (031) 311 06 36 – city-ab@fassbind-hotels.ch – 113 chambres – 123/198 F –* GB.

Savoy-Garni – *Neuengasse 26 – ☎ (031) 311 44 05 – fax (031) 312 19 78 – info@zghotels.ch – 94 chambres – 195/295 F –* GB.

UNE PETITE FOLIE !

Bern – *Zeughausgasse 9 – ☎ (031) 329 22 22 – fax (031) 329 22 99 – hotelbern@hotelbern.ch – 100 chambres – 230/310 F –* GB.
À côté des rues commerçantes et de leurs arcades. Une ambiance douillette. Piano-bar au cadre raffiné.

La visite de l'intérieur permet d'admirer le mécanisme de l'**horloge**, qui reproduit le cours des astres dans le ciel.

*⋆**Kramgasse** (EZ) – Prolongeant la Marktgasse, cette rue est plus populaire. Dans la première rue à droite, après la tour de l'Horloge, on voit des maisons anciennes à oriels et à tourelles d'angle.
Le long de la Kramgasse, on remarque la fontaine de Zähringen (16e s.) avec un ours revêtu d'une armure, la bannière des Zähringen au poing. Celle de Samson (16e s.) est surmontée d'une statue du colosse ouvrant la gueule d'un lion.

Belle Époque – *Gerechtigkeit 18 –* ☎ *(031) 311 43 36 – fax (031) 311 39 36 – info@belle-epoque.ch – 17 chambres – 200/250 F –* ▣▣.
Passé la porte d'entrée, on plonge dans les années 1900. Réception de style Victor Horta, bar « Toulouse-Lautrec », mobilier, vases, décoration, tableaux : un véritable hôtel-musée !

Se restaurer à Berne

Si la carte vous paraît difficile à déchiffrer, sachez que *Gschnätzelets* signifie « émincé » et *Suurchabis*, « choucroute ». Les *Gschwellti* sont des pommes de terre en robe des champs.

Kornhauskeller – *Kornhausplatz 18 –* ☎ *(031) 327 72 72 – fermé le lundi midi en été –* ▣▣.
Au début du 18e s., un entrepôt à blé et à vin fut creusé sous l'ancien marché couvert. Transformé en salle des fêtes en 1896, c'est aujourd'hui un restaurant. Les peintures de cette époque sont dues au peintre bernois Rudolf Mänger. Dans la grande salle, le fût impressionnant peut contenir 41 055 litres ! Endroit curieux et sympathique, idéal pour goûter les spécialités bernoises.

Harmonie – *Hotelgasse 3 –* ☎ *(031) 313 11 41 – fermé le samedi soir, le dimanche et le lundi midi –* ▣▣.
Dans ce vieux bistrot, le décor n'a pas changé depuis 1915. Spécialités de fondues.

Zum Äusseren Stand – *Zeughausgasse 17 –* ☎ *(031) 311 32 05 – fermé le dimanche –* ▣▣.
Ce restaurant est installé dans l'ancien hôtel de ville, là où fut rédigée la première Constitution du canton de Berne en 1831. Dans ce même bâtiment, en 1874, 22 pays s'unissaient pour fonder l'Union postale universelle. Au premier étage, la grande salle Empire est réservée aux banquets.

Bar du Théâtre – *Theaterplatz 7 –* ☎ *(031) 312 30 31 – fermé le dimanche.*
Cette brasserie de style bistrot occupe l'ancien hôtel de musique de Berne. L'établissement regroupe un bar et un grand café.

Brasserie Bärengraben – *Muristalden 1 –* ☎ *(031) 331 42 18.*
À l'extrémité du pont de la Nydegg, du côté de la fosse aux ours, petit restaurant sympathique. On peut s'attarder sur le chariot des desserts « maison ».

Klötzlikeller – *Gerechtigkeitsgasse 62 –* ☎ *(031) 311 74 56. – fermé le dimanche en été, le dimanche et le lundi en hiver.*
Un authentique bar à vin bernois, tel qu'il en existait plus de 230 dans la ville en 1635 ! La direction du Klötzlikeller est féminine depuis plus de cent ans. Une petite restauration est proposée.

Gourmanderie Moléson – *Aabergasse 24 –* ☎ *(031) 311 44 63 – fermé le dimanche et les jours fériés.*
La cuisine comme du temps de nos grands-mères. Établissement simple où l'on se sent bien.

Zimmermania – *Brunngasse 19 –* ☎ *(031) 311 15 42 – fermé du 8 juillet au 5 août, les lundi, dimanche et jours fériés.*
Le patron est « Compagnon du Beaujolais »... C'est tout un programme !

Un verre dans un endroit agréable

La **Klötzlikeller** (Gerechtigkeitsgasse 62), la plus ancienne taverne de la ville, propose du vin servi au verre, dans une cave aux murs faits de grosses pierres. Apéritif suisse typique : verre de vin blanc accompagné de *rebibes* (copeaux de fromage).
Le **Kursaal** (Schanzlistr. 71-77) propose un ensemble composé de salles de jeux, d'un bistrot, d'un piano-bar, d'un dancing et d'un cabaret (variétés internationales).
Jazz au **Marian's Jazzroom** au sous-sol de l'hôtel Innere Enge (Engerstrasse 54). Établissement fort prisé des connaisseurs.

Au n° 49 de la Kramgasse se trouve la **maison d'Albert Einstein** ⊙ (**N**). C'est ici, au 2e étage, que le physicien rédigea en 1905 sa théorie de la relativité restreinte. Seize ans plus tard, il se vit décerner le prix Nobel de physique pour ses travaux sur les photons. Le décor évoque les années qu'il passa à Berne de 1902 à 1909, date à laquelle il fut nommé professeur de physique à l'université de Zurich : son cabinet de travail, sa chambre avec le pupitre où il écrivait debout, des portraits et photos...
À l'extrémité de la Kramgasse, tourner à gauche dans la Kreuzgasse.

La Rathausplatz est ornée de la fontaine du Banneret (Vennerbrunnen), œuvre de Hans Gieng (1542).

Kramgasse

Rathaus (Hôtel du Gouvernement) (EY H) – Cet édifice est à la fois le siège du conseil municipal (assemblée législative de la ville de Berne) et celui du Grand Conseil (assemblée législative cantonale). Construit de 1406 à 1417 et maintes fois restauré, il reste, avec son escalier à double volée et son perron couvert, l'un des monuments bernois les plus symboliques.

Reprendre la Kreuzgasse qui rejoint la **Gerechtigkeitsgasse** où s'élève la fontaine de la Justice (Gerechtigkeitsbrunnen) (1543) : son fût est couronné d'un chapiteau corinthien.
La **Nydeggasse** prolonge cette rue : à gauche se dresse l'église de la Nydegg (Nydeggkirche), édifiée au 14e s. sur les fondements d'un château fort.

Nydeggbrücke (Pont de la Nydegg) (FY) – Il offre une très jolie **vue**★ sur les quartiers qui se pressent dans la boucle de l'Aare et les versants boisés qui la dominent.

★ **Bärengraben** ⊙ **(Fosse aux ours)** (FZ) – Les ours de Berne ont les faveurs populaires depuis la fin du 15e s. Ils sont l'objet de visites nombreuses, non seulement de la part des touristes mais aussi des Bernois, qui les affectionnent particulièrement et leur donnent à manger friandises et carottes. Une Bernoise a même fondé à leur intention une rente perpétuelle !

Près de la fosse, le **Bern Show** raconte l'histoire de la ville, notamment au moyen d'une vidéo et d'une maquette animée.
Faire demi-tour. À l'entrée de la Gerechtigkeitsgasse, prendre la Junkerngasse.

★ **Junkerngasse** – Elle est bordée de maisons anciennes. Au n° 47 se trouve l'**Erlacher Hof**, un beau palais baroque qui s'inspire de l'architecture française. C'est aujourd'hui le siège de la mairie de Berne. Abordant la cathédrale par le chevet, on a une vue d'ensemble sur la tour, le vaisseau, les arcs-boutants et les pinacles qui surmontent les contreforts. Contourner l'édifice par la gauche : de la belle terrasse plantée d'arbres et ornée de parterres fleuris, la **vue**★ plonge sur les écluses de l'Aare et, à droite, sur le Kirchenfeldbrücke qui enjambe de 40 m une courbe de la rivière. Gagner la Münsterplatz (place de la Cathédrale) où l'on découvre le bâtiment du chapitre (1755) et la fontaine de Moïse (1791).

★ **Münster** ⊙ **(Cathédrale St-Vincent)** (EZ) – La dernière en date des grandes églises gothiques de Suisse, couramment appelée cathédrale, est en réalité une collégiale. Sa construction commença en 1421 et se poursuivit jusqu'en 1573. Son clocher, le plus haut de Suisse (100 m), ne fut achevé qu'en 1893.

Le superbe **tympan★★** du portail principal, œuvre d'Erhart Küng, a été épargné par la vague de destructions de la Réforme. Il représente le Jugement dernier (1495) en 234 personnages, dont certains sont encore peints. Les figures des élus et des damnés sont traitées avec beaucoup de réalisme. Aux voussures, statues de prophètes ; dans les ébrasements, Vierges sages à gauche et Vierges folles à droite ; de chaque côté du portail, fresques en grisaille, du début du 16e s.

Entrer par la porte latérale droite de cette façade. À gauche en entrant, un escalier à vis (254 marches) permet d'accéder à la plate-forme de la tour : **panorama★★** sur le vieux Berne avec ses toits de tuiles rouge-brun, ses nombreux clochers, les ponts sur l'Aare et la chaîne des Alpes bernoises.

La nef est un vaste vaisseau à voûtes réticulées, qui comporte 87 clés de voûte peintes et armoriées. Le chœur, dont les stalles Renaissance (1523) sont richement sculptées de scènes de la vie courante, est orné de grands vitraux du 15e s. : au centre, la Passion avec la Crucifixion, œuvre de Hans Acker, la Victoire des 10 000 chevaliers ; à gauche, les Rois mages.

En sortant de la cathédrale, traverser la Münsterplatz et prendre à gauche la Münstergasse (plusieurs passages couverts et étroits rejoignent la Kramgasse) qui mène à la Casinoplatz (place du Casino).

Juste avant le pont (Kirchenfeldbrücke), prendre à droite la **Bundesterrasse★**. *Cette promenade domine la vallée de l'Aare.*

Bundeshaus ⓥ **(Palais fédéral)** (DZ) – Le gouvernement suisse (Conseil fédéral) et le parlement (Conseil national et Conseil des États) siègent dans ce lourd bâtiment à dôme, inspiré de la Renaissance florentine (1902). En parcourant les différentes salles de séance, le visiteur peut s'initier aux rouages de la démocratie helvétique. De la terrasse, située au Sud du palais fédéral, belle **vue** sur l'Aare, la ville et, à l'arrière-plan, les Alpes bernoises.

Emprunter le Kirchenfeldbrücke pour rejoindre l'Helvetiaplatz.

Helvetiaplatz (EZ) – Sur cette place se trouvent d'importants musées. L'imposant monument symbolise l'Union télégraphique internationale fondée à Paris en 1865 à l'initiative du gouvernement français. Ce groupe de bronze avec fontaines a été exécuté, en 1915, par le sculpteur tessinois Romagnoli.

LES MUSÉES

★★ **Kunstmuseum** ⓥ **(Musée des Beaux-Arts)** (DY) – Ce musée recèle une belle collection de peintures illustrant diverses écoles du 13e au 20e s. On y trouve surtout la plus importante collection au monde d'œuvres de **Paul Klee** (1879-1940).

Sous-sol – Une salle est consacrée aux primitifs italiens du 13e au 15e s., parmi lesquels Duccio di Buoninsegna, dont la *Maestà* (vers 1290) dénote la tradition byzantine propre à l'école siennoise, et Fra Angelico *(Vierge à l'Enfant)*. Les primitifs suisses des 15e et 16e s. – en particulier le *Maître à l'œillet de Berne* – frappent par leur minutie d'exécution, mais aussi par leur raideur et leur naïveté.

L'école du 16e s., fidèle à la représentation de scènes religieuses, se distingue avec le Bernois Niklaus Manuel Deutsch (env. 1484-1530) dont la facture et la composition s'apparentent à l'art de la Renaissance : *Triptyque de saint Jean Baptiste, Saint Luc peignant la Vierge, Martyre des 10 000 chevaliers du mont Ararat.* À voir aussi : deux excellents portraits de Luther et sa femme par l'atelier de l'Allemand Lucas Cranach.

Dans les salles attenantes sont exposées des œuvres d'artistes bernois du 17e s.

Rez-de-chaussée – Dans l'ancien bâtiment, on découvre les peintres suisses du 19e s. : Caspar Wolf, Karl Stauffer, Arnold Böcklin, Franz Niklaus König.

Le nouveau bâtiment abrite la **collection★★ Paul Klee** : au total, plus de 2 000 dessins ainsi que des tableaux, gouaches et aquarelles, exposés par roulement. La recherche des effets de couleurs donne naissance aux tableaux carrés *(Architecture picturale rouge, jaune, bleue)*, aux œuvres « divisionnistes » des années 1930 à 1932 *(Ad Parnassum)*, aux peintures où figures et signes se détachent sur un fond coloré *(Fleurs au rocher* 1940).

Une salle est réservée à Albert Anker (1831-1910), qui s'intéresse à des scènes populaires *(Vieillard malade, Promenade des enfants de la crèche à Berne)*.

1er étage – Ferdinand Hodler, l'enfant du pays, se voit attribuer une place de choix. Ses grandes compositions aux sujets allégoriques *(Le Jour, La Nuit, Les Âmes déçues)* traduisent sa préoccupation de la mort. Elles voisinent avec ses paysages *(Le Lac de Thoune et le Stockhorn)* et ses portraits *(Jeune fille à la fleur pavot, L'Insensé* où il se représente lui-même, le regard menaçant). Une salle entière est consacrée aux œuvres de Cuno Amiet, qui utilise une palette aux tons violents et chauds.

L'école française est illustrée par Delacroix, les principaux impressionnistes tels que Monet, Manet, Cézanne *(Autoportrait au chapeau de feutre)*, Sisley, Pissarro, Renoir, Matisse *(La Blouse bleue)* et Bonnard *(Dans un jardin)* ainsi qu'Utrillo, peintre des paysages de Montmartre.

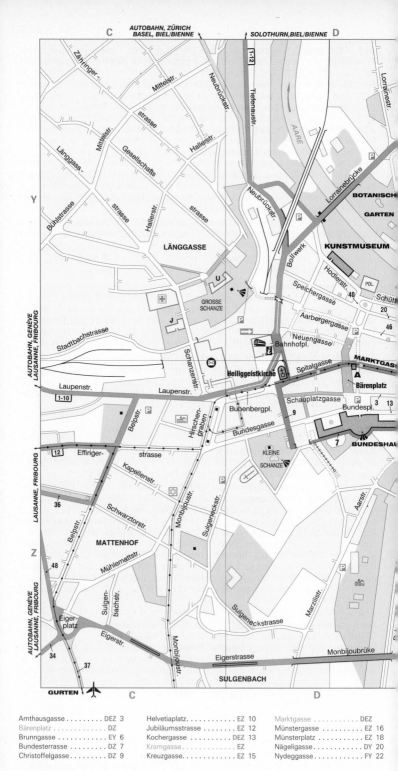

Swiss Pass

Ce forfait permet de voyager librement sur tout le territoire suisse : 20 000 km du réseau des trains, bateaux et cars postaux ainsi que les tramways et les autobus de 35 villes. En 1re ou 2e classe, ce forfait est valable 4, 8, 15, 22 jours ou 1 mois. En vente dans les principales gares.

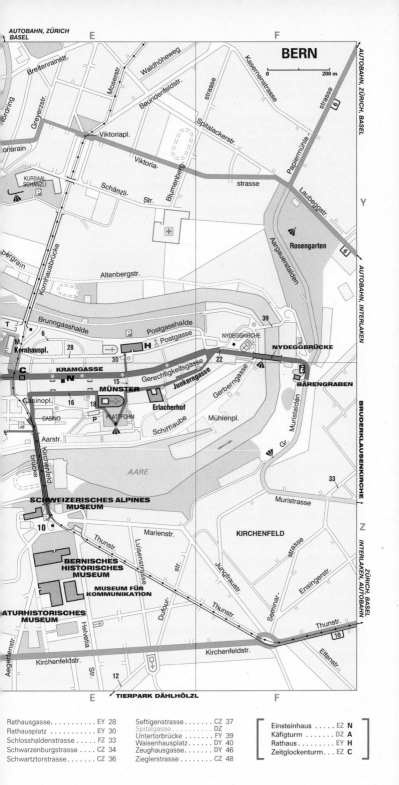

Visitor's card

Avec cette carte en vente à l'Office de tourisme (Bern Tourismus), vous pouvez utiliser sans limitation tous les transports en commun.
   Carte valable 24 heures : 6,50 F.
   Carte valable 48 heures : 10,50 F
   Carte valable 72 heures : 14,50 F.

La ville de Paul Klee

Paul Klee naît à Münchenbuchsee en 1879, et passe ses jeunes années à Berne où il dessine le quartier de la Matte et s'intéresse à l'étude des paysages suisses : les méandres de l'Aare, les montagnes du Niesen, les carrières d'Ostermundigen. Spectateur ironique des conventions sociales, il produit aussi des caricatures. En 1906, Klee se rend à Munich et noue des relations fertiles avec les membres du Blauer Reiter, le mouvement du Cavalier bleu : Franz Marc, Wassily Kandinsky, Alexej von Jawlensky... Il enseigne au Bauhaus de 1921 à 1923. Considéré comme un « artiste dégénéré » par les nazis, Klee voit son contrat d'enseignement à l'Académie de Dusseldorf annulé, en 1933. Il passe à Berne ses dernières années, jusqu'à sa mort en 1940.

Pour mieux lui rendre hommage, un nouveau musée ouvrira à Berne en 2005, entièrement consacré à Paul Klee, avec quelque 4 000 œuvres.

Paul Klee – *Légende du Nil (Legende von Nil)*, 1937 – 215 (U 15)

Une partie des salles est réservée aux peintres expressionnistes, Chagall, Soutine ou Modigliani ainsi qu'à des œuvres de Delaunay. Un important ensemble de toiles cubistes de Braque, Picasso, Juan Gris et Fernand Léger *(Contrastes de forme)* côtoie des œuvres de Kandinsky, Masson, Miró. L'art contemporain est représenté avec les Suisses Meret Oppenheim, Franz Gertsch et Markus Raetz, et les Américains Jackson Pollock et Mark Rothko.

★★ **Bernisches Historisches Museum** ⓥ **(Musée d'Histoire de Berne)** (EZ) – Ce bâtiment de style néogothique (1881) renferme des collections très variées : préhistoire, ethnographie, histoire, numismatique...

On remarque à l'entresol inférieur le salon de Pourtalès (18e s.), qui appartenait à un palais de Neuchâtel, et à l'entresol supérieur, la collection islamo-orientale Henri Moser Charlottenfels.

Au 1er étage, on découvre une maquette de la ville en 1800 et le butin pris aux Bourguignons en 1476, à Grandson et à Morat : étendards, broderies, **tapisseries★★** ayant appartenu à Charles le Téméraire, dont l'une aux armes de Philippe le Bon, exécutée en 1466 par un atelier flamand. D'autres tapisseries, provenant des ateliers flamands et de Tournai, se caractérisent par la finesse du dessin et la richesse des coloris : ainsi, *La Justice de Trajan et d'Herkenbald*, exécutée au 15e s. d'après des tableaux de Roger van der Weyden ; *Les Rois mages* (1460), la tapisserie *des Mille-Fleurs* provenant de Bruxelles (1466) ou encore *La Vie de saint Vincent*, issue de la cathédrale. D'autres illustrent plusieurs épisodes de la vie de Jules César.

Au 2e étage, on remarque la balance géante de 1752 qui, à l'arsenal de Berne, pouvait peser des canons de 2 tonnes. La visite s'achève avec d'amusantes vitrines sur la vie quotidienne aspects de la vie quotidienne aux 19e et 20e s. : reconstitutions d'une épicerie, d'une salle de dentiste, d'une salle de classe dans les années 1950...

** **Schweizerisches Alpines Museum** ⓥ (**Musée alpin suisse**) (EZ) – Totalement rénové entre 1990 et 1993, ce musée est consacré au massif alpin qui représente 60 % de la superficie du pays. Après un montage audiovisuel intitulé « Pays de montagnes », plusieurs magnifiques plans-reliefs – les premiers furent créés à partir de 1750 – réunissent les sommets et vallées célèbres : Bietschhorn, Cervin, dents du Midi, Jungfrau, Säntis, Bernina, etc. Des bornes interactives permettent d'approfondir les thèmes de l'exposition : histoire, géologie, transport et industrie, tourisme, climat, flore et faune, etc. Tous les commentaires sont en allemand, français, italien et anglais.

À l'étage, « La Montagne à travers les cartes » (16ᵉ au 18ᵉ s.) précède des sections consacrées à l'art et aux traditions populaires ainsi qu'à l'habitat. Une salle est décorée d'un diorama (1894) de Ferdinand Hodler. *L'Ascension et la Chute*, évoque l'alpinisme, l'évolution de l'équipement alpin et du matériel de sauvetage. Au centre se trouve un vaste plan-relief de l'Oberland bernois.

Au dernier niveau sont présentés des films et des expositions temporaires.

** **Naturhistorisches Museum** ⓥ (**Musée d'Histoire naturelle**) (EZ) – C'est l'un des plus importants de Suisse. Au rez-de-chaussée, le hall accueille un fossile d'ichtyosaure, et la vaste salle de Wattenwyl est remarquable ; les animaux d'Afrique sont présentés dans leur cadre de vie habituel. Au sous-sol, d'autres dioramas évoquent la faune asiatique.

Le 1ᵉʳ étage abrite une belle collection de vertébrés de la faune locale et de mammifères de la zone arctique. Biologie de la baleine.

Le 2ᵉ étage expose des oiseaux, reptiles et insectes.

Le 3ᵉ étage est consacré à la minéralogie, aux pierres précieuses, à la géologie du pétrole et à la paléontologie.

* **Museum für Kommunikation** ⓥ (**Musée de la Communication**) (EZ) – Moderne et accueillant, il relate l'évolution de la communication depuis le simple feu de montagne jusqu'à la transmission d'informations numériques. L'histoire de la poste (fondée en 1849) et la philatélie (exposition de quelque 500 000 timbres) occupent une place de choix. Des expositions temporaires de qualité viennent enrichir le fonds permanent du musée.

AUTRES CURIOSITÉS

* **Botanischer Garten** (**Jardin botanique**) (DY) – Ce vaste jardin, avec ses fontaines et ses pièces d'eau, descend en terrasses jusqu'aux rives de l'Aare. Quelque 6 000 plantes y poussent sur deux hectares. On admire une grande variété de plantes alpines et, dans les sept serres, une collection de plantes subtropicales : fougères, plantes grasses, orchidées…

* **Tierpark Dählhölzli** ⓥ (**Jardin zoologique**) – *Accès par la Jubiläumstrasse* (EZ).
Ce beau parc de 13 ha, dominant l'Aare, est consacré aux espèces européennes et nordiques : loutre, bœuf musqué, lynx, loup, bison, élan, renne, tétras-lyre… Son vivarium abrite des centaines d'oiseaux exotiques, des papillons et des spécimens rares de la faune locale. On y trouve aussi une termitière et une fourmilière. Aire de jeux, possibilité de pique-nique.

* **Bruder Klausenkirche** (**Église St-Nicolas**) – *Par la Muristrasse* (FZ).
Bâtie sur une vaste esplanade, cette église, dont la tour-clocher est isolée, est d'une grande sobriété de ligne. Elle est dédiée à saint Nicolas de Flüe *(voir ce nom)*, familièrement connu en Suisse sous le nom de « Bruder Klaus ». C'est l'un des édifices les plus représentatifs de l'art moderne en Suisse.

Rosengarten (**Jardin des Roses**) (FY) – Il révèle un joli coup d'œil* sur la vieille ville. Le jardin abrite 200 variétés de roses, autant d'iris et 28 sortes de rhododendrons.

ENVIRONS

** **Le Gurten** ⓥ – Alt. 858 m. *2,5 km – environ 1/2 h, dont 10 mn de funiculaire. Quitter Berne par la Seftigenstrasse* (CZ), *route de Belp-Thoune et, à l'entrée de Wabern, prendre à droite vers la station inférieure du funiculaire.*
Ce magnifique belvédère (**panorama**** sur Berne et les Alpes bernoises) constitue un lieu de promenade, pourvu de distractions pour les enfants.

Presqu'île d'Enge – *4 km au Nord, dans la première boucle de l'Aare. Quitter Berne par la route de Bienne. Après la gare de Tiefenau, prendre à gauche puis, à un carrefour, à droite la Reichenbachstrasse jusqu'à hauteur d'une église protestante moderne (Matthäuskirche).*
Un panneau donne l'emplacement des différents vestiges archéologiques de la presqu'île : remparts de l'ancien oppidum helvète, constructions romaines postérieures (1ᵉʳ s.). Derrière l'église, on remarque les restes du plus petit amphithéâtre trouvé en Suisse, de forme ovale (environ 3 000 places), et, moins d'un kilomètre plus loin, en forêt, ceux de thermes publics (sous abri).

BERNER OBERLAND★★★

Cartes Michelin nos 927 plis 13 à 15
ou 217 plis 6 à 10 et 16 à 20

Délimité au Nord par le croissant des lacs de Thoune et de Brienz, à l'Est par les Grisons, au Sud par le Haut-Valais, à l'Ouest par les Alpes vaudoises et fribourgeoises, ce massif du cœur de la Suisse abonde en merveilles de renommée internationale : naturelles, comme les sommets de la Jungfrau et de l'Eiger, le glacier du Rhône, les chutes du Trümmelbach, le lac de Thoune... ; créées de main d'homme, telles les grandes stations d'Interlaken et de Grindelwald, ou le plus haut chemin de fer d'Europe (celui du Jungfraujoch)...

Au Sud et au Sud-Est s'alignent fièrement les montagnes formant la grandiose barrière naturelle qui sépare l'Oberland bernois du Haut-Valais. Certaines de leurs cimes, éclatantes de blancheur neigeuse, comptent parmi les plus célèbres des Alpes : outre l'Eiger et la Jungfrau, déjà cités, le Mönch, le Finsteraarhorn (point culminant du massif avec ses 4 274 m), le Wetterhorn, la Blümlisalp... Entre elles, et s'égrenant du col du Grimsel jusqu'à proximité du lac Léman, brillent aussi les principaux glaciers de la Suisse, dont ceux d'Aletsch (le plus grand d'Europe) et du Rhône ; c'est d'eux que naissent les torrents qui creusent ces larges vallées caractéristiques du paysage bernois : Haslital, Kandertal, Simmental, Lütschinental...

Tirant parti de la densité prodigieuse de curiosités naturelles et de « terrains de jeux » propres à l'exercice des sports alpins dans l'espace relativement restreint compris entre l'Aare et le Rhône, le génie touristique suisse a fait de l'Oberland bernois le plus extraordinaire parc naturel d'attractions de l'Europe.

La vue éblouissante de la Jungfrau, depuis la promenade du Höheweg, à Interlaken, constitue, traditionnellement, l'image-souvenir de cette zone supérieurement équipée. La région reste aussi un haut lieu de l'alpinisme international.

Victoire sur l'Eigerwand – L'un des épisodes les plus dramatiques qui suivit la conquête du Cervin *(voir Zermatt)* fut celle de la face Nord de l'Eiger *(voir Interlaken)*. Dès 1858, le sommet (3 970 m) avait été atteint par l'Anglais Ch. Barrington. Successivement, les arêtes Sud et Sud-Ouest avaient été vaincues en 1874 et 1876. L'ascension de la face Nord, rendue particulièrement difficile par le temps souvent instable de l'Oberland bernois et la structure complexe de la paroi, avait déjà tenté maints grimpeurs. Elle avait aussi été le théâtre de nombreux accidents. À partir de 1935, les essais se multiplient : cette année-là, deux Allemands y trouvent la mort ; l'année suivante, trois cordées allemandes et autrichiennes y périssent. Le récit de ces tragiques échecs soulève de telles protestations que les autorités cantonales de Berne interdisent toute nouvelle tentative. L'interdiction est cependant levée en

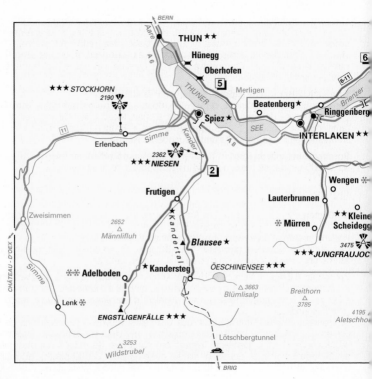

1937, année marquée par la défaite de l'Autrichien Rebitsch et de l'Allemand Wiggerl Vörg. En 1938, Vörg et son compagnon Anderl Heckmair préparent dans le plus grand secret une expédition qu'ils veulent décisive. Devancés au départ par deux Autrichiens, Kasparek et Harrer, ils les rejoignent dès le second jour et décident d'unir leurs chances à celles de la cordée rivale. Leur lente et pénible progression, entravée par la menace constante des orages et des avalanches, est suivie anxieusement de la vallée. Alerté par la presse et la radio, le monde se passionne pour leur équipée. Lorsque, enfin, après des jours d'efforts, ils franchissent l'arête terminale, aveuglés par la fatigue et la tempête, ils ne se rendent pas immédiatement compte de leur victoire !

Leur difficile descente par la face Ouest, au milieu de la bourrasque, consacre le succès de leur expédition.

VISITE

Itinéraires recommandés

Par ordre décroissant de la durée du parcours.

Voir les noms à l'index.

*** **Région de la Jungfrau** – Visite en voiture, téléphérique et train, au départ d'Interlaken – compter 2 jours.

*** **Circuit des Trois Cols (Grimsel, Furka, Susten)** – Au départ d'Interlaken – compter au moins une journée. Incluant les ④, ③ et ① ci-dessous.

*** ① **Sustenpasstrasse** – D'Andermatt à Meiringen – environ 2 h 1/2.

  * ② **Kandertal** – Route de Spiez à Kandersteg – environ 2 h 1/2.

*** ③ **Furkapasstrasse** – De Gletsch à Andermatt – environ 2 h 1/4.

  * ④ **Grimselstrasse** – De Meiringen à Gletsch – environ 1 h 1/2.

** ⑤ **Thuner See** – Route de Thoune à Interlaken – environ 1 h.

  * ⑥ **Lac de Brienz** – Route d'Interlaken à Meiringen – environ 3/4 h.

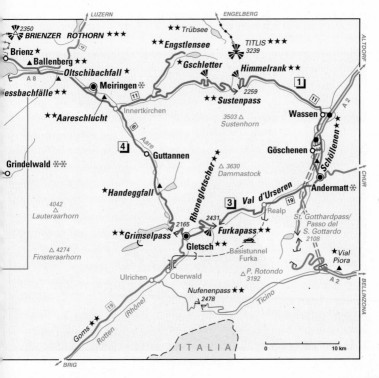

BERNINASTRASSE★★★

Route de la BERNINA

Cartes Michelin nos 927 plis 17, 26 ou 218 plis 15, 16 – Schéma : GRAUBÜNDEN

Ce magnifique parcours de haute montagne remonte le val Bernina jusqu'au col, au Sud, duquel le val Poschiavo plonge sur Tirano. Il relie ainsi l'Engadine en Suisse à la Valteline en Italie.

DE ST-MORITZ À TIRANO

56 km – environ 2 h – itinéraire 7 *de la visite des Grisons.*

Ne pas entreprendre trop tard dans l'après-midi le parcours du versant engadinois, pour bien repérer le cirque glaciaire de Morteratsch. Le col de la Bernina peut être obstrué par la neige d'octobre jusqu'à mai. La route du col n'est pas déneigée la nuit. Seule la voie ferrée – la plus haute d'Europe pour un parcours ne comportant pas de sections à crémaillère – assure le transit en toutes saisons. Contrôle douanier suisse à Campocologno ; contrôle douanier italien à Piattamala.

✳✳✳**St-Moritz** – *Visite : 1 h 1/2. Voir ce nom.*

Quitter St-Moritz en direction de Pontresina.

✳✳**Muottas Muragl** – *Voir ce nom.*

✳✳**Pontresina** – *Voir ce nom.*

Entre Pontresina et la bifurcation du chemin de Chünetta, la vallée prend rapidement un caractère sauvage. À droite du Munt Pers, se détachent les trois sommets éblouissants du Piz Palü puis, plus à droite, les bosses neigeuses de Bellavista, moins élevées.

✳✳✳**Belvédère de Chünetta** – Alt. 2 083 m. *De la route de la Bernina, 2 km AR, plus 1 h à pied AR.* Bifurquer dans le chemin du glacier de Morteratsch et laisser la voiture avant le pont de bois donnant accès à la gare de Morteratsch. Traverser le pont, puis la voie ferrée, et, à l'extrémité d'un champ de cailloux roulés par le torrent, prendre le sentier de droite en montée sous les mélèzes. Au bout de 20 mn, la 2e bifurcation rencontrée offre une vue dégagée : ici, tourner à droite pour grimper en quelques intants au belvédère.

De là se découvre le grandiose cirque glaciaire de **Morteratsch** dominé, de gauche à droite, par le Piz Palü, le Piz Bellavista, le Piz Bernina, pyramide à la pointe ébréchée (point culminant du massif – alt. 4 049 m), le Piz Morteratsch et sa lourde calotte de neige, le Piz Boval. Au premier plan meurt la langue terminale du glacier, encadrée d'énormes remblais morainiques et divisée, longitudinalement, par la traînée d'une moraine médiane.

Après deux lacets suivis d'un passage à niveau, la **vue**★★ devient splendide. À droite de Bellavista se déploient les cimes les plus glorieuses du massif de la Bernina – Piz Bernina et Piz Morteratsch – d'où descend le magnifique glacier de Morteratsch. La route débouche ensuite dans la dépression supérieure de la Bernina, encore verdoyante.

Le glacier de Morteratsch

*** **Diavolezza** ⊙ – Alt. 2 973 m. *De la route de la Bernina, 1 h AR environ dont 9 mn de téléphérique.*

L'ancien refuge de la Diavolezza *(aujourd'hui restaurant)* a constitué, pour des générations d'alpinistes et de skieurs, le point de départ d'une des courses de glacier les plus fameuses d'Europe. Grâce au téléphérique, les touristes peuvent accéder à ce col de haute montagne et admirer son inoubliable panorama glaciaire. **Vue***** splendide sur le Piz Palü, le Piz Bellavista, le Piz Zupó, le Crast Agüzza (reconnaissable à la blancheur de sa pointe), le Piz Bernina, le Piz Morteratsch et le refuge Boval.

*** **Randonnée au Munt Pers** – Alt. 3 207 m. *1 h 15 de montée depuis Diavolezza.* Le sentier rocailleux, sur la droite du restaurant, ne présente pas de difficulté (suivre le balisage, marqué par des traits orangés). **Le panorama***** exceptionnel gagne encore en ampleur par rapport au Diavolezza. Le regard porte sur les communes de Pontresina et Celerina au Nord, sur le Piz Lagalb et le lac Blanc à l'Est, les Alpes italiennes (massif enneigé de l'Ortler) au Sud. Vue resplendissante à l'Ouest sur le glacier de Morteratsch.

** **Piz Lagalb** ⊙ – *Accès en 8 mn par téléphérique au départ de Curtinatsch.*

Dans un paysage minéral, on gagne à pied *(1/4 h AR)* le sommet enneigé du Piz Lagalb (alt. 2 959 m) d'où le **panorama**** embrasse une quarantaine des principaux sommets grisons : au Sud-Ouest, le massif de la Diavolezza et ses glaciers Nord ; au Sud, la belle retenue d'eau – verte, malgré son nom – du Lago Bianco (lac Blanc), et d'autres lacs, naturels, dont, à droite de la Diavolezza, le petit Lej de la Diavolezza scintillant au fond d'un gouffre. Plus loin, alors qu'on aborde les premiers lacs de la Bernina, le groupe du Piz Cambrena se profile à son tour.

** **Passo del Bernina (Col de la Bernina)** – Alt. 2 328 m. La route, quittant la dépression occupée par le Lago Bianco (lac Blanc) et suivie de bout en bout par la voie ferrée, s'élève jusqu'à ce passage latéral, offrant des **vues***** parfaitement dégagées sur le Piz Cambrena et son glacier.

*** **Alp Grüm** ⊙ – Alt. 2 091 m. *De la gare de « Ospizio Bernina » (accessible en voiture par un chemin en descente s'amorçant au col de la Bernina), 1 h environ AR dont 10 mn de chemin de fer.*

Belvédère très réputé sur le glacier du Palü et le val Poschiavo.

Du col de la Bernina au replat de la Rösa, la route, plongeant dans le **val Agone**, encadré par les escarpements chaudement colorés du Piz Campasc et de la Cima du Cardan, adopte un tracé capricieux. Le groupe du Cambrena montre à l'arrière-plan quelques pans de glacier. La végétation forestière se réduit à quelques mélèzes chétifs. L'arrivée à la Rösa fait face au beau cirque rocheux du Teo.

De la Rösa à Poschiavo, la parure forestière des versants s'assombrit en raison de la multiplication des épicéas. Un kilomètre après deux lacets rapprochés – secteur où la route virevolte au-dessus d'un frais vallon –, un large virage en corniche découvre en contrebas les villages de San Carlo et de Poschiavo, dominés par l'épaule glaciaire du Pizzo Scalino.

Poschiavo – La rue principale du bourg est resserrée entre de hauts bâtiments uniformes aux fenêtres régulières, qui ne doivent plus rien au style architectural de l'Engadine : une ambiance toute transalpine. Fermant la place communale, l'église St-Victor (début du 16ᵉ s.) témoigne par son architecture de la situation particulière des Grisons, terre de transit pour les hommes et les biens, mais aussi pour les influences artistiques. L'allure générale de l'édifice, avec son toit à faible pente, et surtout son campanile élancé à cinq étages d'arcatures, est bien lombarde. Mais le réseau de voûtes en étoile, particulièrement remarquable dans le chœur, relève d'une mode germanique propre à la dernière période du gothique *(voir Introduction : L'art en Suisse)*.

Le **lac de Poschiavo** fait l'agrément du trajet Poschiavo-Miralago. Très haut sur le versant Est, escarpé et boisé, pointe le clocher de San Romerio.

Miralago – De ce hameau au nom évocateur (« regarde le lac »), la **vue*** se porte vers l'amont et découvre, pour la dernière fois, un horizon de haute montagne.

De Miralago à **Tirano**, la pente redevient rapide. Les vignes et les champs de tabac se multiplient. Remarquer à Brusio la boucle, entièrement à ciel ouvert, que décrit la voie ferrée. L'église de pèlerinage de Madonna di Tirano, de style Renaissance, marque l'arrivée en terre italienne.

Mine de sel de BEX★

Vaud

Cartes Michelin nᵒˢ 927 F 7 ou 217 pli 14

L'existence de cette **mine** Ⓥ, toujours en exploitation et produisant 150 t de sel par jour, remonte à trois siècles. Elle se compose de quelque 40 km de galeries, boyaux, puits, escaliers creusés à l'origine à la massette et à la cisette. Le sel est obtenu selon un procédé classique : lessivage (injection d'eau douce sous pression dans la roche saline et dans la moindre entaille), remontée de l'eau salée à 30 %, évaporation par ébullition, recueil du dépôt de sel.

La visite d'une partie de la mine transformée en musée se fait en petit train et à pied. Dans l'ancien réservoir de saumure creusé en 1826, un diaporama et une exposition font revivre l'histoire de la mine. Plusieurs salles exposent ensuite les différents outils et matériels utilisés (troncs de mélèzes évidés pour faire couler l'eau, cacolets pour le transport des matériaux à dos d'homme, lampes à huile, soufflets pour envoyer de l'air aux mineurs, wagonnets, etc.), témoignant ainsi de l'œuvre accomplie au cours des siècles.

BIEL/BIENNE★

Bern – 49 802 habitants

Cartes Michelin nᵒˢ 927 F 4 ou 216 pli 14 – Schéma : JURA SUISSE – Alt. 438 m

Bienne, au pied des derniers contreforts du Jura et au bord du lac portant son nom, est un bon centre d'excursions, et sa plage, située non loin de Nidau, est très appréciée. Elle marque la frontière linguistique franco-allemande *(voir carte « La Suisse linguistique » dans l'introduction)* : un tiers des habitants parle français.

La ville basse faite de constructions modernes contraste avec les vieux quartiers de la ville haute.

La vie à Bienne – Axée sur le progrès, Bienne connaît une activité intense. Le nombre de ses habitants a plus que décuplé en un siècle grâce à l'horlogerie, qui emploie encore près de 6 000 personnes. C'est à Bienne que fut fondée, en 1879, la première fabrique « Omega ».

Des industries annexes se sont établies pour pallier les effets des crises : fabriques de machines-outils de précision, tréfileries, ateliers d'arts graphiques.

Le bilinguisme est, à Bienne, très attachant : les deux langues allemande et française sont officielles et placées sur un plan d'égalité (les noms de rues sont d'ailleurs écrits dans les deux langues). Il n'est pas rare d'entendre deux Biennois converser, sans gêne, chacun dans sa langue. Dans les écoles, on enseigne le français et l'allemand, et un gymnase (lycée) français s'est ouvert en 1956. Un inconvénient sérieux du bilinguisme est l'altération de la pureté de chacune des langues, par contamination réciproque.

Expo.02 : 15 mai-20 octobre 2002 – Bienne fait partie des villes choisies (avec Morat, Neuchâtel et Yverdon-les-Bains) pour l'exposition nationale du nouveau millénaire. Le thème traité dans l'espace créé pour l'occasion ou « arteplage » est *Pouvoir et Liberté.*

CURIOSITÉS

★ **Musée Schwab** Ⓥ – Constitué par les collections provenant des découvertes faites par le colonel Schwab (1803-1869), « pionnier de la préhistoire en Suisse romande », ce musée réunit les échantillons les plus célèbres de l'époque lacustre de la Suisse. Aux collections provenant des lacs de Bienne, Neuchâtel et Morat s'ajoutent les trouvailles de la station gallo-romaine de Petinesca et de celle de la Tène.

Cette dernière station, découverte par Schwab en 1857, a donné son nom à la période qui s'étend de 500 avant J.-C. jusqu'à notre ère, c'est-à-dire le second âge du fer.

Du musée, emprunter à pied le faubourg du Lac (Seevorstadt), puis à gauche pénétrer dans la vieille ville par la rue du Bourg (Burggasse).

★★ **Altstadt (Vieille ville)** – Très pittoresque, elle offre au touriste une variété de fontaines et de façades décorées de nombreuses et remarquables enseignes de fer forgé.

Burggasse (Rue du Bourg) – Elle se signale par son hôtel de ville au pignon en escalier et à la façade ornée de fenêtres aux meneaux de grès, ainsi que par sa fontaine de la Justice de 1744.

Obergasse (Rue Haute) – Elle est curieusement bordée de maisons qui témoignent des influences bernoise et française. À droite les maisons sont à arcades et accessibles de plain-pied, à gauche les entrées sont surélevées par quelques marches.

Ring – Cette charmante place fut, durant tout le temps que Bienne vécut sous la crosse des princes-évêques de Bâle (du 11ᵉ s. à la Révolution), le centre de la ville ancienne ; c'est là qu'était rendue la justice : l'accusé comparaissait devant les

Fontaine de la Justice

membres du Conseil assis en demi-cercle ; cette disposition des sièges a valu son nom à la place.

Au centre du Ring, la curieuse **fontaine du Banneret** (1546) symbolise la milice et la guerre. Les maisons à arcades et à tourelles forment un bel ensemble architectural tandis qu'à côté se dresse la puissante tour de l'église gothique St-Benoît (fresques à gauche en entrant). La maison d'angle à tourelle très décorée est celle qui excerce le plus d'attrait. Ancienne maison des Forestiers, elle abrite aujourd'hui les bureaux de l'état civil.

La rue Haute conduit à une autre petite place pittoresque aux maisons à arcades la **Juraplatz**, ornée de la fontaine de l'Ange (1480).Un ange tient dans ses bras un agneau et le protège contre les menaces du diable.

Prendre ensuite la rue Basse (Untergasse) qui rejoint le faubourg du Lac.

ENVIRONS

★★ **St. Petersinsel (Île St-Pierre)** – *Voir Bieler See.*

★ **Taubenlochschlucht (Gorges du Taubenloch)** – *2,5 km – environ 1 h 1/2. Quitter Bienne par la Madretschstrasse et la route de Soleure-Zurich, et prendre le sentier qui s'amorce à Boujean (Bözingen), aussitôt avant le pont de la Suze près d'une tréfilerie.*
Ces gorges, présentant des aspects sauvages, sont parcourues par un excellent sentier touristique.

★ **Macolin** – *8 km – environ 1/2 h. Quitter Bienne par la route de Delémont, 200 m après un passage inférieur entre virages, tourner à gauche dans la petite route d'Évilard.* Poursuivre jusqu'à Macolin, d'où l'on découvre un **panorama**★ étendu sur le Plateau suisse, les lacs qui s'allongent au pied du Jura, et les Alpes. Macolin est également connu pour son École fédérale de gymnastique. *Le site est aussi accessible par funiculaire au départ de Bienne (Ouest du plan).*

Aarberg – *11 km au Sud, route nº 22.*
Prospère petite cité qu'un canal relie au lac de Bienne. La ville haute, accessible de la ville basse par un pont couvert en bois (16e s.) franchissant l'Aare, mérite une visite pour sa **grand-place**★ (Stadtplatz) et une petite église du 15e s. (très restaurée). Une pittoresque foire à la brocante s'y tient, chaque année, les derniers vendredi et samedi d'avril et d'août.

BIELER See★

Lac de BIENNE

Cartes Michelin n°s 927 F 4 ou 216 plis 13, 14 – Schéma : JURA SUISSE

D'origine glaciaire, le lac de Bienne s'allonge sur 15 km au pied de la dernière ride du Jura. Il était jadis plus étendu, mais le niveau des eaux fut abaissé de 2,20 m en 1878, ce qui permit de découvrir une vingtaine d'installations lacustres sur la rive Sud. À la même époque, une partie des eaux de l'Aare fut détournée dans le lac.

« Les rives du lac de Bienne sont plus sauvages et romantiques que celles du lac de Genève... mais elles ne sont pas moins riantes » a dit Jean-Jacques Rousseau. La rive Nord, avec ses villages blottis au milieu des vignes, est la plus pittoresque. On y remarque la délicieuse cité ancienne de La Neuveville.

En saison, des promenades en bateau sont organisées sur le lac avec des escales dans de petites villes pittoresques.

★★ St. Petersinsel Ⓥ **(Île St-Pierre)** – *On y accède, de préférence, en bateau au départ de Bienne ou de La Neuveville. Compter une demi-journée.* À l'extrémité Sud-Ouest du lac, l'île St-Pierre, devenue presqu'île depuis l'abaissement du plan d'eau, a conservé son nom d'« île » consacré par la tradition. **J.-J. Rousseau** évoque, dans *Les Confessions* et *Les Rêveries du promeneur solitaire*, le délicieux séjour qu'il y fit en 1765 ; mais le Sénat de Berne l'obligea à se retirer d'abord à Bienne, puis à Soleure.

Le piéton fera facilement le tour de l'île par le Nord et bénéficiera de jolies échappées, particulièrement en direction du village de Gléresse (Ligerz) ; après avoir vu le petit embarcadère dont usa Rousseau, il parviendra à la maison habitée par l'ami de la nature, ancien prieuré clunisien du 12ᵉ s. transformé, après la Réforme, en auberge : on y montre la chambre de l'écrivain, émouvante dans sa simplicité. L'île St-Pierre et sa voisine, la petite **île des Lapins** (soudée, elle aussi, à la terre ferme par une langue de terrain marécageuse depuis la baisse du plan d'eau du lac), sont des réserves naturelles où vivent en paix oiseaux migrateurs, lièvres et chevreuils.

★ Rive Nord – Le cachet ancien de ses localités confère à cette partie romande du lac un charme supplémentaire.

Cressier – En retrait du lac, ce vieux village viticole garde quelques édifices anciens dont, rue de St-Martin, une maison à oriel datée de 1576 et, à proximité, le joli château de Vallier (1610) cantonné de tourelles pointues.

Le Landeron – Plus proche du lac, ceinturé de potagers et d'arbres fruitiers, le petit bourg séduit par sa longue place ombragée, ornée de deux fontaines à bannerets et défendue à chaque issue par une porte fortifiée (de 1659 côté Nord, 1596 côté Sud). Elle est bordée de vieilles maisons dont l'hôtel de ville (15ᵉ s.) accolé à la chapelle des Martyrs et, au n° 36, une demeure datée de 1550 (fenêtre à torsades au 2ᵉ étage).

La Neuveville – *Voir ce nom.*

BREMGARTEN

Aargau – 5 177 habitants
Cartes Michelin n°s 927 J 3 ou 216 plis 17, 18 – Alt. 386 m

Enserrée dans la vaste boucle d'un méandre de la Reuss, Bremgarten fut au temps des Habsbourg une forteresse et une tête de pont. Son site est comparable, quoique moins imposant, à ceux de Berne et de Fribourg.

De la route de Lucerne, ou de la Casinoplatz, on a une belle **vue panoramique** sur la ville ancienne et ses maisons aux toits étagés au-dessus de la rivière. Remarquer un pont couvert du 16ᵉ s., au milieu duquel s'élèvent deux petites chapelles.

D'anciennes portes ou tours de fortification – Obertor (porte d'En-Haut), Hexenturm (tour des Sorcières) – des maisons à oriel aux toits débordant en auvent forment un ensemble intéressant.

BRIENZ★

Bern – 2 229 habitants
Cartes Michelin n°s 927 I 5 ou 217 pli 8 - Schéma : BERNER OBERLAND – Alt. 570 m

Allongé au bord du lac de ce nom, face aux chutes du Giessbach, Brienz est une des stations estivales de l'Oberland bernois qui a le mieux conservé son cachet rural traditionnel. Grand centre de sculpture sur bois, le bourg possède une école professionnelle assurant la continuité de cette tradition, ainsi qu'une école de lutherie.

Les plantigrades de toutes tailles, aux postures variées, vendus comme souvenirs à Berne, Interlaken ou Lucerne sortent, en majeure partie, des ateliers de Brienz.

★★★ **Brienzer Rothorn**  – Alt. 2 350 m. *Environ 3 h AR dont 2 h 20 mn de chemin de fer à crémaillère.*

Le magnifique tour d'horizon dont on profite, au sommet, englobe les Alpes bernoises, le lac de Brienz et le Hasli.

★★ **Giessbachfälle (Cascades du Giessbach)** – Impressionnant ensemble de chutes dans un cadre très boisé.

– **Au départ de Brienz** – Embarcadère de Brienz-Bahnhof. *Environ 2 h AR, dont 3/4 h de bateau et de funiculaire.*

– **Au départ d'Interlaken** – Embarcadères d'Interlaken-Brienzersee ou de Bönigen. *Environ 3 h AR, dont 2 h de bateau et de funiculaire.*

★★ **Ballenberg** (**Musée suisse de l'Habitat rural suisse**) – *2,5 km. Préférer l'entrée Ouest à l'entrée Est (route de Brünig) : quitter Brienz à l'Est par la route de Hofstetten se détachant, à gauche, de la rue principale (suivre la direction Freilichtmuseum). Laisser la voiture au très vaste parc de stationnement.*

Dans un immense et splendide site boisé réservé aux piétons, ce musée de plein air inauguré en 1978 dissémine sur environ 80 ha des bâtiments qui étaient condamnés à disparaître. Sa visite constitue une promenade instructive, et très agréable par beau temps ; si l'on a un peu traîné, un bus gratuit assure la navette entre les entrées Ouest et Est.

L'originalité de ce musée privé est de présenter des architectures authentiques, provenant de presque tous les cantons du pays. Il préserve un mobilier original et présente des activités artisanales et rurales, à la manière d'autrefois : sculpture sur bois, fromagerie d'alpage, boulangerie, forge, passementerie, récolte de résine, etc. On comprend mieux les conditions, parfois extrêmement difficiles, dans lesquelles vivaient leurs occupants.

Réparties en treize groupes selon leur origine géographique, plus de 80 maisons paysannes sont reliées par des sentiers agrémentés d'aires de pique-nique et de jeux ainsi que d'enclos renfermant 250 animaux domestiques. Parmi les bâtiments les plus remarquables reconstitués ici : la maison polyvalente (n° 111) de La Chaux-de-Fonds est une image type du Haut-Jura ; celle d'Oberentfelden (n° 221) en Argovie date de 1609 et se cache sous un immense toit de chaume ; l'auberge dite du Vieil Ours (n° 311) a été transférée de Rapperswil ; la maison d'Ostermundigen (n° 331) présente des fenêtres en trompe l'œil sous le pignon ; celle de Lancy (n° 551), impressionnante, n'était à l'origine qu'un simple pressoir de vigneron ; la maison de Richtersxil (n° 611) aux pittoresques colombages a été construite vers 1780 dans la région zurichoise ; celle d'Erstfeld (n° 721) est un chef-d'œuvre du 17e s. du type « Saint-Gothard » de la Renaissance tardive ; celle d'Adelboden (n° 1011), du 17e s. également, est bâtie en madriers.

Le site comprend trois auberges où sont servis des plats traditionnels ainsi que des magasins vendant de l'artisanat généralement fabriqué sur place.

Musée suisse de l'Habitat rural – Ferme fribourgeoise

135

★LAC DE BRIENZ

Moins grandiose et légèrement plus petit que son jumeau le lac de Thoune auquel il est relié par l'Aare, le lac de Brienz est d'un aspect plus sauvage.

★ Rive Nord – *D'Interlaken à Meiringen, 30 km – environ 3/4 h.*
D'Interlaken *(voir ce nom)* à Ringgenberg, la route, tracée sous bois, prend de la hauteur.

Ringgenberg – L'église *(pour y accéder, tourner dans le chemin du débarcadère)*, élevée au bord du ressaut escarpé où s'est fixé le village, occupe une situation charmante. De ses abords, jolies échappées sur le lac et sur les montagnes qui dominent immédiatement Interlaken. L'édifice a été bâti au 17e s. sur les ruines d'un « Burg », dont le donjon a été réutilisé lors de la construction du clocher.
Le parcours, de Ringgenberg à Brienz, est encadré par le chaînon du Brienzer Rothorn et par les contreforts du Faulhorn. À 600 m au Nord-Est d'Oberried, quand on rejoint la rive, commence à se dessiner, vers l'amont, la chaîne des Sustenhörner avec la coupole du Sustenhorn (alt. 3 503 m). Plus loin, Brienz apparaît au pied de son église.

★ Brienz – *Description ci-dessus.*

Peu après Brienz, la route suit le fond plat de la vallée de l'Aare. Parmi les chutes d'eau des alentours, la **cascade de l'Oltschibach★** est la plus remarquable.

★ Meiringen – *Voir ce nom.*

BRIG

Valais – 11 597 habitants
Cartes Michelin nos 927 H 7 ou 217 pli 18 – Schéma : Le VALAIS – Alt. 681 m
Plan dans le Guide Rouge Michelin Suisse

À la bifurcation de la chaussée du Simplon et de la route menant à la Furka, Brig est une petite ville-relais très animée, dotée d'une importante gare frontière, à la tête Nord du tunnel du Simplon, le plus long du monde (19 823 m).

Le roi du Simplon – Brig doit son attrait monumental aux ambitions de **Kaspar Jodok von Stockalper** (1609-1691). Commis à la garde du passage du Simplon, ce génial brasseur d'affaires, qui tire d'énormes profits du trafic transalpin qu'il a organisé et de ses privilèges commerciaux (monopole du sel), est aussi un mécène, qui contribue à la floraison de l'art religieux en Haut-Valais. Mais sa puissance aiguise la jalousie de ses compatriotes. Stockalper doit s'exiler en Italie et ne reviendra à Brig qu'à la fin de sa vie pour y mourir dans son fier château.

Stockalperschloss Ⓥ **(Château de Stockalper)** – Cet édifice qui fut, en son temps, la plus vaste résidence privée de Suisse, se signale de loin au voyageur par ses trois tours coiffées de bulbes rutilants, plantées au départ de la route du Simplon.
Le premier corps de bâtiment rencontré en venant du centre de Brig est la maison familiale des Stockalper (début du 16e s.) flanquée d'une jolie échauguette. Relié à celle-ci par une pittoresque galerie de passage à deux étages d'arcades, l'énorme bloc de l'habitation principale ne compte pas moins de huit étages, caves comprises. Pénétrer dans la grande cour par le portail qui s'ouvre dans l'aile en retour d'angle. Cette **cour★** bordée de deux ou trois étages de galeries entièrement à jour a gardé très grande allure, cantonnée de tours qui tranchent, par la rudesse de leur appareil, sur cette élégante composition, étroitement inspirée de la Renaissance toscane.

ENVIRONS

Thermalschwimmbäder (Bains thermaux) – *À 5 km à l'Ouest de Brig, entre Viège et Gamsen.*
Au pied du Lötschberg, ce sont les plus grandes piscines thermales de Suisse (2 000 m² en plein air), dont l'eau (27 à 37°), aime-t-on à préciser ici, est changée tous les jours. On s'y relaxe dans la piscine-grotte ou la piscine olympique, à moins de dévaler le plus long toboggan alpin (182 m).

BRUGG

Aargau – 9 113 habitants
Cartes Michelin n⁰ˢ 927 I 3 ou 216 pli 6

Fondée par les Habsbourg tôt dans le 12ᵉ s., la « ville des ponts », établie au confluent de l'Aare et de la Reuss, conserve de nombreux édifices de son passé.
Ce carrefour routier et ferroviaire est aussi un actif centre industriel.

Altstadt (Vieille ville) – *Laisser sa voiture dans un des parkings payants situés en dehors de ce quartier.* Vestiges des fortifications : tour des Archives (Archivturm), tour des Cigognes (Storchenturm) et imposante **tour Noire** (Schwarzer Turm) des 12ᵉ et 16ᵉ s. commandant le pont sur l'Aare. De là, vue intéressante sur les rives boisées où s'accrochent de vieilles maisons. Ancien hôtel de ville (16ᵉ s.), église protestante (gothique tardif, intérieur 18ᵉ s.).
Sur la jolie place pavée Hofstatt décorée d'une fontaine blanche, voir l'ancien arsenal (17ᵉ s.) et l'ancien cellier (18ᵉ s.).

Vindonissa-Museum ⊙ – Il rassemble le produit des fouilles effectuées dans la Vindonissa romaine *(voir ci-dessous)* : bijoux, armes, monnaies, poteries, verreries, statuettes, objets en cuir et en bois... À noter : dans son sarcophage, le squelette d'une Romaine du 4ᵉ s. ; la maquette du camp militaire de Vindonissa ; à l'extérieur, le musée lapidaire.

Kloster Königsfelden – *Voir ce nom.*

Amphithéâtre romain de Vindonissa – *À Windisch, 1 km par la route de Zurich puis, à droite de l'église de Königsfelden, la Hauserstrasse.*
Relique la plus importante de Vindonissa – camp militaire qui fut au 1ᵉʳ s. le quartier général romain pour toute l'Helvétie et occupait l'emplacement de l'actuelle ville de Windisch –, cet amphithéâtre ovale (de 112 m sur 98 m), d'une capacité d'au moins 10 000 spectateurs, a gardé sa double enceinte concentrique en bel appareil de moellons.

ENVIRONS

Schloss Habsburg – *3 km au Sud-Ouest. Prendre la route d'Aarau puis à Schinznach Bad suivre la signalisation.*
Une petite route à travers la campagne mène au château bâti sur une hauteur. Aujourd'hui transformé en restaurant, il fut le

berceau de la célèbre dynastie des Habsbourg dont plusieurs membres s'illustrèrent dans l'histoire de l'Europe pendant des siècles. Arbre généalogique et carte montrant les possessions des Habsbourg en Europe.

Le donjon abrite une exposition sur l'architecture de l'édifice et sa restauration. On monte un escalier de bois et au dernier étage, la **vue** embrasse la campagne environnante dans laquelle coule l'Aare.

BRUNNEN★★

Schwyz – 6 232 habitants
Cartes Michelin n⁰ˢ 927 J 5 ou 218 pli 1 – Schéma : VIERWALDSTÄTTER SEE
Alt. 439 m

Brunnen qui, jusqu'à l'ouverture de l'Axenstrasse, fut un port essentiel pour les relations entre les cantons de Schwyz et d'Uri, et une place de transit de première importance sur l'itinéraire du Gothard, doit aujourd'hui son animation intense à la rencontre des courants de circulation de cette grande voie transalpine (route n⁰ 2, par Arth) et de la route côtière de Vitznau.
Par sa **situation**★★ à l'origine du sauvage lac d'Uri, cœur de la Suisse pittoresque et historique, Brunnen impose au moins une halte prolongée.

★★ **Les quais** – Du quai ombragé, que prolonge, à l'Est, en contrebas de l'Axenstrasse, la nouvelle promenade de l'Axenquai, le flâneur découvre toute la **perspective**★★ du lac d'Uri, enfoncé comme un fjord entre de farouches éperons montagneux. La silhouette maîtresse du panorama est l'Uri-Rotstock, présentant ses deux dents émoussées au-dessus d'un petit glacier.
Au premier plan, sur la rive opposée, la prairie historique du **Rütli** (**Grutli** pour les Suisses français) tranche en vert tendre sur les abrupts boisés du saillant de Seelisberg ; à l'extrême pointe de ce promontoire, on distingue l'obélisque naturel que les « cantons primitifs » ont dédié à la mémoire de Schiller, « chantre de Tell », sous le nom de **Schillerstein**.

Un court périple en canot à moteur permettra d'approcher de ces lieux historiques.

CARNET D'ADRESSES

Office de tourisme – *Verkehrsbüro, Bahnhofstr. 32* – ☎ *(041) 825 00 40* – *fax (041) 825 00 49.*

Se loger et se restaurer à Brunnen

Weisses Rössli – *Bahnhofstrasse 8* – ☎ *(041) 820 10 22* – *fax (041) 820 11 22* – *17 chambres* – *110/170 F* – **GB** – *fermé du 1er au 23 mars et de novembre à avril seulement le lundi et le mardi.*
Cinq fresques rappellent le souvenir de Louis II de Bavière lorsqu'il séjourna au Weissen Rössli. Le salon du premier étage est aux couleurs de la Bavière, bleu et blanc, et la plus belle chambre est bien sûr celle que Sa Majesté occupa.

Schmid und Alfa – *Au bord du lac* – ☎ *(041) 820 18 82* – *fax (041) 820 11 31* – *28 chambres* – *85/200 F* – **GB** – *fermé le mardi et le mercredi du 1er mars à Pâques.*
Il faut avoir une chambre donnant sur le lac, pouvoir suivre le mouvement incessant des bateaux, deviner sur la rive opposée, le Rütli et la pierre de Schiller. Ici, on est véritablement au cœur de la Suisse et cet hôtel moderne vous aidera à goûter encore plus le charme de l'endroit.

BULLE

Fribourg – 10 861 habitants
Cartes Michelin nos 927 F 6 ou 217 Sud-Ouest du pli 5 – Alt. 769 m

Chef-lieu de la « verte Gruyère », l'une des régions les plus attirantes de Suisse pour l'harmonie de ses paysages et l'originalité de son folklore, ce gros bourg-marché se livre au commerce du bois, du bétail bovin (race tachetée blanc et noir de Fribourg) et du fromage.

★★**Musée gruérien** ⊙ – Fondé par l'écrivain Victor Tissot, créateur à Paris de l'« Almanach Hachette », ce musée d'art populaire est logé au soul-sol d'un bâtiment moderne, construit au pied du château. Réparti sur un espace de 1 500 m² et divisé en deux sections, il comporte un fonds très important et remarquablement présenté : quelque 10 000 meubles paysans, objets d'artisanat alpestre et documents illustrant le cycle des saisons pastorales.
La section la plus vaste compte 25 « îlots d'exposition » thématiques et plusieurs reconstitutions d'intérieurs, dont une fromagerie et une maison fribourgeoise. Dans une cuisine, voir la cheminée pyramidale et dans une chambre à coucher de 1673, les scènes peintes illustrant la vie du prophète Élie. Mille et un objets d'autrefois composent une remarquable évocation du **folklore de la Gruyère**. Les immenses tableaux du 19e s. ou « poyas » (du verbe *poyî*, « monter à l'alpage ») évoquent l'ascension dans les pâturages. L'un d'eux est signé Sylvestre Pidoux, un maître du genre. Les armaillis (gardiens de troupeaux) y apparaissent avec leur *bredzon* (veste courte à manches bouffantes) et leur *loyi* (sacoche de sel) en bandoulière. Les **meubles anciens** abondent : tables, lits, coffres, armoires, bahuts, berceaux décorés, sièges dont le « banc bourgeois » fribourgeois du 16e s. À voir aussi : les costumes et les crèches en cire du 18e s., les canivets (médaillons sur papier découpé) des 18e et 19e s., les statues et l'orfèvrerie religieuses dont un ostensoir de 1752 en or et brillants, les clarines et cors des Alpes, et le diorama de la faune du pays.
La **section de peinture** abrite des gravures et tableaux : école italienne (16e et 17e s.), école française avec Corot et Courbet (joli portrait d'une petite Bulloise), école suisse (Vallotton, Alexis Grimou), ainsi que des meubles d'art anciens et modernes (armoire peinte par Netton Bosson).

Château – Cet imposant édifice flanqué de quatre tours rondes fut construit au 13e s. par l'évêque Boniface de Lausanne, dans le style bourguignon-savoyard comme les châteaux de Rolle et d'Yverdon *(voir ces noms)*. Sur la muraille sont peints deux écussons accolés sur lesquels figurent les deux chaudrons fribourgeois.

Cailler, Suchard, Kohler, Nestlé, Lindt, Tobler...

Ces noms prestigieux, évoquant de séduisantes présentations au contenu délicat, sont ceux des pionniers de la fabrication du chocolat suisse au cours du 19e s. et au début du 20e s. Comme un grand vin, un bon chocolat a du bouquet et se déguste. On le trouve sous trois types : noir, blanc ou au lait, et présenté sous forme de tablettes, napolitains (tablettes ou miniatures), bonbons, figurines.

BURGDORF

Bern – 14 379 habitants

Cartes Michelin nos 927 G 4 ou 216 pli 15 – Alt. 533 m – Schéma : EMMENTAL

À l'entrée de l'Emmental (vallée de l'Emme, réputée pour ses pâturages et son industrie fromagère – *voir Emmental*), Burgdorf est une petite ville active du canton de Berne. La ville moderne, centre d'une importante industrie textile, est dominée par le vieux bourg que couronne un château.

Château – Cette massive construction en brique, élevée à la fin du 12e s. par les ducs de Zähringen et vendue aux Bernois en 1384, fut restaurée à plusieurs reprises.

Musée ⓥ – Le musée occupe trois étages de la tour. On y voit la salle des Chevaliers, au beau mobilier ancien, des costumes de l'Emmental, des faïences et une collection d'instruments de musique, des souvenirs de J. H. Pestalozzi *(voir ce nom)* qui œuvra ici de 1799 à 1804. Du dernier étage, jolie **vue** sur Burgdorf et sur les Alpes bernoises.

Église – Édifiée à la fin du 15e s., elle a été fortement restaurée. Le chœur est voûté en étoile. Un beau jubé, du 16e s., sert de tribune d'orgues.

ENVIRONS

★ **Belvédère de la Lueg** – Alt. 887 m. *8,5 km – environ 1/2 h. Quitter Burgdorf au Nord par la route de Wynigen.*
À la sortie de la ville, on franchit deux ponts en béton armé sur l'Emme. À 1,5 km, prendre à droite une route sinueuse qui traverse Gutisberg. Garer la voiture après avoir laissé à gauche une petite route rejoignant Wynigen. Par un sentier en très forte montée au milieu des sapins, on gagne le sommet, où un monument a été élevé à la cavalerie bernoise (1914-1918). **Panorama★** semi-circulaire : au-delà de prairies et de bois de sapins se détachent le Jura et les Alpes bernoises.

Sumiswald – *16 km à l'Est. Quitter Burgdorf au Sud par la route n⁰ 23 et à Ramsei prendre à gauche.*
Ce coquet village de la campagne bernoise a de belles maisons de bois d'aspect très caractéristique : grande façade offrant un ou deux étages de fenêtres très rapprochées les unes des autres, toit immense débordant largement et avant-toit souvent peint et décoré de motifs aux couleurs vives. La **Kramerhaus** et l'auberge **« Zum Kreuz »** sont tout à fait remarquables.

CELERINA

Graubünden – 1 209 habitants
Cartes Michelin n°s 927 N 6 ou 218 pli 18 – 6 km au Nord-Est de St-Moritz
Schéma : GRAUBÜNDEN

Au pied du ressaut boisé de mélèzes qui sépare le bassin de Samedan du gradin supérieur des lacs de la Haute-Engadine, Celerina (en romanche « Scharigna ») joue un peu le rôle d'une annexe de St-Moritz, surtout dans le domaine de l'équipement sportif. C'est d'ailleurs ici – plus précisément au quartier de Cresta, où se concentrent les grands hôtels de la station – que se terminent les fameuses pistes de bob et de skeleton de Cresta.

Près de l'Inn, le vieux Celerina conserve un bel ensemble de **maisons engadinoises**.

San Gian ⊘ **(Église St-Jean)** – Isolée sur une butte, elle se dresse à 500 m à l'Est de la localité.

Ce sanctuaire roman surmonté d'une tour découronnée est une des silhouettes monumentales familières de la vallée de l'Inn. À l'intérieur, beau plafond peint de 1478 et vestiges de fresques de la même époque.

Église St-Jean

ENVIRONS

Les excursions proposées au départ de St-Moritz peuvent tout aussi bien s'accomplir en partant de Celerina.

Le CHASSERAL★★★

Bern

Cartes Michelin nᵒˢ 927 plis 3, 12 ou 216 pli 13 – 12 km au Sud-Est de St-Imier
Schéma : JURA SUISSE

Point culminant du Jura du Nord, le Chasseral (alt. 1 607 m) offre sur les Alpes suisses un beau panorama. Les automobilistes que ne rebutent pas quelques difficultés traverseront les chaînons du Jura suisse en empruntant l'itinéraire ci-dessous. *Un télésiège permet, au départ de Nods, d'atteindre plus rapidement le sommet.*

DE ST-IMIER À LA NEUVEVILLE

33 km – environ 1 h 1/2 – itinéraire 7 de la visite du Jura suisse.

La route, étroite, est généralement obstruée par la neige de décembre à la mi-mai (un mois plus tôt, côté Sud).

St-Imier – Cette active cité horlogère, déployée sur le versant Sud du mont Soleil, ne conserve de son passé médiéval que sa tour St-Martin (ou de la Reine Berthe), clocher d'une église du 11ᵉ s. démolie en 1828, et son **ancienne collégiale** Ⓥ (à présent temple réformé) du 12ᵉ s., dont l'intérieur offre un narthex à chapiteaux archaïques (têtes, à droite), une belle abside en cul-de-four, un chœur à voûtes d'ogives et peintures murales (évangélistes, Christ en gloire dans une mandorle).

Au départ de St-Imier, suivre la route de Neuchâtel. 1 km après Les Pontins, prendre à gauche la route du Chasseral.

La route, après s'être infléchie dans une combe typiquement jurassienne *(voir le schéma d'un plissement jurassien en Introduction, au chapitre : Physionomie du pays)*, atteint la crête supérieure du Chasseral.

Tourner alors à gauche vers l'hôtel du Chasseral, où on laisse la voiture.

★★★**Panorama** – À côté de l'hôtel du Chasseral – terminus de la route autorisée – situé un peu en contrebas du point culminant, une table d'orientation permet de repérer les silhouettes maîtresses des Alpes bernoises, des Alpes valaisannes et du massif du Mont-Blanc. Cette grandiose toile de fond s'allonge sur 250 km environ.

L'automobiliste qui dispose d'un peu de temps pourra gagner à pied le signal du Chasseral *(1 h AR par un large chemin en pente douce)*, à proximité d'une station-relais des télécommunications postales suisses. On effectue alors un **tour d'horizon**★★★ complet, des Alpes suisses au Jura du Nord, aux Vosges et à la Forêt-Noire.

Reprendre la voiture et descendre vers la bifurcation, puis tourner à gauche en direction de Nods, Lignières et La Neuveville.

Avant d'arriver à La Neuveville, la route, qui descend en lacet vers le bourg, offre de belles échappées sur les lacs de Bienne et de Neuchâtel.

La Neuveville – *Voir ce nom.*

CHÂTEAU-D'ŒX

Vaud – 3 078 habitants
Cartes Michelin nᵒˢ 927 F 6 ou 217 pli 15 – Schéma : ALPES VAUDOISES
Alt. 1 000 m

Chef-lieu du pays d'Enhaut (secteur de la vallée de la Sarine compris entre le défilé de la Tine et la frontière bernoise), petite cellule montagnarde des Préalpes ayant longtemps mené une vie à part, Château-d'Œx (prononcer : Châteaudait) offre une succession de chalets et d'hôtels au pied des derniers contreforts boisés de la Gummfluh et des Vanils. C'est la villégiature familiale type des Alpes vaudoises, réputée également pour ses nombreuses activités nautiques...

D'abord partie intégrante du comté de Gruyère, conformément à la logique géographique, cette région passa à la cause bernoise et réformée au 16ᵉ s., pour être enfin rattachée au canton de Vaud, lors de la création de celui-ci.

Chaque année, à la mi-janvier, a lieu à Château-d'Œx une compétition internationale de montgolfières (à l'angle des routes de Saanen et du col des Mosses).

★ **Musée d'Art populaire du Vieux Pays d'Enhaut** Ⓥ – Aménagé de façon chaude et intime dans un bâtiment de 3 étages, il illustre le riche passé humain de la région, du 12ᵉ au 19ᵉ s., sous forme de parchemins, gravures, dessins, photographies, œuvres d'art religieux ou populaire, armes, outils magnifiquement sculptés, ustensiles et autres objets d'usage révolu, meubles peints ou marquetés, intérieurs reconstitués : forge, cuisines paysanne (rez-de-chaussée) et bourgeoise (2ᵉ étage), chambres montagnarde et de tisserand (3ᵉ étage). Des vitraux, une belle collection de papiers découpés du 19ᵉ s. (2ᵉ étage), des dentelles noires au fuseau (3ᵉ étage) sollicitent spécialement l'attention. Deux petits bâtiments annexes reconstituent, l'un le

Le tour du monde en ballon : ils ont réussi

Le 28 janvier 1998, le Suisse Bertrand Piccard *(1)*, et ses coéquipiers, le Belge Wim Verstraeten et le Britannique Andy Elson décollent de Château-d'Œx à bord du *Breitling Orbiter 2*, un monstre de technologie en aluminium en forme de poire. Leur programme sort tout droit d'un roman de Jules Verne : réussir le tour du monde en ballon sans escale en un temps record. En vol, une déception de taille, les autorités chinoises tardent à donner l'autorisation de survoler leur territoire. Les trois aérostiers sont contraints d'abandonner leur tentative, ne pouvant être au rendez-vous avec le jet-stream, un fort courant d'altitude qui aurait propulsé le ballon à plus de 200 km/h au-dessus du Pacifique. Ils poursuivent cependant leur route jusqu'en Birmanie et établissent un nouveau record absolu de durée pour un aéronef habité. Mais Bertrand Piccard est tenace, il ne baisse pas les bras et songe fermement à retenter l'expérience l'année suivante.

Le **1er mars 1999 à 9 h 05**, profitant d'une amélioration des conditions atmosphériques, Bertrand Piccard et son coéquipier, le Britannique Brian Jones, s'élancent dans le ciel à bord du *Breitling Orbiter 3*, un autre monstre de technologie de 8 100 kg et 55 m de hauteur. Plus de 2 000 spectateurs sont venus les encourager à Château-d'Œx malgré le froid, la neige et la glace. D'abord cap Sud-Ouest, puis l'Afrique ; l'océan Indien, l'Asie, le Pacifique, l'Amérique du Nord. La traversée de la Chine se fait sans problème en longeant le 26e parallèle, évitant ainsi la zone interdite. Profitant au maximum des vents porteurs et des *jet-streams*, les deux hommes volent vers la victoire.

Le **21 mars à 6 h GMT**, le Breitling Orbiter se pose dans le sable du désert égyptien près de l'oasis de Dakhla. C'est fini, le tour du monde est bouclé en 19 jours, 21 heures et 55 minutes après un périple de 46 759 km. Récupérés par des hélicoptères de l'armée égyptienne, les deux aérostiers savourent leur victoire avant d'être accueillis quelques jours plus tard à Genève en héros, comme il se doit.

(1) Bertrand Piccard est le petit-fils du physicien Auguste Piccard (1884-1962), l'inventeur du ballon stratosphérique et du bathyscaphe.

chalet d'alpage avec sa fromagerie et son chaudron de cuivre géant d'une capacité de 800 l, l'autre le « grenier » occupé par un atelier de menuisier.

Dépendant du musée mais situé tout en haut du bourg, le **chalet de l'Etambeau**, à toiture et cheminée de tavillons, présente des expositions d'architecture régionale. On visite également la cave à fromage et la grange, qui abrite une exposition consacrée au transport en montagne.

J. Anseaume/MICHELIN

La CHAUX-DE-FONDS

Neuchâtel – 36 931 habitants

Cartes Michelin nos 927 E 4 ou 216 pli 12 – Schéma : JURA SUISSE – Alt. 992 m
Plans de ville et d'agglomération dans le Guide Rouge Michelin Suisse

La Chaux-de-Fonds est le plus grand centre horloger de la Suisse et l'un de ses plus grands centres agricoles. Capitale des Montagnes neuchâteloises (appelées plus simplement « Le Haut »), elle est située dans une haute vallée du Jura, à près de 1 000 m d'altitude. La ville a été presque entièrement détruite par un incendie en 1794 et reconstruite selon un plan géométrique. Berceau de l'industrie horlogère qui prit son essor au début du 18e s., la cité vit également de la microtechnique, de la mécanique, de l'électronique et du secteur tertiaire (services).

La Chaux-de-Fonds se signale encore par une production particulière : une imprimerie locale, la société Courvoisier, fournit en timbres-poste la Confédération et de nombreux pays étrangers (Finlande, Maroc, Jordanie, Émirats arabes unis, Népal, Thaïlande et bien d'autres...).

Comme plusieurs localités du Jura suisse, La Chaux-de-Fonds accueille chaque jour de nombreux travailleurs venus de la Franche-Comté voisine. Pour faciliter les liaisons entre les deux régions frontalières, la ligne ferroviaire Besançon-La Chaux-de-Fonds a été rétablie en mai 2000.

Célébrités locales – La Chaux-de-Fonds est la patrie du constructeur d'automates Pierre Jaquet-Droz (1721-1790), du peintre Léopold Robert (1794-1835), du constructeur automobile Louis Chevrolet (1870-1941), de l'écrivain Frédéric Sauser, plus connu sous le nom de **Blaise Cendrars** (1887-1961). Précurseur avec Guillaume Apollinaire du surréalisme, son œuvre se confond avec sa vie, remplie de voyages réels et imaginaires.

Le Corbusier – Le 6 octobre 1887 naît Charles-Édouard Jeanneret. Il commence des études de peinture et d'architecture à l'école d'art de la ville avant d'entreprendre un voyage en Europe qui lui permettra de rencontrer d'éminents architectes. En 1918, il se fait connaître comme peintre en publiant avec Amédée Ozenfant le manifeste du purisme *(Après le cubisme)*, dans lequel il prône le dépouillement, la simplicité des formes et l'ordre mathématique sans pour autant proscrire l'expression des sentiments et la poésie. Ces principes animeront toute son œuvre architecturale. En 1920, Charles-Édouard Jeanneret adopte le pseudonyme de Le Corbusier. La même année, il crée avec Ozenfant et le poète Paul Dermé la revue *L'Esprit nouveau,* qui sera publiée jusqu'en 1925. Novateur, Le Corbusier préconise une solution d'habitat vertical et invente « la machine à habiter », fruit de ses réflexions sur les rapports de l'homme et de la machine. Dans ses réalisations révolutionnaires d'habitat collectif, il oppose les masses entre elles, mêle des matériaux différents et crée des jeux de lumière sur un béton brut dont il tire toutes les possibilités plastiques. Son œuvre ne se limite pas seulement à l'Europe, et on trouve également son empreinte en ex-URSS, au Brésil, au Japon, en Inde. Controversé ou loué, Le Corbusier est incontestablement l'un des grands maîtres de l'urbanisme du 20e s. et son influence reste entière aujourd'hui.

Un itinéraire Le Corbusier permettant de découvrir ses réalisations locales peut être retiré auprès de l'Office de tourisme.

LE BERCEAU DE L'INDUSTRIE HORLOGÈRE

De Genève au Jura – C'est au 16e s. que cet artisanat, existant déjà depuis près d'un siècle, reçoit une impulsion nouvelle. Établi à Genève où il règne en maître, Calvin oblige les orfèvres à orienter leurs activités vers la fabrication des montres, leur interdisant de faire des « croix, calices ou autres instruments servant à la papauté et à l'idolâtrie ». Un peu plus tard, l'arrivée à Genève, vers 1687, de huguenots français pourchassés permet à cette industrie naissante de se développer. De Genève, elle ne va pas tarder à s'implanter dans le Jura neuchâtelois.

Daniel Jean Richard et le maquignon – En 1679, un marchand de chevaux rentrant au « Pays Haut » avait rapporté de Londres une montre qui faisait l'admiration de tous, jusqu'au jour où le mouvement s'arrêta. Les gens de la Sagne, près de la Chaux-de-Fonds, conseillèrent au maquignon de faire examiner sa montre par le jeune Daniel Jean Richard, qui passait pour un bricoleur consommé. L'apprenti parvint à remettre la montre en état, en comprit le mécanisme et décida d'en fabriquer une lui-même à l'aide d'outils qu'il inventa et exécuta après de longs tâtonnements. Établi au Locle, Daniel Jean Richard forma de nombreux ouvriers et l'industrie horlogère se propagea dans les montagnes neuchâteloises et, de là, à travers tout le Jura.

Une industrie de renommée mondiale – C'est en Suisse romande, et surtout au pied du Jura, que se concentre la majeure partie de l'industrie horlogère.
La Chaux-de-Fonds, Le Locle, Bienne, Neuchâtel, Soleure, Granges groupent la majorité des entreprises occupant environ 32 000 employés et ouvriers. Les ateliers disposent d'un outillage technique très poussé permettant une production de haute qualité, et en même temps très importante en quantité.

143

Collection Musée International d'Horlogerie

Collection Musée International d'Horlogerie

Mais la recherche de la perfection a toujours été le souci majeur des horlogers suisses : les tolérances admises aujourd'hui dans la précision sont de l'ordre de 1/400, voire de 1/1 000 de mm. L'introduction de l'électronique a permis des progrès dans la précision.

Avec le secteur des produits chimiques et celui des machines, l'industrie horlogère est l'une des plus importantes industries exportatrices du pays. Elle joue ainsi un rôle de premier plan dans l'économie de la Confédération et, malgré les contrecoups dus à la concurrence du marché extérieur, elle est l'un des éléments essentiels de la stabilité de la balance commerciale.

★★ MUSÉE INTERNATIONAL D'HORLOGERIE ⓥ visite : 1 h

Fondé en 1902 et installé dans des salles souterraines dont l'entrée se situe à l'intérieur d'un petit parc, le musée expose de façon chronologique l'histoire de la mesure du temps (« L'Homme et le Temps ») depuis l'Antiquité, illustrée par plus de 3 000 pièces de valeur, suisses et étrangères. Il possède en outre un centre de restauration d'horlogerie ancienne et un centre d'études interdisciplinaires du temps. Par une passerelle surplombant les mécanismes d'horloges de clocher, on accède à la salle principale d'exposition que l'on parcourt entre les nombreuses vitrines contenant les premiers instruments antiques de mesure du temps, les pièces d'époque Renaissance et de marine, des 17e (magnifique ensemble de montres émaillées) et 18e s., de pendules neuchâteloises, françaises et d'autres pays, de curieuses horloges astronomiques ou à musique, d'amusants sujets à automates du 19e s., etc. ; avant de la quitter, observer à gauche la salle vitrée où travaillent des réparateurs ou restaurateurs en horlogerie ancienne. On passe ensuite devant le centre d'horlogerie scientifique (pendules astronomiques, horloges atomiques et à quartz) – par lequel on peut monter au « beffroi » procurant une vue agréable sur le parc du musée –, puis dans une salle surélevée initiant à l'horlogerie moderne. À l'extérieur s'impose à l'attention l'ensemble monumental du **Carillon**, dressé en 1980, structure tubulaire de 15 tonnes en acier et à lamelles colorées conçue par le sculpteur italien Onelio Vignando. Elle ponctue chaque quart d'heure de sons musicaux (les ritournelles changent selon les saisons) et, la nuit, de captivants jeux de lumière.

AUTRES CURIOSITÉS

★ **Musée des Beaux-Arts** ⓥ – Restauré et agrandi de trois salles souterraines réservées aux expositions temporaires, le musée, construit entre 1923 et 1926 en style néoclassique, présente des collections permanentes d'art régional, suisse et international. Au rez-de-chaussée (majestueux hall d'entrée orné de mosaïques et escalier monumental décoré de balustres sculptés), quelques salles rassemblent les œuvres d'artistes de la Chaux-de-Fonds comme Charles L'Eplattenier *(Temps de mars, Le Doubs)*, François Barraud *(Autoportrait)*, Charles Humbert *(Les Amis)*, Charles-Édouard Jeanneret devenu Le Corbusier *(Femme au peignoir, Les Musiciennes)*.

Au 1er étage, enfilade de salles lumineuses présentant chacune un des aspects de la collection. Édouard Kaiser (1855-1931, *L'Atelier de graveurs, L'Atelier de boîtiers)*, Albert Anker (1831-1910, *Les Grands-Parents)* et Édouard Jeanmaire (1847-1916, *La Sortie de l'étable)* illustrent avec réalisme la vie quotidienne et laborieuse de la région. La peinture suissse est également représentée par d'autres artistes comme Félix Vallotton *(Nu à l'écharpe verte)* et Ferdinand Hodler *(Guerriers de Marignan)*. Léopold Robert, peintre romantique, élève de David avant de s'installer à Rome, fut célèbre de son vivant pour ses représentations de paysans et de brigands italiens *(Femme de brigand veillant sur le sommeil de son mari, Idylle à Ischia, Jeune fille de Sezze)*. La collection René et Madeleine Junod comprend des œuvres des maîtres de la tradition moderne, française notamment avec Delacroix *(Saint Sébastien délié par les saintes femmes)*, Renoir *(Les Colettes)*, Derain *(L'Estaque)*, Matisse *(Jeunes filles au jardin)*, mais aussi de Liotard

(Marie Favart), Constable *(Dedham from Langham)* et Van Gogh *(Jeune fille aux cheveux ébouriffés)*. L'abstraction est évoquée par des peintres illustrant différentes tendances postérieures à 1950 : Manessier *(La Passion de notre seigneur Jésus-Christ)*, Bissière *(L'Ange de la cathédrale)*, et pour l'art concret suisse, Graeser, Christen, Glattfelder.

Musée d'Histoire naturelle ⓥ – *Au 2e étage (ascenseur) de la Grande Poste.*
Intéressantes collections d'animaux naturalisés (mammifères, oiseaux, reptiles), suisses et exotiques (en majorité d'origine africaine, d'Angola notamment). Des dioramas présentent les différentes espèces dans leur milieu naturel. Une salle consacrée à la faune marine expose plusieurs centaines d'espèces de coquillages.

Musée d'Histoire ⓥ – Une ancienne maison patricienne, dans laquelle se réunit le conseil communal, abrite ce musée qui retrace plusieurs années d'histoire locale. Au 1er étage, des intérieurs neuchâtelois du 17e au 19e s. ont été reconstitués : chambre au plafond sculpté, cuisine avec ses ustensiles, etc. La salle des médailles renferme plusieurs collections de pièces de monnaie locales et étrangères ainsi que des médailles frappées à l'effigie de personnalités suisses (Calvin, le général Dufour, Le Corbusier) ou étrangères (Abraham Lincoln, Louis XVI, la reine Victoria).

Bois du Petit Château ⓥ – *Accès par la rue du Docteur-Coullery.*
Dans ce parc d'acclimatation ombragé, de nombreux animaux ont été répartis en différents enclos (loups, daims, cerfs, palmipèdes, etc.). Les amateurs de reptiles et d'insectes ne manqueront pas le **vivarium**.

Musée paysan et artisanal ⓥ – *Au Sud-Ouest de la ville, rue des Crêtets 148.*
La maison qui le constitue, ancienne ferme jurassienne restaurée, datée de 1612 mais réemployant quelques éléments « gothiques » (fenêtre à meneaux du rez-de-chaussée) de la construction originelle (1507), est de noble allure avec sa large assise, son vaste fronton triangulaire sous toit de bardeaux, sa discrète décoration sculptée. L'intérieur, à ossature de sapin ordonnée autour de la grande cheminée dont la hotte pyramidale traverse étage et grenier, reconstitue le cadre de vie des paysans aisés de la région au 17e s., une chambre d'horloger, une fromagerie ; meubles, ustensiles et outils d'époque, poêle de faïence... y font renaître le passé.
Le premier dimanche de chaque mois, des dentellières exécutent leurs travaux sous les yeux du public.
Chaque année, une exposition temporaire illustre la vie paysanne ou le travail des artisans.

ENVIRONS

Le Locle – *8 km au Sud-Ouest. Voir ce nom.*

La Sagne – *10 km au Sud, puis à 4 km une route à droite qui longe la voie ferrée.*
Sur le trajet, de loin en loin, belles fermes jurassiennes des 16e-18e s. Ce village du Jura neuchâtelois a vu naître, au 17e s., Daniel Jean Richard.
L'église, bien mise en valeur par le site, à flanc de coteau, fut construite aux 15e et 16e s., et restaurée en partie en 1891, puis surtout en 1952 et 1983. La nef est voûtée d'ogives ; les vitraux modernes sont de simples verrières aux tons très pâles : vert, jaune, gris, violet.

★★ROUTE DE LA VUE DES ALPES

De La Chaux-de-Fonds à Neuchâtel

22 km – environ 3/4 h – itinéraire 🔳 *de la visite du Jura suisse.*

Les automobilistes venant de France ont intérêt à accéder à La Chaux-de-Fonds par Morteau et Le Locle. Le choix de ces itinéraires leur permet d'admirer, au moment de passer la frontière, le saut du Doubs décrit dans le guide Jura.

Un peu après La Chaux-de-Fonds, au cours de la montée à la Vue des Alpes, s'offrent d'attrayantes échappées rapprochées sur le vallon des Ponts (versant Nord du col). Le fond plat de ce vallon tranche en vert tendre sur les pentes boisées qui l'encadrent.

★**Vue des Alpes** – Alt. 1 283 m. La table d'orientation permettra de détailler le **panorama**★ : Finsteraarhorn, Jungfrau, Weisshorn, dent Blanche, Mont Blanc, etc. Le meilleur éclairage est celui d'une belle fin d'après-midi.

★★**Tête de Ran** – Alt. 1 422 m. *De la Vue des Alpes, 2,5 km jusqu'à l'hôtel de Tête de Ran, plus 1/2 h à pied AR pour gagner le sommet en grimpant directement sur la croupe qui domine cet hôtel, à droite.*
Les amateurs de panoramas pourront préférer ce belvédère moins facilement accessible (sentier pierreux abrupt) à celui de la Vue des Alpes : Tête de Ran est mieux placé pour apprécier les premiers plans jurassiens du tour d'horizon (val de Ruz, chaînons du Chasseral et de Chaumont), bien que les sapins masquent la vue au Nord-Ouest ; la majeure partie du lac de Neuchâtel est visible.
La descente, à travers les sapins du versant Sud, ménage des vues intéressantes sur la dépression du val de Ruz.

Cet immense « fond de bateau » n'a pas manqué de frapper les géographes par la régularité de ses traits ; aussi « ruz » est-il devenu un terme scientifique, caractérisant le premier stade des attaques de l'érosion sur le flanc d'un « mont » *(illustration en Introduction, chapitre : Physionomie du pays).*

Valangin – Bourg pittoresque, bien groupé au pied de son joli château (12e et 15e s.), que protège une imposante enceinte à tours rondes (arasées).
La belle collégiale gothique cruciforme, du 16e s. (à l'intérieur, tombes et plaques funéraires intéressantes), la porte de ville ornée d'un clocheton à horloge, des maisons des 16e et 17e s. font bonne figure dans cet ensemble au cachet ancien.
À partir de Valangin, la route suit les gorges boisées du Seyon jusqu'à Neuchâtel.

★★**Neuchâtel** – *Visite : 2 h 1/2. Voir ce nom.*

Château de CHILLON★★

Vaud

Cartes Michelin n°s 927 E 6 ou 217 pli 14 (entre Territet et Villeneuve)
Schémas : Lac LÉMAN et MONTREUX

Bâti sur un îlot rocheux, ses tours se reflétant en silhouette dans les eaux du Léman, le château de Chillon occupe un **site**★★ très pittoresque, dans le cadre admirable que constituent le lac, Montreux, la rive française et la chaîne des Alpes d'où se détachent les dents du Midi.
C'est vers le 9e s. qu'une première forteresse fut édifiée en cet endroit, pour surveiller la grande route qui, venant d'Avenches, se dirigeait vers l'Italie par le Grand-St-Bernard, après avoir longé le Léman.
Propriété des évêques de Sion qui l'agrandirent, puis des comtes de Savoie (à partir de 1150), le château prit, au milieu du 13e s., l'aspect que nous lui connaissons encore aujourd'hui.

Le « prisonnier de Chillon » – Le château et ses souterrains ont servi plus d'une fois de prison d'État ; de tous les détenus, **Bonivard** est le plus célèbre.
Prieur de St-Victor de Genève, François de Bonivard voulait introduire la Réforme à Genève. Ses thèses ayant déplu au duc de Savoie qui avait des visées sur la ville et qui était un ardent défenseur du catholicisme, il fut arrêté et jeté dans les souterrains du château, qui portent son nom. Il resta quatre ans enchaîné à l'un des piliers.
On voit encore, dit-on, dans le roc, les traces de pas du captif délivré par les Bernois en 1536.
Après son passage à Chillon en 1816, alors qu'il effectuait un pèlerinage au pays de Jean-Jacques Rousseau (ce dernier, né à Genève, avait situé à Clarens le cadre romantique de la Nouvelle Héloïse), le poète anglais Byron a décrit la captivité de Bonivard dans une œuvre débordante de lyrisme qui a contribué à faire du château le monument le plus populaire de toute la Suisse.

Château de Chillon

VISITE ⏱ *environ 1 h*

On franchit le fossé par un pont du 18ᵉ s. ayant remplacé le pont-levis. Les souterrains, qui servirent d'arsenal pour la flotte bernoise aux 17ᵉ et 18ᵉ s., ont de belles voûtes d'ogives et ont été aménagés à même le roc. Dans le souterrain Bonivard, Byron a gravé son nom sur le 3ᵉ pilier.

La grande salle du bailli-châtelain qui porte les armoiries de Savoie, est pourvue d'un magnifique plafond et d'une imposante cheminée du 15ᵉ s. Des colonnes en chêne, un beau mobilier et une belle collection d'étains retiennent également l'attention. L'ancienne salle des Fêtes des châtelains ou *aula nova*, décorée d'un plafond de bois en forme de carène renversée, abrite actuellement le musée (armes – mousquet orné de nacre et d'os –, armures, étains, mobilier). La *camera paramenti* servait de chambre d'hôte à l'époque savoyarde. La vaste salle des Chevaliers ou salle des Armoiries, porte sur ses parois les armoiries des baillis bernois de Vevey (vaisselier contenant des pots en étain, trône en bois). La chambre du duc ou *camera domini* lui fait suite. La chapelle (peintures murales), la salle de Justice ou grande salle du comte qui était utilisée pour les fêtes et les réceptions (colonnes en marbre noir), la salle des clercs, le musée lapidaire (pierres trouvées dans le fossé, maquettes montrant les différentes étapes de la construction du château) se succèdent après la cour d'honneur. Du sommet du donjon (montée difficile par un escalier étroit), on découvre de très belles **vues**★★ sur Montreux, le lac et les Alpes. La visite s'achève par une partie du chemin de ronde et de deux tours de défense, transformées en prison au 17ᵉ s.

CHUR★

COIRE – Graubünden – 31 185 habitants
Cartes Michelin nᵒˢ 927 M 5 ou 218 pli 4 – Schéma : GRAUBÜNDEN – Alt. 585 m

Dans la vallée du Rhin, au point de rencontre des influences latine et germanique, Coire est depuis le 16ᵉ s. la capitale historique, administrative et religieuse des Grisons. La ville a été construite, à l'écart du fleuve, sur un cône de déjection édifié par le torrent affluent de la Plessur.

★ **Le coup d'œil** – À l'Est de la ville, le premier lacet de la route d'Arosa (Arosastrasse) après la sortie de l'agglomération constitue un observatoire favorable pour examiner l'ensemble de celle-ci, hérissée de clochers, et son cadre d'âpres chaînons rocailleux longtemps enneigés (Calanda).

CURIOSITÉS

Ville ancienne – Elle se regroupe autour de l'église St-Martin, au pied de la cathédrale et du palais épiscopal. Des escaliers passant sous une vieille porte (Hoftor) y donnent accès. Les rues étroites aux belles maisons parfois flanquées de tourelles, les jolies places ornées de fontaines fleuries aux armes des Grisons, l'hôtel de ville (Rathaus) du 15ᵉ s. forment un ensemble curieux et pittoresque.

Kathedrale – Édifiée aux 12ᵉ et 13ᵉ s., la **cathédrale Notre-Dame** offre un mélange de style roman et de style gothique. L'extérieur a été remanié à la suite d'un incendie, en 1811. La tour se termine par un clocher à bulbe. Le porche est orné de voussures peintes.

L'édifice présente un plan décalé par rapport à celui du chœur. La nef principale, voûtée d'arêtes renforcées, est très sombre, éclairée de fenêtres hautes sur le côté droit seulement.

Le chœur, très surélevé, montre au maître-autel un très beau **triptyque**★ du 15ᵉ s., en bois doré : consacré à Notre-Dame, c'est le plus grand triptyque gothique de Suisse.

Quatre statues d'apôtres, du 13ᵉ s., encadrent l'autel placé en contrebas du chœur.

Domschatz ⏱ (Trésor) – Châsses d'époque carolingienne ou du Moyen Âge et bustes-reliquaires d'une grande valeur. Tout près de la cathédrale s'élèvent les bâtiments de l'**évêché** (Hof), élégant édifice du 18ᵉ s.

Rätisches Museum ⏱ – Installé dans la maison Buol, construction de la fin du 17ᵉ s., le **Musée rhétique** cantonal renferme d'intéressantes collections préhistoriques, historiques et folkloriques.

Bündner Kunstmuseum ⏱ – Le **musée des Beaux-Arts** présente surtout des œuvres de peintres et de sculpteurs grisons d'origine ou d'adoption, du 18ᵉ au 20ᵉ s. : Barthélemy Menn, Angelika Kauffmann, Giovanni Segantini et contemporains : Giovanni, Augusto et Alberto Giacometti, E.-L. Kirchner, entre autres.

★ROUTE DE LENZERHEIDE – GORGES DU SCHIN

Circuit au départ de Coire

73 km – environ 3 h – itinéraire **5** *de la visite des Grisons (Graubünden).*

Au départ de Coire par le Sud, la montée, très accentuée, offre une bonne vue d'ensemble de la cité avec, à l'arrière-plan, le chaînon du Calanda. Plus haut, à la sortie d'un premier passage sous bois, la rampe s'adoucit et le regard plonge sur le débouché du **Schanfigg** *(voir Arosa)* et les bâtiments de l'établissement thermal de **Passugg** qui a donné son nom à l'une des eaux de table les plus répandues en Suisse. Remontant ensuite le vallon de la Rabiusa, on voit apparaître les ruines de la tour de Strassberg. Les petites stations de **Churwalden** – annoncée par son église construite à la lisière de la forêt – et **Parpan** jalonnent la fin de ce parcours conduisant, dans un cadre toujours très ouvert, au seuil de Lenzerheide, ligne de partage des eaux et limite linguistique entre l'allemand et le romanche.

★★ **Lenzerheide-Valbella** – « Site de col » typique, l'agglomération, qui regroupe les stations de **Lenzerheide**★★ et de **Valbella**★, dispose ses immeubles modernes au fond de la dépression (agrémentée de deux lacs) qui constitue pourtant, à 1 500 m d'altitude, le sommet du premier dos d'âne franchi par la route depuis Coire. Le charmant **paysage de parc**★ que l'automobiliste apprécie entre Valbella et Lenzerheide-centre, suffirait à assurer le succès de la station. En hiver, la régularité des versants favorise le ski de piste, particulièrement sur les pentes du Piz Scalottas et du Stätzerhorn, équipées d'une longue chaîne de remonte-pentes atteignant l'altitude de 2 861 m au Parpaner Rothorn.

★★ **Parpaner Rothorn** ⊙ – *Accès en 1/4 h par téléphérique au départ de Lenzerheide-Valbella.* La montée, au-dessus des sapins jusqu'à Scharmoin (alt. 1 900 m), puis de pentes rases, aboutit au sommet rocheux du Parpaner Rothorn (alt. 2 861 m) d'où la **vue**★★, très belle à l'Ouest sur le bassin de Valbella, cette station et son lac transparent, est barrée à l'Est par les pics neigeux du Weisshorn, du Tschirpen et de l'Aroser Rothorn. Pour bénéficier d'une vue un peu plus dégagée, gagner à pied un sommet proche tel que l'Ostgipfel (alt. 2 899 m ; *1/4 h AR*).
De Lenzerheide à Lenz, la vue s'étend, aux abords de la chapelle San-Cassian, sur la dépression de l'Oberhalbstein dont les contreforts tout boisés du Piz Mitgel et les dernières pentes du Piz Curvèr, de caractère plus agreste, rétrécissent l'entrée. À **Lenz** apparaissent les premières maisons annonciatrices du style engadinois *(voir Introduction : La maison paysanne).*

Brienz – L'église abrite un **retable**★ à décoration flamboyante (1519) représentant la Vierge entourée de saints. Saint Luzins, évangélisateur de la Rhétie, y figure avec les insignes de la royauté.
De Lenz à Tiefencastel, on descend dans la vallée de l'Albula qui, jusqu'au dernier moment, paraît inhabitée, alors que, plus haut, les villages perchés de Mon et de Stierva égayent les replats que domine le Piz Curvèr. Le beau groupe montagneux du Piz Mitgel se détache de mieux en mieux. Enfin, après deux lacets, la claire église de Tiefencastel apparaît. Plus loin, le clocher de **Mistail** signale l'un des sanctuaires les plus vénérables des Grisons (époque carolingienne).

Tiefencastel – *Voir Sankt Moritz.*

De Tiefencastel aux ponts de Solis, la vallée de l'Albula se resserre et le groupe montagneux du Piz Mitgel se dégage. L'Albula s'enfonce alors dans les gorges du Schin.

★ **Ponts de Solis** – Imposants ouvrages d'art. Du pont routier, vue sur le viaduc ferroviaire dont l'arche centrale, de 42 m de portée, est lancée à 89 m au-dessus de l'Albula.

Gorges du Schin – La végétation qui s'accroche à leurs escarpements schisteux ne permet pas d'en apprécier la profondeur. La traversée du ravin (Tobel) latéral de Mutten en compose le passage le plus impressionnant.
De Thusis à Coire, la route est décrite à Route du San Bernardino.

Les röstis

Ce « plat national », qui accompagne bon nombre de viandes, se compose de pommes de terre émincées ou râpées, dorées à la poêle dans de la graisse chaude et servies avec des oignons frits et des lardons.

COLOMBIER

Neuchâtel – 4 610 habitants
Cartes Michelin nos 927 E 5 ou 216 pli 12 – 7 km à l'Ouest de Neuchâtel

Ce village, situé non loin du lac de Neuchâtel et réputé pour ses vins blancs, est dominé par la masse imposante de son château, reconstruit au 15e s. dans le style gothique et agrandi aux deux siècles suivants. Longtemps propriété des comtes de Neuchâtel, séjour occasionnel de J.-J. Rousseau (en 1762), l'édifice est aujourd'hui à la fois une caserne de l'armée suisse et un musée militaire.

Musée du château ⓥ – Aux deux premiers étages, on parcourt les vastes salles communes réservées aux officiers, imposantes par leurs plafonds à solives et leurs immenses cheminées ; des fresques patriotiques animent les murs de la salle des Chevaliers au 1er étage (mobilisation suisse de 1914) et de la salle correspondante au 2e étage (grands épisodes de l'histoire suisse médiévale).

Des centaines d'armes, blanches ou à feu, du 14e au 20e s., en panoplies, râteliers ou sous vitrines, des armures, drapeaux et autres souvenirs régimentaires (portraits, uniformes, tambours, décorations...) décorent les autres salles et particulièrement, avec en plus des canons, la grande salle des combles du 3e étage. On voit en outre, au 2e étage, une petite salle de toiles peintes « indiennes » fabriquées dans la région aux 18e et 19e s.

Val de CONCHES

Voir GOMS

COPPET

Vaud – 2 389 habitants
Cartes Michelin nos 927 C 7 ou 217 bord Est du pli 11 (au bord du Léman)
Schéma : Lac LÉMAN – Alt. 380 m

Cette petite ville riveraine du Léman est traversée par une Grand'Rue bordée de maisons à arcades, construites au 16e s. après l'invasion des troupes bernoises *(lire « Le paysage urbain » dans l'Introduction au voyage).*

★**Château** ⓥ – Reconstruit au 18e s., il domine le Léman et est entouré d'un parc romantique. Il appartenait à Jacques Necker, banquier d'origine genevoise et ministre des Finances de Louis XVI. Son renvoi par le roi le 11 juillet 1789 provoqua le début de la Révolution française. Sa fille Germaine épousa en 1786 l'ambassadeur de Suède à Paris, le baron de Staël-Holstein. Opposée au régime de Bonaparte, elle fut condamnée à l'exil et se réfugie à Coppet jusqu'à la Restauration. La tumultueuse Mme de Staël, auteur de *Corinne*, *De la littérature considérée dans ses rapports avec les institutions sociales*, *Dix années d'exil*, *De l'Allemagne*, hébergea alors les grands esprits du temps : Benjamin Constant, Lord Byron, Schlegel, Chateaubriand, Mme Récamier... et fit de Coppet le « salon de l'Europe » dont Stendhal dira que s'y réunissaient « les États généraux de l'opinion européenne ».

Le château est resté depuis lors propriété de la même famille.

L'**intérieur** est somptueusement meublé. Le mobilier de style Louis XVI et Directoire provient de l'hôtel de Mme de Staël à Paris. Les pièces sont demeurées inchangées depuis la Révolution. On visite la bibliothèque, la chambre de Mme de Staël, l'appartement de Mme Récamier et, au 1er étage (bel escalier en fer forgé), le grand salon (tapisseries d'Aubusson) et le salon des portraits (œuvres dues au pinceau de Duplessis, Gérard, Carmontelle, Mazot).

Dans le parc, dans un bosquet non loin d'une allée ombragée, reposent Mme de Staël et des membres de sa famille.

Mme de Staël par Gérard

AKG PARIS

CRANS-MONTANA★★

Valais

Cartes Michelin nos 927 G 7 ou 217 pli 16 – Schéma : Le VALAIS
Plan dans le Guide Rouge Michelin Suisse

Cette station touristique, formée par les agglomérations voisines de Crans et Montana, s'étend sur 2 km le long d'un plateau boisé, parsemé de petits lacs, face au décor majestueux des Alpes valaisannes. Celles-ci donnent l'illusion d'être assez proches, alors que la vallée du Rhône s'interpose largement, au pied du Haut-Plateau.

Superbement exposée en plein midi, entre 1 500 et 1 700 m d'altitude, la station a vu pousser, dès l'entre-deux guerres, les hôtels de luxe et les sanatoriums. C'est ici qu'en 1921 Katherine Mansfield écrivit quelques-unes de ses charmantes nouvelles *(La Garden-Party, Maison de poupée)*. Aussi réputée que Verbier ou St-Moritz pour son domaine skiable, Crans-Montana attire une clientèle huppée, pratiquant à loisir le golf, le squash et le lèche-vitrines. Si les boutiques de luxe ne manquent pas, qu'on ne s'attende pas ici au charme d'une station traditionnelle de montagne : en été, les immeubles modernes, les rues impeccablement goudronnées incitent à retrouver, grâce aux nombreux sentiers de randonnée alentour, une atmosphère plus alpine. *Un plan des promenades balisées (280 km au total) est proposé à l'Office de tourisme.*

Le domaine skiable – C'est l'un des plus importants de Suisse, avec 160 km de pistes de **ski alpin** desservies par 41 remontées mécaniques. Il s'adresse tout particulièrement aux skieurs de niveau intermédiaire et aux débutants : le domaine comprend de nombreuses balades faciles en forêt et, pour les bons skieurs, quelques champs de bosses sur les secteurs de Bella Lui et de la Toula. Mais les plus belles pistes se situent sur le glacier de Plaine Morte, où l'on peut skier en hiver comme en été et qui offre une dénivelée intéressante (1 500 m jusqu'à la station).

Les pistes de **ski de fond** s'étirent sur 50 km : elles se répartissent sur le superbe plateau boisé de Crans à Aminona, ainsi que sur le glacier de Plaine Morte (boucle de 12 km).

MONTANA

Accès – *À 13 km de Sierre, en funiculaire ou en voiture.* La route vers Crans-Montana, bien indiquée depuis Sierre, s'élève en lacet à travers les vignobles, puis les pâturages.

Une fois à Montana, l'automobiliste de passage qui désire regagner le fond de la vallée du Rhône par un autre chemin peut emprunter, à la descente, l'une des routes reliant Crans à la route no 9 pour découvrir les Alpes pennines tout le long d'un parcours très varié.

Aminona – Alt. 1515 m. Cette petite station moderne, à l'Est de Montana, est le point de départ de la **promenade du 100e**, aménagée en 1993 pour le centenaire de la station : ce parcours facile (4 h 30 AR) chemine entre jardins et forêt, et traverse Crans-Montana par La Comba (1 428 m) et Les Mélèzes (1 450 m). Trois tables panoramiques évoquent les sommets valaisans de Brigue et Martigny. Possibilité de retour en bus.

★★ **Petit Bonvin** – Alt. 2 400 m. Accès par télécabine depuis Aminona. **Vue★★** sur Crans-Montana dans son écrin d'épicéas, Bella Lui, le Grand Combin et la dent Blanche.

★★ **Vermala** – Alt. 1670 m. *1,5 km.* Laisser la voiture en contrebas du café-restaurant du Cervin, pour gagner le belvédère aménagé, à droite, au bord d'un petit escarpement. Vue plongeante sur la vallée du Rhône ; panorama très dégagé sur les hauts sommets qui ferment le val d'Anniviers (en particulier le Weisshorn, le Zinalrothorn et, de justesse, le Cervin).

Dans un ancien chalet d'alpage, le petit **musée de Colombire** évoque la vie montagnarde dans les années 1930 : fabrication du fromage, combat des reines... *Petite restauration sur place, possibilité de promenade accompagnée au lever du soleil, comprenant un petit-déjeuner d'alpage.* Ce chalet est le point de départ du **bisse du Tsittoret**, une promenade facile à travers bois et prairies, qui peut être effectuée avec des enfants *(4 h 30 AR)* : emprunter le sentier vers les Marolires, Courtavey, les caves de Colombire et la Tièche (alt. 1969 m).

★★★ **Plaine Morte** – *Accès en 9 mn par la télécabine Violettes Express à 2 267 m d'altitude.*

Vue★★ déjà fort intéressante sur le Dom, le Zinalrothorn, le Gabelhorn, le Cervin et la dent Blanche.

Prendre ensuite le Funitel pour accéder à Plaine Morte.

Par une courte mais raide montée, accéder à pied en 5 mn au sommet proprement dit (alt. 3 000 m) : **panorama★★★** exceptionnel sur les Alpes valaisannes. Au Sud-Ouest trônent le Grand Combin et le Mont Blanc tandis que l'on devine dans le lointain la Meije (limite des Alpes du Sud françaises). Au Nord se déploie le glacier de Plaine Morte, en pente douce, dominé par le Wildstrubel (3 243 m).

** **Plans-Mayens** – Alt. 1 622 m. *1,5 km. On peut s'arrêter au bord de la route, à côté de la terrasse du restaurant du Mont-Blanc.*
Ample panorama sur les Alpes valaisannes, s'étendant jusqu'au massif du Mont-Blanc, dans le lointain. Dans ce secteur débute un circuit pittoresque (3 h 30) sur l'ancien **bisse du Ro** : plutôt escarpé, il est déconseillé avec des enfants, ou à ceux qui sont sujets au vertige. Prendre le sentier à la hauteur de l'hôtel de la Dent-Blanche. La balade emprunte passerelles et surplombs jusqu'à Er de Chermignon (1 733 m). On rejoint Crans-Montana par Pra du Taillour et le Pas de l'Ours.

CRANS-SUR-SIERRE

Créée en 1929 aux abords immédiats de Montana, la station de Crans (alt. 1 460 m) a connu une croissance rapide. Son golf aux parcours alpins réputés (18 et 9 trous), ses hôtels et pensions, ses promenades ravissantes et faciles en font une villégiature très recherchée.

** **Bella Lui** ⊗ – Alt. 2 543 m. *Accès par téléphérique. Durée de l'excursion : 1 h 1/2 AR.*
Étape à Croix (ou Cry) d'Er (alt. 2 263 m – panneaux d'orientation du TCS). Magnifique montée en téléphérique au-dessus de la vallée du Rhône, avec un immense panorama sur les Alpes valaisannes. On peut aussi faire cette excursion à pied : emprunter le sentier menant de Vermala jusqu'à Cry d'Er (2 h 45) par les abords du mont Lachaux, puis continuer jusqu'à Bella Lui (45 mn).

DAVOS∗∗∗

Graubünden – 13 000 habitants

Cartes Michelin n⁰ˢ 927 N 5 ou 218 pli 5 – Schéma : GRAUBÜNDEN

Alt. 1 560 m

Station phare des Grisons, Davos aligne ses façades pastel sur plus de trois kilomètres, au cœur de l'un des domaines skiables les plus réputés de Suisse. La localité, réputée pour son air pur et sec, s'est développée comme une station climatique à partir de 1860 – Belle Époque où les Anglais ont contribué à son succès. C'est ici, en 1881, que Robert Louis Stevenson s'installa pour achever *L'Île au trésor*. D'autres écrivains vinrent s'y revigorer, tel Thomas Mann en 1912.

Animée en toutes saisons, avec ses 13 000 habitants et ses 24 000 lits touristiques dont un tiers en hôtellerie de qualité, Davos est aussi une commune très étendue de moyenne montagne (260 km²), dans un site panoramique où les sommets dépassent souvent les 3 000 m.

Une capitale de l'économie – Jusqu'en 2001, le **Forum économique mondial** (World Economic Forum) s'est tenu chaque année à Davos, durant quelques jours en février, réunissant quelque 2 000 chefs d'État, personnalités politiques, économistes et hommes d'affaires du monde entier. L'origine de cette conférence revient à Klaus Schwab, professeur de stratégie d'entreprise : en 1970, il décide de réunir, de façon informelle, les principaux dirigeants d'entreprises européennes. La première réunion a lieu à Davos en janvier 1971, année où Klaus Schwab fonde le European Management Forum (Forum européen de management), qui prendra en 1987 le nom de World Economic Forum. En 2000, la conférence accueille le président des États-Unis, Bill Clinton. En 2001, Davos est le théâtre de violents affrontements entre les opposants à la mondialisation et les forces de l'ordre. Un an plus tard, sécurité oblige, le Forum se tient à New York. Il doit revenir à Davos en 2003, le Conseil fédéral ayant décidé de débloquer une importante somme d'argent pour assurer la sécurité.

Le site – Un village s'est développé dès le 13ᵉ s. au fond de cette vallée où coule la Landwasser, qui s'enfonce plus loin dans le défilé des Zügen. Les torrents débouchant du Sud-Est, en particulier le Flüelabach, le Dischmabach et le Sertigbach, ont largement entaillé les montagnes qui s'élevaient de ce côté, favorisant l'ensoleillement du site. Au Nord-Est, au-delà du lac de Davos aménagé pour les sports nautiques, le seuil boisé de Wolfgang fait passer sans difficultés en Prättigau. Le site est notamment dominé par le Flüela Schwarzhorn (3 146 m) et l'Alpihorn (3 006 m).

La station – Elle s'allonge entre Davos-Dorf et **Davos-Platz**, principal centre administratif. Autour de sa place centrale se rassemblent les bâtiments publics issus de l'ancien village : église St-Jean et hôtel de ville. L'animation se répartit tout au long de la « Promenade » et atteint sa plus grande intensité au voisinage de l'hôtel Europe. La plus vaste **patinoire naturelle** d'Europe est située en face de la station inférieure du funiculaire de Parsenn. En hiver, Davos est réputée pour ses **pistes de luge** géantes : Rinerhorn et Wiesen (d'une longueur respective de 2 505 m et 3 500 m), et Schatzalp (2 500 m en hiver, 600 m en été). Même durant l'enneigement, qui dure en général de décembre à avril, la station entretient 80 km de sentiers pédestres. Les estivants, eux, profitent de 450 km de **sentiers** et de superbes itinéraires pour le **VTT**, notamment de Weissfluhjoch à Klosters : itinéraire de 14 km de long pour 1 463 m de dénivelée.

Le domaine skiable – Ses 44 remontées mécaniques remontent 320 km de pistes sur 1 600 m de dénivelée, à travers pins et mélèzes jusqu'à Klosters (voir ce nom), station-village qu'affectionne la jet-set. Le domaine se disperse sur 7 massifs, la plupart non reliés skis aux pieds (liaisons en train ou bus). Le secteur principal est le **Parsenn**∗∗∗ (120 km de pistes), accessible depuis Davos-Dorf par funiculaire, et auquel la station doit une bonne part de sa célébrité : depuis le Weissfluhgipfel ou le Weissfluhjoch, les skieurs accèdent à de superbes champs de neige, très bien entretenus, variés et adaptés à tous les niveaux. L'équipement et la dénivelée très importante des pistes sont les attraits du massif : du sommet à 2 844 m, on descend jusqu'à Klosters, voire jusqu'à 1 191 m à Küblis (retour en train). Les pentes ont des pistes remarquablement damées en altitude et permettent d'agréables « balades » en forêt, plus pittoresques, dans les parties basses.

Au dessus de Davos-Platz, le **Strelapass** offre des pistes faciles jusqu'à 2 545 m. À l'Est, sur l'autre versant de la vallée, le **Jakobshorn** comporte 45 km de pistes sur 1 000 m de dénivelée, dont certaines sont réservées aux bons skieurs. Ce massif est très prisé par les surfeurs et les adeptes des nouveaux sports de glisse.

Les autres massifs sont moins conséquents et plus éloignés : **Pischa** (1 800-2 483 m) sur la route du Flüelapass, **Rinerhorn** (1 450-2 490 m) à Glaris et **Madrisa** (1 120-2 600 m) à Klosters-Dorf.

Davos est très appréciée par les amateurs de **ski de fond** pour ses 75 km de pistes : entre Wolfgang et Glaris, en longeant le lac jusqu'aux vallées latérales de Flüela (parcours de compétition internationale), Dischma et Sertig.

Davos – Vue générale

CURIOSITÉS

Kirchnermuseum – Peintre majeur de l'expressionnisme allemand, Ernst-Ludwig Kirchner (1880-1938) quitta Berlin en 1917 pour s'installer à Davos. En 1936, son art intense fut considéré comme « dégénéré » par les nazis. Kirchner, très atteint, se suicida deux ans plus tard, à Davos.
Au n° 67 de la Promenade, ce musée rassemble la plus importante collection au monde des œuvres de Kirchner – parmi lesquelles *Davos en été*. Il organise aussi des expositions temporaires.

⭑**Hohe Promenade** – *1 h à pied AR.*
Ce chemin horizontal, en partie sous bois, est parfaitement aménagé (déneigé en hiver). On accède à cette promenade : de Davos-Dorf, par le chemin montant derrière l'hôtel Seehof (à côté de la station du funiculaire de Parsenn) ; de Davos-Platz, par le sentier en forte montée prolongeant le chemin vers l'église catholique.

Alpinium – *À Schatzalp, alt. 1 900 m. Emprunter le funiculaire depuis Davos-Platz.*
De nombreux sentiers traversent ce vaste **jardin botanique**, d'où l'on jouit d'une belle vue sur la vallée de Landwasser. De là, on peut effectuer une randonnée sur des chemins balisés : Podestatenalp, Lochalp, Grüenialp, Erbalp, Stafelalp, Davos Frauenkirch (environ 4 h). À moins de redescendre à pied vers Davos par le sentier facile de Eichörnli (45 mn).

BELVÉDÈRES ET RANDONNÉES

⭑⭑⭑**Weissfluhgipfel** ⊘ – Alt. 2 844 m. *Environ 1 h 30 AR (prévoir la journée en effectuant une randonnée : voir ci-dessous).*
Accéder depuis Davos-Dorf par deux funiculaires successifs au col **Weissfluhjoch** (2 662 m). Pendant le trajet, **vues**⭑⭑ sur Davos et son lac ainsi que la vallée de Dürrboden. Prendre ensuite le téléphérique. Du sommet, **tour d'horizon**⭑⭑⭑ très étendu : au-delà des pentes désertiques (l'été) du Parsenn, on découvre à l'Ouest Chur, la station d'Arosa dans son écrin de forêt, avec la Jungfrau dans le lointain, au Nord Klosters et la Silvretta (Autriche), à l'Est le Flüelatal et au Sud le massif de la Bernina.

⭑⭑**Randonnée du Weissfluhjoch à Davos** – *Compter 3 h 30 sans les pauses (1 000 m de dénivelée).*
Descendre en 3/4 h environ vers Parsennhütte par un chemin assez raide et caillouteux, en longeant à mi-course le joli lac Totalpsee. Les marcheurs peu endurants peuvent descendre en téléphérique. À l'approche de la gare inférieure (300 m avant), prendre à droite le **Panoramaweg**⭑⭑, chemin facile bordé de bancs, évoluant à flanc de montagne sans dénivelée importante et réservant des **vues**⭑⭑ magnifiques sur le lac de Davos, la vallée de Dürrboden, Pischa et la Silvretta. Après 1 h 15 de marche environ, bifurquer à gauche pour descendre à la station intermédiaire du funiculaire. Continuer vers Büschalp 1850, lieu idyllique dans la forêt puis descendre sur Davos-Dorf ou Davos-Platz *(compter 1 h 30).*

⭑⭑**Jakobshorn** – Alt. 2 590 m. *1 h AR minimum. Accès par 2 téléphériques puis 5 mn à pied de montée raide.*
Panorama⭑⭑ sur toute la vallée de Davos et de Klosters ainsi que celle de Sertig.

153

> ### *La Montagne magique* de Thomas Mann
>
> Né à Lübeck en 1875, mort à Kilchberg près de Zurich en 1955, prix Nobel de littérature en 1929, l'écrivain allemand vient à Davos au printemps 1912 pour accompagner sa femme en cure. Il loge à la villa Am Stein, proche d'un sanatorium. Ainsi s'ébauche *La Montagne magique* – roman qui paraîtra en 1924 – dans lequel Hans Castorp quitte Hambourg, sa ville natale, pour rendre visite à son cousin Joachim au sanatorium international Berghof. Envoûté par les lieux et l'atmosphère étrange qui y règne, Hans y restera sept ans, au lieu des trois semaines initialement prévues, avant que la Première Guerre mondiale n'éclate et ne l'entraîne sur les champs de bataille.
>
> Aujourd'hui, le Waldsanatorium a fait place au Waldhotel Bellevue : au premier étage, une chambre de soin a été conservée, d'une blancheur immaculée. Dans le couloir, une photographie montre Thomas Mann en pantalon bouffant, aux côtés de son ami Herman Hesse, campé sur des skis. Le salon de lecture porte le nom de *La Montagne magique*.
>
> Le funiculaire de Schatzalp grimpe jusqu'au Berghotel, bâti sur un promontoire : cet établissement à la façade crème et aux balcons désuets est l'ancien sanatorium Berghof, qui servit de cadre au roman de Thomas Mann.

★**Schatzalp** ⓥ – Alt. 1 863 m. *3/4 h AR dont 5 mn de funiculaire (Schatzalpbahn) partant simultanément de Davos-Platz et de Schatzalp.*

Des abords de l'hôtel Schatzalp, on découvre une belle vue sur la vallée principale de Davos et les vallées latérales. Un petit jardin alpin (alpinum) se trouve aussi à proximité *(10 mn AR)*. Au départ de Schatzalp, des télécabines permettent d'atteindre le col de Strela, à 2 350 m d'altitude.

★★ VALLÉE DE DÜRRBODEN

★★**Route de Dürrboden** – *12 km depuis Davos – compter 20 mn.*

Cette petite route, longeant le calme torrent de Dischmabach, se fraye un chemin dans un cadre enchanteur : superbes alpages parsemés de forêts, habitations et montagnettes typiques, avec en toile de fond le glacier de Scaletta. Pour profiter de cet endroit bucolique, de très agréables chemins piétons et VTT ont été aménagés.

★★**Randonnée au Grialetschhütte** – Alt. 2 542 m. *Se garer au terminus de la route à Dürrboden (2 007 m).*

Montée *(1 h 45 environ)* régulière face au glacier de Scaletta jusqu'au col **Fuorcla da Grialetsch**★★ puis accès rapide au refuge, agrémenté par de petits lacs. **Cadre**★★ aride de haute montagne, qui tranche avec le caractère éminemment verdoyant du bas de la vallée. Les glaciers de Grialetsch et de Scaletta sont dominés par le Flüela Schwarzhorn et le Piz Vadret. Pour bénéficier d'un **tour d'horizon**★★ plus imposant et circulaire, monter 20 mn en direction du glacier. Vue en enfilade sur les lacs et la vallée. Retour par le même itinéraire.

★★ LES ZÜGEN ET LA FLÜELA

Circuit au départ de Davos

135 km – compter une journée – itinéraire ① *de la visite des Grisons (Graubünden).*

Quitter Davos par ③ *du plan.*

Frauenkirch – La petite église est dotée d'une étrave brise-avalanches. Les habitations voisines, dont les superstructures de bois commencent à prendre de l'importance, annoncent, pour le touriste arrivant en sens inverse, les modes de construction germaniques du Prättigau.

★**Défilé des « Zügen »** – *On le longe en gagnant Bärentritt.*

Les eaux claires et bondissantes de la Landwasser bouillonnent superbement. « Zügen » désigne les couloirs d'avalanches voisins, qui connaissent des hivers souvent catastrophiques.

★★**Bärentritt** – *2 h à pied AR par l'ancienne route des Zügen prise à la sortie Est du tunnel (côté Davos). Garer la voiture à Schmelzbaden.*

De ce point – où un saillant du parapet forme belvédère – qui marque l'entrée du défilé des « Zügen », la vue plonge de façon impressionnante, 80 m plus bas, sur le confluent de la Landwasser et du torrent formant, à droite, la cascade du Sägetobel. À la sortie du profond ravin du Tieftobel, on découvre en contrebas le grand **viaduc de Wiesen**★ (longueur 210 m, portée centrale 55 m, hauteur 88 m), l'un des plus importants ouvrages d'art des chemins de fer rhétiques.

Après Schmitten, la vue plonge à gauche sur le confluent de l'Albula et de la Landwasser, son affluent dont on descend la vallée depuis Davos.

Jusqu'à Tiefencastel, les sous-bois de mélèzes succèdent aux profonds ravins (Tobel) ; le dernier de ceux-ci, à hauteur de Surava, sert de cadre aux ruines du repaire féodal de Belfort, juchées sur un escarpement.

★ **Brienz** – *Voir ce nom.*

Tiefencastel – *Voir Sankt Moritz.*

De Tiefencastel à la Punt, l'itinéraire (route de l'Albula) est décrit à St-Moritz, et de la Punt à Susch, à l'Engadine.

Susch – Village dont les deux tours (clocher de l'église et tour coiffée d'un bulbe) se détachent devant les dernières pentes forestières du Piz Arpiglias.

Prenant le départ à Susch, la route de la Flüela domine bientôt ce village.

Une première série de lacets fait vite gagner de la hauteur au-dessus de l'âpre vallon de la Susasca. Au-delà et durant un parcours en corniche de 4 km, la **vue**★ plonge sur le cirque glaciaire qui ferme la combe désolée du val Grialetsch, noyée sous des éboulis aux colorations verdâtres. On reconnaît ainsi, de part et d'autre d'un col neigeux bien marqué, le Piz Grialetsch (à droite) et le Piz Vadret (à gauche). Deux lacets mènent à l'entrée de la combe désertique de Chantsura dominée par la pyramide du Schwarzhorn.

Au-delà de Chantsura, aussitôt après deux lacets, une échappée lointaine, en aval, mérite un arrêt. Sur le fond des Dolomites de la Basse-Engadine, la silhouette perchée du château de Tarasp se détache en blanc ; plus proche, mais moins distincte, la tour grise de Steinsberg garde le bourg d'Ardez.

Flüelapass (Col de la Flüela) – Alt. 2 383 m. *Fermeture temporaire en cas de danger d'avalanche.*

Deux lacs et un hospice, les pentes d'éboulis descendus du Schwarzhorn et du Weisshorn caractérisent le paysage ingrat de ce col.

La descente sur Davos se déroule dans un long couloir monotone. Après le deuxième pont sur la Flüela – remarquer ici les premiers pins arolles, avant-garde de la zone forestière – se découvrent peu à peu les crêtes de la Weissfluh, bien connues des skieurs de Davos. En finale, à partir de Tschuggen, prairies fleuries, bois de mélèzes et de sapins agrémentent la vallée.

DELÉMONT

Jura – 11 396 habitants

Cartes Michelin nᵒˢ 927 G 3 ou 216 pli 14 – Schéma : JURA SUISSE – Alt. 436 m

Delémont fut, jusqu'en 1792, la résidence d'été des princes-évêques de Bâle dont la crosse est reproduite dans les armes de la ville. Elle doit aujourd'hui son importance à sa gare et à ses fabriques d'horlogerie et de machines de précision. Elle est enfin, depuis 1978, la capitale du nouveau canton du Jura.

Vieille ville – La vieille ville ou ville haute, axée sur la rue du 23-Juin, a gardé ses portes monumentales, ses fontaines Renaissance (16ᵉ s.) et de nobles bâtiments du 18ᵉ s.

Le château des évêques, l'église St-Marcel et l'hôtel de ville sont les éléments les plus représentatifs de ce Delémont ancien.

Hôtel de ville – Construction remarquable par son escalier extérieur, sa porte d'entrée baroque et sa décoration intérieure.

Musée jurassien d'Art et d'Histoire ⊘ – Il rassemble des trouvailles archéologiques (de la préhistoire à l'époque mérovingienne) faites alentour, ainsi que des objets religieux anciens, des souvenirs révolutionnaires et napoléoniens – Delémont faisait partie, comme Porrentruy, du département français du « Mont Terrible » –, des réalisations d'artisanat et de folklore, des œuvres d'artistes jurassiens, le trésor paroissial avec la précieuse crosse (7ᵉ s.) en or, argent et émaux de saint Germain, premier abbé de Moutier-Grandval.

Chapelle du Vorbourg – *2 km au Nord-Est.*

Ce lieu de pèlerinage s'atteint par une route ombragée offrant de beaux points de vue sur Delémont et jalonnée d'un chemin de croix. La chapelle, aux autels baroques et aux murs garnis d'ex-voto des 18e et 19e s., s'élève dans un site sauvage et boisé, au-dessus d'une vallée profonde.

DENT DE VAULION★★★

Vaud

Cartes Michelin nᵒˢ 927 D 5 ou 217 pli 2 – 15 km au Sud-Ouest de Vallorbe

Schéma : JURA SUISSE

Alt. 1483 m

La dent de Vaulion, l'un des sommets les plus escarpés du Jura suisse, constitue un belvédère de tout premier ordre, révélant un panorama immense sur les Alpes, de la Jungfrau à la Meije, et sur la vallée de Joux.

La montée – *De la route de Romainmôtier à l'abbaye, 5 km – environ 3/4 h.* Le chemin d'accès, goudronné jusqu'au chalet de la Dent-de-Vaulion, se détache de la route au passage du seuil séparant le vallon de Vaulion de la vallée de Joux. Il devient rapidement très étroit *(croisement possible seulement en certains points).*

Du chalet, se diriger à vue vers le signal qui marque le point culminant (table d'orientation).

★★★ **Panorama** – L'apparition du massif du Mont-Blanc, derrière la nappe vaporeuse du lac Léman, en est l'attrait principal, mais la disposition des premiers plans jurassiens, en direction de la vallée de Joux et de ses lacs, est aussi très majestueuse.

Côté vallée de Joux, la montagne présente un à-pic vertigineux de 200 m.

DISENTIS/MUSTÉR✳

Graubünden – 2 209 habitants

Cartes Michelin nᵒˢ 927 K 5 ou 218 pli 2

Schémas : GRAUBÜNDEN et SANKT-GOTTHARD-MASSIV

Alt. 1 133 m

Dominant tout de sa large terrasse, au confluent du Rhin de Tavetsch – descendu du col de l'Oberalp, à l'Ouest – et du Rhin de Medel – descendu du col du Lukmanier, au Sud –, Disentis, centre de la culture romanche (imprimerie) et station thermale, est la petite capitale des hautes vallées de l'Oberland grison colonisées, au Moyen Âge, par les moines de saint Benoît. Le touriste trouvera ici toute une gamme de promenades (belvédères, chapelles peintes). En hiver, de nombreuses remontées mécaniques conduisent aux pistes neigeuses jusqu'à une altitude de 3 000 m.

Abbaye – C'est une des plus anciennes fondations bénédictines en Suisse (8ᵉ s.). Les bâtiments, utilisés par les pères comme institut d'éducation, datent, pour une partie, du 17ᵉ s·, pour le reste des 19ᵉ et 20ᵉ s. L'abbaye, dont le bourg a emprunté le nom romanche de Mustér, a établi ses bâtiments au flanc d'un long versant d'alpages.

★**Église abbatiale** (Klosterkirche) – *Illustration dans le chapitre L'art en Suisse.* Cet imposant sanctuaire baroque (1695-1712), flanqué de deux clochers à bulbe, présente intérieurement un vaisseau très clair dont les tribunes s'ordonnent de façon savante : la double rangée de fenêtres qui diffusent cette lumière reste invisible du bas de la nef, conformément aux règles baroques de l'éclairage indirect. Les stucs et les peintures de la voûte ont été restaurés au début de ce siècle, à la suite de l'incendie de l'abbaye par les troupes françaises en 1799.

★**ROUTE DE L'OBERALP**

De Disentis/Mustér à Andermatt

31 km – environ 1 h – itinéraire 5 *de la visite du massif du St-Gothard.*

Le col de l'Oberalp ⊙ *est généralement obstrué par la neige de novembre à mai ; lorsque la route est fermée, un train effectue le transbordement des voitures.*

Il est possible d'apprécier de part et d'autre du couloir de l'Oberalp (point culminant : 2 044 m), noyé dans sa plus grande longueur par un lac, les passages les plus marquants de l'itinéraire ; ce sont principalement :

– **la sortie amont du bassin de Sedrun** : après Camischolas, la route se recourbe pour pénétrer dans un « étroit » boisé. Du virage à l'entrée de ce défilé, la vue est charmante sur le **val Tavetsch**, où naît le Rhin antérieur. Les villages sont disposés sur des terrasses verdoyantes entaillées de ravins et nivelées avec une régularité parfaite.

– **la descente de l'Oberalp à Andermatt** : la **vue**★★ prend bientôt en enfilade la conque d'alpages du val d'Urseren jusqu'à la trouée de la Furka, puis plonge sur Andermatt, agglomérée au pied des débris de la forêt d'Urseren, qu'ont ravagée les avalanches.

✳ **Andermatt** – *Voir Alpi Ticinesi.*

★ VALLÉE DU RHIN ANTÉRIEUR

De Disentis/Mustér à Reichenau

92 km – une demi-journée – itinéraire ⑧ *de la visite du massif du St-Gothard.*

Peu après avoir quitté Disentis/Mustér au Nord-Est, en amont du viaduc ferroviaire et du pont routier moderne qui franchissent le ravin du Russeinbach, subsiste l'ancien pont couvert désaffecté. Remarquer, plus loin, l'élégant clocher à bulbe de Somvix.

Trun – Le vaste bâtiment de la **« Cuort Ligia Grischa »** ⓥ (volets blanc et noir), ancienne résidence des abbés de Disentis, construite en 1674, était en quelque sorte le parlement et le tribunal de la Ligue. On visite la « chambre de l'abbé », décorée de boiseries (17ᵉ s.) et la salle du Tribunal, à l'ornementation baroque. L'érable dans l'enclos contigu à la chapelle Ste-Anne (18ᵉ s. – peintures commémoratives modernes) provient d'un rejet du célèbre érable de Trun, arbre sacré à l'ombre duquel avait été solennellement confirmé, en 1424, le pacte de la Ligue grise.

Ilanz – Ancienne capitale politique de la « Ligue grise », fondée ici, en 1395 *(voir Les cantons – article « Grisons »)* – Disentis/Mustér ayant plutôt été la capitale religieuse . C'est la seule localité de l'Oberland grison honorée du titre de « ville ». Le quartier le plus pittoresque, que l'on atteint en suivant l'itinéraire de sortie en direction de Vals ou Vrin, possède encore des demeures seigneuriales du 17ᵉ s. à décoration baroque, dont la « Casa Gronda » (volets noir et jaune), avec sa tourelle d'angle, ses grilles de fenêtre, ses encadrements de porte finement ouvragés.

Vals – *D'Ilanz à Vals, 20 km.*
Un détour par une route romantique et sinueuse, dans la vallée du Valsertal, mène à cette station thermale (alt. 1 248 m) nichée dans un cirque grandiose de montagnes. Le **Felsen-Therme★** est le premier centre thermal en pierre naturelle. Inauguré en 1996, classé monument national, il doit son architecture épurée au célèbre architecte suisse Peter Zumthor : les murs de ce cube massif sont en quartzite, extraite dans la vallée. Les équipements sont sophistiqués : piscine intérieure à 32 °C, bassin en plein air à 36 °C, saunas, grotte pour le bain froid, grotte « sonore » diffusant une musique « minérale » composée par Fritz Hauser…

Retourner à Ilanz par la même route.

★ **Route de Versam** – *D'Ilanz à Bonaduz, 21 km.*
Elle offre des échappées sur les gorges du Rhin et sur les crêtes du Bifertenstock (massif du Tödi), à gauche des Vorab.
La clairière qui précède immédiatement le village de Versam invite à la halte. La **vue★** se porte sur quelques sommets caractéristiques du versant opposé : le groupe des Vorab, avec son vaste glacier de plateau, à gauche le Ringelspitz, à droite. Au premier plan s'avance le promontoire du Flimserstein, aux imposantes falaises. La petite route, accrochée en corniche au flanc des ravinements blanchâtres (bizarres phénomènes d'érosion) qu'ont dégagés le Rhin et son affluent la Rabiusa, se fraie un passage dans la masse de matériaux hétéroclites amenés par l'éboulement de Flims. De Laax à Trin, le paysage, très boisé et mouvementé, témoigne de la topographie d'origine, toute chaotique, de l'énorme coulée d'éboulis descendue de la chaîne de la Sardona dans la vallée du Rhin.
On remarque, en contrebas de la route, le petit lac de Cresta. L'éboulement de Flims contraint la route à franchir un très fort dos d'âne dont la station de Flims, à 1 103 m d'altitude, marque le point culminant.

✱✱ **Flims** – *Voir ce nom.*

Les vues les mieux dégagées du trajet s'offrent de la descente de Trin (joli village perché) à Reichenau : c'est le moment favorable pour considérer le bassin de Reichenau où confluent le Rhin antérieur, à peine libéré de ses gorges, et le Rhin postérieur, débouchant de façon plus aisée, près de Bonaduz, du bassin du Domleschg.

Reichenau – Avec ses trois ponts en triangle encadrant le confluent du Rhin antérieur et du Rhin postérieur, cette petite agglomération – qui se réduit, en fait, à un château et ses dépendances – doit son existence à un site éminemment favorable à la perception des péages. Elle reste un important nœud de communications, à la bifurcation des routes du Domleschg (Thusis) et de l'Oberland grison (Disentis/Mustér).
Pendant la période mouvementée de la Révolution française, un institut d'éducation occupait les bâtiments. Louis-Philippe d'Orléans, futur roi des Français, y passa son premier hiver d'émigration (1793-1794), enseignant les langues, l'histoire, la géographie et les mathématiques sous le nom d'emprunt de Chabaud-Latour.

Bassins du DOUBS★★

Cartes Michelin nᵒˢ 927 E 4 ou 216 pli 12

Sous ce titre, nous entendons la partie la plus épanouie des gorges du Doubs-frontière, dans ses élargissements du lac des Brenets (ou de Chaillexon) et de la retenue du Chatelot. Ce secteur de la grande rivière jurassienne (dont le tracé capricieux forme sur 43 km la frontière franco-suisse) est plus accessible à l'automobiliste et plus favorisé en belvédères du côté français *(consulter le guide Jura)*. Cependant, la rive suisse n'est pas dénuée d'intérêt, et la navigation sur le lac des Brenets offre le même pittoresque aux touristes partant de l'une et l'autre rives...

DES BRENETS AU SAUT DU DOUBS

À pied (par un chemin forestier longeant la rive Est), 2 h 1/4 AR, ou 1 h plus le retour effectué en bateau.
En bateau ⊘ : 1 h AR, plus 20 mn à pied AR. Embarcadère à Pré-du-Lac (rive suisse).

Les Brenets – Petite ville frontière agréablement étagée sur les pentes plongeant dans le lac de ce nom, face à la rive française.

★**Lac des Brenets (ou de Chaillexon)** – Il s'agit en fait d'un méandre du Doubs que des éboulements ont converti en un réservoir long de 3,5 km et large en moyenne de 200 m – dont le Saut du Doubs *(voir ci-dessous)* constitue le déversoir. En un point du lac, un resserrement des rives le divise en deux « bassins » : dans le premier il s'étale entre des pentes d'abord douces et riantes ; dans le second, il s'encaisse entre d'abruptes falaises calcaires couronnées de sapins, hêtres ou épicéas, et dont les arêtes offrent parfois des profils évocateurs (**Tête de Louis-Philippe**, **Tête-à-Calvin** – ou **Sphinx** pour les Français...). La croix fédérale, peinte à même la roche (en 1853), et la grotte dite du Roi de Prusse se remarquent sur la paroi de la rive suisse.

★★★**Saut du Doubs** – *Accès depuis le débarcadère marquant la fin du lac, par un chemin forestier.*
Cette célèbre chute de 27 m doit être vue du côté français pour en apprécier son côté spectaculaire *(description dans le guide Jura)*. Le site, en entonnoir, est très boisé.

BELVÉDÈRES SUISSES DU DOUBS

Des Brenets aux Roches de Mauron *11 km – environ 1 h*

Les Brenets – *Description ci-dessus.*

Au carrefour suivant la sortie des Brenets en direction du Locle, prendre à gauche la route forestière vers les Planchettes. Celle-ci, en partie sous bois, escalade le plateau sur lequel on émerge aux abords du hameau des Recrettes.

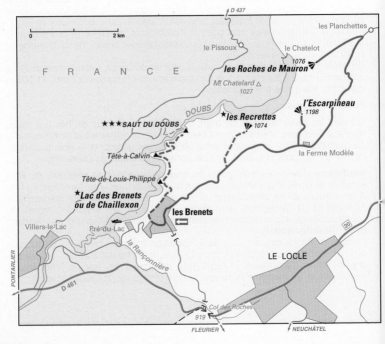

★ **Point de vue des Recrettes** – Alt. 1 074 m. *1/2 h à pied AR.*
D'un belvédère aménagé, belle **vue**★ sur la boucle du Doubs engendrée par le môle impressionnant du mont Châtelard, côté français, et l'arrière-pays couvert de sapins ou de pâtures.
Peu avant la ferme modèle, prendre à gauche un chemin de terre privé *(refermer les barrières derrière soi)*, sur environ 700 m, jusqu'à proximité immédiate de la falaise.

Point de vue de l'Escarpineau – Alt. 1 198 m. D'un autre belvédère, parfaitement aménagé, vue belle et ample (malheureusement contrariée par des sapins en premier plan) sur le barrage et la retenue du Chatelot, les crêtes jurassiennes françaises.
Devant la ferme modèle, tourner à gauche. Avant le village des Planchettes, emprunter à gauche un chemin revêtu, sous bois.

Les Roches de Mauron – Alt. 1 076 m. Gagner à pied le belvédère proche du restaurant, d'où l'on a une vue plongeante sur le Doubs, limitée entre le promontoire du Châtelard et le barrage convexe du Chatelot.

EINSIEDELN★★

Schwyz – 11 995 habitants
Cartes Michelin n°s 927 K 4 ou 216 pli 19 – Alt. 881 m

Dans une région assez tourmentée de collines et de bois de pins coupés de torrents, qui rappelle par certains traits le Jura français et les Vosges, Einsiedeln, agréable villégiature été comme hiver, est le lieu de pèlerinage le plus célèbre de Suisse. Son rayonnement se fait sentir jusqu'en Alsace et en Allemagne méridionale.
C'est à l'emplacement d'un couvent, fondé en 934 par Othon Ier et la duchesse Reglinde de Souabe, et incendié plusieurs fois par la suite, que furent édifiés, au 18e s., l'église et les bâtiments conventuels qui forment l'ensemble fastueux actuel.
La grand-rue du bourg débouche à l'Est sur la vaste place de l'église abbatiale. Au centre du parvis en hémicycle, bordé d'arcades, se dresse la fontaine de la Vierge, dominée par l'imposante façade de l'abbaye bénédictine qui s'étend sur une longueur de 140 m. C'est dans ce décor qu'ont lieu, tous les cinq ans seulement (la prochaine fois en 2005), les représentations « Le Grand Théâtre du monde » de Calderón de la Barca (600 figurants).

CURIOSITÉS

★★ **Klosterkirche (Église abbatiale)** – *Illustration dans le chapitre L'art en Suisse.*
Elle a été construite de 1719 à 1735 dans le style baroque dit « du Vorarlberg », très répandu dans les régions proches du lac de Constance. C'est le plus remarquable édifice de ce style en Suisse. Deux hautes tours encadrent la façade légèrement bombée et d'une grande élégance.
L'intérieur étonne par son ampleur – longueur de l'église y compris le chœur supérieur 113 m, largeur de la nef 41 m, hauteur sous la lanterne de la coupole de la Nativité 37 m – et surtout par l'extraordinaire richesse de sa décoration : les voûtes de l'immense vaisseau – coupoles et octogone de la nef – ainsi que les bas-côtés et le chœur sont couverts de fresques et ornés de stucs.
La décoration est due en grande partie aux frères Asam, originaires de Bavière et connus, l'un comme peintre, l'autre comme stucateur ; les statues des autels sont l'œuvre des frères Carlone de Sciara (près de Côme dans le Nord de l'Italie) et d'artistes milanais.
Construit de 1674 à 1680, le chœur a été transformé et orné de fresques par Kraus d'Augsbourg. Derrière le tableau de l'Assomption, on aperçoit le chœur supérieur où se réunissent chaque jour les moines pour la récitation de l'office. Les grilles du chœur, en fer forgé, sont remarquables.
La Sainte-Chapelle, édifiée à l'entrée de la nef à l'emplacement de la cellule où vécut saint Meinrad, martyrisé en 861, renferme la statue de Notre-Dame-des-Ermites qui fait l'objet d'une vénération toute spéciale de la part des pèlerins. Malgré la diversité et l'exubérance des éléments décoratifs, l'édifice conserve une grande unité.

Grosser Saal ⊙ **(Grande Salle de l'abbaye)** – Elle est située au 2e étage des bâtiments conventuels. On y accède en contournant l'église par la droite.
Construite au début du 18e s., elle est ornée de stucs et de fresques dus à Marsiglio Roncati, de Lugano, et à Jean Brandenberg, de Zoug. On y expose périodiquement des objets provenant des différentes collections d'art du monastère.

EMMENTAL★

Cartes Michelin nos 927 plis 13, 14 ou 216 plis 15, 16 et 217 plis 6, 7

Le fromage d'Emmental

Il est à la Suisse alémanique ce que le gruyère est à la Suisse romande. Il est en outre le fromage le plus exporté : ses meules énormes, sa pâte dure ajourée de grands trous irréguliers (alors que le gruyère, plus compact, n'est percé que de rares petits trous ronds), son goût de noisette sont connus dans le monde entier.

L'Emmental, petite région au nom évocateur d'un célèbre fromage, est une large vallée de l'Est du canton de Berne, comprise entre l'Aare et le canton de Lucerne, et que partage en son milieu, du Sud au Nord, l'Emme, affluent de l'Aare qu'elle rejoint à l'Est de Soleure. Née dans le massif du Hohgant, au Nord du lac de Brienz, l'Emme traverse d'abord cette zone montagneuse de caractère subalpin aux versants couverts de sapins et de pâturages, puis sillonne une riante contrée de faible relief au vert manteau de forêts et de prairies semé de pittoresques chalets fleuris composant de charmantes agglomérations. La richesse du pays – bois, cultures, élevage – est pour une bonne part à mettre au crédit de ses paysans.

VILLES ET CURIOSITÉS

Burgdorf ; belvédère de la Lueg★ – *Voir Burgdorf.*

Hasle (Hasle-Rüegsau) – Le village, sur la rive gauche de l'Emme, est relié au bourg de Rüegsauschachen (rive droite) par un remarquable **pont couvert**, en bois (1838), d'une seule portée. L'église protestante, ancienne chapelle reconstruite au 17e s., abrite des petits vitraux d'époque armoriés et des fresques naïves, de tons brun et vert, du 15e s., remontées sur le mur gauche de la nef (Jugement dernier, Montée au Golgotha, Crucifixion...).

Jegenstorf – Ce bourg pimpant et fleuri ordonne ses maisons autour d'une église de style gothique tardif au clocher en bâtière à tavaillons et dont l'intérieur, ceint de boiseries et coiffé d'un plafond de bois décoré d'entrelacs, conserve de nombreux vitraux (saints, blasons, etc.) du 16e au 18e s. Son **« château** ⓥ **»**, riche demeure du 18e s. ajoutée à une tour féodale, s'élève dans un petit parc boisé et accueille des expositions temporaires dans de belles suites de salons à décoration et mobilier du 18e s.

Kirchberg – L'église protestante (1506, restaurée), dans le cimetière surplombant la localité, présente à l'abside d'intéressants vitraux des 16e et 17e s. : sur les fenêtres latérales gauches, saint Georges tuant le dragon, blasons bernois ; sur celles de droite, Vierge en gloire et diverses figurations symboliques. Les vitraux des fenêtres centrales sont modernes.

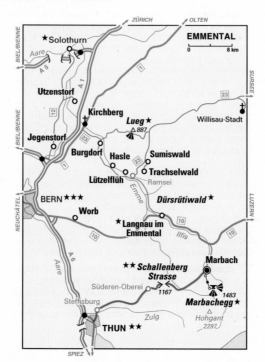

★ **Langnau im Emmental** – *Voir ce nom.*

Lützelflüh – Joli village sur l'Emme. L'église, datée de 1494 mais modernisée, détient six petits vitraux anciens et un beau buffet d'orgue de 1785. Tombe de Jeremias Gotthelf, pasteur-écrivain renommé du 19e s.

Marbach – *Voir ce nom.*

Sumiswald – *Voir Burgdorf, Environs.*

Trachselwald – Église réformée (17e s. ; clocher du 18e s.) avec dans la nef un curieux plafond peint et dans l'abside un mausolée baroque (1695). À l'écart du village, sur une butte boisée, gracieux **castel** ⊘ (Schloss) du 15e s., rénové mais ayant conservé une tour du 12e s., auquel on accède par un escalier couvert et coudé.

Utzenstorf – *Voir ce nom.*

Worb – Ce bourg, carrefour routier et centre industriel très animé, est dominé par ses deux châteaux du 12e et du 18e s. et par son église de style gothique tardif dont le chœur conserve des stalles sculptées et l'abside de jolis vitraux des 16e et 17e s. aux motifs très variés.

Barrage d'EMOSSON★★

Cartes Michelin n°s 927 E 7 ou local 328 O4 – 24 km au Sud-Ouest de Martigny

Depuis Le Châtelard, village frontière entre la Suisse et la France, une route (8 km, fermée en hiver) sinue par Finhaut jusqu'à ce barrage. Dans les derniers virages, bordés de fleurs et de sapins, la vue se déploie sur le massif du Mont-Blanc, plus belle encore au niveau du barrage. Réalisation franco-helvétique, ce barrage – le second de Suisse derrière celui de la Grande Dixence – a été construit de 1967 à 1972 et s'intègre parfaitement au décor rocheux qui l'entoure.

★★ **Accès en funiculaire** ⊘ – Pour l'effet de surprise, rien ne vaut l'arrivée par ce funiculaire, le plus raide du monde, dont la déclivité atteint jusqu'à 78 %. Au départ du **Châtelard-Giétroz**, un premier tronçon mène de la centrale électrique des CFF jusqu'au château d'eau : **panorama** sur la vallée du Rhône et de l'autre côté, sur le Mont Blanc. Un petit train panoramique conduit ensuite au pied du barrage. De là, un second funiculaire (le **Minifunic**) mène jusqu'au col de la Gueulaz (alt. 1 970 m). Inauguré en 1991 pour le 700e anniversaire de la Confédération, ce petit chef-d'œuvre de technicité parcourt 260 m de dénivellation en 2 mn !

★★ **La vue** – Elle s'étend sur tout le massif du Mont-Blanc : de droite à gauche, les aiguilles Rouges, le Mont Blanc, le mont Maudit, le mont Blanc du Tacul, l'aiguille du Midi, l'aiguille du Dru, l'aiguille Verte, les aiguilles du Chardonnet et d'Argentière, l'aiguille et le glacier du Tour, le glacier des Grands.
En contre-haut du café-restaurant, la chapelle N.-D.-des-Neiges est moderne mais conserve une allure traditionnelle. L'intérieur présente de jolis vitraux (fleurs et animaux des Alpes).

★ **Le barrage** ⊘ – Alt. 1 850 m. Situé juste en contrebas du col de la Gueulaz, ce barrage-voûte (180 m de haut) retient une nappe d'eau de 225 millions de m³ sur une surface de 327 ha. Il remplace l'ancien barrage de la Barberine, submergé de 42 m quand le niveau d'eau atteint son maximum. Paradoxe de la géologie, les eaux du lac proviennent en majorité du massif du Mont-Blanc, de l'autre côté de la vallée : Argentière, Le Tour... En effet, ces eaux sous-glaciaires sont captées à une altitude supérieure à celles du lac. Conduites ici par des galeries souterraines, elles remontent par un phénomène de siphon.

Escalade sur le barrage

En 1996, une voie d'escalade a été inaugurée sur la paroi lisse du barrage par des alpinistes valaisans, Marc Volorio, Paul Victor-Amaudruz, Samuel Lugon et Thierry Moulin. C'est la plus haute structure d'escalade artificielle du monde. Les deux premières sections s'effectuent sur un plan incliné, la troisième est verticale... et les deux dernières comportent un dévers de 13 m pour 60 m de dénivellation. Quelque 600 prises en résine synthétique ont été vissées et collées sur le béton. Une voie lisse et spectaculaire, longue de 150 m, où des alpinistes chevronnés viennent parfois s'entraîner...

La centrale hydroélectrique du palier supérieur, au Châtelard-Vallorcine, est située en France. La centrale de la Bâtiaz marquant le palier inférieur se trouve en Suisse, au fond de la vallée du Rhône. La production annuelle d'énergie est de l'ordre de 850 millions de kWh, que se partagent les deux partenaires, EDF côté français et ATEL côté suisse.

RANDONNÉES

★ Les lacs d'Emosson – *3 ou 4 h de marche AR.*
Une voie goudronnée traverse le barrage, suffisamment large pour ne pas impressionner les personnes sujettes au vertige. Le chemin se poursuit sur la rive gauche du lac d'Emosson, offrant une vue quasi scandinave sur ce miroir paisible, cerné d'une riche végétation, et que surplombe le dos du cirque du Fer à Cheval – situé du côté français. À l'extrémité Ouest, débute le **lac du Vieux Emosson**. Le chemin monte jusqu'au barrage du Vieux Emosson, où se trouve une petite buvette : vue sur le cirque du Cheval Blanc (alt. 2 831 m) et la pointe de Finive (2 625 m).

★★ Sur les traces des dinosaures – *5 ou 6 h de marche AR. Il est strictement interdit de prélever des échantillons de roche.*
Emprunter la rive gauche du lac d'Emosson *(voir ci-dessus).* À son extrémité, un sentier balisé (indication : col de la Terrasse) grimpe vers le site protégé (alt. 2 400 m), découvert le 23 août 1976 par le géologue français Georges Bronner : plus de 800 empreintes fossilisées marquent le passage de dinosaures, voici quelque 250 millions d'années, alors que les Alpes n'existaient pas encore. La taille de ces herbivores, variait de de 3 à 4 m pour un poids de plusieurs tonnes. Ils ont laissé des traces de 3 à 5 doigts, longues de 10 à 20 cm et profondes de 5 cm. Leur espacement signale que les foulées de ces animaux pouvaient atteindre 2 m.
Les bons marcheurs pourront contourner le site par la gauche, pour gagner la crête de **la Veulade** *(alt. 2491 m).* Un sentier redescend vers les gorges de la Veulade – prudence, des névés y persistent parfois en été. Surplombé par la Grande Perche, il chemine vers le col du Passet et rejoint l'entrée du barrage d'Émosson.

Se restaurer

Restaurant du barrage d'Emosson – *☎ (027) 768 12 74 – ouvert du 9 mai au 15 novembre.*
Ce restaurant isolé, pourvu d'un parking, est tout indiqué pour une petite pause. La carte (sandwichs, soupe, plats locaux…) permet de se rassasier avant une balade autour du lac de barrage. Accueil sympathique.

ENGADIN★★★
ENGADINE
Cartes Michelin n°s 927 plis 17, 18 ou 218 plis 6, 7, 15, 16
Schéma : GRAUBÜNDEN

L'Engadine, dont la « Route supérieure » constitue l'accès millénaire, offre un **paysage** différent de celui des grandes vallées alpestres, fortement encaissées, où les bassins et les étranglements se succèdent de façon parfois fastidieuse. Son altitude moyenne étant voisine de 1 500 m (1 800 m pour la Haute-Engadine), l'automobiliste venant du Nord est surpris, après le passage des cols du Julier ou de l'Albula, de voir s'étaler devant lui une vallée profonde de quelques centaines de mètres seulement ; et celui qui arrive d'Italie par le « col » de la Maloja débouche de plain-pied dans le berceau du haut Inn. Les montagnes de l'Engadine, malgré leurs sommets de plus de 4 000 m (Piz Bernina – alt. 4 049 m), apparaissent alors comme privées de leur soubassement. Elles sont surtout appréciées pour leurs splendeurs glaciaires.

Mais plus encore que par l'originalité du coup d'œil, le touriste est attiré ici par un **climat** de montagne très continental. La limpidité du ciel, la légèreté et la sécheresse de l'air caractérisent ce climat violemment contrasté, très peu atteint par les perturbations océaniques. La puissance de l'insolation est très frappante en hiver, avec les effets de réverbération sur la neige, et c'est à juste titre qu'une station comme St-Moritz a pu se placer sous le signe du soleil.

Les deux romanches d'Engadine

La vallée est tiraillée entre deux langues, l'italien et l'allemand, et tente d'en maintenir une troisième : le **romanche**, reconnu quatrième langue nationale de la Confédération en 1938. Cousin éloigné de l'italien et du français, cet idiome de la famille rhéto-romane est parlé par environ 40 000 Grisons. Ici, le pain se dit *pan*, et l'enfant est *uffant*. Le romanche est l'héritage de la conquête de la Rhétie, voici 2 500 ans, par les légions romaines de Tibère et Drusus : le latin s'y mêla aux langues locales, donnant naissance aux romanches actuels. En effet, cette langue se décline en deux variantes : dans la haute vallée d'Engadine, il s'exprime en *putèr* et dans la basse vallée, en *vallader*.

DE ST-MORITZ À SOGLIO
33 km – environ 1 h 1/2 – itinéraire ④ de la visite des Grisons.

★★★ **St-Moritz** – *Visite : 1 h 1/2. Voir ce nom.*

Au départ de St-Moritz, les crêtes neigeuses du Piz de la Margna ferment l'horizon.

Lac de Sils et Piz de la Margna

★★★ **Piz Corvatsch** Ⓥ – *Accès en 16 mn par téléphérique au départ de Surlej (à l'Est du lac de Silvaplana).*

La montée jusqu'à la station de Murtel (alt. 2 702 m) fait déjà découvrir en totalité les lacs de Silvaplana et de Sils. La station supérieure (alt. 3 303 m) est située en contrebas du superbe tremplin que constitue le sommet du Piz Corvatsch (alt. 3 451 m). Gagner la terrasse panoramique, d'où se révèle un magnifique **tour d'horizon★★★**. On admirera tout d'abord à l'Est l'ensemble glaciaire composé par les Piz Tschierva, Morteratsch, Palü, Bernina, Scerscen et Roseg, tandis que l'on devine en arrière-plan le massif de l'Ortler en Italie. Au Nord-Ouest, on surplombe l'ensemble de la vallée de l'Engadine et ses lacs, dominés par les Piz Lagrev, Julier, Bever et Ot. En arrière-plan, on découvre le Säntis et plus à l'Ouest le Jungfraugruppe et le Sustenhorn.

Le domaine skiable – Le Piz Corvatsch est le point de départ de superbes pistes excellemment enneigées. En pente modérée, elles comblent les skieurs de niveau intermédiaire, qui profitent sans effort de paysages grandioses. La très belle piste de Hahensee, la seule un peu raide, permet depuis le Giand'Alva (2 643 m), de descendre sur St. Moritz-Bad en terminant en forêt. À partir d'Alp Margun, au-dessus de Surlej, il est possible de rejoindre le domaine de Sils, en empruntant 2 téléskis. Ce secteur, qui culmine au Furtschellas (2 800 m), offre également des pistes assez aisées. Belle descente en forêt sur Sils. L'équipement en remontées mécaniques est malheureusement assez vieillot et peu confortable.

★★★ **Randonnée au Piz Murtel** – Alt. 3 433 m. *Demander au préalable conseil sur les conditions d'accès (état de la neige et de la glace) et se faire accompagner si nécessaire par un guide de haute montagne.*
Descendre tous les escaliers et rejoindre le glacier. Montée assez raide d'environ 3/4 h dans la neige, ce qui nécessite de solides chaussures de montagne pour accéder au sommet.

★★ **Promenade au Fuorcla Surlej** – Alt. 2 755 m. De la station intermédiaire de Murtel, promenade facile et agréable d'une demi-heure. De ce col, où a été aménagé un refuge, **vue★★** superbe sur le massif de la Bernina.
Il est possible de redescendre à pied à Surlej en 2 h 30 en passant par le **lac Hahensee**. La descente, assez rocailleuse, réserve des **points de vue★★★** sur les lacs de Sils, Silvaplana, Champfer et St-Moritz.

★★★ **Randonnée au refuge Chamanna Coaz** – Alt. 2 610 m. *Prévoir de bonnes chaussures et un bâton. 5 h de marche sans compter les pauses, fatigante surtout dans la descente. Se renseigner à l'avance sur les horaires des calèches et des bus pour revenir à Surlej en fin d'après-midi. C'est la randonnée de référence à ne pas manquer, après être monté au Piz Corvatsch de bon matin et avoir gagné le Fuorcla Surlej.*
De ce col, l'itinéraire, bien balisé, évolue à flanc de montagne sans dénivelée importante. Il révèle rapidement des **vues★★★** de plus en plus grandioses sur l'immense cirque glaciaire de fond de vallée, sur lequel trône le Piz Roseg. Agrémenté de quelques cascades et traversées de torrents, il parvient en 2 h au refuge, perché dans un **cadre★★** sévère et isolé de haute montagne. Les glaciers de Roseg et de Sella dévalent et plongent dans un vaste lac blanc.
Revenir sur ses pas, puis bifurquer au bout de 15 mn à droite vers Pontresina (Puntraschigna). Descente (40 mn) pénible car raide et très rocailleuse jusqu'au lac de Vadret, que l'on longe. L'imposante langue glaciaire se jetant dans le lac, parsemé d'icebergs forme un **tableau★★★** à couper le souffle. Poursuivre la descente en bordure de torrent, la végétation reprenant peu à peu ses droits (pelouse et flore alpine, pins à crochets et mélèzes). On parvient en 1 h 30 à un hôtel (alt. 2 000 m), terminus de cette randonnée exceptionnelle. Les glaciers tranchant avec la végétation renaissante dans la lumière du soir laissent une image finale éblouissante. De l'hôtel, descendre en calèche jusqu'à Pontresina *(payant)* puis utiliser le service de bus pour rejoindre Surlej.

La route file au pied des versants de la haute vallée de l'Inn en longeant les **lacs★★ de Silvaplana et de Sils** égayés par une presqu'île boisée.

★ **Sils** – Cette villégiature élégante et tranquille de la Haute-Engadine groupe, à l'origine de la vallée de l'Inn, les localités de Sils-Baselgia (Sils-Église) et de **Sils-Maria**✳, dans un cadre très boisé. Les lignes adoucies du paysage, tant dans la vallée principale que dans la vallée affluente de Fex, ainsi que les deux lacs, participent à son charme.
Entre les lacs, on bénéficie vers le Sud d'une échappée sur le cirque glaciaire très évasé qui marque l'origine du val Fex, au pied du massif de la Bernina.
Près de l'église de Sils-Maria, le souvenir du philosophe allemand Friedrich Nietzsche, qui séjourna ici chaque été entre 1881 et 1888, revit dans sa maison aménagée en musée.

Maloja – *Voir ce nom.*

Passo del Maloja (Col de Maloja) – Alt. 1 815 m. Ce col, le moins élevé entre la Suisse et l'Italie, marque la limite de l'Engadine proprement dite et la ligne de partage des eaux entre le versant « danubien » et le versant « italien » des Grisons. S'il est à peine perçu du côté engadinois, il l'est bien davantage du côté opposé, le torrent de la Mera ayant creusé sa vallée (le val Bregaglia) beaucoup plus profondément que l'Inn la sienne.

En aval du col, le **val Bregaglia**★★ (Bergell) prolonge la percée alpine de l'Inn. Une série de lacets permet de gagner Casaccia, qui marque la jonction avec l'antique chemin du Septimer. En amont du Piz Cacciabella, repérable à son petit névé arrondi, se creuse la vallée « suspendue » *(voir Introduction : La physionomie du pays)* typique d'Albigna, coupée par un grand barrage.

En aval de Löbbia s'offre une **vue**★ dégagée, en contrebas, sur le palier de Stampa Vicosoprano bordé, du côté Nord, de magnifiques sapinières et de massifs de mélèzes. Les villages entre Vicosoprano et Promontogno – et parmi eux Stampa, où est né le peintre et sculpteur Alberto Giacometti – manifestent la régression de l'influence engadinoise : hautes maisons dégingandées, étroites rues pavées, groupes de petites granges alignant leurs pignons à claire-voie se font moins prédominants. La végétation alpestre laisse peu à peu sa place aux châtaigneraies, à la vigne et aux arbres fruitiers.

La Porta – Cet « étroit » de la vallée, fortifié dès l'époque romaine, marque la frontière naturelle entre le Bergell alpestre et le Bergell méridional. Le donjon de Castelmur apparaît sur un éperon, en contre-haut du campanile roman de Nossa Donna. La chaussée ancienne, surélevée et encore bien visible, coupait plus directement le promontoire en traversant la muraille d'enceinte, aux vestiges encore importants. Castelmur était la position clé de « l'Obere Strasse » sur le versant italien.

★★ **Soglio** – *Accès par un chemin étroit en très forte montée.*

Ce village, dont le **site**★★ réunit les aspects les plus pittoresques du Bergell, s'élève vis-à-vis du cirque rocheux qui ferme le val Bondasca. La paroi lisse du Pizzo Badile compte parmi les plus étonnantes des Alpes. Tranchant parmi les maisons qui se serrent auprès du campanile de l'église, les nobles façades de plusieurs « palais Salis » évoquent ici le souvenir d'une des familles grisonnes les plus connues en dehors de la Confédération, nombre de ses représentants ayant fait carrière dans la diplomatie.

DE ST-MORITZ À MARTINA

78 km – environ 3 h – itinéraire ④ *de la visite des Grisons.*

★★★ **St-Moritz** – *Visite : 1 h 1/2. Voir ce nom.*

Après le versant boisé séparant St-Moritz de Celerina, l'itinéraire se déroule sur le palier inférieur de la Haute-Engadine.

Celerina – *Voir ce nom.*

Samedan – *Voir ce nom.*

La vallée de l'Inn est d'abord très large et son fond plat alluvial doit être protégé contre les débordements du torrent.

★★ **Zuoz** – *Voir ce nom.*

La vallée se resserre et se vide d'habitations entre Punt Ota, frontière traditionnelle entre la Haute et la Basse-Engadine, et Zernez. Aux approches de Zernez apparaît le Piz Linard, veiné de neige.

Zernez – *Voir ce nom.*

De Zernez à Susch, la route, côtoyant l'Inn, s'enfonce dans le défilé boisé de la « Clüs ». Le Piz Linard laisse peu à peu apercevoir, dans l'axe de ce paysage, ses faces rocheuses toujours veinées de neige.

Susch – *Voir Davos.*

Au-delà de Susch, l'épanouissement de la vallée, que surveille de sa terrasse le village de Guarda, fait place à un nouvel « étroit » où la route domine par endroits d'environ 150 m les eaux troubles du torrent.

★ **Guarda** – *2,5 km au départ de Giarsun, plus 1/2 h de visite.*

Avec ses maisons décorées de sgraffiti et, au-dessus des portes, de blasons, ses rues pavées, tortueuses et escarpées, ses fontaines, Guarda est considéré comme le village typique de la Basse-Engadine.

Bientôt apparaît, en amont, la **tour de Steinsberg**, dressée sur le mamelon rocheux auquel s'adosse le blanc village d'Ardez.

Ardez – Toits groupés au pied de la tour de Steinsberg, ce village mérite un arrêt pour ses maisons peintes à charmants oriels fleuris. Le sujet de la faute originelle a permis au décorateur de la « maison d'Adam et d'Ève » de brosser un luxuriant décor végétal. D'Ardez à Scuol, la route tracée en corniche au-dessus d'un troisième défilé boisé dans lequel elle s'enfonce, offre, dès le départ, un premier coup d'œil sur le fier château de Tarasp.

Au loin, se succèdent les plans montagneux des Dolomites de la Basse-Engadine (groupes du Piz Lischana et du Piz St-Chalambert) jusqu'aux crêtes marquant la frontière entre la Suisse, l'Italie et l'Autriche.

★ **Scuol** – *Voir ce nom.*

En aval de Scuol, la vallée se resserre entre les crêtes marquant la frontière italienne à droite et les versants striés de torrents descendus du massif de la Silvretta à gauche. À Martina, elle se creuse dans un défilé de direction Nord en contrebas du village autrichien de Nauders et du Reschenpass où s'ouvre un itinéraire vers les Dolomites.

ENGELBERG★★

Obwalden – 3 452 habitants

Cartes Michelin nᵒˢ 927 J 5 ou 217 pli 9 – Alt. 1 002 m

Dans un site encaissé et cependant ensoleillé, Engelberg, la grande station d'altitude de la Suisse centrale, associe des activités touristiques et monastiques. Salons de thé, piscines, courts de tennis, patinoire voisinent ici avec l'une de ces vastes abbayes bénédictines que la Suisse recèle dans ses hautes vallées.

Alors que l'alpiniste n'a que l'embarras du choix entre les dômes glaciaires du Titlis, les crêtes dentelées des Spannörter et de l'Uri Rotstock, le promeneur, grâce aux remontées mécaniques qui font la réputation de l'équipement local à la période du ski, accède aisément à des sites aussi connus que celui du Trübsee ou du Titlis.

Le domaine skiable – Il n'est pas très vaste (82 km de pistes pour 26 remontées mécaniques) mais offre d'intéressantes dénivelées et une bonne variété de paysages et de pistes. Les fondeurs s'exercent sur une quarantaine de kilomètres de boucles à Engelberg et vers le Trübsee.

Kloster ⊘ – Le couvent, fondé au 12ᵉ s., régenta toute la vallée jusqu'à l'invasion française de 1798. Le lourd quadrilatère de ses bâtiments est affecté en grande partie à un collège religieux. Une salle expose une intéressante collection d'objets liturgiques du 11ᵉ au 20ᵉ s.

L'église, qui sert également de sanctuaire paroissial, présente l'ordonnance et la décoration propres aux édifices de l'école baroque du 18ᵉ s. *(voir « L'art religieux en Suisse »)*. Le grand orgue est un des plus importants de Suisse.

ENVIRONS

★★★ **Titlis** ⊘ – Alt. 3 239 m. *Compter 3 h AR environ et de préférence la journée en réalisant une randonnée. Prévoir des vêtements chauds, des lunettes de soleil et des chaussures de montagne.*

La télécabine en 2 tronçons, conduisant au Trübsee, offre des **vues★** d'ensemble sur Engelberg et ses alpages. Prendre ensuite un téléphérique jusqu'à Stand (2 450 m) : **vues★★** superbes sur le Trübsee et le glacier de Titlis. On survole enfin ce dernier grâce au remarquable *Rotair*, téléphérique aux cabines circulaires, panoramiques et tournantes (**vue★★** vers le lac Engtslen). De la terrasse aménagée (3 020 m), **panorama★★★** de premier ordre sur le Sustenhorn, dominant un ensemble montagnard mouvementé, les rochers escarpés des Wendenstöcke et de Reissend Nollend, plus à l'Ouest les Alpes valaisannes (Dom), l'Oberland bernois (Jungfrau)... Plusieurs autres curiosités ont été aménagées : grotte de glace, fenêtre panoramique dans la paroi sud, 45 m sous la glace.

Il est recommandé de monter en 10 mn à un belvédère, aménagé sur le glacier. Pour les enfants, un téléski dessert une piste de luge (des pneus en guise de luges). Les bons marcheurs poursuivront jusqu'au sommet (40 mn), en respectant les consignes de sécurité, pour bénéficier d'un **tour d'horizon★★★** encore plus élargi.

De Stand, possibilité de descendre en 1 h 15 au Trübsee par un chemin panoramique réservant de belles **vues★★** sur la vallée et doté d'explications sur la géologie.

★★ **Trübsee** – Alt. 1 764 m. *Accès en 5 mn depuis le 2ᵉ tronçon de la télécabine.*

Au pied de montagnes escarpées et du glacier de Titlis, c'est l'un des plus beaux lacs d'altitude en Europe. En passant par la droite, faire le **tour du lac★★** *(compter 1 h 10 environ)*, magnifique promenade agrémentée par de nombreux rhododendrons et épicéas.

★★ **Col de Joch et Engstlensee** – *Compter 40 mn de télésiège AR et 1 h 30 de promenade.*

Au Sud-Ouest du Trübsee, prendre le télésiège montant au **col de Joch★★** (alt. 2 207 m), secteur équipé d'une piste de VTT. Descendre ensuite par un autre télésiège (desservant un snowpark l'hiver) pour découvrir le site remarquable du lac **Engstlensee★★**, avec le lac de Tannen en arrière-plan. Descendre jusqu'à l'extrémité du lac. Il est possible, dans le cadre d'une superbe randonnée à la journée, d'aller au **Tannensee★** et au **Melchsee★** *(voir Meiringen)*.

★★ **Fürenalp** – Alt. 1 850 m. *Accès par téléphérique, 3,5 km à l'Est d'Engelberg.*

Pour joindre ce promontoire rocheux haut perché, le trajet réserve des **vues★★** spectaculaires sur tout le cirque terminal de la vallée, sauvage avec ses cascades, ses pics et ses glaciers.

★★ **Randonnée vers Stäfeli** – *1 h 45 de descente à pied et 5 mn de télécabine.* De Fürenalp, prendre à droite un sentier en pente douce, bordé de gentianes jaunes et... de troupeaux de vaches. Aller toujours tout droit jusqu'à ce que l'on voie le hameau d'Abnet : y descendre en bifurquant à droite. Prendre une petite télécabine, descendant 300 m de dénivelée dans un à-pic impressionnant jusqu'à Stäfeli. On rejoint finalement le point de départ par un bon chemin, dans un cadre abrupt, sévère mais verdoyant et en bordure de torrent.

★ **Brunnihütte** – Alt. 1 860 m. *Accès en téléphérique puis en télésiège. Compter 1 h AR.* **Vue**★ sur l'ensemble de la vallée.

★★ **Randonnée au Rugghubelhütte** – Alt. 2 294 m. Sentier à droite à flanc de montagne, bordé d'une riche flore alpine (30 mn). Prendre ensuite tout droit pour monter vers le refuge (en 1 h 15). Au début de l'ascension, **vues**★★ impressionnantes sur le Titlis, le Grosser Spannort et la forteresse rocheuse du Hahnen. À l'arrivée, vue sur le Gemsispil, les Reissend Nollen et les Alpes bernoises en arrière-plan. Continuer 100 m après le refuge pour bénéficier d'un **tour d'horizon**★★ plus complet (glacier de Griessenfirn, Wissigstock).

Revenir sur ses pas puis descendre sur Ristis (en 2 h au total) par un bon chemin dans un **cadre**★★ champêtre très agréable. Terminer en téléphérique.

★ **Schwand** – *4 km au Nord – environ 1 h.*
L'accès se fait par une route de montagne très étroite, offrant des vues bien dégagées (demi-tour possible en contrebas de la chapelle). Beau site alpestre, en vue du Titlis.

ERLENBACH

Bern – 1 668 habitants
Cartes Michelin nᵒˢ 927 J 4 ou 217 pli 6 – Schéma : BERNER OBERLAND

Plusieurs **maisons**★ du type bernois le plus majestueux *(voir la maison de la campagne bernoise dans l'Introduction au voyage)* donnent beaucoup d'allure à l'entrée de ce village du côté de Spiez. Du carrefour central de la localité, un original escalier de bois couvert donne accès à la terrasse servant de support à l'église. Contourner l'édifice pour gagner la façade, en passant par l'enclos qui, avec ses tombes éparses dans le gazon et ses arbres touffus, compose, avec le sanctuaire, un **tableau**★ romantique.
Intérieurement, la nef et le chœur sont presque complètement décorés de peintures naïves du début du 15ᵉ s. : entre autres motifs religieux, remarquer le cortège des Vierges sages et des Vierges folles (arc triomphal) et les symboles des quatre évangélistes (voûtes du chœur).

★★★ **Stockhorn** ⊙ – *Accès en 25 mn par téléphérique.*
La « molaire » du Stockhorn, bien que d'altitude relativement modeste (2 190 m), offre un des plus beaux panoramas qu'il soit donné d'observer en Oberland... avec la vision éventuelle, en prime, des chamois hantant son massif ! D'Erlenbach à la station intermédiaire de Chrindi (1 637 m), le téléphérique « remonte » un profond vallon creusé par un torrent et bordé de sapins ou de chalets. Entre Chrindi et la station supérieure (2 139 m), on survole le joli lac de Stockensee (pêche), nappe émeraude à îlot boisé, dans sa cuvette glaciaire piquetée de sapins. De la station supérieure, gagner à pied *(1/4 h AR)* le sommet du Stockhorn (table d'orientation en contrebas, côté Sud), environné de versants ravinés herbeux ou boisés : **panorama**★★★ aérien, au Nord sur Thoune et une partie de son lac, à leur gauche les lacs d'Amsoldingen et d'Allmendingen, au Sud sur les lacs de Stockensee et le lac plus petit (à sa droite et plus haut) d'Oberstockensee, Erlenbach entre les sommets du Walpersbergfluh et du Mieschfluh ; de tous côtés, en toile de fond circulaire, les cimes blanches les plus prestigieuses des Alpes suisses et françaises, de la Jungfrau au Mont Blanc.

ESTAVAYER-LE-LAC

Fribourg – 4 156 habitants
Cartes Michelin nᵒˢ 927 E 5 ou 217 pli 4 – Alt. 454 m

Bâtie sur la rive Sud du lac de Neuchâtel, la petite ville d'Estavayer a su conserver un aspect médiéval, avec ses restes de remparts, ses rues à arcades, ses tours et ses maisons anciennes. Son port de plaisance en fait un centre nautique apprécié.

Église St-Laurent – De style gothique tardif, elle est coiffée d'une grosse tour carrée à la croisée du transept. À l'intérieur, le **chœur**★, fermé par une grille de fer forgé très ouvragée, est orné de belles stalles du 16ᵉ s. et d'un maître-autel, peint et doré, de style baroque.

Château de Chenaux – Cet édifice imposant, construit du 13ᵉ au 15ᵉ s., est flanqué de plusieurs tours rondes et possède encore son enceinte fortifiée.

Musée ⊙ – L'ancienne maison de la Dîme (1435), élégante demeure de grès jaune à la façade percée de baies triples, abrite un musée d'histoire locale : collection unique de grenouilles naturalisées caricaturant des scènes humaines (banquet électoral, partie de cartes, à l'école, etc.), importante collection d'armes et gravures anciennes, reconstitution d'une vieille cuisine avec ses ustensiles, salle consacrée au rail (lanternes des CFF, chemins de fer suisses).

CARNET D'ADRESSES

Office de tourisme – *Place du Midi* – ☎ *(026) 663 12 37.*

Se loger et se restaurer à Estavayer-le-Lac

Hôtel du Lac – *1, place du Port* – ☎ *(026) 663 52 20 – fax (026) 663 53 43 – 32 chambres – 135/200 F –* **GB**.
Au bord de l'eau, d'où une vue exceptionnelle sur le lac et le port de plaisance. Par beau temps, on peut sur le toit « faire de la chaise-longue » et profiter du soleil.

La Gerbe d'Or – *5, rue Camus* – ☎ *(026) 663 11 81 – restaurant fermé du 11 au 18 février ainsi que le dimanche et le lundi.*
Cuisine classique. La carte change périodiquement.

FLIMS✲✲

Graubünden – 2 425 habitants
Cartes Michelin nos 927 L 5 ou 218 Est du pli 3 – Schéma : GRAUBÜNDEN
Alt. 1 103 m

La station se répartit en deux agglomérations. **Flims-Dorf** regroupe ses maisons montagnardes en terrain découvert au pied des grandes falaises du Flimserstein (ou Crap de Flem) ; **Flims-Waldhaus** dissémine ses hôtels en pleine forêt de conifères, sur un léger seuil reliant le vallon de la Flem et la cuvette où s'étale le petit lac de Cauma (plage) tempéré par des sources chaudes souterraines.

La topographie confuse des versants tout boisés, qui, de là, ondulent vers le fond des gorges du Rhin antérieur, témoigne encore de l'aspect chaotique que présenta la région à l'époque préhistorique : un énorme éboulement, descendu dans l'axe du vallon actuel de la Flem, vint former bouchon dans la vallée du Rhin et contraignit le fleuve à reprendre son travail de creusement.

Son site en terrasse, son exposition plein midi, la proximité de sous-bois font de Flims une villégiature familiale d'été très recherchée. De nombreux itinéraires ont été aménagés pour la randonnée et le VTT, dont certains desservis par télécabine. La baignade constitue aussi une activité appréciée dans les jolis lacs de Cresta et Cauma, dont les eaux claires offrent une température agréable en plein été.

La principale saison reste de loin l'hiver (de fin octobre au 1er mai), Flims étant alors appréciée pour son ambiance jeune et festive.

Le domaine skiable – Appelé Alpenarena, il regroupe les stations de Flims, Laax et Falera, et est l'un des plus vastes de Suisse (220 km de pistes desservis par une trentaine de remontées mécaniques). Il s'étage entre 1 100 et 3 000 m d'altitude sur 4 sommets, relativement bien équipés. Les liaisons se font partout skis aux pieds, mais avec beaucoup de chemins de traversée en faible pente, rendant certaines connections laborieuses. Le domaine satisfait particulièrement les skieurs de niveau intermédiaire (pistes Crest da Tiarus et Crappa Spessa sur Crap Masegn, Curtgani sur Crap Sogn Gion et Naraus) et les débutants (agréable secteur de Foppa et vaste massif d'altitude de Siala). Les plus sportifs essayeront les rares pistes pentues : Fatschas, Sattel, Alp Ruschein et Stretg (**vues**★ dans la forêt).

Dotées d'excellentes installations pour la pratique des nouvelles glisses (plusieurs snowparks), malgré un terrain moyennement adapté, Flims et Laax organisent quelques-unes des plus grandes manifestations « snowboard » en Suisse, en novembre et avril (compétitions et concerts).

★★**Cassons Grat** ◷ – *Au départ de Flims, montée en 1/2 h, d'abord par télésiège, puis par téléphérique.*
Par beau temps, le parcours en télésiège, au moins jusqu'à la 1re station (Foppa, 1 424 m), est un enchantement : on survole de verts pâturages, de luxueux chalets décorés à la mode grisonne et cernés de fleurs, tandis qu'en arrière se déploient les deux agglomérations de Flims dans leur écrin montagneux.
Après Foppa, le décor devient plus sévère, mais une **vue**★ prometteuse se développe, culminant à la seconde station (Naraus, 1 850 m), sur le replat de Flims et les crêtes neigeuses surgissant au lointain.
Le téléphérique pris ensuite aboutit à Cassons (2 637 m) après avoir longé les formidables falaises du Flimserstein, devant lesquelles tournoient des choucas. Gagner à pied *(1/4 h AR)* l'échine du Cassons Grat (2 700 m), où est planté le drapeau suisse : **vue**★★ superbe orientée au Sud vers la trouée du Rhin et les Alpes grisonnes, arrêtée au Nord par un hémicycle de crêtes ravinées.

★Crap Masegn ⊙ – *Au départ de Murschetg (3,5 km au Sud-Ouest, sur la route de l'Oberalppass), montée en 25 mn par téléphérique.*

D'abord « montagne à vaches » parsemée de sapins et de chalets, ce contrefort du mont Vorab présente, à partir de la station intermédiaire de Crap Sogn Gion (2 213 m), un aspect plus austère. Mais autour de la station supérieure (Crap Masegn, 2 472 m) qu'enveloppent aux deux tiers les farouches ravines des sommets voisins (Fil de Rueun, Vorab, Siala), la **vue★** embrasse une désolation qui touche au grandiose, atténuée par la seule échappée qui s'offre, au Sud, vers Flims et la vallée du Rhin antérieur.

Une télécabine poursuit jusqu'à la station de Vorab (2 570 m), aux abords du glacier de ce nom (ski d'été).

Les skieurs peuvent se rendre au sommet (3 018 m) en téléski, d'où ils peuvent apprécier un **panorama★★** élargi sur l'ensemble de l'Alpenarena, les régions des Grisons au Sud et de Glarus au Nord.

Route de la FORCLAZ★★

Cartes Michelin n°s 927 F 7 ou 219 plis 1, 2

La route du col de la Forclaz, en permettant une liaison directe entre Chamonix et le carrefour valaisan de Martigny, tient une place de choix parmi les grands itinéraires internationaux des Alpes.

DE VALLORCINE À MARTIGNY

26 km – environ 3/4 h – visite du barrage d'Emosson et randonnée au glacier du Trient non comprises.

Entre Vallorcine et la frontière suisse, la chaussée est étroite. Douane au Châtelard.

Depuis Vallorcine *(voir le guide Alpes du Nord)*, la chaussée se fraie audacieusement un passage à travers le défilé de Tête-Noire.

★Défilé de Tête-Noire – Le passage le plus impressionnant de cette gorge se localise entre le tunnel de la Roche-Percée et le hameau de Tête-Noire. Remarquer alors le village de Finhaut, pittoresquement tapi au bord de l'abîme, sur le versant opposé.

★★Barrage d'Émosson – *Voir ce nom.*

Pour gagner le col, la route se love ensuite dans la haute combe pastorale de Trient, évidée au pied des glaciers du Trient et des Grands, que sépare l'aiguille du Tour.

Col de la Forclaz – Alt. 1 527 m. Au Sud, la vue est barrée par les crêtes détachées de l'aiguille du Tour (visible à l'extrême gauche, au-dessus du glacier des Grands). Au Nord, les sommets des Alpes bernoises sont rarement dégagés de la brume qui, par les belles journées d'été, monte du grand fossé du Valais. Le piton rocheux de Pierre-Avoi – entre la vallée du Rhône et la vallée de la Drance – est plus facile à repérer.

Du col de la Forclaz, de nombreuses **randonnées pédestres** ⊙ au cœur des montagnes valaisannes s'offrent aux touristes amoureux d'une nature sauvage. Parmi celles-ci, la randonnée au **glacier du Trient★** *(compter environ 3 h AR ; inaccessible en hiver du fait de la neige)* s'effectue le long d'un bisse (canalisation naturelle qui amène l'eau des glaciers vers la vallée) creusé à flanc de montagne, traversant une forêt de mélèzes, d'arolles et d'épicéas. Du sentier, vues dégagées sur le glacier des Grands et la vallée de la Dzornevettaz, ainsi que sur les alpages des Petoudes d'En-Haut et des Herbagères, au-dessous du col de Balme.

L'arrivée sur le glacier du Trient est saisissante. Telle une gigantesque avalanche poudreuse dont l'avancée se serait durcie comme une coulée de lave, la « langue » du glacier se pare de reflets bleutés au fur et à mesure que l'on s'approche.

À mi-parcours, la « Buvette du Trient », ancien refuge du glacier, et où logeaient, dans la seconde moitié du 19e s., les ouvriers chargés de l'exploitation de la glace à des fins commerciales, est une halte bien agréable pour les excursionnistes.

Du col à Martigny, une vue étendue ne s'offre vraiment, sur le bassin de Martigny et la trouée du Rhône valaisan, que 2,5 km en contrebas du seuil. Le chicot rocheux de Pierre-Avoi caractérise toujours les premiers plans ; on reconnaît bientôt, débouchant dans la plaine, l'étroit sillon de la Drance, voie de pénétration vers le Grand-St-Bernard. Le site de Martigny et de la tour de la Bâtiaz se précise enfin, tandis que la route court à travers les vignobles.

Martigny – *Visite : 1 h 1/2. Voir ce nom.*

Les FRANCHES MONTAGNES★

Cartes Michelin nᵒˢ 927 E 4 ou 216 pli 13

Le haut plateau des Franches Montagnes (1 000 m d'altitude moyenne), délimité par la vallée du Doubs et le chaînon du mont Soleil, est l'un des pays les plus originaux du Jura suisse. Ses maisons basses, ses prés-bois de sapins, ses parcs naturels où pâturent en liberté des chevaux bais ou des vaches laitières composent des tableaux pastoraux d'un charme très pénétrant. Le tourisme hivernal est encouragé par le grand succès contemporain du ski de fond, qui trouve ici un terrain d'exercice idéal (« traversée » de Moutier à La Chaux-de-Fonds).

La région et le district de ce nom ont pour chef-lieu le bourg de **Saignelégier**, bien connu dans tout le pays jurassien pour son marché-concours hippique du mois d'août *(voir tableau des Principales manifestations).*

De belles excursions pourront être faites dans les régions avoisinantes, en particulier celle de la **corniche du Jura★** ou, en France, celle de la **corniche de Goumois★★** *(voir le guide Jura).* Cette dernière est une route très pittoresque offrant sur un parcours de 3 km des points de vue magnifiques dont les meilleurs sont marqués par des garde-fous. On domine ainsi le fond des gorges d'une centaine de mètres.

> **★ Corniche du Jura** – Itinéraire ⑨ *(environ 1/2 h) du schéma Le Jura Suisse.*
> Au pied de la Sentinelle des Rangiers, bifurquer dans la route de St-Brais tracée au sommet de la crête séparant la vallée du Doubs de la vallée de la Sorne (ou « vallée de Delémont »), cette dernière toute parsemée de villages industriels prospères. Pour découvrir le fond de la vallée du Doubs, en direction de St-Ursanne, passer sous la ligne à haute tension et faire halte près du belvédère aménagé 100 m plus loin.

> **Muriaux** – *2 km au Sud-Ouest de Saignelégier.*
> Un bâtiment qui peut frapper par son architecture rappelant une usine des années 1930 abrite le **musée de l'Automobile** ⊙. Une cinquantaine de véhicules – tous en état de marche – du début du siècle à nos jours est exposée. Les caractéristiques de chaque modèle sont expliquées au moyen d'une fiche signalétique. Plusieurs coupés ou cabriolets constituent l'essentiel de la collection : Zèbre 1913, Peugeot 402, AC Cobra 1966, élégant Talbot Lago Record de 1952 portant la signature du carrossier suisse Graber, Rolls-Royce 20/25 de 1930, Cadillac Fleetwood 12 cylindres de 1931, etc.

FRIBOURG★★

Ⓒ Fribourg – 34 217 habitants

Cartes Michelin nᵒˢ 927 F 5 ou 217 pli 5 – Alt. 640 m
Plan d'agglomération dans le Guide Rouge Michelin Suisse

Fribourg occupe un **site★★** remarquable sur un promontoire rocheux cerné par une boucle de la Sarine. Les quartiers anciens s'étendent entre la rivière, profondément encaissée, et la ville haute. Hérissés de clochers d'églises et de couvents, ils ont conservé leur aspect médiéval. Fribourg s'enorgueillit de posséder un grand nombre de **fontaines** sculptées : au Moyen Âge, les différentes sources qui alimentaient la ville en eau nécessitèrent la construction de ces fontaines dans les rues et sur les places. À partir du 15ᵉ s., elles reçurent des bassins et des colonnes de pierre. Chefs-d'œuvre de sculpture, on les doit au ciseau d'artistes comme Hans Geiler, Hans Gieng et Stephan Ammann.

Le cours de la rivière, profondément encaissé, marque toujours la frontière entre les deux grandes régions ethniques et linguistiques de la Suisse : en aval de la ville, on relève ainsi des lieux-dits portant des noms français sur la rive gauche et des noms allemands sur la rive droite. Au gré des conversations, on y surprend le *bolz*, un sabir qui mêle inextricablement les deux langues.

C'est à Fribourg que se tient la Triennale internationale de la photographie.

UN PEU D'HISTOIRE

De la fondation à la Réforme – En 1157, Berthold IV de Zähringen fonde Fribourg, à hauteur d'un gué sur la Sarine, et en fait une place forte destinée à contrôler cet important passage. Après l'extinction de la famille de Zähringen, celle-ci change plusieurs fois de maîtres, passe aux Kybourg, aux Habsbourg, puis préfère la domination savoyarde à celle de Berne. En 1481, Fribourg adhère à la Confédération, après avoir acquis d'importants territoires en pays de Vaud. Le grand mouvement de la Réforme n'a pas d'influence décisive sur les esprits, et la restauration catholique, animée par le père Canisius, ne fait qu'affirmer les convictions profondément catholiques de la ville, qui devient le siège de l'évêché de Lausanne-Genève-Fribourg.

Le bastion du catholicisme – Au 17ᵉ s., de nombreux ordres religieux viennent se joindre à ceux établis à Fribourg dès le 13ᵉ s. ; franciscains, jésuites et communautés diverses en font la métropole catholique de la Suisse. Parmi les établissements les plus célèbres, le collège St-Michel, fondé par les jésuites, le couvent et l'église des capucins, le couvent des cordeliers et le couvent de la Maigrauge, bâti au 13e s. par les cisterciens, ont brillé d'un vif éclat.

L'université – La fondation, en 1889, d'une université d'État catholique et internationale a donné une impulsion nouvelle au rôle primordial joué par l'enseignement religieux. Cette université, foyer de haute culture, jouit toujours d'une renommée justifiée tant en Suisse qu'à l'étranger. Elle se compose de cinq facultés (théologie, droit, sciences économiques et sociales, lettres et sciences naturelles) et de quinze instituts autonomes (informatique, journalisme, etc.) accueillant des étudiants de toutes nations ; l'enseignement y est bilingue, voire plurilingue.

★★ LE COUP D'ŒIL *1/2 h en voiture*

Partant de la place de l'Hôtel-de-Ville, passer le pont de Zaehringen. De cet important ouvrage de maçonnerie, qui a remplacé le « grand pont » suspendu si familier aux illustrateurs du siècle dernier, la vue plonge sur le cours encaissé de la Sarine, en direction du petit pont couvert de Berne et du nouveau pont du Gottéron. À la sortie du pont, tourner à droite dans la route de Bourguillon qui passe entre la tour Rouge et la tour des Chats, vestiges d'une ancienne enceinte fortifiée de la ville. Du pont du Gottéron *(laisser le véhicule au petit parking aménagé à la sortie du pont, à gauche)*, très belle **vue★★** sur les vieux toits de Fribourg, comprimés entre les murailles d'enceinte et le ravin à gauche, et étagés au pied de la tour de la cathédrale.

Environ 600 m après le pont, tourner à droite à angle aigu dans la rue Beau-Chemin et passer sous la porte de Bourguillon *(circulation interdite le dimanche)*. Près de la chapelle de Lorette, petit édifice de style classique inspiré du célèbre sanctuaire de la Marche d'Ancône, s'offrent, entre les arbres, quelques **vues★** sur le site de Fribourg. Une forte descente conduit ensuite à la vieille ville ou basse ville.

FRIBOURG

Alpes (Rte des) . . . . .CY 3	Hôpital (R. de l') . . . . .CY 15	St-Jean (Pont de) . . . . . . .DY 31
Europe (Av. de l') . . . . . . .CY 8	Industrie (R. de l') . . . . . . .CZ 16	Tavel (Rte de) . . . . .DY 33
Gare (Av. de la) . . . . .CY 9	Lausanne (R. de) . . . . .CY	Tivoli (Av. de) . . . . .CY 34
Georges-Python (Pl.) . . . .CY 10	Neuveville (R. de la) . . . . .CY 24	
Grand-Fontaine (R. de la) .CY 12	Pérolles (Bd de) . . . . .CZ	
	Planche Supérieure . . . . . .CY 26	Espace Jean Tinguely
	Romont (R. de) . . . . .CY 28	Niki de Saint Phalle . .CY **E**
	Samaritaine (R. de la) . . . .DY 30	Hôtel de ville . . . . .CY **H**

171

CARNET D'ADRESSES

Office de tourisme – *1, avenue de la Gare* – ☎ *(026) 321 31 75 – fax (026) 322 35 27.*

Shopping

Les principales artères commerçantes sont : le boulevard de Pérolles de la gare jusqu'au jardin des Pérolles, les rues de Romont, St-Pierre et de Lausanne.
Marchés : aux légumes et aux fleurs, chaque mercredi matin place Georges-Python et le samedi matin place de l'Hôtel-de-Ville.

Maison des produits régionaux : **La Clef du pays**, 4, route des Alpes.

Théâtre et musique

Aula Magna, avenue Louis Weck-Reynold :

Église St-Michel : musique classique.

Centre Frison, route de la Fonderie : musique moderne.

Le Nouveau Monde, Arsenaux 12A : jazz, rock, salsa, reggae, etc.

Se loger à Fribourg

VALEUR SÛRE

Hôtel Alpha – *13, rue du Simplon (2ᵉ étage)* – ☎ *(026) 322 72 72 – fax (026) 323 10 00 – 27 chambres – 140/200 F – GB – fermé du 24 décembre au 2 janvier.* Prix raisonnables dans cet hôtel à 300 m de la gare.

Hôtel du Sauvage – *12, Planche-Supérieure* – ☎ *(026) 347 30 60 – fax (026) 347 30 61 – 17 chambres – 210/280 F – GB.*
Facilement reconnaissable grâce à son enseigne, cette maison de caractère est située au cœur de la vieille ville. Chaque chambre a son cachet particulier.

Hôtel de la Rose – *1, rue de Morat* – ☎ *(026) 351 01 01 – fax (026) 351 01 00 – 40 chambres – 140/230 F – GB.*
Bon rapport qualité-prix dans cet hôtel central à quelques pas de la cathédrale Notre-Dame et de l'église des Cordeliers.

UNE PETITE FOLIE !

Hotel Golf Country House à Pont-la-Ville – *17 km au Sud* – ☎ *(026) 414 94 00 – fax (026) 414 94 20 – 13 chambres – 170/270 F – GB – fermé en janvier 2003.* Comme son nom le laisse entendre, le golf est à proximité. Un hôtel très confortable, très tranquille et une belle vue sur le lac de la Gruyère et le massif du Moléson.

★ LA VIEILLE VILLE *visite : 1/2 h à pied*

Pour garer son véhicule, tourner à gauche juste avant le pont de Berne dans le chemin de la Patinoire.

Pont de Berne (DY) – Pittoresque pont de bois couvert, aux éléments porteurs en chêne, enjambant la Sarine sur une longueur de 40 m.
Prendre la rue d'Or en montée.

À l'angle de cette rue se trouve l'auberge de la Cigogne, ancienne hostellerie du couvent des augustins, dont la façade montre une peinture rococo représentant des cigognes.
À droite s'amorce la rue des Augustins.

Église des Augustins (DY) – Témoin de l'architecture des ordres mendiants, elle présente à l'intérieur une nef à quatre travées rythmées par des arcs brisés reposant sur des piliers ronds. Le mobilier constitue un bel exemple de la période baroque. Dominant le maître-autel, le retable en bois doré et peint en faux marbre, présentant trois étages, dont les deux premiers à niches encadrées de colonnes, est l'œuvre de Peter et Jacob Spring. On y voit principalement des épisodes de la vie de la Vierge. De chaque côté de l'entrée du chœur, les retables sont de l'atelier Reyff. Sur celui de droite se détache une gracieuse Vierge à l'Enfant polychrome.

Sur la place, une galerie à six arcades surmontée d'un étage à colombage s'adosse à l'église ; à côté, les bâtiments conventuels abritent des services administratifs.

Tourner à gauche au bout de la rue de la Lenda.

Se restaurer à Fribourg

Auberge du Chasseur – *10, rue de Lausanne* – ☎ *(026) 322 56 98* – *fermé le lundi.*
Fondues et raclettes demeurent les spécialités de la maison.

La Cigogne – *24, rue d'Or* – ☎ *(026) 322 68 34* – *fermé du 11 au 27 février, du 2 au 23 septembre, le dimanche et le lundi.*
Près du pont de Berne, dans la vieille ville, un « bistrot » proposant des plats à des prix raisonnables.

L'Épée – *39, Planche-Supérieure* – ☎ *(026) 322 34 07* – *fermé du 22 juillet au 22 août, le lundi soir et le mardi.*
Des repas soignés pour un bon rapport qualité-prix.

Buffet de la gare CFF – *Place de la Gare* – ☎ *(026) 322 28 16.*
Restauration convenable sous forme de buffet.

Grand Pont « La Tour Rouge » – *2, route de Bourguillon* – ☎ *(026) 481 32 48* – *fermé du 19 février au 4 mars, du 1er au 15 août, le dimanche soir et le mercredi.*
Un restaurant traditionnel et une brasserie (La Galerie). Terrasse avec vue sur la Sarine et la vieille ville.

Auberge de Zaehringen – *13, rue de Zaehringen* – ☎ *(026) 322 42 36* – *fermé les dimanche et lundi.*
Des repas soignés dans la plus vieille maison de la ville (13e s.) dominant la Sarine. Deux possibilités : le restaurant La Galerie ou La Brasserie. Belles tapisseries des Gobelins.

Où prendre un verre ? Où passer la soirée ?

Boulevard de Pérolles, le **Rock Café** est très fréquenté par les amateurs de rock. La décoration résolument moderne inclut des disques d'or, de platine et des instruments de musique d'artistes connus (Johnny Hallyday, Elton John…).
Près du pont de Zaehringen, dans la rue du même nom, le **Golden Gate** (entrée par l'auberge de Zaehringen) présente un cadre agréable dans un bâtiment du 13e s. (murs de gros galets, poutres et piliers massifs en bois).
Plusieurs établissements se trouvent dans le voisinage de la place de Notre-Dame : le **Gothard** (fondue fribourgeoise), très fréquenté, ambiance conviviale ; **les Arcades**, restaurant et bar plus calme ; le bar-dancing **la Cave** (en contrebas devant l'hôtel de la Rose), belle cave voûtée aux murs de pierre, qui ouvre ses portes à 22 h, mais qui bat son plein plus tard dans la nuit.
Grand choix de bières et musique irlandaise live en fin de semaine au **Paddy's Reilly's**, un pub irlandais en vogue. Bien sûr, la St-Patrick y est fêtée comme il se doit.
Au n° 37, route de Villars, la discothèque **le Baccara** de l'hôtel **Au Parc** vous emmène tard dans la nuit. Animation DJ.

Rue de la Samaritaine – Cette rue pavée, en descente, ramène à la place du Petit-St-Jean. La fontaine de la Samaritaine (1551), due à Hans Gieng, représente Jésus et la Samaritaine au puits de Jacob. À sa hauteur, s'élève une intéressante maison de style gothique tardif dont la façade est percée de huit baies surmontées de remplages flamboyants.
Au n° 34 le **musée suisse de la Marionnette** ⊘ vous transportera dans l'univers magique des poupées, figurines en papier ou chiffon, ombres chinoises, masques ou marottes des différents continents. Des spectacles sont organisés régulièrement.

Place du Petit-St-Jean (DY) – En contrebas du quartier de l'Auge, elle s'étend jusqu'au pont de Berne et doit son nom à une ancienne chapelle des chevaliers de St-Jean de Jérusalem construite au 13e s. et démolie au 19e. La fontaine de Ste-Anne (1560), patronne des tanneurs fribourgeois, est l'œuvre de Hans Gieng ; remarquer la belle façade du n° 29.

Reprendre son véhicule et regagner la ville haute par le pont de Berne, la rue des Forgerons à gauche, la tour des Chats, la route de Stadtberg et le pont de Zaehringen.

★ LA VILLE HAUTE *visite : 2 h 1/2*

★ **Hôtel de ville** (CY H) – Situé près de la place où l'on voit un tilleul planté, dit-on, le jour de la victoire remportée à Morat par les Confédérés sur Charles le Téméraire le 22 juin 1476, l'hôtel de ville, bel édifice du début du 16e s., se distingue avec son escalier à double rampe et à auvent (du 17e s.), son beffroi à jaquemart couronné de clochetons et son grand toit de tuiles brunes. Sur la place se dresse la fontaine de St-Georges (1525), groupe sculpté par Hans Geiler.

★**Cathédrale St-Nicolas** ⓥ (**CDY**) – La cathédrale dresse au-dessus des toits de la ville ancienne sa belle tour gothique. En 1283 est posée la première pierre d'un édifice destiné à remplacer l'église dédiée à saint Nicolas et construite un siècle plus tôt par le fondateur de la ville, Berthold IV de Zähringen. Les travaux commencent par le chœur, élevé vers 1280.

La partie postérieure de l'église a été modifiée au 17ᵉ s. par la construction d'une abside à trois pans et cinq baies remplaçant le chevet plat.

Extérieur – La belle tour de 76 m a été édifiée au 14ᵉ s. et l'octogone terminé vers 1490 par une couronne de clochetons, dans le goût de l'époque.

Le **tympan**★★ du porche principal, que surmonte une rosace, est consacré au Jugement dernier : le Paradis et l'Enfer encadrent le Pèsement des âmes, les archivoltes représentent des anges, des prophètes et des patriarches ; de chaque côté du portail, statues d'apôtres. Les sculptures du porche latéral Sud, figurant l'union du Christ et de l'Église, datent de la première moitié du 14ᵉ s.

Intérieur – Un vestibule carré, formé par la partie inférieure de la tour et dont les murs latéraux sont ornés de belles arcatures, précède la nef voûtée d'ogives. Des tableaux du 17ᵉ s. garnissent les écoinçons des grandes arcades – au-dessus et en dessous du triforium – que surmontent des fenêtres hautes à vitraux modernes (1983) d'A. Manessier. Les bas-côtés, également voûtés d'ogives, sont éclairés de fenêtres décorées de verrières exécutées au début du 20ᵉ s. par le peintre polonais Mehoffer. Les chapelles latérales des 16ᵉ et 17ᵉ s. ont été pourvues d'autels baroques au 18ᵉ s.

Le chœur, fermé par une grille gothique de fer forgé, est orné de **stalles**★ du 15ᵉ s. représentant les prophètes et les apôtres. Au-dessus de la grille, une poutre de gloire supporte un grand calvaire de la première moitié du 15ᵉ s. À droite, en entrant, la chapelle du Saint-Sépulcre contient une **Mise au tombeau** de 1433 et d'autres vitraux de Manessier.

Les fonts baptismaux (fin du 15ᵉ s.), installés dans la 4ᵉ travée à droite du chœur, sont en pierre finement ciselée ; le couvercle, en bois, est du 17ᵉ s.

Les grandes orgues, l'une des gloires de Fribourg au siècle dernier, datent de 1834.

★**Musée d'Art et d'Histoire** ⓥ (**CY**) – Les collections exposées dans l'hôtel Razé, élégant édifice de la Renaissance (16ᵉ s.), et dans un ancien abattoir, transformé en 1981, illustrent l'art et l'histoire de Fribourg des origines à nos jours.

Dans le premier bâtiment, le Moyen Âge, période florissante sur le plan artistique, est bien représenté par de nombreuses œuvres d'art, ainsi le gothique tardif doit-il à des artistes comme Martin Gramp, Hans Geiler, Hans Gieng et Hans Fries des œuvres remarquables. Ce dernier, peintre officiel de la cité de 1501 à 1510, dont on peut voir plusieurs panneaux de retable, marqua profondément son époque. Le 17ᵉ s. est illustré par des œuvres de Pierre Wuilleret et Jean-François Reyff, le 18ᵉ s. par des toiles de Gottfried Locher. Dans la salle des corporations, plusieurs gravures et aquarelles montrent Fribourg et son canton. La section consacrée à l'archéologie rassemble objets préhistoriques, romains et du haut Moyen Âge.

Dans l'ancien abattoir, le musée lapidaire inclut un étonnant groupe de **14 statues**★ en pierre du 15ᵉ s. figurant l'Annonciation et les apôtres et provenant de la cathédrale St-Nicolas, ainsi qu'une belle Crucifixion du 11ᵉ s. de Villars-les-Moines et d'autres sculptures (dessus de fontaines) dues à Hans Gieng (16ᵉ s.), contrastant avec des sculptures monumentales de Jean Tinguely. De remarquables bijoux burgondes (7ᵉ-8ᵉ s.), de précieux objets d'orfèvrerie du 14ᵉ au 18ᵉ s. et des œuvres de Marcello (pseudonyme de la duchesse Castiglione Colonna, née Adèle d'Affry, d'origine fribourgeoise), en vogue au 19ᵉ s., complètent la visite.

Dans les combles de l'ancien abattoir sont exposées des œuvres des 19ᵉ et 20ᵉ s. signées entre autres Eugène Delacroix, Félix Vallotton et Ferdinand Hodler.

Église des Cordeliers ⓥ (**CDY**) – Une communauté de cordeliers s'installe à Fribourg en 1256. La construction des bâtiments conventuels est achevée dès la fin du 13ᵉ s. Le couvent possède alors un célèbre atelier de reliure et la plus riche bibliothèque de la ville. Il reçoit les hôtes de marque de passage à Fribourg : papes, cardinaux, empereurs et princes. Au 18ᵉ s., les bâtiments conventuels sont transformés, la nef de l'église est même complètement reconstruite.

Tandis que la nef, à plafond plat, est voûtée de bois, le chœur a conservé ses voûtes d'ogives.

La première chapelle, à droite en entrant, renferme un beau **triptyque**★. Cette œuvre d'art en bois doré et sculpté dénote une influence alsacienne ; elle a été exécutée pour Jean de Furno vers 1513.

Le panneau central figure la Crucifixion, avec Madeleine au pied de la croix : le panneau de gauche, l'Adoration des bergers ; celui de droite, l'Adoration des Mages. Les volets refermés présentent, à gauche, l'Annonciation, à droite, le Couronnement de la Vierge et sur la prédelle la Dormition de la Vierge.

Chœur – Avec ses quatre clefs de voûte figurant les symboles des évangélistes, le chœur est un bon exemple de l'architecture franciscaine du 13ᵉ s. Il est orné de **stalles★** en chêne datant de 1280 environ.

À gauche du chœur, on voit le retable de saint Antoine, représentant la « Mort de l'usurier », exécuté en 1506 par le peintre fribourgeois Hans Fries. Ce tableau illustre la parole évangélique : « Là où est votre trésor, là est aussi votre cœur. »

Au-dessus du maître-autel, est exposé le magnifique **retable★★** des maîtres à l'œillet exécuté à Soleure et Bâle en 1480 par deux peintres qui signaient avec des œillets rouge et blanc. De très grandes dimensions (8,12 m χ 2,70 m), il a été réinstallé dans le chœur lors de la restauration de 1936, remplaçant un retable baroque qu'on lui avait préféré en 1692.

La scène centrale représente une Crucifixion : elle est encadrée de quatre saints franciscains – saint Bernardin de Sienne, saint Antoine de Padoue, saint François d'Assise, saint Louis, évêque de Toulouse. L'Adoration des bergers figure sur le volet de gauche, l'Adoration des Mages, sur celui de droite ; à l'arrière-plan, le paysage évoque les Alpes fribourgeoises.

Les volets refermés présentent au centre une Annonciation : à droite figure sainte Élisabeth de Hongrie, patronne du tiers ordre franciscain et, à gauche, sainte Claire d'Assise.

Espace Jean Tinguely – Niki de Saint-Phalle ⊘ (**CY E**) – L'ancien dépôt des tramways construit en 1900 par l'architecte fribourgeois Léon Hertling a été transformé en une vaste salle pour accueillir des œuvres des deux célèbres artistes, ainsi que des expositions temporaires. S'ouvrant par une imposante façade en molasse à pignons néobaroques, l'espace présente de façon permanente la donation de Niki de Saint-Phalle. Spécialement pour ce nouveau centre artistique, Niki de Saint-Phalle (épouse de Jean Tinguely, décédée en 2002) a réalisé un *Relief monumental* composé de 22 pièces aux couleurs vives faisant allusion aux années fribourgeoises de Jean Tinguely (mur de gauche en entrant). Au centre de la salle, la pièce maîtresse ou *Retable de l'abondance occidentale et du mercantilisme totalitaire* fait partie de la suite des retables monumentaux que Tinguely réalisa à partir de 1981. Cette immense machine, qui se met en mouvement à intervalles réguliers, est décorée de jouets et d'objets de pacotille symbolisant l'opulence occidentale. On peut voir également *La Mythologie blessée*, une œuvre que les deux artistes réalisèrent ensemble en 1989 et *L'Avalanche* ou *La Cascade*.

Musée Gutenberg ⊘ – Situé juste derrière l'espace Jean Tinguely, dans le bâtiment de l'Ancienne-Douane, le **musée suisse des Arts graphiques et de la Communication** retrace l'évolution de l'écriture et de l'imprimerie à travers les siècles. Des ateliers anciens (reliure, composition, impression) aux technologies les plus modernes, le public est invité à participer de façon vivante.

Jean Tinguely

Né à Fribourg en 1925, il étudie d'abord la peinture à l'École des beaux-arts de Bâle. La jugeant trop statique, il l'abandonne très vite et s'installe à Paris en 1953. Tout au long de sa vie, sa conception de l'art, sa passion du jeu et du mouvement, à l'image de ses « drôles de machines », en feront un personnage original à l'imagination débordante. Déjà ses premières œuvres, des reliefs mobiles constitués de figures géométriques, le singularisent. En 1959, ses Metamatics, machines sonores à dessiner et à peindre, peuvent apparaître comme une réaction contre l'abstraction appliquée. Aux constructions faites de carton, fil de fer et tôle succèdent des objets de récupération (pièces de moteurs, engrenages), qui assemblés à des bois et tissus, créent d'inquiétantes machines qui vont s'autodétruire lors de spectacles-happenings. C'est ainsi qu'en 1960, il présente, dans les jardins du musée d'Art moderne de New York, une machine délirante, *Hommage à New York*, dont la destruction entraîne le recours des pompiers. Puis il rejoint le groupe des Nouveaux Réalistes fondé par Pierre Restany. Influencé par l'esprit Dada, par Duchamp et Picabia, il bouscule l'ordre établi en créant avec insolence mais non sans humour, de grandes machines extravagantes.

En 1983, son côté ludique, joyeux et fantaisiste se manifeste par la fontaine Stravinski, réalisée avec Niki de Saint-Phalle pour la ville de Paris (près du centre Georges-Pompidou).

Les années suivantes, l'œuvre de Tinguely devient plus sombre, représentant même des scènes macabres (expositions en 1987 à Venise et 1988 à Paris au centre Georges-Pompidou). « La mort m'a fréquenté, m'a caressé. De ses menaces, j'ai fait une fête, un dialogue burlesque », déclarait-il.

Il s'éteint à Berne le 30 août 1991, ayant fortement marqué son époque.

Grand-Places (**CY**) – Par beau temps, ses pelouses y attirent bon nombre de personnes. La fontaine est décorée d'une réalisation de **Jean Tinguely**.

Près du monument sur la gauche, la **vue** plonge sur les toits de la vieille ville, dominée par la tour de la cathédrale St-Nicolas.

Église du Christ-Roi (**CZ**) – *43, boulevard de Pérolles.*

Achevée en 1953, cette église, construite sur une vaste esplanade, présente une façade en forme d'hémicycle.

Triomphe du béton armé, l'architecture intérieure offre un plan très curieux avec sa nef oblongue que soutiennent de nombreuses colonnes.

Le chœur, entouré par un déambulatoire, est surmonté d'une coupole et éclairé par de nombreux vitraux.

Musée d'Histoire naturelle ⊙ (**CZ**) – *À la faculté des Sciences, route de Marly (hors plan), par le boulevard de Pérolles.*

Il occupe sept salles au premier étage. Dans les premières sont exposés une maquette en relief du glacier d'Aletsch et des régions voisines, une riche collection minéralogique avec la reconstitution d'une « grotte à cristaux », des fossiles (salle de géologie et de paléontologie). Les salles restantes sont consacrées à la zoologie : animaux naturalisés du canton de Fribourg dans leur milieu naturel reconstitué, diorama montrant différentes espèces d'oiseaux (chants enregistrés), et à la faune des différents continents, la dernière exposant crustacés, invertébrés, poissons et reptiles.

Le visiteur découvre également le monde insolite des insectes, auquel une place particulière est donnée : morphologie, reproduction, évolution, espèces, enregistrement du chant de la sauterelle et du grillon. Des examens au microscope complètent la connaissance du milieu.

ENVIRONS

★**Schwarzsee (Lac Noir)** – *27 km – environ 1 h. Quitter Fribourg par la route du Bourguillon* (**DZ**) *et la nᵒ 74.*

À Tafers, une route pittoresque, prise à droite, offre de jolies vues, à droite, en direction de la Berra, et à gauche, vers le Guggershorn. Après Plaffeien, coquet village aux chalets de bois verni, la route remonte la vallée de la Singine (en allemand « Sense »), avant de se terminer au lac Noir (pêche sportive), dans un joli **site★** de montagne. Au bord du lac encadré de sapins s'est développée une agréable station de sports d'hiver, centre d'excursions estivales et hivernales.

★**Barrage de Rossens** – *Circuit de 55 km. Quitter Fribourg par la route nᵒ 12. À 13 km prendre à gauche la route de Rossens.*

En amont du village de Rossens a été aménagé, en 1948, un important barrage sur la Sarine. Long de 320 m et haut de 83 m, cet ouvrage est du type barrage-voûte. La retenue, longue de 14 km, forme un magnifique plan d'eau, dans un joli cadre encaissé : c'est le **lac de la Gruyère**. Pour en avoir une belle vue, prendre à droite la direction de Pont-la-Ville. À La Roche, emprunter la route nᵒ 77 à droite, puis franchir le lac à Corbières. À Riaz, on rejoint la route nᵒ 12, pour revenir à Fribourg.

Abbaye d'Hauterive ⊙ – *7 km au Sud-Ouest de Fribourg par la route de Bulle* (**CZ**). *À 4,5 km, à la sortie de Marly-le-Grand, tourner à droite.*

Après Chesalles, un chemin à gauche conduit à l'abbaye, située dans une boucle de la Sarine, à l'écart de toute habitation. Fondée en 1138 par douze moines venus de France (Cherlieu en Haute-Saône), l'abbaye cistercienne d'Hauterive, sécularisée en 1848, a repris depuis 1939 sa vie de prière et de travail. C'est la plus ancienne survivance de l'ordre cistercien en Suisse. On y voit s'activer les moines en robe de bure et sandales, le crâne rasé. Étape sur la route de St-Jacques-de-Compostelle, l'abbaye met son hôtellerie à la disposition des pèlerins ou à toute personne désirant faire une retraite.

Construite vers 1160 dans le plus pur style cistercien, l'église conventuelle a subi de nombreux remaniements, notamment aux 14ᵉ et 18ᵉ s. Elle a été pourvue de vitraux au 14ᵉ s. et, au 15ᵉ s., dans le chœur, de belles stalles aux panneaux sculptés de personnages et couronnés de baldaquins ajourés. Elle garde aussi des restes de peintures murales du 16ᵉ s. et, dans le collatéral gauche, le gisant d'un chevalier appuyant ses pieds sur un lion. Les bâtiments conventuels – hôtellerie, porterie, chapelle des étrangers – ont été reconstruits au 18ᵉ s. et présentent une façade de style baroque.

À l'intérieur, l'escalier d'honneur est orné d'élégantes rampes en fer forgé.

Entièrement remanié au 14ᵉ s., le **cloître**, de style gothique, est couvert de voûtes d'arêtes peintes, aux belles clefs de voûte sculptées.

FURKASTRASSE★★★

Route de la FURKA
Cartes Michelin nos 927 plis 14, 15 ou 217 plis 10, 19
Schéma : BERNER OBERLAND

La vision du glacier du Rhône et des plus hautes cimes de l'Oberland bernois suffit à rendre inoubliable ce parcours en altitude.

DE GLETSCH À ANDERMATT

32 km – environ 2 h 1/4 – itinéraire 3 *de la visite de l'Oberland bernois.*

★★ **Gletsch** – *Voir Goms.*

Au départ de Gletsch, le regard est captivé par le spectacle qu'offre le glacier du Rhône, depuis son plateau supérieur, visible par le rebord, jusqu'au terme de sa cataracte figée, emprisonnée entre des roches moutonnées.

★★ **Rhonegletscher (Glacier du Rhône) (Hôtel Belvédère)** – *Voir Goms.*

L'ascension du col révèle des vues très lointaines sur les Alpes bernoises et valaisannes. Pour contempler le **panorama★★★** dans toute son ampleur, faire halte près de la bifurcation d'une petite route militaire *(interdite)*, 1 500 m avant le col géographique, et s'avancer de quelques pas dans les prés. Dans l'alignement de la vallée de Conches (Haut-Valais) brillent les neiges du Weisshorn et des Mischabel ; plus proches, en direction du col du Grimsel, se dressent les parois farouches des grands « 4 000 » de l'Oberland bernois (Lauteraarhorn, Finsteraarhorn, Schreckhorn).

★★ **Furkapass** ⊙ – Alt. 2 431 m. Faire halte à l'hôtel Furkablick pour admirer le majestueux Galenstock. Le **col de la Furka**, seuil le plus élevé du grand sillon longitudinal qui coupe les Alpes suisses de Martigny à Coire, est un passage essentiel pour les communications touristiques entre la Suisse romande, le carrefour d'Andermatt et les Grisons. Depuis 1982, un tunnel ferroviaire passe sous le col, reliant Oberwald à Realp. Le **train à vapeur** reliant Realp à Gletsch a repris du service grâce à la passion de bénévoles. Le trajet dure 1 h 35 pour 13,3 km, en attendant le dernier raccord jusqu'à Oberwald. La locomotive, conçue pour la ligne de la Furka en 1913, a été rachetée aux Vietnamiens et restaurée avec grand soin pour entamer une nouvelle vie.

Du col à l'hôtel Galenstock, la route, longtemps tracée en pente douce au-dessus du vallon désert de Garschen, longe les soubassements du Galenstock, sommet le plus familier de l'itinéraire. Le **panorama★★** permet bientôt de découvrir toute la perspective du sévère **val d'Urseren**, avec les trois villages de Realp, d'Hospental – celui-ci signalé par une antique tour de garde et une église, toutes deux bien détachées – et d'Andermatt. Dans le même alignement, à l'arrière-plan, on distingue les zigzags de la route de l'Oberalp. L'arrivée à Andermatt est proche.

⁎ **Andermatt** – *Voir ce nom.*

Glacier du Rhône

GENÈVE★★★

C Genève – 173 519 habitants

Cartes Michelin nos 927 C 7 ou 217 pli 11 – Schéma : Lac LÉMAN
Alt. 375 m – Plan d'agglomération dans le Guide Rouge Michelin Suisse

De toutes les villes suisses, Genève est certainement la grande cité la plus favorisée par un site incomparable. Le soin avec lequel l'environnement y a été protégé pour contribuer à une qualité de vie exceptionnelle donne à l'arrivant l'impression d'une cité confortable. La rade et son jet d'eau, les bords du lac et leurs incomparables perspectives d'eau, de verdure et de montagne, des édifices cossus ne laissent pas indifférent.

Genève est le second centre de l'ONU après New York ; ses nombreuses instances y travaillent dans les domaines économique et socio-humanitaire ainsi que sur le désarmement. De grandes organisations telles que le Comité international de la Croix-Rouge (CICR), le Bureau international du travail, le Centre européen de la recherche nucléaire, l'Organisation météorologique mondiale y ont leur siège permanent.

Mais Genève reste aussi la ville de Calvin, la citadelle de la Réforme, bâtie autour de sa cathédrale, une ville intellectuelle, pépinière de naturalistes et de pédagogues, et la métropole de la Suisse romande, aux artères commerçantes et animées. Une empreinte tout helvétique de netteté et de discipline fait l'unité de ces trois Genève.

UN PEU D'HISTOIRE

L'aigle et la clé – Les armes du canton *(voir dans l'Introduction au voyage le chapitre consacré aux cantons)* illustrent le statut sous lequel vécut Genève avant la Réforme. Ville d'empire (la « demi-aigle »), ville épiscopale (la « clé d'or en pal contournée »), Genève dut fréquemment être défendue par ses tuteurs contre les entreprises de ses voisins – en particulier contre celles de la maison de Savoie.

En 1530, le duc de Savoie, par la paix de Saint-Julien, s'engage à respecter les droits de la ville.

Les franchises très libérales accordées, au 14e s., par le prince-évêque Adhémar Fabri ont fait date dans l'évolution politique et économique de la cité dont l'indépendance et le cosmopolitisme devaient s'affirmer avec le caractère de cité spirituelle que lui donna Calvin.

La ville de Calvin – À partir de 1532, la Réforme est prêchée avec succès à Genève par des humanistes français. Quelques années plus tard, Calvin s'installe dans la ville, qui devient la « Rome du protestantisme ». Calvin agit en dictateur, promulgue des lois, construit de nouveaux remparts, accueille Clément Marot, Théodore de Bèze et le prédicateur écossais John Knox, envoie au bûcher le médecin espagnol Micael Serveto (dit Michel Servet) dont les opinions théologiques lui ont déplu.

Cependant, les ducs de Savoie ne peuvent se résigner à la perte définitive de la capitale naturelle de leurs États sur le versant du Rhône. Le 12 décembre 1602, Charles-Emmanuel fait attaquer par surprise, de nuit, en pleine paix, les remparts de Genève. C'est la fameuse tentative de l'**Escalade**, qui s'est soldée pour l'assaillant par un échec que les Genevois commémorent chaque année.

Genève vue du ciel

J. Bouchayer/PHOTONONSTOP

Genève, capitale de la pensée – Au 18e s., la vie intellectuelle est florissante : J.-J. Rousseau, Mme d'Épinay, le banquier Necker et sa fille Germaine, future Mme de Staël, le médecin Tronchin, le savant et alpiniste de Saussure, le peintre Liotard, Voltaire sont genevois de naissance ou d'adoption.

Les troupes françaises entrent à Genève en 1798 et la ville devient pour seize ans le chef-lieu du département français du Léman. Après l'effondrement de l'empire napoléonien, elle entre dans la Confédération helvétique le 19 mai 1815, date de la signature du traité de réunion.

★★ LA RADE ET LES BORDS DU LAC *visite : 3 h*

Qui vient à Genève va de toute évidence voir sa célèbre rade d'où fuse son majestueux **jet d'eau**, dont le panache blanc signale l'agglomération de très loin. Le lac, animé par les nombreuses embarcations (dont les célèbres Mouettes) et par le spectacle des bateaux à aubes, restera fixé dans les mémoires.

Un jet d'eau unique au monde

La plupart des grandes villes ont un attribut. Paris a la tour Eiffel, Londres Big Ben, New York la statue de la Liberté, Rome le Colisée, Athènes l'Acropole, et Genève ? Pas de doute, c'est bien le jet d'eau.

Celui-ci jaillit non pas du sol mais du lac à une vitesse d'environ 200 km/h pour culminer à 140 m de hauteur. Cette gigantesque colonne blanche, fierté des Genevois et attraction obligée des touristes, est actionnée par de puissantes pompes entraînées par des moteurs électriques qui aspirent l'eau du lac pour la refouler au rythme de 500 litres par seconde. L'eau retombe ensuite en myriades de gouttelettes qui en fonction de l'orientation du vent peuvent créer bien des surprises aux badauds. Afin d'éviter toute gêne, notamment aux bateaux qui croisent sur le lac, le fonctionnement du jet d'eau est subordonné aux conditions atmosphériques et à la vitesse du vent. Une station météorologique est installée dans la machinerie et les gardiens se relayent en permanence pour veiller sur le symbole de la ville.

Le jet d'eau est traditionnellement mis en service en mars, le premier jour du Salon de l'automobile, jusqu'au 31 octobre.

Rive droite

La promenade sur la rive droite du lac, le long du quai du Mont-Blanc bordé de cossus immeubles pavoisés, offre des **perspectives★★★** lointaines sur la chaîne de montagnes (Voirons, Môle, Salève, Mont Blanc, par temps clair).

Partir du carrefour formé par le pont, la rue et le quai du Mont-Blanc.

En aval du pont au-delà duquel le Rhône reprend son cours, s'avance la proue de l'île J.-J.-Rousseau où se dresse la statue du célèbre écrivain.

Le quai du Mont-Blanc déborde d'animation, Genevois et touristes s'y promènent nombreux, s'arrêtant ici ou là devant les cafés ou les marchands de souvenirs.

Mausolée du duc de Brunswick (FY B) – Élevé en 1879 sur le modèle des tombeaux des Scaliger à Vérone, c'est le mausolée de Charles II de Brunswick (1804 – mort à Genève en 1873), bienfaiteur insigne de la ville.

Poursuivre par le quai Wilson prolongeant le quai du Mont-Blanc, ou bien depuis le débarcadère des Pâquis, utiliser le service régulier des « Mouettes genevoises » qui desservent divers points de la rade.

★★ **Parcs Mon Repos, la Perle du Lac et Barton** (GWX) – Ces trois parcs, communiquant entre eux, forment le plus bel ensemble paysager de Genève. À leurs portes, voire dans leurs enceintes, se dressent d'élégantes maisons patriciennes classiques.

Un point de vue se révèle sur le « Petit Lac », en direction de Lausanne.

Musée d'Histoire des Sciences ⊙ (GWX) – Dans le parc de la Perle du Lac, la noble villa Bartholoni (1825) abrite, dans ses salons richement décorés de peintures murales, ce musée d'instruments scientifiques anciens datant pour la plupart des 18e et 19e s. Au rez-de-chaussée, une salle est consacrée au physicien genevois de Saussure (inventions, appareils et objets personnels), d'autres à l'astronomie (planétaires, cadrans solaires), aux instruments de marine (sextants, boussoles) ou d'arpentage (théodolites). À l'étage : instruments de physique (appareils de Colladon : cuillères acoustiques pour mesurer la vitesse du son dans l'eau), électricité et électromagnétisme, maquettes de machines à vapeur, météorologie (baromètres, thermomètres), médecine (stéthoscope de Laennec, pharmacies portatives).

CARNET D'ADRESSES

Office de tourisme – *Genève Tourisme, 18, rue du Mont-Blanc* – ☎ *(022) 909 70 00 – fax (022) 909 70 11.*

Transports

Transports publics genevois (TPG) – Le réseau comprend des lignes de tramways, bus et trolleybus. Il est divisé en plusieurs zones (zone 10 : zone urbaine, zones 21, 31 et 41 : zones suburbaines, zones 51, 61 et 71 : zones en territoire français). Les lignes desservant la zone 10 sont identifiées par les chiffres (1, 2, 3, etc.), celles qui desservent les zones 21, 31, 41, 61 et 71 par des lettres (A, B, C, etc.), la ligne 51 est desservie par les Transports Annemassiens Collectifs (TAC). Renseignements et vente de billets auprès des agences TPG : gare Cornavin, Rond-Point de Rive et Bachet de Pesay. Information centrale, du lundi au vendredi : ☎ (022) 308 34 34. Les billets et les cartes journalières sont également disponibles à partir des distributeurs automatiques installés aux arrêts de la zone 10, ou auprès des revendeurs agréés.
Pour circuler sans limitation dans une zone (zone 10 par exemple), la carte journalière coûte 6 F. Pour se déplacer dans plusieurs zones, elle coûte 12 F.

Mouettes genevoises – Ces bateaux relient les deux rives du Léman, ligne M 1 Pâquis-Molard, ligne M 2 Pâquis-Eaux-Vives. Fréquence : un bateau toutes les 10 mn à partir de 9 h jusqu'à 19 h.

Shopping

Plutôt que d'indiquer des marques, noms et adresses avec précisions, nous préférons signaler des rues où se succèdent des magasins en tout genre (bijouteries, maroquineries, chocolateries, marchands de cigares, etc.) et pour toutes les bourses. Chacun pourra faire du lèche-vitrine à sa guise, entrer librement et se laisser tenter.

Rive droite – Quai des Bergues, quai du Mont-Blanc, rue du Mont-Blanc.
Grand magasin : **Manor** (Rue Cornavin 6).

Rive gauche – Rue du Rhône, rue de la Confédération, rue du Marché, galerie Jean-Malbuisson, rue Neuve du Molard, rue de la Croix-d'Or (également centre commercial : Confédération Centre), rue de Rive, cours de Rive, rue de la Corraterie.
Grand magasin : **Globus** (Rue du Rhône 48 ou rue de la Confédération).

Marchés

Parcourir les marchés, c'est s'imprégner de la couleur locale d'une ville, en prenant le temps de la regarder, de l'écouter et de la sentir vivre.

Rive droite

Place de la Navigation – *Mardi et vendredi de 8 h à 13 h* : **fruits et légumes**.
Place de Grenus – *Samedi de 8 h à 13 h 30* : **fruits et légumes**.

Rive gauche

Plaine de Plainpalais – Le plus grand des marchés de la ville.
Mardi et vendredi de 8 h à 13 h, dimanche de 8 h à 18 h : **fruits et légumes**
Mercredi et samedi de 8 h à 17 h : **marché aux puces**, grand choix d'objets anciens et de brocante.

Boulevard Helvétique – *Mercredi de 8 h à 13 h, samedi de 8 h à 13 h 30* : **fruits et légumes**.

Place de la Fusterie – *Mercredi et samedi de 8 h à 18 h 45* : **fruits et légumes**.
Jeudi de 8 h à 19 h : **artisanat**.
Vendredi de 8 h à 18 h 45 : **bouquinistes**.

Place du Molard – Pratiquement tous les jours se tient un **marché aux fleurs**.

Théâtre et musique

Grand Théâtre – *Place Neuve 5* – ☎ *(022) 418 30 00. Réservations* ☎ *(022) 418 31 30.*
Opéras, ballets et récitals sont à l'affiche de cette salle prestigieuse.

Bâtiment des Forces Motrices – *Place des Volontaires 2* – ☎ *(022) 322 12 20.*
Annexe du Grand Théâtre. Spectacles théâtraux ou lyriques et conférences. L'acoustique est excellente.

Comédie de Genève – *Boulevard des Philosophes 6* – ☎ *(022) 320 50 01.*
Pièces classiques et modernes.

Les Salons – *Rue Bartholoni 6* – ☎ *(022) 807 06 30. Réservations* ☎ *(022) 807 06 33.*
Pièces d'auteurs contemporains et spectacles musicaux.

Théâtre de Poche – *Rue du Cheval-Blanc 7* – ☎ *(022) 310 37 59*.
Dans la vieille ville cette petite salle est vouée à des pièces d'auteurs actuels. Lieu de découverte, recherche, essai et échanges.

Casino-Théâtre – *Rue de Carouge 42* – ☎ *(022) 418 44 03*.
Revues satiriques, opérettes, variétés.

Forum Meyrin – *Place des Cinq-Continents 1, Meyrin* – ☎ *(022) 989 34 34*. Une programmation éclectique : théâtre, danse, musique classique et moderne, chansons.

Théâtre de Carouge – *Rue Ancienne 39, Carouge* – ☎ *(022) 343 43 43*.
Du classique au moderne, de Racine ou Molière à André Roussin, en passant par Tchékov, Goldoni ou Pirandello, le répertoire est large et international. Un théâtre renommé.

Victoria Hall – *Rue du Général-Dufour 14* – ☎ *(022) 328 35 73. Réservations* ☎ *(022) 328 81 21*.

Plus d'un siècle d'existence, une salle majestueuse dotée d'une acoustique exceptionnelle, pour un programme incluant de grandes œuvres classiques interprétées par l'Orchestre de la Suisse romande ainsi que par des orchestres étrangers.

Conservatoire de musique – *Place Neuve* – ☎ *(022) 319 60 60*.
Concerts de musique classique. Œuvres pour piano, violon... interprétées par des solistes de renom.

Pour les enfants

Les Marionnettes de Genève – *Rue Rodo 3* – ☎ *(022) 418 47 77*.
Six à neuf spectacles par saison d'après des œuvres des frères Grimm, des contes russes ou autres, de même que des créations de la troupe. À voir.

Am Stram Gram – *Route de Frontenex 56* – ☎ *(022) 735 79 24*.
C'est en famille que l'on vient voir les spectacles qui s'adressent même aux parents. *La Belle et la Bête, Peter Pan, Ulysse, Robinson Crusoé* font partie du répertoire où le divertissement se mêle à l'art de la scène.

Se loger à Genève

À BON COMPTE

City Hostel Geneva – *Rue Ferrier 2* – ☎ *(022) 901 15 00* – *www.cityhostel.ch* – *57 chambres* – *à 4 lits 25 F par personne* – *à 2 lits superposés 25 F par personne* – *à 1 lit 55 F* – *chambre double 85 F*.
Cette sorte d'auberge de jeunesse est bien située à cinq minutes à pied de la gare Cornavin. Une adresse intéressante pour petits budgets. Chaque chambre est équipée d'un lavabo. Douches et toilettes à l'étage. Possibilité d'utiliser la cuisine.

Luserna – *Avenue Luserna 12* – ☎ *(022) 345 45 45* – *fax (022) 244 49 36* – *33 chambres* – *65/150 F* – **GB**.
Dans un quartier d'immeubles d'habitation, un petit hôtel simple dans une maison début 20ᵉ s., tranquille, avec un grand jardin sur lequel donnent les chambres. Les moins chères sont seulement équipées d'un lavabo.

Les Tourelles – *Boulevard James-Fazy 2* – ☎ *(022) 732 44 23* – *fax (022) 732 76 20* – *23 chambres* – *98/150 F* – **GB**.
Un très bon rapport qualité/prix compte tenu de sa situation au bord du Rhône. Chambres simples, rénovées régulièrement.

VALEUR SÛRE

Bel'Espérance – *Rue de la Vallée 1* – ☎ *(022) 818 37 37* – *fax (022) 818 37 73* – *39 chambres* – *95/180 F* – **GB**.
Hôtel traditionnel intéressant pour sa localisation à mi-chemin entre les rives du lac et la vieille ville.

Le Montbrillant – *Rue de Montbrillant 2* – ☎ *(022) 733 77 84* – *fax (022) 733 25 11* – *82 chambres* – *190/350 F* – **GB**.
Derrière la gare Cornavin, dans un immeuble du 19ᵉ s. un hôtel de bon confort disposant de chambres insonorisées, lambrissées sous les combles. Une bonne adresse et un bon rapport qualité/prix. Attention, difficultés de parking.

Mon-Repos – *Rue de Lausanne 131* – ☎ *(022) 909 39 09* – *fax (022) 909 39 93* – *85 chambres* – *190/226 F* – **GB**.
Situé près du lac, face au parc Mon-Repos, et à proximité de l'ONU et des grandes organisations internationales, cet hôtel classique et confortable séduira par sa situation.

Du Midi – *Place Chevelu 4* – ☎ *(022) 731 78 00* – *fax (022) 731 00 20* – *89 chambres* – *210/300 F* – **GB**.
Proche du quai des Bergues, dans un quartier de petites rues animées, l'hôtel Du Midi est pratique pour qui veut visiter Genève, sa vieille ville et la rive droite.

Strasbourg – *Rue Pradier 10 – ☎ (022) 906 58 00 – fax (022) 738 42 08 – 51 chambres – 190/260 F –* **GB**.
Récemment restauré, l'hôtel de Strasbourg est très confortable. Il est situé en haut de la rue du Mont-Blanc non loin de la gare, mais à l'écart de la bruyante place Cornavin et de la rue des Alpes qui draine la circulation, en sens unique, des rives du lac vers la gare.

Suisse – *Place Cornavin 10 – ☎ (022) 732 66 30 – fax (022) 732 62 39 – 57 chambres – 170/295 F –* **GB**.
Face à la gare, à l'angle de la rue du Mont-Blanc en partie piétonne. Au bas de cette grande artère genevoise : la rade, les débarcadères et sur la rive gauche, la vieille ville... Restaurant avec terrasse fleurie.

Cornavin – *Boulevard James Fazy 23 – ☎ (022) 732 21 00 – fax (032) 732 88 43 – 162 chambres – 227/400 F –* **GB**.
Tout près de la gare. Les lecteurs de Tintin le reconnaîtront peut-être. Sans doute l'hôtel a-t-il changé depuis l'époque du sympathique reporter (vous le verrez d'ailleurs dans l'entrée avec son fidèle Milou). Les chambres sont spacieuses, climatisées, insonorisées et équipées de mobilier en cerisier et de salles de bains lumineuses. Une curiosité : la pendule de 30 m de haut dont le mécanisme et le cadran se trouvent au 8e étage. Au même étage, salle panoramique pour les petits déjeuners..

UNE PETITE FOLIE !

La Cigogne – *Place Longemalle 17 – ☎ (022) 818 40 40 – fax (022) 818 40 50 – 47 chambres – 340/550 F –* **GB**.
Hôtel de luxe en plein cœur de la ville. Calme, grande attention du personnel, qualité du mobilier et originalité de la décoration des chambres ou appartements vous attendent.

Les Armures – *Rue du Puits-Saint-Pierre 1 – ☎ (022) 310 91 72 – fax (022) 310 98 46 – 28 chambres – 315/465 F –* **GB**.
Hôtel de charme, au décor 17e s. raffiné, situé au pied de la cathédrale Saint-Pierre. Quel beau souvenir de Genève !

Se restaurer à Genève

De très nombreux établissements s'offrent aux visiteurs travaillés par une petite faim. Les restaurants proposent souvent le midi plusieurs menus à des prix intéressants ou des formules « plat du jour » incluant une salade et un plat pour 20 F ou un peu plus. Sinon il faut savoir qu'un repas à la carte digne de ce nom arrosé d'un bon vin local atteint facilement 70 à 80 F.

Aux Halles de l'Île – *Place de l'Île 1 – ☎ (022) 311 52 21.*
Ce restaurant se situe entre les deux rives, sur l'île même qui s'étire au milieu du Rhône. Un atout de taille : la salle à manger panoramique qui s'ouvre sur le fleuve. Record d'affluence le midi. Plusieurs menus, une carte traditionnelle, une cuisine simple. Certains soirs, dîner en musique pour ceux qui aiment le jazz.

Le Lacustre – *Quai du Général-Guisan – ☎ (022) 312 21 13.*
Face à l'île Jean-Jacques Rousseau côté Rhône, ce restaurant est très agréable en été en raison de sa belle terrasse. Salle à manger de type brasserie. Essayez les filets de perche accommodés à plusieurs sauces.

Le Valais – *Jardin anglais – ☎ (022) 311 32 88. Fermé le lundi.*
Amarré tout près de l'horloge fleurie, ce bateau à aubes restera à quai. Spécialités de poissons, du lac comme il se doit. Choisissez une table avec vue sur le lac.

Globus – *Rue du Rhône 48. Le restaurant du grand magasin est ouvert pour le déjeuner du lundi au samedi.*
Une bonne adresse à des prix fort convenables. Style buffet, fraîcheur garantie et plats chauds servis sitôt préparés.

La Favola – *Vieille ville. Rue Jean-Calvin 15. Fermé du 1er au 15 août, le samedi midi et le dimanche. Réservation conseillée. ☎ (022) 311 74 37.*
Derrière la façade en bois d'une maison du 17e s. se cache un restaurant fort convenable. Une petite salle au rez-de-chaussée, un escalier étroit en colimaçon et une autre salle au premier. Cuisine tessinoise inventive, savoureuse et bien présentée.

Café Papon – *Vieille ville. Rue Henri-Fazy 1 – ☎ (022) 311 54 28 – fermé le samedi midi en hiver et le dimanche.*
Ce restaurant, intégré au bâtiment historique de l'hôtel de ville, donne sur une jolie place ombragée. La salle de restaurant, une belle salle rustique en pierre, présente beaucoup de cachet. Cet établissement est fréquenté par les hommes politiques locaux.

Le Vallon – *Route de Florissant 182 – ☎ (022) 347 11 04 – fax (022) 347 63 81 – fermé du 23 décembre au 3 janvier, du 19 au 30 avril, du 19 juin au 12 juillet, le samedi et le dimanche.*
Ce petit restaurant au décor de bistrot est situé à Conches à 5 km au Sud-Est de Genève.

Se restaurer à Carouge

Café Les Négociants – *Rue de la Filature 29* – ☎ *(022) 300 31 30. Fermé le mardi.* Entièrement refait à neuf. Une petite carte aux plats savoureux à des prix convenables. Si vous désirez une bouteille de vin, vous descendrez à la cave pour la choisir, sinon vin ouvert, c'est-à-dire au verre.

L'Ange du Dix Vins – *Rue Jacques-Dalphin 31* – ☎ *(022) 342 03 18. Fermé le samedi (sauf de septembre à décembre) et le dimanche.* Deux formules dont une bistrot. Des plats fins, bien servis, une bonne cuisine y compris de savoureux desserts, c'est divin.

La Bourse – *Place du Marché 7.* ☎ *(022) 342 04 66.* Au rez-de-chaussée, le restaurant traditionnel, dans les caves voûtées, pizzas et copieuses pierrades (volailles et viandes).

Où prendre un verre ? Où finir la soirée ?

Le soir, le quartier s'étendant entre la gare Cornavin et les Pâquis est particulièrement animé en raison de ses nombreux cinémas, bars, brasseries et restaurants, surtout exotiques.
Pour les amateurs de bière, **Les Brasseurs** (place Cornavin) est une microbrasserie. La bière est produite sur place (salle de brassage, cuves de fermentation). Si vous êtes plusieurs et si vous arrivez à vous asseoir, demandez une colonne de bière blonde, blanche ou ambrée (3 ou 5 l).
Le **Casino de Genève** dans l'hôtel Noha Hilton (quai du Mont-Blanc) attire toujours beaucoup de monde.
Dans la vieille ville dont le pôle d'attraction est la place du Bourg-de-Four, le **Mortimer** est un endroit original avec sa collection d'affiches publicitaires, ses gadgets anciens et son très beau bar en zinc. En été, la terrasse du **Clémence** est très agréable (fontaine et jeu d'échecs géant).
Retrouvez l'Irlande et sa bière au **Flanagan's Irish Pub** (rue du Cheval Blanc 4). Vous pourrez écouter certains soirs des groupes musicaux, mais ce n'est pas toujours facile de se frayer un passage. Le **Demi-Lune** (rue Étienne-Dumont 3) est un café très en vogue à en juger par sa clientèle internationale qui vient y finir ses soirées. Les discussions vont bon train autour des tables et debout devant une bière pression, un cocktail demi-lune ou clair de lune ou un déci de rouge, blanc ou rosé. Une décoration à l'ancienne pour rappeler l'esprit vieux quartier et une ambiance jazzy. Restauration non-stop jusqu'à 23 h 30 (tapas, salades, hamburgers).
Place du Molard et alentour se trouvent plusieurs cinémas et établissements distingués très fréquentés à l'heure de l'apéritif ou en soirée. Citons la **Brasserie Lipp** (rue de la Confédération 8), antichambre du monde du commerce et de la finance.
Dans le quartier des Eaux-Vives, plusieurs établissements très chic sont fréquentés par de nombreux étrangers résidant à Genève. **La Coupole** (rue du Rhône 116) offre plusieurs ambiances. À l'heure de l'apéritif ou après le dîner, le *Café* ou *American Bar* vous accueille confortablement. Faites-vous plaisir en choisissant un bon cocktail avec ou sans alcool, vous aurez l'embarras du choix. À moins que vous ne préfériez un whisky single malt ou blended. Là aussi lequel choisir ? Si vous voulez bouger, quelques marches à monter et vous êtes au *Dancing*.
L'**Opéra Bouffe** (avenue de Frontenex), avec une musique d'opéra comme fond musical, attire artistes, journalistes et intellectuels.

À l'extérieur de Genève

Prenez la route de Thonon et, à Vésenaz, vous trouverez facilement **Le Trois-Huit** qui se tient au bord de la route. Avec leurs fauteuils et canapés en cuir, le *Night Café* et la *Bibliothèque* (ouverts de 19 h à 5 h) font penser à un lounge anglais très « cosy ». Dans le premier, piano-bar dès 22 h ou soirées dansantes animées par un DJ, et le dimanche après-midi thé dansant. Le second (étagères avec de vieux livres comme il se doit), un peu en retrait, est plus tranquille pour discuter. Une bonne carte avec notamment un choix d'environ 70 sortes de whiskies blended ou pur malt, whiskeys et bourbons.

En France, à **St-Julien-en-Genevois** (au Sud, autoroute A 40, puis N 201 direction Annecy), le **Macumba**, gigantesque ensemble de divertissement nocturne, offre 12 salles dont 3 restaurants et une salle de jeux. Le samedi soir, c'est la fièvre, on y vient de partout. Après avoir dîné au *Grill*, chez *La mère Marie* ou au *Spaghetti Bar*, la nuit vous appartient. Salsa, zouk, reggae au *Club Tropical*, techno au *Macumba*, rock et disco à l'*Empire*, musette avec orchestre au *Bal*, karaoké à l'*Irish Pub*, ambiance américaine au *Club 30/40*, musiques variées avec l'orchestre du *Roger's Club*, vous trouverez selon votre âge et vos goûts de quoi vous faire oublier vos soucis.

GENÈVE

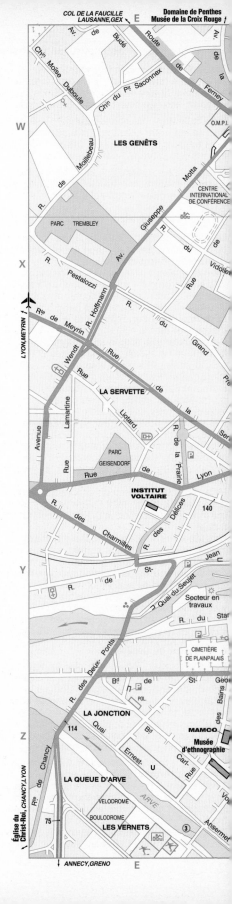

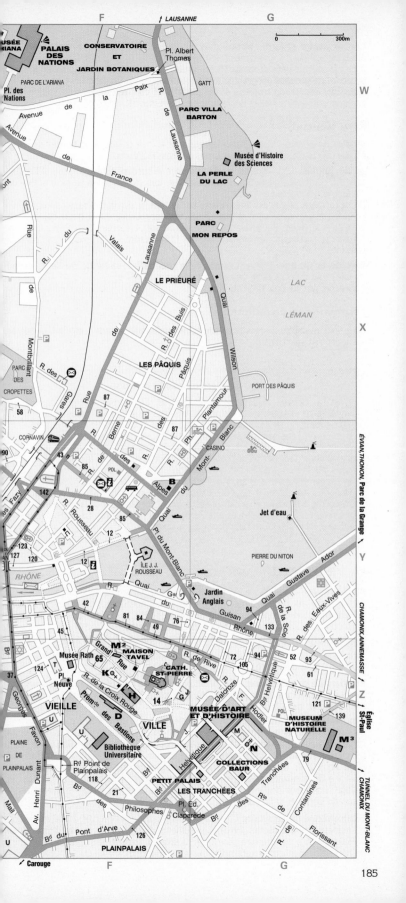

★ **Conservatoire et jardin botaniques** ⊙ **(FW)** – S'étendant sur 17 ha, ce jardin a été aménagé pour l'agrément et afin de faire connaître au public la vie végétale. Il comprend un **jardin de rocaille★★** ou jardin alpin dans lequel les plantes ont été réparties en groupes géographiques, des serres avec un jardin d'hiver abritant une luxuriante végétation tropicale et équatoriale, un parc aux biches, une volière. Des jalonnements indiquent les fleurs les plus intéressantes.

Rive gauche

Au-delà du pont du Mont-Blanc, les quais de la rive gauche sont bordés de longs espaces verts plantés d'arbres et ornés de massifs fleuris.

Jardin anglais (GY) – Une **horloge fleurie** décore sa bordure côté quai Général-Guisan. Elle est composée de 6 500 espèces différentes et symbolise le savoir-faire de l'industrie horlogère genevoise.

De sa terrasse, la vue est intéressante sur la rade et sur la chaîne du Jura.

Le quai Gustave-Ador permet d'avoir une vue rapprochée du jet d'eau qui jaillit au bout de la jetée des Eaux-Vives. Des bassins où sont amarrés de nombreux bateaux à voiles se succèdent, témoignant ainsi de l'importance de Genève comme port de plaisance.

★ **Parc de la Grange (GY)** – Il comporte la plus belle roseraie de Suisse (floraison mi-juin) ; au milieu s'élève une élégante maison du 18e s.

L'agréable **parc des Eaux-Vives★** lui fait suite.

Promenades en bateau

Elles sont multiples, depuis la simple promenade dans la rade jusqu'aux croisières sur le lac *(voir lac Léman).*

Les derniers moments de Sissi

C'est à Genève qu'Élisabeth, épouse de l'empereur François-Joseph, impératrice d'Autriche et reine de Hongrie, rendit le dernier soupir le 10 septembre 1898. Alors qu'elle s'apprêtait à prendre le bateau, Sissi – comme on l'appelait familièrement – fut frappée au cœur par l'anarchiste italien Luigi Lucheni. Elle eut toutefois la force de monter à bord avant de s'effondrer. Transportée à l'hôtel Beau-Rivage – sur le quai du Mont-Blanc – dans la suite où elle résidait, elle s'éteignit peu de temps après.

Le centième anniversaire de sa mort fut bien sûr commémoré en Autriche et en Hongrie, mais aussi à Genève. L'hôtel Beau-Rivage organisa une exposition consacrée à la souveraine, dans laquelle furent présentés pour la première fois ses recueils de poèmes légués à la Suisse. En bordure du lac, face à l'hôtel, un buste a été érigé, lui rendant hommage à jamais.

★★ LA VIEILLE VILLE (H) *visite : 1 h 1/2*

Place Neuve – La statue équestre en bronze du général Dufour, héros suisse du 19e s., est au centre de cette grande place entourée de plusieurs édifices majestueux : le Conservatoire de musique (19e s.), œuvre de Jean-François Bartholoni, le Grand Théâtre (19e s.) et le musée Rath.

Musée Rath ⊙ – Cette bâtisse, qui s'ouvre par un portique, fut construite au 19e s. dans le style grec. Des expositions artistiques temporaires y sont organisées par le musée d'Art et d'Histoire.

Promenade des Bastions – Ce jardin public, tracé au 18e s. au pied des anciens remparts, est bordé à droite, au-delà d'un platane géant, par les bâtiments de l'université et de la bibliothèque.

★ **Monument de la Réformation** – Adossé à un ancien rempart du 16e s., c'est une muraille de proportions monumentales (plus de 100 m de longueur) et d'une austérité voulue. Au centre se détachent, immenses, sous la devise POST TENEBRAS LUX, les quatre statues des réformateurs Farel, Calvin, Bèze et Knox. Ce monument, érigé en 1917, évoque, par ses autres statues et ses bas-reliefs commentés, l'histoire de la religion réformée et ses répercussions en Europe. En avant, sur le dallage, les armes de Genève – clé épiscopale et aigle impériale – figurent entre l'ours de Berne et le lion d'Écosse.

Bibliothèque universitaire ⊙ – La salle Ami-Lullin est réservée à une exposition permanente de manuscrits, livres et documents d'archives intéressant l'histoire de la Réforme et la vie littéraire genevoise. La **salle J.-J.-Rousseau** renferme des souvenirs de l'écrivain (manuscrits, estampes, buste par Houdon).

VIEILLE VILLE

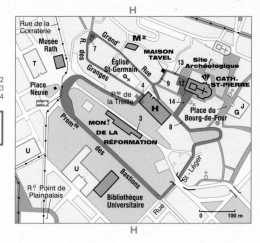

Quitter la promenade des Bastions, à l'opposé de la place Neuve, par la porte de la rue St-Léger, puis tourner à gauche et passer sous le pont.

Place du Bourg-de-Four – C'est sur cette place pittoresque située au cœur du vieux Genève qu'avaient lieu les foires au Moyen Âge. Elle est bordée de vieilles demeures dont certaines ont conservé leurs enseignes d'auberge. Des boutiques d'antiquaires, des galeries d'art, des cafés s'ordonnent autour de sa fontaine fleurie.

Prendre à gauche la rue de l'Hôtel-de-Ville, puis à droite et traverser la place de la Taconnerie.

★**Cathédrale St-Pierre** ⊙ – Église protestante depuis 1536, ce vaste édifice élevé aux 12ᵉ et 13ᵉ s., en partie reconstruit au 15ᵉ s., a été pourvu au 18ᵉ s. d'une façade néogrecque inattendue. L'intérieur est imposant et sobre. On y voit le siège de Calvin *(dans le bas-côté gauche, aussitôt avant la croisée du transept)*, des stalles du 15ᵉ s. *(dans le bas-côté droit)*, le tombeau du duc de Rohan, chef du parti réformé en France au temps de Henri IV et de Louis XIII *(première chapelle à droite du chœur)*. La chapelle St-Pierre (ou des Macchabées), élégante construction de style gothique flamboyant bâtie par le cardinal de Brogny au début du 15ᵉ s. et profondément restaurée au 19ᵉ s., s'ouvre à la première travée du bas-côté droit.

Tour Nord ⊙ – Superbe **panorama**★★ sur Genève, le lac, le Jura, la chaîne des Alpes.

Sortir de la cathédrale pour gagner la cour St-Pierre.

★★**Site archéologique** ⊙ – Devant la façade occidentale de la chapelle des Macchabées (au Sud-Ouest de la cathédrale), un escalier permet de descendre jusqu'au site qui s'étend sous la cathédrale actuelle. Un montage audiovisuel aide à mieux comprendre la christianisation de la région. En suivant un parcours établi de façon chronologique, le visiteur remonte le temps et découvre sur les lieux mêmes des fouilles, les vestiges de plus de 2 000 ans d'histoire. Ce vaste ensemble architectural est particulièrement bien mis en valeur et clairement documenté au moyen de panneaux explicatifs (chaque couleur représentant une époque) et d'objets mis au jour.
Une première église et un baptistère sont construits pendant la deuxième moitié du 4ᵉ s. Dès le début du siècle suivant, Isaac, évêque de Genève, dispose d'un palais, de deux cathédrales et d'un nouveau baptistère. Une salle de réception décorée d'un pavement de mosaïques polychromes, ajouté au milieu du même siècle, a pu être remise en valeur. Vers l'an mil, une cathédrale monumentale, flanquée d'un cloître, remplace trois églises épiscopales et un baptistère. Les murs de ce sanctuaire ont servi de fondations à l'édifice actuel, commencé vers 1160.

Traverser la cour St-Pierre et prendre à droite la rue du Soleil-Levant.

À l'angle, statue en bronze du prophète Jérémie par Rodo.

La rue du Soleil-Levant conduit à la rue du Puits-St-Pierre.

★**Maison Tavel** ⊙ – Plus ancienne demeure de la ville, elle fut reconstruite après l'incendie de 1334 qui détruisit une bonne moitié de la cité, puis remaniée au cours des siècles. Son élégante façade de pierre, percée par trois rangées de baies et flanquée d'une tourelle d'angle, est ornée de rares mascarons à têtes humaines et animales. Au-dessus d'une fenêtre du rez-de-chaussée, une niche est sculptée des armes de la famille Tavel, nobles Genevois qui ont donné leur nom à cette maison.
La visite de l'intérieur apporte une bonne connaissance de l'histoire genevoise du 14ᵉ au 19ᵉ s. Les fortifications, la vie politique et religieuse, l'architecture urbaine,

la vie quotidienne y sont retracées au moyen de collections incluant monnaies, photos anciennes, vantaux de portes, ornements de toiture, serrures. Au 2e étage, des objets domestiques, des indiennes et des papiers peints sont exposés dans le cadre d'un ancien appartement joliment meublé. On y voit également une riche vaisselle d'argent et d'étain dont Genève fut un grand centre producteur.

Dans les combles, étonnant **plan-relief** en métal (maisons et fortifications en zinc, toits en cuivre) représentant la ville en 1850, dû à un architecte genevois, Auguste Magnin (1842-1903).

En face et à quelques pas de la maison Tavel, les arcades de l'**ancien arsenal** abritent quelques canons de la République de Genève. Au mur, mosaïques modernes de Cingria rappelant trois pages de l'histoire genevoise.

Hôtel de ville (**H**) – Édifice datant des 16e et 17e s., dont la partie la plus ancienne, la tour Baudet, fut construite en 1455. Entrer dans la cour pour voir la curieuse rampe, pavée de galets, qui permettait d'accéder en litière aux étages.

Au rez-de-chaussée, on visite la **salle de l'Alabama** ⓥ où fut signée, le 22 août 1864, la première convention de la Croix-Rouge, appelée la convention de Genève.

Grand'Rue – Cette vieille rue pittoresque, une des mieux conservées du Vieux-Genève, offre au promeneur tout un choix de boutiques d'antiquaires, de libraires, de galeries d'art. Plusieurs maisons gardent le souvenir de personnes célèbres : au n° 40, maison natale de Jean-Jacques Rousseau ; au n° 27, maison natale du comédien Michel Simon (1895-1975).

Sur la place du Grand-Mézel, agrémentée d'une fontaine fleurie, prendre à gauche.

Rue des Granges (**FZ 65**) – Cette rue est bordée d'une série d'hôtels patriciens de style français du 18e s. Au n° 2, l'hôtel de Sellon abrite le **musée fondation Zoubov** ⓥ qui rassemble, dans les anciens appartements de la comtesse du même nom, de précieux objets ramenés lors de voyages. Certains proviennent de Chine (émaux cloisonnés de Pékin, émaux peints de Canton) ou de Russie (palais impériaux de Saint-Pétersbourg). Des meubles estampillés par de grands ébénistes français du 18e s., des portraits signés par des peintres de cour comme Vigée-Lebrun, le baron Gérard, Lampi le Vieux et Lampi le Jeune, de somptueux tapis et tapisseries embellissent les différentes pièces qui se succèdent, de la salle à manger à l'entrée privée en passant par le grand salon, les chambres ou le cabinet Catherine II.

Au n° 7 se trouve la maison natale d'Albert Gallatin (1761-1849), devenu homme d'État américain et rédacteur de la Constitution des États-Unis d'Amérique.

Église St-Germain ⓥ (**FZ K**) – C'est une basilique des 4e et 5e s. agrandie aux 14e et 15e s. L'intérieur est éclairé par des vitraux modernes. Des fragments d'un autel primitif (fin du 4e s.) sont visibles. Au chevet est accolée une fontaine à auvent surmontée d'un cadran solaire.

On débouche sur la rue Henri-Fazy que l'on prend à droite.

Passer sous la porte de la Treille. À gauche, la tour Baudet (1455) abrite la salle du Pouvoir exécutif.

Descendre à droite la promenade de la Treille qui ramène à la place Neuve.

LE QUARTIER INTERNATIONAL

Place des Nations (**FW**) – Vaste place que bordent le parc de l'Ariana et les modernes buildings d'organismes bancaires ou internationaux. Remarquer, entre autres, la tour concave, en verre bleuté, de l'OMPI (Organisation mondiale de la propriété intellectuelle), devant laquelle tombe une cascade en rideau qu'encadrent les copies, en bronze, des naïades de la fontaine de Neptune à Florence.

★★**Musée Ariana** ⓥ (**FW**) – Fondé par un mécène genevois, Gustave Revilliod (1817-1890), le musée reçut le nom d'Ariana en hommage à Ariane Revilliod-De la Rive, mère du fondateur. Le bâtiment, dont l'architecture s'inspire d'un palais italien, a été construit par Émile Grobety entre 1879 et 1884.

Au rez-de-chaussée, les collections illustrent magnifiquement près de dix siècles d'histoire de la céramique en Europe, au Proche-Orient et en Asie, depuis les origines de la faïence avec une coupe mésopotamienne du 9e s. (salle 1) aux premières porcelaines de Meissen au début du 18e s. (salle 6). Les vitrines renferment des majoliques de la Renaissance italienne, de la faïence de Delft et des pièces de nombreux ateliers européens, et présentent l'évolution de la porcelaine chinoise et japonaise importée en Europe du 16e s. à la fin du 18e s. Une zone didactique explique les techniques de l'art du feu. Une autre section est dédiée à la verrerie européenne du 16e au 19e s.

Au 1er étage, plusieurs salles sont consacrées aux manufactures suisses (faïences de Winterthur, porcelaines de Genève, Nyon et Zürich) ainsi qu'à la céramique européenne des années 1900 à 1940. La salle 14 regroupe des collections d'étude présentées de manière systématique. La belle galerie aux colonnes torses est agrémentée d'un salon de thé et enrichie de verrerie suisse et européenne.

Au sous-sol, trois salles reçoivent des expositions temporaires consacrées à l'histoire de la céramique et du verre ainsi qu'à la création contemporaine (le musée Ariana est le siège de l'Académie internationale de céramique).

★★ **Palais des Nations** ⓥ (FW) – *Entrée au 14, avenue de la Paix, portail de Pregny.* Le palais, situé dans le parc de l'Ariana et construit dans les années 1929-1936 pour la Société des Nations (SDN), est depuis 1946 le second centre de l'Organisation des Nations unies, le siège se trouvant à New York. Une nouvelle aile, très moderne, lui a été ajoutée en 1973. Il est l'un des centres de conférences internationales les plus actifs du monde. La **salle des Pas Perdus**, dont on remarque la variété des marbres donnés par les différents pays de l'ONU, dessert la grande **salle des Assemblées** (2 000 places), utilisée pour les séances plénières.

Après avoir longé une galerie sur laquelle s'ouvrent des salles de réunion, on arrive à la **salle du Conseil** où se déroulent les conférences les plus importantes. Cette salle est aussi appelée « salle espagnole » en l'honneur de Francisco de Vitoria, fondateur du droit international. L'artiste espagnol José María Sert a orné cette pièce de vastes fresques évoquant les progrès de l'humanité (progrès technique, social, scientifique).

La visite s'achève par un film ayant trait à l'action de l'ONU.

Parc – Il s'étend sur quelque 25 ha plantés de cèdres, cyprès et autres belles essences. On y voit plusieurs œuvres d'art : sphère armillaire en bronze offerte par les États-Unis en mémoire du président Woodrow Wilson ; monument en forme de flèche, don de l'URSS symbolisant le succès de l'homme dans la conquête de l'espace ; sculpture en bronze intitulée *Famille*, due à Edwina Sandys et offerte à l'occasion de l'Année internationale de l'enfant (1979).

Du parc, la masse colossale du Palais des Nations, faite de travertin, de calcaire et de différents marbres, dégage une impression de puissance, de majesté.

De la partie supérieure de la terrasse, **vue** entrecoupée sur le lac Léman et la chaîne du Mont-Blanc.

Musée philatélique ⓥ – *Dans le hall, point de départ des visites du Palais des Nations.* Collection de timbres et d'enveloppes sur le thème de la Société des Nations et des Nations unies complétée par une présentation audiovisuelle.

Sphère armillaire

** **Musée international de la Croix-Rouge et du Croissant-Rouge** ⓥ – *Accès par l'avenue de la Paix* (**EW**).

À l'entrée, sculpture en bronze de George Segal intitulée *Les Pétrifiés* symbolisant la violation des droits de l'homme.

La bataille de Solferino (24 juin 1859), qui opposa les Français et les Piémontais aux Autrichiens, donna à Henri Dunant, homme d'affaires genevois témoin du massacre, l'idée de créer un mouvement d'assistance aux blessés (en une seule journée 40 000 morts et blessés furent dénombrés). C'est ainsi qu'il fonda la Croix-Rouge en 1863. Cette page de l'histoire est retracée par un diaporama qui s'achève par la présentation, lorsque l'écran se dérobe, d'une sculpture de George Segal montrant Henri Dunant à sa table de travail. Dans la salle, on remarque derrière une vitrine, l'uniforme porté par Napoléon III lors de la bataille.

Plusieurs espaces dans une harmonie de béton, de verre et de lumière illustrent ensuite, de façon chronologique, l'action de la Croix-Rouge et du Croissant-Rouge à travers le monde (lors de la guerre russo-ottomane de 1870 à 1875, les Turcs, musulmans, avaient obtenu l'autorisation de remplacer la croix par le croissant). Sur le « Mur du Temps » sont rassemblés les grands événements qui ont marqué la Croix-Rouge : aide humanitaire en temps de guerre ou lors de catastrophes naturelles, intervention en vue de la libération de prisonniers politiques ou otages. Un impressionnant fichier composé de quelque 7 millions de fiches, toutes authentiques, contient les noms des prisonniers secourus pendant la Première Guerre mondiale. Plus loin, une cellule de 4 m^2 dans laquelle 17 détenus ont passé de 6 à 90 jours, a été reconstituée. Faisant suite aux pressions du CICR, le pays concerné a mis cinq ans avant d'abolir ce type de détention. Des films et des terminaux à la disposition du visiteur contribuent à mieux faire connaître l'œuvre humanitaire entreprise qui, dans le dernier espace intitulé « Aujourd'hui », montre sa diversité et son immensité.

Un voyage émouvant dans l'histoire de l'humanité, suscitant respect et réflexion.

LES MUSÉES DE LA RIVE GAUCHE

** **Musée d'Art et d'Histoire** ⓥ (**GZ**) – Ses collections offrent un aperçu général de l'histoire des civilisations, de la préhistoire au 21ᵉ s. Les sections d'archéologie *(au rez-de-chaussée inférieur)* et de peinture *(au 1ᵉʳ étage)* sont les plus importantes.

Les collections d'art appliqué rassemblent des pièces du 12ᵉ au 19ᵉ s. : mobilier sculpté (15ᵉ-18ᵉ s.), vitraux du Moyen Âge, armes (pistolets avec crosses en ivoire sculpté, fusils) et armures du 12ᵉ au 18ᵉ s. Reconstitution de plusieurs salles d'un château avec mobilier du 17ᵉ s. et boiseries sculptées. Une salle est consacrée à l'archéologie byzantine et copte. Présentation d'art médiéval occidental (bas Moyen Âge).

Archéologie – Plusieurs salles sont consacrées successivement à la préhistoire (objets d'origine locale), à l'Égypte, à la Mésopotamie, au Proche-Orient, à la Grèce, aux Étrusques et à Rome. Le cabinet de numismatique renferme une vaste collection de poids monétaires antiques et de monnaies.

Peinture – Le célèbre retable de Konrad Witz (1444), dont l'un des panneaux représente la pêche miraculeuse, marque la première représentation exacte d'un paysage dans la peinture européenne : on aperçoit Genève et le Salève à l'arrière-plan.

Aux salles affectées aux écoles italienne et hollandaise font suite celles consacrées aux peintres du 17ᵉ s. et surtout du 18ᵉ s. Largillière et ses portraits aux couleurs brillantes *(Portrait allégorique de Françoise Turettini en Diane chasseresse)* précède deux grands pastellistes du 18ᵉ s. Parmi plusieurs chefs-d'œuvre de Quentin de La Tour se remarquent le *Portrait de l'abbé Hubert*, pittoresque et vrai, et le délicat, malicieux portrait de *Belle de Zuylen* ; le Genevois Liotard, dont l'extravagance était connue de toute la société européenne, est le deuxième grand pastelliste représenté ici : son portrait de *Mme d'Épinay* se révèle d'une fraîcheur étonnante. Remarquer également sa *Nature morte au jeu de loto*, qui complète à merveille deux autres natures mortes du même artiste.

Du 19ᵉ s., on admire les paysages transparents de Corot, les œuvres du Genevois Toepffer et celles de Hodler *(Le Lac Léman avec le Mont Blanc, La Rade de Genève à l'aube)*, précurseur d'un art moderne violent et robuste. Le mouvement impressionniste est bien illustré par des œuvres de Pissarro *(Le Port de Rouen)*, Monet *(Pivoines)*, Cézanne *(La Maison de Bellevue)*, Renoir *(L'Été)*, Sisley *(L'Écluse de Bourgogne à Moret-sur-Loing)*.

* **Collections Baur** ⓥ (**GZ**) – Ce musée, installé dans un hôtel particulier du 19ᵉ s., est consacré à l'art d'Extrême-Orient. Plusieurs salles sont réservées à des expositions temporaires. Au rez-de-chaussée et au premier étage : intéressantes collections de porcelaine, grès, céladons et jades réunissant la pureté des formes, la richesse des couleurs, la finesse des décors. Elles permettent de suivre l'évolution de l'art de la céramique en Chine, de la dynastie des T'ang (618-908) à celle des T'sing (1644-1911). L'art du Japon est représenté au deuxième étage. La plupart des objets réunis (sabres et leurs ornements, porcelaine du 18ᵉ s., laques et netsuke – boutons de bois sculpté –, etc.) appartiennent à l'époque Tokugawa (1615-1868) ou Meiji (1868-1912).

** **Petit Palais – Musée d'Art moderne** ⊘ (**GZ**) – *Le musée est en complète réorganisation. Sa réouverture est prévue pour courant 2003.*
Cet ancien hôtel particulier du 19ᵉ s. est devenu un « temple » de la peinture d'avant-garde française et européenne, de 1880 à 1930 (de l'impressionnisme au surréalisme), et de ses prolongements jusqu'à l'art abstrait. Fondé par Oscar Ghez de Castelnuovo, ancien industriel passionné de peinture, le musée expose des œuvres de grande qualité, certaines par roulement, provenant de son fonds propre. Des expositions temporaires sur un thème, une école ou un artiste viennent en complément.

** **Musée d'Histoire naturelle** ⊘ (**GZ**) – La fondation de ce musée remonte à 1820, lorsqu'une loi permit la création du musée académique, ancêtre du musée actuel. Les collections sont très riches et le soin avec lequel elles sont présentées rend la visite très attrayante.
Le rez-de-chaussée abrite des dioramas consacrés à la faune régionale (oiseaux et mammifères dans leurs milieux naturels reconstitués : coin de forêt, bords de cours d'eau...). On remarque également la vitrine des reptiles et des amphibiens.
Le premier étage, réservé aux mammifères et oiseaux exotiques, transporte le visiteur dans tous les continents, de la savane africaine aux régions polaires en passant par l'Asie et l'Amérique du Sud. On y voit notamment plusieurs espèces de tigres, dont certaines ont aujourd'hui disparu, ainsi que le « dodo » ou « dronte », oiseau qui nichait dans la forêt (île Maurice, île de la Réunion) et qui ne pouvait voler en raison de son poids. Cette espèce fut exterminée aux 17ᵉ et 18ᵉ s.
Le deuxième étage montre des reptiles et des amphibiens appartenant à différentes régions du monde.
Le troisième étage est consacré à la paléontologie, à la géologie et à la minéralogie. Ce niveau résume également l'histoire de la Terre avec les planètes, les météorites et la dérive des continents. Voir le podium aux dinosaures avec en arrière-plan un immense triptyque expliquant trois périodes préhistoriques : l'ère secondaire avec les dinosaures, l'ère tertiaire avec d'étranges mammifères démesurés et la fin de la dernière glaciation avec le paysage régional. Une autre pièce intéressante est le fossile de *xiphactinus audax*, poisson prédateur du crétacé (moins 96 à moins 75 millions d'années) qui vivait dans les mers chaudes et dont la taille pouvait atteindre plusieurs mètres. La partie réservée aux hominidés est illustrée par *Lucy*, découverte en Éthiopie en 1974 et dont l'origine remonte à quelque 3,5 millions d'années.
Le quatrième étage a trait entièrement à l'histoire géologique de la Suisse. La pièce maîtresse en est un relief animé construit selon la courbure terrestre à l'échelle du 1/100 000, sur lequel apparaissent distinctement les trois composantes du pays : le Jura, le Plateau et les Alpes. Des minéraux et des fragments de sol complètent cette description.

** **Patek Philippe Museum** ⊘ (**EZ M⁴**) – L'histoire de la maison Patek Philippe commence en 1839, quand Antoine Norbert de Patek fonde avec un compatriote, François Czapek, une manufacture horlogère. En 1845 ce dernier se retire et l'horloger français Adrien Philippe, inventeur de la montre sans clé, entre dans la société. La suite sera une renommée internationale due à un savoir-faire et à un niveau d'esthétique sans précédent. Un ancien bâtiment industriel admirablement restauré sert de cadre au musée qui présente au public des pièces magnifiques rassemblées sur une période de trente ans.

Rez-de-chaussée – Reconstitution d'anciens établis d'horlogerie, bijouterie, gravure et émaillerie réunissant plus de 400 outils datant de la première moitié du 18ᵉ s. au début du 20ᵉ s. Prendre l'ascenseur pour monter au 3ᵉ étage.

3ᵉ étage – C'est la partie documentaire du musée, constituée par la bibliothèque (plus de 4 000 ouvrages sur l'horlogerie) et les archives. On y découvre l'histoire de la manufacture de 1839 à nos jours. Vitrine consacrée à Antoine Norbert de Patek, reconstitution du bureau d'Henri Stern, père de l'actuel président de la société. Une vitrine est dédiée aux personnalités et clients prestigieux que compta Patek Philippe, parmi lesquels la reine Victoria, l'empereur d'Éthiopie Hailé Sélassié, l'acteur Fernandel... Voir aussi « La Bratine », service à vodka avec douze tasses ciselées, en vermeil et émail, offert par le tsar de Russie Nicolas II le 15 avril 1904.

2ᵉ étage – La collection ancienne du 16ᵉ au 19ᵉ s. présente des chefs-d'œuvre qui ont marqué l'histoire de l'horlogerie genevoise et européenne. Parmi les montres les plus anciennes, une montre-tambour allemande et une montre en forme de croix de l'ordre du Saint-Esprit signée Abraham Cusin. Montres de luxe, fantaisie, faites pour le marché chinois ou turc sont un véritable régal pour les yeux. Les automates, merveilles d'ingéniosité, sont également à regarder de près. Le pistolet à oiseau chantant, créé vers 1810 par l'horloger genevois Rochat, est en or gravé, rehaussé de perles et d'émail ; il intègre une montre sur la partie renflée de la crosse. Moïse, autre chef-d'œuvre, est dû à un atelier du Locle (1815-1820), on voit même l'eau jaillir du rocher. Une autre section montre des portraits en miniature peints sur émail : George Villiers, duc de Buckingham, Louis XIV, la marquise de Sévigné, Charles-Édouard Stuart...

1ᵉʳ étage – Entièrement consacré à la production Patek Philippe de 1839 à nos jour : montres de poche, montres-bracelets, montres commémoratives. Le *Calibre 89* avec 33 fonctions, 2 cadrans, 24 aiguilles, 8 disques et 1 728 pièces distinctes est la montre la plus compliquée jamais réalisée.

★ **Musée de l'Horlogerie et de l'Émaillerie** ✆ (**GZ M³**) – Installé dans une belle demeure du 19ᵉ s., il est consacré à l'histoire de la mesure du temps. En outre, il illustre l'école de peinture genevoise sur émail, appliquée au décor de la montre, de la tabatière, du bijou et du portrait du 17ᵉ au 20ᵉ s.

La période du 15ᵉ au 18ᵉ s. est représentée au rez-de-chaussée par des sabliers, cadrans solaires, horloges (horloge en bois de 1700, horloge astronomique à automates de 1711), et principalement par des montres genevoises (montres-bijoux en forme de coquillages, d'insectes, exécutées entre 1830 et 1870). À ce niveau sont également expliquées les différentes techniques de l'émaillerie, art qui trouva son épanouissement à Genève dès la seconde moitié du 17ᵉ s. La finesse, la maîtrise du dessin, la richesse des couleurs et l'extrême dextérité que cet art requiert, trouvent leur application sur les pièces exposées (tabatières, émaux peints, montres, etc.). Une vitrine présente régulièrement les travaux des émailleurs genevois contemporains, une autre les créations récentes de très jeunes bijoutiers de l'École des arts décoratifs de Genève.

Au premier étage, montres genevoises émaillées des 19ᵉ et 20ᵉ s., souvent munies d'automates à musique, ainsi qu'une belle collection de pendules genevoises et européennes. L'atelier d'un horloger-réparateur, Louis Cottier, a été reconstitué comme il se doit, sous les combles. En effet, c'est dans cet endroit de la maison que le « cabinotier », nom sous lequel on désignait l'artisan, possédait son cabinet.

La fête de l'Escalade

Elle a lieu tous les ans en décembre. À cette occasion, les Genevois, revêtus de costumes d'époque, défilent à la lueur des torches dans les rues de la vieille ville et sur les rives du Rhône. Le cortège s'arrête en divers endroits pour permettre à un héraut de donner lecture, du haut de son cheval, de la proclamation de la victoire sur la Savoie. Le jour de cette fête, les confiseurs de la ville confectionnent des marmites en chocolat, symbolisant le geste de la « Mère Royaume » qui chassa un ennemi en lui déversant sur la tête le contenu bouillant d'une marmite. Service religieux dans la cathédrale St-Pierre, pétards et réjouissances accompagnent cette commémoration.

AUTRES CURIOSITÉS

Les Schtroumpfs – *Rive droite, rues Louis-Favre et I.-Eberhardt.* Derrière la gare Cornavin dans le quartier appelé les Grottes, cet ensemble d'habitations (1982-1989) fait aussitôt penser à l'architecte espagnol Gaudí. Les immeubles polychromes dus à l'imagination de trois architectes, Robert Frei, Christian Hunziker et Georges Berthoud, apparaissent comme sortis d'un conte de fées. Un fourmillement de décors en mosaïque et en ferronnerie, des arabesques aux formes les plus extravagantes en font une figure bien étonnante dans le paysage urbain genevois.

Musée Barbier-Mueller ✆ (**FZ M²**) – Il présente par roulement de très riches collections ayant trait aux civilisations dites « primitives » des cinq continents. Sculptures, céramiques, bijoux, tissus, ornements sont particulièrement bien mis en valeur dans des salles à l'éclairage adapté.

Cathédrale orthodoxe russe de l'Exaltation de la Sainte-Croix ✆ (**GZ N**) – Les bulbes d'or de ses dômes se détachent dans ce quartier résidentiel de la fin du 19ᵉ s. L'édifice, conçu dans le style moscovite ancien, est en forme de croix grecque.

À l'intérieur, les murs, voûtes et piliers sont décorés de peintures inspirées de l'art byzantin. La nef est séparée du sanctuaire par l'iconostase formant un ensemble de cinq arcades en marbre de Carra=re, finement sculpté et chargé d'icônes. Au centre se détache la porte sainte, en bois de cyprès ajouré et doré.

Musée d'Ethnographie ✆ (**EZ**) – Il contient divers objets, œuvres d'art ou humbles instruments de la vie quotidienne, des cinq continents. Parallèlement, des expositions temporaires se succèdent, ayant trait à un peuple ou sur un thème particulier.

MAMCO ✆ (**EZ**) – Une ancienne usine sert de cadre à ce musée. Puisant dans près de 40 collections publiques et privées suisses et étrangères, le musée d'Art moderne et contemporain n'a pas misé, à quelques exceptions près, sur des artistes renommés pour intéresser à l'art postérieur à 1960. La vocation du MAMCO est de confronter le visiteur à un parcours inattendu qui ne surprendra pas uniquement le néophyte. Débuter la visite par le 4ᵉ étage (réservé aux expositions temporaires) et ne pas hésiter à consulter les fiches placées dans chaque salle, ou mieux, à interroger le personnel.

★ **Institut et musée Voltaire** Ⓥ **(EY)** – « Les Délices » où Voltaire vécut de façon plus ou moins suivie de 1755 à 1765 sont devenues un centre de recherches consacré à l'œuvre de leur hôte illustre et à son époque. Cet institut, qui a publié la 1ʳᵉ édition de l'énorme correspondance de l'écrivain et abrite une riche bibliothèque, présente sur deux niveaux une sélection de ses richesses permettant de suivre les grandes étapes de la carrière de François-Marie Arouet.

Les vitrines contiennent des imprimés (dont une édition originale de *Candide*) et des manuscrits regroupant principalement des lettres de Voltaire et de ses correspondants (notamment l'une des dernières lettres que lui adressa le roi de Prusse Frédéric II). Le recueil de 199 cachets de correspondance aux armoiries de Voltaire constitue une curiosité étonnante. Parmi les portraits, remarquer celui réalisé par Largillière, représentant l'écrivain à 24 ans (rez-de-chaussée), ainsi qu'un exemplaire en terre cuite, exécuté en 1781 pour Beaumarchais, du *Voltaire assis* de Houdon (1ᵉʳ étage). Un programme audiovisuel relate la présence de Voltaire à Genève *(45 mn)*.

Église St-Paul – *Sortir par la rue de la Terrassière* **(GZ)**.
Ce sanctuaire attire ceux qu'intéresse l'histoire de l'art sacré contemporain, pour la part importante que Maurice Denis prit, dès 1915, à sa décoration intérieure (toile marouflée de l'abside évoquant, sous forme de triptyque, la vie de saint Paul ; les 14 vitraux de la nef).

Église du Christ-Roi – *Au Petit-Lancy, par la route de Chancy* **(EZ)**.
Le clocher-tour de cette église moderne de banlieue est relié au reste de l'édifice par un péristyle.
Intérieurement, le **vaisseau★** présente une vaste nef couverte d'une voûte lambrissée, à poutres apparentes. Le mur de droite est orné d'une fresque de Beretta, celui de gauche est éclairé par une verrière d'Albert Chavaz. Dans le chœur à chevet plat, un grand triptyque est décoré par une magnifique tapisserie réalisée par Alice Basset.

Domaine de Penthes – *À Pregny-Chambésy, 18, chemin de l'Impératrice. Accès par l'avenue de la Paix* **(EW)***, au Nord du plan, puis la route de Pregny.*
Il se présente sous la forme d'un parc de 12 ha, accidenté et planté de hêtres magnifiques.

★**Musée des Suisses à l'étranger** Ⓥ – Le château de Penthes, édifié dès le 14ᵉ s. et plusieurs fois remanié jusqu'au 19ᵉ s., accueillit en 1858 la duchesse d'Orléans et ses fils, le comte de Paris et le duc de Chartres. Il est aujourd'hui affecté à ce musée qui évoque les relations de la Suisse avec le reste du monde, du Moyen Âge à nos jours, sur les plans diplomatique, militaire, économique, des lettres, des sciences et des arts. Un accent particulier est mis sur les alliances franco-suisses de 1444 à 1830, ainsi que sur les contingents armés et les personnalités suisses ayant servi les puissances européennes.

Dans la salle Le Fort, aux belles boiseries, on remarque de nombreux portraits et un plat ovale en argent repoussé, célébrant, d'après une tapisserie de Le Brun, le serment d'alliance de 1663 échangé entre les cantons suisses et Louis XIV.

Au 1ᵉʳ étage, avec l'époque révolutionnaire funeste aux gardes suisses de Louis XVI, sont rappelées celle de l'occupation française et la situation des régiments suisses sous l'Empire, ainsi que les traditions de la garde pontificale recrutée en Suisse depuis le 16ᵉ s. *(voir le Valais).* Les postes helvétiques et leur premier « grand-maître », Béat de Fischer, sont à l'honneur dans le « salon des Dieux » que décorent de délicates **boiseries★**, en sept panneaux dorés et peints représentant les divinités de l'Olympe et provenant du château de Reichenbach, près de Berne (riche mobilier Louis XV). Les salles du 2ᵉ étage font état des Suisses qui se sont rendus célèbres à travers le monde : archéologues (Burckhardt), pionniers de l'industrie et de l'aéronautique (Breguet), précurseurs de la banque (Necker), diplomates (Gallatin) et hommes d'État (Haldimand), écrivains (Blaise Cendrars), savants et médecins (de Haller), artistes (J.-H. Füssli), femmes (Sybille Merian).

Musée militaire genevois Ⓥ – L'ancienne écurie du château de Penthes abrite ce musée dans lequel est retracée l'histoire des troupes genevoises de 1814 à 1815, date de l'entrée de Genève dans la Confédération, jusqu'à nos jours. Armes, équipements, documents et près d'une trentaine de mannequins en uniforme rappellent les moments les plus importants de l'histoire militaire de Genève.

★ **Musée international de l'Automobile** Ⓥ – *Palexpo, halle nᵒ 7, le long de l'autoroute de contournement, par la route de Ferney* **(EW)***. Garer sa voiture au parking P26.*
Occupant deux plateaux de 7 000 m² chacun, le musée compte près de 400 véhicules répartis par marque et nation, selon un ordre chronologique. Tous les modèles sont en parfait état. La Jeep du général Patton, la Fiat de Mussolini, la Buick du général Guisan, la Zis de Staline, une Cadillac et une Ferrari ayant respectivement appartenu à Elvis Presley et Sophia Loren sont assurément les stars de l'exposition. Ne pas manquer les véhicules suisses (dont Ajax, Felber et Monteverdi) et les belles séries italiennes telles que Ferrari, Lamborghini et autres Maserati. Quelques voitures d'exception laisseront rêveur même le plus blasé des visiteurs : Bugatti T35 (1924), Voisin C14 (1930), Auburn Speedster (1932), Hispano-Suiza (1934), Alfa Romeo 2500 (1939), Allard 81 M (1945), Facel-Vega HK500 (1959), Austin Healy MKIII (1967)...

GENÈVE

Un héros national, le général Dufour

Né à Constance (Allemagne) en 1787 de parents genevois exilés, Guillaume Henri Dufour fait ses études militaires à l'École polytechnique de Paris avant d'être officier du génie dans la Grande Armée. Rentré en Suisse en 1817, il est nommé capitaine de l'armée fédérale et chef du génie genevois. Il fonde l'école militaire de Thoune en 1819. Instructeur en chef jusqu'en 1830, il compte parmi ses élèves le prince Louis Napoléon Bonaparte, le futur Napoléon III. Il réorganise ensuite l'armée fédérale, en prend le commandement et s'illustre dans la guerre du Sonderbund qui éclate en novembre 1847 (la Diète le nomme général en octobre).

De 1832 à 1866, son œuvre scientifique aboutit à la réalisation de la carte topographique de la Suisse (carte Dufour au 1/100 000). Le pays lui doit également son drapeau national (la croix blanche sur fond rouge) décrété par la Diète le 21 juillet 1840.

En 1875, il s'éteint dans sa propriété de Contamines. La Confédération lui réserve des funérailles nationales.

La plus haute aiguille du mont Rose (canton du Valais) porte son nom : pointe Dufour (4 634 m).

ENVIRONS

* **Carouge** (FZ) – *Au Sud*. Créé à la fin du 18e s. par Victor-Amédée III, duc de Savoie et roi de Sardaigne, Carouge a souvent été en conflit avec sa grande voisine. Délaissant la Genève puritaine, nombreux étaient ceux qui venaient se divertir dans ses auberges et cabarets. La ville fut rattachée au canton de Genève en 1816 par le traité de Turin.

Le vieux quartier conserve des rues dont le tracé remonte au 17e s. Cafés, restaurants, magasins d'antiquités, ateliers d'artisans aux créations particulièrement originales incitent les Genevois et les touristes à venir déambuler.

GIORNICO★

Ticino – 1 048 habitants

Cartes Michelin nos 927 K 6 ou 218 pli 12 – 9 km au Nord-Ouest de Biasca
Schéma : SANKT-GOTTHARD-MASSIV – Alt. 378 m

Dans un cadre encaissé mais égayé par l'apparition des premières vignes en hautins soutenus par des piles de granit, Giornico est la plus attachante étape monumentale de la route du St-Gothard sur le versant de la Léventine (haute vallée du Tessin).

Le site – Vus du pont qui relie la route du St-Gothard à la rive droite du Tessin, les toits de pierre des maisons enfermées dans une île boisée du torrent et les deux antiques ponts en dos d'âne qui donnent accès à celle-ci s'ordonnent en un pittoresque tableau. En avant se hausse parmi les pampres le mince campanile, rongé et noirci par le temps, de l'église Ste-Marie-du-Château.

* **San Nicolao (Église St-Nicolas)** – Sur la rive droite du Tessin *(1re église en aval du pont)*. Cet édifice roman (12e s.), au charme pur et rude, est précédé d'un portail dont les colonnes reposent, suivant la tradition lombarde, sur des fauves accroupis.

À l'intérieur, les deux chœurs superposés présentent la disposition très rare des « confessions », remontant aux origines de l'Église (crypte à moitié engagée dans le sol et servant de support au chœur supérieur où étaient déposées les reliques ou « corps saint »). Cette disposition permettait aux fidèles de se mettre littéralement « sous » la protection du saint patron du sanctuaire.

Les chapiteaux de la crypte (ou chœur inférieur, très élégant) la cuve baptismale se remarquent spécialement pour leur fruste décor sculpté (animaux symboliques, motifs géométriques).

GLARUS

GLARIS – C Glarus – 5 753 habitants
Cartes Michelin nos 927 L 4 ou 218 Nord du pli 3 – Alt. 472 m

Au pied des falaises du Vorder Glärnisch, Glaris occupe un **site★** encaissé. Elle se présente, depuis l'incendie de ses quartiers anciens, en 1861, comme une cité active, bâtie sur un plan régulier.

La vaste Zaunplatz paraît pourtant bien déserte lorsque la **Landsgemeinde** *(voir « La démocratie en action » dans l'Introduction au voyage)* ne vient pas l'animer. Depuis 1387, cette grande consultation populaire – une véritable institution – se déroule tous les ans, le premier dimanche de mai.

Une ruche industrielle – Le chapelet d'usines aux longues façades blanches qui marque la vallée de la Linth, artère vitale du canton de Glaris, rappelle certains paysages vosgiens.

Au 18ᵉ s., le pasteur Andreas Heidegger introduisit la filature du coton dans le pays. L'âge d'or fut marqué, vers 1860, par la mise en route des impressions sur étoffe, technique dans laquelle les artisans glaronnais devinrent maîtres. Les indiennes du Glaris inondèrent alors le marché oriental.

Aujourd'hui encore, le Glaris est le seul canton industriel de la montagne suisse. Mais c'est aussi une région de tourisme : une station comme **Braunwald** maintient les traditions d'hospitalité du canton qui fut un pionnier de l'alpinisme (construction de

Le schabzieger

Ce fromage de couleur verte, sans croûte ni trous, est une spécialité du canton de Glaris. De forme conique, il est fait de lait maigre et d'herbes pulvérisées. Son goût épicé lui est conféré par une plante, le « Ziegerklee » ou trèfle des chevriers.

la première cabane du Club alpin suisse, en 1863, dans le massif du Tödi) et du ski (premier championnat suisse de ski à Glarus, en 1905) ; les Semaines musicales qui se tiennent à Braunwald attirent également chaque année de nombreux mélomanes.

ENVIRONS

★ **Klöntal** – *13 km – environ 3/4 h. Quitter Glaris par la route de Zurich, puis gagner Riedern.* Dans ce village, prendre à gauche la route du Klöntal remontant la vallée de la Löntsch, bientôt étroite et solitaire. Au sommet d'une montée rapide sous les hêtres, on débouche en vue du beau **lac du Klöntal** (alt. 848 m).

Un barrage a agrandi ce plan d'eau, dans lequel plongent, d'une hauteur de 2 000 m, les escarpements déchiquetés du Glärnisch, aux ravins inaccessibles. Reprenant la montée pour longer le lac, s'arrêter, 300 m après le 2ᵉ lacet, près d'un banc, face à la majestueuse **perspective★★** du Klöntal.

GOMS★★

Val de CONCHES
Cartes Michelin nos 927 I 6 ou 217 plis 18, 19 – Schéma : le VALAIS

Remontant la haute vallée du Rhône – **val de Conches** (ou **Goms** en alémanique) à partir de Fiesch –, la route prend un caractère de plus en plus montagnard, desservant au passage les accès des nombreuses stations et remontées mécaniques accrochées au flanc du massif de l'Aletschhorn.

DE BRIG À GLETSCH

54 km – environ 2 h – itinéraire ④ de la visite du Valais.

La route, que suit, de loin, la voie ferrée de la « Furka-Oberalp » peut être fermée pour de courtes durées en cas de fort enneigement, entre Brig et Oberwald.

La haute vallée du Rhône est constituée de quatre paliers successifs qui font franchir au fleuve une dénivellation de près de 1 000 m.

Brig – *Visite : 3/4 h. Voir ce nom.*

De Brig à la bifurcation de Grengiols, on suit de près le Rhône écumant, au fond d'un sillon étroit et sinueux. La route passe à côté de la grande chapelle baroque isolée d'**Hohen Flühen** et dessert les stations inférieures des téléphériques de Riederalp, Greicheralp (départ de Mörel) et de Bettmeralp (départ de la gare de Betten). Ces différentes lignes desservent un haut plateau d'alpages (2 000 m d'altitude), merveilleusement situé en vue des Alpes valaisannes et à proximité immédiate du glacier d'Aletsch, le plus vaste des Alpes (169 km² avec ses affluents).

✳ **Riederalp** Ⓥ – *Accès par téléphérique ou télécabine au départ de Mörel.*

Disposée dans un **site★** en balcon, sur un beau replat du versant Nord de la vallée du Rhône, la station étage ses chalets et hôtels à partir de 1 930 m d'altitude, face aux crêtes séparant la Suisse de l'Italie. En contre-haut de son extrémité Ouest se trouve la **Villa Cassel**, un ancien manoir de style victorien (1902) qui abrite le centre Pro Natura. Des expositions sont consacrées à la Réserve naturelle d'Aletschwald, à sa forêt de mélèzes et d'arolles qui compte parmi les plus hautes d'Europe et à l'histoire du glacier d'Aletsch. Ce centre ouvre son jardin alpin aux visiteurs et organise des excursions sur le glacier.

Depuis Riederalp, emprunter le télésiège menant à Moosfluh : à quelques minutes à pied de la gare d'arrivée du téléphérique de Riederalp.

★★ **Moosfluh** Ⓥ – La montée en télésiège passe par la station intermédiaire de Blausee, située entre deux petits lacs. Elle aboutit à la station supérieure de **Moosfluh** (alt. 2 335 m), dans un chaos de rochers verdâtres dominant la splendide coulée incurvée du **glacier d'Aletsch★★★** immédiatement au Nord, au pied des pentes et des glaciers affluents du massif de l'Aletschhorn, et la vallée du Rhône.

Le second palier (Lax-Fiesch) est marqué par l'apparition – soulignant le gain d'altitude réalisé – des pins arolles et des « raccards » sur pilotis *(voir Le Valais)* : c'est l'entrée de la vallée de Conches proprement dite.

En contrebas, dans une gorge, confluent le Rhône et la Binna. Plus haut, au moment où apparaît le village de Fiesch, la coupure du Fieschertal permet d'entrevoir, au dernier plan, au Nord, le sommet neigeux du Finsteraar-Rothorn.

Eggishorn

★★★ **Eggishorn** ⓥ – Alt. 2 927 m. *Accès par téléphérique au départ de Fiesch.*

La montée jusqu'à la station intermédiaire de Kühboden (alt. 2 214 m) se fait au-dessus des sapins, la suite au-dessus d'éboulis verdâtres.

De la station supérieure (alt. 2 869 m) se dégage un merveilleux **panorama★★★**, au premier plan sur tout le glacier d'Aletsch en contrebas, à sa droite sur celui, parallèle, de Fiesch près duquel tombe une cascade, et sur tous les hauts massifs environnants. Les personnes ingambes pourront escalader l'un des trois cônes d'éboulis proches de la station – dont celui du sommet de l'Eggishorn, surmonté d'une croix – pour mieux détailler le panorama. Second ressaut au-dessus de Fiesch : la vue peut porter désormais, très loin en aval, jusqu'aux neiges du Weisshorn (alt. 4 505 m). Après quelques lacets, remarquer, sur le versant opposé, le village de **Mühlebach**, patrie du cardinal Mathieu Schiner *(voir ce nom).*

★ **Bellwald** – *Accès par route sinueuse de 8 km ou par téléphérique, à partir de Fürgangen.*

Petite station-village d'hiver et d'été. Bellwald dispose à 1 600 m d'altitude ses vieux chalets en bois de mélèze et ses hôtels sur une terrasse en arc de cercle orientée Sud-Ouest, procurant une **vue★** de belle ampleur sur le val de Conches de Fiesch à Brigue (Brig), sur l'Eggishorn, au-dessus à droite sur le massif du Wannenhorn et ses glaciers, à gauche sur les Alpes de la frontière italienne. Le **télésiège du Richinen et du Steibenkreuz** ⓥ fournit l'occasion d'un trajet agréable au-dessus des herbages, avec une vue rapprochée sur les glaciers du Wannenhorn et au Sud avec une vue éloignée sur le Cervin. La vallée se rouvre harmonieusement. Ce troisième palier est le plus long du val.

La combe alpestre offre maintenant un paysage ample et dépouillé que l'absence totale de clôtures rend très frappant et dont le manque d'arbres et de chalets, même isolés, accentue le dépeuplement. Les villages concentrent leurs maisons de bois noiraudes, fleuries de géraniums, autour de leur svelte clocher blanc.

En amont, à droite du casque du Galenstock, on décèle la trouée de la Furka.

Reckingen – Son église baroque est la plus agréablement proportionnée du val de Conches. Elle fut bâtie, au 18ᵉ s., sur les plans du curé du lieu, **Jean-Georges Ritz**, représentant d'une dynastie d'artisans qui a fourni en autels sculptés maints sanctuaires de la région. Le nom de cette famille est devenu mondialement connu depuis que l'un de ses membres, **César Ritz** (né à Niederwald en 1850, mort en 1918), s'orienta vers la profession d'hôtelier.

Les **Seiler**, qui firent la fortune de Zermatt et construisirent les deux hôtels proches du glacier du Rhône (à Gletsch et au « Belvédère »), étaient, eux aussi, originaires de la vallée de Conches.

Münster – Ce grand village se regroupe au pied d'un cône de déjection quadrillé de parcelles cultivées, disposées en éventail. L'église, au clocher coiffé d'une flèche en éteignoir, mérite d'être visitée pour son **retable★** flamboyant, dédié à la Vierge, œuvre d'un artiste lucernois (1509).

Au-delà d'Ulrichen, la vallée devient plus sauvage ; les maisons d'**Obergesteln**, reconstruites en pierre au siècle dernier à la suite d'un incendie, laissent, pour la première fois, une impression de pauvreté.

Les Muttenhörner semblent toujours fermer complètement la vallée.

Au-dessus d'**Oberwald**, le dernier village du val de Conches – dont on remarque, d'en haut, la petite église dotée d'une étrave brise-avalanche en maçonnerie –, la route, aux caractéristiques toutes montagnardes, se glisse dans un défilé de plus en plus déboisé où le Rhône, déchaîné, bondit de chute en chute.

On débouche enfin sur le quatrième palier, c'est-à-dire dans le bassin de Gletsch, en vue du glacier du Rhône, source du grand fleuve.

★★ **Gletsch** – Alt. 1 759 m. Station estivale bien située, au carrefour des routes de la Furka, du Grimsel et de la vallée de Conches (Haut-Valais), au fond du bassin désolé que venait recouvrir autrefois la langue terminale du glacier du Rhône.

Au-dessus de Gletsch, sur la route du col de la Furka *(voir ce nom),* les abords du lacet à l'intérieur duquel a été construit l'hôtel Belvédère attirent un grand nombre de touristes. En effet, cette étape fameuse propose non seulement l'attraction du **glacier du Rhône★★** (Rhonegletscher, *voir Furkastrasse*), dans lequel est creusée une **« grotte de glace** ⓥ★ **»** (Eisgrotte), mais encore un immense **panorama★★** sur les Alpes bernoises et valaisannes.

Barrage de la GRANDE DIXENCE★★★

Cartes Michelin nᵒˢ 927 G 7 ou 219 pli 3 – Schéma : Le VALAIS

Le nom de Grande Dixence évoque le plus gigantesque ouvrage de génie civil que le peuple suisse ait jamais entrepris. *Visite du barrage : 2 h.*

Implanté à l'altitude de 2 365 m (crête du barrage), le barrage-poids de la Grande Dixence, porté, par étapes successives, à la hauteur de 284 m, actuel record du monde – il formerait encore écran devant les touristes circulant sur la troisième plate-forme de la tour Eiffel –, a nécessité 5 900 000 m^3 de béton. La mise en eau complète eut lieu en septembre 1966.

Ces travaux n'ont pourtant constitué que l'un des chapitres d'un aménagement d'ensemble qui a entraîné la percée d'une centaine de kilomètres de galeries d'adduction, allant chercher les eaux de fonte glaciaire jusqu'au pied du Cervin. Les eaux ont été ensuite « basculées » non seulement sur la nouvelle centrale de Fionnay, mais aussi sur celles de Riddes-Nendaz et Chandoline, dans la vallée du Rhône.

Le calme revenu dans cette haute vallée valaisanne, la production hydroélectrique suisse peut bénéficier d'un appoint annuel estimé à 1 600 millions de kWh.

Col du GRAND-ST-BERNARD★

Valais et Italie

Cartes Michelin nᵒˢ 927 F 8 ou 219 pli 2 – Schéma : Le VALAIS – Alt. 2 469 m

Dans une échancrure rocheuse balayée presque continuellement par une bise glaciale, au bord d'un lac gelé en moyenne 265 jours par an et où l'hiver règne pendant pratiquement huit mois, les sévères bâtiments de l'hospice du Grand-St-Bernard illustrent la persistance d'une admirable tradition chrétienne d'assistance et d'hospitalité. Depuis neuf siècles, les religieux, de l'ordre des chanoines réguliers de St-Augustin, installés ici par saint Bernard de Menthon – une statue honorant ce « héros des Alpes » a été élevée au col, en territoire italien – hébergent et réconfortent les voyageurs se risquant en hiver dans ces parages. C'est en hiver, alors que le col était obstrué par la neige, que Bonaparte fit traverser les Alpes à ses 40 000 soldats avant de surprendre les Autrichiens à Marengo (1800).

Hospice – En toutes saisons, l'hospitalité des chanoines s'exerce sur les voyageurs désireux de passer quelque temps dans ce havre de calme.

Dans le hall se trouve le tombeau en marbre élevé par Napoléon au général Desaix, tué à Marengo.

SAUVÉ PAR UN CHIEN DU MONT SAINT-BERNARD

AKG PARIS

Église – Englobée dans l'hospice, elle a été construite au 17ᵉ s. dans le style baroque sur une église primitive du 13ᵉ s., aujourd'hui la crypte.

De chaque côté du maître-autel se dressent les statues de saint Bernard et de saint Augustin. Les stalles en noyer sculpté et les peintures de la voûte du chœur à décoration surchargée et aux vives couleurs illustrent parfaitement la période baroque. Autour d'une représentation de la Trinité, on peut reconnaître plusieurs scènes du Nouveau Testament : Adoration des Mages, Annonciation, Nativité. À gauche avant le chœur, sur l'autel de saint Bernard, un coffret en noyer doré contient les reliques du saint.

Trésor – Il présente une belle collection d'objets religieux parmi lesquels on remarque : un buste-reliquaire de saint Bernard du 13ᵉ s. en bois polychrome recouvert d'argent repoussé et de pierres précieuses, une croix processionnelle en argent doré ornée de pierres précieuses (13ᵉ-14ᵉ s.), une Vierge à l'Enfant du 15ᵉ s., un bréviaire enluminé du 15ᵉ s.

Musée ⊙ – La visite commence par le **chenil** dans lequel on peut voir les célèbres chiens saint-bernard, jadis compagnons fidèles des religieux dans leurs expéditions de sauvetage et d'accompagnement, mais qui aujourd'hui, n'ont plus ce rôle à tenir.

Les sauvetages, en effet, se font par hélicoptère et lors des transports, ces chiens trop lourds sont désavantagés par leur poids. Toutefois, pour perpétuer la race et par tradition, de même que pour la plus grande joie des touristes, l'hospice maintient un élevage de 15 à 20 chiens.

La visite du **musée** commence par la présentation d'animaux naturalisés et de diapositives qui permettent de se familiariser avec la faune et la flore de cette région aux conditions climatiques particulièrement difficiles. Le col a vu passer au cours des siècles des milliers de gens de toutes sortes : marchands, soldats, pèlerins, migrants, contrebandiers. Des fouilles ont permis de mettre au jour de nombreux objets témoins du passage des Celtes et des Romains. Ces derniers avaient édifié un temple et deux *mansiones* pour loger les voyageurs. De cette époque, on remarque également une belle statue en bronze de Jupiter, des tablettes votives, des monnaies, ainsi que des objets de la vie courante : poteries, bijoux et même des instruments chirurgicaux. Le musée retrace ensuite l'histoire de l'hospice fondé en 1050 pour servir de refuge aux victimes de la montagne et des brigands. Imagine-t-on que tout l'approvisionnement se faisait alors à dos d'hommes et de mulets ? Cuisine, réfectoire, chambre et bibliothèque ont été reconstitués pour montrer les conditions d'hébergement. La dernière partie du musée précise le rôle actuel de l'hospice : skieurs, randonneurs et autres alpinistes y trouvent gîte, couvert et convivialité.

Route du GRAND-ST-BERNARD★

Cartes Michelin n⁰ˢ 927 F 8 ou 219 plis 1, 2 – Schéma : Le VALAIS

Le col du Grand-St-Bernard, mettant en communication les vallées de la Dranse et de la Doire Baltée, livre passage à la voie transalpine la plus chargée d'histoire. La grande tradition hospitalière qui s'y perpétue depuis le 11e s., des souvenirs aussi populaires que ceux du passage de Bonaparte en 1800 ont attiré dans ces farouches solitudes, depuis l'avènement du tourisme, des foules sensibles au côté « pèlerinage » de cette excursion, désormais privilégié depuis l'ouverture du tunnel sous le col.

DE MARTIGNY AU COL DU GRAND-ST-BERNARD

55 km – environ 3 h 1/2 – itinéraire 1 *de la visite du Valais*

Les contrôles douaniers suisse et italien ont lieu au col même, en été. Pour les utilisateurs du tunnel, ils ont lieu en toutes saisons en Suisse, à la gare Nord du tunnel et en Italie, à la gare Sud.

Martigny – *Visite : 1 h 1/2. Voir ce nom.*

Peu après Martigny, la route vient épouser le contour de la vallée de la Dranse, fortement encaissée, jusqu'aux Valettes.

Les moindres bassins apparaissent encore plantés de vigne et d'arbres fruitiers *(lire « Un premier essai de Provence » au chapitre consacré au Valais)*.

Route de Mauvoisin – *75 km à partir des Valettes – environ 3 h 1/2.*

La route n⁰ 21, jusqu'à Sembrancher, se faufile entre la Dranse et la voie ferrée.

★**Circuit des cols** – *Au départ de Sembrancher.*

Cette petite excursion, très agréable par beau temps, fait passer par Vollèges (élégant clocher), **le Levron** (village montagnard en balcon), les cols – ou « pas » – du Lein (cuvette semée de rocs et de mélèzes), du Tronc et de Planches *(restaurant)*, et par le hameau de Vens *(d'où l'on regagne la route de Mauvoisin)*. Elle emprunte des routes forestières *(non revêtues sur 5 km entre le Levron et le col des Planches)* tantôt en corniche, tantôt sous bois (sapins et mélèzes), procurant des **vues★** magnifiques sur les vallées alentour, le mont Pierre Avoi au Nord-Est, les sommets neigeux des Alpes françaises (Mont Blanc) au Sud-Ouest et des Alpes pennines (Grand Combin) au Sud-Est.

❊❊❊**Verbier** – *Au départ de Bagnes. Voir Verbier.*

Revenir dans la vallée de la Dranse de Bagnes.

★★★**Barrage de Mauvoisin** – Alt. 1 961 m (crête du barrage). Obturant un défilé sauvage de la haute vallée de Bagnes, ce barrage est l'un des ouvrages du type « voûte » les plus élevés du monde (237 m). Le gigantesque mur a créé une retenue de 180 millions de m³ dont les eaux sont « turbinées » par les centrales de Fionnay et de Riddes. À Mauvoisin, garer la voiture dans le parc réservé aux visiteurs, à mi-chemin entre l'hôtel et le barrage, et suivre la route à pied jusqu'au couronnement du barrage.

★★**Randonnée à la cabane de Chanrion** – *Longue randonnée (6 h de marche) permettant de faire un intéressant tour du lac, mais nécessitant une bonne endurance et de l'entraînement. Possibilité de coucher au refuge pour répartir l'effort sur 2 jours.*

Prendre à droite un long passage en tunnel (30 mn). On continue ensuite à longer le lac par un chemin facile pendant une bonne heure. Au bout du lac, on découvre les

Rapa/EXPLORER

Barrage de Mauvoisin

Becs de Chardoney et d'Épicourne. Monter vers la cabane en 1 h 30 en suivant le balisage « piétons » écrit sur les rochers puis les marques « blanc/rouge ». À l'arrivée (alt. 2 462 m), **vue★★** sur le glacier d'Epicourne, et à l'Ouest sur le mont Avril, la Tour de Boussine, le Combin de Tsessette (4 141 m) et le Tournelon Blanc, qui forment une puissante muraille rocheuse. Le site est agrémenté par le lac Chanrion, point de rencontre de multiples facteurs favorables à l'éclosion d'une flore riche.

Suivre un agréable sentier de crêtes pour monter au col de Tsofeiret. La première partie de l'ascension, relativement facile offre une **vue★** fugitive sur le glacier de Brenay, la partie terminale se révèle très raide voire vertigineuse. Du col (alt. 2 635 m), **vue★** sur le lac de Tsofeiret. Pour finir, deux bonnes heures de descente progressive, réservant des **vues★★** plongeantes sur le lac de Mauvoisin.

La petite **route★★** des Valettes à Champex, difficile, compte 22 lacets rapprochés et durs au-dessus du Durnant, encaissé dans 1 km de gorges impressionnantes *(aménagées pour la visite). Les automobilistes peu exercés à la conduite en montagne y accéderont à partir d'Orsières.*

★★ **Champex** – Alt. 1 465 m. Suspendue au-dessus du bassin d'Orsières, à la naissance d'un profond repli boisé où s'étale un lac ravissant, Champex, villégiature élégante, offre, pour un séjour d'été, le double agrément de la plage et de la terrasse panoramique. Son miroir d'eau reflète le majestueux déroulement des sommets neigeux du Combin (Combin de Corbassière à gauche. Grand Combin à droite). Les promeneurs peuvent les admirer tout à loisir en flânant sur le chemin du Signal, qui dessert les hôtels-belvédères de la station. Un **jardin alpin** s'ouvre aux visiteurs en été.

★★ **La Breya** ⊙ – Alt. 2 374 m. *1 h 1/2 AR dont 15 mn de télésiège.*

Agréable montée en télésiège au-dessus du lac de Champex ; vaste panorama sur les Alpes valaisannes.

De Champex à Orsières, la route en lacet, goudronnée, bien tracée en vue du massif du Combin et des contreforts valaisans du Mont Blanc qui plongent dans le val Ferret, traverse de vastes cultures maraîchères de fraises : coup d'œil étonnant dans ce décor de montagne.

Orsières – Ce bourg s'agglomère au fond du bassin où le val Ferret, après avoir longé toute la façade valaisanne du massif du Mont-Blanc, rejoint le val d'Entremont. L'église a gardé son clocher de style roman lombard.

On distingue, parmi les contreforts valaisans du Mont Blanc qui dominent le val Ferret, à l'arrière-plan, le sommet taché de neige du Portalet et de l'autre côté, l'énorme pyramide du Catogne. En amont se hausse le mont Vélan, précédé de la face triangulaire du Petit Vélan.

Après la chapelle N.-D.-de-Lorette, la route longe sur la droite le village de Bourg-St-Pierre, aux toits couleur de rouille, massé au débouché du vallon de Valsorey qu'embellit une cascade.

Après avoir enjambé le Valsorey et ses gorges, la route surplombe le barrage des Toules, au niveau duquel on découvre une vue magnifique *(l'ancienne route du col s'amorçant à Bourg-St-Pierre n'est pas revêtue sur une courte section peu avant le barrage).* Ensuite, le décor de roches moutonnées et striées, de bassins encombrés d'éboulis, se fait de plus en plus sévère.

Bourg-St-Bernard – L'installation de remontées mécaniques (télécabine du col de Menouve) au départ de cette station frontière, créée à l'entrée du tunnel, a facilité le lancement du centre de sports d'hiver de Super-St-Bernard. Les derniers kilomètres *(nombreux lacets)* se déroulent dans la sinistre combe des Morts, ravagée par les avalanches. À gauche du Vélan se détache le beau sommet glaciaire du Grand Combin.

Tunnel du Grand-St-Bernard Ⓥ – En raison de l'accroissement du trafic routier entre la vallée du Rhône et le Val d'Aoste et pour éviter l'interruption de la circulation à cause de la neige pendant plus de six mois chaque année, la Suisse et l'Italie ont réalisé en commun, de 1959 à 1964, le tunnel routier (long de près de 6 km), accessible en toutes saisons, qui met Bâle à 450 km de Turin.

Sur le versant italien, certaines sections de route restent à ciel ouvert. Tout le long du parcours, on admire la structure audacieuse de cette voie artificielle et de ses viaducs franchissant d'un seul jet les gorges de l'Artanavaz.

De chaque côté du tunnel, des routes d'accès, généralement couvertes, dont la pente n'excède jamais 6 %, viennent se greffer sur la route du col en amont de Bourg-St-Pierre pour le versant suisse et en amont de St-Oyen pour le versant italien.

Une fois la combe des Morts dépassée, l'arrivée au col du Grand-St-Bernard est très rapide.

★ Col du Grand-St-Bernard – *Voir ce nom.*

GRANDSON★

Vaud – 2 473 habitants
Cartes Michelin nᵒˢ 927 D 5 ou 217 pli 3 – Schéma : JURA SUISSE
Alt. 440 m

Située près de l'extrémité Sud du paisible lac de Neuchâtel, à quelque distance des contreforts du Jura, la petite ville de Grandson a été le théâtre d'un événement majeur : la défaite infligée au duc de Bourgogne, Charles le Téméraire.

La bataille de Grandson

Charles le Téméraire, duc de Bourgogne et rival du roi de France Louis XI, rêvait de reconstituer l'ancienne Lotharingie qui s'étendait des Alpes à la mer du Nord et par conséquent incluait le territoire de la Confédération.

Le 19 février 1476, les troupes du Téméraire mettent le siège devant Grandson et son château. Le 28 février, la garnison doit se rendre au duc de Bourgogne qui ordonne de pendre les vaincus. Le 2 mars 1476, les Confédérés lèvent une armée de quelque 18 000 hommes et marchent sur Grandson. La bataille est terrible. Les Confédérés se déchaînent contre les Bourguignons qui ne doivent leur salut qu'à la fuite. Charles le Téméraire doit même abandonner à ses vainqueurs tout son camp, des milliers de chevaux, son artillerie, ainsi que sa tente et son riche trésor qu'il emportait toujours lors de ses campagnes.

Cette défaite, restée fort célèbre dans l'histoire suisse, a inspiré plusieurs auteurs, romanciers ou dramaturges.

CURIOSITÉS

★★ Château Ⓥ – La première construction fut entreprise au début du 11ᵉ s. par les sires de Grandson, mais le château, tel que nous le connaissons aujourd'hui date du 13ᵉ s. Il passa au 15ᵉ s. à la maison de Chalon-Orange qui le remania en grande partie. Après 1476, la seigneurie de Grandson devint propriété des villes de Berne et de Fribourg : le château, promu résidence des baillis, fut réaménagé. Très imposant avec ses hautes murailles et ses grosses tours rondes que relie un chemin de ronde couvert, il occupe un **site★★** remarquable au bord du lac de Neuchâtel qu'il domine.

À l'intérieur, salles historiques et collections d'armes anciennes. On parcourt successivement le chemin de ronde, la salle des Chevaliers (belles stalles Renaissance), le musée des guerres de Bourgogne (dioramas) et de Charles le Téméraire, le musée des châteaux forts (maquettes de batailles), les prisons souterraines (une chambre de torture et des oubliettes), la chapelle, ainsi qu'un musée de la contrée de Grandson. Dans les salles du sous-sol, un **musée de l'Automobile** présente une intéressante collection de modèles anciens, depuis une Delahaye de 1898 jusqu'à une Rolls Phantom blanche de 1927 ayant appartenu à l'actrice Greta Garbo.

Église St-Jean-Baptiste – Cet intéressant édifice, mi-roman, mi-gothique, présente une nef couverte en plein cintre très sobre, flanquée de bas-côtés voûtés en demi-berceaux ; des chapiteaux primitifs – certains sont historiés – surmontent des colonnes monolithes.

Le contraste est frappant entre la nef très sombre et le chœur, voûté d'arêtes et éclairé de nombreux vitraux. Dans la chapelle à droite du chœur, belle fresque représentant la Mise au tombeau. Autre élément de curiosité : les pots de résonance. À l'extérieur, devant le chevet, fontaine de 1637 à tuyaux de bronze. À droite de l'église, l'ancienne maison du bailli arbore un fronton sculpté d'un soleil à visage humain entre des sauvages en pagne et à massue.

ENVIRONS

Champagne – *6 km au Nord*. Rien de particulier dans ce village, sinon sa cave viticole où vous pourrez déguster le vin blanc de Champagne ! Ne pas confondre évidemment, le vin pétillant de toutes les fêtes, le fameux champagne, et le village vaudois. Chacun a bien droit à son appellation.

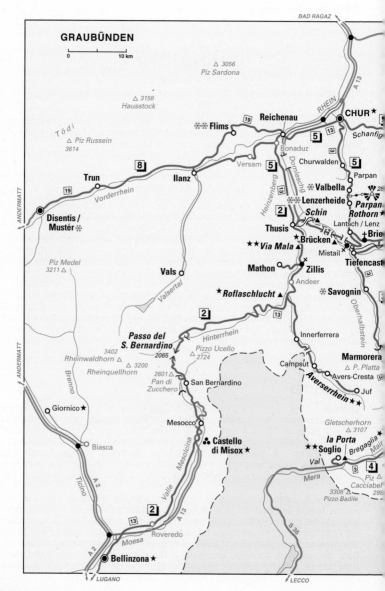

GRAUBÜNDEN★★★

Les GRISONS

Cartes Michelin nos 927 plis 15 à 18 ou 218 plis 1 à 7 et 11 à 17

Trois langues, deux religions, une évolution politique vers la démocratie analogue à celle des « cantons primitifs » font du plus vaste canton helvétique, les Grisons, un véritable modèle réduit de la Confédération.

Pour le voyageur, c'est sans doute la région de Suisse la plus favorable à un complet dépaysement.

L'Engadine, avec les séductions de son ciel, de son pays « désencombré », constitue le pôle touristique de ce petit État montagnard à cheval sur les Alpes.

Un peu de géographie – Les Grisons correspondent, pour l'essentiel de leur territoire, au pays des sources du Rhin et de l'Inn. Ces deux bassins supérieurs sont séparés, au Sud-Ouest de la Silvretta, par la grande chaîne jalonnée par les sommets des Piz Linard, Kesch, d'Err et de la Platta entre lesquels s'ouvrent les vals de la Flüela, de l'Albula et du Julier. Ce vaste ensemble alpestre s'inscrit dans un large arc de cercle, jalonné de même, d'Ouest en Est, par les grands cols de l'Oberalp, du St-Gothard, du San Bernardino, de la Maloja, de la Bernina et de l'Umbrail. Le Rhin antérieur, né dans le cirque de l'Oberalp, file, à partir de Disentis/Mustér, au fond du large sillon rectiligne de l'Oberland grison ; le Rhin postérieur descend des glaciers

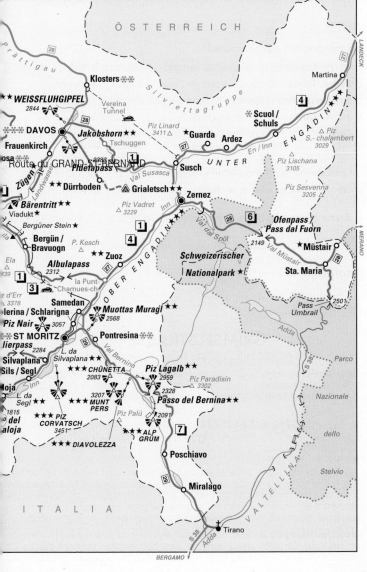

de l'Adula. Ils se rejoignent au pied du château de Reichenau. La vallée supérieure de l'Inn – qui se jette dans le Danube à Passau, aux confins de l'Allemagne et de l'Autriche – relève par l'Engadine des pays de l'ancienne Rhétie.

Un peu d'histoire – Le territoire du canton des Grisons correspond aux régions les plus montagneuses de cette ancienne **Rhétie**, dont les tribus « welches » peuplaient primitivement l'espace compris entre le lac de Constance et la Vénétie. Maintenues à l'écart de la germanisation, les hautes vallées du Rhin et de l'Inn sont restées des terres « romanches », dont la langue, de souche latine, reconnue officiellement comme quatrième langue nationale suisse en 1938, pique la curiosité de l'étranger par ses consonances insolites et ses procédés graphiques.

Une terre de transit – Sous la domination romaine et pendant tout le Moyen Âge, la Rhétie monopolisait la presque totalité du trafic transalpin intéressant le territoire actuel de la Confédération, avec les passages de la « route Supérieure » (ou **« Obere Strasse »**), par les cols du Julier et surtout du Septimer, et de la « route Inférieure » (ou **« Untere Strasse »**), par le col du Splügen. La rareté des défilés, ordinairement si fréquents le long des routes transalpines, favorisait nettement la « route Supérieure ». Semblable activité ne se retrouvait, plus à l'Ouest, que le long de la route du Grand-St-Bernard. Le canevas des routes transalpines passant par les Grisons a pris sa forme actuelle avec l'exécution, entre 1818 et 1823, d'un programme dont la Suisse, l'Autriche et le Piémont assumaient en commun les charges ; il comportait la réfection de la route du Splügen et la construction d'une nouvelle chaussée carrossable entre Splügen et Bellinzona, par le San Bernardino, l'itinéraire millénaire du Septimer étant complètement abandonné.

VISITE

Les itinéraires recommandés

Par ordre décroissant de la durée du parcours. *Voir les noms à l'index.*

★★ 1 **Zügen, Flüela** – Circuit au départ de Davos – compter une journée.

★★ 2 **San Bernardino** – Route de Bellinzona à Chur – compter une journée.

★ 3 **Julier, Albula** – Circuit au départ de St-Moritz – environ 5 h.

★★★ 4 **Engadin** – Haute-Engadine (val Bregaglia) : route de St-Moritz à Soglio – environ 1 h 1/2. Basse-Engadine (vallée de l'Inn) : route de St-Moritz à Martina – environ 3 h.

★ 5 **Lenzerheide, gorges du Schin** – Circuit au départ de Chur – environ 3 h.

★ 6 **Ofen (Parc national suisse et val Müstair)** – Route de Zernez au col de l'Umbrail – environ 2 h 1/2.

★★★ 7 **Berninastrasse (val Bernina et val Poschiavo)** – Route de St-Moritz à Tirano – environ 2 h.

★ 8 **Vallée du Rhin antérieur** – Route de Disentis/Mustér à Reichenau – environ 1 h 3/4.

★ 9 **Schanfig** – Route de Chur à Arosa – environ 1 h.

GRIMSELSTRASSE★

Cartes Michelin n°s 927 I 6 ou 217 plis 9, 19 – Schéma : BERNER OBERLAND

La **route du Grimsel**, qui remonte de la haute vallée de l'Aare (Haslital), introduit dans un décor de roches moutonnées, polies par les anciens glaciers. Mais, à chaque palier de la vallée, barrages et centrales électriques rappellent la civilisation.

DE MEIRINGEN À GLETSCH

37 km – environ 1 h 1/2 – itinéraire 4 de la visite de l'Oberland bernois.

★**Meiringen** – *Voir ce nom.*

À la sortie de Meiringen, la vallée est obstruée par la bosse rocheuse du Kirchet. Alors que le torrent a tranché ce « verrou » – c'est la coupure bien connue des gorges de l'Aare, invisible de la route –, celle-ci le contourne par les hauteurs, procurant d'agréables échappées sur le bassin parfaitement nivelé d'Innertkirchen, dominé par les grands escarpements du Burg et la pyramide du Bänzlauistock.

★★ **Aareschlucht (Gorges de l'Aare)** – *1 km au départ de la route du Grimsel plus 1/2 h de visite. Voir Meiringen.* La vallée prend alors son caractère pastoral, mais des plaques de végétation verdissent encore ses flancs rocheux. À la sortie du pont de Boden, en aval de Guttannen, on franchit le Spreitlauibach par une galerie d'avalanches en béton armé ; ce ravin, où des plaques de neige se maintiennent pendant toute la belle saison, collecte de terribles avalanches qui ont tout balayé alentour, à l'exception d'un pan de forêt.

Guttannen – C'est la seule agglomération de l'Oberhasli digne du nom de village. Son **musée des Cristaux** ⊙ **(Kristallmuseum)** présente une collection remarquable de quartz fumés et de cristaux de roche, et une grande variété de minéraux.
La montée se poursuit, par paliers, dans un **cadre★★** de roches moutonnées verdâtres et de névés féconds en cascades : en certains endroits, la route, taillée dans d'énormes bancs de granit clair, d'un poli extraordinaire, paraît avoir été ouverte la veille par un gigantesque burin.

★ **Handeggfall (Cascade de la Handegg)** – L'Arlenbach et l'Aare confondent leurs eaux dans une chute disposée en Y, qui va s'écraser au fond d'une étroite gorge. À la nappe turquoise du lac-réservoir de **Räterichsboden** succède le grand lac artificiel du Grimsel, dont deux barrages ancrés sur le rognon rocheux intermédiaire du Nollen – où un hôtel remplace l'hospice du Grimsel, submergé – retiennent les eaux troubles. La **vue★** peut atteindre, dans l'axe de la vallée noyée, au dernier plan, les crêtes du Finsteraarhorn (alt. 4 274 m – point culminant des Alpes bernoises).

★★ **Grimselpass (Col du Grimsel)** – Alt. 2 165 m. Un « lac des Morts » rappelle les combats qui opposèrent ici Autrichiens et Français en 1799. De la butte qui s'élève derrière l'hôtel Grimselblick, la **vue★★** embrasse la région désertique des sources du Rhône – l'hôtel Belvédère, près du glacier du Rhône, est le seul établissement humain visible – avec, de gauche à droite, le casque neigeux du Galenstock, le front du glacier du Rhône, la trouée de la Furka et les longues crêtes émoussées et monotones qui s'allongent entre le Haut-Valais et la vallée piémontaise du Toce. Vers le Nord-Ouest, on remarque, au dernier plan, la paroi du Lauteraarhorn (alt. 4 042 m).
La route s'abaisse ensuite vers le **Gletschboden**, fond de cuvette désolé. Le paysage redevient plus classiquement alpestre. La route développe ses lacets au flanc de la Meienwand et arrive à proximité de la cataracte terminale du glacier du Rhône, que domine la coupole neigeuse du Galenstock. Gletsch est alors en vue.

★★ **Gletsch** – *Voir Goms.*

GRINDELWALD★★

Bern – 3 930 habitants
Cartes Michelin nᵒˢ 927 I 6 ou 217 Sud du pli 8
Schéma : INTERLAKEN (Environs) – Alt. 1 034 m

Dans un site inoubliable, Grindelwald, le « village des glaciers », est la seule grande station d'altitude de la région de la Jungfrau accessible en voiture et elle attire, à ce titre, non seulement des vacanciers, mais encore une foule d'excursionnistes venus, pour la journée, de la région d'Interlaken. L'animation bigarrée qui règne dans la longue rue principale du bourg plonge l'arrivant dans une ambiance de capitale alpine.
Parmi les diverses manifestations organisées tout au long de l'année, la plus célèbre est peut-être le **Festival international des neiges**, qui se déroule en janvier sur la patinoire naturelle au centre du village. Plusieurs équipes de différents pays réalisent alors pendant une semaine des sculptures de neige et de glace.

Le domaine skiable – Le domaine de ski alpin, relié à celui de **Wengen** et de **Mürren**, comprend environ 200 km de pistes au total, desservies par 49 remontées mécaniques. Il comble surtout les skieurs détente, avec de longues balades en pente modérée, ainsi que les contemplatifs, le cadre de montagne étant grandiose. Les liaisons entre massifs sont malheureusement très peu fonctionnelles (configuration du relief peu évidente, remontées mécaniques souvent lentes, nombreux trajets en train, avec de longs temps d'attente). De fait, il est bien difficile de rayonner sur l'ensemble du domaine et skier dans la même journée sur plusieurs massifs. Les skieurs assidus seront donc plus ou moins satisfaits, car le temps passé sur les équipements est prépondérant et enlève toute possibilité d'enchaîner rapidement d'importantes dénivelées. Sur le secteur de First, on appréciera particulièrement la descente de Oberjoch à Grindelwald, en passant par la piste 22 : **vues★★** magnifiques et découverte de hameaux pittoresques. Au sommet ont été créés une piste de carving et un snowpark. De la Kleine Scheidegg, belles balades vers Grindelwald, à ne pas manquer au soleil couchant. Les skieurs chevronnés s'élanceront sur la piste de compétition de descente « Lauberhorn Rennstrecke » au-dessus de Wengen. Et ils apprécieront surtout le massif du Schilthorn, à l'accès peu aisé (par train, bus, puis 4 téléphériques successifs), mais offrant les plus belles pentes et la meilleure neige. Essayer également les télésièges Schilgrat et Winteregg.
Les pentes les plus raides se trouvent sur le massif du Schilthorn, néanmoins d'un accès peu aisé (nécessité de prendre le train et un funiculaire dans la vallée de Lauterbrunnen). Les fondeurs disposent de 35 km de boucles entre Grindelwald et Burglauenen. Malgré la faible altitude, l'enneigement est correct en fond de vallée, car l'ensoleillement reste limité en période hivernale.

CARNET D'ADRESSES

Office de tourisme – *Verkehrsbüro* – ☎ *(033) 854 12 12 – fax (033) 854 12 10.*

Se loger et se restaurer à Grindelwald

Glacier – *Endweg* – ☎ *(033) 853 10 04 – fax (033) 853 50 04 – 19 chambres – 85/200 F* – 🄶🄱.
Situé au départ de multiples excursions et en contrebas de la station de ski, ce chalet entièrement rénové offre une vue magnifique sur l'Eiger dont vous profiterez sur la terrasse, dans le calme presque absolu.

Fiescherblick – *Hauptstrasse* – ☎ *(033) 853 44 53 – fax (033) 853 44 57 – 25 chambres – 100/250 F* – 🄶🄱.
Pour les fins gourmets, amateurs de bons petits plats traditionnels et consistants, et pour les sportifs, venez vous réfugier dans ce magnifique chalet ancien, en partie rénové, et fort sympathique. Vue imprenable et calme assuré.

Alpenhof – ☎ *(036) 853 52 70 – fax (036) 853 19 15 – 13 chambres – 100/280 F* – 🄶🄱.
Vous apprécierez la vue sur les Alpes et le calme du lieu, au pied des pentes de ski. Un confort simple et moderne, des chambres joliment arrangées et des produits gastronomiques issus de leur propre exploitation agricole.

Gletschergarten – ☎ *(033) 853 17 21 – fax (033) 853 29 57 – 26 chambres – 120/260 F* – 🄶🄱.
Si vous recherchez une atmosphère plutôt intimiste, voire romantique, si vous rêvez de vous réchauffer au coin du feu au retour des randonnées ou des journées de ski, vous serez séduit par ce ravissant chalet fleuri tellement chaleureux, tout en bois, qui vous mettra à votre aise et vous dépaysera.

Les piétons pour leur part ont un choix assez large d'itinéraires (80 km de chemins tracés), sans oublier presque 20 km de pistes de luge. Notamment, il est recommandé de monter à pied en 2 h 30 au Faulhorn depuis First, puis de redescendre en luge jusqu'à Grindelwald en passant par Bussalp : cet itinéraire de 12,5 km constitue la plus longue piste de luge d'Europe. Concernant l'après-ski, il convient de noter l'existence d'un important centre sportif, comprenant patinoire et piscine couverte, halle de curling, sauna, salles de fitness…

★★★ **Le site** – Grindelwald associe des premiers plans d'un charme tout agreste – prairies plantées d'arbres fruitiers ou d'érables et toutes semées de coquettes habitations – à une grandiose barrière rocheuse allongée entre l'épaule du Wetterhorn et la pyramide de l'Eiger. Devant un tel spectacle, il est facile de comprendre la fortune de la station : ici, la haute montagne, théâtre d'opérations de l'alpiniste ou de l'adepte du ski alpin ; là, se déployant entre les seuils de la Grande et de la Petite Scheidegg, en passant par le Faulhorn, un immense amphithéâtre d'alpages et de bois d'une topographie parfaitement adaptée à la pratique du ski de fond.

BELVÉDÈRES ACCESSIBLES EN TÉLÉPHÉRIQUE

★★★ **Jungfraujoch** – *Voir ce nom. Compter une bonne journée pour cette excursion exceptionnelle en privilégiant le circuit ferroviaire complet de la Jungfrau (voir Interlaken).*

★★★ **Männlichen** – *Accès par la plus longue télécabine d'Europe (trajet de 6,2 km), située à 15 mn à pied en contrebas du centre station. Compter 2 h AR dont 1 h de télécabine.*
L'intérêt de ce sommet vaut surtout par les possibilités de promenades et randonnées offertes *(voir ci-dessous).*
De la plate-forme terminale (alt. 2 227 m), apprécier tout d'abord la vue générale sur Grindelwald, au pied du Wetterhorn et du Schreckhorn. Puis gagner en quelques instants le belvédère dominant la vallée de Lauterbrunnen. **Panorama★★★** sur le triptyque mythique Eiger-Mönch-Jungfrau, l'étincelant Silberhorn, le Breithorn et, en contrebas, le village de Wengen, tandis qu'au Nord repose le lac de Thoune.
Pour bénéficier d'un panorama parfait à 360°, monter en 20 mn au sommet du Männlichen (alt. 2 343 m). La vue est notamment plus dégagée au Nord.

★★ **First** ☉ – *Accès en télécabine. Compter 1 h 30 AR dont 1 h de télécabine. Excursion à combiner avec une randonnée (voir ci-dessous).*
À l'arrivée du 3ᵉ tronçon (alt. 2 168 m), gagner la terrasse panoramique du restaurant (table d'orientation). Magnifique **vue★★** d'ensemble sur le bassin de Grindelwald dans son écrin de forêts et sur les cimes du Wetterhorn, du Schreckhorn, encerclé par les glaciers inférieur et supérieur de Grindelwald, du Grosser Fiescherhorn, de l'Eiger, de la Jungfrau et du Morgenhorn. Dans le lointain, on découvre le Titlis et le Sustenhörner. Au Nord-Ouest s'étendent de paisibles alpages, très verts, au pied du Faulhorn (remarquer l'hôtel à son sommet).

RANDONNÉES PÉDESTRES

Grindelwald constitue un admirable **centre de randonnées et d'alpinisme**, avec des possibilités d'excursions adaptées à tous les niveaux (300 km de sentiers au total, de 1 000 à 3 600 m d'altitude). Nous indiquons ci-dessous quelques itinéraires particulièrement remarquables. À noter également 100 km de chemins balisés pour la pratique du VTT.

*** Faulhorn – *Accès au First par télécabine. 2 h 20 de montée (500 m de dénivelée environ). Les promeneurs insuffisamment entraînés peuvent s'arrêter au Bachalpsee (50 mn de marche facile).*

Le **Bachalpsee**** constitue l'un des plus beaux lacs de Suisse. La **vue**** est resplendissante grâce aux reflets du cirque de montagnes. Des rives verdoyantes du lac se découvre, encadré par le Schreckhorn et le Fiescherhorn, la cime tranchante du Finsteraarhorn.

L'ascension du Faulhorn se fait sur un bon chemin, néanmoins assez raide. Au sommet (alt. 2 681 m), on parvient à l'un des hôtels de montagne les plus élevés d'Europe et en tout cas le plus ancien (ouverture en 1832). **Panorama***** sur tout l'Oberland bernois. Au Sud, on découvre, en supplément de la vue du First, le Mönch et le Breithorn. Au Nord, on surplombe les lacs de Brienz et de Thoune, au pied respectivement du Brienzerrothorn et du Niederhorn. Dans le lointain, un peu plus à l'Est, remarquer le Pilate et le Rigi.

*** Du Faulhorn au Schynige Platte – *3 h 15 de marche, soit 600 m de dénivelée en descente. Excursion à entreprendre à la suite de la randonnée au Faulhorn, et réservée aux marcheurs entraînés. Temps sec et solides chaussures indispensables. Le retour à Grindelwald se fait en train (se renseigner au préalable sur les horaires).*

Magnifique **sentier de crête** à l'intérêt panoramique toujours soutenu. Après une bonne heure de marche, à l'approche du restaurant Mädlenen, l'itinéraire, très rocailleux, devient fatigant et délicat. Il offre des **vues*** rapprochées sur le lac de Sägistal et la formidable paroi du Faulhorn. Il traverse ensuite de paisibles **alpages** avant de révéler une **perspective***** fabuleuse sur le massif de la Jungfrau, du Schreckhorn au Morgenhorn. En arrivant au Schynige Platte, les randonneurs ayant encore quelque force découvriront le jardin alpin.

Descendre en chemin de fer à crémaillère à Wilderswil, puis prendre le train pour rentrer sur Grindelwald.

*** Mönchsjochhütte – Alt. 3 629 m. *1 h de montée.* Accès depuis le Jungfraujoch *(voir ce nom).*

Grindelwald – Un site enchanteur

H. Hiroshi/PIX

★★ Stieregg et Bänisegg – *Accès en 4 mn à Pfingstegg (alt. 1 391 m) en téléphérique. Compter 1 h de montée pour atteindre le restaurant de Stieregg (260 m de dénivelée) et 1 h supplémentaire pour Bänisegg (160 m de dénivelée).*

De Pfingstegg, **vue★** d'ensemble sur Grindelwald et le secteur de First. Bon sentier évoluant à flanc de montagne. Après une demi-heure de marche, on découvre une **vue★★** somptueuse sur le glacier inférieur de Grindelwald, et surtout le glacier « Fieschergletscher ». Remarquer les cascades dévalant des parois de l'Eiger.

L'itinéraire, plus pentu, est ensuite agrémenté par la flore (rhododendrons, myosotis, orchidées...) et la présence de moutons. Du restaurant Stieregg (alt. 1 650 m), **vue★★** encore plus impressionnante sur le cirque glaciaire dominé par le Grossfiescherhorn (alt. 4 048 m).

Les bons marcheurs, chaussés correctement et non sujets au vertige, poursuivront en direction de Schreckhornhütte. Le cadre, toujours sauvage, présente une végétation et une flore de plus en plus abondantes. Après une succession de courts passages en montée et descente, le sentier grimpe franchement pour atteindre Bänisegg (alt. 1 807 m). Dans un lacet à gauche, on découvre la longue langue glaciaire « Ischmeer ». **Site★★** grandiose de haute montagne dominé par le Finsteraarhorn (alt. 4 274 m). *Revenir sur ses pas (1 h 30 de descente).*

De Pfingstegg, il est possible de poursuivre à pied, par un sentier en faible descente à flanc de montagne, jusqu'au **chalet de Milchbach** *(compter 1 h).* L'itinéraire traverse le « paradis minéral de la Breitlouwina » (Gesteinparadies Breitlouwina), qui se caractérise par une diversité exceptionnelle de sédiments transformés il y a des millions d'années. Vue sur le glacier supérieur de Grindelwald, dans lequel une **grotte de glace** est aménagée. Les visiteurs garderont une forte impression des parois de glace bleues de cette grotte, dont la profondeur atteint presque 30 m. Compter encore 20 mn pour descendre sur l'hôtel Wetterhorn, d'où un bus permet de rejoindre Grindelwald.

★★ Du Männlichen à Kleine Scheidegg – *Prendre la télécabine du Männlichen. 1 h 15 de marche très facile et agréable. 170 m de dénivelée en descente.*

Vues★★ constamment superbes sur l'Eiger, le Mönch, la Jungfrau et le bassin de Grindelwald. *De Kleine Scheidegg, poursuivre avec la randonnée de l'Eigerwand ou rentrer à Grindelwald en train.*

★★ Eigerwand – *Accès à la station Eigergletscher (alt. 2 320 m) en train. Compter 2 h de descente (700 m de dénivelée) jusqu'à Alpiglen. Se munir de bonnes chaussures. Ne pas quitter le chemin, qui traverse une zone de protection de la faune.*

Descendre 100 m le long des rails, les traverser et prendre à droite l'itinéraire « Eiger-Trail ». Remonter quelques instants jusqu'au pied de l'Eiger. Le sentier longe, à travers des pâturages escarpés et des éboulis, de belles et immenses parois rocheuses et réserve des vues sur Grindelwald et le Wetterhorn. Il débouche, en pente raide, sur les alpages d'Alpiglen (alt. 1 615 m). Rentrer sur la station à pied ou en train.

★ Gletscherschlucht (Gorges du Glacier) – *2,5 km par un chemin s'amorçant à l'extrémité du village après l'église, à droite, plus 1/2 h de visite.*

Fissure rocheuse au fond de laquelle apparaît, réduit à une mince lame de glace, le mur terminal du glacier inférieur de Grindelwald.

GRUYÈRES★★

Fribourg – 1 412 habitants
Cartes Michelin n°s 927 F 6 ou 217 Sud-Ouest du pli 5 – Alt. 830 m

Posée sur une colline, au centre d'un paysage tout empreint de mesure et de grâce, cette petite cité fortifiée, ville-musée à vocation touristique, ravit les visiteurs de la Suisse romande par son cachet aimable, évocateur de l'époque où la vallée de la Sarine tout entière vivait sous la suzeraineté bonhomme et gaillarde des comtes de Gruyères (12e-16e s.).

CURIOSITÉS

L'arrivée – *Parking en dehors des murs de la ville.*

Le premier coup d'œil séduit l'arrivant qui se retrouve dans la rue principale. Celle-ci, bordée de vieilles maisons à fenêtres géminées, abritées sous un large auvent, s'incline vers la fontaine communale avant de grimper à nouveau jusqu'au château. Monter à pied au château en remarquant au passage à droite, creusées dans un massif de pierre, les anciennes mesures à grains de la ville. Juste avant d'atteindre le château, on aperçoit à gauche une maison aux encadrements de fenêtres délicatement sculptés (16e s.) ; ce fut la demeure du bouffon Chalamala qui s'illustra à la cour des comtes de Gruyères.

CARNET D'ADRESSES

Office de tourisme – ☎ *(026) 921 10 30 – fax (026) 921 38 50.*

Se loger et se restaurer à Gruyères

Pour les amateurs de spécialités locales, ne pas quitter cette petite ville sans avoir goûté : fondue, raclette, jambon et meringue à la crème de la Gruyère.

Hôtel de Ville – ☎ *(026) 921 24 24 – fax (026) 921 36 28 – 8 chambres – 110/300 F –* **GB** *– fermé du 1er au 20 décembre et du 3 au 17 janvier.*
Dans la rue principale, cet hôtel rustique dispose également d'un restaurant proposant des spécialités régionales.

Fleur de Lys – ☎ *(026) 921 21 08 – fax (026) 921 36 05 – 11 chambres – 115/165 F –* **GB** *– fermé en février et le lundi de novembre à Pâques.*
Chambres aux murs revêtus de bois. Les repas – spécialités régionales – sont servis dans une salle à manger rustique.

Hostellerie de St-Georges – ☎ *(026) 921 83 00 – fax (026) 921 83 39 – 14 chambres – 140/280 F –* **GB** *– fermé du 3 janvier au 12 février.*
Un établissement qui remonte au 16e s. Un cadre paisible et reposant, ainsi qu'une belle vue sur les remparts et la montagne.

Le Chalet – ☎ *(026) 921 21 54 – fax (026) 921 33 13 – fermé le 25 décembre.*
Spécialités locales dans cette auberge rustique située au cœur du bourg.

Auberge de la Halle – ☎ *(026) 921 21 78 – fax (026) 921 33 13.*
Cuisine locale dans un cadre rustique et une atmosphère familiale.

★★ **Château** ⊙ – L'ancien château des comtes de Gruyères, aujourd'hui propriété du canton de Fribourg, remonte, dans sa majeure partie, à la fin du 15e s. (façades sur cour du corps de logis principal).

Les aménagements intérieurs, très variés, évoquent aussi bien l'époque féodale (cuisine, salle des gardes) que le 18e s. et ses raffinements. Leur décoration, plus ou moins bien venue, est en grande partie l'œuvre des Bovy, dynastie d'artistes qui, ayant sauvé le château de la destruction au siècle dernier, y accueillirent leurs nombreux amis peintres (dont Corot).

Un peu partout, au-dessus des portes, sur les plaques de cheminée, sur les vitraux, se retrouve la grue figurant sur le blason des comtes de Gruyères.

Le trésor des collections regroupées dans la salle de Bourgogne est constitué par les trois **chapes**★ de deuil de l'ordre de la Toison d'or, qui devaient servir aux aumôniers de Charles le Téméraire, appelés à célébrer des messes solennelles pour le repos des chevaliers défunts au cours de la campagne de 1476. Ces ornements somptueux devinrent, pour les Fribourgeois, le plus glorieux trophée de la bataille de Morat *(voir ce nom)*. Quatre tapisseries des Flandres du 16e s. illustrant des scènes de l'Ancien Testament se trouvent dans la chambre du comte pourvue d'un plafond typique de l'époque savoyarde. Dans la salle des Baillis de décoration baroque, imposant meuble deux corps en bois sculpté. La salle des Chevaliers est particulièrement impressionnante pour ses dimensions et sa décoration. Ses murs sont peints de scènes illustrant l'histoire du comté. À remarquer également son plafond à caissons et clés de voûte pendantes.

Chapelle St-Jean – Du 15e s., elle se dresse sur une terrasse fort agréablement située en vue de la Basse-Gruyère (région de Bulle-Broc) – en partie noyée par le lac artificiel qu'a créé le barrage de Rossens – et des deux pitons de l'élégante dent de Broc.

Près de la chapelle, sur le rempart, belle vue sur les environs, le Moléson et la chaîne du Jura (table d'orientation).

Musée HR Giger ⊙ – Si vous aimez les films qui mettent en scène des monstres ou des créatures fantastiques, vous avez sans doute entendu parler d'*Alien*. Ce musée, installé dans le château St-Germain, est dédié à son créateur le sculpteur suisse HR Giger. Déjà, la sculpture *The Birth Machine* apposée à l'entrée et la décoration à l'accueil donnent le ton. Vous retrouverez *Alien* (une salle lui est consacrée avec diverses esquisses pour le film) et verrez des tableaux, des sculptures et des meubles uniques associant des matériaux comme le verre, le plexiglas, le polyester, le métal, le caoutchouc. Parmi les œuvres principales, citons *Alien, Species, The Spell I-IV, Harkonnen*.

Reprendre la rue principale qui, suivie en sens inverse, offre une perspective sur le Moléson, le sommet « gruérien » par excellence.

Devant la fontaine du village, tourner à droite.

Le Belluar – Ce pittoresque ouvrage de défense, restauré (dont le nom est de même origine que boulevard), gardait l'entrée principale du bourg au temps des palefrois et des haquenées.

Rue principale

Maison du gruyère ⊙ – *1 km, à l'entrée de Pringy.*
Cette ancienne fromagerie industrielle entièrement rénovée abrite une fromagerie de démonstration qui comprend : au rez-de-chaussée, les caves où est conservé le fromage ; au 1er étage, le local de salage, une exposition sur la vie régionale, une vidéo sur l'élaboration du fromage, ainsi que les galeries surplombant la salle de démonstration où s'effectue sous les yeux du public la fabrication moderne du gruyère, en meules de 35 kg.

EXCURSION

Moléson-sur-Gruyères – *6 km au Sud-Ouest.*
Cet accueillant village possède une **fromagerie d'alpage** ⊙ installée dans un chalet du 17e s., au toit recouvert de plus de 90 000 tavillons. Un montage audiovisuel est consacré à la fabrication des différents produits du terroir exposés, puis vient la chambre de l'armailli

(vacher) telle qu'elle se présente dans les alpages, rudimentaire. On voit ensuite un armailli fabriquer le fromage à l'ancienne dans une grande chaudière alimentée au feu de bois. La chambre à lait contient les produits du jour. Les fromages affinés sont ensuite entreposés dans le saloir, petite maison carrée couverte de tavillons, située près de la ferme.
Un téléphérique conduit à l'**observatoire du Moléson** ⊙ (alt. 2 002 m). La vue panoramique s'étend sur le pays de Gruyère et le plateau suisse. Des soirées d'initiation à l'astronomie y sont organisées (télescopes).
En hiver, 35 km de pistes balisées offrent de belles descentes à skis.
Installé à Moléson-village dans les sous-sols du restaurant « La Locanda », un musée de cire, l'**Historial suisse** ⊙, évoque en plusieurs tableaux des figures célèbres de l'histoire suisse, de saint Maurice à Henri Dunant.

GSTAAD✶✶

Bern – 2 000 habitants
Cartes Michelin nos 927 F 6 ou 217 pli 15 – Schéma : ALPES VAUDOISES
Alt. 1 080 m

Aux confins des Alpes bernoises et des Alpes vaudoises, Gstaad est situé à la convergence de quatre vallées mollement ouvertes : haute vallée de la Sarine, vallée de Lauenen, vallée du Turbach et dépression de Saanenmöser. Ce village-rue, où les vieux chalets soigneusement restaurés et les boutiques de luxe s'étirent sur 300 m, est réputé pour la variété de ses activités sportives ou mondaines.
En hiver, saison la plus recherchée par le vacancier sensible à une ambiance élégante, Gstaad se prévaut de la présence de têtes couronnées, de vedettes et autres célébrités. En été, les sentiers pédestres abondent, notamment sur l'**Eggli** (alt. 1 557 m) et le plateau tout proche, que l'on peut rejoindre par télécabine. Un service d'hélicoptères permet aux touristes de survoler les massifs environnants (héliport de Gstaad-Grund).

Le domaine skiable – Grâce aux trains bleus du MOB, une soixantaine de remontées mécaniques grimpent jusqu'à 2 200 m d'altitude. Le domaine est exploité en commun avec Saanenmöser (alt. 1 272 m) et Zweisimmen, doté d'une grande télécabine facilitant l'accès du Rinderberg. Depuis la localité voisine de Gsteid, on peut rejoindre les pistes du glacier des Diablerets, qui culmine à 2 979 m.

Val d'HÉRENS★★

Cartes Michelin nᵒˢ 927 G 7 ou 217 pli 16 et 219 pli 3
Schéma : Le VALAIS

Cette vallée latérale est l'une des plus aisément accessibles du Valais de langue française. Dans un très beau décor de haute montagne où surgit la dent Blanche (alt. 4 357 m), la région d'Évolène conserve un certain folklore traditionnel.

Des tableaux comme ceux de la fenaison entre Évolène et les Haudères comptent parmi les spectacles les plus attachants de la Suisse pittoresque. À voir ces femmes s'affairer dans les prés, ou conduire quelque troupeau de vaches à la robe uniformément brun sombre rappelant la patine des chalets, la tentation est souvent forte d'oublier l'âpreté des conditions de vie montagnardes. Les hommes sont pratiquement absents de ces scènes pastorales. Ils s'embauchent, pour la plupart, dans les grands chantiers ou les usines de la région.

Domaine skiable – En hiver, la vallée offre 100 km de pistes alpines, deux pistes de ski de fond (33 km) et deux patinoires naturelles.

DE SION AUX HAUDÈRES

29 km – environ 2 h – itinéraire ⑤ *de la visite du Valais*

★★ **Sion** – *Visite : 3 h. Voir ce nom.*

Dès le départ de Sion, la route, traversant le Rhône et laissant à droite la centrale de Chandoline, alimentée par le barrage de la Grande Dixence, s'élève en lacet, procurant de bonnes vues sur le site même de Sion, caractérisé par les deux pitons fortifiés de Valère et de Tourbillon.

À l'entrée de Vex, premier village du val d'Hérens, commence à se dessiner, à l'extrémité de la vallée, la superbe pyramide rocheuse de la dent Blanche émergeant du cirque glaciaire de Ferpècle.

★★★ **Barrage de la Grande Dixence** – *Voir ce nom. De Vex, 16 km – environ 2 h par route étroite.*

La route, tracée en corniche à peu près horizontalement, se rapproche des ravinements qui dominent le confluent de la Borgne et de la Dixence.

On distingue l'étonnante lame de terrain ébréchée d'où se sont dégagées les pyramides d'Euseigne.

★ **Pyramides d'Euseigne** – La route passe en tunnel sous ces « colonnes coiffées » dégagées par l'érosion dans des masses de conglomérats morainiques. Ces conglomérats, peu résistants, sont préservés de la destruction par leur chapiteau rocheux en équilibre instable.

La vallée se rétrécit et la rampe s'accentue.

L'arrivée dans le bassin d'Évolène est marquée par la réapparition de la dent Blanche. Au premier plan, à droite de celle-ci, se haussent les pyramides jumelles, aux arêtes vives, des dents de Veisivi.

★ **Evolène** – Alt. 1 400 m. Cette charmante villégiature est très fréquentée par les touristes de langue française. Ses **maisons de bois**★★, bâties sur plusieurs étages et ornées de fleurs éclatantes, dont certaines remontent au 16ᵉ s., comptent parmi les plus belles du Valais. Evolène est un centre d'alpinisme (massifs du mont Collon et de la dent Blanche), doté d'une école d'escalade.

Les Haudères – Ce village masse ses chalets dans un pittoresque désordre.

De là, deux routes mènent respectivement à **Ferpècle** (alt. 1 770 m), à 9 km au pied de la dent Blanche, et à Arolla, à 12 km au pied du mont Collon. Elles passent par les hameaux de La Sage, de Villa et de La Forclaz, avec leurs beaux chalets aux toits d'ardoises, brunis par le soleil, et offrent les vues les plus étendues de ce haut val d'Hérens.

Arolla – Alt. 1998 m. Cette petite station d'altitude, dotée d'un modeste domaine skiable, est une étape sur la « haute route » entre Chamonix et Zermatt, qui offre de belles possibilités de randonnées.

RANDONNÉES DANS LE VAL D'HÉRENS

★★ **Randonnée à Alpe Bricola** – Alt. 2 415 m. *Se garer à Salay/Ferpècle. 2 h 15 de montée, 1 h 30 de descente. Randonnée pas trop difficile.*

Très belles **vues**★★ sur les glaciers de Ferpècle et Mont-Mine et sur la dent Blanche. Possibilité de monter encore un peu en direction du refuge Dent Blanche Hütte pour bénéficier d'un paysage encore plus ample.

★★ **Randonnée à la cabane des Aiguilles Rouges** – Alt. 2 810 m. *3 h de montée. 2 h de descente. Se renseigner à l'avance sur les horaires du bus pour rentrer le soir sur Arolla depuis le hameau de la Gouille. Se garer au parking du téleski de Guitza.*

Magnifique randonnée, variée, mais nécessitant de l'endurance.

Du téléski, sentier très raide en forêt offrant des **vues**★★ superbes sur la pointe de Tsa, le mont Collon et la Pigne d'Arolla. Puis belle traversée dans une pelouse alpine (garder le sentier, plus direct que le chemin). En une bonne heure, on parvient au superbe hameau de **Remointse de Pra Gra** (2 479 m), tout en pierre et en lauze, perché dans un **site**★★ somptueux. Commence alors l'ascension vers le refuge, au pied des Aiguilles Rouges d'Arolla, dans un cadre beaucoup plus minéral (pour les traversées de chaos de rochers, suivre scrupuleusement le balisage rouge). Du refuge, très beau **tour d'horizon**★★ sur toute la vallée. L'aiguille de la Tsa, la pointe des Genevois, la dent de Perroc et la grande dent de Veisivi s'élèvent comme une formidable barrière rocheuse infranchissable.

Descente raide et panoramique jusqu'au **lac Bleu**★★ (2090 m), véritable petit joyau d'une merveilleuse limpidité, niché dans une forêt de mélèzes. Faire le **tour du lac**★★ pour apprécier les reflets. Descendre jusqu'au hameau de la Gouille et prendre le bus (éviter le sentier du lac Bleu à Arolla, fatigant et vertigineux).

★★ **Randonnée au Pas de Chèvre** – Alt. 2 855 m. *2 h de montée, 1 h 30 de descente, 850 m de dénivelée. Se garer à l'extrémité d'Arolla, juste avant le chalet le plus élevé.* Chemin sur 50 m, puis sentier raide (à droite), face à la pente jusqu'à des montagnettes en ruine (40 mn). Poursuivre en face le sentier, qui évolue dans un **paysage**★★ déjà ample : on longe le glacier mouvementé de Tsijiore Nouve et la Pigne d'Arolla (3 796 m). Une petite demi-heure après, on croise un chemin, le sentier devenant à nouveau plus raide. À la bifurcation suivante, prendre à gauche. Arrivé au col, **vue**★★ sur le mont Collon et l'aiguille de la Tsa, pièces maîtresses de la vallée d'Arolla. S'avancer pour découvrir le Mont Blanc de Cheilon et son glacier, le lac et la cabane de Dix, perchée sur un promontoire rocheux. Redescendre, en empruntant le chemin à droite dans la partie intermédiaire (à l'approche du téléski).

HÖLLOCHGROTTE★

Schwyz

Cartes Michelin n⁰ˢ 927 K 5 ou 218 Nord-Ouest du pli 2

Par l'étendue de ses galeries, le nombre de ses salles, la beauté et la variété de ses concrétions, la grotte du Hölloch est la plus vaste d'Europe et représente un phénomène géologique d'un très grand intérêt.

Accès – Au départ de Schwyz, prendre la route de Muotatal *(voir plan à Schwyz)*, étroite jusqu'à Hinterthal, puis, après avoir traversé la rivière, prendre sur la gauche un chemin qui monte assez fortement en direction de Stalden *(pancarte : Stalden-Hölloch)*. Laisser la voiture à côté du « Gasthaus zur Höllgrotte », où habite le gardien, et gagner à pied l'entrée de la grotte.

Visite Ⓥ – À peine connue au début du 20ᵉ s., la grotte du Hölloch fait l'objet, depuis 1949, d'une exploration continue. Elle est ouverte au public sur un parcours de 1 km, alors que plus de 147 km de galeries ont déjà fait l'objet d'un relevé cartographique.

Cette invraisemblable architecture souterraine est un spectacle fascinant : peu de stalactites ou de stalagmites, mais par contre des apparitions féeriques de concrétions délicates en forme de roses, de chandeliers, de coquillages, qui atténuent l'hostilité des gigantesques parois lisses des gouffres et des marmites d'érosion en pleine activité. Au long des galeries, on découvre en particulier l'« autel » et la « grande pagode ».

INTERLAKEN★★★

Bern – 5 056 habitants

Cartes Michelin nos 927 H 5 ou 217 plis 7, 8 – Alt. 564 m

Plan dans le Guide Rouge Michelin Suisse

Porte touristique de l'Oberland bernois, Interlaken est réputée pour sa vue superbe sur le massif de la Jungfrau, que dessert la plus haute gare d'Europe *(voir Jungfraujoch)*. Encadrée par les chaînons boisés du Rugen et du Harder, l'agglomération s'étend en ordre lâche sur la plaine basse du Bödeli, formée par les atterrissements du Lombach, au Nord, et de la Lütschine, au Sud. Le bassin lacustre dans lequel l'Aare s'engloutissait primitivement entre Meiringen et Thoune a fini par se séparer en deux nappes : le lac de Thoune et celui de Brienz.

Les consonances latines d'Interlaken évoquent les origines cléricales de la ville : celle-ci s'est développée « entre les lacs » à partir du 12e s., autour d'un couvent d'augustins dont certains vestiges (galerie du cloître) se discernent encore dans le bloc de constructions formé par le château et l'église réformée. Durant l'été, la station connaît une animation intense, avec sa foule de touristes et sa multitude d'échoppes à souvenirs.

CURIOSITÉS

★★ **Höheweg** – Cette promenade fameuse est bordée d'un côté par les gazons et les massifs de fleurs de la Höhematte, de l'autre par une rangée de palaces, en retrait desquels se dresse le casino (Kursaal). Elle relie le noyau urbain d'Interlaken-Ouest à l'agglomération beaucoup plus dispersée d'Interlaken-Est, offrant des **vues**★★★ éblouissantes sur la Jungfrau qui s'encadre dans l'échancrure de la basse vallée de la Lütschine. Il fait bon flâner sous les ombrages, en jetant un coup d'œil sur le pavillon des appareils météorologiques ou sur l'horloge florale, bien connue, des jardins du casino.

Sur la rive opposée de l'Aare, les installations de la piscine et du golf miniature forment un second centre d'attraction.

Église d'Unterseen – Avec son clocher rustique coiffé d'un toit en bâtière à forte pente, cet édifice compose, avec le Mönch (à gauche) et la Jungfrau (à droite) en arrière-plan, un site★★ très pittoresque.

Touristikmuseum ⊘ – *À Unterseen, Obere Gasse 26*.

Dans une maison du 17e s. rénovée, ce pimpant petit musée retrace l'essor touristique de la région de la Jungfrau depuis le début du siècle dernier. Au rez-de-chaussée, un siècle de circulation routière dans l'Oberland est illustré (diligence de la poste de Habkern, maquettes de voitures postales, premier vélo ayant circulé à Interlaken). On découvre également une *Stundenstein*, pierre à l'usage des voyageurs qui se rendaient à pied à Berne et sur laquelle était indiqué le nombre d'heures qui les séparaient de la ville.

Le premier étage évoque le développement des ressources hôtelières, ainsi que celui de la circulation ferroviaire (maquette de la première locomotive du Brünig). Les sports d'hiver (évolution du matériel : skis, luges), les trains de montagne (trains du Giessbach, du Wetterhorn, de la Jungfrau) et l'alpinisme occupent le second étage. Des expositions temporaires sont organisées sous les combles.

CARNET D'ADRESSES

Office de tourisme – *Interlaken Tourismus, Höheweg 37* – ☎ *(033) 822 21 21* – *fax (033) 822 52 21*.

Se loger et se restaurer à Interlaken

Seehotel – *Seestrasse 22* – ☎ *(033) 822 07 70* – *fax (033) 822 07 40* – *40 chambres* – *101/221 F* – **GB**.
Situé sur les bords du lac, vous profiterez vraiment de la terrasse et du calme.

Beau Site – *Seestrasse 16* – ☎ *(033) 826 75 75* – *fax (033) 826 75 85* – *50 chambres* – *160/290 F* – **GB**.
Vue imprenable sur le massif de la Jungfrau. Jardin très agréable pour vous accueillir au retour de vos excursions.

Goldey – *Obere Goldey 85* – ☎ *(033) 826 44 45* – *fax (033) 826 23 45* – *41 chambres* – *180/260 F* – **GB**.
De merveilleux moments vous attendent dans cet hôtel situé au bord du lac. Point de départ de plusieurs excursions, il saura ménager un repos bien mérité.

Hirschen – *In Matten, Hauptstrasse 11* – ☎ *(033) 822 15 45* – *fax (033) 823 37 45* – *25 chambres* – *130/240 F* – **GB**.
Vous séjournerez dans un charmant chalet en bois du 16e s., à l'architecture typique du pays, et vous apprécierez la vue superbe sur la Jungfrau depuis la terrasse. Cuisine traditionnelle. Repos et émerveillement garantis.

ENVIRONS

Belvédères accessibles en funiculaire ou à pied

★★Schynige Platte ⊘ – Alt. 2 101 m. *Environ 4 h AR dont 2 h de chemin de fer à crémaillère depuis la gare de Wilderswil.*
Le Schynige Platte constitue un but de randonnée très prisé pour les vacanciers de Grindelwald *(voir ce nom)*. Son ascension est notamment conseillée à ceux qui n'auraient pas le loisir de pénétrer plus avant dans le massif de la Jungfrau.
Près de la station supérieure ont été aménagés un jardin alpin et une section botanique sur plus de 8 000 m², permettant de découvrir quelque 500 plantes, fleurs (edelweiss, gentianes...) et fougères. De la terrasse panoramique de l'hôtel, il est facile de grimper jusqu'au sommet le plus proche (alt. 2 076 m) : **belvédère★★** sur la Jungfrau, Interlaken et ses lacs. Sur l'alpe d'Iselten, une fromagerie fabrique tous les jours des produits laitiers frais (lait, beurre, sérac et fromages).

★★Harderkulm ⊘ – Alt. 1 323 m. *Environ 1 h AR dont 1/2 h de funiculaire depuis Interlaken-Est.*
Près de la station inférieure du funiculaire, un parc abrite des animaux alpins pour le plus grand plaisir des enfants. Au sommet, équipé d'un restaurant panoramique, on découvre une vue bien dégagée sur les deux lacs d'Interlaken et sur le massif de la Jungfrau.

★Heimwehfluh ⊘ – Alt. 670 m. *Environ 1/2 h AR, dont 5 mn de funiculaire.*
Cette colline aux frais ombrages forme un belvédère sur les lacs de Thoune et de Brienz.

De nombreux sentiers de promenade ombragés sont ouverts aux amateurs de marche, en particulier sur les flancs du Rugen et du Harder.

Excursions en voiture ou en téléphérique

★Beatenberg ; Niederhorn★★ – *Voir Beatenberg.*

★★★Vallée de Lauterbrunnen – *18 km – environ 3 h dont 2 h 3/4 de téléphérique et de visite. Quitter Interlaken au Sud, route de Grindelwald.*
La route, privant momentanément l'automobiliste de la vue sur la Jungfrau, s'enfonce dans le défilé boisé de la Lütschine.

À la bifurcation de Zweilütschinen, suivre tout droit la branche de Lauterbrunnen (Lütschine Blanche).

La vallée se rouvre bientôt, encadrée, en amont, par les immenses murailles qui font du fossé de Lauterbrunnen un exemple classique d'« auge » glaciaire *(voir le relief alpin dans l'Introduction au voyage).*
En avant, de part et d'autre des sombres escarpements du Schwarzmönch, se détachent les sommets neigeux de la Jungfrau (à gauche) et du groupe Mittaghorn-Grosshorn (dans l'axe de la vallée).

Lauterbrunnen – Ce village connaît une intense activité de transit : les automobilistes désirant accéder à Wengen doivent en effet y laisser leur voiture *(parking)*.
La **cascade du Staubbach★★**, que Byron comparait à « la queue du cheval pâle que monte la Mort dans l'Apocalypse », s'abat ici, à 300 m de haut, de la terrasse de Mürren et se vaporise presque entièrement en fines gouttelettes.
Dans l'alignement de la vallée apparaît peu à peu, à droite du Grosshorn, le sommet bien détaché du Breithorn.

Laisser la voiture dans le parc des chutes du Trümmelbach.

★★★Trümmelbachfälle ⊘ (Chutes du Trümmelbach) – *3/4 h à pied AR.* Un ascenseur installé dans le roc donne accès à l'entrée des galeries. Celles-ci, très bien aménagées au-dessus de la fissure tortueuse, sont si étroites parfois que l'éclairage électrique doit y être maintenu en permanence ; le Trümmelbach bondit et tourbillonne, se frayant un passage à travers une succession de gigantesques marmites d'érosion.
Le parcours se termine au fond du puits où la cascade supérieure écrase sa gerbe blafarde. Revenu à l'entrée inférieure du funiculaire, ne pas manquer d'aller voir de près, par le chemin montant à gauche, le formidable jet de l'avant-dernière chute du Trümmelbach.

Les autoroutes suisses sont signalées par des panneaux à fond vert et non bleu comme dans d'autres pays européens. La vitesse est limitée à 120 km/h.
Une vignette collée sur le pare-brise, est obligatoire pour circuler sur les autoroutes. Cette vignette est disponible – au prix de 40 F – dans les bureaux de douane à la frontière ou dans les bureaux de poste. Tout contrevenant s'expose à une amende.

Lauterbrunnen – Cascade du Staubbach

Reprendre la voiture et remonter la vallée jusqu'à Stechelberg, gare du téléphérique de Mürren-Schilthorn d'où l'on aperçoit, au Sud *(1 km)*, la belle et puissante chute quasi verticale de la **cascade de Sefinen★** (Sefinenfall).

⁑ **Mürren** – *Accès en 10 mn par téléphérique. Voir ce nom.*

★★ **Schilthorn** ⓥ – *Environ 2 h AR, dont 1 h de téléphérique passant par Stechelberg. Description à Mürren.*

⁑⁑ **Grindelwald** – *20 km au Sud-Est – environ 3/4 h. Voir ce nom.* À Zweilütschinen, tourner à gauche dans la vallée de la Lütschine Noire, plus mollement évidée que celle de la Lütschine Blanche. Après avoir gravi par une suite de lacets le ressaut dressé par une ancienne moraine, on commence à découvrir le cadre montagneux de Grindelwald. Apparaissent ainsi, successivement, de gauche à droite, le groupe du Wetterhorn avec le vaste névé du Grindelwald Firn (origine de l'Oberer Grindelwaldgletscher), le Mettenberg, le glacier inférieur de Grindelwald (Unterer Grindelwaldgletscher) ; enfin, à l'extrémité de longues falaises, la pyramide de l'Eiger.

★★ **Circuit des Trois Cols (Grimsel, Furka, Susten)** – *191 km – compter une grande journée (partir de bon matin). Quitter Interlaken au Sud-Ouest, route de Meiringen (décrite à Meiringen), puis suivre les routes des Trois Cols en commençant de préférence par le col du Grimsel (voir Grimselstrasse).*

★ **Vallée de la Kander** – *43 km – environ 3 h. Quitter Interlaken au Sud-Est, route de Spiez. Voir Kandertal.*
La route est tracée sur la rive Sud du lac de Thoune, face au promontoire boisé du « Nase » et à la terrasse de Beatenberg *(voir ce nom)*.
Après Därligen, un passage en corniche permet de découvrir le lac dans son entier et la ville de Thoune, dans le lointain.
À Leissigen, prendre la route d'Aeschi qui franchit le dos de terrain séparant le lac de la vallée de la Kander. Le **panorama★** d'Aeschi – village marquant le sommet de la montée – est d'une belle ampleur. À la découverte du décor montagneux du lac de Thoune succède celle de la gigantesque pyramide du Niesen et – par la trouée du Kiental – des trois sommets neigeux de la Blümlisalp.
La suite de l'excursion, de Reichenbach à Kandersteg, est décrite sous le nom Kandertal.
Après être monté au lac d'Oeschinen, rentrer à Interlaken par Spiez *(voir ce nom)*.
D'autres belles excursions en voiture sont possibles, au départ d'Interlaken, dans l'Oberland bernois (voir ce nom et la liste des itinéraires recommandés).

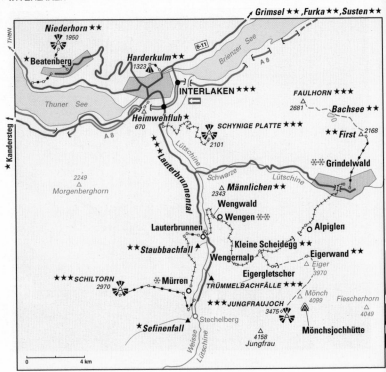

★★★ Circuit ferroviaire de la Jungfrau ⊙

Ce circuit panoramique est superbe mais particulièrement onéreux. Pour bénéficier d'une réduction, on peut prendre le premier train du matin : demander le Good Morning Ticket. Compter une journée entière et veiller à bien choisir le jour de l'excursion afin de profiter des meilleures conditions météorologiques : un voile de nuages sur les sommets suffit à gâcher la vue. Se munir de vêtements chauds et, si l'on veut sortir en plein air au Jungfraujoch, de lunettes de soleil et de solides chaussures.

Le périple débute lentement vers la Kleine Scheidegg, où l'on change de train avant de pénétrer dans la paroi de l'Eiger. Après plusieurs tunnels et arrêts qui permettent de contempler les glaciers à travers une baie vitrée, on atteint le « Top of Europe », à 3 454 m d'altitude, au terme d'un trajet inoubliable où la dénivellation peut atteindre 25 %. Pour la description de l'arrivée, voir Jungfraujoch.

La plus haute gare ferroviaire d'Europe

C'est en 1893 qu'Adolf Guyer-Zeller, membre du Club alpin et industriel, eut l'idée de ce « métro d'altitude » : prolongeant le chemin de fer de la Wengernalp, un tunnel pénétrerait dans l'Eiger puis grimperait à travers le Mönch jusqu'au cœur de la Jungfrau. De là, un ascenseur mènerait les touristes sur la cime...

Le chantier dura seize ans tant les conditions étaient difficiles, le vent et la neige, les avalanches et le brouillard compliquant l'assaut mené contre le rocher par des équipes de « taupes » travaillant en trois-huit, à coups de foreuses. L'été, les alpages situés entre le col de la Kleine Scheidegg et le glacier de l'Eiger étaient investis par des centaines d'ouvriers, avec carrioles et mulets. Les provisions y étaient acheminées et stockées pour l'hiver... Adolf Guyer-Zeller avait tout imaginé, jusqu'aux baies panoramiques creusées dans le roc pour la vision des touristes. La ligne fut inaugurée le 1er août 1912, jour de la fête nationale... dans un brouillard compact.

★★ Lauterbrunnen ; cascade du Staubbach – *Voir plus haut.*

L'excursion très recommandée aux **chutes du Trümmelbach**★★★ *(Voir plus haut)* demande à partir d'ici, 1 h 1/2 environ. *Emprunter l'autocar postal assurant la correspondance avec les trains d'Interlaken.*

Wengwald – Alt. 1 182 m. Entre cet arrêt et la station de Wengen, le parcours offre une **perspective★★★** splendide sur la fosse de Lauterbrunnen, tandis que, en avant, se dévoile la **Jungfrau**, flanquée à droite du Silberhorn, sommet conique, neigeux, d'une blancheur aveuglante.

★★ **Wengen** – *Voir ce nom.*

Wengernalp – Alt. 1 873 m. Site sauvage, au pied des gigantesques gradins rocheux et glaciaires de la Jungfrau. Le gouffre où coule le Trümmelbach, au premier plan, contribue à rendre plus impressionnante encore l'élévation de cette barrière, devant laquelle il est bien rare de passer, aux heures chaudes de la journée, sans voir dégringoler une avalanche. À gauche de la Jungfrau, on reconnaît la dépression neigeuse du Jungfraujoch – terminus de l'excursion (l'observatoire du Sphinx est visible) – puis le Mönch, l'Eigergletscher (glacier de l'Eiger) et l'Eiger.

★★ **Kleine Scheidegg** – Alt. 2 061 m. Ce centre d'altitude, isolé sur le seuil qui fait communiquer les vallées de Lauterbrunnen et de Grindelwald, est très prisé des skieurs qui y trouvent, fort tard dans la saison, une neige encore abondante. Il reçoit en été les amateurs de calme. Les voyageurs qui ne montent pas au Jungfraujoch pourront admirer le cadre du bassin de Grindelwald et détailler le groupe Eiger-Mönch-Jungfrau dans d'excellentes conditions en montant au **belvédère★★** aménagé sur les pentes Nord du col *(1/2 h à pied AR).*

Eigergletscher – Alt. 2 320 m. Cet arrêt, à proximité du front du glacier de l'Eiger, tout craquelé et souillé de dépôts morainiques, marque le début du parcours souterrain de 7 km qui mène au Jungfraujoch. Au printemps, les skieurs friands de fortes dénivellations viennent, en grand nombre, « chausser » ici.

★★ **Eigerwand** – Alt. 2 865 m. Station creusée dans le roc. Les baies d'aération, ouvertes en pleine face Nord de l'Eiger, permettent d'avoir une vue plongeante sur le bassin de Grindelwald et la région d'Interlaken. La paroi impressionnante donne une idée des dramatiques prouesses auxquelles ont dû se livrer les alpinistes pour la vaincre : la première réussite ne date que de 1938.

★★★ **Eismeer** – Alt. 3 160 m. Deuxième pause dans l'ascension souterraine du Jungfraujoch. **Vue** sur d'impressionnants séracs et le Schreckhorn.

★★★ **Jungfraujoch** – *Voir ce nom.*

Alpiglen – Alt. 1 616 m. À partir de cette station, la ligne, qui avait longé jusquelà le pied de l'Eiger, plonge vers l'ample et verdoyant bassin de Grindelwald, dont les prairies toutes parsemées d'habitations viennent buter contre les épaulements rocheux du Wetterhorn. En avant s'infléchit le seuil pastoral de la Grande Scheidegg.

★★ **Grindelwald** – Alt. à la gare : 1 057 m. *Voir ce nom. La station et les promenades les plus recommandées au départ de celle-ci (First et le Bachsee, gorge du Glacier) y sont décrites.*

Excursions en bateau

Les nombreux services de navigation organisés pendant la saison, sur le lac de Thoune (embarcadère dans la gare d'Interlaken-West) et sur le lac de Brienz (embarcadère derrière la gare d'Interlaken-Ost ou à Bönigen) permettent à chacun d'organiser des périples jalonnés d'escales attrayantes, comme celle des **cascades du Giessbach★★** ⊘, principale curiosité des rives du lac de Brienz, ou de participer *(seulement en juillet et août)* à des croisières nocturnes.
Enfin, les amateurs de sports nautiques trouveront à la base de Neuhaus, sur le lac de Thoune, des embarcations à louer, des écoles de yachting et de ski nautique.

Kartause ITTINGEN★

Chartreuse d'ITTINGEN – Thurgau

Cartes Michelin nos 927 K 3 ou 216 pli 8 – 5 km au Nord de Frauenfeld

Accès – Depuis Frauenfeld, prendre la direction de Stein am Rhein et suivre la signalisation. L'ancienne chartreuse se trouve dans la petite localité de Warth. En bus depuis Frauenfeld, liaisons directes à 10 h et 14 h (durée du trajet : 1/4 h).

Sur une colline dominant la vallée de la Thur, au pied d'un vignoble, cette ancienne chartreuse fut fondée en 1152 comme prieuré d'augustins consacré à saint Laurent. Cédée en 1461 à l'ordre des Chartreux, elle a été presque entièrement reconstruite du 16e au 18e s.
Depuis 1977, une fondation (Stiftung Kartause Ittingen) a été créée dans l'ancien couvent, qui connaît une vie nouvelle : méticuleusement restauré, avec ses galeries et ses caves, il abrite deux musées gérés par le canton de Thurgovie, un hôtel, un restaurant, et quelques ateliers : poterie, menuiserie…
Tout autour, s'étend le domaine agricole de l'ancienne chartreuse, dont 8 ha de vignes : un site magnifique, en retrait du monde, où l'on profite d'un panorama ondulant jusqu'aux Alpes. Des itinéraires de balade sont proposés par la fondation, qui gère une réserve naturelle (14 ha) dans la forêt d'Ittingen : demander un plan à l'accueil.

VISITE ⓥ *environ 1/2 journée*

Passé le porche, la billeterie se trouve dans le bâtiment situé à gauche. Début de la visite : au fond de la cour, à droite.

Ittinger Museum (Musée historique d'Ittingen) – Une galerie du petit cloître entoure le jardin où les moines étaient inhumés. Dans l'ancien cellier est évoquée l'histoire de la chartreuse, des pillages du 15e s. à la prospérité du 18e s. Au siècle suivant, les monastères furent abolis en Thurgovie, et leurs biens confisqués par l'État. Le monastère devint la propriété de la famille Fehr dont subsiste le salon du 19e s. : un portrait de l'empereur Guillaume II rappelle sa courte visite. Les collections du musée – tableaux, maquettes, mobilier… – évoquent la vie particulièrement austère des chartreux, pour qui le renoncement n'était pas un vain mot. Dans le réfectoire où ils se retrouvaient pour les repas uniquement le dimanche, sans jamais rompre le silence, la décoration se voulait édifiante, jusqu'aux scènes bibliques du poêle de faïence. Une cellule évoque saint Bruno, fondateur de l'ordre au 11e s. Dans la salle capitulaire, voir les **stalles** sculptées vers 1700 et dans la sacristie, des objets d'art religieux provenant d'Ittingen.
Au 1er étage, dans la chapelle de Sainte-Victoire, une vitrine baroque montre des reliques. Les chambres d'hôte conservent de beaux plafonds peints, des lits à baldaquin (18e s.) et des **poêles de faïence** ornés d'emblèmes et de paysages.

★ **Église** – Débordant de fresques sur la vie de saint Bruno, de stucs vert et blanc veinés de rouge, de statues et d'angelots, ce sanctuaire baroque étonne par l'exubérance de son décor. Dans la partie reculée prenaient place les garçons de ferme. La tribune était réservée aux invités. Les **stalles**★ du chœur, superbes, ont été sculptées au 18e s. Le maître-autel est paré d'une ornementation rococo. Dans cette église, pas d'orgue : le chant choral des chartreux se faisait *a cappella*.

Renseignements – À l'Office du tourisme de Frauenfeld, situé dans la gare. ☏ (052) 721 31 28.
Concerts – Dix fois par an, le **dimanche**. À **Pâques**, festival de musique de chambre.

Se loger à Ittingen

Gästehaus – ☏ *(052) 748 44 11 – fax 748 44 55. E-mail : info@kartause.ch*
Un hôtel créé par la fondation dans un bâtiment moderne et chaleureux, où règne le bois. 33 chambres doubles et 15 chambres simples.

Se restaurer à Ittingen

Zur Mühle – *Dans la cour, sur la droite.*
Une carte concoctée avec des produits locaux, pour une addition plutôt raisonnable, dans l'un des bâtiments (1870) de la fondation. À noter que le pique-nique est également autorisé dans le jardin du cloître.

Boutique gourmande

Delicium – *Ouvert lundi de 13 h à 18 h, mardi à vendredi de 9 h 30 à 12 h 15 et de 13 h 30 à 18 h, samedi et dimanche de 10 h à 12 h 15 et de 13 h 30 à 18 h.*
On y vend le fromage, la charcuterie, le pain aux poires, les légumes, le miel et le vin produits dans l'ancienne chartreuse, ou provenant d'autres monastères.

Kunstmuseum des Kantons Thurgau (Musée d'Art de Thurgovie) – Il expose les toiles de peintres du 20e s., suisses pour la plupart : Adolf Dietrich, inspiré par les paysages de Thurgovie, Carl Roesch, Ernst Kreidolf, Hans Brühlmann... À voir, notamment : l'*Autoportrait* d'Helen Dahm. Le sous-sol accueille des expositions temporaires d'art contemporain : installations vidéo, etc.

Klostergarden (Jardin du cloître) – Dans ce lieu paisible dominant la campagne, croissent les herbes aromatiques et les rosiers. Un « labyrinthe » végétal, symbole de la destinée humaine, y a été dessiné d'après un plan du 9e s.

JAUNPASSSTRASSE

Route du col de JAUN

Cartes Michelin nos 927 F 6, G 6 ou 217 plis 5, 6 et 7

Itinéraire le plus montagnard des Alpes fribourgeoises, la **route du col de Jaun** associe, pour le plaisir des yeux, les plans d'eau, les crêtes rocheuses et les vastes étendues pastorales.

DE SPIEZ À BULLE *63 km – environ 2 h 1/2*

★**Spiez** – *Voir ce nom.*

Une fois les dernières maisons de Spiez disparues, entre Wimmis et Reidenbach, la vallée de la Simme – dont le « Port », défilé rocheux semblable à une entaille dans le verrou de la Burgfluh marque l'entrée aval – se présente comme un couloir coudé aux frais paysages, caractérisé par une organisation agricole extrêmement poussée. De nombreux ponts couverts *(voir Introduction : La Suisse pittoresque)* empruntés par des routes affluentes se succèdent au-dessus du torrent. À l'Est, le grand cône régulier du Niesen s'affirme longtemps à l'arrière-plan.

Erlenbach ; Stockhorn★★★ – *Voir Erlenbach.*

De Reidenbach au col de Jaun, la route, plus étroite et multipliant les lacets en terrain découvert, procure des vues de plus en plus lointaines sur la vallée, parsemée de toits rouges, où coule la Simme endiguée. À l'horizon, plein Sud, brillent les neiges du Wildhorn.

Du col de Jaun (alt. 1 509 m ; sports d'hiver) à Jaun, le tracé, moins sinueux mais en plus forte pente que sur le versant bernois, compte de beaux passages en haute corniche vis-à-vis des **Gastlosen**, escarpements profondément burinés, où les Fribourgeois viennent s'entraîner à la varappe.

Jaun – Ce bourg, tout voisin de la frontière linguistique entre la Suisse romande et la Suisse alémanique, montre encore quelques beaux chalets anciens et une église à toiture de bardeaux. Le site, encaissé, est égayé par le panache d'une abondante cascade.

Charmey – Dans le bâtiment de l'Office de tourisme, le **musée du Pays et Val de Charmey** est consacré à la vie régionale : artisanat de bois lié à l'économie laitière, objets de paille tressée, armes de chasse...

★**Pont du Javroz** – Quitter un instant la route du col de Jaun pour s'engager dans la route de Cerniat, à droite. Garer aussitôt la voiture au parc de stationnement aménagé à droite et descendre les quelques marches qui conduisent au belvédère. L'arche de béton armé, de 85 m de portée, franchit à 60 m de hauteur le profond vallon du Javroz à l'endroit où celui-ci commence à s'engloutir dans les eaux du lac artificiel de Montsalvens.

Jusqu'à la tour de Montsalvens, dont les pans de murs évoquent le passé féodal du comté de Gruyères, la **vallée de la Jogne** (Jauntal), devenue romande, s'épanouit et voit ses versants inférieurs disparaître peu à peu sous les eaux de la retenue ramifiée créée par le barrage de Montsalvens.

Comme en d'autres régions des Alpes, les agriculteurs utilisaient naguère ici, pour rentrer les récoltes, de curieux véhicules, mi-traîneaux, mi-chars, bien adaptés au relief du pays. Une course de ces engins a lieu chaque année à Charmey *(voir tableau des Principales manifestations)*. Le trajet devient fortement accidenté entre la tour de Montsalvens et Bulle pour descendre vers le fond des ravins où coulent la Jogne et la Sarine et traverser ces torrents. Il offre alors des vues agréables sur le pays de Gruyère, dominé par le Moléson.

Broc – Du jardin belvédère aménagé devant l'hôtel de ville, très jolie **vue★** sur le site de Gruyères avec à l'arrière-plan les trois sommets familiers du pays : Vanil Blanc, Vudalla, Moléson. La **chocolaterie Nestlé** entrouvre ses portes aux visiteurs : petit film de présentation, dégustation.

Les Entreprises électriques fribourgeoises installées à côté ont ouvert au public **Electrobroc** ⓥ, qui permet de découvrir le monde de l'énergie et la magie de la fée électricité. Au terme d'un parcours très didactique comprenant d'abord la consommation, puis la distribution et enfin la fabrication de l'électricité, la visite qui inclut le fonctionnement d'une centrale hydroélectrique, s'achève en apothéose par la présentation (visuelle et sonore) des effets de la foudre.

Bulle – *Voir ce nom.*

★★ **Gruyères** – *Allongement de parcours de 7 km – compter en plus 1 h pour la visite de Gruyères (voir ce nom).*

Vallée de JOUX★★

Cartes Michelin nos 927 C 6 ou 217 plis 2, 12 – Schéma : Le JURA SUISSE

Fleuron du Jura vaudois, la vallée de Joux et son lac constituent un intermède aussi reposant qu'agréable sur l'itinéraire mouvementé qui conduit de la frontière française aux rivages du Léman.

DE VALLORBE À NYON

57 km – environ 3 h – itinéraire 2 de la visite du Jura suisse.

La route du Marchairuz (Le Brassus-St-George) est généralement obstruée par la neige de novembre à avril.

Vallorbe – *Voir ce nom.*

Depuis Vallorbe, la route grimpe rapidement au flanc du raide versant boisé qui domine la « source » de l'Orbe *(voir ce nom)* et passe au pied des escarpements de la dent de Vaulion.

★★★ **Dent de Vaulion** – *De la station du Pont, 12 km – environ 1/2 h de route – par la route de Vaulion, puis le chemin de la Dent, à gauche, plus 1/2 h à pied AR. Voir ce nom.*

★★ **Vallée de Joux** – La route débouche ensuite dans la vallée de Joux, mollement évidée entre les chaînons du mont Risoux et du mont Tendre. Au petit lac Brenet, autour duquel se disséminent les villas et les hôtels de la station du Pont (lieu de séjour), fait suite le lac de Joux, le plus vaste du Jura. Il étale ses eaux calmes que fige, pendant de longs mois, le rigoureux hiver des montagnes jurassiennes. Jusqu'aux années qui suivirent la guerre de 1914, sa glace découpée en blocs réguliers était entreposée au Pont dans des « glacières » souterraines avant d'être expédiée vers Paris par chemin de fer.

On longe la rive Sud du lac, bordée de collines boisées et d'amples prairies où s'échelonnent des villages accueillants qui sont à la fois d'agréables villégiatures et de petites cités animées par l'activité horlogère. Au **Sentier**, l'**Espace horloger de la vallée de Joux** ⓥ fait découvrir au public les grands noms de l'horlogerie régionale comme Audemars Piguet, Blancpain, Braguet, etc. à travers l'exposition de remarquables horloges et montres du 16e au 19e s. et la reconstitution d'un atelier d'horloger.

La montée s'amorçant au Brassus (lieu de séjour) pour finir au col du Marchairuz procure de plaisantes vues en enfilade sur le lac de Joux et sa vallée, que ferme l'éperon hardi de la dent de Vaulion.

Combe des Amburnex – *De la route du col, 8,5 km. Le chemin de la combe des Amburnex s'amorce un peu en contrebas du col du Marchairuz, sur le versant de la vallée de Joux. Sa chaussée est coupée de barrières qu'il faut refermer derrière soi. Ne pas faire rouler la voiture sur les herbages. Zone militaire.*

Les touristes recherchant un lieu de halte tranquille trouveront à cette combe, très retirée, un charme fait de paix profonde et d'isolement.

Sur le versant de Nyon, le trajet, qui réserve des vues admirables sur le Mont Blanc, comporte deux passages d'allure différente :

– **entre le col et St-George**, la descente, sous bois, est coupée de larges replats de clairières, d'où se découvrent déjà, par échappées, le lac Léman et ses grandes cités riveraines (Lausanne, Thonon, Genève – facile à repérer en été, grâce au panache de son immense jet d'eau) ;

– **entre St-George et Nyon**, le Mont Blanc apparaît à peu près constamment.

Zoo de la Garenne ⓥ – Ce petit zoo présente dans ses enclos, cages, aquariums et vivariums un bon échantillonnage d'espèces surtout européennes (loup, chien viverrin, lynx, aigle...).

Le parcours en lacet qui sépare Burtigny de Begnins offre, en outre, des **vues**★★ très dégagées sur la rive savoyarde du Léman – remarquer la pointe d'Yvoire –, ses villes, ses montagnes (de gauche à droite : dent d'Oche, Voirons, Salève) et sur les crêtes du Jura qui forment rempart au-dessus du pays de Gex. L'arrivée à Nyon est imminente.

★ **Nyon** – *Visite : 1 h. Voir ce nom.*

JUNGFRAUJOCH★★★

Bern

Cartes Michelin nos 927 H 6 ou 217 pli 18 – Schéma : INTERLAKEN – Alt. 3 475 m

Située sur le flanc de la Jungfrau, cette gare est la plus haute d'Europe à être desservie par un train à crémaillère. Au terme d'un voyage spectaculaire où l'on pénètre dans la paroi de l'Eiger, un panorama unique se dévoile sur la haute montagne et ses glaciers. Le site, qui englobe les célèbres cimes de Mönch, de l'Eiger et de la Jungfrau ainsi que le glacier d'Aletsch, est classé depuis 2001 par l'Unesco. C'est la première région naturelle de Suisse – 539 km^2 à cheval entre les cantons de Berne et du Valais – inscrite au Patrimoine mondial.

★★★ **Circuit ferroviaire de la Jungfrau** – *Au départ d'Interlaken ou Grindelwald : voir Interlaken.* Compte tenu de l'affluence, il est fortement recommandé d'entreprendre la visite de bonne heure le matin (compter au minimum 3 h).

★★★ **Terrasse panoramique du Sphinx** – Alt. 3 571 m. *Accès par l'ascenseur le plus rapide de Suisse (108 m de dénivelée en 25 secondes avec une vitesse maximale de 6,3 m par seconde à mi-parcours), puis 19 marches d'escalier.* Le **panorama** comprend l'immense glacier d'Aletsch, qui coule sur 22 km à la façon d'un fleuve large et puissant dans son écrin de pics et d'aiguilles. Il est notamment encadré par le Mönch (4 099 m), le Fiescherhorn (4 049 m), l'Aletschhorn (4 193 m) et la Jungfrau (4 158 m). Au Nord, le glacier Guggigletscher, très pentu, dévale vers le col de Kleine Scheidegg (2 061 m) qui relie les vallées de Lauterbrunnen et de Grindelwald. Remarquer le Schilthorn, le Niesen, Interlaken et le Faulhorn. Dans le lointain s'estompent les crêtes du Jura, des Vosges et de la Forêt-Noire.

Au sommet de la Jungfraujoch, un **restaurant** permet de prendre une collation. Le Sphinx abrite un laboratoire de recherche et une coupole astronomique : en effet, la propreté de l'air et la facilité d'accès par le train offrent un contexte exceptionnel pour réaliser des analyses scientifiques.

★★★ **Aletschgletscher (Glacier d'Aletsch)** – *Redescendre en ascenseur et suivre la direction « Aletschgletscher ».* On parvient sur le glacier même, où se pratique le ski d'été : un **téléski** d'une centaine de mètres dessert une piste facile. Il est possible de faire un tour en avion (de 60 à 200 F selon le circuit) pour survoler le massif de la Jungfrau.

★ **Eispalast (Palais des Glaces)** – *10 mn de marche d'accès et 1/4 h de visite.* Cette grotte aux teintes azurées est taillée dans le glacier d'Aletsch, jusqu'à 8 m de profondeur. Des artistes y ont sculpté plusieurs œuvres, qui représentent notamment des animaux.

★★★ **Randonnée au Mönchsjochhütte** – Alt. 3 629 m. Cette randonnée glaciaire, bien balisée, est à la portée de tout marcheur doté de chaussures de montagne (ne pas s'écarter des traces – crampons non nécessaires). Une heure de montée assez soutenue, dans un **cadre★★★** époustouflant, mène au petit refuge situé au pied du Mönch. Du col (Oberer Mönchsjoch), **vue★★** sur le Schreckhorn. *Revenir sur ses pas.*

La Jungfrau

Le JURA SUISSE★★

Cartes Michelin nᵒˢ 927 plis 3, 4, 11, 12 ou 216 plis 2 à 5, 12 à 16
ou 217 plis 2 à 4, 11 et 12 et 70 plis 7 à 9, 16 et 17
Pour le Jura français, voir le Guide Vert Michelin Jura

Le Jura suisse touristique, pour prestigieux que soient ses grands belvédères, n'est pas uniquement le spectateur des Alpes et mérite mieux qu'une rapide traversée. De « val » en « cluse », de pré-bois en forêt, l'automobiliste pourra trouver ici toute une gamme de sites rendant très harmonieuse la transition entre les terres burgondes de la plaine de la Saône et le « Moyen-Pays » suisse, de civilisation alémanique.

Le bouclier de la Suisse – Le Jura a représenté au cours de l'histoire, pour la Confédération, beaucoup plus un glacis de protection qu'un foyer de démocratie. Sa majeure partie est restée découpée, politiquement, au profit des villes de la périphérie comme au temps où les princes de Neuchâtel et les évêques de Bâle détenaient les clés de ses principaux passages.

Ainsi peut-on encore parler de Jura vaudois, neuchâtelois, bernois, soleurois et bâlois, malgré la constitution, en 1978, d'un « canton du Jura » à l'extrémité Nord du Jura bernois.

Cette dispersion politique n'a pas contrarié gravement le développement économique du Jura suisse, garanti depuis le début du 18ᵉ s. par l'industrie horlogère, née au Locle et à La Chaux-de-Fonds, et qui s'est étendue à des villes comme Neuchâtel, Bienne ou Porrentruy.

La traversée du Jura – L'automobiliste venant de France suivra de préférence les routes du Pichoux, de la Vue des Alpes ou de Joux qui réservent, en fin de parcours, des vues dégagées sur le Plateau suisse (le « Moyen-Pays »), ses lacs et la chaîne des Alpes.

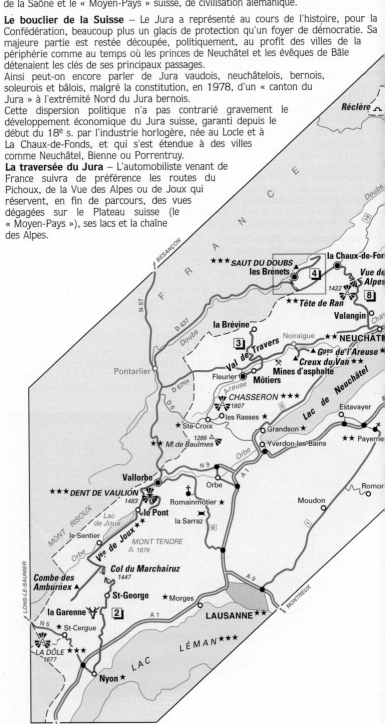

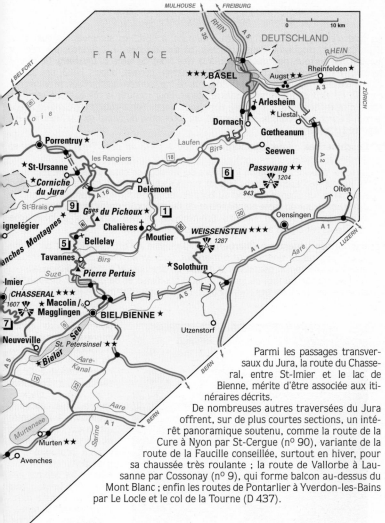

Parmi les passages transversaux du Jura, la route du Chasseral, entre St-Imier et le lac de Bienne, mérite d'être associée aux itinéraires décrits.

De nombreuses autres traversées du Jura offrent, sur de plus courtes sections, un intérêt panoramique soutenu, comme la route de la Cure à Nyon par St-Cergue (n° 90), variante de la route de la Faucille conseillée, surtout en hiver, pour sa chaussée très roulante ; la route de Vallorbe à Lausanne par Cossonay (n° 9), qui forme balcon au-dessus du Mont Blanc ; enfin les routes de Pontarlier à Yverdon-les-Bains par Le Locle et le col de la Tourne (D 437).

VISITE

Les itinéraires recommandés

Voir les noms à l'index.

** 1 **Weissensteinstrasse** – De Porrentruy à Soleure – environ 4 h 1/2.

** 2 **Vallée de Joux** – Route de Vallorbe à Nyon – environ 3 h.

3 **Val de Travers** – Route de Fleurier à Noiraigue – environ 3 h.

** 4 **Bassins du Doubs** – Visite en bateau, en voiture et à pied – environ 2 h 1/2.

* 5 **Gorges du Pichoux** – Route de Bienne à Porrentruy – environ 2 h 1/2.

* 6 **Passwangstrasse** – D'Œnsingen à Bâle – environ 2 h 1/4.

*** 7 **Le Chasseral** – Route de St-Imier à La Neuveville – environ 1 h 1/2.

** 8 **Route de la Vue des Alpes** – De La Chaux-de-Fonds à Neuchâtel – environ 3/4 h.

* 9 **Franches Montagnes** – Corniche du Jura : route au départ des Rangiers – environ 1/2 h.

La Suisse sibérienne...

En hiver, dans le village de la Brévine et dans la région du même nom (canton de Neuchâtel), la température peut descendre jusqu'à − 40° (le record a été atteint le 12 janvier 1987 avec une température de − 41,8°).

223

KANDERSTEG★

Bern – 1 129 habitants

Cartes Michelin nᵒˢ 927 G 6 ou 217 Nord-Ouest du pli 17
Schéma : BERNER OBERLAND – Alt. 1 176 m

Au pied d'escarpements déchiquetés encadrant, à l'Est, les sommets neigeux de la Blümlisalp et plongeant dans un frais bassin alpestre, Kandersteg est connue aujourd'hui, surtout, pour sa position à la tête Nord du **tunnel du Lötschberg**. Ce tunnel ferroviaire de 14 612 m (Kandersteg-Goppenstein) permet, depuis 1913, une liaison directe entre Berne et la vallée du Rhône. *Pour le transport des automobiles, se renseigner dans les bureaux de tourisme ou dans les gares.* Pour montrer la collaboration entre les chemins de fer suisses et Eurotunnel, une locomotive du Berne-Lötschberg-Simplon a reçu le nom d'*Eurotunnel*. Dans le même esprit, une locomotive du tunnel sous la Manche a été baptisée *Lötschberg*.

★★★ **Oeschinensee** ⊘ **(Lac d'Oeschinen)** – *Environ 1 h 1/2 AR dont 7 mn de télésiège et 20 mn de marche.*

La route menant à la station inférieure du télésiège se détache de la rue principale de Kandersteg aussitôt après le pont sur l'Oeschinenbach, à gauche. De la station supérieure, un chemin descend au bord du lac *(après 5 mn de marche, bifurquer à droite)* baignant un vaste amphithéâtre de falaises, couronnées par les neiges de la Blümlisalp. Arrivés au lac, les promeneurs un peu entraînés à la marche redescendront à pied à Kandersteg, par le chemin direct

★★★ **Randonnée pédestre à Oberbergli** – *Randonnée à n'entreprendre que par temps sec. Chaussures de montagne recommandées. Compter au minimum 3 h 15, voire une grande journée si l'on entreprend la montée en direction du refuge de Blüemlisalp.*

Un bon chemin permet de longer le lac d'Oeschinen et de découvrir des **vues**★★★ superbes sur les sommets environnants, très abrupts, notamment le Doldenhorn, le Fründenhorn, l'Oeschinenhorn et le Blüemlisalphorn. De ce cirque impressionnant dévalent 4 glaciers. À l'extrémité du lac, un sentier, plus raide, conduit à Oberbergli. Pour bénéficier d'une vue glaciaire encore plus étendue, poursuivre 1 h *(montée éprouvante)* en direction du refuge de Blüemlisalp jusqu'à proximité d'un petit lac.

Lac d'Oeschinen

Revenir sur ses pas jusqu'à Oberbergli, puis bifurquer à droite direction Heuberg. Le sentier, à flanc de montagne, réserve des **vues**★★★ magnifiques sur le lac d'Oeschinen et les falaises d'une hauteur formidable. Une certaine prudence s'impose, surtout avec des enfants, le sentier, étroit, évoluant en bordure de précipice.

★★ **Klus** – *2,5 km, plus 1 h à pied AR.* Suivre la rue principale de Kandersteg en direction du fond de la vallée et laisser la voiture à la gare inférieure du téléphérique de Stock. Continuer alors à remonter, à pied, la petite route qui bientôt s'accroche à la paroi rocheuse et débouche, par un tunnel, au-dessus de la Klus, gorge sauvage où la Kander, descendue du Gasterntal, bondit impétueusement de chute en chute. Progresser jusqu'au pont jeté sur la Kander, après un second tunnel. À la descente, les touristes ingambes emprunteront, de préférence, le sentier escarpé, parfois aspergé d'écume, qui se détache de la route entre les deux tunnels.

KANDERTAL★

Cartes Michelin n°s 927 G 6 ou 217 plis 7, 17 – Schéma : BERNER OBERLAND

Du lac de Thoune au lac d'Oeschinen, cette vallée se divise en deux parties : d'abord le Frutigtal, vers Frutigen ; puis le Kandertal, vers Kandersteg.

DE SPIEZ À KANDERSTEG

39 km – environ 2 h 1/2 – itinéraire [2] *de la visite de l'Oberland bernois.*

Cet itinéraire se termine en cul-de-sac à Kandersteg ; mais le chemin de fer est équipé pour transporter les voitures par le tunnel du Lötschberg.

★**Spiez** – *Voir ce nom.*

Franchissant le dos de terrain qui sépare Spiez de la Kander, la route, tracée à mi-pente, s'abaisse vers le fond de la vallée pour contourner l'énorme pyramide du Niesen, d'une pureté de lignes quasi géométrique.

★★★**Montée au Niesen** ⓥ – Alt. 2 362 m. *De la gare de Mülenen, 2 h AR environ dont 1 h de funiculaire.*

Le funiculaire s'élève au-dessus du Frutigtal jusqu'à la station intermédiaire de Schwandegg (alt. 1 669 m). On peut aussi effectuer la montée à pied (1/2 journée) pour rejoindre le terminus du Niesen Kulm, équipé d'un hôtel-restaurant : admirable **panorama★★★**, tant sur les Alpes bernoises et le lac de Thoune que sur le Plateau et le Jura.

En avant, par la trouée du Kiental, émergent les trois sommets de la Blümlisalp, que l'on admire surtout des abords de Reichenbach. Au-delà de Reichenbach, la vallée s'épanouit et s'infléchit vers le Sud. Parmi les habitations, on remarque de nombreuses constructions neuves, absolument conformes à l'architecture traditionnelle de l'Oberland bernois. Précédant Frutigen, en avant et à gauche, au fond d'un nouvel alignement de la vallée de la Kander, brillent les glaces du Balmhorn et de l'Altels.

> ### Le plus long escalier du monde
>
> Longeant le funiculaire qui relie Mülenen au mont Niesen, il comporte de 11 674 marches. Il est interdit au public pour des raisons de sécurité. Cependant, une course y a eu lieu en 1990 et le vainqueur a mis 52 minutes pour arriver jusqu'au sommet. Un record à battre ? Avis aux amateurs.

Frutigen – *1/4 h à pied AR pour monter à l'église (route d'Adelboden, puis la première rampe à droite).*

Ce gros bourg situé au confluent de la Kander et de l'Engstligen, torrent descendu d'Adelboden, est un des séjours de moyenne altitude les mieux équipés de la région du Lötschberg.

L'église, construite sur la hauteur, en vue du Balmhorn et de l'Altels, bénéficie d'une **présentation★** ravissante au milieu du gazon et des arbres de son enclos.

❋❋**Adelboden** – *Voir ce nom.*

Passant la Kander au pied des ruines du Tellenburg, on se rapproche du ressaut de Bühlstutz. Celui-ci, séparant le palier de Kandergrund du bassin de Kandersteg, force la voie ferrée du Lötschberg à adopter un tracé en lacet, autour des ruines du Felsenburg, bien découpées sur leur éperon.

★**Blausee** ⓥ **(Lac Bleu)** – *3/4 h environ de marche et de promenade en bateau.*

Ce site comporte un petit lac aux eaux bleues cristallines, arrondissant sa vasque en pleine forêt, en vue de la cime neigeuse du Doldenhorn, mais aussi un « chaos » rocheux et boisé, un élevage de truites et un restaurant.

La route attaque ensuite le ressaut de Bühlstutz, dans un décor plus sévère de prés-bois accidentés, entrecoupés de rocs. On débouche enfin dans le bassin de Kandersteg, aux rudes escarpements tout rayés de cascades.

KIPPEL★

Valais – 370 habitants

Cartes Michelin n°s 927 H 6 ou 217 pli 17 – Schéma : VALAIS

Le berceau alpestre du **Lötschental★**, parcouru par la Lonza, puissant affluent de la rive droite du Rhône, est resté une cellule à peu près complètement isolée du reste du monde jusqu'à l'ouverture, en 1913, du tunnel du Lötschberg entre Kandersteg et Goppenstein. Auparavant, en l'absence d'un chemin d'entretien facile dans les défilés inférieurs de la Lonza, balayés par les avalanches, les relations avec l'extérieur ne pouvaient guère se pratiquer que par des cols dépassant 2 500 m d'altitude.

La fidélité de la population du Lötschental à son mode de vie ancestral incitera l'automobiliste partant du Valais à entreprendre l'excursion à Kippel.

Accès – *De la bifurcation de Gampel à Kippel, 12 km – environ 3/4 h.* La route en forte rampe remonte les sauvages gorges de la Lonza inférieure, en contrebas des nombreux ouvrages d'art de la ligne du Lötschberg. Elle débouche, après Goppenstein, dans la vaste combe du Lötschental, doucement évasée.

★ **Le village** – C'est le village le plus typique de la vallée. Les rues du quartier de l'église présentent d'admirables ensembles de **maisons de bois★★** noircies, finement décorées de frises en dents d'engrenage et de rosettes.

Les rassemblements de population que provoque la grand-messe font du dimanche et des jours de fêtes religieuses les jours les plus indiqués à l'amateur de folklore, mais c'est la procession de la Fête-Dieu *(voir tableau des Principales Manifestations)* qui, avec son défilé de « grenadiers du Bon Dieu » – les hommes du pays sortent, pour la circonstance, tout un arsenal anachronique de plumets, d'oursons, de buffleteries – tous drapeaux déployés, offre le spectacle le plus coloré.

Blatten – *4 km au départ de Kippel.* Ce petit parcours met en relief, dans un cadre de plus en plus sauvage, le charme et la rudesse de la vallée.

KLAUSENSTRASSE★★

Route du KLAUSEN

Cartes Michelin n°s 927 pli 15 ou 218 plis 1, 2

Mettant en communication les vallées de la Reuss (canton d'Uri) et de la Linth (canton de Glaris), la route du Klausen est bien près de résumer tous les aspects physiques et économiques de la Suisse montagnarde. En moins de 50 km, le voyageur passe, ici, d'une haute combe alpestre, sauvage et primitive (Urner Boden), à une vallée comptant parmi les plus industrielles de la chaîne (vallée de la Linth).

D'ALTDORF À LINTHAL *48 km – environ 2 h*

La route du Klausen est interdite aux véhicules tirant une remorque.

Le col du Klausen est généralement obstrué par la neige de novembre à mai.

Altdorf – *Voir ce nom.*

Bürglen – Guillaume Tell serait né dans ce village où un **musée** ⊙ lui est consacré. Il réunit des chroniques, documents, sculptures, tableaux et objets divers créés sur le thème du héros national au cours de six siècles.

Entre Bürglen et Unterschächen, la route, jalonnée de chapelles, est d'abord tracée au fond de la coupure verdoyante où bouillonne le Schächen. Cette coupure va s'évasant vers l'amont et se couvre de frênes, d'érables et d'arbres fruitiers ; mais le versant Sud annonce déjà des passages plus sévères.

D'Unterschächen au col, deux grands lacets, aménagés face au débouché du Brunnital, vallon affluent se terminant en cirque au pied des parois du Ruchen et des Windgällen, font gagner Urigen, point d'origine d'un magnifique **parcours en corniche★★** : désormais, la vue plonge sur le sauvage cul-de-sac du Haut-Schächental fermé par les falaises gigantesques du Chammliberg. Le virage que signale un bloc rocheux isolé, du côté de l'escarpement (600 m en amont du 1er tunnel rencontré à la montée sur ce versant), forme **belvédère★** sur la cascade du **Stäubi** (Stäubifall) et le hameau d'Aesch, à 400 m en contrebas. Les corniches neigeuses rebondies des Clarides se détachent derrière le Chammliberg.

★ **Klausenpass (Col du Klausen)** – Alt. 1 948 m. Les automobilistes font ordinairement halte en contrebas du col géographique, sur le versant du Schächental, à l'hôtel Klausenpasshöhe. Des abords de l'établissement sont visibles, de gauche à droite,

les crêtes neigeuses des Clarides (Clariden), les falaises du Chammliberg, le double sommet du Schärhorn, les cornes rocheuses des Windgällen, enfin, dans l'axe de la trouée du Schächen, le massif de l'Uri-Rotstock, à l'horizon.
Après avoir dépassé les masures de Vorfrütt, on admire la face Nord des Clarides et la « Chlus », cirque rayé de deux cascades.

★ **Urner Boden** – Le passage au fond de cette gouttière, d'une régularité de trait schématique, se traduit, pour l'automobiliste, par un long palier, inattendu à pareille altitude (1 300 à 1 400 m). Le clocher du hameau principal, fiché au beau milieu de la dépression, est une des attractions de la descente du col du Klausen.
Les lacets se multiplient à nouveau jusqu'à Linthal : c'est la vallée de la Linth, mi-agreste, mi-usinière *(lire « Une ruche industrielle », à Glarus)*, qui se creuse maintenant en contrebas, butant en amont contre les murailles du Selbsanft (massif du Tödi).

KLOSTERS★★

Graubünden – 3 894 habitants
Cartes Michelin nᵒˢ 927 N 5 ou 218 Est du pli 5 – Schéma : GRAUBÜNDEN

Klosters (alt. 1 194 m) se blottit en creux de vallée, au pied de Davos *(voir ce nom)*. Dans le cadre encore campagnard du Prättigau, elle constitue une villégiature d'été et d'hiver très bien équipée : en été, les découpures de la Silvretta incitent les alpinistes à entreprendre de captivantes courses en montagne. En hiver, les téléphériques de Gotschnagrat et de Madrisa et les navettes ferroviaires Klosters-Davos conduisent aux fameux champs de neige de la Parsenn. En mars et avril, des semaines d'excursion de ski de printemps sont organisées, sous la conduite de guides, dans les massifs de la Silvretta et de la Vereina.
Klosters est appréciée par la jet-set, qui en a fait son point de mire depuis les années 1950, de Gene Kelly à Vivien Leigh, d'Audrey Hepburn à Roger Vadim. Le prince Charles d'Angleterre est l'un des hôtes fidèles de la station.

Kloster KÖNIGSFELDEN

Abbaye de KÖNIGSFELDEN – Aargau
Cartes Michelin nᵒˢ 927 I 3 ou 216 pli 6 – à l'Ouest de Baden entre Brugg et Windisch

Cette abbaye franciscaine a été fondée en 1308 par la reine Élisabeth et la famille des Habsbourg à l'endroit où le roi Albert Iᵉʳ a été assassiné par le duc Jean de Souabe. Les bâtiments conventuels servent actuellement d'asile psychiatrique.

Klosterkirche ⊘ **(Église)** – Situé dans un joli parc, ce sanctuaire désaffecté, de style gothique, a dû être restauré.
La nef, éclairée par des fenêtres hautes, est couverte d'un plafond plat, en bois. Les bas-côtés sont décorés de panneaux de bois peints : portraits de chevaliers, blasons. Dans la nef, un monument funéraire rappelle que Königsfelden fut le St-Denis des Habsbourg.
Le **chœur**★, profond, est éclairé par onze fenêtres dont les **vitraux**★, exécutés de 1325 à 1330, forment un ensemble intéressant. On reconnaît l'Enfance du Christ, la Passion, des scènes de la vie des saints, la Mort de la Vierge. Les tons, où domine le jaune d'argent, sont chatoyants, et le dessin, à la grisaille, d'une grande finesse d'exécution.

KREUZLINGEN

Thurgau – 17 735 habitants
Cartes Michelin n⁰ˢ 927 L 3 ou 216 plis 9, 10
Alt. 407 m

Bâtie sur une ancienne moraine du glacier du Rhin, Kreuzlingen ne forme avec la ville allemande de Constance qu'une seule agglomération que divise la frontière. La ville doit son nom à une relique de la Vraie Croix (Kreuz) rapportée de Terre sainte au 10ᵉ s. et conservée dans la basilique.

Basilique St-Ulrich – Ancienne église du couvent des augustins, elle a été construite au 17ᵉ s. dans sa forme actuelle, et décorée intérieurement au 18ᵉ s. dans le style baroque. Ravagée par un incendie en 1963, elle a été restaurée en 1967.

Détail d'un vitrail *(L'Adoration des Mages)*

La chapelle du Mont-des-Oliviers renferme un extraordinaire groupe de 250 figurines en bois, disposées dans une curieuse rocaille et représentant les scènes de la Passion. Ces figurines, de 30 cm de haut environ, ont été exécutées au début du 18ᵉ s. par un sculpteur tyrolien ; elles ne lui demandèrent pas moins de dix-huit années de travail. Le chœur est fermé par une belle grille de fer forgé.

ENVIRONS

Gottlieben – *4 km à l'Ouest par la route n⁰ 13.*
À l'extrémité orientale de l'Untersee (lac Inférieur), Gottlieben possède un château du 13ᵉ s., transformé au 19ᵉ s. L'édifice servit de prison, au 15ᵉ s., au pape déchu Jean III et au réformateur Jean Hus. Le prince Louis Napoléon Bonaparte, futur Napoléon III, y résida en 1837 et 1838. Près du château, maintes maisons à colombage forment un ensemble pittoresque.

LANGNAU IM EMMENTAL★

Bern – 8 790 habitants
Cartes Michelin n⁰ˢ 927 H 5 ou 217 pli 7
Schéma : EMMENTAL

Cette charmante cité, bordée par l'Ilfis, qu'enjambe un pont couvert, vit du commerce du bois et du fromage d'Emmental, dont elle est le principal centre exportateur.

Heitmuseum ⊙ **(Musée régional)** – Installé dans un vaste chalet fleuri du 16ᵉ s., le « Chüechlihus », il expose des collections d'artisanat traditionnel (céramique, verrerie) et d'objets représentatifs des industries locales, avec leurs ateliers de fabrication (fromagerie de montagne), une chambre à mobilier de bois peint du 18ᵉ s., des ustensiles ménagers, horloges, instruments de musique, uniformes militaires anciens...
En face du musée, l'église réformée (17ᵉ s.) a gardé d'origine une chaire de pierre tarabiscotée et une douzaine de petits vitraux armoriés.

★ **Bois de Dürsrüti** – *3 km au Nord (à droite de la route de Burgdorf).*
Futaie de sapins géants, qui couronne une colline offrant des vues sur la vallée de Langnau.

LAUSANNE★★

C Vaud – 114 518 habitants

Cartes Michelin n°s 927 D 5 ou 217 plis 3, 13 – Schéma : Lac LÉMAN – Alt. 455 m
Plan d'agglomération dans le Guide Rouge Michelin Suisse

À Lausanne, cité avenante et cosmopolite, règne une douceur de vivre qu'apprécient les étudiants de son université et la haute société, séduite par les perspectives sur le Léman et les Alpes.

La ville est bâtie sur un terrain mouvementé. Après avoir vécu, plusieurs siècles durant, sur le promontoire de la cité actuelle, elle s'est épanouie vers le midi jusqu'aux délicieux rivages d'Ouchy, ancien hameau de pêcheurs. Ses quartiers neufs contrastent avec les vieilles rues étroites et déclives qui conduisent à la cathédrale.

L'animation se concentre surtout dans le quartier délimité par la place de la Riponne, la rue de Bourg, la place St-François, la rue du Grand-Chêne et la place Bel-Air reliée par le Grand Pont qui franchit le vallon où coulait autrefois le torrent du Flon.

Ville d'art et de spectacles, Lausanne bénéficie d'un renom international pour ses concerts de musique classique donnés par l'Orchestre de la Suisse romande ou l'Orchestre de chambre de Lausanne et pour sa troupe de ballet dirigée par Maurice Béjart (Béjart Ballet Lausanne). Le palais de Beaulieu et le Théâtre municipal accueillent maints spectacles de musique et de danse.

Ville olympique, Lausanne, ou plus précisément Vidy, est le siège du Comité international olympique (CIO) fondé en 1894 par le baron Pierre de Coubertin, et installé dans un immeuble moderne en verre fumé noir. Depuis juin 1993, le Musée olympique, installé à Ouchy, fait de Lausanne la **capitale mondiale du Mouvement olympique**. Le président du CIO est actuellement le Belge Jacques Rogge, qui a succédé à l'Espagnol Juan Antonio Samaranch en 2001.

UN PEU D'HISTOIRE

Lausanne primitive – Des fouilles ont montré que la Lausanne primitive se trouvait à l'emplacement de la cité actuelle dressée sur son promontoire, où l'on a trouvé des squelettes néolithiques. Au Sud-Ouest, à **Vidy**, a été mis au jour un quartier de l'ancienne « Lousonna » avec, notamment, un tronçon de voie romaine, sur laquelle est construite précisément l'arrivée de l'autoroute Genève-Lausanne.

La cité épiscopale – À la fin du 6e s., le premier évêque, saint Maire, vient s'installer dans la cité. Au Moyen Âge, la prépondérance religieuse s'accompagne d'un développement économique et politique ; la ville s'accroît des quartiers de la place de la Palud, du Bourg, de St-Pierre, St-Laurent, St-François.

Au 13e s., de nombreux ordres religieux s'y établissent et le prince-évêque Guillaume de Champvent consacre la cathédrale au milieu de fêtes grandioses, tandis que le pape Grégoire X célèbre la dédicace en présence de l'empereur Rodolphe Ier de Habsbourg. Le centre religieux et intellectuel est la cité ou ville haute, alors que l'activité commerciale se manifeste surtout dans les bourgs adjacents.

De la Réforme à la domination bernoise – La Réforme remporte un succès total à Lausanne : elle y est prêchée en 1529 par l'un des plus célèbres humanistes français, le Dauphinois Guillaume Farel, disciple de Lefèvre d'Étaples. En 1536, les Bernois, déjà acquis à la Réforme, occupent militairement la ville ainsi que tout le pays de Vaud. Les églises de Lausanne autres que la cathédrale et St-François disparaissent.

En 1723, les Bernois répriment durement une tentative des Vaudois pour retrouver leur indépendance : le major Davel, principal instigateur de la sédition, est décapité à Vidy. En 1803, le pays de Vaud accède à l'autonomie politique.

Le Siècle des lumières et son héritage – Au 18e s., Lausanne ressent l'influence des encyclopédistes. Voltaire y fait jouer *Zadig*. Les salons littéraires fleurissent. Benjamin Constant, l'auteur d'*Adolphe*, naît à Lausanne en 1767. L'université, installée en partie dans l'« Académie » du 16e s., en perpétue brillamment les traditions. Des éditeurs très actifs secondent son rayonnement et les « témoins illustres » ne lui ont jamais manqué : Sainte-Beuve prononça à Lausanne son discours sur Port-Royal et Gide adapta *Les Caves du Vatican* au théâtre pour une société d'étudiants.

Mais les gloires locales sont le docteur Tissot – vivant au 18e s. – qui fut dénommé le « médecin de l'Europe malade », le docteur Jules Gonin, spécialiste de l'opération du décollement de la rétine, et Maurice Lugeon, mort en 1953, qui fut l'un des grands géologues de notre temps : ses études sur les Alpes font autorité.

★★OUCHY

Devenue le « front du lac » de Lausanne, Ouchy constitue un centre hôtelier très réputé et un lieu de promenade très prisé par les Lausannois, le dimanche après-midi notamment. Les bateaux du Léman qui proposent plusieurs types de croisières sur le lac contribuent fortement à son animation. En effet, Ouchy est la base de navigation la plus animée du Léman, disposant d'un vaste port de plaisance à hauteur de la place de la Navigation. Réaménagée, celle-ci a été rendue aux piétons qui peuvent désormais profiter de ses fontaines et de ses 4 échiquiers géants.

CARNET D'ADRESSES

Office de tourisme – *4, place de la Navigation* – ☎ *(021) 613 73 73* – *fax (021) 616 86 47* – *Information : 9 place de la Gare.*

Shopping

On trouvera, dans la vieille ville, l'essentiel des rues commerçantes. Parmi celles-ci : place St-François, rue des Terreaux, rue de l'Ale, rue Mauborget, rue Chaucrau, rue St-Laurent, rue de Bourg, rue St-Jean, rue St-François.
Grand magasin : Innovation (rue Centrale).

Théâtre et musique

La saison bat son plein de septembre à juin.

Théâtre Arsenic – *57, rue de Genève* – ☎ *(021) 625 11 22*. Centre d'art scénique contemporain.

Théâtre Vidy-Lausanne – *5, avenue E.-Jacques-Dalcroze* – ☎ *(021) 619 45 44*. Créations théâtrales.

L'Octogone – *1, avenue de Lavaux-Pully* – ☎ *(021) 721 36 20*. Théâtre, concerts, danse.

Le Petit Théâtre – *3, rue Curtat* – ☎ *(021) 323 62 13*. Pièces également pour enfants.

Se loger à Lausanne

À BON COMPTE

Les Pierrettes – *À Saint-Sulpice, route cantonale 19* – ☎ *(021) 691 25 25* – *110/140 F* – **GB**.
À l'entrée Ouest de Lausanne, ce motel se révèle très pratique pour sa position géographique. On appréciera l'été, les agréments de sa pelouse et de sa piscine. Chaque chambre dispose d'une terrasse privative avec table et chaises de jardin.

VALEUR SÛRE

Les Voyageurs – *19, rue Grand-St-Jean* – ☎ *(021) 319 91 11* – *fax (021) 319 91 12* – *33 chambres* – *125/185 F* – **GB**.
Une adresse intéressante compte tenu de la situation de l'hôtel dans la vieille ville, bon point de départ pour sa découverte à pied.

City – *5, rue Caroline* – ☎ *(021) 320 21 41* – *fax (021) 320 21 49* – *51 chambres* – *155/185 F* – **GB**.
Un hôtel sans restaurant près du pont Bessière.

Agora – *9, avenue du Rond-Point* – ☎ *(021) 617 12 11* – *fax (021) 616 26 05* – *81 chambres* – *187/217 F* – **GB**.
Un hôtel moderne aux couleurs assez vives : bleu, argent et rose. Hall décoré d'une sculpture de marbre blanc. Chambres spacieuses.

Alpha-Palmiers – *34, rue du Petit-Chêne* – ☎ *(021) 323 01 31* – *fax (021) 323 01 45* – *205 chambres* – *185/410 F* – **GB**.
Dans une rue commerçante à quelques pas d'un complexe composé de six salles de cinéma. Cuisine classique. Fondues, raclettes et autres spécialités suisses au « Carnotzet ».

Aulac – *À Ouchy, 4, place de la Navigation* – ☎ *(021) 617 14 51* – *fax (021) 617 11 30* – *84 chambres* – *190/245 F* – **GB**.
Un hôtel intéressant pour sa situation face au lac et proche du débarcadère d'où l'on peut s'embarquer pour Évian et revenir dans la nuit.

Les quais ombragés, fleuris de plantes aux essences exotiques, s'allongent sur plus d'un kilomètre et se prolongent, à l'Est, par le sentier du Bord-du-Lac, offrant tout le long du parcours des **vues**★★ ravissantes sur le port, le Léman et les monts du Chablais.
Ouchy est relié à Lausanne par le « métro », funiculaire à traction électrique qui autrefois fut familièrement appelé, la ficelle (traction par câble), et plus tard le pneu (monté sur pneus).

★★ **Musée olympique** ⊘ – Un site unique en bordure du lac Léman annoncé par des jets d'eau et des pavillons multicolores, un environnement paysager aménagé en parc public et jardin de sculptures servent de cadre à ce musée qui concrétise le rêve du baron Pierre de Coubertin et donne au mot « olympisme » toute sa dimension.
Le **parc** planté de belles essences (cyprès d'Italie, genévriers, magnolias), de végétaux à feuilles persistantes, s'étage en pente douce, offrant plusieurs points

UNE PETITE FOLIE !

La Résidence – *À Ouchy, 15, place du Port* – ☎ *(021) 613 34 34 – fax (021) 613 34 35 – 35 chambres – 220/410 F –* ⊞.
Trois pavillons de caractère dont un ancien hôtel particulier du 18e s., le tout à deux pas du lac. Piscine extérieure et jardin d'agrément. Repas gastronomique pour bien achever cette « petite folie ».

Se restaurer à Lausanne

À la Pomme de Pin – *11, rue Cité-Derrière* – ☎ *(021) 323 46 56 – fermé le samedi midi, le dimanches et les jours fériés et du 22 juillet au 18 août.*
Une adresse sympathique dans une petite rue derrière la cathédrale. Restauration simple dans le café et repas plus élaborés dans le restaurant proprement dit à des prix bien sûr plus élevés.

La Petite Grappe – *15, Cheneau du Bourg* – ☎ *(021) 311 84 14 – fermé le dimanche.*
Un restaurant aménagé en style bistrot contemporain. Le midi, la carte est simplifiée et le menu est à un prix raisonnable. Le soir, la formule est différente.

Brasserie Bavaria – *10, rue du Petit-Chêne* – ☎ *(021) 323 39 13 – fermé le samedi en été et le dimanche.*
À la limite de la vieille ville et dans un cadre rétro, les amateurs de choucroute ou de cochonnailles apprécieront. Ceux qui aiment la bière auront l'embarras du choix.

Café Romand – *2, place St-François* – ☎ *(021) 312 63 75 – fermé le dimanches et les jours fériés.*
Vous trouverez dans cette brasserie du vieux Lausanne une ambiance très locale. Une carte brasserie classique mais aussi des spécialités suisses. L'endroit est très animé le soir.

Le Lacustre – *À Ouchy, débarcadère, quai Jean-Pascal-Delamuraz 1* – ☎ *(021) 617 42 00 – fermé de mi-décembre à mi-février.*
Pour bénéficier de la vue sur le lac, vous devez choisir la brasserie. L'autre salle ou café français donne sur le parc. Dans les deux cas, la cuisine est classique.

Mövenpick – *À Ouchy, 4, avenue de Rhodanie* – ☎ *(021) 612 76 12 – restaurant La Pêcherie fermé en juillet et le samedi midi.*
Face au lac et au port de plaisance. Plusieurs restaurants dont *La Pêcherie* où vous pourrez vous restaurer dans un cadre agréable. Carte variée. Dans la brasserie *Le Général* où les prix sont plus abordables, la vie du général Guisan est illustrée par des tableaux et des panneaux qui garnissent les murs.

Port de Pully – *Au port de Pully en longeant le lac vers l'Est* – ☎ *(021) 728 78 78 – fermé le lundi.*
Un endroit fort agréable face au petit port de plaisance. Plusieurs formules de restauration : brasserie, carte classique, rôtisserie.

Où prendre un verre ? Où finir la soirée ?

Le quartier d'Ouchy, dans son cadre magnifique en bordure du lac, est toujours très fréquenté de jour comme de nuit. Les nombreuses terrasses ne désemplissent pas en été quand le soleil est de la partie. Soirées avec disc-jockey au **Sherlock's Pub** (avenue de Rhodanie) dans un décor de pub anglais. Pour les amateurs de bière, le **Bavaria** (rue du Petit-Chêne), l'un des plus vieux bistrots de la ville (1872) propose un choix de 22 bières à déguster comme il se doit. Le jazz est roi au **Pianissimo** (rue des Deux-Marchés) où le pianiste interprète brillamment des morceaux de choix. Au **V.O.** (place du Tunnel), des concerts jazz-soul et parfois rock sont organisés.

de vue sur le lac Léman et les Alpes savoyardes en arrière-plan. Le long du chemin de 420 m (longueur d'un stade olympique) qui serpente jusqu'à l'entrée du musée, des sculptures symbolisent le mariage du sport et de la culture.
Afin de protéger l'environnement naturel, une partie du musée a été enterrée. L'ensemble, moderne, inspiré d'un temple grec, est l'œuvre de l'architecte mexicain Pedro Ramírez Vázquez (créateur du musée national d'Anthropologie de Mexico) et de l'architecte lausannois Jean-Pierre Cahen. Devant la façade en marbre blanc provenant de l'île de Thássos (Grèce), deux rangées de quatre colonnes portent les noms des villes olympiques et des présidents du CIO. Dans une vasque en granit décorée d'un motif allégorique évoquant le mythe de Prométhée, le feu olympique brûle à jamais.

Des travaux de réaménagement pouvant s'échelonner sur plusieurs mois peuvent rendre certaines informations caduques.

Drapeau olympiquem

Suisse Tourisme

Niveau 0 – Le rez-de-chaussée est consacré en grande partie à l'histoire des Jeux. La Grèce antique y détient une place de choix. Des œuvres d'art d'une très grande beauté, exposées par thèmes, rappellent l'origine des Jeux : figures en terre cuite ; sculptures en marbre et en bronze ; vases décorés de silhouettes d'athlètes ; strigiles – instruments avec lesquels les athlètes raclaient leur corps afin d'ôter la couche d'huile et de sable mélangée à la sueur dont ils étaient imprégnés ; couronnes de laurier en or. Sur le même niveau sont rassemblées les torches qui ont porté la flamme depuis 1936 (JO de Berlin) jusqu'aux Jeux de Sydney en 2000. Viennent ensuite la vie et l'œuvre de Pierre de Coubertin (meubles et objets personnels), les Comités nationaux olympiques, les présidents du CIO qui se sont succédé (vidéo sur les événements internationaux qui ont marqué leur époque). Remarquer également deux beaux bronzes, de Rodin, *L'Athlète américain*, de Bourdelle, *L'Archer*. Vitrines sur les prochaines villes olympiques : Athènes (2004), Turin (2006), Pékin (2008).

Niveau 1 – Consacré d'un côté aux Jeux olympiques d'été, de l'autre à ceux d'hiver. Dans les deux espaces, l'audiovisuel permet au visiteur de revivre de grands moments et de partager les efforts et les émotions de sportifs de haut rang. Des écrans géants diffusent les cérémonies d'ouverture et de clôture, un réseau de bornes vidéo apporte des milliers de réponses à des milliers de questions sur les Jeux, les disciplines, les athlètes, les performances, etc.
Le département philatélie et numismatique rassemble une étonnante collection de timbres, pièces et médailles à l'effigie des Jeux.

Niveau 2 – Cafétéria et terrasse. **Vue** sur le parc, le lac et les montagnes. Sculptures de Botero *(Jeune fille à la balle)*, de Niki de Saint-Phalle *(Footballers)* et d'Eduardo Chillida *(Lotura)*.

Niveau -1 – Bibliothèque et vidéothèque. Dans la salle Osaka, la carte magnétique d'entrée permet de visionner deux films sur les bornes interactives. Dans une salle voisine, projection à des heures précises de films en 3D sur les Jeux.

Musée de l'Élysée ⊘ – Une grande villa de la fin du 18e s., à façade concave sculptée, entourée d'un agréable parc ombragé (marronniers, sapins, cèdre) descendant en gradins jusqu'aux quais du lac, abrite un musée de la photographie présentant d'importantes expositions temporaires de photos des 19e et 20e s.

Salt Lake City 2002, les Suisses sur le podium

Les derniers Jeux olympiques d'hiver se sont tenus à Salt Lake City aux États-Unis du 9 au 24 février 2002. La 29e olympiade s'est traduite pour les athlètes de la Confédération par l'obtention de onze médailles (contre sept à Nagano en 1998). Rendez-vous à Turin en 2006.

3 médailles d'or
Philipp Schoch : snowboard slalom géant
Simon Ammann : saut à skis K 90
Simon Ammann : saut à skis K 120

2 médailles d'argent
Équipe féminine (Luzia Ebnöther, Mirjam Ort, Tanya Frei et Laurence Bidaud) : curling
Équipe masculine (C. Reich et S. Anderhub) : bobsleigh équipe × 2

6 médailles de bronze
Équipe masculine (M. Annen et B. Hefti) : bobsleigh équipe × 2
Équipe masculine (Damian Grichting, Markus Eggler, Andreas et Christof Schwaller) : curling
Équipe féminine (Andrea Huber, Laurence Rochat, Brigitte Albrecht-Loretan et Nastasia Leonardi Cortesi) : ski de fond relais 4 × 5 km
Gregor Staehli : skeleton
Sonja Nef : slalom géant
Fabienne Reuteler : snowboard half pipe

LA VILLE ANCIENNE *visite : 2 h*

Place de la Palud (BX 70) – Bordée par des maisons anciennes et par la façade Renaissance de l'hôtel de ville dont le portail est surmonté des armes de la ville, elle est ornée de la charmante fontaine de la Justice (16e-18e s.). À proximité, au no 23, une horloge animée se met en mouvement toutes les heures laissant apparaître un défilé de personnages historiques.

Derrière la fontaine, les pittoresques **escaliers du Marché** (couverts en bois) donnent accès à la place de la cathédrale. Jadis, ces escaliers aboutissaient à la porte de la cité dite du Marché.

Musée historique de Lausanne ⊘ (BX M¹) – Installé dans les salles joliment restaurées de l'ancien évêché, ses collections retracent l'histoire de la ville depuis les temps préhistoriques jusqu'au 20e s. Après une section consacrée à la géologie, à la préhistoire et au Moyen Âge, on découvre une vaste maquette représentant la ville en 1638 complétée par un montage audiovisuel. L'époque bernoise (17e-18e s.) lui fait suite, abondamment illustrée par des documents ou objets sur la vie politique, agricole, domestique. L'apparition du chemin de fer, les troubles politiques qu'il entraîna, le développement du tourisme, des affaires (banques, assurances) constituent d'autres pages exposées du riche passé lausannois. Dans la dernière salle, plusieurs vitrines de boutiques du 19e s. ont été reconstituées : imprimerie, bazar vaudois, épicerie, photographe ; on remarque également le coffre-fort de la maison Kohler (1828), ingénieuse merveille de serrurerie.

★★ **Cathédrale** (CX) – C'est le plus beau monument gothique de Suisse. Commencée sous l'épiscopat de saint Amédée (1145-1159), elle a été terminée dans son gros œuvre au milieu du 13e s. et consacrée en 1275 ; une complète restauration fut entreprise à la fin du 19e s. par Viollet-le-Duc.

Le chevet est la partie la plus ancienne ; accosté de deux pittoresques tours carrées et dominé par la tour-lanterne de la croisée du transept. Cette dernière tour, avec le clocher, marque une forte influence anglo-normande, transition entre le style roman et le style gothique.

Le **portail méridional**, ou portail peint ou porche des Apôtres, est orné d'un bel ensemble de sculptures du 13e s., peintes à l'origine et proches de la facture d'Île-de-France (cinq des grandes statues sont des copies, les originaux se trouvant au musée de la cathédrale). Les piliers qui soutiennent la voûte du porche portent, à gauche et au premier plan, les prophètes (Isaïe, David et Jérémie) ; près de la porte, les précurseurs (Moïse, Jean Baptiste, Siméon) ; à droite et au premier plan, les évangélistes (Jean, Matthieu, Luc et Marc) ; au fond, des apôtres (Pierre, Paul, Jean). Le linteau est sculpté de deux bas-reliefs, Mort et Résurrection de la Vierge. Au tympan, le Couronnement de Marie présente le Christ en majesté prenant des mains d'un ange la couronne que la Vierge s'apprête à recevoir.

Le portail des Montfalcon, du nom des évêques Aymon et Sébastien de Montfalcon, dont la construction remonte à 1517, a été entièrement refait au début du 20e s. ; il s'ouvre au milieu de la façade principale et donne accès au narthex flanqué de deux absides latérales arrondies. On remarque deux statues du 13e s. (malheureusement décapitées) représentant la Vierge, Salomon et la reine de Saba. Dans une chapelle, à droite, des peintures murales (1505) évoquent la vie de la Vierge.

L'intérieur, sobre et d'une rare unité, présente certains caractères bourguignons tels que le plan général, le narthex, l'absence de chapelles rayonnantes ; d'autres dérivent du gothique anglais comme le chemin de ronde passant devant les fenêtres hautes. Il faut noter une disposition originale avec l'alternance d'une pile forte et de deux piles faibles jumelées.

Retirées lors de la récente campagne de restauration, les très curieuses et très rares stalles du 13e s., dont les grandes figures des jouées sont d'une pureté de lignes exceptionnelle, n'ont pas encore retrouvé leur place dans le bas-côté droit.

D'autres **stalles**, celles-là flamboyantes (16e s.), placées dans la chapelle St-Maurice au bas du collatéral gauche, sont sculptées avec beaucoup de verve.

Dans le croisillon droit du transept, une rosace du 13e s., *Imago mundi* (éléments, saisons, mois, signes du zodiaque), d'une harmonie décorative remarquable bien que quelque peu remaniée au 19e s., a été exécutée par Pierre d'Arras. Elle était déjà célèbre au 13e s., car Villard de Honnecourt la dessina dans son *Album*, premier recueil consacré à l'architecture et à la décoration gothiques.

Dans le chœur est érigé le tombeau d'Othon Ier de Grandson, mort en 1328, qui fit une brillante carrière à la cour d'Angleterre et devint l'ami du roi Édouard Ier.

La cathédrale abrite un des derniers, sinon le dernier « guet » du monde, qui a pour tâche de clamer les heures nocturnes aux quatre vents de la ville (de 22 h à 2 h).

Lausanne – Le Musée olympique

Tour ⓥ – *Entrée de l'escalier (232 marches) au bas du collatéral droit*. Du sommet de la tour, on a une belle **vue★** sur la ville et le lac avec les Alpes en arrière-plan.
Du parvis de la cathédrale, vue plongeante sur la ville et le lac.
Contourner la cathédrale et prendre, à gauche du chevet, la rue Cité-Derrière, petite rue médiévale décorée d'enseignes en fer forgé.

Château St-Maire (**CX**) – Dans cet édifice du 15ᵉ s. en brique et pierre résidèrent les évêques de Lausanne, puis les baillis bernois.
Le gouvernement cantonal y siège aujourd'hui.
De la terrasse, la **vue** plonge sur les toits de la ville et plus loin à gauche sur le lac.
Poursuivre par la rue Cité-Derrière et à gauche par l'avenue de l'Université qui mène à la place de la Riponne au pied du promontoire de la cité.

Palais de Rumine (**BX**) – Bâti au début du siècle dans le style de la Renaissance italienne, cet imposant édifice a été élevé grâce à un très important legs de Gabriel de Rumine. Il abrite la Bibliothèque et cinq musées.

Musée des Beaux-Arts ⓥ – *Chaque année, des expositions temporaires ayant trait à l'art contemporain sont organisées autour d'un thème ou d'un artiste. Un personnel très aimable répondra volontiers à vos questions.*
Le fonds permanent de ce musée cantonal occupe les trois premières salles et est surtout constitué d'œuvres d'artistes suisses, et en particulier vaudois. Aux toiles du 18ᵉ s. (voir les aquarelles de Ducros qui sont à l'origine de l'institution) succèdent des œuvres de Gleyre *(Le Coucher de Sapho)* qui vit passer dans son atelier parisien les principaux impressionnistes. Parmi les peintres qui ont célébré leur pays, on peut citer les paysagistes romands De la Rive, Diday, St-Ours, Calame, et plus spécialement les Vaudois Biéler, Bosshard et Bocion (nombreuses évocations de la région du lac Léman traitées avec une grande sensibilité). Plus proches de nous, on retient l'artiste alémanique Hodler *(Bleu Léman)* et le Lausannois Vallotton dont le musée possède le plus important **fonds★** public. De prestigieux artistes français clôturent cette section : Largillière, Géricault, Courbet, Cézanne, Bonnard, Renoir, Degas, Matisse, Marquet, Vlaminck, Vuillard, Utrillo.
Les œuvres exposées dans les salles suivantes font l'objet d'un roulement. L'art désormais traditionnel de Rodin et Giacometti y est confronté aux acquisitions récentes de Nauman et Boltanski.

Musée de Géologie ⓥ – *Au 1ᵉʳ étage, à gauche.*
Il renferme des roches et fossiles provenant du Jura, des Alpes, de Lausanne et sa région : des reliefs du Jura, du Simplon, du Cervin complètent la collection. Un espace est consacré au quaternaire vaudois, dans lequel est exposé un squelette de mammouth trouvé en 1969 près du Brassus, dans la vallée de Joux.

Musée de Paléontologie ⓥ – *À droite, face au musée de Géologie.*
Collection de fossiles (plantes et animaux), surtout européens, mollusques et squelettes d'oiseaux et de mammifères.

Musée de Zoologie ⓥ – *Au 2ᵉ étage.*
Il présente la faune du monde entier, dans la salle centrale. À gauche, intéressante salle d'anatomie comparée dans laquelle l'homme voisine avec les animaux. À droite,

J. J. Strahm/CIO-Musée olympique

dans la salle de collection régionale, sont exposés tous les vertébrés de la faune vaudoise : faune de la forêt, de la montagne, ainsi que les poissons, oiseaux et insectes. On y voit également une impressionnante colonie de fourmis au travail, espèce en provenance du Mexique s'affairant dans son milieu tropical reconstitué. Au centre, une galerie est consacrée à la minéralogie.

Salle d'Archéologie et d'Histoire ⓥ – *Au 6e étage.*
Elle abrite des collections présentées de façon temporaire, provenant de fouilles effectuées dans le canton. Les nombreux objets trouvés dans la région des lacs Léman, de Neuchâtel et de Morat incluent céramiques et outils de l'âge du bronze, tombes celtiques, buste en or de Marc Aurèle, armes et bijoux du haut Moyen Âge (5e-7e s.).

AUTRES CURIOSITÉS

★**Collection de l'Art brut** ⓥ (AX) – Aménagée dans les dépendances du château de Beaulieu (18e s.), elle présente sur quatre niveaux une sélection d'objets (environ un millier, sur plus de 10 000) rassemblés depuis 1945 par le peintre Jean Dubuffet et reçus en donation par la ville de Lausanne.
Peintures, dessins, sculptures, modelages, broderies, réalisés à partir des matériaux les plus inattendus, ont en commun de provenir d'hommes ou de femmes en marge de la société : schizophrènes, détenus de prisons ou d'asiles, médiums spirites, sans aucun contact avec les milieux culturels. Leur production spontanée, dans sa singularité proprement individuelle, rappelle souvent celle, délibérée, des « vrais » artistes modernes (naïfs, surréalistes, abstraits…).
Certaines de ces œuvres étranges ne sont pas sans posséder une réelle valeur esthétique : bois ciselés de Clément, étoffes peintes de Madge Gill, dessins (*Les Aigles*, notamment) de Guillaume Pujolle, Wölfli, Aloïse, Scottie Wilson, sculptures de Filippo Bentivegna, dessins géants de Jaki, livres enluminés de Metz, peintures de Walla…

Fondation de l'Hermitage ⓥ (CX) – *2, route du Signal.*
L'ancienne demeure de la famille vaudoise Bugnion, construite vers 1841 et entourée d'un beau parc aux arbres d'essences rares, accueille depuis 1984 d'importantes expositions temporaires d'art ou d'histoire.

★★**Vue du Signal** (CX) – Alt. 643 m. Table d'orientation, longue-vue. De ce belvédère à proximité duquel s'élève une petite chapelle, la vue s'étend sur le Léman, les Alpes savoyardes, vaudoises et fribourgeoises, la vieille ville apparaissant au premier plan.
À environ 1 km, le lac de Sauvabelin, avec son parc à biches et bouquetins, attire les promeneurs.

Parc Mon Repos (CY) – Dans cet agréable jardin paysager s'élève la villa de style Empire qu'habita Voltaire et où se visitait naguère un musée olympique rappelant le souvenir du baron de Coubertin, qui vécut longtemps à Lausanne et y est enterré. Au Nord du parc, le Tribunal fédéral, juridiction suprême de Suisse, occupe un vaste édifice.

LAUSANNE

Musée de Design et d'Arts appliqués contemporains ⊙ (BCX M²) – L'ancienne maison Gaudard magnifiquement restaurée sert de cadre à ce musée. Les collections incluent des œuvres anciennes provenant d'Égypte et de Chine (collection Jacques-Édouard Berger) ainsi que des sculptures de verre d'artistes contemporains européens, américains et asiatiques. Des expositions temporaires sont également organisées.

Parc de Montriond (AY) – En cet endroit, où fut proclamée en 1037 la première trêve de Dieu de la région, se dresse une vaste esplanade à laquelle on accède par une rampe et des escaliers. De la table d'orientation, la **vue★★** s'étend sur Ouchy, les rives du Léman, et au-delà sur les Alpes.

Dans une partie du parc s'étage le **Jardin botanique** ⊙ qui inclut un alpinum rassemblant des plantes de montagne, un arboretum ainsi que plusieurs espèces de fleurs, plantes grasses, médicinales, aquatiques et carnivores.

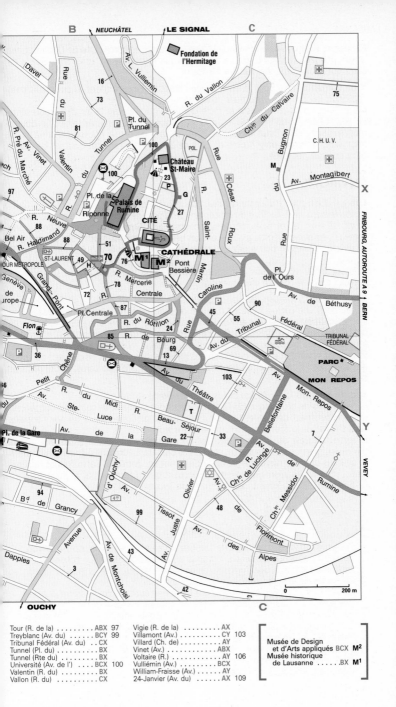

PULLY *par l'avenue d'Ouchy* (BY)

L'ancien village de Pully est devenu un faubourg résidentiel de Lausanne par son extension sur les pentes de sa colline jusqu'au lac. De la terrasse de l'église St-Germain (d'origine gothique, mais très remaniée), charmante **vue★** sur le port de plaisance en contrebas, la partie Est du Léman, la rive française d'Évian à Meillerie en face.

Dans les parages de l'église se trouvent aussi un musée et les vestiges d'une « villa » romaine peu à peu exhumés depuis 1921.

Musée ⊘ – Près de la maison où vécut jusqu'en 1947 Charles Ferdinand Ramuz, ce petit musée abrite des souvenirs du grand écrivain (photos, manuscrits, œuvres originales). On trouve également des peintures de R. Domenjoz, M. Borgeaud, V. Milliquet et des œuvres d'autres artistes pulliérans contemporains (J. Lecoultre,

237

P. Besson, F. Simonin, M. Pellegrini), des sculptures en terre cuite de Derain et des objets précieux (écritoire, maquette de barque royale) ayant appartenu au roi de Siam qui habita Pully de 1925 à 1945.

Villa romaine ○ – Sous la terrasse de l'hôtel Le Prieuré (dont le pavement rose reproduit les contours des murs romains).
Ce qui a été dégagé du vaste et riche domaine qui s'élevait là au 2ᵉ s. représente un petit bâtiment où l'on séjournait l'été, comportant une abside faite d'un double mur semi-circulaire haut d'environ 3 m, et que décore à nouveau, sur la paroi intérieure, la **fresque** polychrome de plus de 20 m², figurant des courses de chars, qui s'en était détachée.

ENVIRONS

Lutry – *4 km par l'avenue de l'Élysée, puis par la route nᵒ 9.*
Agréablement situé au bord du lac Léman (petit port de plaisance, vue sur les Alpes), ce village aux rues étroites mérite une courte halte. Sur une placette décorée d'une fontaine, sa blanche église s'ouvre par un beau porche roman orné d'arabesques. À l'intérieur (stalles en bois sculpté), l'attention se porte sur la voûte peinte de motifs floraux.
À la sortie du village, sur les pentes couvertes de vignes se dresse un puissant château défensif (centre médico-social).

Échallens – *15 km par l'avenue d'Échallens (**AX**), puis par la route nᵒ 5.*
Située dans une région riche en cultures céréalières, cette petite ville possède une intéressante **maison du Blé et du Pain** ○ installée dans une ancienne ferme restaurée du 18ᵉ s. Diaporama, instruments aratoires (herses, semoirs, charrues), chambres à grain, divers types de moulins (à pierre, à main, mécaniques, à cylindre) et de fours font revivre le travail quotidien des paysans, meuniers et boulangers au cours des âges. En fin de visite, on peut assister à la fabrication de pains, petits pains et croissants.

Zoo de Servion ○ – *18 km par la route de Berne (**CX**).*
Sur un domaine de quelque 65 000 m² vivent des animaux de toutes provenances. Passé le bâtiment des singes (amusants ouistitis à pinceaux blancs ou noirs appelés ainsi à cause de la touffe de poils qui entoure leurs oreilles), le visiteur pénètre dans la serre tropicale où il côtoie des oiseaux exotiques en liberté (vanneaux armés d'Afrique, martins huppés d'Asie, etc.). Près du parc à autruches, grues couronnées et pélicans gris d'Afrique, flamants du Chili, ont élu domicile. Cerfs rouges, bisons, loups, ours bruns jalonnent ensuite le parcours qui se termine par le puissant tigre de Sibérie et le bondissant wallaby. Aires de jeux et de pique-nique.

OIN-OIN

Le sympathique personnage de Oin-Oin à l'accent bien prononcé, à la voix nasillarde, racontant maintes histoires amusantes fondées sur l'observation malicieuse de la Suisse romande et de ses habitants, a tenu la vedette sur les ondes de la radio romande de 1957 à 1978.
Oin-Oin aurait réellement existé. Né à Genève, il était employé comme ouvrier horloger à La Chaux-de-Fonds. Risée de ses camarades à cause d'un défaut de prononciation dû à un bec-de-lièvre, il laissait entendre – en réponse à une question – « oin-oin » au lieu de « ouais-ouais ». D'où ce sobriquet. Les aventures et mésaventures de Oin-Oin firent le tour des cafés et des campagnes, et passèrent même la frontière française. Selon le créateur de l'émission, Émile Gardaz, il est un peu le Marius et Olive français, « le miroir quotidien de la vie en Suisse romande ».

Lac LÉMAN★★★

Cartes Michelin nᵒˢ 927 C 6 ou 217 plis 11 à 14

La rive helvétique du Léman *(1)* courbe harmonieusement son grand arc tout frangé de vignobles, longeant les derniers glacis du Jura, les coteaux du Plateau suisse et les soubassements des Alpes vaudoises. Ce littoral, et surtout la région de Vevey-Montreux, devint, après J.-J. Rousseau, le sanctuaire des Romantiques, et les pèlerinages nombreux effectués par les « amants de la nature » donnèrent l'élan à un important mouvement touristique.

Visite – *Outre les itinéraires décrits ci-après, la section d'autoroute en corniche qui relie Vevey à Rennaz offre au voyageur des vues splendides sur le Haut Lac.*

Le lac, en bateau – Les bateaux de la Compagnie générale de navigation sur le lac Léman, qui desservent régulièrement les rives suisse et française, offrent de multiples possibilités. À retenir : les circuits d'un après-midi intitulés « Tour du Petit Lac » au départ de Genève et « Tour du Haut Lac » – le plus intéressant – au départ de Lausanne-Ouchy. Une excursion comportant le tour complet du lac dure entre onze et douze heures.

Jaeger/PIX

UN PEU D'HYDROGRAPHIE

Du jet d'eau de Genève au château de Chillon – Il n'y a pas dans toute la chaîne des Alpes de lac qui puisse rivaliser avec les 310 m de profondeur et les 58 000 ha du lac Léman (13 fois l'étendue du lac du Bourget, le plus vaste de la France intérieure). Sa forme est celle d'un croissant long de 72 km et large au maximum, entre Morges et Amphion, de 13 km. On sépare généralement le Petit Lac – entre Genève et Yvoire – du Grand Lac, secteur le plus épanoui, à l'intérieur duquel on distingue encore un « Haut Lac », au large de Vevey-Montreux.

Le Léman est depuis des siècles un sujet d'étude exceptionnel. La cote de référence de l'altimétrie suisse ayant été fixée à la Pierre du Niton (alt. 373,60 m au-dessus du niveau de la Méditerranée à Marseille), qui émerge du Léman dans le port de Genève, on considère que le lac constitue, en fait, le repère de base du nivellement de la Suisse à partir duquel sont mesurées les cotes d'altitude du pays (en y ajoutant 373,60 m).

Les plissements alpins de l'ère tertiaire ont inversé la pente des vallées, faisant ainsi refluer les eaux en créant les lacs de bordure tels que le lac des Quatre-Cantons et le lac Léman.

L'absorption, par le lac, des eaux troubles du Rhône valaisan ne va pas sans combat : c'est la **bataillère**, que l'on observe des terrasses ou des sommets qui dominent l'agglomération de Vevey-Montreux. Le puissant panache boueux semble se résorber entièrement : en réalité, le mélange ne s'effectue pas sur-le-champ et une tranche d'eaux fluviales troubles descend à une vingtaine de mètres de profondeur, jusqu'à l'automne, époque où le refroidissement provoque un brassage général des eaux et rétablit l'homogénéité. Le Rhône en sort ainsi purifié et régularisé.

Cependant, la profondeur du lac tend à diminuer progressivement en raison de l'accumulation des dépôts du Rhône et de l'approfondissement du lit du fleuve qui abaisse en même temps le niveau du lac.

Les échanges de valeur entre l'atmosphère et les eaux du lac se traduisent par un bilan climatique très favorable aux riverains, surtout en avant et en arrière-saison. L'automne, sur la Riviera vaudoise, jouit d'un prestige international : nous recommandons d'ailleurs de parcourir à la saison des vendanges les routes décrites sous la présente rubrique.

(1) L'appellation « lac de Genève » n'est de mise que dans la cité de Calvin et de Saussure.

★1 LA ROUTE DU VIGNOBLE

Le trait dominant du paysage est en effet ici, avec le lac, le tapis de vignes quasi continu qui escalade les pentes du versant jurassien.

De Genève à Lausanne *70 km – environ 3 h*

★★★ Genève – *Visite : 2 h. Voir ce nom.*

Quitter Genève par la route littorale de Lausanne, qui ne se dégage véritablement de l'agglomération genevoise qu'après Versoix.

Coppet – *Visite : 1/2 h. Voir ce nom.*

La route côtière, que domine l'autoroute de Genève à Lausanne, procure des vues rapprochées sur le Petit Lac et la rive française jusqu'à la pointe d'Yvoire.

Crans – *Voir Nyon.*

★ Nyon – *Visite : 1 h. Voir ce nom.*

Quitter Nyon par ⑤ du plan en direction d'Aubonne.

Après avoir laissé en arrière le charmant port de Nyon et dépassé Luins et le **site★** ravissant de sa petite église, isolée parmi les vignes, dans un bouquet de cyprès, on gagne rapidement Bursins, puis Mont-sur-Rolle ; l'horizon s'élargit : outre la rive savoyarde du lac – avec Thonon – et les sommets du haut Chablais, le regard atteint alors la rive vaudoise, de la baie de Rolle aux rochers de Naye en passant par Lausanne. En deçà d'une frange de villas et de maisons particulières, les collines qui descendent vers le lac, face au midi, constituent l'un des grands vignobles de la Suisse.

Rolle – Cette agréable petite ville s'étale sur la rive Nord du Léman à mi-distance de Genève et de Lausanne. Tout au bord du lac, le long duquel a été aménagé un quai-promenade, se dresse le **château** construit à la fin du 13ᵉ s. par un prince de Savoie. De plan triangulaire, il est flanqué d'une grosse tour à chacun de ses angles.

Au large, sur un petit îlot artificiel, un obélisque a été érigé à la mémoire du général **Frédéric de Laharpe** (1754-1838), qui fut précepteur du tsar Alexandre Iᵉʳ et le gagna aux idées nouvelles. Également promoteur de l'indépendance vaudoise, Laharpe fut l'un des fondateurs de la République helvétique.

Entre Mont-sur-Rolle et Aubonne, ce ne sont que villages typiques, reclus dans le vignoble, comme Féchy, tandis que les **vues★★** se développent en direction du Petit Lac, jusqu'à Genève (jet d'eau), et le Salève.

Dès la sortie d'Aubonne, en direction de Lavigny, la traversée du ravin de l'Aubonne permet une attrayante vue d'ensemble du bourg étagé au pied de son église et du château.

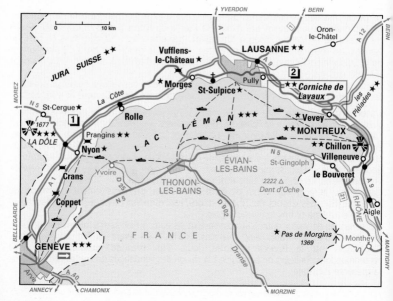

Vendanges dans le Vaudois

★ **Vufflens-le-Château** – Sur un plateau dominant le cours encaissé de la Morge et d'où l'on a une belle vue sur le Jura, le lac Léman et la chaîne des Alpes, le château de Vufflens *(ne se visite pas)* est l'un des plus fiers monuments civils de toute la Suisse.

Reconstruit totalement au début du 15e s. en faisant largement appel à la brique, suivant le goût piémontais de l'époque – Vufflens appartenait à une famille savoyarde –, l'édifice a encore subi de très importantes restaurations au siècle dernier.

Le plan du château comporte deux parties. Le donjon, appelé « ancien château », dresse son énorme tour carrée coiffée d'un toit en lanterne à 60 m de hauteur : il est cantonné de quatre tours également carrées, moins élevées. Les couronnements en brique, avec mâchicoulis et frises décoratives, sont remarquables. Le logis d'habitation, flanqué de quatre tourelles effilées, est séparé du donjon par la cour d'entrée.

★ **Morges** – *Voir ce nom.*

Entre Morges et Lausanne, on quitte un instant la route n° 1 pour faire un crochet par St-Sulpice.

★ **St-Sulpice** – La petite **église**★ ⊙ de St-Sulpice, pur témoin de l'art roman en pays de Vaud, et lieu de culte protestant depuis le 16e s., se dresse dans un **décor**★ rustique et paisible, en présence du Léman et des Alpes de Savoie.

De l'ancien édifice roman – qui fut à l'origine un prieuré bénédictin – ne subsistent actuellement que les absides en cul-de-four, le chœur, le transept voûté en berceau et la croisée sur laquelle s'élève un clocher rectangulaire. L'intérieur est d'une grande simplicité ; une décoration polychrome en atténue la sévérité. Les fresques de l'abside centrale représentent un Christ en majesté à l'intérieur d'une mandorle.

On retrouve la route n° 1 pour gagner Lausanne.

Se loger

Pré Fleuri – *1, rue du Centre –* ☎ *(021) 691 20 21 – fax (021) 691 20 20 – 17 chambres – 145/210 F –* GB.

Les chambres donnent sur un beau jardin avec piscine, les bruits de la circulation se trouvant ainsi amortis. Repas possibles dans une salle à manger plaisante et terrasse en été.

St-Sulpice – L'église

★★ CORNICHE DE LAVAUX

De Lausanne à Villeneuve *39 km – environ 1 h 1/2*

La route décrite ci-dessous est celle qui, franchissant l'autoroute après le carrefour de la Croix, s'intercale jusqu'aux abords de Vevey entre cette autoroute et la route littorale (n° 9). On pourra éventuellement, si la circulation y est trop active, profiter plus commodément du paysage en empruntant plus haut les 5 km de la petite route qui s'y raccorde, à Chexbres, via Puidoux-gare, et qui longe ou surplombe l'autoroute. Enfin, l'autoroute elle-même procure des vues splendides, mais hachées par ses tunnels.
Partant d'Ouchy, il est possible de rejoindre l'itinéraire à hauteur de Grandvaux par la route littorale (n° 9) : à la sortie de Lutry, s'engager à gauche dans la route de la « Petite Corniche », puis suivre la direction de Riex.

★★ **Lausanne** – *Visite : 3 h. Voir ce nom.*

Quitter Lausanne par l'avenue de Béthusy en direction de la Rosiaz, puis de Belmont.

Au-delà, se dégageant d'une banlieue résidentielle cossue, puis de ravins boisés, la route débouche sur un versant doucement vallonné, planté d'arbres fruitiers, en vue du Haut Lac et de sa rive savoyarde, jalonnée, de gauche à droite, par les falaises de Meillerie, les ondulations verdoyantes du plateau Gavot (derrière Évian), le delta de la Dranse. Plus loin, après le carrefour de la Croix, le Grand Lac est à son tour visible dans son entier : la courbe de sa rive vaudoise s'infléchit au pied du Jura, en arrière de l'agglomération lausannoise. Sur la rive opposée s'avance la pointe d'Yvoire.
Il manque cependant au tableau la blancheur des grandes voiles latines qui le poétisaient naguère : les barques traditionnelles du Léman ont toutes disparu du lac, à l'exception de deux d'entre elles, l'une à Ouchy, l'autre à Genève.

Après une forte descente, on franchit l'autoroute, puis la voie ferrée.

On pénètre au cœur du splendide vignoble de Lavaux – chanté par le grand écrivain vaudois Ramuz – dont les pentes plongent dans la nappe du Haut Lac, face aux abrupts de la rive savoyarde. Les villages vignerons typiques de Riex et d'Épesses apparaissent enserrés dans les vignes en terrasses.
Puis le versant se raidit : c'est le terroir du Dézaley.
À l'endroit où la route contourne une petite croupe escarpée, un **belvédère**★★ aménagé découvre la vallée du Rhône valaisan ; dans cette trouée se profile, au dernier plan, la cime neigeuse du Grand Combin.
Quelques centaines de mètres plus loin, l'agglomération de Vevey-Montreux, jusqu'alors cachée, apparaît, envahissant les moindres festons du rivage, au pied du piton caractéristique de la dent de Jaman et des falaises des rochers de Naye.
La dernière section de la corniche, entre Chexbres, Chardonne et Vevey (d'autres belvédères dotés de bancs jalonnent ce parcours ; le premier est pourvu d'un panneau d'orientation), réserve la découverte des différents bastions rocheux des dents du Midi.

★ **Vevey ; Mont-Pèlerin**★★ – *Visites : 1 h 1/2. Voir Vevey.*

★★ **Montreux** – *Voir ce nom.*

★★ **Château de Chillon** – *Visite : 1 h. Voir ce nom.*

Villeneuve – Ce bourg de la plaine littorale occupe un site remarquable à l'extrémité Est du Léman et conserve quelques monuments d'un passé très ancien. Sur son agréable « front de lac » aux quais ombragés et fleuris (petit port de plaisance) s'érige une statue témoignant de la « reconnaissance des Alsaciens et Français » ayant trouvé asile en Suisse lors de la guerre de 1870.

La Grand-Rue, parée de drapeaux multicolores en été, a gardé ses étroites maisons anciennes à portail de bois. De pittoresques enseignes en fer forgé ornent les façades de plusieurs magasins. Près de la place du Temple qu'agrémente une jolie fontaine, se trouve l'église St-Paul du 12e s. (remarquer les vitraux). À proximité de la gare, inhabituelle Maison de ville (mairie) installée dans l'ancienne chapelle de l'hôpital. Bien des personnages illustres séduits par le charme de la ville l'adoptèrent. Des écrivains comme Lord Byron (un hôtel porte son nom), Victor Hugo, Romain Rolland (il y habita de 1922 à 1938, villa portant son nom dans le parc de l'hôtel Byron), des peintres comme Oskar Kokoschka (il s'y éteignit en 1980) restent liés au nom de Villeneuve.

À la sortie de Villeneuve, prendre à droite en direction de Noville, puis traverser le Rhône et de nouveau à droite (route n° 21) vers le Bouveret.

Le Bouveret – Dans ce village situé à quelques kilomètres de la frontière française se trouve le **Swiss Vapeur Parc** ⊙. Sur un circuit aménagé au bord du lac, près du port de plaisance, des trains en modèle réduit circulent dans un décor ferroviaire reconstitué au milieu d'un parc verdoyant. Les voyageurs – les enfants y trouvent leur compte – peuvent prendre

Se restaurer au Bouveret

Rive-Bleue – *La Lagune, route de la Plage* – ☎ *(024) 481 17 23.*
Salle à manger accueillante prolongée par une terrasse face au lac. Les plats sont variés et classiques.

place à bord de petites voitures tirées par des locomotives à vapeur (Pacific 01, Waldenbourg 030...).

Si vous aimez ou si vos enfants aiment les plaisirs de l'eau, voire les sensations fortes, vous ne manquerez pas **Aquaparc** ⊙. Les plus téméraires se risqueront dans Jungle Land, les plus timides dans Paradise Land, et les plus petits dans Captain's Kids Land.

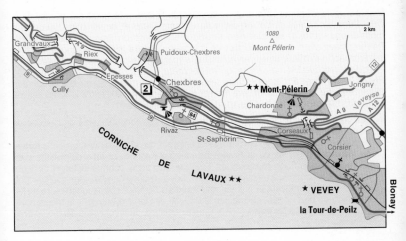

LENK★

Bern – 2 439 habitants

Cartes Michelin n⁰ˢ 927 G 6 ou 217 pli 16 – Schéma : BERNER OBERLAND

Alt. 1 068 m

Lenk est nichée dans une large cuvette, entourée de « montagnes à vaches » et traversée par la Simme, ici canalisée, qui s'échappe du massif enneigé du Wildstrubel, quelques kilomètres plus au Sud. Elle charme par un centre-ville planté d'arbres, aux chalets aussi fleuris qu'opulents. Cette station thermale de l'Oberland bernois dispense les bienfaits de ses sources sulfureuses soignant les articulations et les voies respiratoires. Appréciée des sportifs, Lenk est dotée de nombreux équipements : piscine couverte, tennis, centre équestre, patinoire artificielle, mur d'escalade. On y pratique le VTT, le parapente et le rafting. Des sentiers de randonnée (200 km) cheminent autour du lac de la Lenk et jusqu'en haute montagne.

Domaine skiable – En hiver, les remontées mécaniques desservent les pentes du Metschberg, du Betelberg et du Mülkerblatten.

Simmenfälle (Chutes de la Simme) – 4 km, plus 10 mn à pied AR. Laisser la voiture au parking situé à gauche du restaurant et suivre la signalisation indiquant « Barbarabrücke ».

Puissantes et bruyantes, les chutes dévalent la paroi rocheuse du Wildstrubel pour s'écraser en fin de course aux pieds du spectateur. On ne voit que leur partie terminale, le reste étant masqué par les sapins (et n'étant visible qu'avec un important recul, à partir du restaurant).

★ **Iffigenfall (Cascade d'Iffigen)** – 2,5 km, plus 3/4 h à pied AR. Quitter Lenk par la route d'Iffigen, au Sud : il est conseillé de laisser la voiture au terme de la section revêtue, en vue de la cascade.

Gravir à pied, sur 2 km, le prolongement caillouteux et raide de la route (15 % – circulation automobile autorisée seulement en convois et à heures fixes). Un virage à gauche permet d'admirer au plus près cette impressionnante chute verticale de 80 m. Tombant entre les sapins, elle se scinde à mi-parcours.

LEUK

LOÈCHE – Valais – 3 253 habitants

Cartes Michelin n⁰ˢ 927 G 7 ou 217 plis16, 17 – Schéma : Le VALAIS

Alt. 750 m

Leuk s'étage à mi-pente au-dessus de la vallée du Rhône, à la sortie des gorges de la Dala. Cette petite ville doit à son cadre de versants arides et de sommets lourdement modelés une âpreté de site bien caractéristique des aspects déjà méridionaux du Valais. De l'esplanade des châteaux à l'entrée de la localité, le **coup d'œil★** sur le fond de la vallée est étonnant : immédiatement en contrebas s'épanouit l'énorme cône de déjection de l'Illgraben recouvert d'une végétation mi-bocagère, mi-forestière (forêt de Finges ou Pfynwald), proposé à tous les écoliers suisses comme exemple de forme d'accumulation torrentielle. Ce bouchon continue à former la frontière naturelle entre le Valais central de langue française et le Haut-Valais, de culture germanique.

Les châteaux – Leurs noms évoquent les titres des fonctionnaires de l'évêque de Sion, qui y avaient élu résidence.

La première maison forte rencontrée en pénétrant dans l'agglomération est le **château des Vidommes** (vidames de la France de l'Ancien Régime, le titre de vidame était attribué à un officier représentant l'évêque ou l'abbé pour la défense de leurs intérêts et le commandement des troupes). Devenue hôtel de ville, cette construction du 16ᵉ s., tout en hauteur, aux pignons à redans flanqués d'échauguettes, rappelle, en beaucoup plus élégant et original, le château de Sierre connu sous le même nom. Plus loin, le **château des Majors** (15ᵉ s.), assez délabré, se reconnaît à sa tour carrée crénelée.

ENVIRONS

★ **Leukerbad** – 15 km au Nord par la route directe. Voir ce nom.

Albinen – On peut aussi rejoindre Leukerbad par ce pittoresque village, où les maisons de bois accrochées aux pentes semblent défier les lois de l'équilibre. La route étroite et sinueuse vers Leukerbad offre des **vues** vertigineuses en plusieurs points du parcours.

LEUKERBAD★

LOÈCHE-LES-BAINS – Valais – 1 600 habitants

Cartes Michelin nᵒˢ 927 G 6 ou 217 plis 16, 17 – Schéma : Le VALAIS

Alt. 1411.m

Cette station thermale du Valais est nichée dans un **site★** grandiose, sous le col de la Gemmi. Depuis Leuk, à 15 km au Sud, on y accède par une route étroite, parfois vertigineuse. C'est dans ce paysage austère que Guy de Maupassant trouva l'inspiration d'un conte fantastique, *L'Auberge*. De sombres parois rocheuses dominent le fond de vallée où s'étagent les chalets cossus et les pâturages de la station.

Le domaine skiable (50 km pour le ski de piste, 25 km pour les fondeurs) s'étale sur les versants de la Gemmi et du Torrent, entre 1 400 et 2 800 m d'altitude. Mais Leukerbad est surtout réputée pour son complexe de bains thermaux – les plus importants d'Europe – où l'on bénéficie de sources sulfatées, gypseuses et calcaires. Conseillées pour le traitement des rhumatismes, des troubles de la circulation et des maladies de peau, elles font aussi, été comme hiver, le bonheur des vacanciers : l'eau jaillit des sources à 51° et s'écoule entre 28° et 44° dans les bassins.

BAINS THERMAUX

Burgerbad (Bains de la Bourgeoisie) – À l'intérieur, ce complexe abrite une piscine thermale et un bassin pour les enfants, une salle de musculation et un bar-restaurant. À l'extérieur se trouvent une piscine de natation et deux piscines thermales, un toboggan de 70 m de long, des bains bouillonnants, un pédiluve et un sauna dans une grotte.

Lindner Alpentherme (Thermes alpins) – Inauguré en 1993, ce centre de remise en forme comporte deux piscines thermales (l'une couverte, l'autre en plein air) et un bassin de natation, ainsi que des bains romano-irlandais où alternent douches, bains d'air chaud, massages avec brosse, bains de vapeur, jacuzzis, et bains d'eau froide.

EXCURSION

Gemmipass (Col de la Gemmi) – Alt. 2 314 m. Relié à la station par un téléphérique, ce col prend son origine en Oberland bernois, à Kandersteg *(voir ce nom)*, et s'achève par un chemin vertigineux taillé en pleine paroi rocheuse sur ce versant du Valais. **Vue★** superbe sur les Alpes valaisannes et bernoises.

245

Le LIECHTENSTEIN

Carte Michelin nos 927 M 4 ou 216 Sud des plis 21, 22

Fragment de l'ancienne Confédération germanique, la principauté du Liechtenstein, dont le territoire s'étend de la rive droite du Rhin aux monts du Vorarlberg, comprend 11 communes et attire de nombreux curieux.

Érigé en principauté souveraine par l'empereur Charles VI en 1719 en faveur du prince Jean Adam de Liechtenstein, le petit État doit, pour une grande part, le maintien de son statut à la sage politique menée par le prince Jean II « le Bon », dont le long règne (1858-1929) n'a guère été dépassé que par celui de Louis XIV. De 1939 à 1989, il a été gouverné par Franz-Joseph II ; son fils, le prince Hans-Adam II, a pris sa succession. Le Liechtenstein a desserré, depuis 1919, ses derniers liens avec l'Autriche et conclu avec la Confédération helvétique des conventions monétaires, postales, douanières et diplomatiques : il fait aujourd'hui pratiquement partie de l'alliance économique suisse.

La frontière Sud marque nettement la séparation entre les civilisations germanique et rhétique : les grands villages disposés en désordre parmi les vergers, au pied de quelque « burg » ou autour d'églises à la flèche aiguë, contrastent avec les cités grisonnes étroitement agglomérées au milieu de leurs vignobles.

Quelques renseignements généraux

160 km^2 – 32 000 habitants en 2000 ;
Altitude : de 430 m à 2 559 m au Grauspitz ;
Abréviation officielle : FL (utilisée pour l'immatriculation des véhicules) ;
Langue officielle : allemand ;
Majorité confessionnelle : catholique ;
Monarchie constitutionnelle ;
Parlement, ou Diète, élu par le peuple pour 4 ans, composé de 25 membres ;
Gouvernement mandaté pour 4 ans, composé de 5 membres : le chef du gouvernement, son suppléant et trois conseillers.
Le passage de Suisse au Liechtenstein n'est soumis à aucune formalité.

VADUZ *visite : 1 h 1/2*

L'imposant **château** sert de résidence à la famille princière *(ne se visite pas)*. À ses pieds, le bourg-capitale où siège le gouvernement du Liechtenstein est devenu un attrayant foyer d'animation touristique à caractère international.

Bureau de poste – Il offre aux philatélistes l'occasion unique du droit d'émission dont bénéficie ce petit État, et n'attire pas moins de curieux que le Musée postal.

Kunstmuseum Liechstenstein ⊙ **(Musée des Beaux-Arts du Liechtenstein)** – Peinture et art graphique du 20e s. ainsi que des œuvres extraites des célèbres collections du prince du Liechtenstein.

Liechtensteinisches Landesmuseum ⊙ **(Musée national)** – Installé dans les bâtiments, restaurés, d'une ancienne auberge, il présente la géologie du pays (plan-relief ; minéralogie), des collections préhistoriques et de l'âge du bronze, des objets et monnaies de l'époque romaine, des bijoux et armes alémaniques de la même époque, des armes blanches et armures médiévales, des armes à feu du 16e au 18e s. (dont des canons-jouets), une collection d'ustensiles et objets d'art populaire anciens (plus une chambre paysanne), mais aussi différentes œuvres d'art : tableaux du 16e s., sculptures religieuses allemandes (Vierge à l'Enfant du 14e s. ; Pâmoison de la Vierge, haut-relief du 16e s. ; Nativité du 16e s. ; statues baroques des 17e et 18e s.), objets de culte…

Briefmarkenmuseum ⊙ **(Musée postal)** – Occupant une petite salle du même bâtiment que le musée des Beaux-Arts, il met fort bien en valeur l'art philatélique et l'histoire de la poste du Liechtenstein : collections de timbres, épreuves, documents, objets et outils. Des expositions temporaires sont organisées périodiquement.

AU SUD DE VADUZ

De Vaduz à Maienfeld *16 km – environ 3/4 h*

Quitter Vaduz au Sud par la route de Triesen.

Malbun Tal (Vallée de Malbun) – *15 km au départ de Triesen*. Cartes nᵒˢ 927 pli 16 ou 216 pli 22 et 218 pli 4. Au cœur du pays, on monte vers le cirque terminal du Sareiser Joch (alt. 2 000 m), accessible à pied ou en télésiège depuis Malbun. Il relève des premiers contreforts du Vorarlberg.

Défilé (Engpass) de St-Luzisteig – Ce défilé fortifié ne semble s'éloigner de la chaude et large vallée du Rhin que pour la retrouver aussitôt.
Étranglé entre la colline du Fläscherberg et les rudes escarpements du Falknis longtemps saupoudrés de neige, le défilé de St-Luzisteig présenta une importance stratégique tant que la route qui l'empruntait resta la seule voie carrossable entre l'Autriche et les Grisons.
Le passage est encore coupé aujourd'hui par une ligne de fortifications élevées certaines en 1703, et, pour la plupart de 1831 à 1837.
Sur le revers grison du col de Luzisteig, la route en pente rapide est tracée à travers de frais sous-bois.
On peut choisir comme point de halte, à 1 km du village de Maienfeld, la clairière ombragée de chênes où une « fontaine d'Heidi » (Heidibrunnen) commémore le souvenir de Johanna Spyri (1827-1901), écrivain zurichois auteur de livres pour la jeunesse, très populaire en Suisse, notamment pour son roman *Heidi*.

Maienfeld – Petite cité grisonne entourée de vignobles, d'une distinction déjà méridionale.

LOCARNO★★

Ticino – 14 371 habitants
Cartes Michelin nᵒˢ 927 K 7 ou 219 plis 7 et 8 – Alt. 214 m
Plan dans le Guide Rouge Michelin Suisse

Au creux d'une baie ensoleillée, dont la courbe se resserre à mesure que progresse, dans les eaux du **lac Majeur★★★** *(description dans le guide Italie)*, le delta formé par la Maggia, Locarno est favorisé par un climat privilégié et l'on y voit fleurir, dès le mois de mars, hortensias, magnolias, camélias.
Les jardins, les bords du lac, les versants plantés de vignes au flanc desquels se disséminent les villas d'Orselina, les hauteurs de Cardada sont, pour les hôtes de cette belle ville, autant d'incitations à la promenade.

CURIOSITÉS

Piazza Grande – Cette longue place pavée, cœur de la vieille ville, est sans aucun doute le centre de l'animation de la ville. Passage obligé des touristes, promenade familière des citadins, la place attire toujours beaucoup de monde avec ses arcades bordées de boutiques, de cafés et de restaurants dont les terrasses ne désemplissent pas en saison. Ses maisons anciennes à balcons aux tons pastel apportent une note supplémentaire à son charme.
Tous les ans au mois d'août, les amateurs de septième art s'y rassemblent lors du **Festival international du film**. La Piazza Grande est alors transformée en une immense salle de cinéma en plein air.
La place s'étire à l'Est par le **Largo Zorzi**. Habillé d'un côté d'agréables espaces verts (belles pelouses et arbres), il se prolonge jusqu'à l'embarcadère des promenades en bateau sur le lac.

Castello Visconteo ⓥ **(Château Visconti)** – Son nom est celui d'une célèbre famille italienne qui régna sur Milan du 13ᵉ au 15ᵉ s. Cette époque fut troublée par les guerres entre les partisans de l'empereur ou gibelins (les Visconti) et les partisans du pape ou guelfes. Le Tessin n'échappa pas aux combats et au 14ᵉ s., le château de Locarno prit vite des allures de forteresse sous l'impulsion de Lucchino et Giovanni Visconti. En 1439, le château revint au comte Franchino Rusca qui poursuivit sa fortification. Son fils Jovanne l'aménage en palais résidentiel dont il reste aujourd'hui de beaux plafonds à caissons sculptés, que l'on peut admirer lors de la visite du **Musée municipal et archéologique** (museo civico e archeologico). Ce musée a trait en partie à l'archéologie régionale : âge du bronze et du fer, époque romaine (belle collection de verrerie), Moyen Âge. La collection Carlo Rossi (nom d'un mécène) rassemble de belles pièces de céramique. Une salle évoque le pacte de Locarno au moyen de panneaux explicatifs, photos, articles de journaux. Dans la salle voisine, robes et ombrelles du 18ᵉ s. et figurines en porcelaine.

CARNET D'ADRESSES

Office de tourisme – *Ente turistico Laggo Maggiore Locarno, Largo Zorzi 1 –* ☎ *(091) 791 00 91 – fax (091) 792 10 08.*

Shopping – Principales rues commerçantes : Via della Stazione, Via della Ramogna, Via Sempione, Via Cattori, Via D. Recinto, Via F. Balli, Piazza Grande.

Théâtre – *Teatro di Locarno (Largo Zorzi).*

Se loger à Locarno

VALEUR SÛRE

Villa Palmiera – *Via del Sole 1 –* ☎ *(091) 743 14 41 – fax (091) 743 03 20 – 32 chambres – 85/190 F –* **GB** *– ouvert du 21 mars au 10 novembre.*
Vous apprécierez le charme de cette demeure entourée d'un ravissant jardin fleuri planté de palmiers. Les chambres ont presque toutes un balcon avec vue sur le lac Majeur.

Piccolo Hotel – *Via Buetti 11 –* ☎ *(091) 743 02 12 – fax (091) 743 21 98 – 21 chambres – 110/190 F –* **GB** *– ouvert du 16 mars au 14 novembre.*
Un bon rapport qualité-prix pour cet hôtel sans restaurant un peu éloigné du centre-ville.

Dell'Angelo – *Piazza Grande –* ☎ *(091) 751 81 75 – fax (091) 751 82 56 – 55 chambres – 105/200 F –* **GB**.
Très bien situé en plein centre-ville et de là pour partir à pied à la découverte de la vieille ville ou tout simplement faire du lèche-vitrine sous les arcades de la Piazza Grande. Au dernier étage, terrasse avec vue sur la ville et le lac. Un bon rapport qualité-prix.

Hôtel du Lac – *Via Romagna 3 –* ☎ *(091) 751 29 21 – fax (091) 751 60 71 – 31 chambres – 125/215 F –* **GB**.
Un hôtel sans restaurant très bien situé dans la zone piétonne à proximité de la Piazza Grande. Le funiculaire pour la Madonna del Sasso est à peine à 5 mn à pied. Le débarcadère est également tout près et une croisière sur le lac est bien tentante. Plusieurs chambres ont vue sur le lac.

Alba – *À Minusio, 2 km à l'Est – Via Simen 58 –* ☎ *(091) 735 88 88 – fax (091) 735 88 89 – 36 chambres – 130/230 F –* **GB** *– fermé du 1er au 15 mars.*
L'hôtel (sans restaurant) est moderne, les chambres ont un balcon avec vue sur le lac. Piscine et jardin pour se détendre.

UNE PETITE FOLIE !

Dellavalle – *À Brione, 4,5 km à l'Est –* ☎ *(091) 743 01 21 – fax (091) 743 35 17 – 50 chambres – 125/350 F –* **GB** *– fermé du 2 janvier au 25 mars.*
Si vous aimez le calme, le confort, le sport, et si vous souhaitez une bonne remise en forme, cet établissement vous conviendra certainement. Il dispose d'installations modernes prévues à cet effet. De plus, la vue sur le lac et les montagnes est très belle.

Se restaurer à Locarno

Muralto – *Piazza Statione 8 –* ☎ *(091) 743 01 81 – fermé du 4 janvier au 5 mars et le midi.*
Quoi de plus agréable qu'un dîner pris sur une belle terrasse avec vue sur le lac ?

Campagna – *À Minusio, 2 km à l'Est – Via Rivapiana 46 –* ☎ *(091) 743 20 54 – fermé le mardi et le mercredi soir.*
Un grotto tessinois avec des tables de granit à l'extérieur où il fait bon manger sous les arbres. Intérieur rustique.

Où prendre un verre ?

Alle Grotto (dans le complexe du Grand Albergo Locarno, entrée par la via della Stazione), pour l'apéritif dans un cadre typique de la région. En fin de semaine, live-music à la **Cantina Canetti** (20 Piazza Grande) bar à vins très connu qui a conservé son cachet ancien. Le casino **Kursaal** (Largo Zorzi) attire les couche-tard pour ses machines à sous, mais aussi pour sa discothèque et son piano-bar.
Dans le quartier du Muralto, le long du lac, le bar **Al Pozz** (21 viale Verbano) propose des soirées musicales où dominent l'accordéon, la mandoline et la guitare. Un peu plus loin, **la Bussola** s'adresse plus particulièrement aux amateurs de jazz.

Chiesa San Francesco – Consacrée en 1230 par Uberto di Monserrato, évêque de Côme, l'église de l'ancien couvent des franciscains subit d'importantes transformations au 16ᵉ s. L'intérieur, très sobre, révèle une nef et deux bas-côtés séparés par cinq colonnes jumelées en granit provenant de la région d'Ascona. Remarquer la voûte en bois de la nef et les bas-côtés avec leurs voûtes d'arêtes romanes. Une grande fresque représentant l'Annonciation de la Vierge décore la paroi supérieure du chœur.

Casa Rusca ⊘ – *Piazza Sant'Antonio*. Cette maison qui abrite la **pinacothèque municipale**, est un bel exemple de demeure patricienne du 17ᵉ s. Autour d'une belle cour intérieure s'organisent trois étages à arcades en anse de panier. Les expositions, renouvelées périodiquement, ont trait à l'art moderne et contemporain et présentent les œuvres d'un artiste particulier. Des noms comme Enrico Baj (peintre italien), Ferdinand Hodler, Cuno Amiet, Claude Baccalà (peintre tessinois) y sont attachés. Il est d'usage que l'artiste lègue de son vivant une ou plusieurs de ses œuvres au musée. Ainsi remarque-t-on dans la cour, de chaque côté de l'entrée, deux compositions en céramique d'Enrico Baj : *Adam et Ève, Amour et Psyché*.

PROMENADES EN BATEAU SUR LE LAC MAJEUR

Des services de bateaux proposent de belles promenades, de la traversée menant aux pontons de la rive opposée du lac (Magadino) ou à Ascona et Brissago, au périple offrant, du printemps à l'automne, la possibilité de visiter Stresa et les îles Borromées.

ENVIRONS

★**Madonna del Sasso** – *À Orselina. Accès conseillé en funiculaire. Station inférieure : via della Stazione.* Ce sanctuaire, très fréquenté par les touristes et les pèlerins, est perché au sommet (355 m) d'un éperon boisé que l'on peut également atteindre en voiture par les lacets de la Via ai Monti della Trinità.

L'arrivée a lieu, invariablement, sur un palier plus élevé que celui de la basilique, vers laquelle on redescend (très bonne vue plongeante) par une rampe coupée d'escaliers.

Le 15 août 1480 la Vierge apparut au frère Bartolomeo d'Ivrea, moine du couvent San Francesco de Locarno, venu vivre en ermite sur le Sasso della Rocca. À la suite de cette vision, une chapelle fut édifiée marquant l'origine du sanctuaire.

Dans la cour du couvent (statue en bronze de Giovanni Manzù, *Il Frate*). Suivre l'indication « Chiesa ». Avant d'arriver à l'église par une suite d'escaliers, on peut voir plusieurs chapelles contenant des groupes sculptés en bois (chapelles de la Pietà, de la Cène, du Saint-Esprit). L'**église de l'Annonciation** se signale par une entrée

Lac Majeur et Ascona

StortoⓈuisse Tourisme

Le pacte de Locarno ou le maintien de la paix en Europe

Du 6 au 16 octobre 1925, la cité tessinoise occupe le premier plan de la scène internationale. Tous les yeux sont alors rivés sur le palais de justice où se tient la conférence réunissant les délégations française, anglaise, allemande, italienne, belge, polonaise et tchèque conduites respectivement par Aristide Briand, Austen Chamberlain, Gustav Stresemann, Vittorio Scialoja, Émile Vandervelde, Alexander Skrzynski et Edvard Benes.

Faisant suite à la conférence de Londres (16 juillet-16 août 1924) qui avait prévu l'évacuation de la Ruhr en un an et l'entrée de l'Allemagne dans la Société des Nations, la conférence de Locarno aboutit le 16 octobre 1925 à la signature d'un traité. L'Allemagne reconnaît ses frontières avec la France et la Belgique, de même que la zone démilitarisée inscrite dans le traité de paix signé à Versailles le 28 juin 1919. De plus, elle s'engage à ne pas modifier ses frontières occidentales par une action militaire.

Pour son rôle éminent joué dans la conclusion de ces accords, le chef de la délégation anglaise, Austen Chamberlain, reçoit le prix Nobel de la paix en 1925. La signature du pacte de Locarno fut accueillie par les acclamations d'une foule en liesse, sans compter les éloges de la presse internationale. Une nouvelle ère de coexistence pacifique commençait, et Lord d'Abernon, ambassadeur britannique à Berlin, écrivit : « La date du 16 octobre marque le tournant de l'histoire de l'Europe et de l'après-guerre. C'est l'abolition de la ligne de démarcation entre vainqueurs et vaincus. »

La ratification du traité eut lieu à Londres le 1er décembre suivant. Briand, Chamberlain et Stresemann se rencontrèrent ensuite régulièrement afin de consolider les accords et d'ouvrir la voie à une coopération économique entre les pays. Le 10 septembre 1926, l'Allemagne est admise à la Société des Nations. L'heure de la réconciliation a sonné. Les années à venir s'annoncent sous les meilleurs auspices... Mais en mars 1936 Hitler viole les accords de Locarno en occupant et en remilitarisant la Rhénanie, plongeant quelques années plus tard l'Europe dans le feu et le sang.

---

majestueuse faite d'une galerie à arcades ornée de peintures murales. L'intérieur, de style baroque sans grande homogénéité, est surtout intéressant pour ses fresques et ses œuvres d'art comme une *Fuite en Égypte* (autel dans le bas-côté droit), retable peint par Bramantino en 1522 et une *Déposition de croix* (bas-côté gauche) d'Antonio Ciseri peintre tessinois du 19e s. né à Ronco.

De la loggia voisine qui borde l'église se révèle un beau **point de vue**★ sur Locarno et le lac Majeur.

Revenir à la cour pour visiter le **musée** installé dans la maison du Père (casa del Padre), la partie la plus ancienne de l'ensemble conventuel. Il renferme des sculptures populaires du 18e s., des objets d'art sacré (bustes-reliquaires, chandeliers et crucifix d'argent), des ex-voto et, provenant de l'ancien couvent de San Francesco, un antiphonaire ainsi qu'un graduel enluminé du 15e s.

On peut redescendre du sanctuaire par le funiculaire ou bien à pied en suivant l'indication Locarno via Crucis. On emprunte alors à contresens le chemin de croix suivi par les pèlerins. La descente, assez raide et ponctuée des différentes stations de la croix, offre des vues intéressantes sur le lac.

★★ **Cimetta** ⓥ – Le funiculaire de la Madonna del Sasso est prolongé par un téléphérique qui monte en 10 mn à l'alpe de **Cardada** (alt. 1 350 m) : **vue**★★ très étendue.

De Cardada, un télésiège permet de gagner le sommet de la Cimetta (alt. 1 672 m), d'où l'on embrasse un beau **panorama**★★ qui s'étend du lac Majeur à la chaîne des Alpes.

EXCURSIONS

★★ **Circuit de Ronco** – *17 km – environ 1 h 1/2 – par une route de corniche sur laquelle le croisement est difficile entre Ronco et Porto Ronco. Quitter Locarno au Sud-Ouest, route d'Ascona.*

Peu après le grand pont sur la Maggia, prendre à droite vers Losone. Dans ce village après l'église, tourner à gauche (route d'Ascona et du Monte Verita) et à droite (route de Ronco) au croisement suivant. Après la traversée d'un vallon occupé par une scierie et une minoterie, laisser à droite la route d'Arcegno et prendre la direction Monte Verita ; à la bifurcation suivante, prendre à droite.

La petite route de corniche, sortant de bois de châtaigniers, débouche au-dessus du lac Majeur et procure dès lors une série de **vues plongeantes**★★ de toute beauté sur le bassin helvétique du lac Majeur. En contrebas se succèdent Ascona, les deux îlots boisés de **Brissago** *(voir Ascona)*, enfin Brissago. On découvre bientôt Ronco.

Ronco – Le village s'agrippe à flanc de pente, dans un **site★★** tout méditerranéen. La terrasse de l'église se recommande comme belvédère, offrant une belle **vue** sur le lac Majeur, les petites îles de Brissago et le Monte Gambarogno. Par une descente en lacet, on rejoint à Porto Ronco la route qui longe le lac et on tourne à gauche. La chaussée comporte plusieurs passages taillés dans le rocher avant d'arriver dans la séduisante bourgade d'Ascona.

★★ Ascona – *Voir ce nom.*

Les vallées de l'arrière-pays

★★ Valle Maggia – *28 km au Nord-Ouest jusqu'à Bignasco. Prendre au départ la route d'Ascona, puis suivre la signalisation.*

Cette vallée, la plus importante de la région de Locarno, est aussi une des plus larges du versant méridional des Alpes. Au fur et à mesure que la route monte vers le Nord, le paysage change. Large dans le bas où des parois rocheuses se dressent à la verticale, la vallée se rétrécit plus loin pour revêtir sa parure alpine constituée principalement de forêts de sapins et de mélèzes qui habillent les flancs montagneux. Les villages ont conservé pour la plupart leur aspect primitif avec leurs vieilles demeures aux murs de pierre et aux toits couverts de gneiss. Comme dans le canton du Valais, on rencontre de curieux chalets montés sur pilotis, ce sont des « raccards » ou « torbas », qui faisaient office de greniers *(voir Le Valais)*.

Prendre à droite une petite route qui s'embranche sur la route principale.

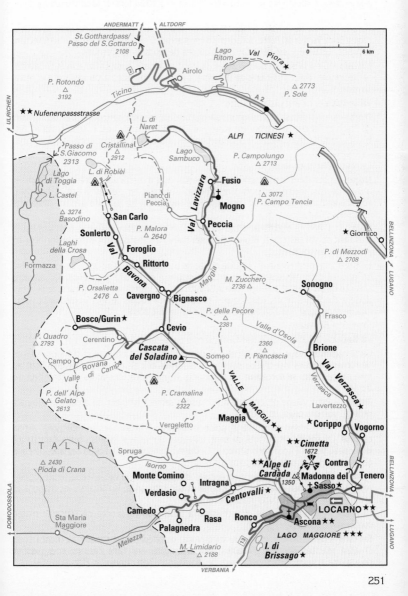

Maggia – Point de départ de nombreuses excursions, la petite commune de Maggia possède une église, **Santa Maria delle Grazie**, qui mérite une visite. Elle se tient solitaire au bord de la route et s'ouvre sous un porche. Elle est à voir pour ses **fresques★** du 16e s. qui garnissent l'abside (Couronnement de la Vierge entourée d'anges musiciens ; Crucifixion) et les murs de la nef (scènes de la vie de la Vierge). Belle collection d'ex-voto peints de Giovanni Antonio Vanoni (1810-1886). Cet artiste, né dans le petit village voisin d'Aurigeno, décora bon nombre d'églises tessinoises.

Le paysage se resserre. D'énormes blocs rocheux sont éparpillés dans le lit de la rivière. Au-delà de Someo, la **cascade de Soladino** apparaît sur la gauche.

Cevio – Chef-lieu de la Valle Maggia, centre économique et administratif, Cevio est connu pour la **maison des Baillis** (16e s.), un peu en retrait de la place principale. Sa façade est décorée des blasons des différents baillis qui se sont succédé. À la sortie du village, on peut visiter le **museo di Vallemaggia** Ⓥ. Il se divise en deux parties : la première, située dans le Palazzo Franzoni, est un musée folklorique montrant les coutumes et les travaux artisanaux exercés dans cette région quelque peu retirée. Le travail du granit et de la pierre ollaire ainsi que leurs applications y sont également expliqués. Cette dernière, une roche rare facile à travailler, a permis le développement d'une importante activité artisanale. Son extraction (gisements de la valle di Peccia, de la valle Rovana, de la valle Verazasca et des Centovalli) a pris fin au 19e s. La deuxième partie du musée, située à quelques pas dans la Casa Respini-Moretti, a trait à la nécropole de Mogheno découverte le 18 mars 1994 lors de la construction d'une maison.

Dans le hameau de Rovana (route de Busco/Gurin), près du pont qui enjambe la rivière, l'**église Beata Vergine del Ponte**, au porche à trois arcades, est un bel exemple d'architecture baroque. L'intérieur est abondamment décoré de stucs et de fresques.

Bignasco – C'est là que les deux rivières, la Maggia (appelée aussi Lavizzara) et la Bavona, se rejoignent. Deux itinéraires se présentent alors au touriste, le val Lavizzara et le val Bavona.

Val Lavizzara – *17 km jusqu'à Fusio.*

Peccia – Ce village est réputé pour son marbre. La carrière se trouve près du hameau de Piano di Peccia. Le marbre est acheminé jusqu'à Peccia où il est ensuite travaillé. Ses teintes vont du blanc, comme celui de Carrare, à des tons de gris veinés de bleu, brun ou même rose.

La route s'élève en lacet.

Mogno – Juste après le pont, prendre une petite route à droite pour accéder à la chapelle, œuvre de l'architecte tessinois Mario Botta. Construit en pierres grises et blanches, l'édifice en forme de tronc de cône remplace l'église qui fut détruite par une avalanche en 1986.

Fusio – À 1 280 m d'altitude, blotti au pied d'un promontoire rocheux, ce bourg est le plus haut du val Lavizzara. Beaucoup de ses maisons anciennes ont été transformées en résidences secondaires.

En saison, on peut continuer au-delà du lac de barrage (lago Sambuco). La route s'élève de plus en plus, devient de plus en plus sinueuse et étroite *(prudence, car souvent absence de parapet et passage d'un seul véhicule)*, la végétation se fait rare, le paysage devient chaotique, aride, désertique. Les vues sont à couper le souffle jusqu'aux petits lacs de montagne que l'on atteint enfin. Le calme est absolu.

Revenir à Bignasco.

Val Bavona – *12 km jusqu'à San Carlo, terme de la route.*

Cette région sauvage se caractérise par de hautes parois rocheuses et d'énormes blocs de rochers tombés lors d'éboulements, notamment aux alentours de **Cavergno**. Tout au long du parcours se succèdent de charmants villages caractéristiques de l'architecture du 16e s.

Rittorto – Petit village pittoresque aux maisons serrées formant un ensemble compact protégé par des blocs de rochers.

Foroglio – L'attraction de ce village, point de départ de randonnées en montagne, est sa cascade. Laisser la voiture près du pont, traverser la rivière et près du restaurant suivre le panneau vert « Punto panoramico ». Le chemin conduit au pied de la cascade, passage obligé pour les amateurs de photos.

Sonlerto – Construite au milieu d'un éboulement qui barrait la vallée, cette petite localité mérite qu'on y fasse quelques pas. L'église et son campanile, la fontaine, les maisons et la « torba » sont particulièrement pittoresques.

La route s'élève en lacet et, franchissant la rivière, se rapproche de l'énorme masse rocheuse qui obstrue l'horizon.

San Carlo – De ce dernier village du val Bavona, un téléphérique conduit au mont Robiei (1 894 m). Les sportifs entraînés pourront également faire l'ascension à pied et poursuivre jusqu'aux trois petits lacs de montagne : Zött, Robiei et Bianco.

★ **Bosco/Gurin** – *43 km. Prendre la route de la Valle Maggia et à Cevio prendre à gauche. Voir ci-dessus la description de l'itinéraire jusqu'à Cevio.*

La route grimpe rapidement en lacet dans un paysage alpestre jusqu'à Linescio, puis Cerentino avant de traverser un paysage chaotique et de déboucher dans le vaste cirque de pâturages de Bosco/Gurin. Ce « bout du monde » est souvent une étape pour les coureurs cyclistes du tour de Suisse, qui permet aux meilleurs grimpeurs de se distinguer.

Le plus haut village du Tessin (1 503 m) est unique dans le pays. En effet, il s'agit du seul village « walser » où l'on parle encore le Gurinerdeutsch ou Walser Deutsch, parler dialectal allemand mélangé à des mots italiens. Les Walser se sont sans doute établis ici au 13e s. venant du haut Valais pour exploiter et protéger les terres des seigneurs italiens d'alors. Ces rudes montagnards, serfs de leur état, bénéficiaient en contrepartie de privilèges particuliers comme le libre prêt héréditaire des terres.

De la terrasse de l'église, belle vue plongeante sur la partie basse du village avec ses maisons en bois construites sur un soubassement en pierre. Une belle demeure ancienne, la **Walserhaus** ⊘ abrite un musée ethnographique consacré aux migrations walser et à la vie d'autrefois (objets de la vie domestique, vieux métiers, costumes, dévotion populaire, etc.).

★ **Centovalli** – *19 km à l'Ouest. Quitter Locarno par la route de Ponte Tresa. À Ponte Brolla prendre à gauche.*

La région des « cent vallées » est aussi fort prisée des randonneurs et des amoureux de la nature. Le train qui relie Locarno à Domodossola (Italie) s'arrête de nombreuses fois et permet aux « non motorisés » de découvrir une région fort attrayante.

Intragna – Ce village aux ruelles étroites est dominé par son campanile. L'église baroque présente dans le chœur de belles peintures murales. À droite de l'église une ruelle mène à un petit musée, le **museo regionale delle Centovalli e del Pedemonte** ⊘, illustrant la vie régionale (outils agricoles, objets de la vie domestique, costumes, art sacré, sculptures et tableaux).

Rasa – *Accès par téléphérique (Funivia Verdasio-Rasa) à gauche de la route. Trajet : 10 mn AR.*

À 900 m d'altitude, ce bourg perché rassemble de vieilles maisons en pierre. En empruntant le chemin à gauche de l'église, on arrive à une fontaine et à des bancs. De là, la **vue** est intéressante sur le fond de la vallée (plan d'eau) et sur les villages accrochés aux pentes. On peut reconnaître de droite à gauche : Verdasio, Borgnone, Lionza et Comedo plus bas.

De Rasa partent plusieurs sentiers de randonnée comme celui du Pizzo Leone *(3 h)* d'où l'on découvre le lac Majeur.

Monte Comino – *Accès par téléphérique (Funivia Verdasio-Monte Comino) à droite de la route. Trajet : 15 mn AR.*

De la station supérieure (1 200 m), un chemin descend vers un embranchement d'où partent deux sentiers. Celui pris à droite mène à la Madonna della Segna, petite église précédée d'un porche à trois arcades, dont l'origine remonte à 1700. Celui pris à gauche mène à une auberge ou *grotto* qui peut éventuellement accueillir des randonneurs pour la nuit. De la terrasse (tables en granit de la région), la vue embrasse la vallée. Sur le versant opposé se profile le petit village de Rasa.

Verdasio – On laisse la voiture à l'entrée et on poursuit à pied à travers un dédale d'étroites ruelles et de passages voûtés.

La route descend vers un petit lac de retenue, puis remonte en serpentant vers Palagnedra.

Palagnedra – Localité très différente des autres, disséminant ses maisons à un ou deux étages dans un herbage. Non loin de l'église (plafond en bois à caissons, cuve baptismale en pierre coiffée d'un couvercle en bois, fresque représentant le Baptême du Christ), on remarque une maison inhabituelle pour la région, dont la façade est décorée de blasons, de colonnes peintes et de balustrades.

La route franchit le seuil rocheux de Borgnone.

Camedo – Dernier village suisse séparé de l'Italie par un pont, le ponte Ribellasca.

★ **Val Verzasca** – *25 km au Nord-Est.*

Après **Tenero**, petit village entouré de vignobles, la route s'élève quelque peu avant d'arriver en vue de la gigantesque masse de béton du barrage de Contra qui semble interdire le passage.

Barrage de Contra – On peut laisser la voiture au bord de la route et s'avancer vers le barrage qui surplombe la vallée d'une hauteur de plus de 200 m, retenant un lac de 5 km. Au milieu de la digue se dresse un curieux appareillage sur lequel on peut lire « 007 Bungy Jumping ». Il s'agit d'une installation pour un concours de saut à l'élastique. C'est en effet ici que la scène du saut de James Bond dans le film *Golden Eye* a été tournée. Avis à ceux qui veulent se lancer dans le vide, faire mieux que James Bond et battre le record de 220 m en 7,5 s. Déjà, on peut se faire une idée simplement en regardant vers le bas...

La route contourne le barrage, prend de la hauteur et traverse plusieurs tunnels.

Vogorno – Les maisons s'accrochent au flanc de la montagne. À l'intérieur de l'église toute blanche au campanile en pierre, on remarque – à l'amorce du chœur – une belle fresque de style byzantin.

Environ 2 km plus loin, prendre une petite route sur la gauche qui monte sur le versant opposé de la vallée.

★ **Corippo** – À en juger par le nombre de voitures qui stationnent à l'entrée, ce village perché doit être l'un des plus visités de la région. Le site à lui seul est magnifique. La vue sur le fond de la vallée et sur le lac de retenue est impressionnante. Près de l'église se tient la minuscule *sala comunale*. Des ruelles étroites, des maisons en pierre, certaines à balcons en bois, font de cette localité un lieu privilégié pour les peintres d'un jour.

On redescend vers la route principale qui traverse la rivière sur un pont à deux arches. Le paysage devient chaotique, la rivière se faufile entre d'énormes blocs rocheux qui obstruent son cours.

Brione – Situé sur un plateau au confluent du torrent Osola et de la rivière Verzasca, ce village, célèbre pour ses carrières de granit, est le point de départ de nombreuses randonnées pédestres. L'église paroissiale renferme de très belles **fresques**★ du 14ᵉ s. dues à un élève de Giotto de l'école de Rimini ; parmi les thèmes religieux représentés : la Cène, la Présentation au temple. Le petit château à tours d'angle (anciennement Trattoria del Castello) fut autrefois la résidence des barons Marcacci de Locarno.

Peu avant Frasco, on aperçoit très bien sur la droite une cascade.

Sonogno – *Parking payant à l'entrée du village.* Le dernier village du val Verzasca étale ses maisons en pierre au pied d'une barrière rocheuse. Un petit musée ethnographique, le **museo di Val Verzasca** ⊘, illustre la vie régionale (artisanat, agriculture, costumes, art sacré populaire). En s'avançant dans la rue principale, on peut voir près de l'église le vieux four communal qui est toujours utilisé. Le chœur de l'église renferme des fresques peintes par Cherubino Pata, né à Sonogno et élève de Courbet. Dans une niche derrière l'autel est exposée la Madonna di Loreto, Vierge noire à l'Enfant au long manteau d'argent.

GEOMEDIA

Corippo

Le LOCLE

Neuchâtel – 10 413 habitants
Cartes Michelin n°s 927 E 4 ou 216 pli 12

Cette petite ville du Jura tapie au fond d'une vallée et reliée à la Franche-Comté toute proche par le col des Roches doit sa prospérité à l'horlogerie qui apparut au 18e s. grâce à un jeune orfèvre, Daniel Jean Richard, venu s'établir dans la région.

CURIOSITÉS

★ **Musée d'Horlogerie** ⊙ – Sur les hauteurs du Locle, le **château des Monts**, élégante demeure classique du 18e s. entourée d'un beau parc, abrite un musée qui complète parfaitement celui de La Chaux-de-Fonds *(voir ce nom)* exposant de très belles pièces de différents pays.

Le rez-de-chaussée constitue un appartement témoin du style de l'époque : grand salon, antichambre, salle à manger lambrissée, bibliothèque, meublés et décorés avec goût, servent de cadre à la présentation d'une belle collection d'horloges et de pendules, chefs-d'œuvre d'orfèvrerie. La salle A.-L. Perrelet illustre l'évolution de la montre depuis la première montre à remontage automatique jusqu'à la plus petite montre électronique.

Au 1er étage se trouve la salle Maurice-Yves Sandoz, qui renferme des sujets à automates miniaturisés, dont la « fée Carabosse », objet en cuivre doré représentant une vieille femme marchant à grand-peine. Au second étage, consacré en partie à la chronologie de la mesure du temps (instruments anciens, horloges, pendules, montres, chronomètres, outillage), l'atelier d'un horloger local a été reconstitué. Film et diaporama complètent la visite.

Musée des Beaux-Arts ⊙ – Outre une section consacrée à des peintures et des sculptures d'artistes suisses des 19e et 20e s. (Girardet, Koller, Kaiser, Mathey), le musée possède un intéressant cabinet des estampes réunissant des œuvres d'artistes suisses et étrangers. Ainsi remarque-t-on : *Richard Wagner* par Vallotton, *L'Atelier* par Giacometti, *Première neige* par Lermite, *La Ronde des étoiles* par Dufy ; *Portrait de Claude* par Renoir.

Moulins souterrains du col-des-Roches ⊙ – Ils furent installés au 16e s. afin d'utiliser la force des eaux de la vallée du Locle. Du milieu du 17e s. à la fin du 19e s., les moulins se développèrent et connurent une intense activité : battoirs, four à pain, scierie fonctionnèrent à plein grâce à d'imposantes roues entraînées par des eaux mugissantes. Transformés ensuite en abattoirs, puis désaffectés, les moulins furent sauvés de l'oubli et restaurés pour faire revivre une page de leur histoire.

Dans le hall d'entrée, une exposition sur les moulins, leur rôle et leur fonctionnement constitue une bonne introduction à la visite des installations.

La descente dans la grotte permet de découvrir galeries et puits creusés à la force du poignet, ainsi que d'impressionnantes roues superposées, des engrenages, un moulin à farine, des scies.

LOÈCHE

LUCERNE

Ticino – 25 949 habitants

Cartes Michelin nᵒˢ 927 K 7-8 ou 219 pli 8 – Alt. 273 m

La « reine du Ceresio » s'étend au fond d'une baie harmonieuse qu'encadrent le Monte Brè et le Monte San Salvatore, revêtus de bois. Exposée au midi, Lugano est une station climatique et touristique particulièrement appréciée aux saisons intermédiaires (printemps, automne). L'organisation des innombrables fêtes et distractions offertes au touriste séjournant à Lugano (plages, tennis, golf de 18 trous, équitation, bateaux, casino) fait honneur à la Suisse. Lugano est aussi un centre d'excursions bien placé pour visiter les trois lacs, Majeur, de Lugano et de Côme.

★★LAGO DI LUGANO

La plus grande partie du **lac de Lugano** est en territoire suisse. Les Italiens, qui le nomment Ceresio, n'en possèdent que la branche Nord-Est (Porlezza), une partie de la rive Sud-Ouest (Porto Ceresio) et une enclave de la rive Est (Campione d'Italia).

D'un aspect plus sauvage que les lacs Majeur et de Côme, le lac de Lugano est enchâssé au milieu des pentes abruptes mais harmonieuses des Préalpes, sur lesquelles ressortent, en taches claires, les feuillages argentés des oliviers. De forme irrégulière, il atteint 33 km dans sa plus grande longueur et une profondeur maximum de 288 m. Une chaussée, livrant passage à la route et à la voie ferrée du Gothard, le sépare, assez malheureusement, en deux bassins, entre lesquels le passage des bateaux est cependant assuré.

Depuis le parc municipal jusqu'au Paradiso, la magnifique promenade ombragée aménagée en bordure du lac se prête volontiers à la flânerie, offrant des points de vue d'une variété infinie. On peut marquer une pause et s'asseoir sur un banc pour admirer le va-et-vient des bateaux de promenade qui sillonnent le lac.

★★ **Parco civico (Parc municipal)** (ABX) – À proximité du palais des congrès, ce délicieux jardin public qui s'étire au bord du lac mérite assurément une visite. C'est un endroit particulièrement agréable où il fait bon venir, notamment quand la chaleur est accablante et que les arbres dispensent leur fraîcheur. On y donne parfois, en saison et par beau temps, des concerts en plein air. Des statues (*Socrate*, œuvre du sculpteur russe Antokolsky) et fontaines agrémentent le site. Des biches dans un enclos, une volière et une aire de jeux font la joie des enfants.

Santa Maria degli Angioli (Église Ste-Marie-des-Anges) (Z) – Cette ancienne église conventuelle, commencée en 1499, conserve trois des plus belles **fresques**★★ de Bernardino Luini (vers 1480-1532). La plus impressionnante, ornant la cloison séparant le chœur de la nef, expose une Passion où l'on remarque surtout une Crucifixion d'une ampleur et d'une expression extraordinaires ; au-dessous figurent saint Sébastien et saint Roch. Dans la 1ʳᵉ chapelle de droite, sur le mur gauche, la fresque représentant une Vierge à l'Enfant et saint Jean « d'une beauté digne de Léonard » provient du cloître. Dans la nef est représentée la Cène.

Museo d'Arte moderna ⊙ (AX) – Installé dans la Villa Malpensata, le **musée d'Art moderne** présente des expositions temporaires de qualité illustrant à chaque fois un grand nom de ce mouvement. Des artistes comme Bacon, Nolde, Soutine, Rouault, Botero ont pu ainsi être révélés au public lors de rétrospectives réunissant des œuvres prêtées par différents musées ou provenant de collections privées.

Paradiso (AX) – Hôtels chic, restaurants, cafés, night-clubs et boutiques se succèdent dans ce quartier de villégiature.

Embarcadère pour les promenades en bateau sur le lac.

★★★ **Monte San Salvatore** ⊙ – Alt. 912 m. *3/4 h AR environ dont 20 mn de funiculaire partant du quartier de Paradiso* (AX).

On découvre une vue admirable sur Lugano, le lac, les Alpes bernoises et valaisannes (belvédère avec balcons d'orientation).

Du sommet, il est possible de redescendre sur Lugano par des sentiers signalés.

LE CENTRE-VILLE

★**La vieille ville** – Tous les visiteurs viennent y flâner avec plaisir. Ses petites rues réservées aux piétons, ses ruelles pentues et ses ruelles en escalier sont un paradis pour les touristes désireux de faire du shopping ou tout simplement venus pour regarder les vitrines. La **Via Nassa** avec ses arcades bordées de magasins élégants en est l'axe principal. Au passage, on remarque sur la Piazzetta San Carlo une sculpture surréaliste de Salvador Dalí intitulée *Nobiltà del Tempo (Noblesse du temps)*. La Via Nassa conduit à la **Piazza della Riforma**, vaste place animée où l'hôtel de ville (Municipio)

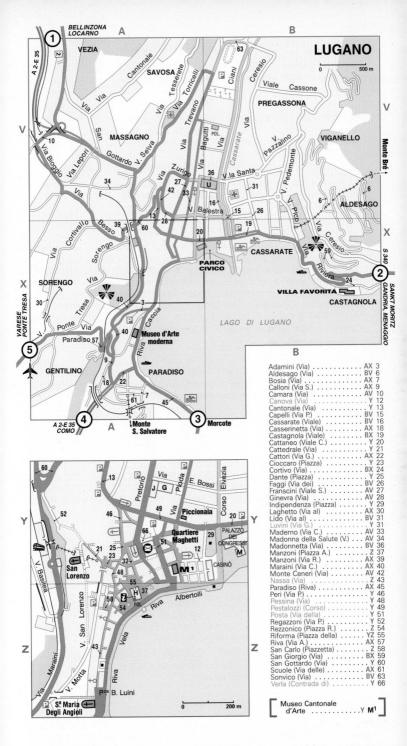

présente sa façade majestueuse et où les terrasses des cafés permettent de passer un moment agréable. Début juillet, à l'occasion de **Estival jazz**, la place regorge de monde venu écouter des groupes talentueux. On peut voir également l'étroite **Via Pelissa** avec ses commerces d'alimentation aux étalages alléchants, festival de couleurs et d'odeurs, la **Piazza Cioccaro** (funiculaire montant à la gare) avec le **Palazzo Riva**, belle demeure patricienne aux balcons en fer forgé, et enfin la **Via Cattedrale**, ruelle en forte pente qui mène à la cathédrale.

Bordé au Nord par le Corso Pestalozzi, le **Quartiere Maghetti** est un ensemble commercial moderne rassemblant boutiques, cafés, restaurants et un cinéma.

CARNET D'ADRESSES

Office de tourisme – *Entre turistico, Palazzo Civico, Riva Albertolli 5* – ☏ *(091) 913 32 32 – fax (091) 922 76 33.*

Shopping

Le centre-ville avec ses petites rues à majorité piétonnes rassemble quantité de magasins aux vitrines attirantes **(Via Nassa, Via Pessina, Piazza Cioccarro)**. Dans le **Quartiere Maghetti**, on trouvera un ensemble commercial moderne sur plusieurs niveaux.

Théâtre et musique

La saison s'étale de mai à octobre, et de nombreux spectacles ont lieu au palais des congrès ou sur différentes places du centre-ville (Riforma, Maghetti ou Chiesa Santa Marta).

Se loger à Lugano

La situation géographique de Lugano se prête parfaitement à la détente ainsi qu'à de nombreuses excursions sur le lac ou bien dans les montagnes voisines afin d'apprécier des panoramas à couper le souffle. Comme dans la majorité des stations de cette importance et de cette renommée, les prix des hôtels sont en conséquence. Certains préféreront sans doute trouver un hébergement « à l'extérieur ». Cependant, nous donnons ci-dessous quelques adresses, compte tenu qu'un grand nombre de ressources, notamment des hôtels « haut de gamme », figurent dans le Guide Rouge Michelin Suisse.

NOTRE SÉLECTION

Motel Vezia – *À Vezia, Via San Gottardo 32* – ☏ *(091) 966 36 31 – fax (091) 966 70 22 – 50 chambres – 99/189 F* – 🆖 – *fermé du 15 décembre au 31 janvier.*
Le confort et le côté pratique d'un motel avec des chambres insonorisées et un grand parking privé. Jardin avec piscine chauffée.

Delfino – *Via Casserinetta 6* – ☏ *(091) 994 53 33 – fax (091) 994 55 52 – 51 chambres – 140/240 F* – 🆖 – *ouvert de mars à novembre.*
Dans le quartier du Paradiso, un peu éloigné du lac, le Delfino bénéficie d'un bon rapport qualité-prix. Terrasse avec solarium et piscine bien agréables en été.

Colibri – *À Aldesago, 6 km à l'Est – Via Bassone 7* – ☏ *(091) 971 42 42 – fax (091) 971 90 16 – 30 chambres – 150/250 F* – 🆖 – *fermé en janvier et février.*
Un site merveilleux sur le Monte Brè, d'où une vue magnifique sur le lac, la ville et la chaîne des Alpes, notamment depuis la terrasse où se trouve la piscine.

San Lorenzo (Y) – D'origine romane, la cathédrale St-Laurent possède une élégante façade avec trois portails aux fins motifs Renaissance. Remarquer dans le bas-côté droit la chapelle N.-D.-des-Grâces, bel exemple de décoration baroque. Au fond, tabernacle en marbre des frères Rodari, de Maroggia (début 16e s.).
De l'esplanade se dégage une belle vue sur Lugano et le lac.

« Piccionaia » (Y) – À l'angle Nord-Est (en retrait) du carrefour Corso Pestalozzi-Via Pioda. La jolie maison basse connue sous ce nom (« pigeonnier »), à la façade ornée de frises peintes, serait la plus ancienne de Lugano.

Museo Cantonale d'Arte ⊘ (Y **M**[1]) – Situé dans un ancien palais, le musée cantonal d'Art présente essentiellement des expositions temporaires de qualité ayant trait généralement à un artiste tessinois ou suisse.

CURIOSITÉS HORS DU CENTRE

★★**Villa Favorita** ⊘ (BX) – *À Castagnola. Bus n° 1 au départ de la Piazza Manzoni, descendre à Villa Favorita. Il est préférable de prendre le bus, le parking situé à proximité du site ne disposant que de quelques places. Au moment de la mise sous presse, le musée est en complète réorganisation et sa date de réouverture n'est pas encore connue.* S'étendant en corniche sur le lac sur une longueur de 1 km, un étroit parc-jardin planté de buis, cyprès, palmiers, araucarias et peuplé de statues mène à cette construction de la fin du 17e s. à trois étages décalés surmontés par une gloriette. L'essentiel de la remarquable collection de peinture constituée de 1920 à nos jours par les barons Thyssen-Bornemisza, de la célèbre dynastie de sidérurgistes allemands, a été transférée à Madrid au musée Thyssen-Bornemisza *(voir le guide Espagne)*. La Villa Favorita organise périodiquement, à partir de la collection Thyssen-Bornemisza, des expositions temporaires de qualité ayant trait à un mouvement ou à un thème donné.

UNE PETITE FOLIE !

Ticino – *Piazza Ciocaro 1* – ☎ *(091) 922 77 72* – *fax (091) 923 62 78* –
18 chambres – *280/480 F* – **GB** – *fermé en janvier.*
Au cœur même de la vieille ville et dans la zone piétonne où se succèdent boutiques
et magasins, cette demeure historique datant du 14e s. fera le bonheur des
romantiques.

Se restaurer à Lugano

Locanda del Boschetto – *Via Boschetto 8 (Cassarina)* – ☎ *(091) 994 24 93* – *fermé
le lundi et du 1er au 15 novembre.*
Un décor rustique et une terrasse fleurie. Une bonne adresse pour les amateurs de poisson.

Trani – *Via Cattedrale 12* – ☎ *(091) 922 05 05* – *fermé le dimanche.*
Dans la vieille ville, dans une ruelle pentue, cette osteria typique vous proposera une
cuisine tessinoise accompagnée comme il se doit de vins du pays.

Osteria Ticinese Da Raffaele – *Via Pazzalino 19* – ☎ *(091) 971 66 14* – *fermé le samedi
midi, le dimanche et du 28 juillet au 22 août.*
Une osteria typique où règne une bonne ambiance.

Grotto della Salute – *À Massagno, 2 km au Nord-Ouest, Via del Sindicatori 4* – ☎ *(091)
966 04 76* – *fermé le samedi, le dimanche, du 23 décembre au 20 janvier et du
11 au 25 août.*
Vous y dégusterez des produits du terroir différents selon les saisons à des prix modérés.

Osteria Calprino – *Via Carona dans le quartier de Paradiso* – ☎ *(091) 994 14 80* –
fermé le mercredi et du 2 au 15 août.
Trois petites salles accueillantes dont l'une pourvue d'une cheminée où l'on prépare
la polenta en hiver. Il est recommandé de réserver.

Un verre dans un endroit agréable

Dans le quartier Paradiso, plusieurs établissements comme le **Golfe** (2 riva
Paradiso), le **Charlie's Pub** (10 via Guisan), le **Karisma Pub** (6 via Geretta), sont une
invite pour finir la soirée dans un cadre chic ou sympathique.

Dans le centre-ville, on pourra déguster les vins du Tessin au **Bottegone del Vino**
(via Magatti) ou au **Trani** (via Cathedrale 12).
Pour les noctambules, c'est après 23 h que le Corso Pestalozzi s'anime le plus,
notamment après la sortie du cinéma le **Corso**. Après la séance on peut aller
déguster un bon cocktail à l'**Etnic** dans le quartier Maghetti voisin, ou pourquoi
pas une succulente glace à la terrasse de **Vanini** (Piazza della Riforma).

Villa Favorita – Le jardin en corniche

D. Faure/PHOTONONSTOP

Villa Heleneum – Museo delle Culture Extraeuropee ⓥ (BX) – *De la Piazza Manzoni, bus nº 1. Descendre à San Domenico, puis 5 mn à pied le long de la Via Cortivo.*

Au bord du lac, une villa de style néoclassique abrite le **musée des Cultures non européennes**. Les collections se répartissent sur trois niveaux. Le rez-de-chaussée a trait à l'Océanie et à l'Asie du Sud-Est. Le 1er étage consacre une place importante à la Nouvelle-Guinée en mettant en valeur les différentes cultures régionales qui la composent. Le 2e étage est organisé de façon thématique et comparative, incluant des sujets comme le pouvoir, la fertilité, la mort. Chaque niveau est abondamment illustré de panneaux explicatifs et d'objets, principalement de sculptures en bois souvent très ouvragées et aux formes parfois étonnantes.

★★ Monte Brè ⓥ – Alt. 925 m. *1 h AR environ dont 30 mn de funiculaire, partant de Cassarate* (BX). *Possibilité de monter également en voiture en suivant la route de Castagnola, puis la signalisation.*

Sommet extrêmement ensoleillé ; des terrasses, très belle vue sur le lac et les Alpes (nombreuses promenades à pied possibles dans ce secteur).

ENVIRONS

Excursions en voiture ou en chemin de fer de montagne

★★★ Monte Generoso – Alt. 1 701 m. *L'excursion demande une grande demi-journée. 15 km par ③ du plan et la route de Côme, jusqu'à Capolago d'où l'on rejoint, à droite, Riva San Vitale.*

Riva San Vitale – Ce village est à voir pour son **baptistère** (battistero) du 5e s. qui se trouve dans une salle octogonale située près de l'église paroissiale. Au centre repose une grande cuve baptismale monolithe utilisée pour le baptême par immersion. Des vestiges de fresques du 11e s. ornent une partie des parois. À l'autre extrémité du village, l'**église Santa Croce** (16e s.) est reconnaissable à sa coupole octogonale. L'intérieur (porte en bois sculpté ornée de mascarons), de plan carré, montre de belles peintures murales. Voir notamment celles du chœur représentant la Sainte Croix.

Revenir à Capolago où l'on quitte la voiture pour emprunter le chemin de fer à crémaillère. Durée du trajet AR : 2 h.

★★★ Monte Generoso ⓥ – L'arrivée au sommet révèle la splendeur du **panorama★★★** sur les Alpes, Lugano, les lacs, la plaine lombarde s'étendant jusqu'aux Apennins par temps clair.

★ Swissminiatur ⓥ **(Melide)** – *7 km au Sud.* Pour l'enchantement des enfants, cette reconstitution à l'échelle 1/25 des principales curiosités de chaque canton suisse, occupant environ 1 ha de terrain verdoyant et fleuri en bordure du lac, présente en réduction monuments (reproduits en pierre), ponts, sites, montagnes et nappes d'eau, mais évoque aussi les grandes activités économiques du pays. Trains (3 km de réseau), bateaux et téléphériques fonctionnent.

★★ Morcote ⓥ – *Circuit de 26 km – environ 3 h – faisant emprunter à l'aller une petite route de montagne assez accidentée. Accès également possible par bateau.*

Quitter Lugano par Paradiso et prendre la route de Morcote, ③ sur le plan.

Cette route par les hauteurs (via Pazzallo et Carona) offre de magnifiques **vues plongeantes★★** sur le lac et des échappées lointaines pouvant atteindre le massif du Mont-Rose.

Carona – À l'entrée du village (la route passe sous un porche), l'**église San Giorgio** (16e s.), couverte d'une coupole octogonale, renferme des **fresques★** intéressantes du 16e s., particulièrement bien mises en valeur. Parmi celles-ci : la Cène (au-dessus de la porte d'entrée), une Déposition de croix et la Décollation de saint Jean Baptiste (bas-côté droit), le Jugement dernier (chœur), l'Assomption (bas-côté gauche) et le Baptême du Christ (fonts baptismaux, belle cuve en pierre sculptée).

Se loger et se restaurer à Morcote

Carina Carlton – *Via Cantonale* – ☎ *(091) 996 11 31 – fax (091) 996 19 29 – 18 chambres – 160/238 F –* GB *– ouvert du 5 mars au 30 octobre.*
« Une petite folie ! ». Une situation exceptionnelle au bord du lac. Des chambres meublées avec goût. Piscine découverte chauffée. Restaurant sur pilotis, « les pieds dans l'eau ».

Bellavista – *À Vico, 4 km au Nord-Est* – ☎ *(091) 996 11 43 – fermé le lundi sauf le soir de juillet à octobre et le mardi midi d'octobre à juin.*
Un endroit tranquille avec vue sur le lac et la montagne pour déguster des spécialités tessinoises.

Attenant à l'église un portique à colonnes toscanes est décoré de blasons et de peintures en trompe l'œil.

La route étroite traverse le village aux maisons pittoresques. À la sortie de la localité, prendre la direction **Madonna d'Ongero**. On laisse la voiture à un parking et on poursuit à pied en empruntant un chemin à travers bois. Un oratoire blanc annonce le sanctuaire. Une grande allée bordée des stations du chemin de croix conduit ensuite à l'église précédée d'un portique et coiffée d'un dôme octogonal. L'intérieur, très chargé, s'orne de fresques et de stucs.

On reprend la route de Morcote et quelques kilomètres plus bas, on peut s'arrêter à un belvédère situé à gauche de la route (deux bancs, panneau Baslona) pour apprécier une belle vue plongeante sur le lac, quoique légèrement obstruée – à droite – par la végétation.

Vico Morcote – Charmant village que l'on découvre en empruntant ses ruelles, escaliers et passages couverts. À la sortie du village, l'église paroissiale à une seule nef abrite une belle Crucifixion.

Morcote

★★ **Morcote** – Les maisons à arcades lombardes de ce village appelé « la perle du Ceresio » se mirent dans les eaux calmes du lac de Lugano, au pied des dernières pentes, couvertes de végétation méditerranéenne, du Monte Arbostora.
Par un escalier et des ruelles offrant des perspectives multiples, on arrive au sanctuaire **Santa Maria del Sasso** qui renferme de splendides **fresques**★ du 16e s. ainsi qu'un beau buffet d'orgue en bois (remarquer les têtes sculptées). Traverser l'église pour accéder au baptistère (Batisteri Da Sant Antoni) de décoration baroque (plafond peint, autel décoré d'angelots).
Le lac, l'église, le baptistère, les cyprès et le cimetière composent un **tableau**★★ remarquable.

Rentrer à Lugano en empruntant la route du bord du lac, qui est elle aussi très attrayante.

★ **Monte Lema** – *17 km au Nord-Ouest, par Bioggio. Quitter Lugano par ⑤ du plan.*
De Bioggio, la route, en montée sinueuse sous bois, mène d'abord à Cademario.

Cademario – De ce village-balcon, belle vue (surtout près de l'église paroissiale) sur la plaine en contrebas, une partie de la branche Ouest du lac de Lugano et sur les montagnes environnantes.

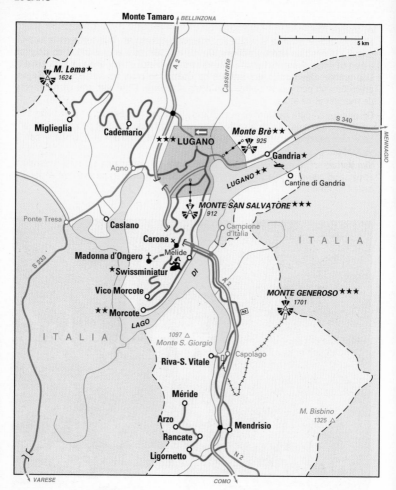

Isolée à une sortie du village (en direction de Lugano), la vieille **église Sant'Ambrogio** ⊙, au campanile lombard coiffé de lauzes et à la façade peinte de fresques (15ᵉ s.) à demi effacées, offre à l'intérieur d'intéressantes fresques polychromes du 13ᵉ s., notamment : dans la nef, à pilier unique (peint d'une Crucifixion), au mur de droite, une Crucifixion aux nombreux personnages, plus un Martyre de saint Ambroise ; dans l'abside, un Christ bénissant de facture byzantine entouré d'anges et d'apôtres.

Miglieglia – Au pied de la masse boisée du Monte Lema, le village est dominé par son église S. Stefano (15ᵉ s.), à toit de lauzes, dont l'intérieur s'éclaire de fresques colorées des 16ᵉ et 17ᵉ s. : remarquer, dans la chapelle face à l'entrée latérale, Dieu le Père au-dessus de Marie en prière puis visitée par l'Esprit Saint ; dans le chœur, les évangélistes et leurs symboles, une Nativité et une Crucifixion sous un Christ bénissant (dans une mandorle, à la voûte).

★Monte Lema ⊙ – Alt. 1 624 m. *Accès par télésiège depuis Miglieglia.* La montée, d'abord au-dessus des fougères, puis d'une herbe semée de rochers, offre une vue aérienne sur Miglieglia et l'église Santo Stefano. Du restaurant de la station supérieure, gagner le sommet *(20 mn AR, par sentier abrupt),* entre un relais de télévision et une grande croix de métal à plots lumineux, pour observer le **panorama★** s'étendant à l'Ouest sur le lac Majeur et le mont Rose, à l'Est sur le lac de Lugano et le Monte Generoso. Les cimes de la Jungfrau et de l'Eiger sont visibles au Nord-Ouest.

★Monte Tamaro – *15 km au Nord-Ouest. Quitter Lugano par ④ du plan et prendre l'autoroute en direction de Bellinzona, sortie Rivera. Gagner Alpe Foppa en téléphérique (durée du trajet : 20 mn).*
Étrange apparition que ce monument en béton et porphyre qui au premier abord fait penser à une fortification. En fait, il s'agit de l'**église Santa Maria degli Angeli** (Ste-Marie-des-Anges), œuvre du célèbre architecte tessinois Mario Botta construite à la demande du propriétaire du téléphérique en hommage à son épouse défunte.

Une longue passerelle ou passage supérieur conduit à un belvédère orné d'une croix en métal et dont la structure métallique soutient une cloche. De chaque côté, un escalier en arc de cercle descend vers l'entrée de l'édifice. On peut également accéder à l'église en empruntant le passage inférieur dont le plafond est orné de peintures de Enzo Cucchi, qui réalisa également les peintures de l'intérieur. Dès la porte franchie, le regard se porte vers l'abside et les deux mains peintes sur fond bleu dans une position symbolique, éclairées par une source de lumière venue du ciel. Sur les parois circulaires, deux séries de onze fenêtres – chacune décorée d'une scène de la vie de la Vierge – laissent passer la clarté du jour.

Alpe Foppa (alt. 1 530 m) est le point de départ de nombreuses randonnées. On peut aussi y louer des VTT et y faire du parapente. Du sommet du Monte Tamaro (alt. 1 960 m), belle **vue★** plongeante sur le lac de Lugano, le lac Majeur, le mont Rose et le Matterhorn. Possibilité d'atteindre le Monte Lema en 4 h de marche.

Caslano – *5 km au Sud-Est. Quitter Lugano par* ⑤ *du plan en direction de Ponte Tresa.* Le mot chocolat est souvent associé à la Suisse et la visite d'une fabrique s'impose pour qui apprécie particulièrement cette délicieuse douceur. À proximité de la frontière italienne, la société **Alprose** ouvre les portes de son **museo del Cioccolato** Ⓥ (musée du Chocolat) et de ses ateliers. De la plantation de cacao dans les montagnes de l'Amazonie à la dégustation, le visiteur est transporté dans le monde du chocolat dont il peut suivre les différentes étapes de fabrication à partir d'une passerelle. Noir, blanc, au lait, en barres, en tablettes, en napolitains accompagnant le café, liquide et chaud à l'arôme subtil, le chocolat revêt des formes multiples et, comme le bon vin, se déguste.

Le Mendrisiotto – *25 km au Sud. Quitter Lugano par* ④ *du plan, puis suivre la N 2.*

Mendrisio – Ville natale du célèbre architecte tessinois Mario Botta. La vieille ville est dominée par l'imposante église néoclassique SS. Cosma e Damiano (19e s.), reconnaissable à son dôme. On y accède par un escalier monumental au pied duquel une tour carrée constitue un des vestiges de l'enceinte médiévale. À proximité, beau palais baroque. Prendre la pittoresque Via San Damiano qui se poursuit par la Via Stella et conduit à l'oratoire della Madonna delle Grazie (13e s.) dont l'intérieur révèle une décoration de facture naïve. Derrière l'oratoire sur la Piazza dei Serviti, l'ancien couvent des serviteurs de Marie abrite le museo d'Arte consacré à des expositions temporaires.

Mario Botta

Né le 1er avril 1943, Mario Botta est sans doute un des architectes les plus connus et les plus doués de sa génération. Après avoir commencé par apprendre le dessin technique dans un atelier d'architecture de Lugano, il fréquente de 1964 à 1969 l'Institut universitaire d'architecture de Venise. Influencé par Le Corbusier et Louis Kahn avec qui il travaille, il devient un des représentants incontestés de l'école du Tessin. Son œuvre qui pose le problème entre habitation et paysage donne une place primordiale aux formes rondes et compactes, employant de façon originale la brique parmi d'autres matériaux.

Parmi ses réalisations : l'école de Morbio Inferiore (1972-1977), la maison de la culture de Chambéry (1982-1987), la médiathèque de Villeurbanne (1984-1988), le musée d'Art moderne de San Francisco (1990-1994), la cathédrale d'Évry (1995), le musée Tinguely de Bâle (1996), l'église Ste-Marie-des-Anges du Monte Tamaro (1996), le centre Dürrenmatt de Neuchâtel (2000).

Ligornetto – Terre natale du sculpteur tessinois Vicenzo Vela (1820-1891), très connu dans la région. Sa villa a été transformée en un musée retraçant sa vie et son œuvre.

Rancate – Ce village mérite une halte pour la **Pinacoteca cantonale Giovanni Züst** Ⓥ qui présente un choix de peintures d'artistes tessinois du 17e au 20e s. Une place importante est accordée à Antonio Rinaldi (1816-1875), né dans le Mendrisiotto. Ses œuvres d'où se dégagent grâce et romantisme sont réunies dans plusieurs salles comme au rez-de-chaussée la salle 3 *(Il Gattino, Ritratto di Angiolino)* et au premier étage la salle 6 (portraits : *Studio per Ritratto, Il Pastorello* ainsi qu'une composition sur un sujet religieux, *L'Immacolata*). De Giuseppe Antonio Petrini (1677-1758), on remarque *L'Addolorata*, émouvante dans son attitude d'imploration (salle 7 au 1er étage). Chez Giovanni Serodine (1600-1630) notamment dans son *San Pietro in Carcere*, on sent l'influence du Caravage dans l'utilisation de la lumière et du clair-obscur.

Arzo – À l'entrée du bourg se trouve une carrière de marbre à flanc de colline. Il est étonnant de voir comment le marbre est extrait et surtout d'observer comment il est débité, en tranches au moyen de puissantes scies électriques. Le clocher de l'église baroque est recouvert de plaques de marbre provenant de ce gisement.

Meride – Entouré de vignes, ce village est intéressant pour ses maisons à galeries et cours intérieures.

Promenades en bateau

Les services de navigation sur le lac de Lugano, qui permettent d'effectuer aussi bien de courtes promenades improvisées d'une heure qu'un périple complet d'une demi-journée, constituent l'un des agréments de la station.

En dehors des localités citées ci-dessous, les bateaux de la Société de navigation sur le lac de Lugano desservent régulièrement Porlezza, Ponte Tresa, Campione, etc. Un tour du lac dit « Grande Giro del Lago » est organisé au départ de Lugano. Bien se renseigner sur les horaires des bateaux si l'on veut par exemple combiner la visite de Gandria avec celle du musée des Douanes suisses ou réciproquement ; dans ce cas, compter environ 3 h au total.

★ **Gandria** – *1 h AR environ si l'on ne descend pas à terre.*
Village dont les terrasses fleuries de géraniums, les treilles, les berceaux de feuillage, le labyrinthe des ruelles en escalier, les maisons à arcades, la petite église baroque composent un ensemble charmant, très apprécié des artistes et des touristes.

Se loger et se restaurer à Gandria

Moosmann – ☎ *(091) 971 72 61 – fax (091) 972 71 32 – 29 chambres – 90/230 F –* 🄶🄱.
Un établissement sympathique et tranquille avec terrasse et jardin au bord du lac. Préférer une chambre sur le lac avec balcon.

Musée des Douanes suisses ⊙ – *À Cantine di Gandria, sur la rive Sud du lac (accès en vedette : durée totale AR, visite comprise, 1 h 3/4).* Aménagé dans un ancien poste de gardes-frontière (cuisine, chambre et bureau au rez-de-chaussée) sur le bord même du lac, il renseigne sur le rôle passé et présent des douanes suisses à l'aide de cartes, panneaux, photos et mannequins en uniforme. Sous la véranda, voir une voiture bien particulière. Qui aurait pu imaginer y trouver un tel nombre de cachettes ? Le 1er étage présente l'administration des Douanes et son rôle pendant la Seconde Guerre mondiale, insistant sur les risques du métier. Le 2e étage montre diverses astuces (pièges, armes spécialisées, objets truqués) imaginées par les contrebandiers, passeurs de drogue ou faussaires (faux passeports, faux Lacoste, faux Levi's), ainsi que les moyens de détection particulièrement sophistiqués de nos jours, utilisés par les douaniers pour déjouer toute ruse et confondre les contrevenants. La curiosité de l'étage est sans doute un « Zodiac » submersible, saisi en 1946, et dont les boudins en tôle contenaient... du salami. Sous les combles : expositions temporaires sur un thème lié aux douanes (le recrutement et la formation à l'école de Liestal près de Bâle ou la femme dans le corps des gardes-frontière, etc.).

★★ **Morcote** – *Voir quelques pages avant.*

LUZERN★★★

LUCERNE – C Luzern – 60 000 habitants
Cartes Michelin nᵒˢ 927 | 4 ou 216 pli 17 – Schéma : VIERWALDSTÄTTER SEE
Alt. 436 m – Plan d'agglomération dans le Guide Rouge Michelin Suisse

Cité de places et d'églises, avec ses deux ponts en bois couverts et sa tour octogonale veillant sur la Reuss, Lucerne est aussi jolie que sur les cartes postales ou les emballages des petits chocolats... Les touristes ne s'y trompent pas : la cité, blottie à l'extrémité Nord-Ouest du lac des Quatre-Cantons, dans un site grandiose que dominent les monts Pilate et Rigi, compte parmi les dix villes les plus visitées au monde. Sa renommée est entretenue par un festival de musique qui se tient depuis l'an 2000 dans le centre culturel bâti par Jean Nouvel.

UN PEU D'HISTOIRE

Au Moyen Âge – Simple village de pêcheurs, Lucerne est alors considérée comme un « petit nid de cigognes en bois ». Elle acquiert un certain renom avec la fondation (8ᵉ s.) d'un petit couvent de bénédictins qui dépend de l'abbaye alsacienne de Murbach. Avec l'ouverture de la route du Gothard, vers 1220, elle devient une étape importante entre les Flandres et l'Italie. Lucerne est située à proximité des « Waldstätten » *(voir ce nom)* et noue avec eux de fructueuses relations commerciales. Un traité d'alliance politique est même conclu en 1332. Grâce à l'argent adressé par les mercenaires suisses au service des nations étrangères, les caisses de Lucerne sont bien remplies.

Une cité très catholique – Après l'offensive de la Réforme, la ville prend la tête de la résistance papiste. Les jésuites y ouvrent, en 1574, leur premier collège de Suisse alémanique. On leur doit notamment l'église des Jésuites, premier édifice baroque de Suisse. Mais Lucerne reste une petite ville : 4 300 habitants à la fin du 18ᵉ s.

Le temps des palaces – Après 1830, l'apparition du tourisme transforme Lucerne. On construit l'esplanade des Jésuites et le quai National, tandis que surgissent de beaux hôtels et que les premiers bateaux à vapeur traversent le lac. En 1868, la reine Victoria y réserve ses vacances sous un pseudonyme... Après 1945, les militaires américains prennent le relais. Aujourd'hui, Lucerne accueille chaque année 5 millions de touristes. Les Suisses eux-mêmes représentent un quart de ces visiteurs de passage.

★★ ALTSTADT **(VIEILLE VILLE)** *visite : 3 h*

La vieille cité, dont l'accès par l'eau était protégé par des ponts de bois couverts, s'adosse au flanc de la montagne où se profilent sept grosses tours carrées, reliées entre elles par des murailles, vestiges des anciennes fortifications.

Altes Rathaus au bord de la Reuss

CARNET D'ADRESSES

Office de tourisme – *Zentralstrasse 5, dans la gare* – ☎ *(041) 227 17 17, fax (041) 227 17 18. Ouvert du lundi au vendredi de 8 h 30 à 12 h et de 14 h à 17 h. Fermé samedi et dimanche. Sur Internet : www.luzern.org. Il fournit une brochure très complète, en français, qui comprend la liste des hôtels et des musées et un plan de la ville. Si vous souhaitez découvrir les hauteurs de Lucerne, demandez la carte des alentours et les brochures sur les excursions : mont Pilate, Rigi, etc.*

Shopping

La vieille ville – si pittoresque avec ses rues piétonnes au cachet ancien – fourmille de boutiques.

Grands magasins – Jelmoli *(Pilatusstrasse 4)*, Manor Warenhäuser *(Weggisstrasse 5)*, Au Bon Marché *(Kappellgasse 4)*.

Théâtre et musique

Stadttheater – *Theaterstrasse 2* – ☎ *(041) 210 66 18.*

Cinémas

Dans Pilatusstrasse : **ABC, Moderne, New Rex.**

Se loger à Lucerne

VALEUR SÛRE

Goldener Stern – *Burgerstrasse 35* – ☎ *(041) 227 50 60 – fax (041) 227 50 61 – E-mail : hotel@goldener-stern.ch – 14 chambres – 100/160 F –* **GB**.
À 10 mn à pied de la gare, tout près de l'église des franciscains, un petit hôtel familial au confort simple : des chambres bien tenues, à prix doux pour la Suisse... et pour Lucerne.

Himmelrich – *Schattenbergstrasse 107 à Himmelrich, 7 km au Sud–Ouest de Lucerne* – ☎ *(041) 310 62 62 – fax (041) 310 10 04 – 25 chambres – 164 F –* **GB**.
Le calme et une vue magnifique sur la ville de Lucerne, le lac et les montagnes de la Suisse centrale. L'été, on appréciera la terrasse.

Krone – *Weinmarkt 12* – ☎ *(041) 419 44 00 – fax (041) 419 44 90 – E-mail : krone-luzern@tic.ch – 25 chambres – 180/280 F –* **GB**.
Au cœur de la vieille ville, un hôtel aux chambres spacieuses, décorées avec goût dans le style contemporain. On prend le petit déjeuner en contemplant la Weinmarkt, belle place piétonne au charme médiéval.

Cascada – *Bundesplatz 18* – ☎ *(041) 226 80 88 – fax (041) 226 80 00 – 62 chambres – 138/250 F –* **GB**.
Des chambres très confortables, un parking... à 400 m de la gare. Le restaurant, le Boléro, propose des spécialités espagnoles.

UNE PETITE FOLIE !

Seeburg – *Seeburgstrasse 61 à Ost en direction de Meggen (rive Nord du lac)* – ☎ *(041) 375 55 55 – fax (041) 370 55 50 – E-mail : mail@hotelseeburg.ch – 44 chambres – 170/290 F –* **GB**.
Les meilleures chambres donnent sur le lac et le mont Pilate. La salle de restaurant au cachet ancien possède une décoration début du siècle. Jardin en bordure du lac avec un admirable petit abri pour bateaux.

Château Gütsch – *Kanonenstrasse* – ☎ *(041) 249 41 00 – fax (041) 249 41 91 – E-mail : info@château-guetsch.ch – 31 chambres – 290/450 F –* **GB**.
Hôtel-château à classer dans la catégorie « conte de fées ». Le bâtiment date de la fin du 19e s. L'intérieur est agrémenté d'un mobilier Belle Époque. La vue est imprenable sur Lucerne et le lac des Quatre-Cantons.

EN ALTITUDE

Si vous souhaitez découvrir les montagnes qui font la fierté de Lucerne, faites l'ascension du **Rigi** ou du **Pilate**. En réservant à l'avance, on peut y dormir à l'hôtel et admirer le lever de soleil, à 1 797 ou 2 120 m d'altitude. *Voir Le Rigi et Pilatus.*

Se restaurer à Lucerne

Schlössli Utenberg – *Utenbergstrasse 643 (à 4 km au Nord-Est de la ville en direction de Dietschiberg) – ☎ (041) 420 00 22 – fermé du 5 au 19 février et le lundi et le mardi.*
Une demeure 18e s. de style baroque. Il faut monter au premier étage pour admirer le beau poêle en faïence de 1758. De la terrasse, vue sur Lucerne et le lac : l'idéal pour un déjeuner.

Waldhaus – *À 3 km au Sud dans la localité de Horw au lieu dit Oberrüté – ☎ (041) 340 30 44 – fermé le lundi.*
L'étape au Waldhaus, lorsque l'on est de passage, se comprend si le temps est beau. On s'attable à la terrasse pour admirer les Alpes et les eaux sombres du lac des Quatre-Cantons. La cuisine est de qualité.

Schwendelberg – *Horw – ☎ (041) 340 35 40 – fermé du 28 janvier au 14 février, le mercredi de fin décembre à mars et le mardi.*
L'endroit est paisible, la vue étendue sur les Alpes suisses et le lac. Une «Gasthaus» traditionnelle.

Rathaus Brauerei – *Unter der Egg 2 – ☎ (041) 410 52 57.*
Un bar et un restaurant sous l'ancien hôtel de ville au bord de la Reuss. On y accède par les arcades de la façade.

Stadtkeller – *Sternenplatz 3 – ☎ (041) 410 47 33 – fermé le dimanche et le lundi en hiver, en novembre et en février.*
Ambiance de taverne. Animation musicale tirée du folklore suisse.

Galliker – *Schützenstrasse 1, proche de la Kasernenplatz – ☎ (041) 240 10 02 – fermé le dimanche et le lundi de novembre à mi-mars.*
Petit établissement tout simple où l'on se sent à l'aise. Accueil sympathique.

Wilhelm Tell – *Schweizerhofquai – ☎ (041) 410 23 30.*
Grand paquebot typique du lac des Quatre-Cantons. Depuis le bar, on peut observer les anciennes machines qui actionnent les roues à aubes. La salle à manger, de style 1900, est très élégante. La cheminée ne crache malheureusement pas de fumée…

Au Premier – *Dans la gare centrale – ☎ (041) 210 57 77.*
Restaurant de gare. Moderne et accueillant.

Où prendre un verre ?

Le **Château Gütsch** (Kanonenstrasse) possède un salon douillet avec piano-bar : belle vue sur la ville.
Le **Penthouse**, situé au 7e étage de l'hôtel Astoria (Pilatusstrasse 29) est le rendez-vous des jeunes. Musique d'ambiance. Dans la même rue, l'hôtel Schiller (Pilatusstrasse 15) propose deux bars différents : le **Grand Café**, au décor à l'antique et la **Cucaracha**, bar au décor mexicain.
Sur les bords du lac, les hôtels **National** et **Palace** (Haldenstrasse 4 et 10) ont un piano-bar, tout comme le **Casino**, qui dispose aussi d'une grande salle où sont organisés des spectacles en fin de semaine.

Dans la vieille ville, on peut déguster une fondue et assister au spectacle folklorique du **Stadtkeller** (Sternenplatz 3). Ambiance décontractée au **Movie Bar** (Weinmarkt), grand choix de vins et de bières dans un décor ayant pour thème le cinéma. Au sous-sol, on peut commander un Al Capone, un Jaws, Love Story ou d'autres plats portant le nom d'un film célèbre.
Pour les amateurs de danse et les noctambules, à Kriens, à quelques kilomètres de Lucerne, le **Wall Street** : live music.

Festival

Le 25 août 1938, Arturo Toscanini dirigea le *Siegfried* de Wagner dans le parc de Tribschen : voici l'origine du **Lucerne Festival**, voué à la musique classique et contemporaine, qui attire une fréquentation d'environ 110 000 personnes. Il se décline en plusieurs rendez-vous : Pâques, été (quelque 30 concerts en août-septembre) et novembre (piano). Renseignements : Hirschmattstrasse 13, 6002 Luzern, ☎ (041) 226 44 00, fax (041) 226 44 60. Internet : www.lucernefestival.ch. E-mail : ticketbox@lucernefestival.ch

Carnaval

Le Jeudi gras marque le début du **Fasnacht**, tourbillon carnavalasque d'une semaine jusqu'au mercredi des Cendres. Les *Guggenmusigen*, sortes de fanfares, se retrouvent pour un énorme concert avant de défiler dans les rues de la vieille ville.

La rive Nord

Partir de la Schwanenplatz ou place du Cygne.

Gagner la Kapellplatz sur laquelle s'élève la chapelle St-Pierre (St. Peter) bâtie au 18e s. à la place d'une première église du 12e s.

Kapellplatz – Au centre de la place se dresse la fontaine du Fritschi (Fritschibrunnen) représentant le carnaval, le printemps et la joie : Fritschi est un personnage de légende qui fait l'objet d'un carnaval, chaque année depuis le 15e s. La Kapellgasse, rue commerçante et animée, conduit au **Kornmarkt**, ou marché aux grains, une place bâtie au début du 16e s. Le marché de Lucerne s'y tient toujours, le mardi et le samedi matin.

★**Altes Rathaus (Ancien hôtel de ville)** – Construit de 1602 à 1606 par Anton Isenmann, ce bel édifice flanqué d'une tour carrée est de style Renaissance, mais son toit évoque ceux des fermes bernoises. Dominant le Kornmarkt, il servait jadis de grenier à grains. À droite de l'hôtel de ville, la « Gasthaus zu Pfistern » présente une jolie façade peinte. À gauche s'élève la maison Am Rhyn (Am Rhyn-Haus) qui accueille le **musée Picasso** *(voir les Musées)*.

Prendre à gauche la Kornmarktgasse, puis à droite une ruelle menant à la petite Hirschenplatz.

Hirschenplatz (Place du Cerf) – Elle est entourée de jolies maisons restaurées, dont les façades peintes sont ornées d'enseignes en fer forgé. Goethe séjourna au « Goldener Adler » en 1779.

★**Weinmarkt (Marché aux Vins)** – Les anciennes maisons, couvertes de peintures et décorées de nombreuses enseignes et de drapeaux, abritaient les corporations. Remarquer l'hôtel des Balances et la « pharmacie du Marché aux vins » (Weinmarktapotheke) construite en 1530. La fontaine gothique représente des guerriers et saint Maurice, patron des soldats – l'original se trouve au palais du Gouvernement.

Par la Kramgasse, on arrive à la **Mühlenplatz** (place du Moulin) qui date du 16e s. Jolie vue sur le Spreuerbrücke, les anciennes maisons sur l'autre rive de la Reuss, et plus loin, sur la colline du Gütsch.

Spreuerbrücke – Ce pont couvert, ancien élément protecteur de la ville, franchit un bras de la Reuss. Il a été construit en 1408 et restauré au siècle dernier. En allemand, *Spreu* signifie « ivraie » : le pont était en effet le seul endroit d'où l'on pouvait jeter l'ivraie et les feuilles mortes dans la rivière. Au milieu s'élève une petite chapelle édifiée en 1568. Le pont est décoré de 67 panneaux de bois peint représentant la *Danse macabre*, exécutés au 17e s. par Caspar Meglinger. Jolie vue sur les quais de la ville ancienne et l'église des Jésuites.

Au-delà du pont, emprunter la Pfistergasse.

La rive Sud

Pfistergasse – Le bâtiment du n° 24 a servi d'arsenal, depuis sa construction en 1567-1568 jusqu'en 1983. Il abrite actuellement le **Musée historique** ⓥ (Historisches Museum, *voir Les Musées*).

Sur le quai Reuss-Steg, des maisons à oriels et façades peintes, ainsi que des fontaines fleuries composent un charmant décor. À gauche se présentent les tours des anciennes fortifications.

Jesuitenkirche (Église des Jésuites) – Achevée en 1666 par Pater Christoph Vogler, ce fut la première église de « style jésuite » construite en Suisse. La façade, d'une grande sobriété, est encadrée par deux hautes tours surmontées d'un clocher à bulbe.
L'**intérieur★** est de nobles proportions. Le maître-autel est décoré d'un gigantesque retable de stuc-marbre rose. Les stucs de la nef principale sont d'inspiration rococo. Ils datent de 1750, de même que les peintures du plafond représentant l'apothéose de saint François Xavier, patron de l'église. Sur ces peintures, les chameaux et éléphants rappellent que ce saint fut missionnaire en Inde et en Asie.
Dans la deuxième chapelle à droite est enterré Nicolas de Flüe, l'unique saint suisse *(voir Vierwaldstätter See et Sachseln).*

À droite de l'église, prendre la Bahnhofstrasse.

Regierungsgebäude (Palais du Gouvernement) – Typique du style de la Renaissance florentine avec ses bossages, cet édifice construit de 1557 à 1564 pour le bailli Ritter est, depuis 1804, le siège du gouvernement cantonal. La cour intérieure abrite l'original de la fontaine du Weinmarkt *(voir plus haut)* datant de 1481.

★ **Franziskanerkirche** ⓥ **(Église des Franciscains)** – Édifiée au 13e s. et maintes fois remaniée, la plus ancienne église de la ville possède de belles stalles et une chaire en bois ouvragé du 17e s. Ses drapeaux butins symbolisent les victoires de Lucerne au cours des siècles. Au fond à gauche, une chapelle baroque est ornée de stucs à l'italienne : les anges y sont innombrables...

★ **Kapellbrücke** – Ce pont couvert en bois, le plus vieux d'Europe, a été bâti au 14e s. Long de plus de 200 m, l'ouvrage protégeait la ville du côté du lac. Il a été reconstruit à l'identique, en un temps record, après l'incendie survenu dans la nuit du 17 au 18 août 1993. Le pont était décoré d'une centaine de peintures sur bois, qui s'inscrivaient dans les triangles formés par les poutres de la toiture. Ces tableaux, exécutés au début du 17e s. par Hans Heinrich Wägmann, évoquaient l'histoire de Lucerne, de la Suisse, de saint Léger et saint Maurice, patrons de la ville. Des vers en allemand commentaient chacune des œuvres. Détruits par l'incendie, ils ont été remplacés par des copies, hélas peu convaincantes.
Le pont est flanqué d'une grosse tour octogonale, la **Wasserturm** (tour de l'Eau). Bâtie vers 1300, elle faisait partie des défenses de la ville et servait aussi de salle d'archivage, de prison et de chambre de torture.

★★ **Kultur- und Kongresszentrum (Centre de culture et de congrès)** (DZ) – Achevé en l'an 2000 par l'architecte français Jean Nouvel, ce bâtiment donne la réplique à la nouvelle gare, construite en 1991 par l'Espagnol Santiago Calatrava. Son architecture de verre – matériau privilégié de Nouvel – joue la transparence. D'une présence solide et pure, le bâtiment profile vers le lac son toit de 12 000 m² et s'inscrit avec naturel dans ce paysage de montagnes.
À l'intérieur se découpent de superbes **vues★** sur le site, comme autant de cartes postales offertes à la contemplation parmi les poutrelles d'acier. Le centre abrite le musée des Beaux-Arts *(voir les Musées)* ainsi qu'une salle polyvalente et une salle de concerts (1840 places) où se déroule le festival de Lucerne. Au rez-de-chaussée, un joli café aux couleurs vives fournit encore un point de vue sur les rives.

Autour de la Löwenplatz

Partir de la Schwanenplatz (DY) et prendre la St-Leodegarstrasse pour rejoindre la Hofkirche.

★ **Hofkirche** ⓥ **(Collégiale St-Léger)** (DY) – Fondée en 735, cette église est consacrée à Leodegar ou saint Léger, patron de la ville. Elle fut détruite (sauf les tours gothiques) par un incendie en 1633 et rebâtie en style Renaissance. Un cloître à l'italienne l'entoure.
Un escalier monumental donne accès à un vaste **intérieur★** de style Renaissance tardive. Le chœur, fermé par une grille de fer forgé, est orné de jolies stalles. Des retables dorés, à nombreux personnages, décorent les dix autels des bas-côtés (Pietà dans le bas-côté droit, Mort de la Vierge dans le bas-côté gauche). Les orgues (1650) comptent parmi les meilleures de Suisse.

Par la Löwenstrasse, remonter jusqu'à la Löwenplatz où dans un bâtiment coiffé d'une coupole est exposé le panorama Bourbaki (voir les Musées). Prendre ensuite la Denkmalstrasse.

Löwendenkmal (Monument du Lion) (DY) – Sculpté en 1821 dans un rocher de grès, ce lion expire, une lance plantée dans le flanc gauche. Dans sa patte droite, il protège une fleur de lys. Cette sculpture (9 m de long) commémore le combat des gardes suisses, chargés de protéger la résidence royale de Louis XVI lors de la Révolution française, à Paris : quelque 850 mercenaires trouvèrent la mort dans la prise des Tuileries, le 10 août 1792, ou furent guillotinés les 2 et 3 septembre.

Le monument a été élevé à l'initiative de Karl Pfyffer von Altishofen, un officier suisse qui avait échappé au massacre. C'est – selon les mots de l'écrivain américain Mark Twain – « *The saddest piece of stone in the world* » (la sculpture la plus triste du monde).

★ **Gletschergarten** ⊙ **(Jardin des Glaciers)** (DY) – En 1872, J. W. Amrein-Troller, un employé de banque, acheta une prairie hors de la ville pour y aménager une cave. Durant les travaux, on mit au jour 32 cavités, creusées dans le grès par le glacier de la Reuss voici 20 000 ans, à l'époque où il recouvrait toute la plaine jusqu'au Jura. Pour mettre en valeur ces merveilles naturelles, J. W. Amrein-Troller fit aménager un parc romantique autour du site géologique : un ensemble intéressant, qui plaît beaucoup aux enfants.

Sur la vaste surface de grès, des raies profondes indiquent le sens d'écoulement du glacier qui se mit à fondre entre 20 000 et 15 000 ans avant notre ère, fin de la période de Würm. À sa base, le puissant débit des eaux chargées de pierres et de sable – dix fois supérieur à celui de la Reuss actuelle – créa les fameuses **« marmites glaciaires »** dont l'une atteint plus de 9,5 m de profondeur et 8 m de diamètre. Les blocs les plus lourds, arrondis sous l'effet des tourbillons, sont restés au fond des « marmites ».

Au rez-de-chaussée du **musée**, la **science des glaciers** est mise à la portée de tous : schéma sur leur formation, diapositives sur les glaciers de Suisse... On peut toucher la glace « froide » (celle des glaciers polaires) et la glace plus « tempérée » (celle des glaciers alpins). De courts films, sous-titrés en français, explorent la vie intra-glaciaire – jusqu'aux espèces animales méconnues, comme la puce des glaciers (2 mm). Un spectacle audiovisuel explique l'histoire géologique de la région, encore subtropicale il y a 20 millions d'années comme en témoignent des fossiles : traces d'oiseaux, empreintes de palmes...

Au sous-sol est exposée la plus ancienne maquette de la Suisse centrale, achevée en 1786 par Ludwig Pfyffer von Wyher. Au 1ᵉʳ étage : miniatures de maisons traditionnelles, reconstitution d'une chambre paysanne. Le 2ᵉ étage est consacré au vieux Lucerne : lithographies, maquettes, reconstitutions d'intérieurs comme la chambre Biedermeier de Marie Amrein-Troller.

Le beau parc, planté de fleurs alpines, abrite une **tour panoramique** (vue sur Lucerne et le mont Pilate) et un **labyrinthe aux miroirs** de style mauresque, construit en 1896 pour l'exposition nationale de Genève.

En face du jardin des Glaciers, se trouve l'Alpineum.

Redescendre par la Löwenplatz jusqu'à l'Alpenstrasse puis la Hertenstreinstrasse.

Museggmauer ⊙ **(Remparts de la Musegg)** (CY) – Long de 800 m, ce mur d'enceinte fut érigé vers 1400 avec ses neuf tours, entourant jadis toute la ville. À l'exception d'une tour, il n'a subi aucune modification depuis sa construction.

On peut grimper dans trois tours : la **Schirmerturm**, reconstruite après l'incendie du printemps 1994, la **Zittturm** qui possède la plus vieille horloge de la ville (1535) et la **Männliturm**. Superbe **vue★** sur Lucerne, dont se détachent les flèches de la collégiale St-Léger, et sur le lac dans son cadre de montagnes.

St. Karlikirche (Église St-Charles) – Cette église moderne a été bâtie en 1934 par l'architecte Metzger. Le porche est surmonté de statues figurant les évangélistes. À l'intérieur, la nef à plafond plat est soutenue par de hautes colonnes. Elle est décorée de fresques et éclairée par des vitraux jaunes et violets. De la terrasse en bordure de la Reuss, on aperçoit les tours des remparts de la Musegg.

★★ LES QUAIS

Le **Schweizerhofquai** a remplacé au 19ᵉ s. le troisième pont couvert de Lucerne. Planté d'arbres et bordé de palais, il offre, tout comme le **Nationalquai**, des **vues** (DY) admirables sur la ville, le lac des Quatre-Cantons et la chaîne des Alpes qui se développe du Rigi au Pilate *(tables d'orientation)*. En continuant la promenade le long du lac, on atteint le **Carl-Spittelerquai** ; à l'extrémité duquel s'étendent d'agréables espaces verts ainsi que la plage du Lido, surpeuplée en été.

LES MUSÉES

Dans la vieille ville

★★ **Sammlung Rosengart** ⊙ **(Collection Rosengart)** (DZ **M⁴**) – Ce musée a ouvert en 2002 à l'initiative d'Angela Rosengart, fille du marchand d'art Siegfried Rosengart. Ce grand collectionneur avait déjà fait don à Lucerne de plusieurs œuvres de Picasso, dont il était proche *(voir aussi Picasso Museum)*. Comme son père, Angela Rosengart prouve son attachement à la ville par cette donation majeure : plus de 200 œuvres modernes des 19ᵉ et 20ᵉ s. où Picasso est au premier plan, avec Klee et Chagall.

Au sous-sol figure **Paul Klee** avec plus de 100 œuvres★★ : il s'agit, pour la plupart, de dessins à la plume comme *Belebte Strasse* (1910) et d'aquarelles comme *St Germain bei Tunis* (1914), d'inspiration orientaliste, quand Klee n'associe pas les deux techniques (*Modebild*, 1922). Parmi maintes toiles « graphiques », on remarque *Bild mit Hahn* (1919) et *Bergdorf* (1934).

Au rez-de-chaussée, l'éblouissante **collection Picasso**★★★ (plus de 80 œuvres exécutées après 1938) compte quelques toiles cubistes comme *Violon au café* (1913). Les portraits de Nusch Éluard, Dora Maar et Marie-Thérèse Walter, des années 1930 et 1940, précèdent *Femme et chien jouant*, toile inspirée par Françoise Gilot (1953). *L'Atelier* (1954) est celui de la villa Californie, à Cannes où apparaissent bientôt le *Profil de Jacqueline* (1957) puis *les Femmes au chapeau* – toiles ou sculptures – dont les profils opposés s'emboîtent (1961, 1963). Dans le *Déjeuner sur l'herbe* (1961), version très libre du tableau de Manet, on reconnaît Picasso, assis à droite. D'autres toiles sont nourries par la référence aux maîtres : *Portrait d'un peintre d'après El Greco* (1950) ou *Personnage rembranesque et Amour* (1969).

Au 1er étage, les impressionnistes (Monet, Pissarro, Renoir...) annoncent Bonnard et Cézanne (*L'Estaque, le village et la mer*, 1882). Léger (*L'Escalier*, 1914) et Matisse (*Citrons et saxifrages*, 1943) sont bien représentés ainsi que Braque avec un lyrique *Pot et Lierre* (1950), et surtout Chagall avec treize œuvres, du *Soir à la fenêtre* (1950) *au Soleil rouge* (1983). À voir aussi : Seurat, Vuillard, Utrillo et Dufy, Rouault, Marino Marini, Kandinsky...

★ **Picasso Museum (Musée Picasso)** (CZ **M³**) – La belle maison Am Rhyn abrite une petite collection d'œuvres de Picasso : lithographies, gravures, céramiques... Ce fut, dès 1978, la première donation de la famille Rosengart à la ville de Lucerne (voir aussi Sammlung Rosengart). La plupart datent des vingt dernières années de Picasso et sont confrontées à une remarquable exposition de 200 photos, réalisées durant la même période – de 1956 à la mort de l'artiste, en 1973 – par l'Américain David Douglas Duncan. Saisi par cet ami proche au plus près d'une créativité inextinguible, à plus de soixante-dix ans, Picasso l'est aussi dans sa joie de vivre avec sa dernière muse, Jacqueline Roque.

★ **Kunstmuseum** ⊘ **(Musée des Beaux-Arts)** (DZ) – Depuis l'an 2000, ce musée a trouvé sa place au 4e étage du **Kultur- und Kongresszentrum** conçu par Jean Nouvel. Il étend ses 19 salles sur 2 100 m². sous le toit du bâtiment. Son décor d'une extrême neutralité confine à l'abstraction : sol sombre de béton poli, murs blancs, lumière artificielle... Il accueille des expositions temporaires vouées à l'art contemporain mais où s'intègrent, par roulement, des œuvres issues du fonds, notamment. des peintres suisses du 18e au 20e s. : le romantique Johann Heinrich Füssli, adepte du fantastique et des effets théâtraux, les paysagistes de l'école de Genève comme François Diday et Alexandre Calame, le symboliste Ferdinand Hodler et le nabi Félix Vallotton (*voir l'Art en Suisse dans l'Introduction au voyage*). On y retrouve aussi Vlaminck, Soutine, l'expressionniste Max Pechstein et, parmi les œuvres contemporaines, Joseph Beuys, Paul Thek, Franz Gertsch et Jeff Wall.

Historisches Museum (Musée historique) (CZ **M²**) – Ses collections ont trait au passé politique et militaire ainsi qu'aux anciennes activités économiques du canton de Lucerne : armures des 16e et 17e s., costumes traditionnels, reconstitution d'intérieurs, d'un atelier d'orfèvrerie et d'une chambre d'hôtel au 19e s.

Naturmuseum ⊘ **(Musée d'Histoire naturelle et d'Archéologie)** (CZ **M¹**) – Axé sur les particularités naturelles de la Suisse centrale, ce musée présente au 1er étage une abondante collection de minéralogie alpine et de fossiles et, surtout, une remarquable **salle d'archéologie** : les objets (armes, poteries, etc.) trouvés dans la région remontent, pour les plus anciens, à 15 000 ans. Ils évoquent l'âge néolithique, celui du bronze et l'époque celto-romaine. La vie dans les cités lacustres est évoquée de façon attrayante (maquettes, dioramas). Au 2e étage, collections zoologiques et botaniques, aquariums, terrariums, initiation à l'écologie.

Autour de la Löwenplatz

★ **Bourbaki-Panorama** ⊘ (DY) – Un bâtiment de verre abrite la gigantesque **toile circulaire** (1 100 m²) peinte par Édouard Castres. Déployée au 2e étage, tendue par des centaines d'aimants, elle illustre l'un des ultimes épisodes de la guerre franco-allemande de 1870-1871, quand l'armée française du général Bourbaki, encerclée de toutes parts dans le Jura français, battit en retraite vers la Suisse : 87 000 soldats passèrent la frontière du 1er au 3 février 1871, dans un état pitoyable. Désarmés sur place, ils furent répartis dans toute la Suisse jusqu'en mars, où la France acquitta plus de 12 millions pour leur internement.

Édouard Castres, engagé comme auxiliaire de la Croix-Rouge, avait vu la guerre de près... Il relata la débâcle des « Bourbaki » en 1881, en collaboration avec dix peintres, dont Ferdinand Hodler. Des personnages de résine semblent surgir de cette scène, perçue avec un émouvant réalisme. Une illustration sonore fait entendre le hennissement des chevaux et le grondement des canons.

À l'étage inférieur, le **musée Bourbaki** évoque avec efficacité la guerre de 1870-1871. Les commentaires sont trilingues : projection audiovisuelle, « boîtes à image » où l'on retrouve les protagonistes du conflit, journaux de propagande, uniformes militaires – dont la tenue des Zouaves et des Turcs, enrôlés par la France aux colonies.

Alpineum (DY) – Dans ce musée, situé en face du Jardin des Glaciers, des peintures de grand format, conçues avant l'ère du cinéma par Ernst Holder et son fils, recréent l'illusion des plus célèbres sommets de Suisse en trois dimensions : Pilate, Rigi, Jungfrau, mont Rose, Gornergrat, Breithorn, Cervin...

HORS DU CENTRE

***Verkehrshaus der Schweiz** Ⓥ **(Musée suisse des Transports)** – *Lidostrasse 5 (près du lac) par Haldenstrasse* (DY). *En bus : lignes 6 ou 8, arrêt Verkehrhaus.*
Créé en 1959, ce musée illustre de façon attrayante le développement des transports en Suisse. Ses différentes sections se répartissent dans une douzaine de bâtiments que séparent des aires de jeux, de restauration ou de verdure.

Transport ferroviaire – Sur une surface de 8 000 m^2 et sur 1 000 m de rails est exposée une collection de véhicules ferroviaires, la plus importante en Suisse.
On remarque la locomotive du Vitznau-Rigi – le premier chemin de fer à crémaillère d'Europe – datant de 1873. Non loin de là, on admire la C/6, la plus grande locomotive à vapeur de Suisse ainsi que la célèbre Be 6/8 plus connue sous le nom de « Crocodile ». La collection de véhicules électriques confirme le rôle de pionnier de la Suisse, au tournant du 19e s., dans le domaine de la traction électrique. Des locomotives et des automotrices célèbres de la deuxième génération comme la Flèche Rouge des CFF, la Flèche Bleue des BLS et la Landi-Lok AE 8/14 y trouvent une place de choix.
Des tramways de plusieurs villes suisses ainsi qu'une riche collection de trains miniatures à différentes échelles complètent l'exposition. La sécurité ferroviaire n'est pas oubliée, illustrée au moyen de vidéos, de matériel et de liaisons en direct avec le poste d'aiguillage de Lucerne et avec la ligne du St-Gothard qui passe à proximité du musée. On revit la fabuleuse construction du tunnel du St-Gothard en prenant place dans un chariot qui mène au cœur de ce gigantesque chantier, bruits et odeurs garantis.

Transport routier – L'évolution de ce type de transport est déterminante aux 19e et 20e s. Le traîneau de la poste du Simplon et la diligence du Grimsel évoquent la période antérieure à la motorisation. La halle du transport routier rassemble également plus de 30 automobiles, dont plusieurs modèles rappellent l'importance de l'industrie automobile suisse. La plus belle pièce est sans doute la voiture de course (1905) des constructeurs genevois Charles et Frédéric Dufaux, à côté d'autres Weber, Turicum, Pic-Pic et Martini. À ne pas manquer : la réplique d'un tricycle Benz illustrant les balbutiements de la motorisation.
De la draisienne au scooter, les deux roues sont représentés par une cinquantaine de cycles, dont quelques exemples de la production suisse.

Halles Com 1 + 2 – Radio, télévision, vidéoconférences, installations interactives permettent aux visiteurs de comparer et d'expérimenter les moyens de communication les plus divers.

Aviation – Du premier biplan suisse avec lequel Armand Dufaux a traversa le lac Léman en 1910 jusqu'au parapente, en passant par les ballons et les aéronefs, le DC 3 de Swissair et le CV 990 Coronado, avion de ligne subsonique, l'aviation est à l'honneur. Plusieurs appareils authentiques – dont un Fokker F-VII, une collection de 200 modèles réduits et 30 moteurs ou turbines – sont présentés. On peut monter dans le simulateur de vol et se mettre aux commandes ou bien, dans la Blue Box, se faire prendre en photo en plein vol. Dans la tour de contrôle, une console radar d'aiguilleur du ciel illustre la complexité de la sécurité aérienne moderne.

Navigation spatiale – Un voyage virtuel dans l'espace et une exposition sur l'histoire de la conquête spatiale montrent l'influence de cette technologie de pointe sur l'évolution du monde, mais aussi le rôle joué par la Suisse dans ce domaine. Le **Cosmorama**, avec son spectacle *Crystal Moon Express*, entraîne à grand renfort d'effets spéciaux dans le monde des astéroïdes.

Planétarium ZEISS Longines – Sous une immense coupole, on découvre le firmament et une initation captivante à l'étude des phénomènes cosmiques.

Navigation, téléphériques, tourisme – Au rez-de-chaussée, machinerie du vapeur *Pilatus* (1895), l'un des fameux bateaux qui sillonnaient le lac des Quatre-Cantons. La section Navigation *(1er étage)* expose une intéressante collection de modèles réduits et d'instruments de bord traduisant les progrès de la marine au cours des siècles. Remarquer le comptoir d'un armateur, où a été rassemblée la belle collection de maquettes de bateaux, livres et peintures sur la marine, léguée au musée par le commerçant Philipp Keller en 1980. Le **Nautirama** (spectacle multimédia) explique – du cargo au bateau de plaisance – l'évolution de la navigation sur le lac des Quatre-Cantons.

La section Téléphériques *(2ᵉ étage)* montre une cabine du tout premier téléphérique suisse (1908) qui transportait des passagers au Wetterhorn, mais aussi la cabine ultramoderne construite en 1984 pour relier Spielboden à Längfluh, près de Saas Fee.

La partie Tourisme présente un échantillonnage des productions et activités suisses les plus typiques, et le **Swissorama**, un panorama filmé des sites réputés du pays.

Salle de cinéma IMAX – Les films y sont projetés sur un écran géant (25 x 19 m) et accompagnés d'une sonorisation de 22 000 watts. On peut également y voir un film sans visiter le musée des Transports.

Hans Erni Museum (Musée Hans Erni) – Exposition de plus de 300 œuvres (tableaux, dessins, sculptures) du grand peintre lucernois contemporain Hans Erni. Sur la grande fresque *Panta Rhei* de l'auditorium, sont représentés les principaux savants ou penseurs de l'Occident, de l'Antiquité à nos jours.

Richard-Wagner-Museum Ⓥ **(Musée Richard Wagner)** – *Accès en bateau depuis l'embarcadère situé près du Seebrücke. En voiture, par la Hirschmattstrasse* (DZ). *À la Bundesplatz, prendre la Tribschenstrasse et suivre la signalisation vers Tribschen. En bus : nᵒˢ 6, 7 ou 8, arrêt Wartegg.*

La demeure où vécut Richard Wagner de 1866 à 1872, et dans laquelle il reçut Nietzsche, est agréablement située sur un promontoire, au milieu d'un parc descendant en pente douce vers le lac. C'est ici que le compositeur créa quelques-unes de ses œuvres maîtresses – *Les Maîtres chanteurs, Siegfried, Le Crépuscule des dieux* – et qu'il épousa Cosima, la fille de Franz Liszt.

Au rez-de-chaussée sont rassemblés des partitions originales et divers souvenirs (masque mortuaire de Wagner, plâtre de sa main droite, gravures et photos de famille, lettres…), dont le **piano Érard** qui accompagna le compositeur à Venise et à Vienne. Les notices sont rédigées en trois langues, dont le français, et la visite est accompagnée par la musique de Wagner. Le premier étage expose une riche collection d'instruments de musique du 17ᵉ au 19ᵉ s. : depuis les beaux spécimens de lutherie jusqu'aux castagnettes à la balalaïka ou au tambour d'Égypte.

Richard Wagner Museum, Tribschen

PROMENADES EN BATEAU Ⓥ

Le lac des Quatre-Cantons, même par temps orageux, est un enchantement continuel. Au départ de Lucerne, le tour complet du lac, à bord de confortables bateaux à vapeur pourvus de restaurants, demande 6 h environ. Des croisières conduisent aux hauts lieux historiques : chapelle de Guillaume Tell, Schillerstein… Il est également possible de combiner une mini-croisière avec une excursion en train de montagne, comme l'express « Guillaume Tell » qui relie Lucerne au Tessin.

SUR LES HAUTEURS

★★**Dietschiberg** – Alt. 629 m. *De la gare, prendre le bus nᵒ 14 et descendre à l'arrêt Konservatorium. De là, 20 mn à pied, en suivant la signalisation Utenberg jusqu'à Golfplatz. En funiculaire : depuis Felsental, sur la rive Nord du lac : pour la rejoindre, suivre les quais (hors plan par* DY) *jusqu'au Carl-Spitteler-Quai puis la Gesegnetmattstrasse.*
Un magnifique **panorama**★★ se dégage sur le lac des Quatre-Cantons : à droite Lucerne et le Pilate, à gauche le Rigi, et sur les Alpes bernoises et glaronnaises (table d'orientation).

★**Gütsch** Ⓥ – Alt. 523 m. *1/2 h AR environ dont 3 mn de funiculaire (station sur la Baselstrasse. Sortir par Hirschengraben* (CY). De la terrasse de l'hôtel Château Gütsch, couronnant la colline boisée du Gütsch située sur la rive gauche de la Reuss, **vue**★ sur la ville avec ses fortifications, le lac et les Alpes.

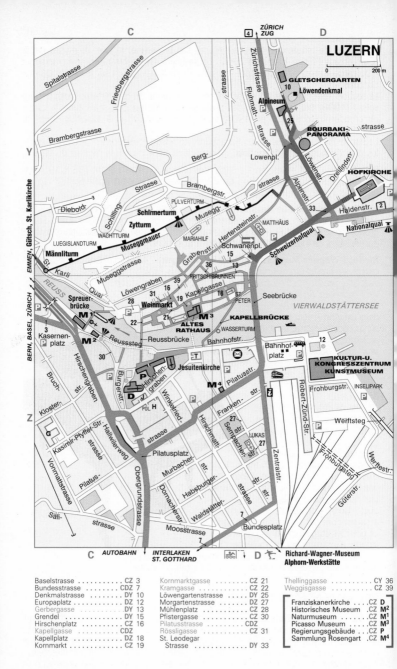

LUZERN

*** **Pilatus (Le Pilate)** – À 15 km – Environ 3 h, dont 1 h de chemin de fer à crémaillère. Cartes Michelin n°s 927 pli 14 ou 216 pli 17 et 217 pli 9. *Quitter Lucerne et prendre l'autoroute en direction d'Interlaken. 11 km plus loin, à la sortie d'un long tunnel, tourner à droite vers Alpnachstad. Dans cette localité, emprunter le chemin de fer du Pilate. La suite de l'excursion est décrite sous le nom Pilatus.*

** **Bürgenstock** – *16 km au Sud par Obergrundstrasse* (**CZ**). Cartes Michelin n°s 927 plis 14, 15 ou 216 pli 17 et 217 pli 9. *On monte au Bürgenstock soit en voiture depuis Stansstad (6 km par une petite route étroite et escarpée), soit en funiculaire depuis le débarcadère de Kehrsiten-Bürgenstock (services en correspondance avec les bateaux), en 7 mn.*

Le nom de Bürgenstock, désignant une lourde échine rocheuse et forestière, s'applique aussi à un ensemble d'hôtels perchés 500 m au-dessus de la croisée centrale du lac (Chrüztrichter). La promenade classique est le parcours du **Felsenweg**** *(1/2 h environ)*, sentier en corniche formant un circuit panoramique autour de l'éperon de la Hammetschwand, dont un ascenseur, encagé dans une tour métallique, permet d'atteindre le point culminant (1 128 m).

★★★ **Le Rigi** – *À 24 km – Environ 3/4 h de route plus 3 h AR environ, dont 1 h de chemin de fer de montagne. Quitter Lucerne par Haldenstrasse (DY), route nᵒ 2. Laisser la voiture à la gare d'Arth-Goldau pour prendre le chemin de fer du Rigi, jusqu'à son terminus du Rigi-Kulm.*

La suite de l'excursion est décrite sous le nom « Le Rigi ».

ENVIRONS

Alphorn-Werkstätte ⊙ **(Fabrique de cors des Alpes) à Kriens** – *3 km au Sud de Lucerne. En voiture : suivre le fléchage indiquant la zone industrielle Schweighof (hors plan par DZ). En bus : nᵒ 1 depuis la gare, puis nᵒ 16 à la station Oberkuonimatt. Arrêt : Schweighof.*
Cet atelier produit vaillamment les fameux cors (3,20 à 3,60 m) utilisés traditionnellement par les bergers suisses, et qui s'exportent aujourd'hui jusqu'au Japon... Une courte vidéo (en allemand) relate le procédé de fabrication, que l'on découvre dans l'atelier : les planchettes d'épicéa ou de sapin sont séchées, puis collées et creusées à la fraise. On obtient deux moitiés de tuyau, soudées par des anneaux. Tout autour, un mince lien de bambou est enroulé à la main. Il ne reste plus qu'à souffler dans le pavillon pour obtenir un son... Et ce n'est pas si simple pour qui n'est pas armailli !

MALOJA
Graubünden
Cartes Michelin nᵒˢ 927 N 6 ou 218 pli 15 – Schéma : GRAUBÜNDEN
Alt. 1 815 m

Le passage de la Maloja, emprunté par un grand itinéraire international, met en communication les vallées de l'Inn et de la Mera.

Belvédère du col – Face à l'hôtel Maloja Kulm, un affleurement rocheux lisse, bordé d'une balustrade, permet d'avoir une **vue** plongeante, en contrebas, sur le palier du Bergell et les lacets de la route qui y descendent.

Château du Belvédère – *De Maloja-village, 1/2 h à pied AR par un chemin s'amorçant à hauteur de l'hôtel Schweizerhaus.*
Du sommet de la tour – vestige d'une grandiose entreprise du siècle dernier, restée inachevée –, le **panorama**★ s'étend au Sud sur les montagnes du Bergell (Gletscherhorn, Piz Cacciabella) et, du côté de l'Engadine, au-delà du lac de Sils, sur le chaînon Rosatsch-Corvatsch.
L'ancien parc du château présente quelques belles marmites d'érosion glaciaire, visibles en contrebas de la tour, près des palissades de protection qui entourent ces cavités.

MARBACH
Luzern – 1 366 habitants
Cartes Michelin nᵒˢ 927 H 5 ou 217 plis 7, 8
Schéma : EMMENTAL

Dans une vallée adjacente à l'Entlebuch, ce village se signale par sa grande église catholique au riche intérieur baroque, mais il est surtout le point de départ d'intéressantes excursions.

ENVIRONS

★**Marbachegg** ⊙ – Partie de Marbach, la télécabine, survolant prairies et bois d'épicéas, aboutit *(en 12 mn)* sur le mont Marbachegg, où perche le village de Lochsitenberg (alt. 1 483 m).
De la terrasse du restaurant (table d'orientation), une belle **vue**★ se découvre sur la région. On détaille, de l'Est au Sud : les falaises crêtées du Schrattenfluh, flanquées à droite de la curieuse dent verticale du Schibengütsch, puis, à l'arrière-plan, les pics étincelants de blancheur du Fiescherhorn et de l'Eiger, enfin les ravines enneigées des sommets du Hohgant. Beau thalweg boisé béant en contrebas du Marbachegg.
Depuis Marbachegg, un sentier mène à Obere Habchegg (1 407 m), au pied du Schrattenfluh ; par le flanc du Schibengütsch, on peut ensuite redescendre sur Kemmeribodenbad *(durée de la promenade : 3 h 30)*.

*Route du Schallenberg – *33 km de Marbach à Thun.*
Cette route pittoresque, sinuant au pied du Hohgant et entre les hauteurs qui marquent la limite Sud de l'Emmental, procure de belles échappées sur les montagnes du Schrattenfluh puis du Hohgant et, après le col encaissé du Schallenberg (alt. 1 167 m) et la traversée d'un joli bois d'épicéas, sur les cimes du massif de la Jungfrau.
À partir de Süderen Oberei, les villages se succèdent, alternant avec des prairies et des bois de sapins ; puis la route longe la profonde vallée boisée de la Zulg (à gauche), en vue du sommet arrondi du Rüti, dans l'axe.
Après Kreuzweg, c'est la plongée vers Steffisburg, faubourg industriel de Thun : on découvre le caractéristique château de Thun, à gauche. De Steffisburg, gagner Thun.

**Thun – *Voir ce nom.*

MARTIGNY

Valais – 13 956 habitants
Cartes Michelin n°s 927 F 7 ou 74 pli 9 – Schéma : Le VALAIS – Alt. 476 m
Plan dans le Guide Rouge Michelin Suisse

L'agglomération de Martigny est dominée par la tour ronde de la Bâtiaz, émergeant des ruines de son enceinte fortifiée, au milieu des vignes. C'est un carrefour routier international et une étape touristique de choix. Dans ce coude où le Rhône valaisan reçoit la Dranse, convergent en effet les courants de circulation qui proviennent à la fois des itinéraires du Simplon et du Grand St-Bernard, et de la route du col de la Forclaz.
Martigny conserve plusieurs vestiges de l'occupation romaine que l'on peut découvrir lors de la promenade archéologique organisée par l'Office de tourisme.

CURIOSITÉS

Gagner d'abord le faubourg et la rue de la Bâtiaz que la Dranse sépare du centre-ville.

Tour de la Bâtiaz – *20 mn à pied AR, par la montée du chemin du château.*
Du promontoire rocheux où s'élèvent cette tour ronde et sa « chemise » quadrangulaire, restes ruinés d'une forteresse du 13e s., jolie **vue*** sur la cuvette de Martigny et le vignoble environnant.
Suivre, à droite du pont, la rive gauche de la rivière.

Chapelle N.-D.-de-Compassion – Ce sanctuaire du 17e s., à toit de lauzes, renferme un beau maître-autel baroque et une surprenante collection d'ex-voto sous forme de tableautins.
Passer le pont couvert (du 19e s., en bois) et descendre l'avenue Marc-Morand : au n° 7 (à droite) la **Grand'Maison** (16e s.), reconnaissable à sa belle toiture à flèche et tavaillons, fut une hôtellerie où logèrent nombre de célébrités européennes des 18e et 19e s. À droite, au début de l'avenue du Grand-St-Bernard, puissant bronze de Courbet, tête de femme symbolisant la Liberté.

CARNET D'ADRESSES

Office de tourisme – *9, place Centrale* – ☎ *(027) 721 22 20 – fax (027) 721 22 24.*

Se loger à Martigny

Alpes et Rhône – *11, avenue du Grand-Saint-Bernard* – ☎ *(027) 722 17 17 – fax (027) 722 43 00 – 50 chambres – 85/160 F* – GB.
Bénéficie d'une bonne situation en plein centre-ville.

Se restaurer à Martigny

Au Chapiteau Romain – *51, rue du Bourg* – ☎ *(027) 722 00 57 – fermé du 1er au 20 août et le dimanche.*
Plats uniquement à la carte. Raclettes et fondues servies dans le caveau.

Le Virage – *3 km sur la route du col de la Forclaz* – ☎ *(027) 722 11 53 – fermé du 17 février au 5 mars, du 29 juin au 16 juillet, le mercredi (sauf en été) et le mardi de novembre à mars.*
Un restaurant panoramique installé dans un chalet avec vue sur Martigny et la vallée du Rhône. Une carte classique, variée.

Revenir place Centrale et entrer dans l'hôtel de ville (19ᵉ s.) pour y voir, décorant le grand escalier, une éclatante **verrière**★ de 55 m² (*le Rhône contemplant la Dranse*) et d'autres vitraux (Saisons, Zodiaque, Travaux des mois) dus au peintre valaisan Edmond Bille (1949).

Gagner l'église paroissiale N.-D.-des-Champs, qui se dresse derrière l'hôtel de ville, place du Midi.

Église N.-D.-des-Champs – Reconstruite au 17ᵉ s. dans le style toscan et flanquée au 18ᵉ s. d'un clocher néogothique haut de 50 m, elle a noble allure avec son portail monumental aux vantaux de bois finement ouvragés. On admire à l'intérieur un beau **mobilier** sculpté, de facture locale, des 17ᵉ (fonts baptismaux, chaire) et 18ᵉ s. (retable du maître-autel, statues d'apôtres, stalles du chœur), ainsi qu'un grand crucifix de 1495.

Pousser jusqu'au début de la rue des Alpes pour voir, à gauche, la **maison Supersaxo**, intéressant exemple de construction (restaurée) du 15ᵉ s. Suivre les rues de la Délèze, d'Octodure et du Forum, cette dernière passant devant le champ de fouilles archéologiques du site gallo-romain de Forum Claudii Vallensium *(entrée rue d'Oche)* : fondations du forum et des monuments alentour, vestiges (sous abri) d'hypocauste et de latrines.

Continuer la rue du Forum jusqu'au bâtiment moderne, en béton.

★★ **Fondation Pierre Gianadda** ⊘ – Pour honorer la mémoire de son frère décédé en 1976 des suites d'un accident d'avion, Léonard Gianadda a créé un centre culturel qui, à côté d'un fonds permanent, présente des expositions temporaires de qualité illustrant l'œuvre d'artistes prestigieux comme Goya, Renoir, Modigliani, Picasso, Klee, Braque, Degas, Manet, Dufy, Miró, Kandinsky, Van Gogh, ou bien des expositions thématiques comme celle des magnifiques icônes russes provenant pour la plupart de la célèbre galerie Tretiakov de Moscou.

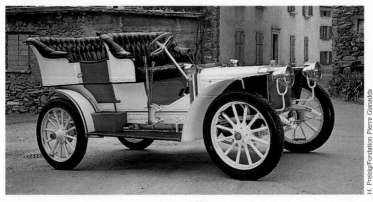

Martini 1903

H. Preisig/Fondation Pierre Gianadda

Le **Musée gallo-romain**, distribué en galeries surplombant les vestiges, dégagés en 1976, d'un temple romain du 1ᵉʳ s., expose des statuettes, monnaies, bijoux, ustensiles ménagers et fragments lapidaires du 1ᵉʳ au 4ᵉ s., et surtout les « bronzes d'Octodure », dont une tête de taureau tricorne, une jambe et le bras d'un dieu ou héros de taille gigantesque.

Le **musée de l'Automobile** expose une très belle collection de véhicules anciens, en état de marche, datant de 1897 à 1939, dont certains sont des modèles uniques. Le plus ancien, une Benz de 1897, pouvait atteindre… 25 km/h. Des noms prestigieux comme Rolls-Royce (véhicule de 1923 en aluminium poli, ayant rejoint par la route en 1988 Mandelieu sur la Côte d'Azur), Bugatti, de Dion-Bouton, Delaunay-Belleville (torpédo de 1914-1917 commandée pour la chasse par le tsar Nicolas II, la révolution de 1917 empêcha sa livraison). On y trouve également des automobiles de fabrication suisse : Pic-Pic (double phaéton de 1906), Sigma (1910-1911), Martini (torpédo de 1912), Fischer (torpédo 6 places de 1913) ou Stella (1911).

La fondation s'est enrichie d'un nouvel espace, la **collection Louis et Evelyn Franck** réunissant des œuvres de Cézanne, Van Gogh, Ensor, Toulouse-Lautrec, Van Dongen et Picasso.

Le **jardin** (vestiges archéologiques) constitue un musée de sculptures à ciel ouvert. Parmi les œuvres permanentes figurent des compositions de Joan Miró *(Tête)*, Alicia Penalba *(Le Grand Double)*, Jean Arp *(Colonne à éléments interchangeables)*, Henry Moore *(Reclining Figure)*, Dubuffet *(Élément d'architecture contorsionniste V)*, Brancusi *(Le Grand Coq)*, Segal *(Woman with Sunglasses on Park Bench)*, Rodin *(La Méditation avec bras)*, etc.

Chaque année, d'avril à octobre, dans le vieil arsenal de la fondation, se tient une exposition consacrée à Léonard de Vinci. Fac-similés, maquettes illustrent les multiples facettes de cet inventeur de génie.

Tourner à gauche dans le chemin de Surfrête, puis à gauche dans la route du Levant.

Amphithéâtre romain – Des années de fouilles, de consolidation et de restauration ont permis de mettre en valeur cet amphithéâtre (dimensions intérieures : 74 m sur 61,70 m), l'un des plus petits du monde romain, pouvant contenir environ 6 000 personnes (Nîmes : 133 m sur 101 m, 24 000 spectateurs). Un mur d'enceinte d'une hauteur de 1 à 2 m précédait le mur du podium qui bordait l'arène. Le podium lui-même était surmonté d'un parapet, afin de protéger les spectateurs des premiers rangs des bêtes sauvages. Six rampes d'accès menaient à la *cavea*, espace destiné au public qui prenait place sur les gradins en bois. Plusieurs *carceres*, sortes de petites pièces servant de cages à fauves ou à entreposer du matériel, s'ouvraient sur l'arène. Au-dessus de l'une d'elles se tenait la tribune des autorités ou *pulvinar*, accessible par un couloir voûté.

Faire demi-tour : la route du Levant mène à la place du Bourg.

Place et rue du Bourg – Agréable placette, avec un hôtel à tourelle daté de 1609 (très restauré), et rue pittoresque où l'on remarque, à gauche, l'ancienne Maison de commune du quartier du Bourg, datée de 1645, aux arcades soutenues par sept colonnes de marbre.

EXCURSION

★ **Vallée du Trient** – *Voir ce nom. Quitter Martigny au Nord-Ouest, route de St-Maurice.*

MEIRINGEN★

Bern – 4 637 habitants
Cartes Michelin nos 927 I 5 ou 217 plis 8, 9 – Schéma : BERNER OBERLAND
Alt. 595 m

Chef-lieu du Hasli (haute vallée de l'Aare, en amont du lac de Brienz), le bourg de Meiringen est devenu, dès l'avènement de l'automobile, un carrefour touristique de première importance.

C'est maintenant non seulement le point de départ des excursions classiques aux gorges de l'Aare et aux chutes de Reichenbach, mais encore une étape très bien placée sur les routes du Grimsel et du Susten.

Dans le square qui porte le nom du romancier écossais sir **Arthur Conan Doyle** (1859-1930), père de Sherlock Holmes, se trouve une statue en bronze du célèbre détective de fiction, œuvre du sculpteur anglais John Doubleday. Conan Doyle, qui adorait la Suisse, était citoyen d'honneur de Meiringen.

Sherlock-Holmes-Museum ⊙ – Cette reconstitution de la salle de séjour londonienne du 221 B Baker Street rassemble des souvenirs du fin limier et de son fidèle compagnon, le docteur Watson. Holmes disparut en 1891 dans les chutes de Reichenbach, poussé par le professeur Moriarty. Heureusement pour les lecteurs et sous leur pression, Conan Doyle fit ressusciter son héros quelques années plus tard.

Kirche – L'église se dresse dans la partie haute du village, où quelques maisons de bois rappellent le souvenir du vieux Meiringen, ravagé par l'incendie en 1879 et 1891.

Musée Sherlock-Holmes, Meiringen

Succédant à différentes constructions dévastées et remblayées par les débordements catastrophiques de l'Alpbach – torrent dont on remarque, en arrière, la cascade – l'église actuelle (1684) est le cinquième sanctuaire édifié à cet endroit.

Son clocher roman isolé, d'allure imposante, se trouve ainsi compter aujourd'hui 7 m en sous-œuvre.

Au cours de travaux de restauration ont été dégagés les vestiges du sanctuaire primitif du 11e s. (crypte actuelle) et, dans l'église haute, une série de fresques romanes (scènes de l'Ancien Testament).

ENVIRONS

** **Planplatten** – Alt. 2 245 m. *Accès en 1 h par téléphérique puis télécabine (3 tronçons).*

Beau **parcours**★★, avec le survol d'agréables alpages et de forêts. À l'arrivée, sortir à droite pour gagner la table d'orientation. Magnifique **panorama**★★, très varié, à l'Est sur les sommets et glaciers de Rhonestock, Sustenhorn, et des Wendenstöcke, au Sud sur les Alpes bernoises étincelantes et toujours enneigées (Wetterhorn, Schreckhorn, Finsteraarhorn), à l'Ouest sur le lac de Brienz et au Nord sur le Glogghüs, dominant le domaine alpestre de Meiringen.

Planplatten est une base de lancement privilégiée pour la pratique des sports aériens (parapente, deltaplane). C'est surtout un point de départ exceptionnel pour faire des randonnées de tous niveaux. Les marcheurs moyennement entraînés se contenteront de la découverte des lacs Tannensee et Melchsee *(compter 5 h de marche aisée)*. Les plus endurants feront la boucle ci-après, admirable, mais nécessitant une bonne condition physique.

*** **Randonnée des lacs et à Hochstollen** – *Partir de bon matin de Planplatten pour ne pas rater la dernière cabine à la descente. Compter 5 à 6 h de marche selon l'option choisie, sans les pauses. Chaussures à semelles antidérapantes indispensables.*

Gagner en une heure le Balmeregg (2 255 m) par un sentier à flanc de montagne. **Vue**★★ sur les 3 lacs (Engstlen, Tannen et Melch), le Titlis et les Wendenstöcke. Joli **sentier de crête**★★ vers **Tannensee**★, puis chemin plat jusqu'au **Melchsee**★ *(compter 1 h 30 ; pour gagner une petite heure, on peut descendre directement de Balmeregg sur Melchsee)*.

Longer en 30 mn le Melchsee par la gauche ; à l'extrémité, paysage de carte postale avec de magnifiques **reflets**★★ du Titlis. Monter à gauche au petit lac de **Blausee**★. L'itinéraire devient nettement plus pentu et atteint en une petite heure le **col d'Abgschütz** (2 263 m), d'où se révèle une **vue**★★ déjà resplendissante. Mais il faut monter en 3/4 h au **Hochstollen** (2 481 m, marqués par une croix), au prix d'une ascension très raide et assez impressionnante, pour bénéficier d'un **tour d'horizon**★★★ grandiose. Perspective exceptionnelle sur les lacs et vues sur l'Oberland bernois, de l'Eiger au Finsteraarhorn. Descente panoramique en direction de Käserstatt jusqu'au sommet d'un télésiège (atteint en 30 mn). Bifurquer alors bien à gauche : un sentier court à flanc de montagne, puis rejoint un chemin descendant sur Mägisalp (1 689 m ; compter 45 mn). *Prendre la télécabine puis le téléphérique pour regagner le parking.*

** **Aareschlucht** ⏱ **(Gorges de l'Aare)** – *2 km plus 1/2 h de visite. Le chemin donnant accès au parc de stationnement des gorges se détache de la route du Grimsel (n° 6) à la sortie de Meiringen – direction d'Innertkirchen – 200 m en amont du pont sur l'Aare.* Les gorges sciées par l'Aare dans le « verrou » du Kirchet, entre Meiringen et Innertkirchen, sont l'une des curiosités naturelles les plus populaires de l'Oberland bernois.

Les galeries de circulation donnent immédiatement accès à la partie la plus étranglée des gorges, dont les parois, tantôt rigoureusement verticales, tantôt curieusement excavées et polies par le travail de l'érosion (on peut observer des roches moutonnées et de nombreux vestiges de « marmites d'érosion »), produisent une forte impression. Beaucoup plus étrange cependant est la lumière diffuse qui baigne le fond de cette fissure où file, d'un seul élan, presque silencieuse, la puissante coulée vert jade de l'Aare.

Au bout d'environ 1,5 km, en vue d'une cascade affluente, on atteint la sortie amont des gorges (au niveau du dernier lacet avant Innertkirchen).

** **Vallée de Rosenlaui** – *12 km – environ 1 h – par un chemin de montagne très étroit (croisement impossible en dehors des garages), caillouteux et parfois raviné, en très forte rampe au départ de Willigen. Le passage est interdit aux voitures de tourisme de 6 places et plus.*

Quitter Meiringen par la route du Grimsel.

À Willigen, tourner à droite dans la route de Rosenlaui qui, durement sinueuse, pénètre dans la vallée solitaire du Reichenbach dominée, à gauche, par les extraordinaires découpures rocheuses des Engelhörner.

Bientôt apparaissent, en avant, de gauche à droite, le glacier de Rosenlaui, le Wellhorn et le Wetterhorn.

Un pont sur le lit corrigé du Reichenbach précède l'arrivée dans les prairies de Gschwandtenmad, d'où la **vue**★★★ est saisissante : au-delà d'un premier plan de sapins et à droite du glacier de Rosenlaui s'élève l'épaule rocheuse du Wellhorn, flanquant le cône glacé du Wetterhorn dressé au-dessus de la dépression de la Grande Scheidegg, large seuil qui permet aux piétons de passer de Rosenlaui à Grindelwald.

Rosenlaui — Cette station d'alpinisme se réduit en fait à un établissement hôtelier isolé et à ses dépendances.

Rosenlaui a cependant donné son nom à une célèbre école d'escalade (dont le siège est à Meiringen) au sein de laquelle ont été formés plusieurs guides, en vue de la conquête de l'Himalaya.

Les touristes de passage ici visitent des **gorges glaciaires** ⊙★ (Gletscherschlucht) creusées par le torrent de fonte du glacier de Rosenlaui *(3/4 h de marche assez pénible le long de galeries et d'escaliers sommairement aménagés).*

Le décor devient complètement rocheux.

En arrivant à Schwarzwaldalp, terminus de la route carrossable, c'est une surprise de découvrir, à une altitude où la seule rencontre plausible est celle des conifères, un versant entièrement planté d'érables.

★ **Reichenbachfälle** ⊙ **(Chutes de Reichenbach)** — *1 km plus 1/2 h AR environ dont 10 mn de funiculaire. Quitter Meiringen par la route du Grimsel. Après le pont sur l'Aare, dans un croisement, tourner à droite et laisser la voiture à la station inférieure du funiculaire de Reichenbach.*

Après avoir franchi les chutes inférieures du torrent par un viaduc, le funiculaire aboutit bientôt à une terrasse-belvédère d'où l'on peut admirer la grande cascade de Reichenbach dont un ressaut rocheux pulvérise, à mi-hauteur, le jet puissant, formant un panache vaporeux.

Castello di MISOX★

Graubünden

Cartes Michelin nos 927 L 6 ou 218 pli 13 – Ruine au Sud de Mesocco
Schéma : GRAUBÜNDEN

Coiffant un piton rocheux, les ruines féodales de Misox, gardiennes du val Mesolcina et du passage du San Bernardino, sont les plus imposantes et les plus évocatrices des Grisons.

Ce massif ensemble fortifié, dont les lignes verticales d'un élégant campanile rompent la lourdeur, était aux mains des comtes de Sax-Mesocco.

Vendu en 1483 aux Trivulce de Milan, le château fut démantelé par les « Ligues » grisonnes *(lire en Introduction, au chapitre : La démocratie en action, le commentaire du blason des Grisons)* en 1526. Une initiative des étudiants suisses l'a sauvé de la destruction complète en 1924-1925.

VISITE *environ 1/2 h*

Santa Maria del Castello ⊙ **(Chapelle Ste-Marie-du-Château)** — Au pied du château, ce sanctuaire au campanile roman très ajouré conserve un intéressant ensemble de **fresques**★ du 15e s. (mur gauche de la nef). Remarquer, au registre intermédiaire, plusieurs saints protecteurs des Grisons : saint Georges est représenté pourfendant le dragon, sous les traits d'un tout jeune chevalier ; saint Bernardin de Sienne, le patron de la vallée – dont le nom a été donné au passage du San Bernardino –, sous l'habit d'un moine au visage émacié, tenant à la main le monogramme du Christ entouré de rayons.

Les allégories des mois de l'année qui se succèdent au registre inférieur mêlent des scènes d'amour courtois et des tableaux de la vie paysanne, conformes à ceux qu'occasionnent les travaux des champs sur le versant italien des Alpes (récolte des châtaignes).

Château — *Accès par le chemin herbeux s'élevant derrière la chapelle Ste-Marie jusqu'à la passerelle d'entrée.*

Le vestige monumental le plus remarquable de cette forteresse est le campanile roman de sa chapelle, à cinq étages d'arcatures. Pour bénéficier d'une **vue**★ plongeante sur le val Mesolcina et le village de Soazza, tourner à gauche dès que se présente une trouée à travers les corps de bâtiments en ruine et gagner, au bord de l'escarpement, un mur découronné dont on atteint le sommet par un escalier sans rampe.

MONTREUX★★

Vaud – 21 476 habitants
Cartes Michelin nᵒˢ 927 E 6 ou 217 pli 14 – Schéma : Lac LÉMAN
Alt. 398 m
Plan d'agglomération dans le Guide Rouge Michelin Suisse

Favorisée par la beauté de son **site★★** et l'agrément de son séjour – consacrés par la littérature depuis que Rousseau choisit pour cadre de la *Nouvelle Héloïse* le village de Clarens, maintenant devenu faubourg –, Montreux, rajeunie par d'importants travaux d'urbanisme, est la station la plus animée du lac Léman, bénéficiant d'une réputation internationale.

Elle s'étale au bord d'une vaste baie, ouverte au Sud, et s'étage en amphithéâtre jusqu'aux hauteurs boisées ou couvertes de vignobles qui la protègent contre les vents du Nord et de l'Est. Ses palaces somptueux, ses hôtels de la Belle Époque ne sont pas sans rappeler certaines stations de la Côte d'Azur. Ville artistique, elle connaît une intense activité lors de ses nombreux festivals et propose des festivités mondialement connues : Rencontres chorales internationales (semaine suivant Pâques), festival télévisé de la Rose d'or (au printemps), Festival de jazz (en juillet), concerts du Festival de musique de Montreux-Vevey.

De la gare de Montreux partent plusieurs trains à voie métrique à destination de sommets qui offrent des vues étendues jusqu'à Genève, le Mont Blanc, le Cervin, etc. Parmi ces trains : le célèbre **MOB** (Montreux-Oberland bernois) et le Montreux Crystal Panoramic Express (réservation obligatoire).

Des **croisières** sur le Haut Lac sont organisées à bord de bateaux à vapeur.

Montreux

★★★ **Le coup d'œil** – Monter, à travers le vieux Montreux, jusqu'à la terrasse de l'église paroissiale pour contempler l'agglomération de Clarens-Montreux-Territet, le lac, dans lequel s'avance le château de Chillon, les monts du Chablais savoyard, les pointes étincelantes des dents du Midi.

La Riviera vaudoise – La douceur de son climat (moyenne annuelle 10º) fait de Montreux une station climatique fréquentée toute l'année et vaut à son littoral le nom de Riviera vaudoise. Ce climat exceptionnel, le plus doux qui soit au Nord des Alpes, permet à une végétation luxuriante et variée de se développer : la vigne pousse jusqu'à 600 m d'altitude, le noyer jusqu'à 700 m et les arbres fruitiers jusqu'à 1 000 m.

Sur les rives du lac, on rencontre des figuiers, amandiers, lauriers, mûriers et même des cyprès, magnolias et palmiers qui jouissent là d'une température toute méridionale. Au printemps, les prairies dominant la ville sont couvertes de narcisses, donnant aux coteaux un charme tout particulier.

Musée du Vieux-Montreux ⊘ – *40, rue de la Gare.*
Au cœur de la vieille ville, le musée, logé dans deux belles maisons vigneronnes du 17ᵉ s., offre un vivant reflet de l'histoire très riche de la région. Préhistoire, période romaine, Moyen Âge, reconstitution d'intérieurs et d'ateliers de plusieurs époques, développement du tourisme grâce aux séjours d'hôtes illustres, techniques et communications, monnaies, architecture et urbanisme sont des thèmes présentés sur 3 étages, expliquant de façon claire l'essor de la ville au cours des siècles.

Audiorama ⊘ – *À Montreux-Territet, route de Chillon, Villeneuve.*

Le **musée national suisse de l'audiovisuel** est installé dans l'ancien Grand Hôtel (dans la grande salle au 2ᵉ étage, très belle verrière Art déco), qui compta parmi ses hôtes illustres la célèbre Sissi.

CARNET D'ADRESSES

Office de tourisme – *Montreux Tourisme, 5, rue du Théâtre* – ☎ *(021) 962 84 84* – *fax (024) 963 78 95.*

Shopping

On trouvera un grand nombre de boutiques dans les artères suivantes : avenue des Alpes, Grande-Rue, avenue du Casino, rue de la Paix.

Grand magasin : **Innovation** *(avenue du Casino).*

Théâtre et musique

Théâtre du Vieux-Quartier – *Rue du Pont* – ☎ *(021) 961 11 32.*

Auditorium Stravinski – *Grand-Rue* – ☎ *(021) 962 21 19.*

Se loger à Montreux

Montreux, ville dont la renommée n'est pas à faire et qui est souvent l'objet de festivals importants, possède un grand nombre de ressources hôtelières et de restaurants. Nous donnons ci-dessous quelques adresses dans une gamme de prix qui nous semble raisonnable pour une étape ou un séjour de courte durée.

À BON COMPTE

Hôtel du Pont – *12, rue du Pont* – ☎ *(021) 963 22 49* – *fax (021) 963 22 49* – *10 chambres* – *65/130 F* – **GB**.
Une petite adresse sympathique. L'hôtel se trouve dans la vieille ville, au pied du funiculaire. Cuisine classique avec quelques spécialités italiennes.

Hôtel de Sonloup – *Au col de Sonloup, à 8 km au Nord* – ☎ *(021) 964 34 31* – *fax (021) 964 34 80* – *22 chambres* – *65/160 F* – **GB** – *fermé du 1ᵉʳ décembre au 22 mars.*
En pleine montagne, dans un site superbe et un calme absolu. Accessible pour ceux qui n'ont pas de voiture avec le train panoramique le MOB. Les chambres sont bien décorées dans le style « montagne ».

VALEUR SÛRE

Auberge des Planches – *2, rue du Temple* – ☎ *(021) 963 49 73* – *fax (021) 963 23 11* – *36 chambres* – *85/160 F* – **GB** – *fermé du 10 janvier au 10 février.*
À la périphérie de la ville, dans une rue pentue. Les chambres sont assez grandes, au mobilier rustique. La cuisine est essentiellement mexicaine. La décoration du restaurant Don Chico s'inspire bien évidemment du Mexique.

Golf-Hôtel René Capt – *35, rue de Bon-Port* – ☎ *(021) 966 25 25* – *fax (021) 963 03 52* – *72 chambres* – *155/325 F* – **GB** – *ouvert du 2 mars au 14 novembre.*
Quelque peu excentré, mais bénéficiant d'une bonne situation avec un jardin en bordure du lac.

Les grands moments de la radio et de la télévision sont retracés au fil des salles par la présentation d'un grand nombre d'appareils qui incluent postes radio, gramophones, phonographes, électrophones, magnétoscopes, etc. Le développement de l'enregistrement en studio, la première émission en eurovision, la première image couleur sont très bien illustrés par du matériel d'époque. Au rez-de-chaussée on verra le meuble émetteur du Champ-de-Mars à Lausanne (1922), mis en service pour assurer la sécurité aérienne de la ligne Paris-Lausanne.

ENVIRONS

★★★ **Rochers de Naye** ⊘ – Alt. 2 042 m. *Environ 3 h AR dont 2 h de chemin de fer à crémaillère.*
Le trajet permet d'apprécier le site de **Glion** (alt. 689 m), perché à moyenne altitude, et celui de **Caux** (alt. 1 050 m), autre station-balcon de vieille réputation, aujourd'hui célèbre surtout par le mouvement du « Réarmement Moral ».
Du sommet, belle vue aérienne sur le Léman et splendide tour d'horizon sur les Alpes bernoises, valaisannes, savoyardes et le Jura.

★★ **Château de Chillon** – *3 km au Sud. Accès possible à pied en longeant le lac. Voir ce nom.*

Masson – *À Veytaux, 5, rue Bonivard* – ☎ *(021) 966 00 64 – fax (021) 966 00 36 – 31 chambres – 170/240 F* – **GB** – *ouvert du 2 avril au 31 octobre.*
Le plus ancien hôtel de Montreux (1828) dégage un charme rétro indéniable. Un petit jardin reposant ajoute un plus à cet établissement. Une bonne adresse pour des vacances dans la région.

Eurotel Riviera – *81, Grand-Rue* – ☎ *(021) 963 49 51 – fax (021) 963 53 92 – 175 chambres – 210/290 F* – **GB**.
Un hôtel central avec un ponton d'amarrage. Deux restaurants : le Bel Horizon et le Matara.

UNE PETITE FOLIE !

Eden au Lac – *11, rue du Théâtre* – ☎ *(021) 963 55 51 – fax (021) 963 18 13 – 105 chambres – 230/420 F* – **GB** – *fermé de mi-décembre à fin janvier.*
Qui n'a jamais rêvé de passer une nuit dans un palace et de se replonger dans le faste d'une autre époque ? Les prix bien sûr sont en conséquence. Un immeuble à l'architecture victorienne, un mobilier de style, des chambres spacieuses, un restaurant gastronomique, le dépaysement est total.

Se restaurer à Montreux

Le Museum – *40, rue de la Gare* – ☎ *(021) 963 16 62 – fermé le dimanche et le lundi.*
Un bon moment de détente dans ce restaurant constitué de trois belles salles voûtées appartenant à un ancien couvent du 13e s. Fondues, raclettes et cuisine au feu de bois se prêtent très bien au cadre.

Caveau des Vignerons – *30 bis, rue Industrielle* – ☎ *(021) 963 25 70 – fermé 1 semaine à Pâques et du 28 juillet au 18 août.*
Comme son nom le laisse deviner, le décor s'inspire du thème du vignoble (exposition d'objets liés au travail de la vigne). On sert viandes sur ardoise, fondues et raclettes accompagnées comme il se doit de vins locaux.

Restaurant du Montagnard – *À Villard-sur-Chamby, 7 km au Nord* – ☎ *(021) 964 36 84 – fermé en janvier et février ainsi que le lundi et le mardi.*
Une authentique ferme de montagne du 17e s. proposant une cuisine traditionnelle. Le soir, ambiance musicale et folklorique.

Auberge de la Cergniaulaz – *Aux Avants, 8 km au Nord par le col de Sonloup et la route d'Orgevaux* – ☎ *(021) 964 42 76 – fermé du 18 février au 27 mars ainsi que le lundi et le mardi.*
En pleine montagne, ce restaurant installé dans un chalet authentique présente sur une grande ardoise un bon choix de plats rustiques. Une bonne adresse où il est conseillé de retenir sa table.

Un verre dans un endroit agréable

La **Grand-Rue**, secteur très animé de la ville, offre pour les amateurs de jazz le **Duke's jazz bar**, piano-bar de l'hôtel Royal Plaza (au n° 97).

L'animation nocturne bat son plein dans la rue du Théâtre grâce aux différents établissements qui composent le **Casino de Montreux** (9, rue du Théâtre). Pour un cocktail dans un cadre intime : le **Montreusien**, piano-bar.

★★ Circuit des Avants-Sonloup – *25 km – environ 1h. Suivre l'itinéraire fléché du schéma ci-dessus.*

Quitter Montreux par l'itinéraire signalé « Les Avants-Fribourg ».

La route surplombe, à gauche, la ville et le lac, tandis que se détache, au sommet d'une colline couverte de vignes, le château du Châtelard avec sa grosse tour rectangulaire à mâchicoulis du 15e s.
La route, qui s'élève rapidement, offre de jolies vues sur le lac et les Alpes.
À 4 km de Montreux, tourner à droite vers Chernex-les-Avants ; 200 m plus loin, tourner à gauche avant Chamby (deux virages), passer la voie ferrée ; puis tourner à droite pour gagner les Avants.

★ Les Avants – Alt. 968 m. Cette petite station, dominée au Sud-Est par la dent de Jaman et les rochers de Naye, jouit d'une excellente exposition.

Col de Sonloup – Alt. 1 149 m. Belle **vue★** sur les rochers de Naye, les dents du Midi et les Alpes de Savoie.

Le retour à Montreux s'effectue sur l'itinéraire Saumont-Chamby-Chernex.

Le long de la route, étroite au départ, nouvelles échappées sur le lac et la région de Vevey-Blonay.

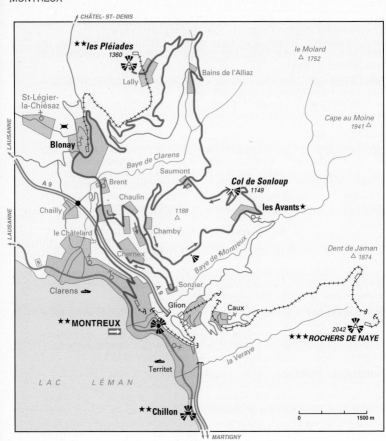

★★ Circuit des Pléiades – *36 km – plus 1/2 h à pied AR.*

Suivre au départ l'itinéraire du circuit précédent, jusqu'à Saumont.
À Saumont, prendre à droite vers les Bains de l'Alliaz et suivre ensuite la route qui s'élève à travers des prairies et des bois de sapins jusqu'à Lally où on laissera la voiture. On peut également gagner Lally par train à crémaillère, à partir de Blonay.

★★ Les Pléiades – Alt. 1 360 m. *De Lally, 1/2 h à pied AR.* De ce sommet se découvre un très beau **panorama★★** sur le Léman, le Molard, la dent de Jaman, les rochers de Naye, les Alpes de Savoie et la chaîne du Mont-Blanc.
Revenir par la route de Blonay, qui procure de fréquentes échappées sur le lac et permet de découvrir à droite le **château de Blonay** (11ᵉ s.).

Peu après Brent on retrouve, pour rentrer à Montreux, la route empruntée au départ.

MORAT
Voir MURTEN

MORGES★

Vaud – 13 747 habitants

Cartes Michelin nᵒˢ 927 D 6 ou 217 Nord-Ouest du pli 13 – Schéma : Lac LÉMAN
Alt. 378 m – Plan dans le Guide Rouge Michelin Suisse

Important centre vigneron de la « Côte » vaudoise, la petite ville de Morges occupe un site agréable sur la rive du lac Léman, face aux Alpes de Savoie.
Construit de 1691 à 1696, d'après les plans du baron Duquesne d'Aubonne, fils du célèbre amiral, son port, aujourd'hui **port de plaisance**, a connu avant le développement des chemins de fer une grande activité commerciale, soutenue par les échanges entre le pays de Vaud et Genève.

Du quai, près duquel se dresse le château – construit par Louis Ier de Savoie, ancienne résidence des baillis bernois – on découvre une très belle **vue★** sur le lac dont la nappe atteint, ici, son plein épanouissement et, au-delà, sur les Alpes, du Salève aux Alpes fribourgeoises, en passant par les Alpes de Savoie d'où se détachent la dent d'Oche et le Mont Blanc.

★★ Musée Alexis-Forel ♥ – *54, Grand-Rue.*

Ce musée d'objets précieux, rassemblés à l'origine par le graveur Alexis Forel et sa femme, est aménagé dans une partie de l'ancienne maison Blanchenay, bel édifice composite des 15e, 17e et 18e s., construit en deux corps de bâtiment reliés à chaque étage par une galerie toscane, et dont on remarquera, à l'intérieur, les plafonds des 15e et 16e s. à caissons, les portes bourguignonnes sculptées du 17e s. et les deux cheminées monumentales.

Chaque salle du musée fait revivre par la richesse de sa décoration la vie passée : mobilier français et suisse du 15e au 19e s., en partie rassemblé par Forel lui-même, bibelots (salons des 17e et 18e s.), porcelaines de Nyon et de la Compagnie des Indes, verrerie du 16e au 19e s., argenterie des 18e et 19e s. Deux étages sont consacrés à une exposition de poupées du 18e au 20e s. avec leurs accessoires.

Château ♥ – Érigée à un point stratégique à l'Ouest de la ville, cette massive forteresse du 13e s., flanquée de quatre tours d'angle cylindriques délimitant quatre courtines qui s'ordonnent autour d'une cour centrale, abrite aujourd'hui les collections de trois musées.

Le **musée suisse de la Figurine** (rez-de-chaussée) présente une succession de dioramas illustrant avec des soldats de plomb ou d'étain, des grands événements historiques de l'Antiquité au 19e s. (Babylone, révolte aztèque contre les Espagnols, camp du Drap d'or, passage de la Bérézina…). Chaque figurine y est réalisée avec un remarquable souci du détail.

Le **Musée militaire vaudois** (rez-de-chaussée et 1er étage) présente une rétrospective complète de l'armement, des uniformes et des coiffures militaires des régiments suisses (incluant la célèbre garde pontificale), de l'époque népoléonienne à nos jours. Plusieurs pièces illustrant une époque se succèdent, parmi lesquelles la tour de la justice ou tour de la torture (roue de justice – 15e-18e s. – sur laquelle le condamné était ligoté pour être supplicié) ; la salle Davel consacrée au major Jean-Daniel Abraham Davel, patriote vaudois exécuté en 1723 pour rébellion contre le pouvoir bernois ; la salle dédiée au général Guisan, commandant en chef de l'armée suisse de 1939 à 1945 (livret de service, objets personnels).

De belles caves voûtées en berceau servent de cadre au **musée de l'Artillerie** qui expose une quarantaine de pièces réelles ainsi que des modèles réduits permettant de suivre l'évolution de cette arme (fauconneau ou pierrier du 16e s. ; artillerie de montagne tirée par des bêtes de somme ; inhabituel mortier de 12 en forme de boule – 1888 – pivotant à 360° et réglable en inclinaison, d'une portée de 3 km ; canon de campagne de 75 monté sur chevalets).

Val de MORGINS★

Cartes Michelin n°s 927 E 7 ou 217 pli 14 – Schéma : Le VALAIS

Seule voie internationale de transit du massif préalpin du Chablais, la route du Pas de Morgins, reliant les vallées pastorales d'Abondance et de Morgins, toutes parsemées de grands chalets, se présente sur le versant du Valais comme une route moderne dont le tracé offre des vues multiples sur les crêtes des dents du Midi.

DE MONTHEY À CHÂTEL

34 km – environ 2 h – itinéraire **8** *de la visite du Valais*

Contrôle douanier suisse aux abords du Pas ; contrôle douanier français à Vonne.

Au départ de Monthey, la route s'élève rapidement, en lacet, au-dessus de la vallée du Rhône que dominent, d'aval en amont, les sommets des Diablerets, du Grand Muveran et de la dent de Morcles.

En avant, dans l'axe du val d'Illiez, apparaissent, neigeuses, les dents Blanches et les dents du Midi.

Au fur et à mesure de la montée, les prairies plantées de noyers succèdent aux vignobles.

✻✻ **Champéry** – À l'entrée du **val d'Illiez★★**, Champéry s'étire, à mi-pente, à l'ombre de la barrière des dents du Midi.

Cette villégiature, restée familiale en dépit de son ambiance internationale, a surtout la faveur des amateurs de courses en montagne calcaire. Le **clocher** de l'église, coiffé d'une curieuse couronne de pierre ajourée, attire le regard.

En hiver, la cuvette de Planachaux, desservie par diverses remontées mécaniques, offre aux skieurs de belles pentes ensoleillées.

Le domaine skiable – Champéry constitue la station suisse la plus importante au sein des Portes du Soleil✻✻. Ce domaine, franco-suisse, est l'un des plus vastes au monde avec 650 km de pistes entre 900 et 2 300 m d'altitude. Il comble particulièrement les skieurs de niveau intermédiaire, entre fin décembre et mi-mars, l'altitude plutôt modeste constituant une entrave à une saison plus longue. Le domaine propre à Champéry, de taille réduite, comprend quelques belles descentes : le fameux mur de bosses du Pas de Chavanette, l'un des plus difficiles en Europe, et la longue et superbe piste rouge, desservie par les téléskis Ripaille, descendant sur le Grand Paradis. Les autres stations du domaine sont accessibles rapidement, notamment Les Crosets et Avoriaz.

★★ **Croix de Culet** ⊙ – *De Champéry, 3/4 h environ, dont 1/4 h de téléphérique, plus 1 h de marche.*

De la station supérieure du téléphérique de Planachaux, continuer à pied, le long de la crête, jusqu'à la croix (alt. 1 963 m). On profite alors d'une vue très étendue sur les différentes cimes des dents du Midi, le mont Ruan, les dents Blanches et les Alpes vaudoises.

La route continue à décrire des lacets, offrant des **vues★** de plus en plus larges sur la vallée du Rhône et, vers le Sud, sur le val d'Illiez, les falaises des dents du Midi et, à droite de celles-ci, le mont Ruan.

Par un passage en corniche au-dessus du ravin boisé de la Vièze, le parcours atteint ensuite le fond de la combe alpestre doucement modelée du val de Morgins.

Les chalets s'abritent sous leur toit débordant en éperon et couvert de tavaillons ; leurs balcons à double étage présentent à l'aplomb du faîte un double décrochement formant tribune.

✻ **Morgins** – Le cadre apaisant de cette villégiature d'altitude faiblement encaissée est très propice à la détente estivale et hivernale.

★ **Pas de Morgins** – Alt. 1 369 m. La route, en pente insensible, se glisse dans cette encoche forestière parée d'un petit lac dans lequel se mirent les sapins. En direction du Sud-Est, au second plan, le couronnement des dents du Midi est visible.

La descente, plus raide, dans la vallée savoyarde de la Dranse d'Abondance fait découvrir le **site★** majestueux de Châtel *(description dans le guide Alpes du Nord)*.

En avant, les escarpements du mont Chauffé (à gauche) et des Cornettes de Bises (à droite) barrent maintenant l'horizon.

MOUDON

Vaud – 4 425 habitants

Cartes Michelin nᵒˢ 927 E 5 ou 217 pli 4 – Alt. 522 m

Longtemps capitale du « pays de Vaud savoyard », Moudon est joliment située dans la vallée de la Broye, au centre d'une riche région agricole. Important relais sur la route de Rome à Vindonissa (Windisch, près de Brugg) dès l'époque gallo-romaine, Moudon a connu une période de grande prospérité au temps des comtes de Savoie (14ᵉ s.). C'est de cette époque que datent la plupart des monuments qui donnent à l'actuelle cité son cachet médiéval.

Du pont par lequel la route de détournement (nᵒ 1) franchit la Broye, on découvre au premier plan une jolie vue sur l'église St-Étienne et à l'arrière, sur la vieille ville ou ville haute avec ses maisons des 15ᵉ, 16ᵉ et 17ᵉ s. dont les grands toits débordant en auvent se regroupent au pied de la colline que couronnent les vieux châteaux de Rochefort et de Carrouge et l'antique tour de Broye.

CURIOSITÉS

Église St-Étienne – Construite dans la seconde moitié du 13ᵉ s. et au début du 14ᵉ s., elle est flanquée d'un imposant clocher fortifié, ancienne tour d'enceinte de la ville. Cet édifice témoigne de l'importance de la ville à l'époque savoyarde. La nef gothique possède des voûtes armoriées, de jolis vitraux modernes, un bel orgue de 1764, de belles stalles du début du 16ᵉ s. (chœur) ; d'autres stalles, du début du 17ᵉ s., sont visibles à gauche de l'entrée. Une restauration complète a mis en valeur des fresques originales du 16ᵉ s.

Rue du Château – *Au départ de la place de la Grenette.*
Voie principale du vieux quartier du Bourg : au bas, amusante fontaine de la Justice (statue polychrome abritant sous sa robe quatre magistrats nains) ; en montant, on remarque à droite la tour de Broye, ruine du 12ᵉ s., puis, des deux côtés de la rue, quelques maisons des 15ᵉ, 16ᵉ et 17ᵉ s. comme au nᵒ 34 la maison dite Bernoise, reconnaissable à son avant-toit formant terrasse ; à mi-parcours, vue dominante à gauche sur la rivière qu'enjambe un pont couvert ; en haut, on trouve les musées (à droite) et une deuxième fontaine, celle de Moïse, à bassin octogonal et fût sculpté, datée de 1557.

Musée du Vieux-Moudon Ⓥ – Située dans la ville haute, la maison de Rochefort (13ᵉ s.) sert de cadre à ce musée qui fait revivre la vie locale et régionale d'autrefois.

Au rez-de-chaussée, on voit le « char de côté » de la famille Burnand (les passagers étaient assis sur le côté perpendiculairement à la marche) puis une étude de notaire bien chargée de documents, une collection d'armes (fusils à silex, escopettes, hallebardes), une cuisine montrant l'importance donnée aux repas (nombreux accessoires : grilloirs à café, hachoirs, moulin à sel...). Viennent ensuite deux espaces illustrant la campagne (outils, instruments aratoires, sonnailles) et la ville (vieilles enseignes en fer forgé de cafés de Moudon, épis de faîtage, tableaux). Un escalier à vis conduit à l'étage, où une maquette de la ville en 1415 est exposée dans le vestibule. Le grand salon, lieu de détente (musique, lecture, jeux de société), est orné de trois tapisseries peintes du 18ᵉ s. Le poêle de faïence porte les armes de Sigismond de Cerjat, qui transforma la demeure entre 1729 et 1731. Plusieurs aspects de la vie quotidienne sont illustrés dans la dernière salle : les vieux métiers (outils de forgeron, de charpentier), le travail du lin et du chanvre, la famille, la vie militaire. À remarquer de belles catelles moudonnoises du 18ᵉ s.

Musée Eugène-Burnand Ⓥ – Dans le bâtiment du Grand-Air, ce musée est consacré à E. Burnand, né à Moudon en 1850 et mort à Paris en 1921. Les œuvres exposées rassemblent des scènes de la vie paysanne, des sujets historiques, religieux, des portraits et des dessins. Burnand vécut longtemps en France et fut l'élève de Gérôme à l'École des beaux-arts de Paris. Ses séjours en Provence lui inspirèrent des tableaux comme *Paysages de Camargue* ou *Troupeaux de chevaux en Camargue*, et surtout son amitié avec l'écrivain provençal Frédéric Mistral se traduisit par l'illustration du célèbre poème *Mireille*. Parmi ses tableaux monumentaux les plus connus sur le thème de la vie rurale : *Le Labour dans le Jorat* (1916), *Les glaneuses* (1880), *Le Paysan* (1894), *La Ferme suisse* (1882). Parmi les sujets religieux, il faut remarquer *La Voie douloureuse* (1903) montrant Jésus conduit au calvaire (le peintre y a représenté sa femme à genoux). Côté historique, *La Fuite de Charles-le-Téméraire* (1895) est son œuvre majeure. À remarquer les visages, surtout celui du Téméraire, traduisant bien la situation, le salut dans la fuite.

EXCURSION

Lucens – *5 km au Nord-Est par la route en direction de Payerne.*

Comment cette petite ville peut-elle être associée au nom de Sherlock Holmes ? Le fils de sir Arthur Conan Doyle, l'auteur des exploits du célèbre détective anglais, fut à une époque propriétaire du château de Lucens. Il fit don à la commune de plusieurs objets ayant appartenu à son père et y créa un musée. Installé dans de nouveaux locaux, le **musée Sherlock Holmes** ⊙ est consacré à l'œuvre de Conan Doyle et à son illustre héros. Le fauteuil, le bureau, des objets personnels, copies de lettres, vêtements, photos de l'écrivain sont exposés, de même qu'une grande table ayant appartenu à la famille autour de laquelle se sont assis des hôtes prestigieux comme Winston Churchill ou Rudyard Kipling. Enfin le salon de Holmes du 221 B Baker Street a été reconstitué d'après les descriptions minutieuses des romans. On y retrouve quantité d'objets rappelant le souvenir du fin limier et de son fidèle compagnon, le docteur Watson.

MUOTTAS MURAGL★★

Graubünden

Cartes Michelin n⁰ˢ 927 N 6 ou 218 pli 15 – Nord de Pontresina
Schéma : GRAUBÜNDEN

Les croupes gazonnées de Muottas Muragl, facilement accessibles par funiculaire depuis le fond du bassin de Samedan, constituent le belvédère classique de la Haute-Engadine.

★★ **Montée à Muottas Muragl** ⊙ – *De la gare inférieure de Punt Muragl, 1 h AR environ dont 1/2 h de funiculaire.*
La station supérieure (hôtel), à 2 453 m d'altitude, offre une **vue**★★ en enfilade, par la trouée de la Haute-Engadine, encadrée par les chaînons du Piz Rosatsch et du Piz Julier. On voit parfaitement le chapelet de lacs qui se succèdent de St-Moritz à la Maloja. Plus à gauche se déploient le cirque glaciaire de Roseg et les cimes éclatantes du massif de la Bernina : Piz Morteratsch, Piz Bernina, Piz Palü.
De nombreux touristes se plaisent à parcourir à pied cette haute région, réputée pour sa flore et sa faune (bouquetins, chamois, marmottes), le long de larges sentiers en pente douce, superbement tracés à flanc de montagne, tels que le « Hochweg ».

★★ **Randonnée à Pontresina** – *Prévoir la journée entre l'ascension en funiculaire au Muottas Muragl, la randonnée et la traversée du village de Pontresina. Depuis Muottas Muragl, compter 3 h 30 de marche environ pour l'itinéraire le plus court.*
L'excursion la plus classique consiste à suivre le sentier jusqu'à Alp Languard *(2 h 30 de marche)* en traversant de paisibles alpages découvrant des **vues**★★ superbes sur les glaciers de Roseg et de Morteratsch et sur la vallée de Pontresina. De Alp Languard, la descente sur Pontresina peut se faire soit à pied, soit en télésiège.
Mais l'on peut aussi se contenter de gagner simplement le restaurant Unterer Schafberg, situé à 2 231 m d'altitude, 1 h de marche avant Alp Languard, puis de descendre directement sur Pontresina à travers la forêt (en 3/4 h).
De Pontresina, un sentier de fond de vallée permet de rejoindre en 3/4 h le pied du funiculaire, en découvrant de nombreuses demeures construites dans le style typique du pays.

MÜRREN *

Bern

Cartes Michelin nᵒˢ 927 H 6 ou 217 Nord-Est du pli 17
Schéma : INTERLAKEN (Environs) – Alt. 1 638 m

Perché sur un replat d'alpages, formant balcon au-dessus de la formidable coupure de la vallée de Lauterbrunnen, Mürren est placé face à plusieurs géants de roche et de glace, de gauche à droite : l'Eiger, le Mönch, la Jungfrau, le Breithorn, puis le groupe du Gspaltenhorn (à l'extrême droite).

Le **site★★** de ce village de chalets, à l'abri de toute circulation automobile, et les caractéristiques sportives de ses parcours skiables, qui réunissent toutes les difficultés imaginables, expliquent le succès de la station. Le tourisme est né ici grâce aux Britanniques qui, au début du siècle, venaient s'adonner aux joies de la neige et recréaient là leur ambiance familiale.

C'est à Mürren que fut fondé, en 1924, le KandaharSki-Club, organisateur de la fameuse épreuve de l'« Arlberg-Kandahar », considérée de nos jours comme un championnat du monde officieux des pays alpins.

P. Wysocki/EXPLORER

Accès – Les automobilistes pourront se rendre à Stechelberg, terminus de la route de Lauterbrunnen, puis prendre le téléphérique du Schilthorn jusqu'à Mürren.

Il est également possible d'aller jusqu'à Lauterbrunnen, de laisser son véhicule au parking et de prendre le funiculaire pour Grütschalp. De là un train conduit à Mürren.

ENVIRONS

★★★ Schilthorn ⊙ – Alt. 2 970 m. *1 h 1/4 environ dont 17 mn de téléphérique au départ de Mürren. Téléphérique également au départ de Stechelberg dans la vallée.*

Du sommet, dans un site sauvage de ravines et d'éboulis, **vue panoramique★★★** sur le massif de la Jungfrau, séparé de l'observateur par le fossé de Lauterbrunnen. Le lac de Thoune est visible en partie. Le restaurant panoramique est doté d'un plateau tournant qui exerce une rotation complète en 55 mn. Cet établissement futuriste, tout en aluminium, fut le décor du film de James Bond, *Au service de sa majesté* : plusieurs scènes y furent tournées au cours de l'hiver 1967-1968.

Tous les ans, en janvier, a lieu la folle descente de l'*Inferno*. Quelque 1 800 participants s'élancent depuis le sommet du Schilthorn pour un parcours d'environ 16 km et 2 134 m de dénivelée jusqu'à Lauterbrunnen. Le tout pour les meilleurs en moins de 20 mn.

MURTEN★★

MORAT – Fribourg – 5 478 habitants
Cartes Michelin nos 927 F 5 ou 217 pli 5 – Alt. 458 m

Dominant la rive orientale du lac qui porte son nom, Morat est dotée d'un port de petite batellerie agréable aux plaisanciers. Elle reste célèbre dans l'histoire par la défaite que les Suisses y infligèrent à Charles le Téméraire. Cette ancienne cité, ayant conservé la majeure partie de ses remparts et de ses tours, est d'un charme très pittoresque.

Murtensee (Lac de Morat) – Cette paisible nappe d'eau rectangulaire de 23 km^2, parallèle à l'extrémité Nord du lac de Neuchâtel, n'en est séparée que par une colline et moins de 4 km en ligne droite, mais communique avec lui par le canal de la Broye. Poissonneux, asile des oiseaux migrateurs sur sa rive Nord, et des baigneurs sur la berge opposée *(plage aménagée)*, le lac est bordé à l'Est – seule rive alémanique – par la ville de Morat et ses villages adjacents.

Expo.02 : 15 mai-20 octobre 2002 – Morat fait partie des villes choisies (avec Bienne, Neuchâtel et Yverdon-les-Bains) pour l'exposition nationale du nouveau millénaire. Le thème traité dans l'espace créé pour l'occasion ou « arteplage » est *Instant et Éternité*.

La bataille de Morat

Impatient d'effacer l'échec que lui avaient infligé les Confédérés suisses à Grandson le 2 mars 1476, le duc de Bourgogne Charles le Téméraire rassemble en hâte une nouvelle armée. Quittant Lausanne le 27 mai, il se dirige sur la vallée de la Broye et arrive, le 9 juin, devant Morat qu'il assiège. L'arrivée de l'armée des Confédérés, le 22 juin, renverse la situation. Acculées au lac, n'ayant aucune possibilité de retraite en cas de défaite, les troupes du Téméraire ne peuvent échapper au massacre ou à la noyade ; le duc, lui, réussit à s'enfuir. Près de 8 000 Bourguignons y laissent la vie. Comme à Grandson, un riche butin – étoffes, fourrures, armes de prix – tombe aux mains des vainqueurs.

CURIOSITÉS

Hauptgasse (Rue principale) – Tracée au cœur de la ville ancienne, elle présente une belle unité avec ses maisons ornées d'arcades et aux toits en saillie couverts de tuiles brunes, ses fontaines et sa **porte de Berne** (Berntor) surmontée d'un élégant clocheton.

Prendre la Deutschekirchgasse qui s'amorce à droite, aussitôt avant la porte de Berne et contourner l'église protestante allemande derrière laquelle une tour munie d'un escalier en bois donne librement accès aux remparts.

★**Stadtmauer (Remparts)** – Prendre à droite le chemin de ronde couvert d'une belle charpente, qui offre de jolies vues sur l'enchevêtrement des toits de la ville ancienne, le château et le lac, tandis qu'à l'horizon se dressent le mont Vully et les contreforts du Jura. Au terme du chemin de ronde se trouve la tour des Sorcières ; on peut y monter et de là découvrir le château et le lac dans le fond.

Revenir sur ses pas et descendre par la tour carrée des Prisons.

Au pied de la tour, dans un renfoncement à droite, se trouve l'ancienne horloge de la lanterne de l'hôtel de ville (1816, restaurée entre 1989 et 1991). Une porte donne accès à une petite place d'où l'on a une jolie vue extérieure sur les remparts.

Repasser sous la porte et prendre la Kreuzgasse puis à gauche la Schulgasse vers le château.

On passe, à l'extrémité de la rue principale, devant le **Rübenloch**, belle maison ancienne à la façade en pierre.

Schloss (Château) – Construit au 13e s. par le duc Pierre de Savoie, c'est un édifice imposant, d'aspect sévère. De la cour intérieure, jolie vue sur le lac de Morat et le Jura.

Historisches Museum ⊙ **(Musée d'Histoire)** – Très moderne, il occupe, au pied du château, l'ancien moulin à eau de la ville, aujourd'hui restauré dans son aspect du 18e s. On y voit, sur cinq niveaux *(ascenseur pour la sortie)*, de haut en bas : des vestiges préhistoriques et gallo-romains (poteries, armes, bijoux), des collections se rapportant à l'histoire locale du Moyen Âge au 18e s. (monnaies, étains, verrerie, vitraux, ustensiles variés) ; des armes : épées, armures, canons... et un diaporama sur la bataille de Morat.

Prendre la Rathausgasse.

Cette rue passe devant l'hôtel de ville, belle bâtisse à arcades du 16e s., et conduit à la petite **église française** (une seule nef, chœur voûté d'ogives). Sur le côté de l'église, une sorte de balcon offre une vue intéressante sur le lac et au loin sur les contreforts du Jura.

La Französischegasse ramène à la porte de Berne et à la rue principale.

MÜSTAIR★

Graubünden – 840 habitants

Cartes Michelin nos 927 P 6 ou 218 pli 17 – Schéma : GRAUBÜNDEN

Le chef-lieu du **val Müstair** est la seule portion du territoire helvétique faisant partie du bassin de l'Adige. À l'extrémité du village, du côté de la frontière italienne, l'église est enclavée dans l'enceinte de l'abbaye St-Jean-Baptiste qui accueille des moniales bénédictines. Fondée par Charlemagne, suivant la tradition, c'est l'un des monuments les plus archaïques du territoire helvétique.

★ **Église** ⊙ – Sa triple abside est voûtée en cul-de-four. La nef, primitivement d'ordonnance basilicale, a été transformée au 15e s. en un vaisseau gothique, à deux bas-côtés, voûté d'ogives.

Les **fresques**★★ décorant les parois sont classées au Patrimoine mondial de l'Unesco et forment le plus imposant ensemble de peintures murales de la Confédération ; certaines séries ont été transférées au Musée national suisse de Zurich. Cette décoration peinte, qui remonte à la période carolingienne (1re moitié du 9e s.), est en partie recouverte de fresques romanes bien conservées (1150-1170). Parmi les autres œuvres d'art, on remarque une statue de Charlemagne (12e s.) et un bas-relief (le Baptême du Christ) du 11e s.

NÄFELS

Glarus – 3 956 habitants

Cartes Michelin nos 927 L 4 ou 216 pli 20 – Alt. 437 m

Näfels, seconde ville du canton, est située dans la plaine alluviale qui sépare les lacs de Zurich et de Walenstadt.

La bataille de Näfels

Le jeudi 9 avril 1388, les Glaronnais, auxquels s'était jointe une petite troupe de Schwizois, remportèrent sur l'armée autrichienne une bataille déterminante restée célèbre dans l'histoire du pays. Les pertes furent très sévères pour les Autrichiens et les survivants ne durent leur salut qu'à la fuite.

Chaque année, le premier jeudi d'avril, cette victoire est commémorée par une marche patriotique de Glaris à Näfels et un office religieux.

★ **Freulerpalast** ⊙ **(Palais Freuler)** – L'architecture de ce monument et les souvenirs qu'il conserve ramènent à l'époque où le service militaire dans les cours européennes représentait, pour les fils de certaines grandes familles suisses, la plus naturelle des vocations. Construit de 1642 à 1647 à l'initiative de Kaspar Freuler, un officier-mercenaire qui servit dans l'armée française, il se rattache, par sa décoration, à la Renaissance finissante (portail d'entrée, grand escalier, boiseries).

Remarquer, au rez-de-chaussée, une salle dallée de marbre, aux voûtes décorées de stucs suivant le goût italien, et surtout, au premier étage, les **chambres d'apparat**★★, où s'accumulent, du parquet au plafond à caissons, les chefs-d'œuvre de marqueterie. Les étages abritent les collections du musée régional du pays de Glaris : la section de l'impression sur étoffes retient l'attention.

NEUCHÂTEL★★

C Neuchâtel – 31 553 habitants

Cartes Michelin nᵒˢ 927 E 5 ou 216 pli 13 – Schéma : Le JURA SUISSE – Alt. 440 m

Neuchâtel jouit d'une situation charmante entre le lac, bordé de 4 km de quais, et la colline de Chaumont. Au centre du vignoble, la ville, aimable et souriante, étage ses quartiers aux maisons couleur ocre pâle, ce qui faisait dire à Alexandre Dumas qu'elle était taillée dans une motte de beurre. Les masses jumelées de la collégiale et du château dominent l'ensemble.

Le lac de Neuchâtel – Long de 38 km et large de 8 km, c'est le plus grand des lacs de stricte appartenance suisse. Il est très poissonneux. Des canaux (utilisés par des services de navigation de plaisance) le relient aux lacs de Bienne et de Morat. Ses eaux, aux couleurs changeantes, et ses rives, aux collines harmonieuses couvertes de vignes, en ont fait le sujet favori des peintres et des écrivains.

Expo.02 : 15 mai-20 octobre 2002 – Neuchâtel fait partie des villes choisies (avec Bienne, Morat et Yverdon-les-Bains) pour l'exposition nationale du nouveau millénaire. Pour l'exposition, un nouveau moyen de transports, le **Fun'ambule**, a été construit. Ce funiculaire souterrain relie la gare au jardin anglais.

UN PEU D'HISTOIRE

Le nom de Neuchâtel provient d'une construction érigée comme un château fort à l'époque du second royaume de Bourgogne (1011). La ville devient ensuite, par voie de succession, propriété de la famille française des Orléans-Longueville.
On rapporte que pour fêter son entrée dans la ville, en 1657, Henri II d'Orléans fit couler dans la fontaine du Griffon, qui existe toujours rue du Château, 6 000 litres de vin rouge du pays.

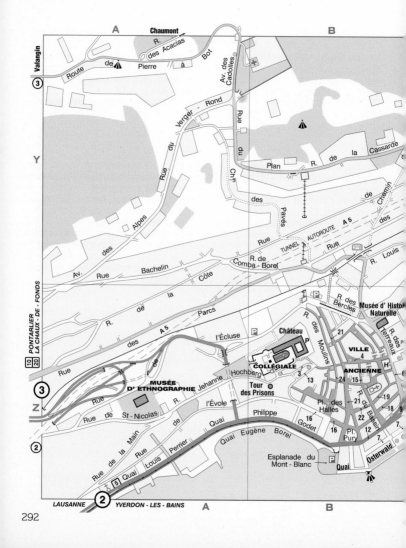

Toujours par succession, Neuchâtel est, à partir de 1707, possession personnelle du roi de Prusse. La vie intellectuelle et mondaine y est très active et les idées des encyclopédistes ont beaucoup de succès : Sébastien Mercier, Brissot et Mirabeau séjournent à Neuchâtel.

La lutte pour l'indépendance – Après avoir été attribuée de 1806 à 1814, en tant que principauté, au maréchal Berthier, chef d'état-major de Napoléon Iᵉʳ, Neuchâtel, qui entre en 1815 dans la Confédération helvétique, est dans une curieuse situation politique. Son territoire devient canton suisse tout en reconnaissant son allégeance envers le royaume de Prusse, jusqu'en 1848. Il se forme dans l'intervalle un parti libéral qui tente de prendre le pouvoir en 1831, échoue, mais récidive en 1848 et, cette fois, réussit à proclamer la république.

En 1857, le roi de Prusse renonce formellement aux droits que lui conférait le titre de prince de Neuchâtel, qu'il conserve cependant symboliquement.

Aujourd'hui, Neuchâtel est un centre important de recherche horlogère dont l'observatoire donne l'heure à toute la Suisse. Important marché de vin, la ville voit se dérouler en septembre un grand cortège des vendanges. Siège d'une université, elle conserve sa réputation de foyer de culture française : c'est la ville d'Helvétie où l'on parle le français le plus pur.

CURIOSITÉS

★ **Ville ancienne** (BZ) – Entre l'hôtel de ville (1788), édifice classique dû à l'architecte bisontin Pâris, et l'ensemble de la collégiale et du château s'étend un quartier pittoresque (rue du Château, rue du Trésor, rue du Seyon, rue du Pommier, rue des Moulins) avec ses maisons anciennes, ses fontaines des 16ᵉ et 17ᵉ s. (fontaine de la Justice, Grand-Rue ; fontaine du Banneret, angle rues du Château et du Trésor ; fontaine du Lion, angle rues du Temple-Neuf et du Bassin), ses tours d'enceinte.

NEUCHÂTEL

CARNET D'ADRESSES

Office de tourisme – *Tourisme Neuchâtelois, Hôtel des Postes* – ☎ *(032) 889 68 90 – fax (032) 889 62 96 – www.ne.ch/neuchatel*

Shopping

Pour faire du lèche-vitrine ou des emplettes, le quartier délimité par la rue du Coq-d'Inde, la rue de la Place-d'Armes, la rue de l'Hôtel-de-ville et la rue de l'Écluse se prête tout à fait à ce genre d'activités. Plusieurs rues sont réservées aux piétons. Vous y trouverez les deux grands magasins suisses, **Migros** *(rue de l'Hôpital 12)* et **Globus** *(rue du Temple-Neuf 14)* ; ils sont ouverts (comme de nombreux commerces) le lundi de 13 h à 18 h 30, du mardi au vendredi de 9 h à 18 h 30 et le samedi de 9 h à 17 h.

Théâtre et musique

Théâtre du Passage – *Passage Max-Meuron,* ☎ *(032) 717 79 07.* Pièces comiques ou dramatiques écrites par des auteurs suisses ou étrangers.

Maison du Concert – *Rue de l'Hôtel-de-Ville* – ☎ *(032) 717 79 07.*

Temple du Bas – *Rue du Temple-Neuf* – ☎ *(032) 717 79 08.* Musique classique et chant choral.

Se loger à Neuchâtel

VALEUR SÛRE

Hôtel des Arts – *Rue Pourtalès 3* – ☎ *(032) 727 61 61 – fax (032) 727 61 62 – 40 chambres – 98/176 F –* GB.
Un hôtel fraîchement rénové, à la décoration moderne et bénéficiant d'une bonne situation près du lac et non loin du centre-ville. Bon accueil.

Alpes et Lac – *Place de la Gare 2* – ☎ *(032) 723 19 19 – fax (032) 723 19 20 – 30 chambres – 120/230 F –* GB.
Excentré mais près de la gare et offrant grâce à sa position dominante une vue dégagée sur la ville et le lac.

Touring au Lac – *Place Numa-Droz 1* – ☎ *(032) 725 55 01 – fax (032) 725 82 43 – 42 chambres – 135/230 F –* GB.
Hôtel très bien situé, accolé au vieux port et à quelques pas du centre piétonnier. Si vous le pouvez, prenez une chambre avec vue sur le lac.

La Maison du Prussien – *Gor du Vauseyon, par la rue de St-Nicolas* – ☎ *(032) 730 54 54 – fax (032) 730 21 43 – 10 chambres – 130/290 F –* GB.
Si vous aimez le dépaysement, cette ancienne brasserie du 18ᵉ s. au milieu de la nature vous propose de vastes chambres rustiques, chacune portant un nom de personne (celle de Jean Chambrier est étonnante).

Sur l'oblongue **place des Halles**, se dressent des maisons du 17ᵉ s. ainsi qu'une maison Renaissance dite « des Halles », cantonnée de tourelles et marquée de l'écusson fleurdelisé des Orléans-Longueville. Dès l'arrivée des beaux jours, les terrasses des cafés regorgent de monde jusque tard dans la soirée et la place devient le point de rendez-vous de bon nombre de Neuchâtelois.

★**Collégiale, château** – Tous deux forment un même ensemble monumental.
La **collégiale**, bel édifice des 12ᵉ et 13ᵉ s., au toit couvert de tuiles vernissées, a connu d'importantes transformations en 1530 à cause de la Réforme, puis au 19ᵉ s., où elle fut considérablement restaurée. Le chevet est roman, comme en témoignent les trois absides coiffées d'arcatures ornées de têtes humaines ou animales. En contournant le chevet par la droite, on parvient au cloître du 15ᵉ s., dont subsiste une rangée d'arcades romanes contre le mur de l'église.
Face à l'entrée principale de la collégiale, statue du réformateur Guillaume Farel (1489-1565), dont les prédications entraînèrent les Neuchâtelois à adopter le culte réformé. La nef, voûtée d'ogives, est de style gothique. À la croisée du transept s'élève une tour-lanterne. Dans le chœur (chapiteaux romans historiés) sous une arcade, le cénotaphe des comtes de Neuchâtel (14ᵉ s.) constitue une œuvre marquante pour la sculpture du Moyen Âge. Ce bel ensemble en pierre se compose de quatorze rigides et imposantes statues polychromes représentant chevaliers et dames dans des attitudes de prière.
Le portail Sud, roman, orné de voussures et de chapiteaux sculptés, est encadré des statues de saint Pierre et saint Paul.
Le **château** ⊙ (15ᵉ et 16ᵉ s. – restauré), autrefois demeure des seigneurs de Neuchâtel, aujourd'hui siège du gouvernement cantonal, comporte encore quelques vestiges du

UNE PETITE FOLIE !

Beaulac – *Esplanade Léopold-Robert 2 – ☎ (032) 723 11 11 – fax (032) 725 60 35 – 81 chambres – 175/320 F – GB.*
Situation privilégiée au bord du lac et du port de plaisance. Si possible, préférer une chambre donnant sur le lac, bien sûr en y mettant le prix. Deux restaurants : le *Gourmandin* et le *Colvert*.

Se restaurer à Neuchâtel

Le Jura – *7, rue de la Treille – ☎ (032) 725 14 10 – fermé le dimanche.*
Une adresse sympathique, un bistrot traditionnel d'un bon rapport qualité/prix. Entre autres pour les amateurs de fondues.
Au Bateau – *Port de Neuchâtel – ☎ (032) 724 88 00 – fermé le lundi.*
Vous rêvez de partir sur l'eau ? Alors, embarquez à bord de ce vieux vapeur amarré à l'extrémité de la jetée. Dans un décor original, vous commanderez un poisson ou même une viande, et votre imagination fera le reste. Prix abordables.
Le Marché – *4, place du Marché – ☎ (032) 723 23 30 – fermé le dimanche.*
Vous avez le choix entre la taverne et le restaurant (1er étage). Dans les deux cas, décor rustique et bon rapport qualité/prix.

La grande spécialité régionale est la fondue « moitié-moitié » (gruyère et vacherin). Quittez Neuchâtel et faites quelques kilomètres en direction du Jura : Valangin, Dombresson, Vallon de St-Imier. Choisissez votre auberge dans la montagne et... dégustez avec un petit blanc.

Croisières sur le lac

Elles ont lieu toute l'année, mais c'est de mai à octobre que les possibilités sont les plus nombreuses. S'adresser sur le port à la Société de navigation sur les lacs de Neuchâtel et Morat. ☎ (032) 729 96 00.

Où prendre un verre ?

Au bord du lac, les pianos-bars des **hôtels Beaulac** et **Beau-Rivage** sont des endroits très agréables. Le bar **Amiral** de l'hôtel Beaulac dispose, lorsque le temps le permet, d'une terrasse avec vue sur le port de plaisance. Des soirées à thème sont organisées. Vinothèque à la disposition de la clientèle. Le bar de l'hôtel Beau-Rivage est très convivial, et la vue est superbe sur le lac. Au sous-sol, club discothèque.
Rue de l'Hôtel-de-Ville, style début du siècle au **café brasserie du Théâtre** qui a vu passer maints acteurs et amateurs de théâtre.
Pour ceux qui aiment l'ambiance pub et la bière, rendez-vous au **Highlander** (rue de l'Hôpital) ou au **Sherlock's** (rue du Faubourg-de-l'Hôpital). Le **Bleu Café** (faubourg du Lac 27) est très prisé des étudiants. Jouxtant le cinéma Bio, il propose une formule ciné-café incluant une petite restauration. Au **King** (Rue du Seyon 38), musique live de jazz certains soirs.
Pour les noctambules, la discothèque le **B Fly** (ruelle du Port, au sous-sol) est particulièrement animée dès le jeudi soir ; le DJ fait monter la pression.

12e s. (galerie romane à sept baies aveugles de la façade Sud-Ouest). D'allure fortifiée, le portail d'entrée est flanqué de deux tours couronnées de mâchicoulis et orné d'arcs brisés. Sous le passage, des armes de Philippe de Hochberg, seigneur de Neuchâtel, sont visibles à la croisée d'ogives. Dans l'aile Nord, la plus ancienne, on visite l'ancienne cuisine (cheminée avec une hotte en bois) ; l'antichambre (horloge de Jaquet-Droz, toile de Robert Ferrier *Bénédiction de la charrue en Franche-Comté*) ; la salle du Grand Conseil en forme d'hémicycle, où siège le parlement cantonal composé de 115 députés élus pour 4 ans (vitraux de Georges Froidevaux représentant les armoiries des chefs-lieux de district) ; la grotte ou gloriette, petite pièce voûtée en berceau, où l'on gardait les archives du pays ; la salle des Chevaliers, la plus grande salle du château, utilisée pour des réceptions (beau plafond, armes de chaque côté de la cheminée, portraits des conseillers d'État qui se sont succédé). Dans l'aile Sud, plusieurs salles se suivent, parmi lesquelles la salle Marie de Savoie, nièce de Louis XI et épouse du comte Philippe de Hochberg en 1478 (au-dessus de la cheminée en pierre, armes du comte) ; la galerie Philippe de Hochberg, dans laquelle se réunissent les conseillers d'État ; la salle des États ou salle de tribunal, qui résume sur ses murs toute l'histoire du pays de Neuchâtel (écus armoriés).
Il est possible d'accéder au chemin de ronde offrant de jolies vues sur la ville.

Tour des Prisons ⊙ – Au pied de la colline du château, dans la rue Jehanne-de-Hochberg, se dresse une haute tour crénelée dite tour des Prisons. Édifice le plus ancien de la ville dans sa partie inférieure, elle conserve, à l'intérieur, deux cachots en bois utilisés jusqu'en 1848, et deux maquettes représentant Neuchâtel, à la fin du 15e s. et du 18e s. De la plate-forme, **panorama** sur la collégiale, la ville et le lac.

** Musée d'Art et d'Histoire ⊘ (CZ) – *Commencer par la section d'art.*

Beaux-Arts – *À l'étage.* Un escalier monumental, décoré de fresques allégoriques de Paul Robert et de vitraux de Clément Heaton, mène à cette section. En 2002, compte tenu d'Expo.02, l'ensemble de l'étage est destiné à des expositions temporaires. En 2003, le panorama de la peinture helvétique sera réinstallé dans cinq sal-

Automate « La Musicienne »

les et on pourra y revoir : Léopold Robert *(Femme éplorée au bord de la mer)*, Ferdinand Hodler *(Soir d'automne)* et Albert Anker *(Paysan bernois lisant son journal).* Dans une autre salle, présentation de la donation Amez-Droz, essentiellement consacrée aux impressionnistes français (Monet, *Le Bateau-atelier*).

Histoire et Arts décoratifs – *Rez-de-chaussée et entresol, à droite.* Une dizaine de salles, dont quatre en entresol, abritent cette section du musée. La plus vaste, en deux parties, présente une multitude d'objets, remarquablement mis en valeur, évoquant l'artisanat et le cadre de vie local d'antan : meubles, bibelots, costumes, dentelles, tapisseries, jouets, ustensiles quotidiens… D'autres salles retracent l'histoire du canton, exposent des collections d'orfèvrerie (coupes des corporations), de numismatique, de porcelaine.

La salle 4 renferme des pièces d'horlogerie neuchâteloises et surtout les trois **automates**** (la Musicienne, l'Écrivain et le Dessinateur), merveilles d'ingéniosité, fabriqués au 18e s. par les Jaquet-Droz père et fils, et par Jean-Frédéric Leschot.

Plus loin, on admire des enseignes d'auberges neuchâteloises, de la verrerie ancienne, des armes, des vitraux des 16e et 17e s. aux armes des villes. On remarque également la **collection Strübin*** : belle présentation d'armes, cuirasses, casques et uniformes français de la Révolution, du Premier Empire, de la Restauration et du Second Empire.

* Musée d'Ethnographie ⊘ (AZ) – Il est installé dans une villa de la fin du 19e s. entourée d'un parc. L'annexe moderne est réservée à des expositions thématiques temporaires (jusqu'en mars 2003, étonnante exposition intitulée *Le musée cannibale*); elle est décorée sur toute sa façade Nord par la peinture murale géante *Les Conquêtes de l'homme,* du peintre suisse Hans Erni.

Au rez-de-chaussée de la villa, trois salles contiguës illustrent l'Égypte ancienne : rituel de la momification (appliquée également aux animaux), belles barques et statuettes funéraires (les oushebtis), sculptures en bois des 6e et 10e dynasties. Une salle est consacrée à l'Himalaya : statues tibétaines et collection du Bhoutan (petit pays d'Asie voisin de la Chine et de l'Inde).

Le 1er étage, outre le cabinet d'histoire naturelle du général Charles Daniel de Meuron (1738-1806), grand voyageur et collectionneur : objets exotiques (éventail de Hawaii, carquois et flèches, porcelaine chinoise…), est dédié à l'ethnographie classique (salle exposant des objets traditionnels : tente touareg, lances de guerre, instruments de musique à languettes métalliques d'Angola), à la tentation esthétique (présentation de masques de Nouvelle-Calédonie, du Nigeria, d'Angola, tête-reliquaire du Gabon, statue androgyne « Uli » de Nouvelle-Irlande). Le cabinet de curiosités du 21e s. rassemble des produits de consommation industriels, depuis la boîte Loyal de nourriture pour chiens jusqu'au poste de télévision, en passant par le porte-bouteilles, la savonnette, le paquet de pâtes, etc.

Quai Osterwald (BZ) – Table d'orientation. Très belle **vue**** sur le lac et les Alpes.

Musée d'Histoire naturelle ⊘ (BZ) – Installé dans l'ancienne école de Commerce, imposant bâtiment du 19e s. en pierre jaune, le musée compte, outre ses collections de mammifères, de nombreuses espèces d'oiseaux aquatiques et des forêts exposés dans des dioramas reconstituant leurs milieux naturels ; plusieurs chants et cris ont été enregistrés.

Hôtel Du Peyrou (CZ) – Cet élégant édifice a été bâti au 18e s. par le financier Du Peyrou, ami de Jean-Jacques Rousseau. Une belle grille d'entrée laisse voir la façade, de lignes très pures et d'une grande unité de style, et donne accès à un jardin d'agrément. Au centre de la pièce d'eau, statue *La Baigneuse* de A. Ramseyer.

Jardin botanique ⓥ (**CY**) – *Chemin du Pertuis-du-Sault 58. Prendre la rue de l'Hôtel-de-Ville et suivre la signalisation. À pied depuis la gare, suivre la signalisation. Bus nᵒ 9, arrêt Chapelle de l'Ermitage.*

Sur les hauteurs de la ville, dans un environnement boisé, celui du vallon de l'Ermitage, une promenade tranquille permettant de découvrir les serres et leur végétation tropicale (forêt à l'Est de Madagascar), un jardin de rocailles, un arboretum, un verger, etc.

Centre Dürrenmatt ⓥ (**CY**) – *Chemin du Pertuis-du-Sault 74. Le centre se trouve un peu plus haut que le Jardin botanique. Bus nᵒ 9, arrêt Chapelle de l'Ermitage.*

Si le célèbre écrivain suisse Friedrich Dürrenmatt est connu pour ses romans et ses pièces de théâtre, il fut aussi l'auteur de bon nombre de tableaux et dessins. Il avait souhaité qu'après sa mort, son œuvre picturale puisse être rendue accessible au public. Afin de respecter ses dernières volontés, sa seconde épouse Charlotte fait don à la Confédération de la villa et du jardin qu'il avait acquis en 1952. Puis elle confie à l'architecte tessinois Mario Botta la réalisation d'un centre de recherches et d'exposition. L'architecte adjoignit à la maison d'origine un bâtiment original recouvert d'ardoises dans lequel une tour d'entrée donne accès à quatre niveaux inférieurs. Un étage est consacré à son travail théâtral (affiches, manuscrits, livres) et un film vidéo présente différentes interviews. Dessins à la plume, gouaches et peintures à l'huile, lithographies, caricatures, collages résument son œuvre étonnante. La grande salle de l'étage inférieur éclairée par une imposante verrière en arc de cercle, rassemble plusieurs toiles et dessins sur le thème du Minotaure et du Labyrinthe. Ne pas manquer en remontant au niveau de la cafétéria, *La Chapelle sixtine*, une pièce (les toilettes) peinte.

EXCURSIONS

★★ **Laténium** ⓥ (à Hauterive) – *4 km à l'Est par ① du plan, route de Bern.*

Le Laténium retrace 50 000 ans d'histoire régionale neuchâteloise à partir des fouilles archéologiques réalisées dans le canton et sur le site même. Ces fouilles terrestres et subaquatiques ont permis de découvrir les vestiges de trois étapes fondamentales de la préhistoire : l'âge de la pierre taillée, le néolithique et l'âge du bronze.

Avant ou après la visite du musée, on peut se promener dans le **parc de la Découverte** situé au bord même du lac. On y verra une maison lacustre, des pieux symbolisant un village vieux de 6 000 ans, un chaland gallo-romain, un pont celtique et un bassin montrant le niveau du lac à une époque lointaine.

Le nouveau **musée d'Archéologie** est particulièrement intéressant et très didactique. Le premier espace sert d'introduction, ensuite huit grands espaces clairs, équipés de bornes interactives et très bien documentés, illustrent l'exposition permanente intitulée *Hier… entre Méditerranée et mer du Nord*. Au fur et à mesure que le visiteur s'avance dans les différentes salles, il remonte le temps depuis l'époque médiévale jusqu'en 100 000 avant J.-C. Un festival de lumière et de son accompagne les objets exposés dans chaque espace. Illustrant la navigation *(espace 4)*, le chaland gallo-romain de Bevaix (réplique) en est la pièce maîtresse. Sa construction remonte à 182 après J.-C., le fond plat est composé de quatre planches, le bois est du chêne. Parmi les trésors exposés figurent ceux du site de **la Tène** *(espace 5)*, qui a donné son nom au 2ᵉ âge du fer. L'habitat et la vie quotidienne des Celtes y tiennent une place importante (armes, outils, bijoux). Dans l'espace 6 consacré aux lacustres, belle présentation d'objets de la vie quotidienne et statue-menhir au visage énigmatique de Bevaix-Treytel, découverte en 1997.

★★ **Chaumont** – *8 km. Prendre la rue des Acacias à droite (Nord-Ouest du plan –* **AY***).* *Laisser la voiture à la station supérieure du funiculaire Neuchâtel-Chaumont (alt. 1 087 m).* *Accès également par le funiculaire* ⓥ *qui part de la Coudre, à 3 km du centre de Neuchâtel. Durée du trajet : 12 mn.*

À gauche, en retrait, la **tour-observatoire** ⓥ offre un immense **panorama** (table d'orientation) sur les Alpes bernoises, le massif du Mont-Blanc et les trois lacs jurassiens.

Papiliorama Nocturama ⓥ (à Marin) – *5 km à l'Est par ① du plan, route de Bern.*

Deux énormes bulles : d'un côté, le **Papiliorama** (chaleur tropicale très humide) vous fait pénétrer dans un monde planté d'espèces tropicales luxuriantes où des papillons et des oiseaux se livrent à un ballet sans fin ; de l'autre, le **Nocturama** (il y fait nettement moins chaud) vous plonge dans une ambiance de clair de lune pour pouvoir observer des animaux originaires d'Amérique du Sud. Vous y verrez entre autres d'étranges créatures comme la chouette à lunettes, le paca (petit animal se nourrissant de fruits et de racines), le tatou à neuf bandes qui semble revêtu d'une cuirasse, le singe de nuit aux yeux démesurés, le caïman nain, l'ocelot, redoutable carnivore appelé également chat-tigre.

Auvernier – *4,5 km par la rue de l'Évole (AZ du plan) que prolonge une petite route typique du vignoble neuchâtelois.*
C'est un charmant village viticole et, aussi, résidentiel. Il offre, autour de la Grand-Rue, des fontaines, une église des 15e-18e s. et un joli château des 16e-17e s.

Colombier – *7 km par ② du plan, route d'Yverdon. Voir ce nom.*

Boudry – *10 km par ② du plan, route d'Yverdon ou par le tramway, départ Esplanade du Mont-Blanc.*
Cette petite ville d'aspect médiéval a vu naître **Jean-Paul Marat**, rédacteur de *L'Ami du peuple*, assassiné dans sa baignoire en 1793 par Charlotte Corday. À proximité de sa maison natale, une sculpture intitulée *Marat-L'œil* a été érigée en son hommage. Cette œuvre en acier peint de 14 m de hauteur tourne imperceptiblement, créant des effets de lumière. Au n° 7 de la rue Louis-Favre, Philippe Suchard, chocolatier de renom, vit le jour en 1797. Il passa plusieurs années de son enfance dans la maison située au n° 37 de la même rue, aujourd'hui l'hôtel de ville.
Le château (13e-16e s.), tour à tour résidence des comtes et prison, abrite le **musée de la Vigne et du Vin** ⊙, créé par la Compagnie des vignolants. Les vins de Neuchâtel héritiers d'une longue tradition, sont produits à partir d'un vignoble s'étageant entre le lac et le Jura. La visite, qui débute par « l'histoire de la bouteille », de l'amphore au vino-box, donne un bon aperçu de l'histoire vigneronne de la région depuis le 18e s. Le travail de la vigne, réglé selon les saisons, les outils utilisés, les maladies, les vendanges, la fabrication du vin jusqu'à sa mise en bouteille sont clairement expliqués grâce à une exposition incluant photographies, outils et matériel, tableaux, etc. Dans une tour ronde, de vieux documents évoquent l'activité viticole au 19e s.

Château de Valangin ⊙ – *4 km au Nord par ③ du plan, route de la Chaux-de-Fonds.*
Son origine remonte au 12e s., mais c'est aux 14e et 15e s. qu'il fut considérablement agrandi sous l'impulsion des seigneurs de Valangin. Au 17e s., le château fut transformé en prison. À la fin du 19e s., il devient la propriété de la Société d'histoire du canton de Neuchâtel.
La visite commence par la cuisine dans laquelle sont exposés des objets de la vie quotidienne. Dans les combles, un cachot du 19e s. rappelle l'époque où le château servit de prison. Viennent ensuite plusieurs salles : la salle Louis XVI (meubles de style Louis XVI, lit, commode), la salle d'armes (belle collection d'épées et de sabres du 17e au 19e s.),la salle des Chevaliers où siégeait le tribunal des trois États de Valangin (bahuts, beaux coffres et coffrets de mariage sculptés, horlogerie neuchâteloise), la salle René de Challant, seigneur de Valangin (meuble portatif de notaire du 17e s., poêle de faïence), la salle de Guillemette de Vergy (coussins à dentelles et « abigans », globes éclairant le travail des dentellières le soir venu), l'oratoire (dentelles neuchâteloises, très importantes au 18e s., comme l'horlogerie ou les toiles peintes appelées aussi indiennes). On redescend pour terminer la visite par le cellier, le corps de garde et le cachot dit de Farel où le réformateur français aurait été emprisonné.

La NEUVEVILLE

Bern – 3 131 habitants
Cartes Michelin nos 927 F 4 ou 216 pli 13 – Schéma : Le JURA SUISSE

Délicieuse petite cité, La Neuveville vit de ses vins, de la mécanique de précision et de sa situation touristique au bord du lac de Bienne, face à l'île St-Pierre *(voir Bieler See)* qui, d'ici, paraît être située sur la rive opposée. La ville, avec ses rues pavées, ses lanternes et les cinq tours subsistantes de ses fortifications, a gardé un séduisant cachet ancien. Ville ouverte sur le lac et la montagne, la Neuveville peut être le point de départ à de nombreuses excursions comme l'île St-Pierre, les trois lacs (Bienne, Neuchâtel, Murat) ou le Chasseral.

Laisser la voiture au parking place du Marché.

On pénètre dans la vieille ville par la **tour de Rive**, qui date de la fondation de la cité (1312-1318) et dont la lourde porte en chêne est ornée des armoiries de la ville. De la place de la Liberté, jeter un coup d'œil à gauche sur la rue de l'Hôpital. On remarque plusieurs maisons dont le dernier étage protégé par une avancée du toit, est équipé d'une poulie qui servait à monter les marchandises au grenier.

★ **Rue du Marché** – Cette longue rue, fermée à ses extrémités par deux anciennes portes, la tour de Rive et la tour Rouge, fait office de place principale. Elle est pittoresque avec sa rigole médiane d'écoulement, ses jolies fontaines Renaissance (à banneret) et ses maisons fleuries (dont deux datées de 1647 et 1697).

« Blanche Église » ⊙ – *Sortie Est vers Bienne, à gauche.*
Cette construction d'origine carolingienne mais remaniée à l'époque gothique, puis restaurée en 1915, est ceinte de dalles funéraires levées des 17e et 18e s. L'intérieur conserve d'autres pierres tombales sculptées, une belle chaire de 1536 en bois peint, et d'intéressants vestiges de fresques du 14e s. aux tons bruns, à droite du chœur : Tentation de Jésus, Christ aux outrages, Entrée à Jérusalem, Adam et Ève.

NUFENENPASSSTRASSE★★

Route du col de NUFENEN

Cartes Michelin n°s 927 J 6, I 6 ou 217 plis 19, 20
Schéma : SANKT-GOTTHARD-MASSIV

La route du col du Nufenen relie le Tessin au Valais, offrant un parcours spectaculaire.

D'AIROLO À ULRICHEN

40 km – environ 1 h 1/2 – itinéraire ③ *de la visite du massif du St-Gothard.*

Le col du Nufenen est généralement obstrué par la neige de novembre à mai.

D'**Airolo** (alt. 1 142 m) jusqu'à 8 km du Nufenen, la remontée du val Bedretto (et de la rivière Tessin vers sa source) s'effectue entre des versants couverts de sapins. D'Airolo à Fontana, l'œil est d'abord sollicité, en haut à droite, par les audacieux ouvrages de la route du St-Gothard, puis, après Ossasco, par une série de villages, dont Bedretto, alignés à mi-pente sur un replat. Au passage, on aura parfois l'occasion d'assister à la traite manuelle, sur le bord même de la route, de tout un lot des majestueuses vaches brunes de la région...
À partir du hameau D'All'acqua *(à gauche : télécabine)*, la végétation se raréfie, la montée s'accentue. Les lacets de la route procurent une belle vue d'enfilade, en arrière, sur les versants, qui paraissent se chevaucher, de la vallée. On escalade désormais le flanc droit dénudé du val Bedretto, aux parois de roche verdâtre ou d'éboulis striées de rares cascades. L'ascension s'achève, avec la section tessinoise du parcours, au col du Nufenen.

★★ **Passo della Novena-Nufenenpass (Col du Nufenen)** – Alt. 2 478 m. Bienvenu pour l'automobiliste qui vient d'endurer plus de 1 300 m de dénivellation depuis Airolo, ce col lui offre au surplus le spectacle, d'une désolation grandiose, de crêtes déchiquetées et d'abîmes où tournoient des choucas, avec la vision en contre-haut *(à gauche du restaurant)* du glacier et du lac-réservoir de Gries. La **vue**★★ s'étend par ailleurs, du Nord-Ouest au Sud-Ouest, sur les massifs du Haut-Valais et de l'Oberland bernois (cime du Finsteraarhorn), avec en premier plan la face noire du Fülhorn toute griffée de rainures verticales.
La descente côté Valais, après une vue rapprochée sur le glacier grisâtre de Gries et le barrage de son lac artificiel, fait plonger dans un paysage minéral seulement égayé de plaques d'herbe rase et de chardons, encore en vue du glacier et du Faulhorn, suivis d'une vallée suspendue d'où s'échappe une cascade. Quelque 5 km après le col, une intéressante vue d'enfilade se révèle sur la vallée du Rhône supérieur. La route accompagne ensuite le cours diminué de l'Agene, devenu le trop-plein du barrage de Gries, et à peine visible dans son lit de cailloux trop large, au pied de l'immense paroi rocheuse du Blashorn, à droite. La vallée devient plus aimable et se couvre de mélèzes à l'approche du village « walser » d'Ulrichen que l'on découvre, bien groupé autour de son église, dans l'épanouissement de sa propre vallée (rhodanienne).

NYON★

Vaud – 15 666 habitants

Cartes Michelin n°s 927 C 6 ou 217 pli 12 – Schéma : Lac LÉMAN – Alt. 410 m

Agréable petite ville étagée au-dessus du Léman, Nyon cultive jalousement le souvenir de son passé latin, ayant été fondée par Jules César sous le nom de Colonia Julia Equestris (succédant au bourg helvète de Noviodunum). L'occupation bernoise, au 16e s., y est rappelée par le château et les maisons à arcades de la place du Marché.

CURIOSITÉS

★**Promenade des Vieilles Murailles** – Aménagée au 19e s., à l'abri des vents du Nord, en surplomb du quartier de Rive, elle longe des murs tapissés de vigne vierge et s'élargit sur l'esplanade des Marronniers, d'où se découvre une belle **vue** sur la ville, le Petit Lac jusqu'à Genève, le Salève et le Mont Blanc. L'érection, à cet endroit, de colonnes romaines (trouvées à proximité) avec leurs chapiteaux et leur entablement à frise corinthienne, ajoute une note romantique au tableau.

Château – *Travaux jusqu'en 2005, incluant le Musée historique et des porcelaines.* Profondément remaniée au 16e s., cette construction d'origine féodale porte cinq tours dissemblables mais toutes coiffées en poivrière. De la terrasse, jolie **vue** sur le quartier de Rive et le Petit Lac (table d'orientation).

Paléo Festival

Depuis plus de vingt ans, Nyon vibre en juillet au rythme de musiques des cinq continents. Ce grand rassemblement accueille à quelques pas du lac Léman, sur une prairie de 10 ha, des artistes venus de tous les coins du monde. Plusieurs scènes ont été aménagées pour l'occasion. Toutes les tendances musicales sont représentées, du rock à la musique classique, incluant la chanson, le jazz, le blues, la salsa, le reggae, la country, la techno, le raï, etc. Johnny Clegg, Khaled, Eddy Mitchell, Maurane, Noah, Tito Puente, Al Jarreau, Placebo, Michel Jonasz, Julien Clerc, Joe Cocker, Patricia Kaas, Mc Solar, Alan Stivell, Renaud, pour ne citer que ces noms, ont reçu les acclamations d'une foule en liesse. De jeunes talents suisses, groupes ou artistes individuels, entrent en compétition pour l'attribution du prix de la Scène déscerné par un jury composé de professionnels du spectacle suisses et étrangers.
Le Paléo Festival s'accompagne également de spectacles de théâtre de rue, de mime, de cirque, de magie.

Musée romain ⓥ – Souterrain, il est annoncé, en surface, par une statue de Jules César et par l'emplacement, matérialisé au sol, de l'ancienne basilique du Forum dont l'architecture supposée est suggérée sur la façade aveugle d'une maison voisine. Cette « basilique civile », vaste édifice public du 1er s., constitue par la partie dégagée (un peu plus du tiers de ses fondations – en murs de moellons solidement maçonnés) l'élément principal du musée. Sur son pourtour, collections d'objets provenant des fouilles effectuées sur place et alentour : fragments de mosaïques à décor géométrique simple ou à rinceaux (dont celle dite d'Artémis), vestiges lapidaires (bornes milliaires, chapiteaux), objets de la vie quotidienne (vaisselle, lampes, monnaies, céramiques), et surtout abondante série d'**amphores**, d'origines diverses.

Quartier de Rive – Un petit port de plaisance bien abrité, un parc et des quais fleuris, d'où l'on a vue sur la rive française en face (à 4 km), font le charme de cette partie de Nyon, qui touche au lac. Quai des Alpes, au sommet de la tour César (11e s.), on remarque le masque romain du dieu Attis, amant de Cybèle et symbole de la fécondité.

Musée du Léman ⓥ – Il est situé dans un ancien hôpital du 18e s., près du port de plaisance. L'origine du lac, sa flore, sa faune (aquariums contenant les principales espèces de poissons), la végétation de ses rives servent d'introduction à la visite, qui évoque ensuite les activités humaines passées et présentes. La pêche, le transport du bois dans ces grandes barques qui ont sillonné le lac jusqu'à l'avènement du rail, les bateaux à vapeur, la navigation de plaisance sont illustrés grâce à de nombreux documents ou objets (éléments de barques, filets de pêche, machinerie du vapeur Helvétie II, maquettes).
Le 1er étage est consacré en partie aux peintres du Léman, suisses ou étrangers, séduits par le charme du site. Une salle dédiée à la Compagnie générale de navigation réunit des maquettes de bateaux, dont celle du premier vapeur de 1823.

ENVIRONS

★★ Château de Prangins ⓥ – *2 km au Nord-Est par la route de Lausanne*.
Dans un parc à l'anglaise dominant le lac Léman, le château de Prangins, tour à tour seigneurie, demeure princière, école et habitation complète parfaitement le **Musée national suisse** de Zurich en se consacrant à l'histoire du pays aux 18e et 19e s. Les aspects culturels, politiques, économiques et culturels sont très bien expliqués dans les différentes salles et parfaitement mis en valeur grâce à des objets de choix.
Le **rez-de-chaussée** a pour thème *Le Rêve des Lumières*. Les salles d'apparat du château lui servent de cadre. À remarquer dans le salon, cœur de la sociabilité, un très bel automate (boîte à musique) en forme de cage à oiseau. Plus loin (salle 07), l'optique en forme de maison bourgeoise (1781) ou « télévision de l'Ancien Régime »,avait pour but de divertir.
Le **1er étage** traite de *La Suisse en mouvement 1750-1920*. De la Révolution à l'État fédéral, le pays connut de profonds bouleversements. Remarquer le **chapeau de la Liberté**, qui prend en Suisse, dès le 17e s., la forme du chapeau de Guillaume Tell, il symbolise le République helvétique de 1798. À partir du 19e s., la Suisse devient société urbaine. La vie bourgeoise (reconstitution salle 22 d'un salon de 1850), les moyens de locomotion se développent (collection de vieux cycles et motocycles en salle 23, dont plusieurs draisiennes pour enfants, de 1850). On prend soin de son corps et de sa santé (salle 29, curieuse douche circulaire de 1920).

Dans le couloir de l'étage, étonnante toile du pasteur Jean-Élie Dautan intitulée *Les Suisses illustres*, une œuvre faisant appel à l'unité et à la tolérance. À voir également une petite diligence dite « char de côté » (les passagers s'asseyaient perpendiculairement à la marche), très répandu à l'époque.

Dans les **combles**, le rôle de la Suisse comme pays d'émigration et d'immigration, d'exportation et d'importation est très bien évoqué, de même que le développement du tourisme. Voir la reconstitution d'un magasin de denrées coloniales situé près de la gare de Seewen (1883).

Les **caves** sont dédiées à l'histoire du château, au vin et au grain, à l'énergie, au chauffage et à l'éclairage. Étonnant canon à grêle, très à la mode vers 1900, les coups étant tirés à blanc pour dissiper la grêle.

Le **jardin potager** aménagé à l'emplacement d'un ancien fossé s'inspire de textes d'époque. On y cultive des fruits et des légumes comme au 18e s. À l'arrière-plan, vue sur le mont Dôle et la chaîne du Jura.

Crans – *6 km au Sud par la route de Genève.*
Le château, de proportions harmonieuses, traduit l'architecture de l'époque Louis XV. Près de la petite église se dégage une vue intéressante sur le vignoble, le lac et au fond sur la chaîne de montagnes située en territoire français.

Gingins – *7 km par la route de St-Cergue.*
Inaugurée en 1994 au centre du village, la **fondation Neumann** Ⓥ rassemble une belle collection de verrerie Art nouveau, riche de quelque 150 pièces des plus grandes signatures du début du siècle (Argy-Rousseau, Daum, Gallé, Tiffany, etc., ainsi que le Suisse Eugène Grasset). Trois expositions temporaires annuelles sont consacrées aux domaines de l'art appliqué.

Abbaye de Bonmont Ⓥ – *10 km à l'Ouest par la route de Divonne puis une petite route à droite.*
Au pied du Jura vaudois subsistent quelques bâtiments de l'ancienne abbaye de Bonmont, devenue cistercienne en 1131 pendant sa construction. Les vicissitudes qu'elle connut à partir du 16e s. (elle servit entre autres de fromagerie et même de garage) l'ont cependant préservée d'altérations trop importantes.
Bâtie sur le modèle de l'abbaye bourguignonne de Clairvaux : plan en croix latine, nef tripartite et chevet plat flanqué de chapelles rectangulaires, l'église, austère mais de proportions harmonieuses, a été récemment restaurée et présente un beau porche orné de chapiteaux à décoration florale.

L'OBERLAND BERNOIS

Voir BERNER OBERLAND

OLTEN

Solothurn – 16 497 habitants
Cartes Michelin n°s 927 H 3 ou 216 pli 16 – Alt. 388 m
Plan dans le Guide Rouge Michelin Suisse

Situé à la lisière du Jura, Olten est agréablement disposé au bord de l'Aare. Un pont de bois couvert (Alte Brücke), réservé aux piétons, mène à la ville ancienne.
Une grande activité industrielle – savonneries, cimenteries, ateliers des Chemins de fer fédéraux, agroalimentaire – a modifié depuis le début du siècle l'aspect de la ville qui s'étend désormais de part et d'autre de l'Aare.

CURIOSITÉS

Kunstmuseum Ⓥ **(Musée des Beaux-Arts)** – Le musée possède une bonne collection de peintures et sculptures des 19e et 20e s. ; les plus intéressantes se trouvent au 2e étage, et parmi elles, se distinguent les caricatures, études et dessins de **Martin Disteli** (1802-1844). Les scènes de l'histoire militaire suisse, de la vie politique, ainsi que les fables ont été interprétées par cet artiste avec une grande vérité du mouvement, une précision du détail et une finesse d'exécution remarquables.

Historisches Museum Ⓥ **(Musée historique)** – Il renferme diverses collections ayant trait à l'art local, aux coutumes, au mobilier, aux costumes de la région, ainsi qu'une section préhistorique bien connue.

ENVIRONS

★ Panorama du Säli-Schlössli – *5 km au Sud-Est. Sortir par la Aarburgerstrasse et prendre à gauche la Sälistrasse.*
La rue devient rapidement une route escaladant en lacet une colline boisée au sommet de laquelle (alt. 667 m) s'érige, sur les vestiges de l'ancien château féodal de Wartburg, un petit château néogothique *(aménagé en café-restaurant).*
De sa tour carrée à créneaux, agréable **panorama** ⊙★ sur Olten et Aarburg, la vallée de l'Aare et tout un horizon circulaire de collines verdoyantes.

Zofingen (Zofingue) – *9 km au Sud-Est.*
La partie ancienne du bourg, contenue dans le quadrilatère que délimitent les allées remplaçant ses remparts – dont il ne reste que la Pulverturm, solide tour carrée du 12e s. –, est intéressante par sa Grand'Place (Thut-Platz), avec fontaine à banneret, et ses nombreuses maisons des 17e et 18e s.
L'église St-Maurice, rénovée, a gardé son clocher du 17e s. (d'allure Renaissance).
Du passé romain de Zofingue subsistent deux grandes mosaïques provenant d'une ancienne villa, conservées sous abris et visibles à la sortie Sud de la ville *(derrière l'hôtel Römerbad).*

ORBE

Vaud – 4 709 habitants

Cartes Michelin nos 927 D 5 ou 217 pli 3 – Schéma : Le JURA SUISSE – Alt. 483 m

Orbe, étagée sur une colline qu'entoure un méandre de la rivière du même nom (dérivé du latin « Urba »), est une petite ville attachante, au cachet ancien.
De la place du Marché où s'élève une fontaine à banneret datée de 1753, on accède par une ruelle à l'église réformée, des 15e et 16e s. (à l'intérieur : bas-côtés aux curieuses clefs de voûte), puis à la terrasse de l'ancien château d'où se révèlent des perspectives sur les bas quartiers et la vallée de l'Orbe.
Au bas de la rue fleurie des Moulinets, tableau pittoresque formé par le pont romain et le pont couvert usinier enjambant la rivière avec, entre eux, l'avancée d'une maison à tourelle.

Mosaïques d'Urba ⊙ – *2 km au Nord d'Orbe, sur la route d'Yverdon.*
Quatre pavillons isolés au bord de la route abritent des mosaïques romaines du début du 3e s. Dans l'ordre de leur proximité par rapport à la ferme voisine : Calendrier aux divinités, la plus belle, constituée de médaillons polychromes ; Scène champêtre au chariot, la plus évocatrice ; Labyrinthe au lion et aux oiseaux ; mosaïque à décor géométrique noir et blanc.

ORON-LE-CHÂTEL

Vaud – 202 habitants

Cartes Michelin nos 927 E 6 ou 217 Sud du pli 4 (Nord d'Oron-la-Ville) – Alt. 720 m

Ce petit village situé dans la Haute-Broye, sur la rive gauche du Flon, est dominé par la masse imposante de son château fort.

Château ⊙ – Solidement assis sur un éperon rocheux, il fut construit à la fin du 12e et au début du 13e s. Les nombreuses transformations qu'il a subies ensuite n'ont pas altéré son allure défensive. Plusieurs familles s'y sont succédé, comme en témoignent les armoiries du grand vestibule. Pendant 241 ans, le château servit de résidence aux baillis bernois. Les appartements du 1er étage reflètent le cadre dans lequel vivait une famille bourgeoise. Dans la salle à manger, on remarque une belle collection de porcelaines de Sèvres et de Limoges, ainsi que des faïences de Wedgwood. La bibliothèque (beau plafond à caissons du 15e s.) renferme environ 18 000 volumes du 16e au 19e s. D'autres pièces agréablement meublées se font suite : salon de musique (piano qui aurait appartenu à Chopin), fumoir aux papiers peints décorés de scènes de chasse, salle de jeu et d'étude pour les enfants, salon de thé (commode Louis XV en bois de rose), chambre du prieur.

Parc national suisse

Voir Schweizerischer Nationalpark

PASSWANGSTRASSE★

Route du PASSWANG

Cartes Michelin nᵒˢ 927 H 4-3, G 3 ou 216 plis 4, 15 – Schéma : Le JURA SUISSE

La rugueuse vallée de la Lüssel, puis celle, riante, de la Birse composent la majeure partie de cet itinéraire sinuant entre l'Aare et le Rhin, à l'extrémité Est du Jura.

D'OENSINGEN À BÂLE

73 km – environ 2 h 1/4 – itinéraire ⑥ *de la visite du Jura suisse.*

Entre Oensingen et Balsthal, la route suit le fond de la « Klus » (cluse) tranchant perpendiculairement le chaînon du Weissenstein. Enfumant ce couloir, dont le château d'**Alt-Falkenstein**, malheureusement restauré à l'excès, surveille la sortie amont, les importantes fonderies de Roll maintiennent la tradition métallurgique du Jura.

Entre Balsthal et le col du Passwang, le tracé décrit un coude au pied des ruines altières du « Burg » de **Neu-Falkenstein**, dominées par un donjon cylindrique, pour pénétrer dans l'agreste **Guldental** par une nouvelle – mais fort courte – porte rocheuse. Les dernières sinuosités de la route précédant le tunnel de faîte du Passwang permettent des vues plongeantes sur cette vallée retirée, tandis que, dans le lointain, apparaissent les Alpes bernoises. Du col du Passwang, l'excursion au sommet du Passwang est recommandée.

★★ **Sommet du Passwang** – Alt. 1 204 m. *De la sortie Nord du tunnel du Passwang, 2 km par un chemin étroit, coupé de raidillons (refermer les barrières derrière soi), plus 3/4 h à pied AR.* Laisser la voiture au café-restaurant « Wirtschaft Ober-Passwang » et continuer de suivre le chemin en montée. À la sortie d'un bois, après avoir passé une barrière, quitter ce chemin pour atteindre, sur la droite, le point culminant de la crête. De là, **panorama**★★ très varié, s'étendant au Nord sur les dernières ondulations du Jura bâlois, la plaine d'Alsace (remarquer le double ruban du Rhin et du bief de Kembs appartenant au grand canal d'Alsace) encadrée par les Vosges et la Forêt-Noire, et au Sud sur le Jura soleurois et une partie des Alpes bernoises.

Du col à Laufen, la solitaire vallée de la Lüssel se réduit rapidement à une étroite tranchée boisée. Entre Erschwil et Büsserach se postent, en sentinelle, les ruines de Thierstein, tour massive flanquée d'une tourelle. On débouche dans le bassin de Laufen dont les ondulations couvertes de cultures se déploient devant les croupes forestières des « Blauen ».

Entre **Laufen**, petite ville qui a gardé ses deux portes fortifiées, et Aesch, la **vallée de la Birse**, fraîche et verdoyante, garde encore de l'agrément, malgré son industrialisation de plus en plus marquée. L'énorme donjon cubique du château d'Angenstein, ancienne résidence des évêques de Bâle, donne au touriste l'impression furtive d'en obstruer le dernier « étroit ».

À Grellingen, prendre la route à l'Est.

Seewen – À l'écart de ce joli village groupé dans une cuvette boisée au pied de sa blanche église se visite un intéressant **musée d'Automates musiciens** Ⓥ (Musikautomaten-Museum) dont les salles abritent environ 800 modèles, du 18ᵉ s. au début du 20ᵉ s., de pianos mécaniques, orgues de foire, de Barbarie, orchestrions (orgues imitant des instruments d'orchestre), boîtes à musique, et d'amusants automates (musiciens, oiseaux, peintre, magicien...) présentés en fonctionnement.

Dornach – Érigée sur les pentes qui dominent la ville et Arlesheim, la construction du **Goetheanum** Ⓥ produit un effet déconcertant tant par son immensité que par son architecture. Cette gigantesque cathédrale de béton, d'où l'angle droit est banni, est le siège international de la « Société anthroposophique universelle » ainsi que d'une « Université libre de science spirituelle », au sein de laquelle sont organisées, dans le cadre d'activités diverses, des représentations publiques de pièces d'auteurs classiques et modernes, notamment le *Faust* intégral de Goethe et les quatre drames-mystères de Rudolf Steiner. Le bâtiment et ses dépendances, même les plus utilitaires, sont construits, dans les moindres détails, conformément à la philosophie du fondateur de l'anthroposophie, **Rudolf Steiner** (1861-1925), qui, influencé par les idées de Goethe, créa son œuvre selon le principe de la métamorphose.

Arlesheim – L'**église collégiale** ★ (Domkirche) est une des plus charmantes réussites de l'art baroque en Suisse. L'édifice, construit en 1680 pour le chapitre de la principauté épiscopale de Bâle, fut transformé dans le goût rococo (1769-1771). Il se dresse sur une calme placette ombragée, bordée par les anciennes maisons des chanoines. Intérieurement, le vaisseau, dont aucun détail décoratif discordant ne vient rompre l'harmonie, s'orne de stucs discrètement rehaussés de rose ou de jaune pâle, tandis que les voûtes surbaissées présentent de vastes compositions picturales vaporeuses, aux tons lavés, œuvres de Joseph Appiani (1760).

On pénètre alors dans la grande banlieue de Bâle.

★★★ **Basel** – *Visite : 3 h. Voir ce nom.*

PAYERNE★

Vaud – 7 243 habitants
Cartes Michelin nos 927 E 5 ou 217 pli 4
Schéma : Le JURA SUISSE
Alt. 450 m

Située dans la riche vallée de la Broye, Payerne possède une remarquable abbatiale, dépendant autrefois d'une abbaye de bénédictins : cette abbaye fut fondée au 10e s. par l'impératrice Adelaïde, épouse d'Othon le Grand, premier empereur germanique, et fille de la légendaire reine Berthe (surnommée « la Reine filandière »), veuve de Rodolphe II, roi de Bourgogne transjurane.

★★ Église abbatiale Ⓥ – Principal vestige de cette importante abbaye clunisienne, l'église du 11e s. a été désaffectée au milieu du 16e s., lorsque les Bernois introduisirent la Réforme dans le pays de Vaud ; transformée en caserne et grenier, elle subit alors de multiples dégradations.

D'importants travaux de restauration ont rendu peu à peu à ce monument roman son aspect primitif.

Intérieur – La nef, d'une grande sobriété, est couverte d'un berceau semi-circulaire, éclairé par des fenêtres hautes, tandis que les bas-côtés sont voûtés d'arêtes. L'abside est en cul-de-four. La pureté des lignes et l'harmonie des proportions donnent au visiteur une impression de grandeur, mais aussi d'austérité qu'accentue le manque de décoration (hormis la belle alternance du calcaire jaune et du grès gris). Une remarquable série de chapiteaux ornent les fenêtres hautes du chœur et les piliers du transept. Leur dessin, fruste mais expressif, les fait dater de l'époque de la fondation de l'abbaye. D'autres chapiteaux ornent les croisillons du transept, dont les moulages sont exposés dans la salle haute du narthex ou chapelle St-Michel. De belles fresques du 13e s. sont visibles dans le chœur, le transept et le narthex. Les plus anciennes (narthex) montrent le Christ du Jugement dernier devant lequel sont assis les vingt-quatre vieillards de l'Apocalypse.

Attenante à l'église, la belle **salle capitulaire**, à voûte d'arêtes, mérite un coup d'œil. Une exposition sur l'histoire de l'abbatiale y est présentée. On y remarque les originaux des deux heurtoirs en bronze de l'abbatiale (10e s.).

Musée – On y accède par le bras droit du transept. Les collections permanentes sont consacrées à deux enfants du pays. L'artiste peintre **Aimée Rapin** (1868-1956), née sans bras, peignait avec l'aide de ses pieds. Elle connut un franc succès lors de l'Exposition universelle de Paris en 1888. Ses natures mortes (*Fruits, La Chasse*), ses portraits *(Jeune fille au lac, L'Homme à la pipe)*, ses dessins au fusain ou au crayon *(Portrait de M. Pierre Libaud, Femme assise)* expriment la diversité de son talent.

Le général **Antoine-Henri Jomini** (1779-1869) servit Napoléon Ier et devint l'aide de camp puis le chef d'état-major du maréchal Ney. Après la victoire de Bautzen, Ney proposa Jomini au grade de général de division afin de le récompenser des services rendus sous le drapeau français. Mais malentendu, mésentente entre les chefs ? Toujours est-il qu'il se vit signifier des arrêts pour ne pas avoir fourni de simples états de situation. Ces tracasseries lui firent quitter l'armée française, la rage au cœur. Il servit ensuite le tsar de Russie Alexandre II et mourut à Passy près de Paris le 22 mars 1869.

Gorges du PICHOUX★

Cartes Michelin n°s 927 F 4 ou 216 plis 2, 14
Schéma : Le JURA SUISSE

Du lac de Bienne à l'Ajoie (région de Porrentruy), des gorges profondes, des pâturages, forêts de sapins ou de feuillus jalonnent une route qui, dans la vallée de la Sorne, vient se faufiler entre les Franches Montagnes et le pays de Delémont.

DE BIENNE À PORRENTRUY

61 km – environ 2 h 1/2 – itinéraire 5 *de la visite du Jura suisse.*

★ **Biel/Bienne** – *Visite : 1 h. Voir ce nom.*

De Bienne à Sonceboz, la route s'élevant rapidement au-dessus des faubourgs de Bienne, se glisse, à mi-hauteur, dans les gorges du Taubenloch (Taubenlochschlucht – *les amateurs de sites encaissés peuvent visiter ces gorges à pied, suivant l'itinéraire de promenade décrit aux environs de Bienne*). La route continue ensuite à remonter la vallée industrielle de la Suze (importante cimenterie de Reuchenette), étranglée de courtes portes rocheuses qui marquent la traversée des plis successifs du Jura.

Pierre-Pertuis – Le passage de Pierre-Pertuis peut évoquer la traversée d'un petit col alpestre. Utilisé dès le début du 3e s. par la voie romaine reliant Aventicum (Avenches) à Augusta Raurica (Augst), il tire son nom de l'arche artificielle alors créée, sous laquelle passe l'ancien chemin, sur le versant de Tavannes. Le site est très connu dans toute la région.
À la hauteur du col, une clairière plantée de sapins et dotée de bancs invite à la halte.

Tavannes – Le nom de cette petite cité laborieuse et prospère, située dans la vallée supérieure de la Birse, au pied du rocher de Pierre-Pertuis, évoque immédiatement son activité horlogère. L'église catholique moderne a été décorée par les artistes de la « Société St-Luc », école d'art sacré bien connue en Suisse romande : la mosaïque de la façade, représentant l'Ascension, est due à Gino Severini.
Les paysages prennent un caractère très « haut-jurassien ». La route se transforme par endroits en une véritable avenue bordée de sapins.

Abbaye de Bellelay ⊙ – Les bâtiments du 18e s. de cette ancienne abbaye, occupée par les prémontrés de 1136 à 1797, ont gardé, extérieurement, leur distinction monastique. L'**église abbatiale**, bâtie entre 1710 et 1714, présente intérieurement un ensemble d'architecture baroque qui se rapproche de ceux de St-Urban *(voir ce nom)* et de Rheinau *(voir ce nom)*. Malgré la disparition de son mobilier, ce **vaisseau**★ garde une surprenante solennité. On attribue aux pères de Bellelay la recette de fabrication de la **Tête de moine**, fromage à pâte demi-dure, servi en copeaux onctueux et parfumés, détachés au couteau.
Après avoir sinué dans les pâturages boisés où paissent les chevaux bais des Franches Montagnes, la route se glisse au plus profond des gorges creusées par la Sorne.

★ **Gorges du Pichoux** – Cette coupure, au fond de laquelle la route, bâtie sur des murs de soutènement, dispute la place au torrent, est la plus encaissée des cluses que la Sorne se soit percées entre le Pichoux et Berlincourt. Les gorges présentent de très hautes falaises calcaires auxquelles s'agrippent des forêts de sapins.
La **montée**★ de Boécourt au col des Rangiers se déroule tout d'abord au flanc d'un versant découvert, planté de frênes et de beaux chênes tortus. On apprécie alors l'ampleur de la « vallée de Delémont », harmonieusement incurvée et parsemée de gros villages industriels prospères. Le versant du Doubs est atteint au moment où la route rejoint l'itinéraire dit de la « corniche du Jura », mais on ne peut que deviner la trouée de la grande rivière jurassienne.

★ **Porrentruy** – *Voir ce nom.*

La suite de l'itinéraire est décrite en sens inverse, au départ de Porrentruy.

PILATUS★★★

Le PILATE – Unterwalden

Cartes Michelin n°s 927 I 5 ou 217 Nord du pli 9
Schéma : VIERWALDSTÄTTER SEE

Dominant de ses arêtes bien découpées et longtemps enneigées les bassins occidentaux du lac des Quatre-Cantons, le Pilate, attraction des Alpes suisses, culmine à 2 129 m, au Tomlishorn. C'est à la fois un repère indispensable au voyageur visitant la Suisse centrale et un baromètre très populaire dans toute la région de Lucerne, si l'on en croit le dicton :

« Quand le Pilate a son chapeau *(de nuages),*
Dans le pays il fait beau ;
Mais quand il ceint son épée *(la cime émergeant d'un anneau nuageux)*
Gare l'ondée. »

Le Pilate a longtemps inspiré une terreur superstitieuse. La légende prétendait que l'esprit de Ponce Pilate hantait un petit lac voisin de ses cimes, et que l'approche de ce lieu maudit suffisait à déchaîner de terribles orages.

Le Pilate

MONTÉE AU PILATE

D'Alpnachstad, 2 h AR environ dont 1 h de chemin de fer à crémaillère ⓥ. On peut aussi atteindre le Pilatus-Kulm en téléphérique au départ de Kriens, dans la banlieue de Lucerne, et effectuer une excursion circulaire (voir Luzern).

La ligne, en rampe maximum de 48 %, est l'une des plus escarpées du monde pour ce mode de traction. Elle est spécialement impressionnante dans la traversée des escarpements de l'Esel.

Se loger

Bellevue – *Pilatus Kuln – ☎ (041) 670 12 55 – fax (041) 670 26 35 – 27 chambres – 188 F.*

Pilatus Kulm – *☎ (041) 670 12 55 – fax (041) 670 26 35 – 20 chambres – 120 F.*

Le Bellevue et le Pilatus Kulm ont une réception commune située à l'hôtel Bellevue.

★★★**Pilatus-Kulm** – De la station supérieure, dotée de deux hôtels de montagne, on grimpe en quelques minutes au sommet de l'Esel (alt. 2 121 m), belvédère sur la chaîne des Alpes, où le regard plonge sur le plan d'eau tortueux du lac des Quatre-Cantons, rétréci en son milieu par les promontoires du Rigi et du Bürgenstock. Le parcours de la galerie ajourée, taillée en pleine paroi rocheuse de l'Oberhaupt, est également recommandé.

PONTRESINA✲✲

Graubünden – 1 858 habitants

Cartes Michelin nᵒˢ 927 N 6 ou 218 pli 15 – Schéma : GRAUBÜNDEN – Alt. 1 777 m

Pontresina est située dans la région la plus élevée de Haute-Engadine, à l'entrée du val Bernina, en vue du cirque glaciaire de Roseg et des ressauts neigeux du Piz Palü. Les alpinistes remontent le val Roseg ou la vallée de Morteratsch pour entreprendre de magnifiques courses glaciaires dans le massif de la Bernina, en particulier le fameux « tour de la Diavolezza ».

De leur côté, les promeneurs se dispersent dans les sous-bois de la forêt de Tais ou atteignent à Alp Languard, sur un chemin en corniche, les derniers contreforts du Piz Languard en s'y rendant depuis Muottas Muragl *(à 7 km)*.

Domaine skiable – Pontresina, dont la « saison » d'hiver se prolonge jusqu'au mois d'avril, offre aux skieurs d'innombrables excursions de longue haleine. Les pistes de **ski alpin**, ensoleillées, sont desservies par les téléskis d'Alp Languard et le funiculaire de Muottas Muragl. La station est également appréciée pour le **ski de fond** : le fameux marathon de l'Engadine, qui se dispute sur une quarantaine de kilomètres, réunit tous les ans les amateurs. Renseignements : Engadin Skimarathon, CH 7504 Pontresina.

Santa Maria ⊙ **(Chapelle Ste-Marie)** – Ce petit sanctuaire roman, voisin de la tour Spaniola (12ᵉ s.), conserve un ensemble de peintures murales, exécutées dans leur plus grande partie par un artiste du Quattrocento (15ᵉ s.). La série consacrée à sainte Marie Madeleine intéressera les touristes familiers de la *Légende dorée* et des grandes traditions provençales.

✲✲**Muottas Muragl** – *3 km par la route de Samedan, jusqu'à Punt Muragl, plus 1 h AR environ dont 1/2 h de funiculaire. Voir ce nom.*

PORRENTRUY★

Jura – 6 718 habitants

Cartes Michelin nᵒˢ 927 F 3 ou 216 Sud du pli 2 – Schéma : Le JURA SUISSE – Alt. 445 m

Née en 1283 de la volonté des princes-évêques de Bâle, Porrentruy, bâtie au cœur du pays de l'Ajoie, se présente comme une ville paisible, accueillante où il fait bon vivre. Dès le 16ᵉ s., la ville se développe et devient la résidence des souverains de l'ancien évêché de Bâle, princes du Saint Empire romain germanique. En annexant au territoire français (1793) cette petite région aux traits de paysage tout comtois, la Révolution fait de Porrentruy le chef-lieu du département du Mont-Terrible englobant les actuels cantons du Jura et Jura bernois jusqu'à Bienne.

Musée de l'Hôtel-Dieu, Porrentruy

Pharmacie de l'ancien hôtel-Dieu

Château – Situé sur un éperon rocheux, il domine de sa puissante silhouette la vallée de l'Allaine. De l'époque médiévale, il conserve la tour Réfous (45 m, belle vue du sommet), tour ronde s'élevant à proximité d'un ensemble de bâtiments abritant aujourd'hui des services officiels, comme le tribunal cantonal. Dans le couloir du tribunal, on peut voir les portraits des princes-évêques qui se sont succédé de 1575 à 1737, dont celui de Jacques-Christophe Blarer de Wartensee qui laissa une forte empreinte dans la ville. Accolée à la façade Est du château, la tour du Coq porte ses armoiries (le coq) ainsi que celles de l'évêché de Bâle (la crosse).

La ville ancienne – La **porte de France**, vestige de l'ancienne enceinte, marque l'entrée de la vieille ville. Dans la rue Pierre-Péquignat et la Grand-Rue se situent trois élégants bâtiments du 18e s. dus à un architecte de Besançon, Pierre-François Paris : l'**hôtel des Halles**, ancien marché de la ville, l'**hôtel de ville** (dans l'entrée, original en pierre de la fontaine de la Samaritaine) et l'**hôtel-Dieu** *(illustration dans les Conditions de visite en fin de guide)*, ancien hôpital, qui possède une belle grille en fer forgé fermant la cour d'honneur. Le **musée de l'Hôtel-Dieu** ⊙, consacré à l'histoire locale renferme deux pièces maîtresses. La première, la **pharmacie** de l'hôpital est une remarquable réalisation de l'ébéniste Jean-Baptiste Carraz (19e s.) à partir de plusieurs essences qui se marient harmonieusement ; on remarque également une belle collection de pots et de bocaux, en verre ou en porcelaine. La seconde, le trésor de l'église St-Pierre, rassemble des objets précieux, notamment de la période gothique : croix de procession (1487), grand ostensoir dit « de Morat » (1488) et petit ostensoir (1493).

Le centre-ville compte de riches maisons bourgeoises à cour intérieure et tourelle dignes d'intérêt (Grand-Rue 22) et trois belles fontaines monumentales du 16e s. dues à Laurent Perroud : celle du Banneret dite du « **Suisse** » (rue des Malvoisins), celles de la Samaritaine (Grand-Rue, devant une maison d'angle à oriel) et de la Boule dorée (rue des Annonciades). L'**église St-Pierre**, coiffée d'un dôme comtois, renferme un beau vitrail qui éclairant le chœur, œuvre d'un artiste local, Jean-François Comment.

À proximité de l'agréable **jardin botanique** qui borde l'ancien évêché (aujourd'hui lycée cantonal) se trouve dans la cour de l'ancien séminaire l'imposant pendule de Foucault. Léon Foucault (1819-1868), physicien français, démontra grâce à son invention le mouvement tournant de la Terre.

ENVIRONS

Grottes de Réclère ⊙ – À 15 km de Porrentruy par la route de Besançon.
Un guide vous accompagne jusqu'à 100 m sous terre dans cette grotte découverte en 1886. Bel ensemble de stalactites et de stalagmites, dont la plus grande de Suisse, appelée « le grand dôme » (13 m de hauteur pour plus de 250 000 ans). La visite peut être jumelée avec celle du **Préhisto-Parc** ⊙, où sont disséminées dans la forêt quelques reproductions grandeur nature d'animaux préhistoriques.

Lac des QUATRE-CANTONS
Voir VIERWALDSTÄTTER SEE

Bad RAGAZ
St. Gallen – 4 574 habitants
Cartes Michelin nos 927 M 4 ou 218 pli 4 – Alt. 502 m

Dans un des beaux sites de la vallée du Rhin alpestre, face aux crêtes vigoureusement découpées du Falknis, Bad Ragaz vit au rythme de la cure thermale. La station exploite, depuis le 11e s., les eaux faiblement minéralisées jaillissant à une température de 37o dans les gorges de la Tamina, en contrebas du village de Pfäfers. Les maladies de la circulation, les rhumatismes, les paralysies et les séquelles d'accidents y sont soignés efficacement.
En plein hiver, Bad Ragaz se présente comme une base de ski, depuis qu'une télécabine et des téléskis relient la ville aux immenses champs de neige de la région du Pizol.

ENVIRONS

Taminaschlucht ⊙ **(Gorges de la Tamina) – 2 h à pied AR par le chemin prenant à gauche de la route de Valens, au Sud-Ouest.
Formidable fissure, au fond de laquelle les curistes de l'époque héroïque devaient se faire descendre par des cordes pour prendre les eaux, alors non captées.

RAPPERSWIL★

St. Gallen – 7 198 habitants
Cartes Michelin nᵒˢ 927 K 4 ou 216 pli 19 – Schéma : ZÜRICH (Environs)
Alt. 409 m

La petite ville de Rapperswil occupe un joli site sur une courte presqu'île de la rive Nord du lac de Zurich. La ville haute a conservé un caractère moyenâgeux, que souligne encore la masse imposante de son château.

Le « front de lac » de Rapperswil est très animé en été. De nombreuses excursions en bateau sont possibles vers les petites îles voisines.

CURIOSITÉS

Château ⓥ – Élevé au 13ᵉ s. par les comtes de l'endroit, c'est une massive construction flanquée de trois tours d'aspect sévère mais aussi de parterres de roses. De la terrasse extérieure surplombant la ville, on découvre une belle **vue** sur ses maisons, le lac de Zurich et, au-delà, sur les Alpes de Glaris et de St-Gall. Du côté opposé, en contre-haut des anciens remparts et dominant le lac, parc aux daims.

Polenmuseum ⓥ (Musée polonais) – *Au 1ᵉʳ étage.* Sur les six salles *(plus une galerie d'expositions temporaires)* de ce petit musée fondé par des immigrés polonais, une est consacrée à Chopin et Adam Mickiewicz, une à la 2ᵉ division polonaise qui combattit en France en 1940, une aux costumes des provinces, les trois autres à l'histoire générale du pays : documents, armes, tableaux, drapeaux, souvenirs de l'époque napoléonienne et du grand pianiste et président Paderewski.

Heimatmuseum ⓥ **(Musée local)** – Ce musée, installé dans une maison du 15ᵉ s., contient de nombreuses trouvailles de l'époque romaine, des collections d'armes et des œuvres d'art présentées dans des salles aux plafonds peints et au beau mobilier ancien.

Kinderzoo ⓥ **(Zoo des Enfants)** – *Derrière la gare – Accès par la Schönbodenstrasse puis, à droite, l'Obersee Strasse.*

Dépendance du cirque Knie, il présente au milieu d'attractions amusantes (« Arche de Noé » et baleine-aquarium en ciment, petit train...) un échantillonnage limité d'animaux exotiques : zèbres, chameaux, zébus, rhinocéros, buffles, kangourous, girafes, lamas, singes, émeus, cigognes, perruches... Mais son attrait principal est constitué par un delphinarium où évoluent quatre cétacés adultes.

Le cirque national Knie

En 1803, Friedrich Knie, fils du médecin particulier de l'impératrice Marie-Thérèse d'Autriche, est étudiant en médecine à Innsbruck. Il y fait la connaissance d'une écuyère, membre d'une troupe d'artistes. C'en est fini de la médecine, il rejoint l'équipe et apprend le métier de saltimbanque. Puis il fonde sa propre troupe, et épouse en 1807 Antonia Stauffer, fille d'un barbier. À travers l'Allemagne, l'Autriche, la Suisse et la France, Friedrich, talentueux funambule, connaît vite le succès. Ses enfants et petits-enfants perpétuent la tradition, se produisant sur les places publiques devant des spectateurs ravis. En 1900, les Knie deviennent citoyens suisses (naturalisation en la commune de Gerlikon, canton de Thurgovie). De génération en génération, les métiers du cirque se maintiennent ferme-

Rapa/EXPLORER

ment et en 1919, à Berne, un rêve se réalise, le premier chapiteau voit le jour, le cirque Knie est né. Bien que cirque national, l'entreprise est toujours dans les mains de la famille (6ᵉ génération), vivant de ses propres deniers. De mi-mars à fin novembre, la longue caravane, accompagnée de son zoo, parcourt les routes et les voies ferrées, donnant 375 spectacles dans quelque 60 villes sous un chapiteau pouvant accueillir 3 000 personnes. C'est à Rapperswil que le cirque a établi ses quartiers d'hiver.

ENVIRONS

De Rapperswil à Pfäffikon – *22 km au Nord. Quitter Rapperswil par la route de Zurich puis, à droite, celle de Winterthur ; à Rüti, prendre à gauche vers l'autoroute : après le passage sous celle-ci, tourner à droite ; 300 m avant Bubikon, emprunter à droite le chemin signalé « Ritterhaus ».*

Ritterhaus ⊙ (Commanderie de Bubikon) – Fondée en 1192, reconstruite aux 15e et 16e s., cette maison des moines-chevaliers de l'ordre de St-Jean de Jérusalem, dont les dépendances ont été converties en ferme, en est aujourd'hui le musée. On y voit retracée, sur trois niveaux, l'histoire de l'ordre, des origines à nos jours, à l'aide de documents, armes, armures, tableaux, costumes, photos... Le cadre est évocateur, particulièrement l'ossuaire, la chapelle (vestiges de fresques), la belle cuisine du 16e s., la bibliothèque et les grandes salles communes avec leurs plafonds et boiseries en trompe-l'œil, leurs cheminées, poêles et meubles de style gothico-Renaissance.

Regagner la route de Winterthur.

Après avoir longé, d'assez loin, le Pfäffikersee, lac aux rives frangées de roseaux et peu accessibles, on parvient à l'entrée de Pfäffikon, où s'aperçoit, à gauche, le tumulus de l'ancien camp romain d'Irgenhausen.

Römisches Kastell (Forteresse d'Irgenhausen) – *Depuis le parking de l'usine 1/4 h AR en passant sous la voie ferrée.*

Cette petite citadelle, érigée de 285 à 305 après J.-C., faisait partie d'une chaîne de forts destinés à prévenir un retour offensif des Alamans ; elle pouvait abriter 200 légionnaires au maximum. Ce qu'il en reste est un quadrilatère de murs en bel appareillage de galets en couches de sens alterné, érigé sur un tertre et dominant encore le lac et Pfäffikon : trois tours carrées, arasées, le renforcent côté lac.

RHEINAU★

Zürich – 1 338 habitants
Cartes Michelin nos 927 J 3 ou 216 plis 7, 8 (sur le Rhin) – Alt. 372 m

Cette localité, joliment située dans un méandre du Rhin, en aval des célèbres chutes, fut le siège d'une abbaye bénédictine (aujourd'hui transformée en clinique psychiatrique), installée sur une île du fleuve. Son église abbatiale constitue une incontestable réussite de l'art baroque.

En 1956 a été achevée la construction, en amont de la petite ville, d'un important barrage hydroélectrique dont la retenue s'allonge sur 6,5 km, jusqu'aux chutes du Rhin.

Ehemalige Klosterkirche ⊙ **(Église abbatiale)** – L'édifice, reconstruit au début du 18e s., à l'exception de la tour Sud (16e s.), présente une façade assez sévère.

L'**intérieur**★ n'en frappe que davantage par la richesse de sa décoration, du plus pur baroque. La nef, dont la voûte est couverte de fresques, est flanquée, de chaque côté, de quatre chapelles orientées, ornées comme le maître-autel d'une profusion de marbres et de dorures, tandis qu'une balustrade court sous les fenêtres hautes. Le chœur, fermé par une grille très ouvragée, renferme de jolies stalles. L'orgue date de 1715. Dans la petite salle située à gauche du chœur et abritant le trésor, très beaux meubles en marqueterie.

RHEINFELDEN★

Aargau – 10 335 habitants
Cartes Michelin nos 927 H 3 ou 216 pli 5

Située sur la rive gauche du Rhin, simplement séparée de son homonyme allemande par le Rheinbrücke, un pont à arches en pierre, la cité suisse passe pour être la plus ancienne du canton d'Argovie. Fondée en 1130 par les Zähringen, elle fut donnée en gage aux Habsbourg en 1330 par le duc Louis Ier de Bavière et resta en leur possession jusqu'en 1802.

Station terminale des **croisières sur le Rhin**, c'est une charmante petite ville où il fait bon flâner dans les ruelles de son vieux quartier ou bien dans le parc thermal ombragé qui borde le fleuve.

Pour avoir une belle **vue** d'ensemble sur la ville, se placer de l'autre côté du pont, sur la rive allemande.

L'exploitation de gisements salins découverts en 1844 (l'ancienne **tour de forage nº 6** de la saline de Riburg – transformée en musée – est visible dans le parc thermal, *suivre le panneau Kurzentrum*) a permis à la ville de se développer comme centre de cures thermales, qui connaît aujourd'hui une très grande renommée.

Brasserie Feldschlösschen – Salle de brassage

La vieille ville – La **Marktgasse**, qui s'amorce à quelques pas du poste de douane suisse tout près du pont, est la rue principale. Elle est bordée de maisons intéressantes aux belles façades peintes et aux belles enseignes, parmi lesquelles (en partant de l'Office de tourisme) les nᵒˢ 36, 16 et 10.
Pénétrer dans la cour de l'**hôtel de ville** (Rathaus), reconnaissable à sa tour médiévale, pour admirer les peintures murales.
Au nᵒ 12 le **Fricktaler Museum** ⊘ est consacré à l'histoire locale et à la confrérie Saint-Sébastien, étrange ensemble de douze membres, dont un porteur de lanterne tous vêtus de noir (longs manteaux et hauts-de-forme), qui traditionnellement, les 24 et 31 décembre, vont chanter des cantiques de fontaine en fontaine, rappelant l'épidémie de peste de 1541 qui décima une grande partie de la population.
L'**Albrechtsplatz** voisine est agréablement décorée de la fontaine du Banneret. Un peu plus haut à gauche, la Johannmittergasse mène à la chapelle St-Johann, ancienne chapelle de l'ordre de Malte (fresques). À gauche de la chapelle, un petit chemin mène à une terrasse donnant sur le Rhin.
La Marktgasse se prolonge par la Kupfergasse jusqu'à la Storchennestturm et une partie des remparts.
D'autres rues ou places sont également intéressantes à découvrir pour leurs façades ou leurs fontaines : la Geissgasse, l'Obertorplatz, la Kapuzinergasse, la Bahnhofstrasse. Sur la Kirchplatz, l'**église St-Martin**, de style gothique, a subi, comme en témoigne l'intérieur, d'importantes transformations à la fin du 18ᵉ s. dans le plus pur goût baroque.

Brauerei Feldschlösschen ⊘ – Une allure de château médiéval en brique rouges et jaune avec des tours et des remparts, telle se présente la plus grande **brasserie** suisse, fondée en 1876, qui livre encore ses clients les plus proches au moyen de charrettes tirées par de solides percherons. Sa visite ne manque pas d'intérêt et permet de découvrir les différentes étapes de la fabrication de la bière, depuis la matière première jusqu'au plaisir de la dégustation, où les six sortes de bière produites par la firme sont offertes généreusement. Le clou de la visite est sans doute la **salle de brassage** avec ses immenses alambics en cuivre et son architecture Art déco.

Le RHIN

RHEIN
Cartes Michelin nᵒˢ 927 ou 216 et 218

Le Rhin n'est suisse que pour le quart à peine de son cours, puisqu'il atteint Bâle après 388 km. Dans ce trajet relativement court, il perd de l'altitude, passant de 2 200 à 250 m, et offre l'aspect d'un fleuve impétueux et indompté.

UN PEU DE GÉOGRAPHIE

Un fleuve alpin – De tous les bassins fluviaux se partageant le territoire de la Suisse, le bassin du Rhin est de loin le plus important : il s'étend en effet sur tous les cantons suisses, sauf ceux de Genève, du Valais et du Tessin.

Le Rhin est le type même du fleuve alpin, avec ses basses eaux d'hiver et ses hautes eaux d'été, correspondant à la fonte des neiges. Il prend sa source dans les Grisons : les deux bras principaux, Rhin postérieur (Hinterrhein) et Rhin antérieur (Vorderrhein) se rejoignent à Reichenau, en amont de Coire, et font l'objet d'importants travaux d'aménagement hydroélectrique. Ils sont suivis, respectivement, par les routes du San Bernardino et de l'Oberalp. Grossi, à Coire, de la Plessur et, peu après, de la Landquart et de la Tamina, le fleuve suit le sillon du **Rheinthal** qui évoque déjà l'Alsace par son orientation Nord-Sud, son ampleur, sa gamme de cultures (maïs, vigne, etc.) ; il débouche dans le **lac de Constance** (Bodensee) qui joue un rôle régulateur analogue à celui du Léman pour le Rhône.

Une mer intérieure : le Bodensee – Long de 64 km, d'une largeur atteignant 12 km, le Bodensee (lac de Constance), un peu moins étendu (54 000 ha) que le Léman, donne cependant une impression d'immensité. À Constance, le Rhin quitte le bassin principal pour le lac Inférieur (Untersee), dont il s'échappe à Stein am Rhein.

La traversée du Jura – De Schaffhouse à Bâle, le Rhin change de caractère : resserré entre les versants de la Forêt-Noire et les contreforts du Jura, il doit s'ouvrir un passage dans les bancs de roches dures. C'est le cas en aval de Schaffhouse : la vallée se rétrécit, la violence du courant augmente et le fleuve se précipite au milieu des rochers, formant des chutes imposantes. Plus loin, la présence d'autres bancs calcaires se traduit par des rapides (Laufen).

Tous ces obstacles à la navigation ont permis, en contrepartie, l'équipement hydroélectrique du fleuve, grâce à la construction de centrales « au fil de l'eau », dont le type le plus récent est offert par le barrage-usine de Rheinau.

Le confluent avec l'Aare – L'Aare est le plus grand cours d'eau entièrement suisse et son bassin couvre les 2/5 de la superficie du pays. Il traverse successivement les lacs de Brienz et de Thoune, arrose Berne et Soleure et reçoit de nombreux affluents dont les plus importants sont la Reuss et la Limmat.

Le confluent se situe près de Koblenz, en amont de Waldshut, après un cours plus long pour l'Aare que pour le Rhin (280 km contre 274). Ce confluent est spectaculaire, l'Aare roulant alors plus d'eau que le Rhin dans lequel il se jette. Désormais, le Rhin fait figure de grand fleuve et peut se prêter, en aval de Bâle, à la grande batellerie internationale. *La visite, très instructive, du port de Bâle est décrite à Basel.*

LE RHIN PITTORESQUE

Entre le lac de Constance et Bâle, le tourisme automobile le long de la vallée du Rhin est gêné par le tracé capricieux des frontières du canton de Schaffhouse, et il n'est pas conseillé de chercher à suivre, au plus près, le fleuve, en territoire helvétique. Il est préférable de prendre pour but d'excursion quelques points d'observation précis choisis parmi les vues les plus caractéristiques :

– le château de Hohenklingen, près de Stein am Rhein *(voir ce nom)*,

– la terrasse du Munot, à Schaffhausen *(voir ce nom)*,

– le château de Laufen, aux chutes du Rhin *(voir Schaffhausen)*,

– à Laufenburg (rive suisse), la promenade ombragée à gauche du pont-frontière.

Services de navigation – Le bassin principal du lac de Constance et le lac d'Überlingen (en territoire allemand) sont sillonnés par toute une flotte basée à Constance, Romanshorn, Arbon, Rorschach. Des bateaux de promenade assurent aussi le service Schaffhouse-Kreuzlingen, par le Rhin et l'Untersee, offrant d'incomparables aperçus sur les rives romantiques du fleuve, surveillées de loin en loin par quelque « Burg » en ruine, et sur les charmantes petites villes de Diessenhofen, Stein am Rhein, etc.

RIGGISBERG

Bern – 2 467 habitants

Cartes Michelin nᵒˢ 927 G 5 ou 217 pli 6

À l'entrée Nord de la localité *(route de Berne),* emprunter à droite la route montant à la fondation Abegg, dont les modernes bâtiments occupent un site verdoyant.

** **Abegg-Stiftung** ⊙ **(Fondation Abegg)** – L'institut fondé en 1961 par Werner Abegg a pour objectif la recherche scientifique concernant les arts appliqués, surtout les tissus, ainsi que leur conservation. Installées dans des salles fréquemment réaménagées, les collections présentent des œuvres européennes et moyen-orientales, depuis l'Antiquité jusqu'à la Renaissance. Outre une bibliothèque riche de quelque 160 000 publications, la fondation propose une exposition temporaire annuelle.

Parmi les œuvres des premières civilisations, on remarque des poteries néolithiques, des objets en marbre provenant des Cyclades, de la céramique et de l'orfèvrerie iraniennes (gobelets en or de Marlik), des bronzes du Luristan, des pièces égyptiennes (tête de Pabasa), des appliques de meuble en ivoire de la période préachéménide, un superbe bracelet à têtes de lion, plusieurs récipients zoomorphes dont un gracieux rhyton (vase à boire) en lapis-lazuli et or ayant la forme d'un bouquetin, deux épées sassanides, ainsi que de la céramique byzantine.

La salle des tentures abrite des fragments représentant la déesse Artémis (4ᵉ s.), des scènes de la Genèse et de l'Exode (5ᵉ s.), Dionysos (Égypte, 4ᵉ s.), ainsi qu'un fragment d'une tapisserie, *Atalante et Méléagre* (Égypte, 3ᵉ-4ᵉ s.).

L'art roman met à l'honneur l'Italie du Sud, la France (chapiteaux, émaux de Limoges) et l'Espagne. L'une des pièces maîtresses est la chasuble de saint Vital, provenant de l'abbaye St-Pierre de Salzbourg. L'art gothique est représenté par des fenêtres géminées provenant d'Italie du Nord, de l'art français (Christ en croix), des coffrets et de l'orfèvrerie. Parmi les nombreuses et admirables pièces suivantes, ne pas manquer le cabinet de peintures qui réunit notamment une *Adoration des Rois mages* de Fra Angelico, un triptyque attribué à Van der Weyden, *Saint Thomas d'Aquin* de Botticelli, *Saint Léonard* de Lorenzetti et une *Vierge à l'Enfant* de Multscher. Des œuvres Renaissance (velours, soieries, tapisseries de Bruxelles, bijoux, verrerie, argenterie) de premier ordre, dont de somptueux vases italiens en cristal de roche et or, clôturent la visite.

Tentures aux chevaux ailés (Égypte, 7ᵉ-9ᵉ s.)

Le RIGI★★★

Cartes Michelin nᵒˢ 927 J 4 ou 216 Sud du pli 18
Schéma : VIERWALDSTÄTTER SEE

Isolé de tous côtés par la dépression que noient, dans sa plus grande partie, les eaux des lacs des Quatre-Cantons, de Zoug et de Lauerz, le Rigi dresse à 1 797 m d'altitude ses bosses boisées et accidentées, coupées d'escarpements rougeâtres. Ce type de relief est désigné sous le nom de « montagne-île » par les géographes allemands.

Un grand spectacle – Le Rigi Kulm, point culminant, est célèbre pour ses levers de soleil sur les Alpes. Une tradition du 19ᵉ s. en a fait l'apothéose d'un voyage en Suisse : on y passait la nuit pour attendre ce spectacle, dont la splendeur faisait oublier l'austérité des préliminaires… Les yeux lourds de sommeil, on découvrait alors les premiers rayons illuminant cet « horizon invraisemblable », ce « chaos d'exagérations absurdes et d'amoindrissements effrayants » (Victor Hugo).

Aujourd'hui, le massif continue à attirer la foule des excursionnistes. Les amateurs de balades faciles, à travers les alpages et les bois, le long de crêtes panoramiques, se retrouvent dans l'un des hôtels d'altitude : **Rigi-Kaltbad** est l'un des lieux de séjour les mieux situés.

MONTÉE AU RIGI-KULM ⊙

La montée en train à crémaillère demande 35 mn depuis Arth-Goldau ou Vitznau. Autre accès : depuis Weggis, un téléphérique aboutit à Rigi-Kaltbad ; de là, correspondance par un chemin de fer à crémaillère pour Rigi-Kulm.

★★★**Panorama** – Alt. 1 797 m. *De la station terminale, 1/4 h à pied AR jusqu'au signal et à la croix élevés au point culminant.*
Le regard erre d'un bord à l'autre de la prodigieuse toile de fond des Alpes, déployée entre le Säntis et les Alpes bernoises (Jungfrau) en passant par les Alpes de Glaris, d'Uri et le massif du Titlis. Moins éblouissante, mais plus attachante, apparaît la moitié opposée du tour d'horizon : au-delà des lacs de Lauerz, de Zoug et des Quatre-Cantons moutonnent les collines du pays zurichois, jusqu'à la ligne floue du Jura, des Vosges et de la Forêt-Noire.

★★★**Promenade de Rigi-Kaltbad à Hinterbergen** – Cette belle balade, facile et bien aménagée, constitue un complément très appréciable après la montée au Rigi *(compter 2 h à 2 h 30)*. Descendre du train à la station Kaltbad (alt. 1 438 m). Prendre le chemin jusqu'à First, bordé de panneaux explicatifs sur la géologie. La **vue★★** prend vite de l'ampleur sur le lac des Quatre-Cantons. L'itinéraire continue vers Unterstetten, en présentant des à-pics impressionnants. En vue de l'hôtel, bifurquer à gauche en montant dans la pelouse sur 200 m, puis à droite en direction de Gletti (montée raide mais courte, suivie d'une descente). De Gletti, **tour d'horizon★★★** sur toute la région. Pour terminer, descendre à Hinterbergen, soit par l'itinéraire direct et pentu à droite, soit par un chemin plus facile à gauche. Au cœur du hameau, repérer une maison blanche, avec six petites fenêtres, qui constitue la gare d'arrivée d'une télécabine permettant de gagner Vitznau en 6 mn.

Se loger et se restaurer

Bergsonne – ☎ *(041) 399 88 10 – fax (041) 399 80 20 – 17 chambres – 90/200 F – GB – ouvert du 15 décembre au 17 mars et du 4 mai au 3 novembre.* Bien situé au-dessus du village, cet hôtel tranquille offre une vue imprenable sur les Alpes et le lac des Quatre-Cantons. Chambres décorées de mobilier régional.

Edelweiss – ☎ *(041) 399 88 00 – fax (041) 397 11 36 – 27 chambres – 100/260 F – GB – fermé du 25 mars au 15 avril.* Calme et tranquillité sont au rendez-vous. Vous apprécierez également la vue sur le lac et la montagne. Chambres rustiques dans la partie ancienne.

ROMAINMÔTIER★

Vaud – 392 habitants
Cartes Michelin nᵒˢ 927 D 5 ou 217 plis 2, 3
Schéma : Le JURA SUISSE – Alt. 676 m

Comment ne pas tomber sous le charme de ce village ancien qui entoure une sobre et harmonieuse église romane appartenant à une abbaye (moûtier) fondée au 5ᵉ s. par saint Romain et passée aux moines de Cluny au 10ᵉ s. L'abbaye commandait à sept prieurés, vingt églises paroissiales, trente villages et cinquante fiefs.

★ **Église** Ⓥ – C'est dans cette église que Marguerite d'Autriche, fille de l'empereur Maximilien et petite-fille de Charles le Téméraire, épousa en 1501 Philibert le Beau, en souvenir de qui elle fera plus tard élever l'église de Brou.
On y accède en passant sous la porte fortifiée de l'ancienne enceinte monacale. Succédant à deux chapelles des 5ᵉ et 7ᵉ s. (dont le plan est dessiné sur le sol de la nef), l'édifice a été construit en calcaire du Jura, au 11ᵉ s., mais modifié aux siècles suivants. La construction a été inspirée directement de l'ancienne abbatiale de Cluny, St-Pierre-le-Vieux, qui précéda l'immense édifice bâti au 12ᵉ s. : aussi le plan, l'élévation, la décoration, à base de bandes et arcatures lombardes, sont-ils typiquement bourguignons. Le transept, dominé par une tour de croisée, et la nef sont du 11ᵉ s. Un vaste narthex (début 12ᵉ s.) est précédé d'un porche gothique (13ᵉ s.).
À l'intérieur, le narthex, voûté d'arêtes et à deux étages, garde des peintures murales du 13ᵉ s. Dans la nef, des ogives du 13ᵉ s. ont remplacé la voûte primitive, tandis que les bas-côtés ont encore leurs voûtes en plein cintre ; la croisée du transept est couverte d'une coupole sur trompes. Le chœur et les absidioles ont été reconstruits aux 14ᵉ et 16ᵉ s. ; le chœur conserve des tombes de prieurs et un ambon (sorte de chaire) du 7ᵉ s. Depuis 1536, l'église est affectée au culte protestant.
Derrière le chevet se dresse un magnifique tilleul.

À 50 m à droite de la façade s'élève l'ancienne maison du prieur, datée de 1605 – mais remontant au 13ᵉ s. –, à tourelle en poivrière et portail à bossages.

ROMONT

Fribourg – 3 826 habitants
Cartes Michelin nᵒˢ 927 E 5 ou 217 pli 4 – Alt. 760 m

Construite au 13ᵉ s. par Pierre II de Savoie, la petite ville de Romont, encore entourée d'une partie de ses remparts, occupe un **site**★ pittoresque sur une crête, au-dessus des vallées de la Glâne et du Glâney.

Collégiale N.-D.-de-l'Assomption Ⓥ – C'est un des beaux sanctuaires gothiques du pays romand. Édifié au 13ᵉ s., détruit aux deux tiers en 1434, et immédiatement reconstruit, il représente deux aspects du style gothique (13ᵉ et 15ᵉ s.). Le **chœur**★, du 15ᵉ s., est fermé d'une grille et orné de stalles et de boiseries sculptées, de la même époque. L'église est éclairée de beaux vitraux du 14ᵉ s. et du 15ᵉ s. dont une Annonciation et une Assomption d'origine bourguignonne. Un groupe de l'Assomption en bronze, de 1955, domine le maître-autel moderne. Une série de vitraux modernes du peintre Al. Cingria représente les douze apôtres, une autre, du peintre-verrier français Sergio de Castro, des personnages de l'Ancien Testament. Avant de sortir, on peut voir dans une chapelle à gauche une Vierge à l'Enfant romane décorant l'autel.

Château – Il date du 13ᵉ s., comme en témoigne le donjon de Pierre II de Savoie, mais a été remanié à plusieurs reprises.
Le portail principal (16ᵉ s.) est surmonté de plusieurs écussons de Fribourg et de Romont.
Depuis 1981, le château abrite le **musée suisse du Vitrail** Ⓥ. Les collections comprennent des vitraux médiévaux, des vitraux « suisses » héraldiques ou figurés et des œuvres de verriers suisses et étrangers datant du début du 20ᵉ s., marquant le renouveau du vitrail, jusqu'à nos jours. Une présentation audiovisuelle est consacrée à la création du vitrail et son histoire à travers les siècles. Lors des expositions temporaires sont présentées des œuvres anciennes ou contemporaines provenant de Suisse ou de l'étranger.

Le RÜTLI

La prairie du Rütli ou Grütli qui domine le lac d'Uri, et sur laquelle flotte le drapeau suisse, symbolise la fondation de la Confédération helvétique. C'est en effet sur cette terre que Walter Fürst, Werner Stauffacher et Arnold von Melchtal, représentants des trois vallées d'Uri, de Schwyz et d'Unterwald – selon la tradition en présence de Guillaume Tell – y scellèrent le, 1er août 1291, le pacte d'alliance qu'ils avaient conclu auparavant. Ce fut le célèbre **serment du Rütli** *(illustration dans le chapitre Quelques faits historiques)*. Avant de devenir un haut lieu de pèlerinage pour les patriotes, cet endroit historique servit de lieu de rassemblement pour les chefs militaires en cas de crise grave. En juillet 1940 devant la menace allemande, le général Guisan, commandant en chef de l'armée suisse y réunit plusieurs centaines d'officiers.

La Voie suisse

Pour célébrer le 700e anniversaire de la Confédération, un chemin pédestre d'environ 35 km a été créé à partir du Rütli et tracé autour du lac d'Uri. Dénommé la **Voie suisse**, ce parcours se divise en autant de tronçons (séparés par une borne) que de cantons et demi-cantons existants, soit un total de 26. La longueur de chaque tronçon a été établie en fonction du nombre d'habitants du canton qu'il représente. La Voie suisse s'achève à Brunnen sur la place des Suisses-de-l'Étranger, au bord du lac. Tout au long du chemin, se succèdent lieux commémoratifs et sites naturels d'une très grande beauté.

SAANEN

À l'endroit où la route de Lausanne à Interlaken (par Bulle ou par le col des Mosses) abandonne la vallée de la Sarine (Saane en allemand) pour gagner le seuil de Saanenmöser et, par là, la vallée de la Simme, Saanen bénéficie de conditions très favorables à la mise en vedette de son cachet traditionnel : le contraste est en effet piquant entre ce bourg paisible et pittoresque et sa brillante mais impersonnelle voisine, Gstaad.

Il conserve toutefois une certaine autonomie à la saison d'hiver, grâce à un équipement sportif complet (télésiège Kalberhöni-Vorder Eggli).

★Maisons de bois – Elles alignent, le long de la rue de traversée, une série de pignons brunis, coiffés suivant la mode de l'Oberland bernois *(voir Introduction : La Suisse pittoresque)* de toits immenses dont l'auvent s'orne souvent de plantes grimpantes. Les constructions les plus anciennes remontent au 16e s. *(lire les inscriptions)*.

Église – Son robuste clocher dressé comme un épieu la signale de loin au voyageur. À l'intérieur, le chœur est décoré d'un ensemble de **peintures murales★** du 15e s. représentant des scènes bibliques, des épisodes de la vie de la Vierge et du martyre de saint Maurice, patron du sanctuaire. *Sous la chaire, commutateur d'éclairage et tablette explicative.*

SAAS FEE✶✶

Valais – 1 698 habitants
Cartes Michelin nos 927 H 7 ou 219 plis 4, 5
Schéma : Le VALAIS
Alt. 1 809 m

Saas Fee, surnommée la « perle des Alpes », jouit d'un **cadre✶✶✶** somptueux. Il n'est guère de station, dans toute la chaîne des Alpes, qui puisse offrir à l'arrivant un contact aussi brutal et éblouissant avec le monde des « 4 000 ». Le regard erre du dôme glacé de l'Allalinhorn au sommet neigeux et aplati de l'Alphubel, jusqu'au groupe rocheux des Mischabel dont le point culminant, le Dom (alt. 4 545 m), est reconnaissable à son sommet fourchu. En contrebas, l'immense glacier de Fee (Feegletscher) est séparé en deux langues terminales distinctes par le promontoire rocheux de la Längfluh.

Centre d'alpinisme réputé, Saas-Fee est, pour les adeptes du ski de randonnée, le point d'aboutissement de la fameuse **Haute Route** (Chamonix-Saas Fee ou, plus couramment, Verbier-Saas Fee). Rien d'étonnant à ce que le rude village de jadis soit devenu au 19e s. une coquette station de haute altitude... L'abbé Johann Josef Imseng (1806-1869), dont la statue se dresse sur la place de l'église, prit part à son lancement. Guide de montagne à ses heures, il emmenait des touristes vers les sommets et fut même le « premier skieur de Suisse », descendant en 1849 les pentes de Saas Fee à Saas Grund sur des lattes en bois de sa propre construction.

À Saas-Fee, les moteurs à explosion sont bannis : à la périphérie du village, des parcs de stationnement *(accès à péage)* accueillent les voitures, et la desserte de l'agglomération s'effectue par véhicules électriques.

Le domaine skiable – La vallée de Saas comprend environ 100 km de pistes de **ski alpin**, situées dans un cadre grandiose. D'excellentes pistes pour les débutants s'étendent en bordure de la station et sur le glacier de Fee – où l'on trouve la meilleure neige – et sur des pentes très douces jusqu'au Längfluh. Pour les bons skieurs, les possibilités sont plus limitées, hormis 5 à 6 belles pistes dont la pente est un peu plus marquée. Ne pas manquer d'accéder à l'**Egginerjoch**. Le ski d'**hiver** bénéficie des télécabines et téléphériques du Plattjen et du Längfluh ; celui d'**été**, du téléphérique du Felskinn et depuis 1984, du « métro alpin » : ce funiculaire est creusé dans la montagne et aboutit à Mittelallalin (3 500 m).

Le **ski de fond** est assez réduit avec 6 km de boucles.

Saas Fee – Vue générale

SAAS FEE

Saaser Museum ⓥ **(Musée de Saas)** – L'ancienne cure (1732) abrite un musée consacré à la vallée de Saas : intérieurs reconstitués, outils agricoles, coiffes et costumes, art sacré, minéraux... Une place particulière est accordée au développement de la station : pionniers du tourisme, sports d'hiver et évolution du matériel, escalade, hébergement. On peut ainsi comparer un ski de 1906 et un ski du champion suisse Pirmin Zurbriggen. Une salle rassemblant divers objets authentiques évoque le cabinet de travail de l'écrivain Carl Zuckmayer, tel qu'il se présentait dans sa maison de Saas Fee. Le musée propose aussi des expositions temporaires : photos de montagne, etc.

BELVÉDÈRES ACCESSIBLES PAR REMONTÉES MÉCANIQUES

★★★ **Mittelallalin** – *Compter une demi-journée. Prévoir pantalon, veste, lunettes de soleil et, de préférence, des chaussures de montagne.*

Prendre le téléphérique Alpin Express, qui permet de découvrir de belles vues d'ensemble sur la station de Saas Fee et de survoler un impressionnant cadre de roc et de glace. Poursuivre l'ascension avec le funiculaire (alt. 3 500 m). Monter sur la plate-forme supérieure du **restaurant tournant** – le plus haut du monde – d'où se révèle un **panorama** grandiose et sévère.

Pour bénéficier d'un tour d'horizon encore plus dégagé, on peut prendre – en été seulement – l'itinéraire tracé dans la neige, derrière le restaurant. Il descend sur 100 m, puis remonte sur un piton rocheux dominant le glacier *(20 mn de marche AR). Bien tenir la main courante lors des passages aériens.*

Au Sud et à l'Ouest, le regard embrasse l'Allalinhorn (4 027 m), le domaine de ski d'été, le Feekopf, l'Alphubel et le Dom. Au Nord, on découvre en contrebas Saas Fee et Saas Grund au pied du Fletschhorn et du Lagginhorn, et en arrière-plan l'Oberland bernois (Jungfrau). À l'Est, les longs glaciers de Hohlaub et d'Allalin dévalent vers le lac de barrage de Mattmark.

★★ **Pavillon des Glaces** – *À Mittelallalin, 1/2 h de visite.* Cette grotte (5 000 m³), creusée dans le glacier de Fee, est la plus haute d'Europe. On descend (114 marches d'escalier) sous une profondeur de 10 m de glace. Parcours merveilleux dans un univers glaciaire varié : nombreuses galeries et salles ornées de sculptures, cascades de glace, textes pédagogiques, aires de jeux pour les enfants (toboggans).

★★★ **Längfluh** – Alt. 2 870 m. *Accès par les téléphériques « Gondelbahn Spielboden » puis « Luftseilbahn Längfluh ».*

Au cœur d'un cirque de montagnes, le site (équipé d'un restaurant) offre une **vue** impressionnante sur les séracs et crevasses du glacier de Fee, qui dévale sur le village de Saas Fee, ainsi que sur le Täschhorn. En été, les randonneurs y découvrent des marmottes apprivoisées.

★★ **Plattjen** – Alt. 2 570 m. *Accès en télécabine.*

À 5 mn à pied de la station, **vue★★** sur les glaciers de Saas et le barrage artificiel du Mattmark. Des sentiers mènent à ce barrage ainsi qu'au refuge Brittaniahütte (voir ci-après) et à Saas Almagell.

★ **Hannig** – Alt. 2 350 m. *Accès par télécabine.*

Belle **vue★** sur Saas Fee, Saas Grund et Saas Almagell, le glacier de Fee au Sud et le Fletchhorn au Nord-Est. Ce sommet vaut surtout pour ses larges possibilités de balades. En hiver, il est possible de redescendre à la station à pied ou par une très belle **piste de luge**. En été, le Hannig constitue le point de départ de superbes randonnées, notamment vers le **Mellig★★** et le **Gebidem★★** (alt. 2 763 m, 1 h 15 de montée). **Vues** sur le glacier de Hohbalm, dominé par le Nadelhorn (4 327 m). Puis 3 h 30 de descente sur Saas Fee en passant par les Bärenfälle.

RANDONNÉES

★★★ **Hohsaas** – Alt. 3 098 m. *Se garer à Saas Grund (alt. 1 560 m), petite station de montagne en contrebas de Saas Fee. Accès par 2 télécabines. Compter 1 h 45 AR.* Durant le trajet, belles **vues★★** sur le domaine skiable de Saas Grund. À l'arrivée, au cœur d'un paysage de haute montagne, **vue★★** superbe sur le Lagginhorn, le glacier de Hohlaub et le Weissmies (4 023 m), glacier étincelant doté d'une épaisse calotte. Ce sommet est un but classique de course glaciaire (remarquer les cordées le matin). Monter pendant 15 mn en direction de Geissrück pour mieux apprécier les impressionnants séracs. Magnifique **tour d'horizon★★★** du mont Rose au Dürrenhorn en passant par le Dom, avec 18 sommets au-dessus de 4 000 m.

★★★ **Egginerjoch et Britanniahütte** – *Compter 1 h 20. De Felskinn (2 998 m), station inférieure du funiculaire, promenade dans la neige et sur glacier (grosses chaussures de montagne et bâton indispensables).* En 20 mn, on parvient au col **Egginerjoch★★** (2 989 m), au pied de la pyramide rouge de l'Egginer.

Vue sur le mont Rose, le refuge Britannia et le Dom. L'itinéraire, dans un univers de roc et de glace, présente ensuite des passages délicats en l'absence de neige (notamment fin août-septembre : se renseigner à l'avance à l'Office de tourisme). On atteint en 40 mn le refuge **Britanniahütte** (3 029 m), d'où se révèle une **vue★★** remarquable sur le lac de Mattmark, entouré à droite par les belles langues glaciaires de Hohlaub, Allalin et Schwarzberg, et à gauche par le Stellihorn. Il est fortement recommandé de monter sur la gauche jusqu'à un promontoire pour bénéficier d'un **panorama★★★** à 360°.

★★★ De Britanniahütte à Plattjen – *2 h 15 de marche à la suite de la randonnée précédente, à réserver aux personnes en bonne condition physique.* Descendre à vue sur le glacier en s'orientant vers les balises (piquets) à proximité d'un petit lac face à soi. Suivre ensuite les balisages jaunes puis blancs/rouges. Itinéraire rocailleux, bordé de brins de génépi. Au bout d'une heure, à un croisement, prendre à gauche pour joindre Plattjen. 50 m après, on longe une paroi rocheuse, équipée d'une main courante facile. Le sentier évolue à flanc d'une impressionnante falaise rouge ferrallitique, fréquentée par les chèvres et les bouquetins, et réserve des **vues★★★** imposantes sur la vallée. Après la traversée d'une mer de rochers (gneiss), dont on suivra scrupuleusement le balisage, on parvient à **Plattjen★★** *(voir ci-dessus)*. Possibilité de descendre à pied ou en télécabine à Saas Fee.

★★ De Plattjen à Saas Fee – *Accès : voir Plattjen. 1 h 45 de descente.* Itinéraire facile dans un très beau cadre vers le Berghaus Plattjen. Suit une magnifique descente en forêt (mélèzes, pins à crochet, épicéas...) et dans les rhododendrons.

★★ De Kreuzboden à Saas Grund – *3 h de marche, 850 m de dénivelée en descente.* De Kreuzboden (alt. 2 397 m), premier tronçon de la télécabine de Hohsaas, prendre le « Höhenweg » en direction de Almagelleralp. Cet agréable sentier, à flanc de montagne, est bordé d'un petit **jardin alpin** (edelweiss, génévriers, gentianes rameuses, astragales des Alpes...). En une petite heure, on obtient les **vues★★** les plus amples sur le cirque de Saas Fee et le lac de Mattmark. Remarquer l'impressionnant dispositif de paravalanches. Peu après, on débouche sur un chemin, que l'on prend dans le sens de la descente vers Saas Grund. On le quitte au bout de 15 mn au profit d'un sentier à gauche, balisé « Alpenblumen-Promenade ». L'itinéraire, plus pentu, est parsemé de nombreux edelweiss et se termine dans une forêt de mélèzes.

★★ Lac de barrage Stausee Mattmark – Alt. 2 200 m. *Descendre en voiture ou bus à Saas Grund.*
On emprunte une petite route de 12 km, tracée dans un cadre paisible, champêtre (alpages) et boisé, qui réserve de belles **vues★★** sur les glaciers de Saas Fee. Du parking, au terminus de la route, gagner en 5 mn l'extrémité gauche du barrage, long de 780 m. **Vue★★** sur le lac entouré par quatre glaciers (Hohlaub, Allalin, Schwarzberg et Seewjinen) d'où dévalent de nombreuses cascades. Remarquer également l'Almagellhorn. Le lac couvre une superficie de 1,76 km^2, a une capacité de 100 millions de m^3 et une profondeur maximale de 117 m. Un sentier fait le **tour du lac** *(2 h 30).*

★★ Monte Moropass – Alt. 2 868 m. *3 h 15 de montée et 2 h 45 de descente pour bons marcheurs.*
Longer le lac de Mattmark par un bon chemin jusqu'à son extrémité, en un peu plus d'une heure. Prendre ensuite l'étroit sentier en montée régulière vers le col de Monte Moro. Après 3/4 h de marche, on parvient sur un replat en vue de l'objectif et on poursuit à droite. L'itinéraire, désormais très raide, évolue à travers les rochers, ce qui est éprouvant et un peu délicat. Bien suivre le balisage blanc et rouge. Du col, où a été érigée une statue de la Vierge, **vue★★** superbe sur le mont Rose et ses nombreux glaciers. Du côté italien a été aménagé un refuge, proche d'un petit lac. Son accès est néanmoins difficile, compte tenu de la pente. Belle perspective côté suisse sur le lac de Mattmark dominé par le Strahlhorn et l'Allalinhorn.

Revenir sur ses pas jusqu'au lac et longer ce dernier par l'autre rive.

★ Chemin Zuckmayer – *Durée : 3 h 30 AR.*
L'écrivain Carl Zuckmayer parcourait presque quotidiennement ce chemin forestier, qui porte aujourd'hui son nom. Sur cinq pierres bordant le sentier, des citations sont tirées de ses œuvres. De la maison Vogelweid, où il résidait, on grimpe en direction de la Bärenfalle puis à Melchboden et au café Alpenblick (alt. 2 020 m). Au retour, devant le Hohnegg, vue superbe sur Saas Fee.

SACHSELN

Obwalden – 3 997 habitants
Cartes Michelin nᵒˢ 927 I 5 ou 217 pli 9 – 3 km au Sud de Sarnen
Alt. 472 m

Joliment situé au bord du lac de Sarnen, le bourg de Sachseln forme, avec la terre sacrée du Ranft, un émouvant foyer de pèlerinage.
En venant prier ici saint Nicolas de Flüe *(voir Vierwaldstätter See)*, les catholiques suisses témoignent de leur foi et de leur patriotisme.

Église – Le grand vaisseau baroque, soutenu par des colonnes en marbre noir du Melchtal, conserve sur un autel spécial, à l'entrée du chœur, les reliques de saint Nicolas de Flüe. Les restes de « frère Nicolas » sont enfermés dans un grand gisant en argent repoussé qui constitue un beau travail d'orfèvrerie moderne (1934).
Contourner ensuite l'édifice pour gagner, au pied du clocher isolé, de structure romane, la chapelle funéraire où les fidèles viennent se recueillir devant la pierre tombale sculptée à l'effigie du bienheureux en 1518. Au-dessous de celle-ci, la dalle de la première sépulture a été usée par les pèlerins.

ENVIRONS

De Sachseln à Ranft – *3 km plus 1 h 1/2 de marche et de visite. Quitter Sachseln à l'Est par la route de Flüeli (route en montée derrière l'église). Laisser la voiture au parc aménagé sur l'esplanade centrale de Flüeli.*

Flüeli – Le caractère rustique de ce hameau où frère Nicolas de Flüe mena la vie patriarcale de montagnard, entouré de sa nombreuse famille, a été sauvegardé. La chapelle (1618), visible de loin sur sa butte, est dédiée à saint Charles Borromée ; elle est accessible par des escaliers et une esplanade offrant d'agréables perspectives, d'un côté sur la vallée de Sarnen, son lac, le Pilate, de l'autre sur l'entrée encaissée du Melchtal.
Outre ce sanctuaire, les pèlerins visitent encore la maison natale – qui serait la plus ancienne, en bois, de Suisse (14ᵉ s.) – et la maison familiale de Nicolas, beaux chalets soigneusement entretenus et fleuris.

★ **Ranft** – *Accès signalé au départ de Flüeli.* Par une rapide descente (rampe ou escaliers) en direction du fond de la vallée de la Melchaa, on parvient, tout d'abord, à la chapelle-ermitage. Le sanctuaire, qui ne remonte qu'au 17ᵉ s., est décoré de panneaux peints *(suivre les numéros d'ordre)* évoquant la vie de l'ascète ; mais il faut surtout y remarquer un beau **Christ**★ gothique, provenant de l'ancienne église de Sachseln. La cellule attenante – où l'ermite ne pouvait se tenir que courbé – fut construite en 1468 par ses concitoyens d'Obwald.
En contrebas, une autre chapelle a été édifiée, au 16ᵉ s., à l'emplacement où la Vierge apparut à Nicolas.
Si, de Flüeli, on regagne Lucerne, bifurquer à droite vers Kerns : on franchit alors la Melchaa sur le **Hohe Brücke**★. Ce pont couvert, conçu en 1943 pour franchir le torrent à 100 m de haut, est l'œuvre des troupes suisses du génie.

SACHSELNER STRASSE

Cartes Michelin nᵒˢ 927 I 4-5 ou 216 pli 17 et 217 plis 8, 9

Cette agréable promenade, jalonnée de beaux lacs, offre aussi l'occasion d'un parcours accidenté (au **col du Brünig**) et d'une excursion au célèbre mont Pilate.

DE LUCERNE À BRIENZ *98 km – environ 2 h 1/2*

★★★ **Lucerne** – *Visite : 3 h. Voir Luzern.*

Pour sortir de Lucerne, emprunter tout d'abord l'autoroute de Stans, première chaussée de cette catégorie construite en Suisse. Quitter celle-ci à la sortie « Hergiswil ». À partir de là, jusqu'à Alpnachstad, suivre la rive des lacs.

Le tracé de la route permet d'apprécier sous des angles très différents le massif du Rigi, les éperons boisés du Bürgenstock, le sommet bien détaché du Stanserhorn.

D'Alpnachstad, la montée en chemin de fer à crémaillère au Pilate est recommandée.

★★★ **Pilatus** – *D'Alpnachstad, environ 2 h AR dont 1 h 1/4 de chemin de fer à crémaillère. Voir ce nom.*

La route traverse **Sarnen** et vient longer le lac du même nom.

Sachseln – *Voir ce nom.*

À Giswil, prendre à droite.

Sörenberg – La montée en lacet jusqu'au **col de Glaubenbüelen** procure de belles vues sur le lac de Sarnen et la dépression où il s'étale.

Au col se découvre la cuvette neigeuse du **Brienzer Rothorn**, au pied duquel on passe ensuite en descente *(à gauche : départ de téléphérique pour ce sommet)* parmi les sapins pour gagner Sörenberg, station de ski établie dans un cirque montagneux aux crêtes rocheuses.

Revenir à Giswil.

Entre Giswil et Kaiserstuhl, on découvre, avec un bon recul, les arêtes du Pilate dressées au-dessus de la molle dépression, toute parsemée de bosquets et de fermes, que submerge en partie le lac de Sarnen. En amont et au dernier plan, par la trouée du Brünig, surgissent les trois sommets neigeux du groupe du Wetterhorn. De **Lungern** au col du Brünig, de jolies échappées s'offrent encore, à travers les sapins et les érables, sur le petit lac de Lungern aux rives sinueuses.

Sur le versant bernois du col, la pente devient très rapide, mais l'excellent tracé de la route permet de jouir à loisir d'un large **panorama★** sur le fossé de l'Aare, creusé par les anciens glaciers entre les terrasses du **Hasliberg** (lieu de séjour) et les contreforts du Schwarzhorn, d'où s'abattent les cascades du Wandelbach et de l'Oltschibach.

Faire halte à l'endroit où la route est taillée dans le rocher, avant d'accomplir la dernière étape qui prend fin à Brienz.

★ Brienz – *Voir ce nom.*

SAILLON

Valais – 1 503 habitants
Cartes Michelin n°s 927 F 7 ou 217 Sud du pli 15
Schéma : Le VALAIS
Alt. 522 m

Campé sur les berges du Rhône, Saillon est un petit pays de vigne et de tonnelles. Les premiers ceps ont été plantés par les Romains et le vignoble occupe à présent 200 ha, au voisinage de cultures maraîchères : fraises, poires, asperges et abricots profitent de l'ensoleillement de cette large vallée.

Vieux bourg dont les toits gris se pressent au pied d'anciens remparts, Saillon fut une position stratégique de première importance, avant que le Rhône n'ait changé de cours. Les vestiges du château, sur un piton rocheux, et l'église au clocher roman forment un ensemble très attachant.

Un faux-monnayeur au grand cœur – Né en 1845 près du Grand-St-Bernard, **Joseph-Samuel Farinet** mena une vie mouvementée. Aventurier et faussaire de son état, ce Robin des Bois suisse distribuait aux plus démunis l'argent qu'il fabriquait. Narguant le pouvoir établi, jouant à cache-cache avec les gendarmes, ce marginal généreux acquit l'admiration du petit peuple épris de justice, qui en fit un véritable héros. Traqué par la police, il mourut à l'âge de 35 ans dans les gorges de la Salentze, touché par une balle. Il est enterré à Saillon, au pied du clocher.

Chanté par l'écrivain vaudois Charles-Ferdinand Ramuz, interprété à l'écran par Jean-Louis Barrault dans le film *Farinet et la fausse monnaie*, ce hors-la-loi au grand cœur reste le symbole des libertés montagnardes dans ce coin du Valais.

La plus petite vigne du monde

Créée pour le centenaire de la mort du faussaire par la « bande à Farinet », dont faisait partie le comédien Jean-Louis Barrault, la vigne s'étend modestement sur la colline Ardente, entourée de pierres en provenance du monde entier. Elle comprend trois ceps sur une surface de 1,618 m². Depuis 1999, le dalaï-lama – choisi par les Amis de Farinet – en est l'heureux propriétaire, succédant à l'abbé Pierre et à Jean-Louis Barrault. Des personnalités de tous bords sont venues symboliquement la travailler : Maurice Béjart, Peter Ustinov, Danielle Mitterrand, Roger Moore, la princesse Caroline de Monaco, le lord-maire de Londres, Gina Lollobrigida, Barbara Hendricks, Guy Roux, Paul-Émile Victor et, en 2001, Zinedine Zidane et Michael Schumacher... Chaque année, la récolte des trois ceps est mariée au meilleur vin du Valais. Mille bouteilles sont ainsi constituées, pourvues d'un étiquetage spécial et numérotées. Elles sont ensuite vendues aux enchères. L'argent recueilli, de l'ordre de 25 000 francs suisses, est versé à des œuvres humanitaires.

★ Point de vue – Du village, une route en forte montée conduit au pied de la grosse tour du château, ancien donjon d'où l'on contemple les vignes s'étageant sur les coteaux, la plaine alluviale où s'étendent les cultures. Belle vue sur la gigantesque muraille des Alpes pennines.

Sentier à Farinet – *Marche de 45 mn.* Partant du bas de la colline de Saillon, il est ponctué de vingt et un vitraux illustrant la destinée humaine : l'enfance, l'amour, la souffrance, la mort… À travers le vignoble, on rejoint la plus petite vigne cadastrée de la planète. La **passerelle à Farinet** a été inaugurée le 23 septembre 2001.

Bains thermaux – Héritiers d'une tradition romaine, les habitants de Saillon et des alentours viennent profiter des sources chaudes de la Salentze, dans ce complexe inauguré en 1983 : quatre piscines thermales de 28° à 34°, trois bains de vapeur, deux saunas, des bassins de détente et des pédiluves.

SAINT-CERGUE★

Vaud – 1 617 habitants
Cartes Michelin n°s 927 C 6 ou 217 Nord-Est du pli 11
Schéma : Le JURA SUISSE – Alt. 1 044 m

Villégiature jurassienne d'altitude, réputée de longue date, tant auprès des Genevois que des Français, pour son climat de montagne reconstituant, St-Cergue se regroupe à l'endroit où le couloir du col de la Givrine débouche en vue du massif du Mont-Blanc et du lac Léman. Les proches environs de la station abondent en belvédères : les premiers plans forestiers dont ils bénéficient mettent en valeur l'apparition du « géant des Alpes » et de son cortège. Les amateurs de curiosités botaniques pourront se rendre au pâturage de la Borsattaz, hérissé de sapins géants, les « gogants », espèce unique dans le Jura. On y accède par la route de Lausanne ; à 1,5 km, prendre à gauche un chemin revêtu (« route de la Prangine et du Plumet ») ; 1,5 km plus loin, au « carrefour des Fruitières », prendre à droite.

St-Cergue offre plus de 50 km de pistes de ski de fond, et, aux amateurs de ski alpin, des terrains d'entraînement variés ainsi que des pistes de difficulté moyenne.

★★ Belvédère du Vieux Château – *1/2 h à pied AR par un chemin signalé « Le Vieux Château ».*

Point de vue fort apprécié sur le Léman et le Mont Blanc.

ENVIRONS

★★★ La Dôle – *Alt. 1 677 m. 21 km – environ 2 h 1/2. Quitter St-Cergue par la route de Nyon, puis tourner à droite jusqu'à Gingins. Prendre alors la route de la Dôle, la Barillette. Au pied de la Dôle, laisser la voiture et suivre un sentier, à gauche, signalé par des points jaunes.*

Le sentier conduit au sommet où se trouvent un signal et un radar pour le guidage des avions. L'immense **panorama★★★** s'étend des Alpes jusqu'aux cimes du Valais (Cervin) et de l'Oisans (Meije) entre lesquelles trône le Mont Blanc, avec le lac Léman au premier plan. Un tour d'horizon complet met en relief le Jura : mont Tendre et Chasseron d'un côté, et, de l'autre, la Valserine jusqu'au Reculet.

Massif du SAINT-GOTHARD

Voir SANKT-GOTTHARD-MASSIV

SAINT-MAURICE★

Valais – 3 594 habitants

Cartes Michelin nos 927 F 7 ou 217 pli 14 – Alt. 422 m

La petite ville de St-Maurice, dominée à l'Ouest par les dents du Midi et à l'Est par la dent de Morcles, occupe un **site**★ pittoresque au débouché d'un défilé du Rhône.
Principale bourgade de la tribu des Nantuates, Agaune (du nom celtique « acauno » signifiant rocher) devient, sous le règne de l'empereur Auguste, le chef-lieu de l'actuel Valais.

Le champ des martyrs – À la fin du 3e s., une légion recrutée en Afrique – la légion Thébaine – que commande **Maurice**, est massacrée à proximité de la ville pour avoir refusé d'adorer les dieux de Rome. Cet événement a dans toute la chrétienté un immense retentissement. Dès le siècle suivant, une communauté assume la garde du tombeau des martyrs.
La fondation par le roi de Bourgogne, Sigismond, en 515, de l'abbaye de St-Maurice, répond au désir de perpétuer le souvenir de Maurice et de ses compagnons. Richement dotée dès son origine, l'abbaye attire de nombreux fidèles durant tout le Moyen Âge. Désormais le destin de la ville est lié à celui de son monastère.
Au 9e s., elle prend le nom de son illustre patron. En 1125, elle accueille des chanoines réguliers de l'ordre de St-Augustin et célèbre chaque année avec ferveur, l'anniversaire de la mort des martyrs de la légion thébaine (le 22 septembre).
Au cours des siècles, l'abbaye se transforme et s'agrandit ; un riche trésor, constitué par les dons des pèlerins et des princes chrétiens, est peu à peu rassemblé. St-Maurice devient l'un des hauts lieux de la chrétienté.

CURIOSITÉS

Église abbatiale – Si le beau **clocher**★ à flèche de pierre est du 11e s. (13e s. pour la flèche), l'église actuelle, restaurée depuis 1949, date du début du 17e s. La nef, très sobre, est voûtée d'arêtes et éclairée de fenêtres hautes. Dans l'avant-chœur aménagé lors des derniers travaux a été replacé un ambon (chaire) carolingien. Le chœur lui-même, assez vaste, est orné de belles stalles baroques. Sur l'autel, mosaïque de Maurice Denis.

★★Trésor de l'abbaye ⊘ – Le trésor est l'un des plus importants trésors ecclésiastiques de la chrétienté. Une excellente présentation met en valeur les pièces d'orfèvrerie exceptionnelles.
Parmi les objets les plus anciens, signalons tout particulièrement un vase de sardonyx décoré de plusieurs scènes empruntées à la mythologie grecque, le coffret mérovingien de Teudéric, fait d'or, de perles et d'intailles, l'aiguière d'or du 9e s., dite de Charlemagne, dont les émaux semblent relever de la plus pure technique orientale, la **châsse de saint Maurice**, dont divers éléments de décoration – Christ en majesté, Vierge, anges et apôtres – appartenaient sans doute à un retable du 12e s. en argent repoussé et doré (les médaillons du toit de la châsse évoquent en six scènes l'histoire du péché originel).
Deux autres châsses, des 12e et 13e s., le buste-reliquaire de saint Candide, au noble regard (sur le socle, son martyre par décapitation), et le reliquaire-ostensoir donné par Saint Louis, complètent cet ensemble d'une valeur inestimable.

Fouilles du Martolet ⊘ – Près du clocher, au pied même du rocher qui domine l'abbaye, des fouilles ont permis de dégager les soubassements des édifices qui, dès le 4e s., ont précédé l'église actuelle et dont le plan apparaît très nettement. On montre également les vestiges d'un baptistère et un gracieux cloître moderne de style roman (quelques chapiteaux anciens réemployés).
Il est possible de visiter les « catacombes », étroites galeries souterraines conduisant aux cryptes et au tombeau de saint Maurice.

Château ⊘ – Bâti à partir du 16e s. sur un rocher dominant le Rhône et contre la falaise boisée du versant Est des dents du Midi, ce compact petit château à « donjon » carré et ceinture de bastions ajoutés au 18e s. fait office de **musée cantonal d'Histoire militaire** : drapeaux, médailles, trophées de tir, armes, nombreux mannequins costumés de miliciens et officiers de la garde cantonale, de 1815 à 1945. S'y ajoutent, au 2e étage, des plans-reliefs et maquettes de systèmes fortifiés participant de la « garde aux frontières » effectuée lors des deux conflits mondiaux. Dans les anciens cachots en sous-sol, armes lourdes de la période 1939-1945 ; dans les cours des bastions, canons antiaériens... Au rez-de-chaussée, un élégant salon d'apparat de style 18e s. fournit un contraste réconfortant...

Grotte aux Fées ⊘ – *Accès par le sentier en forte montée se détachant à hauteur du château et du pont sur le Rhône, à l'entrée Nord de la ville.*
Cette grotte est constituée par une galerie naturelle d'environ 900 m qui conduit à une cascade et à un lac souterrain.
De la terrasse du restaurant tout proche, on découvre une belle **vue**★ sur le site de St-Maurice et sur la dent de Morcles.

323

SAINT-PIERRE-DE-CLAGES★

Valais

Cartes Michelin n⁰ˢ 927 F 7 ou 217 pli 15 – Entre Ardon et Riddes
Alt. 526 m

Ce village possède une intéressante **église**★ ⊘ romane ayant appartenu à un prieuré bénédictin.

L'édifice (11ᵉ-12ᵉ s.), de petites dimensions, présente une belle unité de style. Il faut se placer derrière le chevet pour voir le monument sous sa présentation la plus flatteuse, avec ses absidioles décorées d'une bande lombarde et sa tour octogonale à deux étages surmontant la croisée du transept.

La nef, très sombre, est voûtée d'arêtes et soutenue par des piliers massifs ; le transept, non saillant, est seulement marqué par un élargissement de la travée qui précède le chœur.

SAINT-URSANNE★

Jura – 918 habitants

Cartes Michelin n⁰ˢ 927 F 3 ou 216 plis 13, 14 – Schéma : Le JURA SUISSE
Alt. 494 m

À l'écart des grandes routes, au fond de la vallée du Doubs, la petite ville ancienne de St-Ursanne, demeurée inchangée depuis le début du 19ᵉ s., constitue une charmante étape dans la traversée du Jura suisse *(voir ce nom)*. Son origine est l'ermitage d'Ursanne, disciple de Colomban *(voir Sankt Gallen)*.

On pénètre en ville par une des portes fortifiées, timbrées de l'ours portant la crosse symbolique des princes-évêques de Bâle : fontaines, maisons flanquées de tourelles, coiffées de vastes toits aigus et bruns, ornées d'enseignes en fer forgé, forment un ensemble séduisant.

★ **Vue du pont** – De cet ouvrage pittoresque protégé par un Saint Jean Népomucène, patron des ponts, se dessine un tableau comprenant la porte fortifiée qu'encadrent les façades aux balcons de bois en encorbellement des maisons riveraines, les toits de la ville dominés par la tour de la collégiale, les pentes de la vallée et, sur la crête, les maigres ruines d'un château du 14ᵉ s.

Collégiale ⊘ – Le chevet et l'abside de ce sobre édifice (restauré) sont romans et comprennent un joli **portail**★ en plein cintre orné des statues de la Vierge et de saint Ursanne ; jolis tympan et chapiteaux. À l'intérieur, le chœur roman abrite un autel à baldaquin baroque. La crypte est également romane, mais la nef est d'un style gothique primitif (13ᵉ s.).

L'église abrite, sur son flanc Nord, un vaste cloître gothique et un musée lapidaire où se trouvent des sarcophages du 7ᵉ au 9ᵉ s.

SAINTE-CROIX-LES-RASSES★

Vaud – 4 155 habitants

Cartes Michelin n⁰ˢ 927 D 5 ou 217 pli 3 – Schéma : Le JURA SUISSE
Alt. 1 069 m

Situées sur un épaulement ensoleillé du Chasseron, face à la chaîne des Alpes, les localités jumelles de Ste-Croix et des Rasses méritent une place à part, parmi les villégiatures du Jura suisse, pour leur disposition en balcon et pour leur organisation touristique très soignée. En hiver, la station se recommande au skieur débutant ou moyen, plus désireux de détente qu'amateur de performances. Dans le domaine du ski de fond – spécialité traditionnelle du Jura –, la station offre plus de 80 km de pistes balisées.

Le village du son – L'histoire de Ste-Croix, depuis le milieu du siècle dernier, offre un bon exemple de la sensibilité de l'industrie suisse aux fluctuations économiques internationales. Vers 1850, comme la plupart des petites cités du Jura, le village fabriquait des montres. L'établissement aux États-Unis de grandes fabriques d'horlogerie, dotées de machines-outils perfectionnées, provoqua une crise grave à Ste-Croix, qui s'orienta vers l'industrie de la boîte à musique. Mais Edison ayant mis au point le phonographe, le public se désintéressa des musiquettes aux notes limpides et grêles, jugées puériles. Ste-Croix dut s'adapter à la fabrication des machines parlantes ; la popularisation de la radio nécessita une nouvelle reconversion des ateliers. Cependant, de nos jours, l'industrie de la boîte à musique a repris une place importante dans l'industrie locale et Ste-Croix reste toujours, par excellence, le « village du son ».

Centre international de la mécanique d'art ⓥ – Dans une ancienne fabrique de boîtes à musique (exposition de vieilles machines), le visiteur est transporté dans un monde magique et merveilleux, où il découvre et entend de véritables chefs-d'œuvre artisanaux, tant par leur ébénisterie que par leur mécanique. Boîtes à musique (à cylindre, à disques) dont le premier modèle remonte à 1796, automates (le clown, l'acrobate, Pierrot écrivant à Colombine), phonographes, postes de radio, instruments de salon (piano, orgue), de foire, de rue (orgues de Barbarie, serinette pour faire chanter les oiseaux) reprennent vie comme par enchantement. Dans la salle Guido Reuge, du nom de l'industriel jurassien, vous découvrirez des pièces remarquables léguées par sa veuve, dans le décor magique d'une forêt enchantée.

Les stations – **Ste-Croix** s'étale dans un bassin de pâturages, bien abrité des vents, à l'entrée de la brèche boisée des gorges de Covatannaz, par où se dévoile un large plan des Alpes bernoises.

★ **Les Rasses**, annexe touristique de Ste-Croix, se réduit à plusieurs hôtels et à quelques chalets épars bénéficiant d'un magnifique **site★★** en terrasse, en vue des Alpes. Les promeneurs trouveront dans la région plus de 200 km de chemins pédestres.

ENVIRONS

★★★ **Le Chasseron** – Alt. 1 607 m. *Des Rasses, 3 km – environ 1 h 1/4 par une petite route revêtue mais sinueuse (il existe également un télésiège, aboutissant aux Avattes, à 1 h de marche environ du sommet).* Suivre la route de Ste-Croix aux Rasses. 500 m après le Grand-Hôtel des Rasses, tourner à gauche dans le chemin du Chasseron. Au carrefour des Avattes, prendre à droite vers l'hôtel du Chasseron. À la sortie des bois, laisser la voiture au parking de l'hôtel. Gagner alors à vue l'hôtel du Chasseron, puis le point culminant (signal) qui offre un immense **panorama** sur les Alpes, le Jura, le lac de Neuchâtel.

L'Auberson – *De Ste-Croix, 4 km à l'Ouest (route de Pontarlier). Tourner à gauche au col des Étroits.*

Musée Baud ⓥ – Ce petit musée de plain-pied, composé de deux salles, expose et maintient en état de marche une exceptionnelle **collection★** de dizaines d'instruments de musique anciens : orchestrions, limonaires, orgues de Barbarie, pianos mécaniques…, depuis une serinette vosgienne du début du 18ᵉ s. jusqu'à des phonographes de 1912 (à alcool…) et 1920, la plus rare pièce étant un appareil Allard, fabriqué à Genève vers 1900. On y montre et fait fonctionner aussi des automates ou tableaux animés français et allemands du 19ᵉ s. Boîtes à musique, bonbonnières, mécanismes et rouages, etc. sont exposés dans des vitrines.

★★ **Mont de Baulmes** – Alt. 1 285 m. *De Ste-Croix, 4,5 km – environ 1/2 h – par une route de montagne étroite, escarpée dans sa dernière section, mais entièrement goudronnée, plus 1/4 h à pied AR.* Sortir de Ste-Croix par le passage à niveau de la gare et poursuivre par les hameaux de La Sagne et de Culliairy. Laisser la voiture au chalet-restaurant du Mont de Baulmes et gagner, par une allée plantée d'arbres, l'esplanade où se dresse la table d'orientation, au bord de l'à-pic. Ce rebord d'escarpement réserve une **vue** aérienne sur le Plateau suisse, ses lacs, en particulier le lac de Neuchâtel, et les Alpes.

SAMEDAN

Graubünden – 2 766 habitants
Cartes Michelin nᵒˢ 927 N 6 ou 218 pli 15
Schéma : GRAUBÜNDEN – Alt. 1 709 m

À l'entrée d'une petite plaine intérieure triangulaire où les grandes stations de la Haute-Engadine ont pu trouver les espaces nécessaires à l'aménagement d'un golf, d'un terrain d'aviation et de vol à voile, Samedan a pour horizon les hauts sommets du massif de la Bernina, visibles au Sud : Piz Morteratsch, cône glaciaire bien détaché – et Piz Palü – arête neigeuse accidentée de trois ressauts.
Le bourg constitue une villégiature convenant aux touristes épris de couleur locale.
Ses **maisons engadinoises** *(voir Engadin)* offrent l'ensemble le plus typique des environs immédiats de St-Moritz. On remarquera ainsi, au cœur du village, face à la Maison communale, l'imposant bloc formé par la double « maison Planta » (chesa Planta – du nom d'une des plus anciennes familles des Grisons), où est installée la Bibliothèque romanche, institution très liée au maintien de la langue et des traditions du pays.

SAN BERNARDINO-STRASSE★★

Route du SAN BERNARDINO

Cartes Michelin nᵒˢ 927 plis 15, 16, 25 ou 218 plis 4, 12, 13, 14
Schéma : GRAUBÜNDEN

Le col du San Bernardino livre passage au grand itinéraire transalpin qui relie Bellinzona dans la basse vallée ensoleillée du Tessin, aux portes du lac Majeur, à Coire, la capitale historique des Grisons installée en aval du confluent du Rhin antérieur et du Rhin postérieur.

Le col du San Bernardino est impraticable de novembre à mai.
Nous décrivons ci-dessous l'itinéraire qu'emprunte la vieille route (panneaux de signalisation bleus). L'autoroute qui la double et qui passe le col en tunnel n'est pas représentée sur notre schéma.

DE BELLINZONA À CHUR

194 km – compter une journée – itinéraire 2 *de la visite des Grisons.*

★**Bellinzona** – *Voir ce nom.*

Au départ de Bellinzona, la route remonte le val Mesolcina qu'arrose la Moesa. À partir de Roveredo, la vallée se resserre en s'orientant au Nord. On peut profiter jusqu'à Soazza, à 623 m d'altitude, des dernières apparitions d'essences ou de cultures typiquement méditerranéennes : platanes, maïs, figuiers, vigne (jusqu'à Cama).
Après avoir admiré au passage la double **cascade de Buffalora**, suivre l'ancienne route qui, traversant le bourg de Soazza, passe devant sa grande église isolée.
L'ascension du col commence par des lacets bordés de châtaigniers vigoureux.

★**Castello di Misox** – *Voir ce nom.*

On traverse le bourg de **Mesocco**, tassé sur un replat au pied des ruines de son château, puis la montée reprend, toujours plaisante, à travers des alpages mamelonnés (remarquer le tracé de l'autoroute et ses nombreux ouvrages d'art) jusqu'au replat de **San Bernardino**, station la plus élevée et la plus fréquentée du val Mesolcina, qui possède en outre une curieuse église-rotonde.
Du village de San Bernardino au col, la route, qui longe le joli lac de Moesola, adopte un tracé capricieux qui, de palier en palier, fait passer de la zone de l'épicéa à celle du pin arolle.
À l'Est, les grands escarpements colorés du Pizzo Uccello se présentent de chant comme un éperon déchiqueté auquel fait pendant le Pan di Zucchero (Pain de Sucre).

Passo del San Bernardino (Col du San Bernardino) – Alt. 2 065 m. Ce seuil apparaît encombré de roches moutonnées, héritées de l'activité des glaciers quaternaires. Ouvert entre le Zapporthorn et le Pizzo Uccello, il marque la ligne de partage des eaux entre la Moesa au Sud, tributaire du Tessin, et par là, du Pô, et le Rhin postérieur, au Nord.
Sur le versant Nord, la haute vallée du Rhin postérieur (Rheinwald) présente jusqu'à Splügen un paysage ouvert et pastoral, mais cependant sévère.
Des abords d'Hinterrhein, la **vue**★ s'étend en amont sur le massif des sources du Rhin, remarquable par l'ampleur de ses glaciers : le vaste Zapportgletscher, dominé par le cône écrasé du Rheinquellhorn, retient surtout l'attention.

Avers-Cresta

Entre Splügen et Andeer, le parcours se déroule à travers de profonds sous-bois d'épicéas, longe le vaste lac de retenue de Sufers et franchit la section la plus encaissée du Rheinwald, le défilé de Roffla, qui correspond à l'infléchissement de la vallée vers le Nord.

★ **Rofflaschlucht** Ⓥ **(Gorge de Roffla)** – Les galeries, aménagées sur 300 m de longueur, entre 1907 et 1914, dans cette gorge où bouillonne le Rhin, se terminent sous une impressionnante chute, que l'observateur voit s'abattre à quelques centimètres au-dessus de sa tête.

À la sortie de cette gorge, on remarque, complétant les travaux d'aménagement du Rhin postérieur, le lac du barrage de Bärenburg.

De Roffla, prendre la route au Sud-Est en direction de Innerferrea.

★★ **Vallée de l'Averserrhein (val Ferrera, val d'Avers)** – L'Averserrhein, affluent du Rhin postérieur qu'il rejoint dans les gorges de Roffla, creuse une pittoresque vallée, tantôt épanouie, tantôt resserrée en gorge, dans les massifs du Piz Grisch et du Piz Platta.

La route remontant la vallée jusqu'à Innerferrera, dans sa partie orientée plein Sud (val Ferrera) suit le torrent parmi les sapins, en vue du rocheux Piz Miez barrant l'horizon, et traverse le gros village d'Ausserferrera installé dans un joli site boisé (cascades).

Après **Innerferrera**, qui domine une importante retenue du torrent, elle s'infléchit au Sud-Est, dans un parcours accidenté coupé de longs tunnels (entre ceux-ci, belle cascade visible à gauche, en arrière), pour déboucher dans le val d'Avers dont le premier hameau, **Campsut**, occupe un riant bassin aux versants ravinés couverts de sapins et de cascatelles.

À partir de Cröt, une soudaine montée permet de contempler les champs de neige et de glace du Piz Platta, puis ramène au-dessus du torrent dont on franchit par deux ponts les gorges impressionnantes.

Après **Avers-Cresta** et sa charmante église blanche coiffée de lauzes, l'herbe rase remplace les sapins ; à droite s'ouvre une vallée glaciaire fermée par les névés du Tscheischhorn.

La route se termine à Juf (alt. 2 126 m), hameau – le plus élevé d'Europe – dans un site désolé cerné de hautes montagnes (glaciers).

En aval d'Andeer, la route traverse l'agreste bassin du Schons, dont le versant Ouest se couvre de villages.

Zillis – *Pour se rendre à l'église, quitter la rue de traversée et suivre l'itinéraire signalé « zur Kirche ».*

Le **plafond**★★ de l'église de Zillis (Kirche St. Martin Ⓥ) est l'un des plus précieux ensembles peints qu'aient légués à la Suisse les artistes de l'époque romane. L'œuvre qui, par sa facture, révèle le « coup de main » de l'enlumineur de manuscrits, remonterait au 12ᵉ s. Les 153 panneaux carrés s'ordonnent en deux cycles. Ceux du périmètre symbolisent l'océan Primitif et la mer de l'Apocalypse aux eaux peuplées de monstres fabuleux, avec, aux quatre angles, les anges du Jugement dernier, représentés avec les attributs des quatre vents. Les caissons intérieurs (suivre les scènes de gauche à droite en regardant le chœur et à reculons) se rapportent à la vie du Christ et à quelques scènes de la vie de saint Martin.

Mathon – Ce rude village montagnard (alt. 1 521 m) occupe un **site**★ privilégié sur les pentes verdoyantes du Piz Beverin, au-dessus du bassin du Schons et en vue des sommets neigeux du versant Est du bassin. En contrebas de l'église, et en surplomb de l'abîme, ruines de l'ancienne église de 1528, avec des éléments remontant au 9ᵉ s.

★★ **Via Mala** – *Visite 1/4 h, non compris le parcours des galeries.*

Ce passage fameux, qui a constitué, au cours des siècles, le principal obstacle au développement du trafic sur l'« Untere Strasse » (Route Inférieure), se subdivise en deux gorges, séparées par le petit bassin verdoyant de Rongellen.

Le **défilé amont**★★ – la Via Mala proprement dite – est encaissé dans de formidables escarpements schisteux entre lesquels quatre ponts sont jetés. Après avoir laissé la voiture à côté du pavillon d'entrée des galeries, se rendre au « deuxième pont » (ouvrage amont) et se placer de préférence sur le vieux pont de 1739, restauré, lancé au-dessus du trait de scie au fond duquel coule, 68 m plus bas, le Rhin. Pour jouir du coup d'œil classique sur le site de ces ponts et pour approcher de plus près le lit du Rhin, on descend aux **galeries** Ⓥ★ *(341 marches – 1/2 h AR).*

La route évite le fond du défilé aval et le passage connu sous le nom de « Verlorenes Loch » (trou perdu), réputé inaccessible jusqu'à l'ouverture en 1822 d'une chaussée carrossable dans les profondeurs.

On aperçoit, au sommet de l'escarpement opposé, les ruines féodales de Hohenrätien, site digne d'une gravure de Gustave Doré.

Thusis – Thusis est une active cité, située au pied des ruines de Hohenrätien (« château-refuge » avec église, détruits au 15e s.) perchées 200 m au-dessus de la Via Mala, à l'endroit où cette gorge débouche dans le bassin du Domleschg.

Le trajet séparant Thusis du pont de Rothenbrunnen se déroule au fond de la dépression du Domleschg où court le Rhin postérieur endigué. Au versant Est – le **Domleschg** proprement dit, couvert de villages noyés au milieu des vergers et de forteresses féodales en ruine – font face les pentes plus rapides et boisées de l'Heinzenberg.

Deux « sentinelles » surveillent la porte d'entrée du Domleschg : en amont, la citadelle d'Ortenstein et, en aval, le château de Rhäzüns, solidement accroché au-dessus du cours encaissé du Rhin.

Reichenau – *Voir ce nom.*

Dès la sortie, la route file dans la vallée du Rhin face aux pentes rocailleuses du Calanda, au Nord, d'où a dévalé, à l'époque préhistorique, l'éboulement responsable des boursouflures de terrain que l'on observe au voisinage de Domat.

★ **Chur** – *Voir ce nom.*

SANKT GALLEN★★

ST-GALL – C St. Gallen – 71 000 habitants
Cartes Michelin nos 927 M 3 ou 216 pli 21 – Schéma : APPENZELLERLAND
Alt. 668 m
Plan d'agglomération dans le Guide Rouge Michelin Suisse

À l'Est de la Suisse, Sankt Gallen – la ville la plus élevée du pays – est blottie dans l'étroite vallée de la Steinach, à 10 km au Sud-Est du lac de Constance (Bodensee). Elle doit sa fortune à une abbaye, fondée à l'endroit où **Gallus**, compagnon du saint moine irlandais Colomban, mourut en 650. Sa cathédrale baroque et son admirable bibliothèque abbatiale sont classées au Patrimoine culturel de l'Unesco, et cernées par un quartier historique où abondent les maisons à encorbellements, ou oriels (Erkel).

Certaines abritent des restaurants (Erststockbeisen) situés au premier étage, une vieille tradition liée à l'humidité du sol. On y dîne dans un décor chaleureux – boiseries, parquet qui craque... – et l'on peut déguster, parmi des plats moins rustiques, l'*Olmat Bratwurst*, la saucisse de veau locale.

Sur les hauteurs – Tournée vers le tertiaire, la ville a gravi les collines où sont établis des centres universitaires réputés, comme l'École des hautes études économiques et sociales (Hochschule für Wirtschafts- und Sozialwissenschaften) qui accueille plus de 4 000 étudiants.

UN PEU D'HISTOIRE

La légende de Gallus – Lorsqu'en l'an 612, le moine irlandais parvient dans la vallée, il trébuche, dit-on, et tombe dans un buisson d'épines puis fait face à un ours. Gallus voit dans ces embûches un signe de Dieu : il décide de fonder là un ermitage.

L'âge d'or de l'abbaye – À l'emplacement de la cellule de Gallus, un monastère est fondé en 719 par saint Otmar. Le rayonnement intellectuel de ce cloître bénédictin s'étend bientôt à l'Europe occidentale. Dès le 9e s., ses bâtiments deviennent trop exigus et la construction d'un monastère plus important s'impose : son plan carolingien est aujourd'hui conservé dans la bibliothèque abbatiale.

Vadian et la Réforme – En 1524, Joachim von Watt – connu sous le nom savant de Vadian –, médecin et bourgmestre de la ville, introduit la Réforme à St Gall. À la suite de la scission que celle-ci entraîne, l'abbaye connaît un destin mouvementé. Il faut attendre le milieu du 18e s. pour qu'elle reprenne son essor, avec la création de l'abbatiale et de la bibliothèque. En 1805 s'effectue la sécularisation de l'abbaye, qui devient en 1846 le siège d'un évêché.

Tissage et broderies – Dès le Moyen Âge, les ateliers du couvent et de la ville travaillent le lin. Ces toiles réputées passent les frontières d'Espagne et de Pologne. Les fins tissus de coton et les broderies sont fabriqués au 18e s. dans tout le canton. En 1898, 50 % de la production mondiale de textile provient de St. Gall. Le boom des filatures suscite une fièvre de constructions Jugendstil : opulentes villas comme celles de la St. Leonhard Strasse ou de la Multergasse, gare et poste...

Le 20e s. amorce le déclin du secteur, mais St. Gall concentre, encore aujourd'hui un tiers des emplois du textile en Suisse.

★★★ L'ENSEMBLE ABBATIAL

Ancienne abbaye – Le Klosterhof (cour du couvent – C) offre une vue d'ensemble sur les bâtiments de l'ancienne abbaye bénédictine. Attenants à la cathédrale, ils abritent l'évêché, la bibliothèque abbatiale, le gouvernement cantonal et des écoles. Avec Einsiedeln *(voir ce nom)*, c'est le plus important ensemble monumental baroque de toute la Suisse.

★★ **Kathedrale (Cathédrale)** – Bâtie de 1755 à 1767 à l'emplacement d'une église gothique, elle dresse ses deux élégantes tours à bulbe jusqu'à 68 m. La façade Est porte au fronton un relief représentant le Couronnement de la Vierge, reproduction en 1933 d'une œuvre de J. A. Feuchtmayer.

L'extérieur, d'une grande sobriété, forme un contraste étonnant avec l'intérieur, foisonnant chef-d'œuvre dû à Peter Thumb, de l'école du Vorarlberg : un baroque tardif dont on retrouve d'autres témoignages dans la région du lac de Constance. Au centre de l'immense vaisseau, la **coupole**★★ est d'une décoration somptueuse mais équilibrée : les peintures à la caséine sur fond bleu, sur le thème des huit béatitudes, sont dues au peintre Josef Wannenmacher. D'autres peintures murales décorent la nef et le chœur. C'est à Christian Wenzinger que l'on doit les beaux stucs verts.

Le **chœur**★★★, fermé par d'admirables grilles, est orné d'un maître-autel exécuté en 1810 dans le style Empire. Les grandes stalles composent, avec les seize confessionnaux de Josef Anton Feuchtmayer, un ensemble en bois sculpté d'une élégance rare.

Lapidarium (Lapidaire) – Il abrite des fragments de l'ancien cloître mis au jour à la fin des années 1970, et qui datent du 8e au 17e s.

★★★ **Stiftsbibliothek** ⊘ (**Bibliothèque abbatiale**) – *Pour la visite, emprunter une paire de chaussons à l'entrée.*

En 1805, lorsque l'abbaye fut sécularisée, la bibliothèque conserva son ancien usage. Ses collections sont exposées dans une pièce considérée comme la plus belle salle rococo profane de Suisse. Construite de 1758 à 1767, en même temps que la cathédrale, c'est l'œuvre des mêmes artistes. On admire le parquet à la marqueterie étoilée où alternent bois clair et bois foncé, les boiseries de noyer et de cerisier ornées de colonnes aux chapiteaux dorés, les grisailles placées au-dessus des huit étagères de la galerie, les stucs délicats des frères Gigl. Les fresques évoquent, entre autres, le concile œcuménique de l'Église aux 4e et 5e s.

La bibliothèque abrite une extraordinaire collection : quelque 100 000 volumes, dont plus de 2 000 parchemins du 8e au 12e s. et 1 650 incunables datant des origines de l'imprimerie, ainsi que de nombreux manuscrits calligraphiés et enluminés de la Renaissance. Certains exemplaires sont exposés dans les vitrines : évangile de 750, psautier du 9e s. orné de miniatures sur l'histoire de David, plan du cloître carolingien… Une momie de Haute-Égypte (700 avant J.-C.), offerte en 1824 par un particulier, repose au fond de la bibliothèque dans un double sarcophage en sycomore.

St-Gall – Bibliothèque abbatiale

CARNET D'ADRESSES

Office de tourisme – *Tourist Information, Bahnhofplatz 1a* – ☎ *(071) 227 37 37* – *fax (071) 227 37 67. Sur Internet : www.stgallen-i.ch*. E-mail : *info@st.gallen-bodensee.ch*
Situé en face de la gare, il fournit un plan de St. Gall, un guide des musées et la liste des adresses utiles : hôtels et restaurants, etc. Visites guidées de la vieille ville.

Shopping

Les rues piétonnes de la vieille ville, si pittoresques avec leurs maisons à oriels, se prêtent à la flânerie et aux achats. Citons les rues suivantes : **Multergasse**, **Spisergasse**, **Neugasse**, **Marktgasse**.

Théâtre et musique

Stadttheater – *Museumstrasse 24* – ☎ *(071) 242 05 05 ou 06 06.*
Tonhalle – *Museumstrasse 25* – ☎ *(071) 242 05 05 ou 06 06.*
Des concerts symphoniques dans un bâtiment de style 1900, témoin de l'ancienne prospérité liée au textile.
Kellerbühne – *St. Georgenstrasse 3* – ☎ *(071) 223 39 59.*
Puppentheater (Théâtre de marionnettes) – *Lämmlisbrunnenstrasse 34* – ☎ *(071) 222 60 60.*

Se loger à Sankt Gallen

Vadian Garni – *Gallustra*GB*e 36* – ☎ *(071) 228 18 78 – fax (071) 228 18 79* – *hotel-vadian@bluewin.ch – 30 chambres – 70/160 F* – GB.
Situé dans la vieille ville, cet hôtel appartenant à une chaîne d'établissements « chrétiens » offre des chambres claires et impeccables, à prix doux. L'accueil est charmant, ce qui ne gâte rien. Au petit déjeuner, confitures maison.
City Weissenstein – *Davidstrasse 22* – ☎ *(071) 228 06 28 – fax (071) 228 06 30* – *info@weissenstein-st-gallen.ch – 20 chambres – 120/200 F* – GB.
Dans un quartier tranquille, un peu à l'écart de la vieille ville, l'hôtel offre, pour un budget raisonnable, un confort moderne et un parking.
Ekkehard – *Rorschacher Strasse 50* – ☎ *(071) 224 04 44 – fax (071) 224 04 74* – *info@ekkehard.ch – 29 chambres – 160/230 FS* – GB – *fermé du 23 au 30 décembre.*
À 5 mn de la cathédrale, cet hôtel propose des chambres à des prix corrects, dans un cadre simple. Il possède un parking.

★★LA VILLE ANCIENNE

Autour de la cathédrale s'étend un quartier charmant dont la forme arrondie correspond au tracé de la ville ancienne, jadis entourée de remparts. Ici et là, les maisons des 16e et 18e s. présentent des façades peintes, des enseignes de fer forgé et surtout, de beaux **oriels★** typiques de la région du Bodensee (lac de Constance).

Gallusplatz – La maison aux colombages bleus (1606) possède une tourelle qu'un personnage sculpté – noble au riche costume – « soutient » de ses bras.

Gallusstrasse – L'oriel de la maison **Zum Greif** (« Au griffon », seconde moitié du 17e s.) présente, du côté Sud, la lutte de Jacob avec l'ange.

Schmiedgasse – Au n° 20, l'oriel de **Zum Pelikan** (1707) est orné de symboles des quatre continents – l'Australie n'était pas encore découverte – et de figures grimaçantes qui témoignent sans doute de discordes avec un voisin...

Les oriels du Bodensee

Jusqu'au milieu du 17e s., ces encorbellements furent construits en bois, qui céda ensuite la place à la pierre. Conçus pour apporter une plus grande luminosité à l'habitation, ils manifestaient aussi l'opulence des marchands. Leur décor, souvent sculpté et peint, allie l'humour populaire à l'influence de la Renaissance allemande et italienne. St. Gallen compte 111 oriels, dont les plus connus se concentrent dans quelques rues.

Se restaurer à Sankt Gallen

Gupf – *À 20 km de Sankt Gallen* – ☏ *(071) 877 11 10* – *fermé le lundi et le mardi en mai, le dimanche et le lundi en juin.*
Un cadre rustique et une vue magnifique pour se réunir autour d'un repas traditionnel.

Alt Guggeien – *Kesselhaldenstr. 85* – ☏ *(071) 288 12 10* – 🔲 – *fermé le lundi et le mardi ainsi que 3 semaines en janvier.*
Cette ancienne ferme (difficile à trouver !) vaut pour son ambiance chaleureuse, sa cuisine traditionnelle et la vue exceptionnelle que l'on découvre depuis la salle à manger.

Neubad – *Bankgasse 6* – ☏ *(071) 222 86 83* – 🔲 – *fermé le samedi et le dimanche et du 13 au 29 juillet.*
Dans cette demeure du 16e s., on prêtera attention au plafond gothique du premier étage en savourant les spécialités de la maison.

Zum Schlössli – *Zeughausgasse 17, am Spisertor* – ☏ *(071) 222 12 56* – *fermé le samedi et le dimanche ainsi que du 10 juillet au 10 août.*
Dans ce petit château du 16e s., le regard se porte sur les fresques, le mobilier, les salons voûtés. Gastronomie locale.

Peter und Paul – *Kirchlistrasse 99* – ☏ *(071) 245 56 25.*
Dans la salle à manger, beau point de vue sur le lac de Constance !

Zum Goldenen Schäfli – *Metzgergasse 5* – ☏ *(071) 223 37 37* – *fermé le dimanche.*
Dans la plus ancienne (17e s.) maison de corporations, ce restaurant traditionnel est situé au 1er étage. Le sol et le plafond sont penchés, une attraction du lieu ! Accueil sympathique, solides spécialités locales : soupe à l'oignon, röstis...

Am Gallusplatz – *Gallustrasse 24* – ☏ *(071) 223 33 30* – *fermé du 28 janvier au 3 février, du 22 juillet au 4 août, le samedi midi et le lundi.*
Situé dans le quartier médiéval qui cerne la cathédrale (maisons à colombage). Grand choix de vins et bonne cuisine traditionnelle : spécialité de rôtisserie. Terrasse en été.

Pour finir la soirée

Le **Pub Bar**, piano-bar de l'hôtel Einstein (Berneggstrasse), permet de savourer quelques cocktails ou une bière locale, dans de confortables fauteuils en cuir.
Le **Colony Cafe Bar** (Neugasse 46, 1er étage) est décoré sur le thème des journaux.
Le **Colony Bar** (2e étage) offre une ambiance musicale avec disc-jockey.
Au **Vinoteca II**, grand choix de vins et de plats italiens (Engelgasse).
Mr. Pickwick Pub (Poststrasse, dans le quartier de la gare) débite Guinness et autres bières à la pression dans une ambiance de pub anglais. Jeu de fléchettes.

Manifestations

Inline one-eleven est la plus longue course de rollerblades d'Europe : depuis St. Gall, elle s'étire sur 111 kilomètres, traverse 20 villages et deux cantons pour revenir ensuite dans la ville. *Au mois d'août.*

Spisergasse – Admirer les nos 3, 5 et 9 (maison **Zur Nachtigall**,« Au rossignol » ; les nos 11 et 13 (**Zum Bären**, « À l'ours ») et le no 19. Le no 22 (**Zum Kamel**, « Au chameau », vers 1720) comporte un riche décor sculpté. À voir encore : les nos 25 et 30.

Kugelgasse – La maison Schwanen (« Au cygne », vers 1690) comporte un décor aquatique inspiré de l'Antiquité. Celle intitulée Kugel (« Le globe », vers 1690) associe un pèlerin à la Terre.

Marktgasse – Voir les nos 19, 17, 15 et 28. Au Sud de la rue s'élève une statue dédiée à Joachim von Watt ou Vadian (1484-1551), qui répandit la Réforme à St Gall.

Hinterlauben – Belles enseignes aux nos 4, 8 et 10.

LES MUSÉES

★ **Kunstmuseum** Ⓥ **(Musée des Beaux-Arts)** – En bordure du parc, ce musée est logé dans un bâtiment classique. Le fonds est présenté par roulement, faute de place. Y figurent des maîtres allemands, autrichiens et suisses (15e-18e s.) et de nombreuses toiles (19e et 20e s.) sur la vie paysanne au Toggenbourg et en Appenzell. La peinture hollandaise du 17e s. est un point fort du musée, avec les œuvres allemandes et françaises du 19e s. – dont maints paysages. Suivant les expositions, on découvre l'*Odalisque* de Corot, l'*Adoration de la Vierge* de Delacroix, le *Jardin* de Sisley, le *Lac de Genève* de Courbet, L'*Hermitage* de Pissarro, le *Palazzo Contarini* de Monet...
L'art moderne et contemporain est présent avec des œuvres de Sophie Taeuber-Arp, Klee, Picasso, Tapiès, des installations de Richard Serra, Donald Judd ou Nam June Paik. Le musée accueille aussi des expositions temporaires.

SANKT GALLEN

Naturmuseum ⊙ **(Musée d'Histoire naturelle)** – Situé dans le même bâtiment que le musée des Beaux-Arts, cet établissement présente des collections thématiques : vie dans une goutte d'eau, mammifères et oiseaux de la région, relief de l'Alpstein... À voir : les squelettes d'un plateosaurus, d'un pterosaurus et d'un anatosaurus (env. 80 millions d'années).

★ Historisches Museum ⊙ **(Musée historique)** (**C**) – Les objets rassemblés évoquent le passé de la région depuis la préhistoire jusqu'au 18e s. : reconstitution de l'abbaye de St-Gall au Moyen Âge, belle collection de verrerie peinte, art populaire de l'Appenzell et du Toggenbourg... Le musée présente aussi des expositions temporaires.

Textilmuseum ⊙ **(Musée du Textile)** – Ce musée rend hommage à un secteur artisanal, puis industriel, qui fit la gloire de St-Gall et de la Suisse orientale durant plus de sept siècles. Aux tissus en lin (15e-17e s.) succédèrent la dentelle et la broderie (18e s.) puis l'essor des filatures : autant de spécialités qui employèrent essentiellement des femmes. En 1790, la ville comptait 30 000 « petites mains » ! Les pièces rassemblées par deux collectionneurs, Léopold Iké puis John Jacoby, constituent le cœur des collections – dentelles, broderies, dessins de modèles, vêtements, aiguilles et dés... – que complètent des expositions temporaires.

Völkerkundemuseum ⊙ **(Musée ethnographique)** – Il présente des collections provenant de continents extra-européens : masques et sculptures d'Afrique centrale et de l'Ouest, artisanat de bronze de l'ancien royaume du Bénin, objets de culte du Pacifique, céramiques chinoises, masques Nô du Japon, objets inuits... Une section antique présente des sculptures étrusques et grecques.

Botanischer Garten ⊙ **(Jardin botanique)** – *Au faubourg de Neudorf, par la Rorschacherstrasse* (**C**), *puis la Stephanshornstrasse à gauche.*
Distribué sur 1,5 ha autour d'un bâtiment principal, le jardin accueille 8 000 espèces de tous les continents, telle la rhubarbe du Chili, aux feuilles démesurées. Une pergola se dresse devant une pièce d'eau où croissent joncs et roseaux. Deux serres tropicales sont peuplées de cactées, palmiers, euphorbes, orchidées, nénuphars géants...

AUTRES CURIOSITÉS

★ **Colline de Dreilinden** – *Alt. 738 m. Par le Mühleggweiher, le plus petit chemin de fer (1893) de Suisse, entièrement automatique : la station du Mühleggbahn est située dans la Moosbruggstrasse. À la sortie, prendre à pied le petit chemin à droite.*
Sur la colline, dans la verdure, s'étendent trois bassins d'eau **(Weiher)**. Longs de 200 m, ils furent jadis créés par le monastère pour alimenter les canaux de la ville, les moulins et les ateliers de textile. Accessoirement, les moines les utilisaient pour la pêche. Au tournant du 20e s., des installations y furent créées pour la **baignade** : en été, on vient y piquer gratuitement une tête dans l'eau et profiter de ce site idyllique où se dresse, au niveau du bassin central, une charmante maisonnette baroque (1677).
Le sentier **(Höhenweg)** s'étire sur la crête de Dreilinden, entre prairies et pins. Balisé par des panneaux indicateurs, il se prolonge jusqu'au point culminant de **Freudenberg**★ (alt. 884 m). Une **vue**★ superbe s'y déploie sur St-Gall et son lacis de ruelles ; au loin, l'horizon bleuté du lac.

Art moderne à l'université – *Dufourstrasse 50. Pour rejoindre l'École des hautes études économiques et sociales (Hochschule für Wirtschafts-und Sozialwissenschaften), prendre le bus n° 5 à la gare, direction Rotmonten. Accès libre à la plupart des œuvres.*
Dans les bâtiments et le parc sont disséminées 29 œuvres créées par une pléiade d'artistes : Alberto Giacometti, Jean Arp, Joan Miró, Georges Braque, Alexandre Calder, Antoni Tápies…

ENVIRONS

Tierpark Peter und Paul – *Alt. 793 m. À 3,5 km au Nord de St Gall. Quitter la ville par la Müller-Friedbergstrasse (*B*).*
Ce parc zoologique (cerfs, daims, chamois, mouflons…) ouvre sur de vastes espaces. C'est ici qu'a débuté, en 1911, la réimplantation, dans les Alpes suisses, de bouquetins originaires du massif italien du Grand Paradis. À l'entrée, à droite, un petit sentier longe la clôture grillagée : beau **coup d'œil**★ sur le site de St-Gall et, au-delà, sur la chaîne de l'Alpstein.

Säntispark – *À Abtwil, à 4 km au Sud de St-Gall : par l'autoroute A1, sortie St-Gall Winckeln.*
Ce complexe aquatique comporte toutes sortes d'équipements : bain à remous, bain aux sels, jacuzzis, grotte de bronzage et sept saunas formant un « village ».

Vers le Bodensee – *12 km jusqu'à Rorschach par la route 7.*
En cheminant vers le lac, le paysage change : à l'Ouest s'étendent les prairies de Thurgovie, à l'Est défilent les massifs du Fünfländerblick, de Buechberg et les collines préalpines. Les Alpes du Voralberg, avec le mont Pfänder près de Bregenz, ferment ce magnifique **panorama**★.
Sur la rive suisse du lac, **Rorschach** fut au Moyen Âge le port principal du lac, un débouché pour la région saint-galloise. Dans la rue principale, **Hauptstrasse**, quelques maisons à oriels peints et sculptés rappellent cette prospérité, tout comme l'ancien grenier à blé ou **Kornhaus** (18e s.) situé près du lac. Aujourd'hui, le port abrite des bateaux de plaisance. En saison, des navettes relient régulièrement plusieurs ports suisses et allemands.

SANKT-GOTTHARD-MASSIV ★

Massif du ST-GOTHARD

Cartes Michelin n°s 927 J 6 ou 217 plis 9, 10, 19, 20 et 218 plis 1, 2, 11, 12

Nœud orographique principal des Alpes suisses, château d'eau alimentant les deux fleuves les plus puissants de l'Europe occidentale, le massif du St-Gothard voit converger, vers la croisée d'Andermatt, les deux plus grandes vallées longitudinales (Rhône et Rhin) et les deux plus grandes vallées transversales (Reuss et Tessin) du territoire de la Confédération. En fait, pour le passant, le nom de St-Gothard évoque beaucoup plus une route et une succession de sites encaissés qu'un décor montagneux grandiose : les sommets, culminant à des altitudes étonnamment uniformes – environ 3 000 m – sont, ici, très lourdement taillés.

La route du St-Gothard – En dépit de sa réputation, cet itinéraire n'est pas, tant s'en faut, le plus anciennement pratiqué des Alpes – le trafic ne put s'y développer, à partir du 13e s., que lorsque furent forcées les terribles gorges des Schöllenen –, mais c'est le seul à présenter pour la Suisse un caractère d'artère vitale.
Sans la route du St-Gothard, les cantons forestiers (Waldstätten, *p. 329*), et particulièrement le canton d'Uri qui détenait les clés d'un passage si convoité, auraient arraché plus difficilement leur émancipation à l'Empereur et aux Habsbourg.

Aujourd'hui encore, le St-Gothard – ferroviaire ou routier – est une voie de transit intérieur primordiale pour les relations entre la Suisse centrale alémanique et la Suisse italienne, autant qu'un itinéraire international. L'incendie survenu dans le tunnel en octobre 2001 a posé le problème de la réouverture du tunnel dans les meilleures conditions de sécurité. Juste avant Noël 2001 la circulation dans les deux sens était rétablie pour les voitures de tourisme. Après quelques semaines de circulation alternée, les camions ont dû attendre mai 2002 pour pouvoir circuler dans les deux sens.

Autres routes du massif – Les routes de l'Oberalp, du Lukmanier et de la Furka complètent le réseau touristique régional et permettent de boucler de magnifiques circuits au départ d'Andermatt.

VISITE

Les itinéraires recommandés – Par ordre décroissant de la durée du parcours.

Voir les noms à l'index.

★ 1 **Route du Lukmanier** *De Biasca à Disentis/Mustér – environ 2 h 1/2*

★ 2 **Route du St-Gothard** *D'Andermatt à Biasca – environ 2 h*

★★ 3 **Nufenenpassstrasse** *D'Airolo à Ulrichen – environ 1 h 1/2*

★ 4 **Schöllenenstrasse** *D'Altdorf à Andermatt – environ 1 h 1/2*

★ 5 **Route de l'Oberalp** *De Disentis/Mustér à Andermatt – environ 1 h*

SANKT MORITZ***

ST-MORITZ – Graubünden – 5 057 habitants

Cartes Michelin nᵒˢ 927 N 6 ou 218 pli 15 – Schéma : GRAUBÜNDEN – Alt. 1 856 m
Plan dans le Guide Rouge Michelin Suisse

Sous l'emblème du soleil, St-Moritz – en romanche San Murezzan – est la plus fameuse station suisse de haute montagne, comme le rappelle son slogan (« Top of the world »). Elle attire, été comme hiver, une clientèle internationale conquise par son site, la pureté de son ciel et ses distractions chic et sportives : compétitions de bob, de skeleton, courses de chevaux sur le lac gelé... C'est à St-Moritz, il y a un siècle, que le mot palace acquit sa connotation mondaine, après la création par un certain Johannès Bradrutt du « Palace », château néogothique où défilèrent les écrivains anglo-saxons à succès.

St-Moritz – Vue générale

Deux stations jumelles – **St. Moritz-Dorf** se regroupe à mi-pente, au pied du campanile curieusement penché (Schiefer Turm) d'une église disparue, seul témoin monumental remarquable du village primitif. Le bourg possède l'école de ski la plus ancienne du monde (1927). St. Moritz-Dorf vaut pour son cadre de vie – beaux hôtels, boutiques élégantes –, qu'offrent aussi les villages plus typiques de Silvaplana, Sils et Pontresina. En revanche, l'architecture urbaine de **St. Moritz-Bad** surprend dans un tel site : sur le fond plat de la vallée de l'Inn, se dispersent les vastes aménagements de ce vaste quartier thermal, dont les sources ferrugineuses sont appréciées en rhumatologie, neurologie, cardiologie, etc.

Le domaine skiable – St-Moritz constitue l'une des principales stations d'hiver de la Suisse. Son domaine skiable propre, se déployant sur le massif du Piz Nair (alt. 3 057 m), n'est pas très étendu et satisfait surtout les skieurs recherchant la détente. Il totalise 80 km de pistes et 23 remontées mécaniques. Il est néanmoins possible, avec un même forfait appelé Ski Engadin, d'accéder aux installations du Piz Corvatsch (alt. 3 303 m, 65 km de pistes), du Diavolezza (alt. 2 978 m, 49 km de pistes à caractère plus sportif), du Piz Lagalb (alt. 2 959 m, 29 km de pistes) et du Muottas Muragl (alt. 2 453 m, 8 km de pistes). Ce domaine skiable est beaucoup plus important (230 km de pistes globalement). L'ancienneté des remontées mécaniques et l'éloignement entre les massifs, avec des liaisons peu fonctionnelles qui se font par train ou en bus, ne permettent guère de faire du grand ski intensif. Les surfeurs ont à leur disposition de nombreux aménagements : 4 half pipes et un boardercross sur Corviglia (Piz Nair).
Quant aux fondeurs, ils bénéficient de près de 150 km de boucles, réparties sur l'ensemble de la région. Silvaplana et Pontresina constituent les bases de ski de fond les plus appréciées.

En été, St-Moritz change de visage et la vallée de l'Engadine *(voir ce nom)* devient une magnifique base de randonnées, adaptée à tous les niveaux. Les plus beaux itinéraires se trouvent à proximité des villages voisins de Silvaplana-Surlej *(voir Engadin)* et de Pontresina *(voir Muottas Muragl et Berninastrasse)*.

CURIOSITÉS

★ **Engadiner Museum** ⊙ **(Musée engadinois)** – Cette visite préludera très fructueusement à une randonnée à travers les villages de l'Engadine. Avec sa galerie à arcades, ses fenêtres à ébrasements extérieurs, son oriel, ses sgraffites *(voir l'index)*, le bâtiment lui-même est une reconstitution conforme aux dispositions originales du style local.

Un « sulèr » *(voir l'index)* introduit aux différentes salles, dotées d'ensembles mobiliers ramenés pour la plupart d'anciennes demeures patriciennes ou paysannes, et décorées de boiseries de pin arolle plus ou moins fouillées. Les poêles intéresseront à coup sûr l'amateur de céramique. Quelques salles retiennent particulièrement l'attention : la **salle engadinoise n⁰ II** (maison de Zuoz) qui possède un beau plafond à poutres ; la **salle de parade n⁰ IX** (maison Visconti-Venosta à Grosio), la plus luxueuse ; la **chambre de parade n⁰ VII** (maison noble à Marca de Mesocco), rustique et cossue, qui conserve plus de cachet.

Segantini-Museum ⓥ – Cette rotonde conserve quelques œuvres du peintre Giovanni Segantini (1858-1899), très populaire en Suisse, et en particulier la **trilogie**★ symbolique « Être-Passer-Devenir », où l'on peut reconnaître certains décors de haute montagne de l'Engadine et du Bergell.

★★ **Piz Nair** ⓥ – Alt. 3 057 m – *environ 3/4 h dont 1/2 h de funiculaire (jusqu'à Corviglia), puis de téléphérique, et 1/4 h à pied AR.*
De la terrasse de la station supérieure du téléphérique, la vue plonge sur la Haute-Engadine et ses lacs. Gagner ensuite, à pied, le point culminant pour jouir du **panorama**★★ circulaire englobant les sommets de la Bernina.

★ ROUTES DU JULIER ET DE L'ALBULA

Circuit au départ de St-Moritz
96 km – environ 5 h – itinéraire ③ *de la visite des Grisons.*

Quitter St-Moritz au Sud.

Dans les virages de la montée qui suit Silvaplana s'allongent, étonnamment proches, les lacs de Champfèr et de Silvaplana.
Au cours de la montée vers le col, à l'entrée d'un virage à droite se révèle un **panorama**★★ sur la Haute-Engadine, depuis les montagnes qui dominent Zernez, à gauche, jusqu'au Piz de la Margna, à droite, en passant (de gauche à droite) par le groupe Piz Vadret-Piz Muragl (sommets dominant Pontresina), le Piz Rosatsch et le Piz Corvatsch entre lesquels la dépression très marquée de la Fuorcla Surlej laisse apparaître la cime neigeuse du Piz Bernina (alt. 4 049 m).

Julierpass (Col du Julier) – Alt. 2 284 m. Les consonances latine et césarienne de ce nom suffiraient déjà à éveiller l'attention de l'archéologue. Les deux piles plantées de part et d'autre de la route comme des bornes constituent, en fait, les tronçons d'une même colonne qui, appartenant à un « sanctuaire du col » édifié par les Romains, pourrait avoir servi de socle à une statue (comme la colonne Joux du col du Petit-St-Bernard).
Dans la descente du col – la route perd 500 m d'altitude en 9 km –, le paysage est d'une grande désolation ; pourtant, près des masures de Mot, un vigoureux pin arolle au fût bien droit se dresse encore, parfaitement solitaire.
Étymologiquement, le nom de **Bivio** signifie « bifurcation » : le passage du Septimer, abandonné de nos jours, se sépare de la route du Julier à l'entrée du village, sous la forme d'un sentier qui s'éloigne vers le Sud, franchit le Septimerpass à 2 310 m d'altitude et rejoint le val Bregaglia au village de Casaccia.

Barrage de Marmorera ⓥ **(Talsperre)** – Cet ouvrage, qui a noyé sous ses eaux les hameaux de Cresta et de Marmorera, présente la particularité d'avoir été construit en terre. 2 700 000 m^3 de matériaux ont créé une digue longue de 400 m, haute de 90 m et épaisse de 400 m à la base. La retenue (60 millions de m^3) a pour fonction essentielle de régulariser, lors des basses eaux d'hiver, tous les aménagements hydroélectriques de la Julia et de l'Albula, entrepris pour le compte de la ville de Zurich. Le nouveau lac est bien intégré dans un paysage sévère.
Dans la descente tortueuse qui suit le barrage, trois torrents d'une abondance impressionnante à la fonte des neiges – en particulier l'Ava da Faller – sont franchis sur une distance de 1 km.

✳ **Savognin** – Les amateurs d'art religieux pourront se rendre en voiture à l'église St-Martin située à la lisière de la forêt, sur les dernières pentes du Piz Arlos. Quitter la route du Julier près du bureau de poste pour descendre vers le fond de la vallée et, une fois la Julia franchie sur un pont en dos d'âne, prendre le 2ᵉ chemin à droite. Ce petit sanctuaire isolé, le plus élevé parmi les trois du village, doit son cachet à son fronton classique et à l'éclatante blancheur de ses murs. La coupole qui le coiffe a été décorée intérieurement par le peintre milanais Carlo Nuvolone (1681) : les différentes milices célestes ordonnées en cercles concentriques, comme à des tribunes, autour de la Sainte-Trinité et de la Vierge offrent un surprenant effet de perspective.
En contrebas du village de Riom, sur l'autre versant de la vallée, la construction démantelée de l'ancien château épiscopal de Raetia Ampla dresse ses murailles sur une motte encore bien visible. La sortie de l'Oberhalbstein, où la route se taille un passage en haute corniche sous roc, s'effectue par le court défilé du Crap Ses.

Tiefencastel – Ce bourg se tasse au fond de la vallée de l'Albula, à l'endroit où la grand'route de Coire en Engadine par le Julier franchit cette coupure. La claire silhouette – toute méridionale – de son église s'inscrit dans le souvenir du voyageur descendu de Lenzerheide, comme un premier témoignage de la civilisation romanche. Entre Tiefencastel et Bergün, la vallée de l'Albula, de plus en plus boisée (sapins, mélèzes, pins arolles) et déserte, laisse à gauche les bains sulfureux d'Alvaneu, puis se rétrécit et s'encaisse progressivement jusqu'à forcer la route à se tailler un passage dans le roc, au défilé du **Bergüner Stein★**.

Bergün – Ce village, dominé par la face triangulaire du Piz Rugnux, contrefort du Piz d'Ela visible par échappées, possède quelques maisons de style engadinois avec oriels et grilles de fenêtres, plus rustiques que celles que l'on rencontre dans la vallée de l'Inn.

De Bergün à Preda, alors que la chaussée grimpe rudement à travers des prés-bois moussus, les contorsions de la voie ferrée que lui imposent les lacets et tunnels hélicoïdaux pour gagner de l'altitude accaparent l'attention.

L'arrivée au palier de Preda est marquée par la découverte des découpures rocheuses bien nommées de Igls Dschimels (« les Jumeaux ») et du Piz da las Blais qui ont très grande allure. Entre Preda et le col, les alpages restent accueillants jusqu'au petit lac vert de **Palpuogna**. Plus haut, au-delà de Crap Alv, la route s'élève au travers de bancs de rocailles, tout en contournant le « plan » marécageux où un écheveau de cascatelles signale l'une des sources de l'Albula. On débouche enfin dans l'immense combe gazonnée du col.

Albulapass – Alt. 2 312 m. *Le col peut être obstrué par la neige de novembre à juin (train-auto de Tiefencastel à Samedan).* Le col sépare le bassin de l'Albula au Nord, tributaire du Rhin, et le val d'Alvra au Sud, tributaire de l'Inn.

Entre le col et La Punt, on voit rapidement apparaître, au fond de la vallée de l'Inn, déjà toute proche, les villages de La Punt et de Chamues-ch, surveillés par les ruines de Guardaval.

De La Punt à Samedan, on suit le fond plat de la vallée de l'Inn, jusqu'au moment où les sommets du massif de la Bernina se découvrent par la trouée de Pontresina.

Samedan – *Voir ce nom.*

Celerina – *Voir ce nom.*

De Celerina, la route ramène à St. Moritz.

RANDONNÉE PÉDESTRE

★★ Val Suvretta da S. Murezzan – *Monter au Piz Nair en funiculaire, puis téléphérique. Compter ensuite 3 h 30 de marche, soit 1 200 m de dénivelée en descente.*

On commence par une descente soutenue d'environ 50 mn, dans un cadre rude dénué de végétation, vers le col de Suvretta (Pass Suvretta). Du col (alt. 2 615 m), **vue★★** sur le val Suvretta da Samedan dominé par le Piz Bever, et sur le Piz Julier et son glacier au Sud. Prendre à gauche et gagner en 10 mn. le **lac Suvretta★★**, d'où se révèle une vue superbe au Sud sur le massif de la Bernina (Piz Roseg, Scerscen et Bernina). La descente, de plus en plus agréable, se poursuit le long du torrent, à travers des alpages où paissent des bovins. Après 1 h de marche, le torrent dévale en cascade. Juste après, bifurquer à gauche pour prendre un sentier en montée. La pente est courte et l'itinéraire évolue ensuite sans dénivelée importante à flanc de montagne, offrant rapidement des **vues★★** sur le village de Surlej, le Piz Corvatsch et le lac de Silvaplana. Terminer en suivant la direction St. Moritz-Dorf (belles vues d'ensemble sur la station).

SANKT URBAN★

Luzern

Cartes Michelin nᵒˢ 927 H 4 ou 216 pli 16 – 5 km au Nord-Est de Langenthal

Le touriste ne découvre pas sans surprise la masse imposante de l'ancienne abbaye cistercienne de St-Urban. Ses bâtiments sont actuellement occupés par une clinique psychiatrique.

★ Klosterkirche ⊘ **(Église)** – Construite au début du 18ᵉ s., c'est un très bel exemple baroque. La façade, très sobre et d'une largeur inusitée, est encadrée par deux hautes tours symétriques qui se détachent du corps de l'église.

La nef, de belles proportions, est éclairée par des fenêtres au-dessous desquelles court une galerie à balustres. La décoration, faite de stucs et de quelques dorures, n'est pas trop surchargée ; les chapiteaux sont garnis de feuilles d'acanthe.

Le chœur, que ferme une belle **grille★**, est orné de magnifiques **stalles★★** en bois sculpté du 18ᵉ s., dont les scènes représentent les différents épisodes de la vie du Christ.

Le SÄNTIS★★★

Cartes Michelin n°s 927 M 4 ou 216 centre du pli 21 – Schéma : APPENZELLERLAND

Point culminant du massif de l'Alpstein (alt. 2 502 m), le Säntis est un bastion avancé des Préalpes, entre le Toggenbourg, la vallée du Rhin et le lac de Constance. Il constitue le belvédère par excellence de la Suisse orientale.

Le sommet lui-même, avec ses épaulements calcaires aux stratifications tantôt calmement festonnées (face Nord), tantôt violemment plissées (Wildhuser Schafberg), est l'un des mieux dessinés de toute la chaîne.

Montée au Säntis ⊙ – *De Schwägalp, terminus des routes venues d'Urnäsch ou de Neu-St-Johann, 1 h AR environ dont 10 mn de téléphérique.*

De la station supérieure, on gagne facilement le sommet, coiffé depuis 1956 d'une station de télécommunications. Outre les deux restaurants d'altitude, les terrasses panoramiques ont été récemment réaménagées, offrant une vue★★★ d'une indicible majesté sur les montagnes du Vorarlberg, les Alpes grisonnes, glaronnaises et bernoises, les lacs de Zurich et de Constance. Cependant, l'immensité du panorama est souvent difficile à apprécier en plein été – et surtout au milieu de la journée –, lorsque la brume de beau temps estompe les horizons lointains.

Pour bénéficier de vues plongeantes plus rapprochées, descendre, par des escaliers, à l'auberge du Säntis, bâtie au-dessus du sauvage vallon du lac de Seealp *(voir Appenzell).*

Château de la SARRAZ

Vaud

Cartes Michelin n°s 927 D 6 ou 217 pli 3

Entouré d'un petit parc-jardin, à l'écart du village qu'il domine, ce château du 11e s., remanié aux 15e et 16e s., présente un corps de logis à tourelles d'angle rondes, précédé de deux grandes tours carrées à mâchicoulis.

Visite ⊙ – Elle permet de découvrir plusieurs salles garnies de beaux meubles anciens, d'argenterie, de vaisselle, de pendules du 17e au 19e s., de tableaux et d'objets précieux.

Dans une ancienne chapelle à proximité du château, étonnant **cénotaphe** sculpté (14e s.) de François Ier de la Sarra, dont le gisant, couvert de serpents et de crapauds, est veillé par son épouse, sa fille et ses deux fils.

Dans les dépendances du château a été installé un **musée du Cheval** : collection de véhicules hippomobiles, remarquable présentation des différents modes d'utilisation et d'harnachement du cheval pour la guerre, le cirque, la chasse à courre...

SCHAFFHAUSEN★

SCHAFFHOUSE – C Schaffausen – 33 461 habitants
Cartes Michelin n°s 927 J 2 ou 216 pli 8 – Alt. 403 m

Étagée sur la rive droite du Rhin, au pied du donjon du Munot, la vieille cité de Schaffhouse est l'une des plus attachantes de Suisse grâce au cachet Renaissance ou classique de ses édifices.

C'est le point de départ de la promenade aux chutes du Rhin (Rheinfall), attraction traditionnelle de l'Helvétie romantique.

Un important entrepôt – Les chutes du Rhin contraignant les bateliers à décharger leur cargaison en cet endroit, des marchands s'y établirent et créèrent là un entrepôt qui ne tarda pas à prendre une grande importance. Dès la fin du 12e s., Schaffhouse était devenue une ville impériale libre et entrait, en 1501, dans la Confédération helvétique. De nos jours, Schaffhouse tire parti, surtout, de son rôle de carrefour et de tête de pont. Elle est devenue un centre industriel tirant son énergie électrique du fleuve même. Des usines de construction mécanique, d'appareils électriques, des filatures, des aciéries se sont installées, en dehors de la cité ancienne qui a ainsi conservé intact son aspect médiéval.

CURIOSITÉS

★**Ville ancienne** – Elle est dominée par des restes de remparts que couronne le Munot, lourd donjon du 16e s., qui constitue un **belvédère** ⊙★ de choix sur la ville et la vallée du Rhin *(par des escaliers et une passerelle jetée sur les fossés, aménagés en parc aux daims, on accède à la plate-forme de l'ouvrage).*

La ville basse renferme de belles maisons à façades peintes, souvent ornées d'oriels. La **Vordergasse★** est l'une des rues les plus caractéristiques, avec ses maisons décorées de stucs et de sculptures, couronnées de beaux toits bruns percés de nombreuses

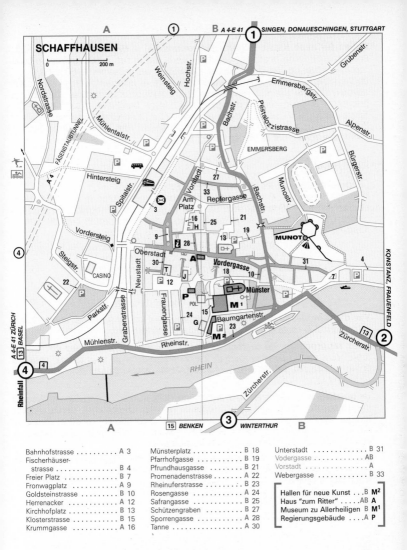

SCHAFFHAUSEN

SINGEN, DONAUESCHINGEN, STUTTGART

lucarnes. La maison « zum Ritter » (**AB A**) mérite une mention toute particulière : les peintures qui ornent sa façade ont été refaites en 1938 et 1939 par Carl Roesch, dans le même esprit que les célèbres fresques dues au maître schaffhousois Tobias Stimmer. Ces fresques réalisées vers 1570 sont en partie visibles au musée de Tous-les-Saints. Les sujets choisis ont été empruntés à la mythologie et à l'histoire de Rome. Il faut voir aussi les jolies fontaines de la Fronwagplatz, ainsi que le palais du Gouvernement (Regierungsgebäude – **A P**), édifice du 17ᵉ s. à la belle façade sculptée et au pignon en escalier.

★ **Museum zu Allerheiligen** ⊙ **(Musée de Tous-les-Saints)** (**B M¹**) – Installé dans les bâtiments de l'ancienne abbaye de Tous-les-Saints, il renferme des collections préhistoriques provenant des fouilles effectuées dans la région, des manuscrits et incunables, la plupart du 15ᵉ s., ayant appartenu à la bibliothèque du couvent, des œuvres d'artistes suisses du 15ᵉ au 20ᵉ s. La pièce la plus remarquable est un onyx (début 13ᵉ s.), monté sur or et incrusté de pierres précieuses. Une section historique retrace l'histoire de la ville, une autre section est consacrée à l'histoire naturelle.
Plusieurs salles sont consacrées aux industries de Schaffhouse : des maquettes et une excellente documentation contribuent à rendre cette exposition des plus intéressantes.

Münster Allerheiligen (Église de Tous-les-Saints) (**B**) – L'intérieur de cette abbatiale romane du 11ᵉ s., construite encore selon l'antique plan basilical et bâtie en belle pierre ocre, a subi une importante restauration. De hautes colonnes soutiennent un plafond de bois. Le chœur se termine par un chevet plat.
Adossé au bas-côté droit de l'église, le cloître, dont l'une des galeries est à baies gothiques, renferme de nombreuses pierres tombales.
Dans une petite cour voisine est conservée une cloche dite « cloche de Schiller », qui inspira au poète sa célèbre ballade. À proximité, le jardin des simples offre une grande variété d'herbes et d'épices.

*Hallen für neue Kunst ⓥ (Halles d'Art contemporain) (B M²) – En bordure du Rhin, une ancienne usine textile du début du siècle abrite sur 5 500 m² des œuvres représentatives de l'art conceptuel et minimaliste des décennies 1960 à 1980.

Ce véritable temple de l'art contemporain, vaste et lumineux, s'étage sur quatre niveaux, dont le premier est réservé aux expositions temporaires. Les œuvres présentées en permanence sont signées Mario Merz, Dan Flavin, Joseph Beuys (*Das Kapital 1970-1977*), Richard Long (*Lightning Fire Wood Circle*), Lawrence Weiner, Bruce Nauman (*Floating Room*), Jannis Kounellis, qui illustre l'Arte povera, Carl Andre (*Cuts*), Sol LeWitt et Robert Ryman.

★★ RHEINFALL

Les **chutes du Rhin** sont les plus puissantes d'Europe.

Le fleuve, large de 150 m en cet endroit, s'abat d'une hauteur de 21 m. Son débit peut atteindre 1 070 m³ par seconde (débit moyen : 700 m³/seconde). Le spectacle mérite d'être vu surtout en juillet à l'époque des hautes eaux. Déjà au 19e s., Alphonse de Lamartine écrivait dans ses *Méditations poétiques* :

> « De rochers en rochers et d'abîme en abîme
> Il tombe, il rebondit, il retombe, il s'abîme ;
> Les débris mugissants roulent de toutes parts ;
> Le Rhin sur tous ses bords sème ses flots épars ;
> De leur choc redoublé le roc gémit et fume ;
> Le flot pulvérisé roule en flocons d'écume. » [...]

Vue d'ensemble, de la rive droite (Rheinfallquai) – *4 km par ④ du plan et Neuhausen, où l'on quitte la route de Bâle pour suivre la Rheinfallstrasse.*

Vues rapprochées, de la rive gauche – *5 km plus 1/2 h à pied AR. Quitter Schaffhouse par ④ du plan, route de Zurich, puis cette route pour tourner ensuite à droite vers Laufen. Laisser la voiture à l'entrée du château de Laufen, transformé en restaurant.*

Les belvédères ⓥ – Pénétrer dans la cour du château. Par un escalier, on descend jusqu'à hauteur des chutes. Dès l'amorce de l'escalier, on découvre, depuis un petit kiosque aux vitres de couleur, l'énorme masse d'eau que l'on domine. Plus bas, différentes plates-formes et passerelles s'avancent très près des chutes et permettent d'en découvrir les aspects les plus divers.

Promenades en bateau ⓥ – Des promenades en bateau sont organisées jusqu'au rocher qui se trouve au milieu des chutes. On peut également faire la traversée d'une rive à l'autre.

Les SCHÖLLENEN★★

Uri

Cartes Michelin nᵒˢ 927 J 5-6 ou 217 pli 10
3 km au Nord d'Andermatt
Schéma : BERNER OBERLAND

Entre Göschenen et Andermatt, la vallée de la Reuss resserre en étau ses abrupts granitiques d'une continuité et d'un poli impressionnants. C'est le légendaire défilé des Schöllenen, principal obstacle au développement du trafic sur l'itinéraire du St-Gothard jusqu'aux environs du 13e s., époque où un chemin fut audacieusement établi dans ses profondeurs. L'aménagement routier de ce secteur a détruit l'aspect sauvage du passage, mais le parcours à pied de l'ancienne chaussée, permettra aux amateurs de sensations fortes d'apprécier le caractère « infernal » du défilé.

Teufelsbrücke (Pont du Diable) – Ce pont, aujourd'hui désaffecté, avait remplacé, en 1830, l'ouvrage construit, selon la légende, grâce à l'intervention du diable, payé en monnaie de... bouc par les malicieux Uranais, alors que le marché exigeait en tribut l'âme du premier passant. L'ouvrage constitue un belvédère tout indiqué pour admirer les **chutes** écumantes de la **Reuss** (*mises en valeur par le soleil, vers midi*). Légèrement en aval, une croix monumentale, taillée à même la paroi de la rive droite et accompagnée d'une inscription en caractères cyrilliques, commémore l'équipée hasardeuse du corps russe du général Souvorov qui, ayant forcé le passage, le 25 septembre 1799, à la poursuite de l'armée française, déboucha trop tard dans le plat pays pour empêcher Masséna de battre les coalisés à Zurich.

SCHÖLLENENSTRASSE
Route des SCHÖLLENEN
Cartes Michelin nᵒˢ 927 J 5-6 ou 217 pli 10
Schéma : SANKT-GOTTHARD-MASSIV

La vallée de la Reuss, qu'emprunte l'itinéraire et dont la curiosité la plus remarquable est le défilé des Schöllenen, constitue une commode voie de pénétration au cœur du massif du St-Gothard, depuis la région des Quatre-Cantons.

D'ALTDORF À ANDERMATT
56 km – environ 1 h 1/2 – itinéraire **4** *de la visite du massif du St-Gothard.*

Altdorf – *Voir ce nom.*

D'Altdorf à Amsteg, tandis que la vallée se resserre, le majestueux sommet conique du Bristen, s'élevant, d'un seul jet, à 3 072 m d'altitude, retient le regard. L'agglomération d'Erstfeld marque, pour la voie ferrée, le début de la rampe qui mène le rail 600 m plus haut à l'entrée Nord du tunnel du St-Gothard. Entre Amsteg et Wassen, le fond du sillon de la Reuss, où la route inaugure son parcours montagnard, garde de jolis recoins de fraîcheur. Les sinuosités du tracé – et surtout celles qui précèdent l'arrivée à Wassen, dont l'église est visible dès la sortie de Gurtnellen – permettent de découvrir, en aval, la pyramide bien dessinée des Kleine Windgällen.

Pfaffensprung – Du parc à voitures aménagé immédiatement en aval du pont sur la Reuss, gagner, en traversant la route, le belvédère protégé par des grilles. Le trop-plein du barrage construit dans ce « pas » crée parfois une cataracte spectaculaire qui se brise en écumant sur de gros rochers.

Wassen – Wassen a connu la célébrité lorsque les constructeurs du chemin de fer du St-Gothard ont fait décrire à la voie deux boucles successives, en partie souterraines, de part et d'autre de la localité. L'étonnement du voyageur non initié, découvrant successivement, sous trois aspects différents, une église que son voisin de compartiment, imperturbable, lui affirme être celle de Wassen, n'a cessé, depuis, de constituer un sujet de plaisanterie.
La construction de la route du Susten qui, sur le versant de la Reuss, prend ici son départ, a de nos jours considérablement stimulé l'activité touristique locale.
De Wassen à Göschenen, les éboulis, parmi lesquels on remarque un énorme bloc dit « pierre du Diable » (Teufelsstein), envahissent le fond du couloir. D'impressionnants travaux routiers ont été réalisés sur cette portion d'itinéraire.

Göschenen – Connue surtout pour sa gare située à la tête Nord du tunnel ferroviaire du St-Gothard (longueur : 15 003 m), ouvert en 1882, Göschenen fournit au touriste l'occasion d'une halte : il est agréable de se placer aux abords du petit pont central pour admirer le paysage glaciaire de la haute région du Dammastock se dévoilant par la trouée du Göschenertal.

★★**Göscheneralpsee (Lac de Göscheneralp)** – L'accès à ce lac-réservoir permet de contempler de près les glaciers du Dammastock qui l'alimentent – au revers Est du glacier du Rhône. La route remonte l'étroite et farouche vallée de Göschenen, avec, en fin de parcours, des passages en corniche au flanc de superbes parois rocheuses.
Laisser la voiture au parking voisin du restaurant (alt. 1 783 m) et gagner le milieu de la crête gazonnée, toute proche, du barrage. Ce dernier, du type barrage-poids (volume : 9,3 millions de m³ ; largeur à la base : 700 m ; hauteur : 155 m ; longueur de crête : 540 m), retient une masse d'eau pouvant atteindre 75 millions de m3. Devant lui, magnifique **paysage**★★ composé par la retenue, les cascades qui s'y déversent à droite et à gauche et, séparés par un cône rocheux, les glaciers étincelant sous les crêtes acérées du Winterberg. Se retourner pour admirer aussi, à l'opposé, le cirque rocheux, ponctué de sapins, d'où l'on est venu.

★★ **Les Schöllenen** – *Voir ce nom.*

☀ **Andermatt** – *Voir Alpi Ticinesi.*

SCHWEIZERISCHER NATIONALPARK ★

PARC NATIONAL SUISSE– Graubünden

Cartes Michelin nᵒˢ 927 O 5 ou 218 pli 6 – Schéma : GRAUBÜNDEN

Situé à l'extrémité orientale de la Suisse, au cœur des montagnes de la Basse-Engadine, ce parc national – le seul du pays – a été fondé en 1914, à l'initiative de la Ligue pour la protection de la nature. Il s'étend sur 172 km^2 et s'étage de 1 400 à 3 200 m d'altitude, entre le val Müstair, la vallée de l'Inn et le col de l'Ofen (Ofenpass). C'est la plus grande réserve naturelle de Suisse. Le visiteur est surpris par ses immenses solitudes boisées et ses vallons sauvages dont le manteau forestier, volontairement abandonné à lui-même, n'est interrompu que par le lit des torrents. Ses arbres morts, laissés sur place, offrent un spectacle étonnant pour la Suisse.

La vocation du parc est la sauvegarde de la flore et de la faune, intégralement protégées jusqu'au moindre lichen. Sa visite est donc soumise à un règlement très strict. Les automobilistes doivent laisser leur voiture à l'un des parkings. Les balades à pied ne sont autorisées que sur les chemins balisés par une marque blanche sur fond rouge. Il est interdit de faire du vélo, d'allumer un feu, de camper et bien sûr, de cueillir des fleurs.

Visites guidées – Le parc national et les offices de tourisme locaux conseillent des itinéraires et organisent des excursions guidées. Certaines sont thématiques et se consacrent par exemple à l'observation des cerfs dans le val Trupchun, particulièrement riche en gibier (voir les Renseignements pratiques).

Découvertes thématiques – Les possibilités sont variées : ainsi, la visite du parc durant la saison du rut du cerf rouge à l'automne. Contacter Tourismusorganisation Engadin Plaiv/Engadin, 7524 Zuoz, ☎ (081) 20 20, plaiv@spin.ch, www.engadin.ch

Nationalparkhaus ⊙ (Maison du parc) – À Zernez (voir ce nom).

Elle relate l'histoire du parc et propose des expositions temporaires, illustrées par des films vidéo, qui permettent de mieux connaître ses espèces protégées. Ses topoguides et sa carte à l'échelle 1/45 000 facilitent la découverte du parc.

Randonnées pédestres – Accès : continuer vers le Sud par la route 28 qui serpente dans le val dal Spöl. Parkings à l'entrée du parc.

Le parc est jalonné de panneaux explicatifs en cinq langues, dont certains s'adressent spécifiquement aux enfants. Il comporte 80 km de sentiers, de tous niveaux de difficulté. L'un d'eux débute au col de l'Ofen, traverse le val da Stabelchod jusqu'au col de Margunet (alt. 2328 m) et rejoint le val dal Botsch.

On y admire des paysages grandioses, notamment de juin à août, quand fondent les dernières neiges et que la floraison est la plus intense : edelweiss, gentianes... Avec un peu de chance, on pourra surprendre marmottes, cerfs, chamois, bouquetins et gypaètes barbus – ces derniers ayant été réintroduits en 1991.

SCHWYZ ★

C Schwyz – 13 620 habitants

Cartes Michelin nᵒˢ 927 K 4 ou 216 Sud des plis 18, 19 – Alt. 517 m

Cette petite ville quiète, qui s'honore d'avoir donné à la Confédération helvétique son nom et son drapeau, occupe un **site★** majestueux, au pied des pitons jumeaux des Mythen, entre le lac des Quatre-Cantons et le lac de Lauerz (voir Vierwaldstätter See et sur l'histoire des cantons primitifs, lire « Le sanctuaire national suisse »).

La station de Stoos (alt. 1 295 m), installée sur une terrasse ensoleillée, constitue son annexe en haute altitude.

Une pépinière de soldats – Lorsque, à partir du 16e s., les princes étrangers recrutent des mercenaires pour leur service, de nombreux habitants de Schwyz s'engagent dans leurs armées et en particulier dans les régiments français. Leur bravoure, leurs qualités militaires permettent à beaucoup d'entre eux de rentrer au pays fortune faite, chargés d'honneurs et de gloire. Ils construisent alors ces somptueuses demeures que possèdent encore leurs descendants dans la ville ancienne.

CURIOSITÉS

★ **Bundesbriefmuseum** ⊙ (Musée des Chartes fédérales) – Un édifice moderne, à la façade ornée d'une fresque de H. Danioth, a été construit (1934-1936) pour abriter les documents originaux les plus précieux de la Confédération. Dans la grande salle que décorent une fresque de W. Clénin Le Serment, ainsi que des bannières du canton de Schwyz, sont exposés le Pacte original de 1291 (Bundesbrief), le pacte de Brunnen de 1315 (Morgartenbrief), des chartes de franchise et des pactes d'alliance concernant les « XIII cantons ».

Martinskirche – L'église St-Martin offre, à l'intérieur, une luxueuse décoration baroque du 18e s. : la nef est ornée de stucs et de fresques ; le maître-autel et les autels orientés des chapelles latérales, ainsi que la **chaire★** en marbre (sur atlantes, et ornée d'une frise sculptée en haut relief) et le baptistère sont aussi très ouvragés. Le transept abrite les châsses de saint Polycarpe (à gauche) et saint Lazare (à droite).

Rathaus ⓥ – Incendié puis rebâti au 17ᵉ s., il est décoré, à l'extérieur, de peintures murales (1891) rappelant divers épisodes de l'histoire suisse. On peut visiter, à l'intérieur, des salles ornées de boiseries et de vitraux.

ENVIRONS

De Schwyz à Rigi-Scheidegg – *12 km. Quitter Schwyz par la route de Zürich et, à Seewen, prendre la route nᵒ 2 vers Lucerne.*

Lauerzer See (Lac de Lauerz) – Cette jolie nappe d'eau, bordée de roseaux et de nénuphars, et qu'agrémentent deux îlots boisés, est malheureusement déparée par la proximité d'une carrière à son extrémité Est.

★★ Rigi-Scheidegg ⓥ – De la sortie Sud de Goldau, une route étroite et sinueuse de 3 km conduit à « Station Kräbel » *(arrêt intermédiaire du train à crémaillère du Rigi-Kulm),* d'où part le téléphérique du Scheidegg.
Au sommet de la longue crête du Rigi-Scheidegg (alt. 1 665 m) qu'occupe la petite station du même nom, grimper sur le monticule situé derrière la chapelle : immense **panorama★★**, analogue à celui du Rigi-Kulm *(voir Le Rigi),* mais barré au Nord-Ouest par le promontoire de ce dernier.

★ Route de l'Ibergeregg – Carte Michelin nᵒ 218 pli 1 – *11 km. Quitter Schwyz à l'Est par la Rickenbachstrasse.*
Dès la côte qui succède à la traversée de Rickenbach, des vues se découvrent à gauche sur les Mythen, à droite, partiellement, sur les lacs des Quatre-Cantons et de Lauerz que sépare le Hochflue. Après un passage sous bois, magnifique parcours en corniche au-dessus de la profonde vallée du Muotatal et, dans une boucle de la route, très belle **vue★**, en arrière, sur cette vallée et la région des Quatre-Cantons. Dans la rude montée qui suit s'aperçoivent les sommets neigeux des Alpes glaronnaises. Au **col de l'Ibergeregg** (alt. 1 406 m), remarquables **vues★** d'enfilade sur les vallées adjacentes.

★ Höllochgrotte (Grotte du Hölloch) – Carte Michelin nᵒ 218 pli 1 – *15 km par la Grundstrasse et la route du Muotatal, puis 1 h de visite. Voir ce nom.*
On peut combiner cette excursion avec la montée en funiculaire à Stoos, puis, de là, au **Fronalpstock** (alt. 1 922 m), magnifique belvédère.

SCUOL/SCHULS ✳

Graubünden – 2 134 habitants

Cartes Michelin nᵒˢ 927 O 5 ou 218 pli 7 – Schéma : GRAUBÜNDEN – Alt. 1 244 m

Ce centre de cure hydrominérale et climatique, dont les installations se disséminent sur les versants du bassin le plus épanoui de la Basse-Engadine, est très apprécié pour son cadre de forêts, de sommets rocheux – les « Dolomites de la Basse-Engadine » se découpent ici sur le ciel – et pour son climat de montagne sec et abrité ; la région est en effet favorisée par un ensoleillement plus doux que celui de la haute vallée de l'Inn.

LES STATIONS

Des chemins de promenade relient les trois stations de Scuol, Tarasp et Vulpera et permettent au piéton d'éviter les routes.

✳ **Scuol/Schuls** – Sur le versant cultivé de la vallée, ce village paysan s'est transformé en un centre touristique et commerçant, animé par le trafic qui emprunte l'itinéraire international Engadine-Autriche (St-Moritz-Landeck). Cependant, en contrebas de la route de traversée, le Bas-Scuol, noyau ancien de la localité, s'ordonne toujours autour de deux places pavées qui offrent des ensembles de constructions au cachet purement engadinois.
La **« Chagronda** ⓥ **»** (Chasa Gronda) **(M)**, reconnaissable à ses deux galeries superposées, est le bâtiment le plus imposant. Il date des 16ᵉ et 18ᵉ s. et abrite actuellement un « musée de la Basse-Engadine ».

Tarasp – Dans une situation encaissée, au fond de la vallée de l'Inn, le centre balnéaire de Tarasp se réduit aux vastes installations hôtelières et thermales du « Kurhaus Tarasp ».

★★ **Vulpera** – Quatre hôtels construits sur une terrasse du versant boisé de la vallée, au milieu de superbes parterres fleuris, composent la station. Les touristes venus rechercher le délassement dans une ambiance élégante trouvent sur place toute la gamme des distractions sportives désirables.

Château de Tarasp

ENVIRONS

★ **Route d'Ardez** – *12 km à l'Ouest par une petite route sinueuse.*
La montée à **Ftan** fait apprécier le site du château de Tarasp. Dans la descente sur Ardez *(voir Engadin)*, le virage qui marque la sortie du val Tasna et le retour dans la vallée principale forme un excellent **belvédère**★★ au-dessus du bassin de Scuol, du château de Tarasp et leur cadre de montagnes.

De Tarasp au Kreuzberg – *Du Kurhaus Tarasp, 4 km, environ 1/2 h – par chemin étroit et sinueux, en forte montée, plus 1/2 h à pied AR pour monter au Kreuzberg.*
Traverser l'Inn et s'engager dans la montée de Vulpera ; aussitôt après l'hôtel Schweizerhof (**F**), tourner à droite (lacet).
Quitter la voiture à l'entrée de Tarasp-Fontana et prendre le chemin grimpant à Tarasp-Sparsels, au pied du château. À l'extrémité de Sparsels, prendre à droite le chemin débouchant dans les prés, en vue de la croix qui surmonte le tertre gazonné du Kreuzberg.

★ **Kreuzberg** – Alt. 1 474 m. De ce belvédère, on peut apprécier le **site**★★ du château et un **panorama**★ englobant toute la Basse-Engadine avec ses « Dolomites » (Piz Lischana et Piz Pisoc) et ses villages-balcons (Ftan, Sent).

Schloss Tarasp ⊙ (Château de Tarasp) – Il resta une enclave autrichienne en terre grisonne jusqu'en 1803. Après maintes vicissitudes préjudiciables à ses aménagements intérieurs, aujourd'hui disparates, la forteresse a été restaurée (1907-1916) et est habitée, saisonnièrement, par la famille de Hesse-Darmstadt.

Sent – *4 km au Nord-Est.* On accède à la station de Sent par une petite route bordée d'érables, joliment tracée à flanc de coteau, en vue des « Dolomites » et du château de Tarasp.
C'est un beau village aux maisons impeccablement entretenues par des émigrés grisons revenant en villégiature dans leur petite patrie ; remarquer en particulier des pignons baroques dits « de Sent » curieusement festonnés.

SEELISBERG★

Uri – 569 habitants
Cartes Michelin n⁰s 927 J 5 ou 218 pli 1 – au Sud-Ouest de Brunnen
Schéma : VIERWALDSTÄTTER SEE – Alt. 839 m

Étagée sur une croupe boisée plongeant dans le lac des Quatre-Cantons, en vue de la baie de Brunnen et du bassin de Schwyz, que surveillent les deux pitons des Mythen, Seelisberg se range parmi les stations estivales réputées de la Suisse centrale pour son isolement en fin de route, la majesté de son panorama, son équipement touristique.

Accès – On monte à Seelisberg :
– en voiture depuis Stans *(22 km par route décrite à Stans),*
– en funiculaire, du débarcadère de Treib ⊙ *(services en correspondance avec les bateaux du lac des Quatre-Cantons – durée de la montée : 8 mn).*

★★ **Point de vue de Seelisberg** – De la promenade-belvédère publique, panorama sur le Fronalpstock et le lac d'Uri.

SEMPACH

Luzern – 3 183 habitants
Cartes Michelin n°s 927 I 4 ou 216 pli 17 – au bord du lac de Sempach – Alt. 518 m

Bâtie près du lac auquel elle a donné son nom, Sempach fut fondée par les Habsbourg pour contrôler la route du Gothard (Bâle-Lucerne-Milan). La route moderne est aujourd'hui tracée sur la rive opposée.

La rue principale présente un cachet ancien avec sa tour des Sorcières, son hôtel de ville (Rathaus) dont la façade est égayée d'un clayonnage blanc et rouge, sa fontaine fleurie et ses maisons aux larges toits de tuiles brunes.

Un héros national – Le 9 juillet 1386 se déroule près de Sempach un combat décisif entre les Confédérés suisses et les troupes autrichiennes commandées par le duc Léopold. Pour ouvrir une brèche au milieu du carré autrichien hérissé de piques, **Arnold de Winkelried** se précipite en avant, se saisit du plus grand nombre de fers qu'il peut embrasser et, par son sacrifice héroïque, décide de la victoire des Confédérés, dans laquelle le duc Léopold lui-même trouve la mort.

Un monument commémoratif perpétue le souvenir de cette journée historique.

Schweizerische Vogelwarte ⓥ **(Station ornithologique suisse)** – Institut de recherche sur les oiseaux de la région, la survivance des espèces et les itinéraires des migrateurs. On peut voir des oiseaux dans les volières, les jardins et, d'autres, empaillés, dans le musée.

Kirchbühl – *2 km au Nord-Ouest*. Le but de la promenade est la vieille église de Kirchbühl, aux abords de laquelle on découvre une belle **vue★** sur le lac de Sempach et les Alpes (se placer dans l'ancien cimetière).

Un porche bas, couvert de tuiles, donne accès à la nef du 13e s., décorée de peintures fort endommagées : on reconnaît cependant le *Jugement dernier,* la *Passion* et la *Résurrection du Christ.* Un retable du 16e s. orne le chœur.

SIERRE

Valais – 13 917 habitants
Cartes Michelin n°s 927 G 7 ou 217 pli 16 – Schéma : Le VALAIS – Alt. 534 m

Enfoncée dans la vallée du Rhône, au pied des vignobles de la « Noble Contrée » et au débouché du val d'Anniviers, Sierre est une des cités les plus ensoleillées de Suisse. Un éboulement survenu à l'époque préhistorique explique l'étrangeté du **site★** de la ville, au paysage de « gravière creusée et remuée à coups de pelle ».

Sierre (Siders) marque la limite linguistique entre le français et l'allemand *(carte dans le chapitre : Langues et religions).* Plusieurs maisons fortes comme le château de Vidômes ou la tour de Goubin, perchée sur son rocher, rappellent le temps du Valais épiscopal et féodal. L'écrivain autrichien **Rainer Maria Rilke** séjourna avant sa mort (1926) dans l'ancien château de la Cour, aujourd'hui l'hôtel de ville.

Le festival international de la bande dessinée

Chaque année, fin mai-début juin, c'est la fête ! En effet, la cité valaisanne se transforme en une immense librairie accueillant scénaristes, dessinateurs, éditeurs et vendeurs de livres d'occasion. Ce festival très populaire s'accompagne d'expositions, de concerts et de spectacles de rue où la fantaisie et l'humour sont au rendez-vous. Pour les jeunes enfants, des jeux, des ateliers de maquillage, de dessin, des concours leur permettent de s'en donner à cœur joie.

CURIOSITÉS

Hôtel de ville – Ancien manoir, puis hôtel, des 17e et 19e s. L'**intérieur★** surprend par le caractère à la fois riche et intime que lui confèrent ses beaux plafonds peints, fresques murales, tableaux et vitraux de couleur. Il renferme dans une cave un **musée d'étains** ⓥ exposant, dans des vitrines, environ 180 pièces de collection (vaisselle, ustensiles) du 17e au 19e s.

Rue du Bourg – Petite rue pittoresque par ses vieilles maisons, dont la curieuse bâtisse à échauguettes, semblant surgie d'un dessin animé, dite « château de Vidômes », et par sa noble église catholique Ste-Catherine (17e-19e s. ; à l'intérieur : chœur baroque, chaire sculptée, joli buffet d'orgue).

Au n° 30, la maison Pancrace de Courten (18e s.) abrite, au rez-de-chaussée, la **fondation Rainer Maria Rilke** ⓥ, consacrée à l'écrivain autrichien.

Château Mercier – Ce manoir privé du 19ᵉ s. est entouré par le frais **parc de Pradec** qui domine la ville (vues sur celle-ci par échappées entre les arbres).

Château de Villa – Dans les dépendances du château, est installé le **musée valaisan de la Vigne et du Vin** ⊙. La visite commence par un film vidéo sur le pressurage du raisin à l'ancienne, et se poursuit par plusieurs salles. La première est consacrée aux pressoirs (vieux pressoirs à levier à vis centrale, de taille impressionnante). Le travail du caviste est illustré dans la suivante. Puis la visite s'achève par les différents types de contenants (bouteilles et étiquettes, pots en étain, tonneaux), qui évoquent le commerce du vin et son rôle dans la société.

ENVIRONS

Salgesch – Un **sentier viticole** de 6 km reliant Sierre à Salgesch – **Salquenen** en français – permet de découvrir une partie du vignoble. Des panneaux explicatifs jalonnent le parcours, décrivant les cépages (chasselas, pinot, sylvaner, malvoisie), la qualité du sol, les différentes tailles, le traditionnel vignolage (journée de corvée printanière, pendant laquelle le travail de la vigne se fait au son des fifres et des tambours). Dans ce petit village paisible *(en voiture 3 km)*, la **maison Zumofen** ⊙ (16ᵉ s.), reconnaissable à son double pignon en bois, constitue le complément du musée valaisan de la Vigne et du Vin installé dans le château de Villa à Sierre. Plusieurs salles sont consacrées à la viticulture : la terre, les cépages, le travail de la vigne, les outils employés, les vendanges, sous la protection de saint Théodule, patron des vignerons.

Raron – *20 km à l'Est par la route nº 9, puis à gauche par une petite route qui traverse le Rhône.* Le petit village de Raron ou Rarogne – du nom de la maison de Rarogne, puissante famille féodale valaisanne –, rassemble ses habitations au pied d'un éperon rocheux.
Au centre du village, on remarque de pittoresques maisons anciennes en pierre et en bois datant des 16e et 17e s. Un chemin en forte montée conduit au sommet de la colline. Non loin de la vieille tour, seul vestige de l'ancien château, la Burgkirche dont l'origine remonte au 16e s. domine la vallée. À l'intérieur de l'église, une fresque de facture naïve montre le Jugement dernier. Remarquer les démons représentés dans un accoutrement rappelant les mercenaires suisses.
Dans le cimetière repose le poète Rainer Maria Rilke *(voir ci-dessus)*.
Au pied de la colline, une petite église moderne a été creusée dans la roche.

SIMPLONSTRASSE★★
Route du SIMPLON
Cartes Michelin nᵒˢ 927 plis 14, 23 ou 217 plis 18, 19 et 219 pli 6
Schéma : Le VALAIS

La route du Simplon n'est pas la plus audacieuse des Alpes – les passages du Splügen ou même du St-Gothard sont des réalisations plus « héroïques » –, elle en reste cependant la plus noble et la plus majestueuse. Il est impossible de rester insensible à la beauté d'un **tracé★★★** comme celui qui se développe entre le col du Simplon (alt. 2 005 m) et Brigue, sur le versant du Rhône : ce lent cheminement à flanc de montagne, fait de calmes reploiements, excluant tout empilement de lacets serrés, reste un modèle d'adaptation à la topographie.
L'intérêt proprement pittoresque du parcours réside dans la succession des gorges et défilés encaissés de la vallée de la Diveria ou Val Divedro (versant Sud) et des balcons panoramiques du versant Nord.

Pour faire passer le canon – Dès le 17e s., le « Grand Stockalper », tirant le meilleur parti de la situation de Brigue, adapte au trafic commercial le chemin du Simplon, jusqu'alors fréquenté surtout par les contrebandiers et les mercenaires. Il y organise un service de courrier régulier et fait construire à Gondo et au col deux hospices – encore debout. Mais il s'agit encore de portage à dos de mulet et non de roulage. Le Simplon moderne est fils du génie napoléonien.
Comprenant qu'une expédition comme celle du Grand-St-Bernard est appelée à rester une prouesse isolée – un détachement envoyé en même temps en Italie par le Simplon n'avait forcé le passage qu'au prix d'acrobaties encore plus risquées – le Premier Consul décide en septembre 1800, trois mois après Marengo, que « le chemin depuis Brig jusqu'à Domo d'Ossola sera rendu praticable pour les canons ». La faible altitude du col, son enneigement relativement réduit ont motivé ce choix. Priorité absolue est donnée au projet, qui finit par l'emporter sur celui du mont Cenis. La haute direction des travaux est confiée au Champenois Nicolas Céart, ingénieur en chef des Ponts et Chaussées pour le département du Léman, qui établit les plans d'une route large de 7 à 8 m, en rampe maximum de 10 %. Celle-ci est ouverte aux voitures le 9 octobre 1805 ; mais Napoléon n'aura jamais l'occasion de la parcourir.

DE DOMODOSSOLA À BRIG

65 km – environ 3 h – itinéraire 2 de la visite du Valais.

Malgré les galeries de protection destinées à le rendre praticable toute l'année, le col du Simplon peut exceptionnellement être obstrué par la neige à la suite de tempêtes entre décembre et mai.

En Italie, le parcours proprement alpestre commence à **Crévoladossola**, où l'on quitte la chaude plaine inférieure de l'Ossola, d'un caractère méridional plutôt ingrat.

De Crévoladossola à la frontière, la vallée resserrée de la Diveria ne propose guère de tableaux divertissants : quelques campaniles, la verdure fraîche de fourrés de noisetiers, de noyers ou de frênes ne suffisent pas à l'égayer.

À quelques kilomètres de Crévoladossola, sur la gauche, les ruines du petit village de San Giovanni, rasé par un éboulement en 1958, accroissent l'austérité de la vallée.

Les contrôles douaniers italien et suisse ont lieu respectivement à Paglino et à Gondo.

★ **Gondoschlucht (Gorges de Gondo)** — Le passage le plus sauvage de ce long défilé encadré de parois granitiques est le confluent de l'Alpenbach et de la Diveria, unissant leurs chutes au pied d'un éperon que la route traverse en tunnel.

Entre Gstein (Gabi) et le col, la route, laissant au Sud-Ouest le Laggintal s'enfoncer vers les hautes régions du Weissmies (4 023 m), s'élève progressivement dans les alpages de la combe inférieure du Simplon.

En amont du village de Simplon, l'aspect mouvementé du terrain témoigne encore des effets d'une formidable avalanche déclenchée, en 1901, par l'écroulement de tout un pan du Rossbodengletscher, dont on aperçoit la cataracte de séracs. Dominant ce glacier, le Fletschhorn va devenir la silhouette montagneuse la plus captivante du décor. Les mélèzes se dispersent et l'on pénètre dans la dépression supérieure du col.

★★ **Simplonpass (Col du Simplon)** — Alt. 2 005 m. La route se maintient à mi-pente au-dessus de cette longue dépression coudée, au fond bosselé, que dominent, au Sud, le Böshorn – et surtout, au second plan, le Fletschhorn neigeux – à l'Est, les dalles verdâtres du Hübschhorn et le Chaltwassergletscher, descendu du Monte Leone.

Des trois monuments qui caractérisent le site, celui qui a le plus de cachet est l'Alter Spittel (ancien hospice, fondé par Stockalper), édifice tout en hauteur, flanqué d'une tourelle à clocheton du 17e s. L'hospice actuel (Hospiz), contemporain de la construction de la route, est également l'œuvre de Napoléon Ier ; resté inachevé, il a été repris plus tard par les religieux du Grand-St-Bernard. Enfin, un aigle en maçonnerie commémore la « garde aux frontières » pendant la dernière guerre mondiale.

Le **belvédère**★★ du col se localise au point culminant, c'est-à-dire à l'origine de la dépression, côté Valais. Près de l'hôtel Simplon-Kulm, il est possible de repérer les sommets des Alpes bernoises, visibles entre le Schinhorn et le Finsteraarhorn (point culminant des Alpes bernoises – alt. 4 274 m). Une mince portion du glacier géant d'Aletsch peut aussi être remarquée.

Sur le versant du Rhône, le tracé, entre le col et le tunnel dit « Kapfloch », prime tous les autres passages pour la hardiesse de sa construction : la route, protégée par une série de galeries et de couvertures en béton, est accrochée ici aux abrupts supérieurs d'un amphithéâtre rocheux, que sillonnent les eaux de fonte du Chaltwassergletscher, visible lui-même en contre-haut.

Aux abords du Kapfloch, on apprécie encore l'apparition, par la trouée du col, du Fletschhorn, flanqué à droite du Böshorn.

Du Kapfloch à Rothwald, un long alignement, en corniche, sous les mélèzes, fait découvrir, 1 000 m plus bas, la cité de Brigue, s'encadrant dans l'échancrure des gorges de la Saltine. À l'horizon se déploient maintenant les montagnes séparant la vallée du Rhône du Lötschental, soit, de gauche à droite, le Bietschhorn, le Breithorn, le Nesthorn et le Schinhorn.

Entre Rothwald et Schallberg, la route fait un détour dans le Gantertal : au flanc du versant Nord de ce beau vallon se multiplient les pins arolles *(voir le chapitre : La végétation alpine)* aux formes tourmentées.

Après avoir franchi le moderne et imposant pont du Ganter, en quittant le **Gantertal**, on distingue, très haut maintenant, le tracé de la route au voisinage du col.

Entre Schallberg et Brigue, la route, après avoir dominé les gorges de la Saltine (Saltinaschlucht) dont le fond est invisible, s'échappe de la forêt et se rabat enfin sur les versants bien cultivés du Brigerberg.

Les tours imposantes du château de Stockalper, les clochers des églises de Brigue se précisent, tandis que, en aval, le ruban scintillant du Rhône va se perdre dans les fumées des usines de Viège.

Brig – *Voir ce nom.*

C Valais – 27 018 habitants

Cartes Michelin nos 927 G 7 ou 217 plis 15, 16 – Schéma : Le VALAIS – Alt. 512 m

Sion occupe dans la plaine du Valais central un **site★★** que l'on apprécie dans de bonnes conditions en arrivant de Martigny ou en montant à Savièse. L'apparition des deux pitons rocailleux de Valère (côté Rhône) et de Tourbillon (côté montagne), coiffés de forteresses épiscopales, peut permettre d'évoquer Le Puy et ses « aiguilles ».

L'évêché de Sion – Fondé au 4e s., l'évêché de Sion a joué un rôle politique et religieux considérable au Moyen Âge.

La donation du comté du Valais à l'évêché de Sion, à l'aube du 11e s., par le dernier roi de Bourgogne transjurane Rodolphe III, fait de l'évêque un seigneur temporel et un véritable prince souverain, jouissant de tous les droits régaliens : droit de justice, perception de nombreuses amendes, frappe de la monnaie, présidence des diètes ou assemblées générales. Lors de l'émancipation des communes, ces privilèges disparaîtront les uns après les autres. Le choix des évêques, qui dépendait d'une part des chanoines de la cathédrale, d'autre part des députés de la Diète valaisanne jusqu'en 1848, puis des députés du Grand Conseil jusqu'en 1918, devient à cette date le privilège exclusif du Saint-Siège.

★ **VALÈRE** (Y) *visite : 2 h 1/2*

Sur la colline de Valère, qui domine la vallée de 120 m, se situe une église-forteresse, ancienne résidence du chapitre de Sion.

Laisser la voiture sur une petite place, au parc de stationnement situé entre Valère et Tourbillon, à l'extrémité de la rue des Châteaux, qui monte à travers la ville ancienne. Gagner d'abord, au pied de l'enceinte, une esplanade herbeuse d'où l'on jouit de la **perspective★** sur la vallée du Rhône, vers l'amont.

Pénétrer ensuite dans l'enceinte fortifiée ; au terme de la rampe, une terrasse *(panneau d'orientation)* permet de découvrir une belle **vue★** sur les toits de Sion et sur le Bas-Valais, en aval.

★ **Église N.-D.-de-Valère** ⊙ – Bâtie au sommet du piton, elle présente toutes les caractéristiques d'une église fortifiée, avec son enceinte, les créneaux de sa tour et de son collatéral Nord, sa passerelle de garde à l'intérieur. Commencée au début du 12e s., sa construction s'est poursuivie jusqu'au milieu du 13e s.

La nef, voûtée d'ogives, est séparée du chœur par un jubé qui rompt l'harmonie du vaisseau. Elle suit, par paliers successifs, la déclivité du sol, surélevé en deux fois jusqu'au chœur. De magnifiques **stalles★★** du 17e s., dont les panneaux figurent

Sion – Colline de Valère

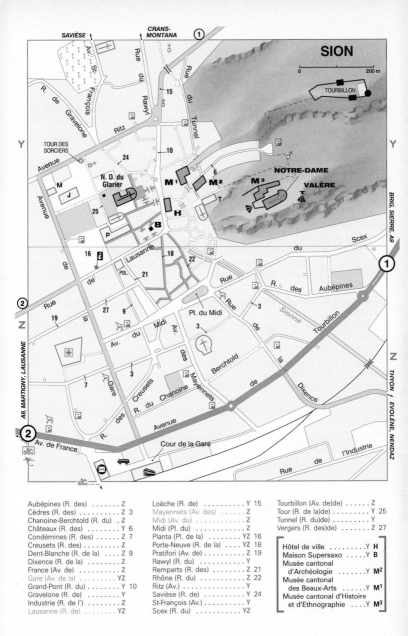

diverses scènes de la Passion, ornent le chœur qui possède encore des chapiteaux historiés d'époque romane et des fresques du 16ᵉ s. Le buffet avec le jeu original des orgues date du début du 15ᵉ s.

★ **Musée cantonal d'Histoire** ⊙ (Y M³) – Ancienne résidence des chanoines, le château (12ᵉ s.), dont les salles ont été rénovées, abrite des expositions présentées par roulement ayant trait à l'histoire du Valais. L'art sacré, l'art populaire religieux (sculptures, orfèvrerie, imagerie) alternent avec la vie quotidienne (mobilier) ou militaire (armes, armures). Dans la grande salle embellie par ses poutres en bois et sa cheminée sculptée, on remarque, face à la cheminée, plusieurs peintures murales représentant les Neuf Preux, trois héros païens (Hector, Alexandre et Jules César), trois héros judaïques (Josué, David et Judas Macchabée), trois héros chrétiens (Arthur, Charlemagne et Godefroy de Bouillon), modèles de l'idéal chevaleresque.

TOURBILLON (Y) visite : 1 h

Du parking, un sentier s'élève jusqu'aux ruines imposantes d'une ancienne forteresse dont les murailles crénelées couronnent la colline. Lors de la montée (assez pénible), la **vue★** offerte sur Valère et son église-forteresse, ainsi que sur les coteaux environnants couverts de vignes est superbe.

L'édifice et la chapelle furent construits à la fin du 13e s. par l'évêque Boniface de Challant. À l'origine ouvrage défensif, le château servit en temps de paix de résidence d'été aux évêques. Maintes fois assiégé, reconstruit au 15e s., il fut ravagé par un terrible incendie en 1788.

Après avoir franchi une première porte percée dans une ceinture de remparts, on pénètre dans l'enceinte du château dominée par son donjon. Dans la chapelle voûtée d'ogives reposant sur des colonnes aux chapiteaux sculptés, on remarque quelques fragments de peintures murales.

AUTRES CURIOSITÉS

Cathédrale N.-D.-du-Glarier (Y) – Le **clocher★** roman, des 11e et 13e s., est décoré d'arcatures lombardes et se termine par une élégante flèche octogonale.

À l'intérieur, la nef, voûtée d'ogives, a été achevée au début du 16e s. Le chœur, orné de stalles du 17e s., est décoré, derrière le maître-autel, par un **triptyque★** en bois doré (Arbre de Jessé).

Hôtel de ville ⊙ (Y H) – Édifice du 17e s. avec, dès l'entrée, une **porte★** de bois sculpté, très ouvragée. Dans le vestibule, inscriptions romaines dont une, chrétienne, de 377. La **salle du Conseil bourgeoisial★**, au 1er étage, est enrichie de travaux de boiserie splendides et d'un mobilier fastueux.

Maison Supersaxo ⊙ (Y B) – Édifiée en 1505 par Georges Supersaxo, qui voulut éblouir par son luxe son rival, le cardinal Matthäus Schiner, cette somptueuse demeure a conservé une **salle★** très haute et très vaste, au plafond en boiserie découpé en bandes rayonnantes avec, au centre, un énorme pendentif formant rosace et représentant la Nativité du Christ et, tout autour, douze niches d'où émergent les bustes des Rois mages et des prophètes.

Musée cantonal des Beaux-Arts ⊙ (Y M¹) – La Majorie et le Vidomat, anciennes résidences des officiers épiscopaux, abritent le musée des Beaux-Arts du Valais : estampes anciennes, toiles d'artistes valaisans anciens ou actuels.

Des différents étages de la Majorie (du 3e surtout), on a une très belle **vue★** d'ensemble sur l'église-forteresse de Valère et les ruines du château de Tourbillon.

Musée cantonal d'Archéologie ⊙ (Y M²) – De présentation très moderne, ce petit musée expose plusieurs stèles préhistoriques gravées, les copies des bronzes d'Octodure conservés à Martigny *(voir ce nom)*, des verreries romaines et islamiques anciennes. En sous-sol, des amphores et statuettes gallo-romaines, des céramiques grecques et étrusques, des vestiges néolithiques : armes, bijoux, fibules, poteries.

ENVIRONS

Lac souterrain de St-Léonard ⊙ – *6 km par* ① *du plan, route de Brig et à gauche. Du parking, 10 mn à pied AR. Visite en barque.*

Ce lac et la caverne qu'il occupe ont été formés par des eaux s'infiltrant à travers un banc gypseux et dissolvant peu à peu celui-ci. Ils ont été explorés à partir de 1943, puis aménagés pour la visite, la nappe d'eau étant maintenue par pompage à des dimensions moyennes d'environ 300 m de long, 20 m de large et 15 m de profondeur.

L'éclairage électrique met en valeur le relief tourmenté et les teintes contrastées (gypse blanchâtre, schiste charbonneux, marbre gris) des voûtes et parois rocheuses reflétées à la surface du lac. La seule touche de vie décelable a été introduite sous forme de quelques dizaines de grosses truites restant cantonnées à proximité de l'embarcadère, d'où elles sont nourries.

Anzère – *16 km, par la rue de Loèche* (Y **15**).

Cette moderne et avenante station de sports d'hiver et d'été, fort bien équipée, a été implantée à 1 549 m d'altitude dans un **site★** admirablement choisi : au flanc du massif du Wildhorn et dominant la vallée de la Liène, avec pour horizon les Alpes valaisannes par-delà Crans-Montana.

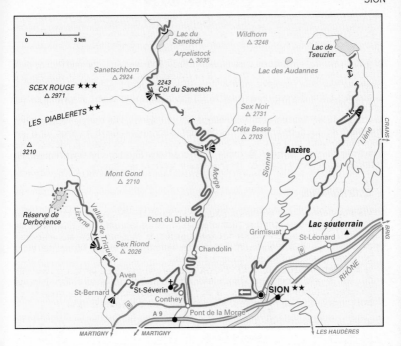

★ Route de Derborence – *24 km. Quitter Sion par ② du plan, et suivre la route n° 9 jusqu'à Pont-de-la-Morge.*
La route monte dans le vignoble et à travers les villages de Conthey, Sensine puis **St-Séverin** (belle église à clocher de pierre), où l'on prend à gauche. Après Erde, la vigne fait place aux arbustes et, dans le virage précédant les chalets d'Aven, se révèle une belle vue sur la vallée du Rhône. Après l'église de St-Bernard (dernière belle vue sur la vallée), la route oblique au Nord et longe la sauvage vallée de Triquent où coule la Lizerne. Au sortir d'un 1er tunnel, vue sur les cimes neigeuses des Diablerets barrant la combe au Nord, le paysage gagne en pittoresque : coulées de rocs coiffées de névés, pins, torrent (de la Lizerne, que la route coupe à trois reprises) entouré de blocs erratiques, cascades... pour s'épanouir enfin en un grandiose **amphithéâtre**★★ de chaos rocheux semé de pins et de mélèzes.
Prendre à gauche le chemin caillouteux aboutissant à la Réserve de Derborence, dans un **cirque**★ rocheux (causé au 18e s. par un éboulement des Diablerets) où s'abritent un limpide petit lac vert et quelques chalets.

★★ Route du Sanetsch – *33 km. Quitter Sion par ② du plan et suivre la route n° 9 jusqu'à Pont-de-la-Morge.*
Après avoir franchi la Morge, la route du vignoble, étroite, monte sur Chandolin, procurant d'agréables vues sur les pentes avoisinantes couvertes de vignes et sur la plaine rhodanienne. Au pont du Diable, une descente en corniche, coupée d'un tunnel, rejoint le torrent dans son ravin. La route remonte ensuite dans un paysage plus riant, avec des sapins et, sur le versant opposé, une jolie cascade. À hauteur de l'embranchement pour Conthey (à gauche), on aperçoit en avant le beau sommet rocheux du Crêta Besse. Une rude montée (15 % sous bois) culmine aux chalets de Plan-Cernay. 2 km plus loin, devant l'auberge de Zenfleuron, la route franchit la Morge et passe en corniche sur le versant Est, offrant, après un tunnel, une **vue**★ sur la vallée et à l'opposé sur les hauteurs (d'où dévalent trois torrents de fonte glaciaire), suivie d'une montée à flanc de pente débouchant, avant un 2e tunnel, au pied des sombres parois rocheuses du Sex Noir face à la barrière neigeuse des Diablerets. Après un dernier et long tunnel, le parcours se maintient en montée presque rectiligne jusqu'au **col du Sanetsch** (2 243 m ; belle **vue**★★ sur les Diablerets précédés du glacier de Tsanfleuron), puis descend au lac de barrage du même nom, où se termine la route, dans un impressionnant décor de haute montagne.

★ Route de Tseuzier – *23 km. Quitter Sion par la route de Crans-Montana, au Nord (Ƴ).*
3 km après Grimisuat, prendre à gauche la route d'Ayent et, à St-Romain, la route fléchée « Barrage de Tseuzier », étroite mais facile, qui s'élève parmi les sapins au-dessus de la vallée de la Liène et procure bientôt quelques belles échappées sur celle-ci et les stations étagées de Crans et Montana par-delà (ample **vue**★, notamment, aux abords du premier tunnel). Au terme de la route, on découvre le petit lac de barrage de Tseuzier dans sa cuvette rocheuse semi-boisée.

SOLOTHURN★

SOLEURE – C Solothurn – 15 208 habitants
Cartes Michelin nᵒˢ 927 G 4 ou 216 pli 15 – Schéma : Le JURA SUISSE
Alt. 436 m

Au pied du dernier rempart du Jura (Weissenstein), Soleure s'étend aujourd'hui de part et d'autre de l'Aare. Sur la rive gauche de la rivière, le noyau ancien de la ville, encore comprimé dans ses murailles du 17ᵉ s., conserve de beaux édifices Renaissance et baroques. La tour Tordue (Krummturm) (Z) est la silhouette la plus frappante de cet ensemble fortifié.

De 1530 à 1792, Soleure, restée catholique, obtint d'être choisie comme résidence des ambassadeurs du roi de France auprès de la Diète helvétique. Cette situation fut d'une grande importance pour la ville, qui multiplia avec la France les relations intellectuelles et artistiques : les styles à la mode à la cour des Bourbons y fleurirent et les fortifications élevées à partir de 1667 le furent à l'école de Vauban.

CURIOSITÉS

★**Ville ancienne** – Les portes de Bâle (Baseltor) et de Bienne (Bieltor) y donnent accès. Nombreuses sont les rues présentant un aspect plein de charme et de pittoresque avec leurs maisons aux volets peints de couleurs vives, aux enseignes de fer forgé et aux toits débordants. La Hauptgasse, la St-Urbangasse et la Schmiedengasse sont les plus caractéristiques.

La **Marktplatz**, centre de la vieille ville, est ornée d'une fontaine à personnages peints du 16ᵉ s. (St. Ursen-Brunnen) : elle est dominée par la tour de l'Horloge (Zeitglockenturm) (Y) du 12ᵉ s., dont l'horloge astronomique est surmontée de trois personnages (le roi entre la Mort et saint Urs, patron de la ville).

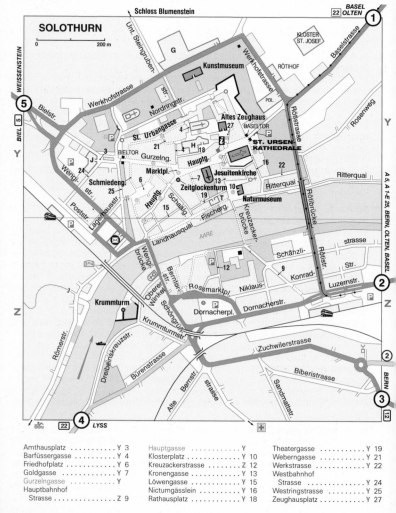

★ St. Ursenkathedrale (Cathédrale St-Urs) (Y) – Cet imposant édifice de style baroque a été construit au 18e s. par deux architectes tessinois, dans le goût italien, et a remplacé la cathédrale primitive consacrée aux saints Urs et Victor, martyrs de la légion Thébaine, qui, ayant échappé au massacre d'Agaune *(voir St-Maurice)*, furent décapités à Soleure. La vaste nef est soutenue par des colonnes à l'antique terminées par des pilastres à décoration florale. Cette décoration se retrouve tout le long de la fausse galerie qui court sous les fenêtres hautes. Une coupole surmonte la croisée du transept. La chaire sculptée de marbre rose, les peintures du chœur et de la croisée du transept constituent les éléments essentiels de décoration de cet édifice d'une belle unité.
D'agréables jardins ont été aménagés derrière le chevet de la cathédrale.

Jesuitenkirche (Église des Jésuites) (Y) – Construite à la fin du 17e s., elle présente une **nef★** de trois travées décorée de fresques et de stucs.
Une galerie court le long des deux premières travées si bien que la troisième semble former transept.
Le maître-autel, gigantesque, est orné d'une très vaste peinture figurant l'Assomption, encadrée de deux gros piliers de marbre vert. La double tribune d'orgue est d'un bel effet par l'élégance de ses proportions et la finesse de sa décoration.

Museum Altes Zeughaus ⓥ (Y) – Le **musée de l'Ancien Arsenal** renferme une très importante collection d'armes et d'uniformes, du Moyen Âge au 20e s., et, au second étage, environ 400 armures ou cuirasses. Au rez-de-chaussée, canons anciens et modernes, plus un tank léger.

Kunstmuseum Solothurn ⓥ (Musée des Beaux-Arts de Soleure) (Y) – Ce musée est consacré principalement à l'art suisse à partir de 1850.
C'est au 1er étage que sont exposées les collections les plus intéressantes. À côté des grandes toiles de Ferdinand Hodler, Félix Vallotton, Cuno Amiet, Daniel Spoerri, tous peintres contemporains, on retient deux belles œuvres de maîtres anciens : une **Vierge aux fraises★**, peinture sur bois de l'école rhénane réalisée vers 1425, remarquable par l'éclat des tons bleu, vert, grenat, rouge, or et la douceur des attitudes, et la **Madone de Soleure★**, tableau de Hans Holbein le Jeune (1522), plein de majesté, d'une grande rigueur d'exécution, et où dominent les ors, les rouges et les bleus. On peut également contempler des œuvres de Klimt, Van Gogh, Renoir, Matisse, Picasso et Braque.

Naturmuseum ⓥ (Musée d'Histoire naturelle) (Y) – Il renseigne essentiellement sur l'homme, la faune régionale, actuelle et fossile.
Le 2e étage est consacré à la géologie et à la minéralogie de la Suisse. On y voit notamment des tortues de Soleure fossilisées, des étoiles de mer et des empreintes de dinosaures.
Le sous-sol abrite des expositions temporaires.

Museum Schloss Blumenstein ⓥ – *Accès au Nord-Ouest par la Untere Steingrubenstrasse (Y), le Herrenweg à droite, puis le Blumensteinweg à gauche.*
Cette grande demeure du 18e s., entourée d'un petit parc, expose des collections variées, d'époques diverses : meubles, tapisseries, tableaux, bibelots, sculptures religieuses et objets de culte, instruments de musique, costumes, céramiques... À remarquer particulièrement, dans la véranda du rez-de-chaussée, de beaux vitraux du 16e s. et une maquette de la ville. Au 1er étage, exposition sur l'histoire de la ville et du canton de Soleure.

SPIEZ★

Bern – 11 928 habitants

Cartes Michelin nos 927 H 5 ou 217 pli 7 – Schéma : BERNER OBERLAND – Alt. 628 m

Sur la rive Sud du lac de Thoune, au pied du Niesen, cette charmante petite ville occupe un **site★** harmonieux, que l'on apprécie d'une terrasse aménagée à la sortie de l'agglomération, au bord de la route d'Interlaken.
Spiez est une agréable station d'été et un bon centre d'excursions.

CURIOSITÉS

Schloss (Château) – Sur un contrefort du Spiezberg, dominant le lac et la baie, se dresse le château médiéval que couronnent de puissantes tours. Construit aux 12e et 13e s., il a été agrandi et restauré à plusieurs reprises.
Du jardin public aménagé sur l'esplanade précédant l'entrée du château, on domine la rade qui abrite de nombreux voiliers et bateaux de plaisance, et l'on découvre, en face, de multiples chalets nichés dans la verdure.

Museum ⓥ – Les diverses salles contiennent de nombreux souvenirs des anciens propriétaires du château, les d'Erlach et les Bubenberg, et de très beaux meubles en marqueterie gothique, Renaissance ou baroque ; elles sont ornées de riches boiseries et de vitraux.

Gontscharoff/PIX

Spiez

Du sommet de la grosse tour, on découvre une très belle **vue panoramique★★** sur le site de Spiez, le lac de Thoune, le Niesen au Sud et la terrasse de Beatenberg à l'Est.

Alte Kirche (Vieille église) – Proche du château, c'est une église romane (fin du 10ᵉ s. – actuellement désaffectée) de plan basilical, à trois nefs et trois absides semi-circulaires, ornée de belles fresques.
À gauche du chœur se trouvent les tombeaux de Jeanne de Bubenberg et de Sigismond d'Erlach.

STANS

Ⓒ Nidwalden – 6 744 habitants
Cartes Michelin nᵒˢ 927 J 5 ou 217 pli 9 – Schéma : VIERWALDSTÄTTER SEE
Alt. 451 m

Stans est restée une aimable cité, d'animation purement locale, qui constitue une bonne base d'excursions – en particulier pour la montée en funiculaire, puis en téléphérique donnant accès au magnifique belvédère du Stanserhorn – ou encore une commode étape de dépannage, en période de très forte affluence dans les hôtels de la région de Lucerne.
C'est à l'occasion de la diète de Stans (1481) que, par son intervention conciliatrice, Nicolas de Flüe *(voir Vierwaldstätter See)* sauva l'édifice encore fragile de la jeune Confédération.
Le centre-ville, incendié en 1713, a été reconstruit.

CURIOSITÉS

Kirche – L'église dresse au-dessus de la place centrale son imposant **clocher★** roman à quatre étages d'arcatures (la flèche fut ajoutée au 16ᵉ s.). Intérieurement, l'ample vaisseau, de la première période baroque, laisse une forte impression monumentale. Les statues qui décorent le vaisseau sont éclatantes de blancheur. Le chœur et les bas-côtés sont dotés de retables taillés dans le marbre noir du pays.
À proximité, la chapelle de l'Ossuaire, en gothique tardif, contient des fresques du 16ᵉ s. au mur gauche de sa nef (Déposition de croix, Mise au tombeau) et un ossuaire dans sa crypte.
En contrebas de l'église, on remarque le monument (du 19ᵉ s.) très connu commémorant le sacrifice d'Arnold de Winkelried à la bataille de Sempach.

Museum für Geschichte ⊘ – Ce petit **musée d'Histoire locale** situé au centre de la ville contient notamment une charmante petite chapelle embellie d'un retable daté de 1604. Une salle évoque le « Jour d'horreur », qui ensanglanta le Nidwald le 9 septembre 1798 lors de l'attaque portée par les Français contre la résistance des montagnards *(le programme audiovisuel est uniquement en allemand)*.

ENVIRONS

★★ Stanserhorn ⓥ – Alt. 1 898 m. Une agréable montée en funiculaire *(10 mn)*, puis en téléphérique *(12 mn)* aboutit à la terrasse de la station supérieure, où sont visibles les grandes roues crantées du treuil qui hissait le funiculaire primitif, et d'où se révèle (table d'orientation) une partie du ravissant **panorama★★** que l'on découvre au sommet *(accessible en 20 mn AR)* ; le lac des Quatre-Cantons au Nord dans son écrin de montagnes, les sommets des Alpes suisses au Sud (dont le tremplin glacé du Titlis) et les sommets des Alpes bernoises (dont le massif de la Jungfrau) au Sud-Ouest.

★ Route de Seelisberg – *22 km – environ 1 h – itinéraire* **2** *du tour du lac des Quatre-Cantons.*

De Stans, gagner, en passant sous l'autoroute, le gros bourg de **Buochs**, bien situé sur la rive Sud du lac des Quatre-Cantons, et suivre le bord du lac par Niederdorf et le riant village de **Beckenried** (lieu de séjour), aux plages fréquentées. Après St-Anna, une forte montée fait découvrir, en arrière, le Pilate ; à la sortie d'un passage sous bois, à Emmetten, belle vue à gauche sur le lac. On pénètre ensuite dans un joli paysage de collines boisées ou semées de chalets. Vue à droite en contrebas sur le petit lac vert de Seeli, au pied des falaises du Niederbauen Chulm, avant l'arrivée à **Seelisberg★** *(voir ce nom).*

STEIN AM RHEIN★★

Schaffhausen – 3 008 habitants

Cartes Michelin nᵒˢ 927 K 3 ou 216 pli 8 – Alt. 413 m

Bâtie sur la rive droite du Rhin, tout près du déversoir de l'Untersee – bassin occidental du lac de Constance –, cette charmante petite ville a conservé intact son aspect médiéval et demeure l'une des localités les plus pittoresques de la Suisse.

★★ LA VILLE ANCIENNE *visite : 3/4 h*

Son caractère apparaît dès qu'on aborde le pont sur le Rhin. Sur la rive droite se présentent de belles maisons à colombage dont les soubassements baignent dans le fleuve. Mais la place de l'Hôtel-de-Ville et la rue principale constituent un ensemble hors de pair avec leurs fontaines fleuries et leurs maisons à oriels, dont les façades entièrement peintes développent le motif choisi pour enseigne : maison du Pélican, auberge du Soleil, maison du Bœuf rouge, maison de l'Aigle blanc.

Historische Sammlung ⓥ **(Musée historique)** – *Installé au 2ᵉ étage de l'hôtel de ville (Rathaus).* Armes, porcelaines de Delft, vitraux historiés des 16ᵉ et 17ᵉ s. évoquent ici le passé de la ville.

Maisons peintes

Kloster St. Georgen ⊘ **(Couvent de St-Georges)** — Cet ancien couvent de bénédictins, installé à Stein au 11e s. par l'empereur d'Allemagne Henri II, a conservé son caractère moyenâgeux, mais a été transformé en **musée★** (histoire, art populaire). Les diverses salles sont ornées de plafonds sculptés, de boiseries, de meubles en marqueterie et parfois décorées de grisailles du 16e s. On visite les cellules des religieux, au beau pavement carrelé, la salle du bailli, le cloître, la salle du chapitre. L'église romane, basilique à plafond plat, sans transept, du 12e s., a été restaurée.

ENVIRONS

★**Burg Hohenklingen** — *2,5 km au Nord.*

Accès par un chemin en forte montée, au milieu des vignes ou en sous-bois. Du sommet de la tour, on découvre un **panorama★** semi-circulaire sur Stein et son site, le Rhin, les collines environnantes et, au-delà, sur la chaîne des Alpes d'où émerge le Säntis.

SURSEE

Luzern – 8 006 habitants
Cartes Michelin nos 927 I 4 ou 216 pli 17
Alt. 504 m

Bâtie près du lac de Sempach, la petite ville ancienne de Sursee a gardé une partie de son cachet médiéval, en dépit des incendies qui la ravagèrent entre le 14e et le 17e s. En 1415, la ville passa aux mains des Lucernois lors d'une expédition en Argovie.

CURIOSITÉS

★**Rathaus (Hôtel de ville)** — Ce très bel édifice de la dernière période gothique, construit au milieu du 16e s., est flanqué de deux tours : l'une se termine par un curieux clocheton ; l'autre, hexagonale, est coiffée d'un bulbe.
La façade, au pignon en escalier, est percée de nombreuses fenêtres à meneaux.

Haus Beck — Bâtie en 1631, cette maison présente une façade à trois étages, de style Renaissance ; les encadrements de ses fenêtres à meneaux sont richement décorés.

Baseltor ou **Untertor (Porte de Bâle)** — Cette porte de ville, vestige des anciens remparts, est flanquée d'une maison à colombage, dont la façade blanche est striée de poutres rouges.

Wallfahrtskirche Mariazell (Chapelle de Mariazell) — *À la sortie de la ville, près de la route de Beromünster.*
Construite au 17e s., cette chapelle de pèlerinage est ornée d'un plafond décoré de peintures naïves représentant l'arche de Noé, la tour de Babel et d'autres scènes de l'Ancien Testament.
Du terre-plein près du portail, on découvre une belle **vue★** sur le lac, les Alpes et le Jura.

ENVIRONS

Beromünster — *7,5 km au Nord-Est.*
Ce petit bourg, près duquel se dressent les installations de l'émetteur national suisse de langue alémanique, tire son nom du couvent (Münster) fondé en 980 par le comte Bero de Lenzbourg et transformé au 13e s. en prieuré de chanoines séculiers.

Stiftskirche ⊘ (Église collégiale) — Construite aux 11e et 12e s., elle fut profondément remaniée à la mode baroque. Le porche est décoré de nombreux écussons figurant les armoiries des anciens chanoines. Le chœur, surélevé, est clos par une très belle grille de fer forgé et orné de **stalles★** remarquables, exécutées en 1609, dont les panneaux sculptés représentent divers épisodes de la vie du Christ. Le trésor conserve le reliquaire de Warnebert (7e s.).

Schloss-Museum ⊘ (Musée du château) — Situé dans la tour médiévale du château, il présente, dans 8 salles, une sélection de meubles, tableaux, vêtements folkloriques, outils et objets anciens de Beromünster et ses environs, et offre en outre la reconstitution de l'imprimerie Helyas Helye, où a été imprimé, en 1470, le premier livre de Suisse.

SUSTENSTRASSE★★★
Route du SUSTEN
Cartes Michelin n°s 927 J 5 ou 217 plis 8, 9, 10 – Schéma : BERNER OBERLAND

Construite de 1938 à 1945, la route du Susten (Wassen-Innertkirchen), la première des grandes chaussées alpestres de Suisse qui ait été étudiée pour la circulation automobile, est un chef-d'œuvre de génie civil, qu'il faut apprécier par beau temps.

D'ANDERMATT À MEIRINGEN
62 km – environ 3 h 1/2 – itinéraire 1 *de la visite de l'Oberland bernois.*

✳ **Andermatt** – *Voir Alpi Ticinesi.*

Le parcours Andermatt-Wassen fait emprunter la route du St-Gothard, tracée au fond de la vallée de la Reuss.

★★ **Les Schöllenen** – *Voir ce nom.*

Göschenen – *Voir Schöllenenstrasse.*

Wassen – *Voir Schöllenenstrasse.*

Jusqu'à Meiendörfli, le tracé de la route du Susten (du français « souste » : entrepôt de marchandises), taillée dans le rocher, s'enchevêtre d'abord curieusement avec celui de la voie ferrée pour franchir le ressaut séparant la vallée principale de la Reuss de la vallée « suspendue » de la Meienreuss (Meiental). Remarquer, dans l'axe de la vallée de la Reuss, en aval, la pyramide bien détachée du Bristen. Le trajet de Meiendörfli au col, en rampe continue, se déroule en corniche de plus en plus élevée au-dessus du Meiental qui paraît longtemps fermé, en amont, par les crêtes dentelées des Fünffingerstöcke (Cinq Doigts). Aux approches des lacets supérieurs et du tunnel de faîte, le cirque terminal de la vallée apparaît à son tour, avec les faces rocheuses triangulaires de la Sustenspitz et du Klein Sustenhorn, qui dominent le col, au Sud.

Un panneau d'orientation, placé à 700 m de l'entrée Est du tunnel de faîte, permet de repérer les principaux sommets rocheux du groupe des Spannörter et le Bristen.

★★ **Sustenpass (Col du Susten)** – *Grand parking à l'entrée Ouest du tunnel (versant bernois).* La route atteint son point culminant (2 224 m) dans le tunnel de faîte, long de 325 m, percé sous le col géographique (alt. 2 259 m).

La montée se fait facilement à pied, conduisant aux plus beaux **sites**★★★ qui s'offrent désormais, sur ce versant bernois.

Les 4 km qui séparent l'entrée Ouest du tunnel de faîte du « Himmelrank » sont un émerveillement continuel et doivent être parcourus à l'allure la plus réduite possible. Au premier plan, l'énorme coulée du **Steingletscher** vient mourir sous une masse de dépôts morainiques rougeâtres ; la tranche du glacier réapparaît cependant sur les rives d'un petit lac, où flottent souvent quelques icebergs miniatures. Pour repérer les sommets du groupe des Sustenhörner aux étincelants névés, faire halte au panneau d'orientation du TCS, installé 3 km en contrebas du col à l'entrée d'un tunnel.

★★ **Himmelrank** – Les constructeurs de la route ont baptisé « virage du Paradis » ce lacet aménagé sur un versant rocailleux appelé autrefois l'« Enfer d'en-haut » par la population du Gadmental, plus soucieuse de l'aspect scabreux du passage que du **point de vue**★★ sur la combe verdoyante de Gadmen, en aval, et sur les sommets glacés des Sustenhörner (Sustenhorn, Gwächtenhorn), en amont. C'est dans le secteur compris entre l'hôtel Steingletscher et Gadmen que les ingénieurs ont fait preuve de la plus grande hardiesse : les lacets et les ponts construits au flanc de la paroi escarpée de Gschletter sont particulièrement audacieux.

★ **Lacet de Gschletter** – Ce lacet aménagé en terrain très escarpé forme **belvédère**★ au-dessus du Bas-Gadmental et des escarpements ruiniformes grandioses de la Gadmerflue et des Wendenstöcke.

Très haut, les formidables murailles crénelées de la Gadmerflue et des Wendenstöcke, détachées du Titlis, se profilent dans le ciel. Aux abords de Gadmen, le fond de la vallée commence à présenter des aspects alpestres plus riants, avec ses prairies piquetées d'érables. De Gadmen à Innertkirchen, on descend encore de deux gradins : le palier de Nessental se singularise par la multiplication des noyers et des arbres fruitiers, mais la vallée reste toujours étroite et peu peuplée. Au passage de l'ultime ressaut qui précède l'arrivée dans le bassin d'Innertkirchen, la vue se développe en direction des sommets très enneigés qui encadrent l'Urbachtal, à gauche des crêtes sombres et capricieusement découpées des Engelhörner.

★ **Engstlenalp** – *Détour de 13 km qui se justifie surtout pour les amateurs de randonnées.*

Quelques kilomètres en contrebas de Nessental, au niveau d'un pont, bifurquer à droite pour prendre une petite route à péage (au km 4), qui monte dans la forêt. Traversée de beaux alpages, où paissent des vaches. On découvre peu à peu, derrière soi, des **perspectives**★★ remarquables sur l'Oberland bernois (Finsteraarhorn, Wetterhorn).

Au parking terminal, plusieurs randonnées de premier ordre sont à recommander. Gagner en 10 mn le très beau lac **Engstlensee★★**, puis accéder au **col de Joch★★** (par télésiège), au **Trübsee★★** (deuxième télésiège à la descente) et éventuellement au **Titlis★★★** *(voir Engelberg ; prévoir alors une grande journée)*. Ou bien, opter pour les lacs **Tannensee★**, **Melchsee★** et **Blausee★** *(2 h de marche facile à l'aller, 1 h 45 au retour)*.

Entre Innertkirchen et Meiringen, on suit la route du Grimsel *(voir ce nom)*.

★★ Aareschlucht (Gorges de l'Aare) – *De la route de Meiringen, 1 km. Voir Meiringen.*

★ Meiringen – *Voir ce nom.*

THUN★★

THOUNE – Bern – 39 854 habitants
Cartes Michelin nos 927 G 5 ou 217 plis 6, 7 – Schéma : BERNER OBERLAND
Alt. 560 m – Plan d'agglomération dans le Guide Rouge Michelin Suisse

Thoune, l'une des villes les plus originales de la Suisse, occupe un **site★★** admirable, en vue des neiges des Alpes bernoises. Établie à l'origine sur un îlot de l'Aare, à l'endroit où la rivière sort du lac de Thoune, la cité s'est développée peu à peu sur les rives voisines, au pied du Schlossberg, tout en passant des mains des Zähringen *(voir Bern)* à celles des Kybourg. Cette seconde dynastie s'étant éteinte à son tour, Thoune passa sous le contrôle des « Messieurs de Berne ».
Tandis que les quartiers anciens sont groupés sur la rive droite de l'Aare, la ville moderne, avec ses usines métallurgiques, s'est étendue sur la rive gauche.

LA VILLE ANCIENNE

★ Obere Hauptgasse – Centre d'une grande animation, cette rue présente une amusante particularité : les terrasses fleuries des maisons servent de trottoir, de sorte que l'on marche sur les toits des boutiques installées dans les arcades du rez-de-chaussée. De sa partie haute aux larges toits débordants part un curieux escalier couvert (Kirchtreppe) qui conduit à l'église et au château de Kybourg.

★ Rathausplatz – Entourée de maisons à arcades et ornée d'une fontaine fleurie, cette place constitue avec le château qui la domine un ensemble pittoresque.
Deux ponts de bois couverts (Obere Schleuse et Untere Schleuse) forment une retenue sur l'Aare.

★ Schloss (Château) – *Accès par l'escalier couvert (Kirchtreppe) mentionné ci-dessus.*
Il dresse, à l'extrémité Nord du Schlossberg, son puissant donjon roman flanqué de quatre tourelles d'angle, qui abrite aujourd'hui le musée du Château.

★ Schlossmuseum ⊙ (Musée du Château) – Au centre du dispositif, la magnifique salle des Chevaliers renferme de très belles tapisseries – dont l'une provenant de la tente de Charles le Téméraire et tombée aux mains des Confédérés après la bataille de Grandson en 1476 –, des étendards, des cuirasses, des bahuts et des coffres sculptés.
Au-dessous, trois étages abritent des céramiques (belle collection de vieux « Heimberg »), des restes archéologiques et des pièces folkloriques, ainsi que des instruments, du mobilier et de l'art populaire rappelant le Thoune du 18e s.
Au-dessus est évoquée l'armée suisse (armes à feu, uniformes).

CARNET D'ADRESSES

Office de tourisme – *Thun Tourismus-Organisation, Bahnhofstrasse 2,* ☎ *(033) 222 23 40 – fax (033) 222 83 23.*

Se loger et se restaurer à Thun

Krone – *Rathausplatz 2 – ☎ (033) 227 88 88 – fax (033) 227 88 90 – 27 chambres – 155/270 F – ⊖⊟.*
Très bien situé dans le centre de la vieille ville, cet hôtel a été complètement rénové. Les chambres refaites respirent la fraîcheur.

Arts Schloss Schadau – *Seestrasse 45 – ☎ (033) 222 25 00 – fermé le lundi, en février, le mardi de novembre à avril.*
Le cadre est magnifique : un château du 19e s. dans un parc en bordure du lac. Restaurant et bistroy selon ses goûts et ses moyens.

Thun – Rathausplatz

Du dernier étage de la tour, il est possible d'accéder aux quatre tourelles d'angle. De là, on découvre un **panorama**★★ sur la ville, l'Aare, le lac de Thoune et, au-delà, sur les Alpes bernoises, du Stockhorn à l'Ouest au Niesen au Sud, en passant par le groupe de la Jungfrau, l'Eiger et le Mönch.

Stadtkirche (Église) – À l'extrémité opposée du Schlossberg se dresse l'église paroissiale, dont la grosse tour octogonale, au clocher couvert de petites tuiles rondes, domine un porche décoré de fresques.
De la terrasse de l'église, on a une très belle **vue**★★ sur la ville, le lac et les Alpes.

LES BORDS DU LAC

★★ **Jakobshübeli** – De cette colline aménagée en belvédère (table d'orientation), on découvre un **panorama**★★ semi-circulaire en direction du Stockhorn et de la Jungfrau.

Parc de Schadau – De ce parc agréable, situé au bord du lac et entourant un château, la **vue**★★ (table d'orientation) embrasse les sommets des Alpes bernoises, en particulier le Finsteraarhorn (alt. 4 274 m), point culminant de ce massif.

Panorama Wocher ⊙ – Installé dans le parc du château, ce tableau circulaire représente la ville de Thoune vers 1810.

ENVIRONS

Einigen – *11 km au Sud par la Frutigenstrasse.*
À mi-chemin entre Thoune et Spiez, le charmant village d'Einigen est situé sur la rive Sud du lac de Thoune, face à un joli paysage de montagnes. L'église, petit édifice roman au crépi éclatant, est surmontée d'un clocheton effilé, couvert de tavaillons. Elle forme, avec le minuscule cimetière qui l'entoure et descend en gradins jusqu'au lac, un **ensemble**★ pittoresque.
L'intérieur de l'église est décoré de vitraux des 15e et 16e s.

THUNER SEE★★

Lac de THOUNE

Cartes Michelin nᵒˢ 927 G 5 ou 217 pli 7 – Schéma : BERNER OBERLAND

Long de plus de 18 km, large de près de 4 km, et d'une profondeur atteignant 217 m, le lac de Thoune (ou Thuner See) est l'une des plus belles grandes nappes d'eau de Suisse et l'une des plus appréciées des touristes. Des services fréquents de vedettes relient les localités de ses rives. Mais son cadre admirable de montagnes vertes et de pics neigeux (parmi lesquels la Jungfrau) demeure son principal attrait.

DE THOUNE À INTERLAKEN

23 km – environ 1 h – itinéraire 5 *de la visite de l'Oberland bernois.*

★★ **Thun** – *Visite : 1 h 1/2. Voir ce nom.*

De Thoune à Oberhofen, la route, laissant en arrière la coquette banlieue résidentielle de Thoune, ne perd pas de vue les cimes des Alpes bernoises (Eiger-Mönch-Jungfrau et, plus à droite, la Blümlisalp). Au premier plan, sur la rive opposée, la pyramide du Niesen et la corne rocheuse du Stockhorn, sont particulièrement en valeur.

Schloss Hünegg ⊙ – Invisible de la route, dans son parc boisé s'étageant face au lac de Thoune, cette grande demeure de 1863 est surtout intéressante par ses appartements 1900 constitués en musée d'« Art nouveau » allemand (Jugendstil), style néo-rococo parent du « Modern style » français. S'y ajoute, au 2ᵉ étage, une exposition d'œuvres du peintre bernois Martin Lauterburg, mort en 1960.

Oberhofen – Un **château** ⊙ s'avançant dans les eaux du lac et constituant un **tableau**★ enchanteur *(illuminé la nuit)*, face aux cimes des Alpes bernoises, fait aussi d'Oberhofen un centre d'intérêt artistique. Tour d'habitation à l'origine (12ᵉ s.), le château a été agrandi et restauré aux 17ᵉ, 18ᵉ et 19ᵉ s. Il constitue maintenant une dépendance du musée d'Histoire de Berne, spécialement affectée aux présentations de mobilier de style (Louis XIV, Louis XV, Empire) et aux collections d'art populaire intéressant la vie dans l'Oberland bernois. Le parc paysager aménagé au bord du lac n'est pas l'un des moindres agréments de la visite. Avant de quitter Oberhofen, une petite visite au **musée d'Horlogerie et d'Instruments de musique mécaniques** (Museum für Uhren und mechanische Musikinstrumente ⊙) s'impose. Il se tient dans une bâtisse du 16ᵉ s. située dans un grand parc au bord du lac. Vous y découvrirez une collection étonnante de montres et d'instruments de musique qui s'étale sur sept siècles de savoir-faire. Un régal pour les yeux et... les oreilles.

Entre Oberhofen et Merligen, se déroule un superbe **parcours**★★ le long du quai, sur la rive la plus ensoleillée et la plus fleurie du lac, face à Spiez et au débouché de la vallée de la Kander. Le massif de la Blümlisalp, bien visible par cette trouée, se rapproche.

À Merligen, l'itinéraire change de physionomie : la chaussée est taillée en corniche dans les abrupts du promontoire du Nase (Nez), au-dessus du bassin oriental du lac, dont les rives solitaires et escarpées contrastent avec la petite Riviera précédente.

Au cours de la descente, qui commence 1 km après Beatenbucht (point de départ du funiculaire de Beatenberg), s'offre une large vue sur la plaine du Bödeli, enserrée par les chaînons boisés du Harder (à gauche) et du Rugen (à droite), et dominée à l'arrière-plan par les chicots rocheux de la Schynige Platte : c'est le site d'Interlaken.

Avant Unterseen, on passe au pied des grottes de St-Béat (St. Beatus Höhlen), cachées dans une impressionnante falaise d'où s'échappe une cascade.

★ **St. Beatus Höhlen** ⊙ **(Grottes de St-Béat)** – *Compter 1 h 15 dont 1 h de visite guidée. Prévoir des vêtements chauds : température maintenue entre 8 et 12°.*

Ces grottes, les plus longues de Suisse (14 km de galeries connus dont 900 m ouvertes au public), ne sont pas très spectaculaires mais constituent une agréable promenade, à privilégier par temps de pluie. L'accès se fait par un chemin en montée soutenue (10 mn) le long d'une jolie **cascade**★. On découvre tout d'abord des cavernes évoquant la vie des hommes avant notre ère. On pénètre ensuite dans les grottes, dont les éléments les plus remarquables sont la grotte du Dôme (d'une hauteur de 11 m), la grotte du Miroir (remarquer les reflets des stalagtites dans la nappe d'eau), le chaudron des Sorcières et la grotte du Serpent.

Visiter ensuite le petit **musée** (Höhlenmuseum), qui aborde la géologie, la spéléologie et présente plusieurs panneaux pédagogiques sur les grottes de Suisse.

★★★ **Interlaken** – *Visite : 1 h. Voir ce nom.*

Val de TRAVERS

Cartes Michelin nos 927 D 5 ou 217 pli 3 et 216 pli 12 – Schéma : Le JURA SUISSE

Cette vallée épanouie où coule l'Areuse et qui étale ses cultures autour de riantes agglomérations, entre des versants couverts de sapinières, est une des grandes voies de passage reliant la France à la Suisse (la route de Pontarlier à Neuchâtel l'emprunte). Elle permet surtout au touriste d'y adjoindre, à son extrémité Est, deux belles promenades pédestres : celle des gorges de l'Areuse et celle de la réserve du Creux du Van.

DE FLEURIER À NOIRAIGUE *28 km – environ 3 h*

Môtiers – Ce village avenant conserve quelques maisons des 17e et 18e s. et une église, ancienne abbatiale gothique, refaite en 1679. Un ensemble de deux petits **musées** ⊙ contigus peut y justifier une halte : musée J.-J.-Rousseau (évocation de l'écrivain : documents, bustes, portraits) dans la partie préservée de la maison que Rousseau habita de 1762 à 1765 ; Musée régional (ethnographie et histoire, artisanat : ateliers reconstitués de « pendulier », dentellier, tapissier ; fromagerie, distillerie...) dans une demeure du 18e s. à linteau sculpté et façade ornée de gros mascarons de pierre, appelée maison des Mascarons.

Mines d'asphalte de Travers ⊙ – Le premier gisement fut découvert en 1711 par Eirini d'Eyrinys, un médecin grec qui publia plus tard un ouvrage intitulé *Dissertation sur l'asphalte ou ciment naturel*. Le précieux minerai, mélange étanche de calcaire et de bitume, fut exporté aux quatre coins du monde de 1830 à 1986, terme de son exploitation. Plus de 2 millions de tonnes de roches ont pu être extraites pendant cette période à travers quelque 100 km de galeries creusées par l'homme. La visite commence par le musée des Mines (coupe géologique, schéma sur l'extraction et l'exploitation de l'asphalte, photos sur le travail dans la mine, vieilles machines utilisées, pains d'asphalte, etc.), et se poursuit à pied dans plusieurs galeries (casque et lampe électrique fournis). Toutes les opérations sont alors commentées au cours de différentes haltes (abattage par tirs d'explosifs, ventilation, soutènement, chargement, acheminement) qui permettent de faire revivre une page de l'histoire industrielle et humaine du val de Travers.

La Brévine – Cette petite région de plateau a reçu le surnom de « Sibérie suisse » en raison des températures extrêmes *(pouvant atteindre – 40o)*, les plus basses de Suisse, qui règnent en hiver. La route qui y monte procure de belles vues sur le val de Travers. Le plateau, cerné de sapins vert sombre, quadrillé de murets délimitant cultures et pâturages (bovins, chevaux), parsemé de chalets, a pour centre le village de **La Brévine** (alt. 1 043 m), à l'orée d'une immense combe d'alpages.

★★Creux du Van – *Depuis la ferme Robert, compter en plus 2 h 1/2 AR de marche pour la montée au Soliat par un sentier aboutissant au Dos d'Âne, sur la crête même de la falaise, à 1 km à l'Est du Soliat.*
Une réserve naturelle (flore et faune protégées ; chamois, bouquetins) de 11 km^2 englobe cette typique « reculée » jurassienne que couronne un superbe cirque de falaises, ouvert en U vers les gorges de l'Areuse, au-dessus d'éboulis couverts de sapins. De son point culminant, le Soliat (alt. 1 463 m), très belle **vue★★** au Sud sur le lac de Neuchâtel en contrebas et les cimes des Alpes au-delà. Des sentiers longeant le sommet des falaises, puis vues également sur l'intérieur verdoyant et mamelonné de la réserve, ainsi que sur les hauteurs du Jura, au Nord.

★Gorges de l'Areuse – *Visite : 1 h 1/2. Voir ce nom.*

Vallée du TRIENT★

Valais

Cartes Michelin nos 927 F 7 ou 74 pli 9 – Schéma : Le VALAIS – Alt. 476 m

Depuis Martigny, après le pont couvert ou le nouveau pont sur la Dranse, s'élève une route tortueuse vers Salvan (8 km). Parfois taillée dans le rocher, au-dessus du bassin du Rhône, elle aborde cette belle vallée, encore sauvage : un endroit rêvé pour les randonnées en montagne. En hiver, les amateurs de ski de fond et de ski alpin y trouvent des pistes variées pour tous niveaux.
On peut aussi rejoindre la vallée par le Mont-Blanc Express, petit train qui grimpe depuis Martigny jusqu'au Châtelard. Il continue son chemin, du côté français, jusqu'à Chamonix.

★★Gorges du Trient – *À Vernayaz.* Ce torrent naît dans le glacier du Trient et dévale dans une fissure rocheuse, haute de 200 m, au fond de laquelle chemine un **sentier aménagé**. Un nouveau pont franchit les gorges depuis 1994.
À côté, l'ancien **pont du Gueuroz★★** est désormais classé. Bâti en 1934, il était de conception hardie pour l'époque, tout en béton armé, sur une grêle ossature. La traversée de l'ouvrage à pied réserve une vue impressionnante sur la gorge où coule le torrent, plus évasée et boisée en amont.
La route vers Salvan, très sinueuse, offre quelques échappées sur cet ensemble.

Salvan – Cette jolie station d'altitude s'ordonne, comme une petite ville, autour d'une placette centrale.

Vallon de Van – La petite route, tracée en balcon à plus de 800 m au-dessus de la vallée du Rhône, dessine un impressionnant parcours jusqu'à Van d'en Haut, dans un site particulièrement sauvage. Le retour sur Salvan offre quelques vues saisissantes sur la vallée et sur Martigny.

Revenir à Salvan, et remonter la vallée du Trient jusqu'aux Marécottes.

Les Marécottes – Pittoresque village d'altitude aux chalets en bois. Par télécabine, on peut monter jusqu'à **La Creusaz** (alt. 1 777 m) pour bénéficier d'un panorama sur le Mont Blanc et les Alpes valaisannes.

À proximité du village, à droite en redescendant, le **zoo des Marécottes** ⊘ regroupe plusieurs enclos dans un environnement naturel. On y découvre différents spécimens de la faune alpine, chamois, castors, chevreuils, mouflons, bouquetins, chèvres du Valais…, et d'autres espèces comme les ours du Canada et les lamas.

À côté du zoo, une **piscine alpestre** (70 m de long) est taillée dans le rocher. Son eau est en partie chauffée par des tapis solaires.

★**Glacier du Trient** – *Accès : depuis le col de la Forclaz. Se garer sur le parking. Emprunter le sentier balisé qui part du col (alt. 1 526 m) et suivre l'indication : « Glacier du Trient et Fenêtre d'Arpette ».*

En 1 h de marche facile, sous les mélèzes, on rejoint la **buvette** d'où l'on observe ce glacier, long de 5 km et large de 500 à 900 m. On peut continuer vers la langue terminale du glacier : le chemin, moins aisé, suit la rive droite du torrent (1 h de marche).

Au-delà, débute une **randonnée glaciaire** sur les pentes douces du Trient, puis sur les lames plus raides dominant le torrent. Attention, l'expérience du terrain glaciaire est indispensable. Les débutants s'adresseront à un guide de montagne. Crampons et piolet nécessaires.

Le Châtelard – *Après le village du Trient, par la N 506 dans la vallée voisine menant vers Vallorcine et Chamonix.*

Ce village est situé à la frontière avec la France. Un funiculaire mène au barrage d'Emosson *(voir ce nom)* avec une vue splendide sur le massif du Mont-Blanc.

TROGEN

Appenzell (Ausserrhoden) – 1 968 habitants
Cartes Michelin n⁰ˢ 927 M 3 ou 216 Nord-Est du pli 21 – 10 km au Sud-Est de St-Gall
Schéma : APPENZELLERLAND – Alt. 903 m

Bâtie sur une colline du pittoresque pays d'Appenzell, en vue du lac de Constance, Trogen possède de nombreuses maisons bourgeoises dont certaines sont de véritables palais, construits autrefois par de riches commerçants comme la famille Zellweger (17ᵉ-19ᵉ s.).

Landsgemeindeplatz – Cette place voit, toutes les années paires, se dérouler la traditionnelle réunion *(voir Introduction : La démocratie en action)* des citoyens du demi-canton d'Appenzell-Rhodes-Extérieures, tandis que cette cérémonie a lieu à Hundwil les années impaires. Parmi les belles maisons qui l'entourent, on remarque l'auberge « Zur Krone », au toit en avancée aux deux auvents superposés. La façade, percée d'une multitude de fenêtres, est ornée de motifs répétés où dominent les tons gris-bleu, vert et marron.

Rathaus (Hôtel de ville) – D'un aspect sévère, c'est l'ancien hôtel Zellweger.

Village d'enfants Pestalozzi – *1 km au Sud par la route de Bühler.*
Ses maisons d'enfants sont affectées à des orphelins de guerre de différentes nations. Le Zurichois Pestalozzi (1746-1827) est honoré dans toute la Suisse pour son rôle d'éducateur et ses méthodes d'enseignement laissant une large part de responsabilité aux enfants.

UTZENSTORF

Bern – 3 626 habitants
Cartes Michelin nᵒˢ 927 G 4 ou 216 pli 15 – Schéma : EMMENTAL

Beau village ombragé et fleuri. Sa petite église garde encore, dans l'abside, huit vitraux du 16ᵉ s. aux thèmes symboliques.

★ Schloss Landshut ⊙ – À la sortie Nord d'Utzenstorf, dans un ravissant parc à l'anglaise magnifiquement ombragé et entouré d'eau (cygnes, canards, truites), s'élève ce riche manoir blanc des 17ᵉ et 18ᵉ s. à tourelles pointues, résidence des baillis de Berne jusqu'en 1798.
À l'intérieur des deux corps de logis accolés, les salles ont gardé leur lourd mobilier sculpté d'époque et leurs poêles de faïence monumentaux. Certaines abritent le **musée suisse de la Chasse**, avec dioramas d'animaux naturalisés, trophées, procédés d'identification du gibier, leurres figuratifs ou silhouettes (2ᵉ étage), et surtout (au 2ᵉ étage, salle René La Roche) une remarquable collection d'armes de chasse seigneuriales (couteaux, piques, arbalètes, pistolets, fusils, et leurs accessoires) du 16ᵉ au 20ᵉ s. Dans les combles, musée d'Histoire de l'Agriculture suisse (outils, ustensiles, machines).

Le VALAIS★★

Cartes Michelin nᵒˢ 927 plis 12 à 14 et 21 à 23 ou 217 plis 14 à 19 et 219 plis 1 à 5

Dans la mosaïque des cantons helvétiques, le Valais représente une « marche » correspondant à l'un des compartiments les plus fermés des Alpes : la vallée du Rhône supérieur, de la Furka au Léman. Ce large sillon, presque complètement isolé des foyers économiques de Suisse alémanique, est animé en contrepartie, depuis deux millénaires, par un intense trafic international (passages du Grand-St-Bernard et du Simplon). Il doit sa très forte individualité régionale à la luminosité toute méditerranéenne de son ciel, aux convictions foncièrement catholiques de sa population et à son impressionnant développement industriel, qui n'exclut pas la survivance, dans les hautes vallées, des genres de vie les plus archaïques. Il ne faut pas venir chercher ici des décors de pastorale, mais bien plutôt des évocations héroïques, comme à St-Maurice et Sion ou, à l'entrée des **vallées latérales★★★**, parsemées de chalets, de « **raccards** » ou de « **mazots** » (petites constructions dressées sur pilotis et servant de grenier ou de resserre), les inoubliables tableaux de haute montagne qu'offre le Valais, pays du Cervin et du mont Rose.
Dans ces régions où la nature peut paraître hostile, il est fréquent de rencontrer des **croix de la Passion** (croix en bois portant les instruments de la Passion), érigées jadis pour protéger habitants et voyageurs des dangers de la terrifiante montagne.

Raccard (ou mazot).
Les disques de pierre interdisent
l'approche des rongeurs.

LE RHÔNE VALAISAN

De glacier en vignoble – Issu de la fameuse cataracte terminale du glacier du Rhône, le grand fleuve naît à 2 200 m d'altitude, traverse le bassin du Gletschboden, puis pénètre dans la vallée de Conches (Goms). Son débit doublé à Brigue par les eaux de la Massaki, descendue du glacier d'Aletsch, le Rhône cesse de jouer au torrent de montagne et file au fond de la plaine alluviale encadrée de rudes versants rocailleux, qu'enfument les usines de Viège et de Gampel.
Le double obstacle que constituent le cône de déjection de l'Illgraben, recouvert par la forêt de Finges (Rynwald), et l'éboulement de Sierre se traduit par une importante brisure du profil longitudinal de la vallée. C'est là que s'est fixée la limite traditionnelle entre le Haut-Valais de langue allemande et le Valais « romand » *(voir en introduction la carte au chapitre Langues et religions).*

Les combats de reines

Ces manifestations, héritières d'une longue tradition, connaissent un grand succès dans le canton du Valais, au printemps et en automne. Elles rassemblent plus d'une centaine de vaches de la race d'Hérens, réparties en plusieurs catégories selon leur âge et leur poids. Ces animaux trapus, au corps large et musclé, à la forte encornure, vifs et belliqueux, bons producteurs de lait et de viande, s'affrontent lors de la mise à l'herbe, de la montée à l'alpage ou lors de la réunion de deux troupeaux. À l'issue de plusieurs combats par catégorie, dans lesquels la perdante s'enfuit, refusant l'affrontement, la vache qui a vaincu les autres est élue « reine » par le jury. Des prix sont accordés aux six premières. Les reines vont ensuite se rencontrer pour l'élection de la « reine des reines » qui recevra le titre de « reine cantonale .»

Un premier essai de Provence – Abrité des vents océaniques par des barrières montagneuses géantes, le Valais central, compris entre Sierre et Martigny, constitue la région la plus sèche de Suisse. Sierre connaît des étés brûlants et ne reçoit pas plus d'eau, en moyenne, que Marseille. Favorisé par ces conditions climatiques méditerranéennes, le vignoble local maintient son emprise sur les coteaux rugueux, tout grillés de soleil, du versant exposé au midi, face aux pentes forestières et pastorales des **mayens** (pâturages où les troupeaux font étape au mois de mai en attendant que les « alpes » supérieures soient libérées des neiges). *Une Route du vignoble valaisan a été balisée entre Martigny et Sierre.*
Dès que les débordements du fleuve ont pu être contenus, la basse plaine alluviale du Rhône s'est couverte de vergers (abricotiers, pêchers), de plantations d'asperges, de carrés de maïs. Les fraisiers, autre spécialité valaisanne, sont même cultivés en grand dans certaines vallées latérales (vallées de Bagnes et d'Entremont), en vue des neiges éternelles.

De verger en lac – À Martigny, le Rhône reçoit la Drance et se replie brusquement vers le Nord, adoptant l'orientation de ce puissant affluent. Repoussé contre les derniers contreforts des Alpes bernoises par le cône de déjection du torrent de St-Barthélemy,

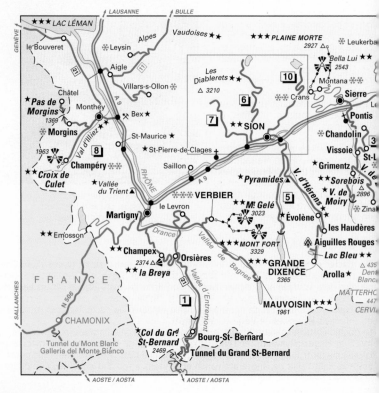

le fleuve franchit la porte rocheuse de St-Maurice, et débouche dans le Bas-Valais. Cette plaine marécageuse, qui va s'évasant jusqu'aux rives du Léman n'est, politiquement, valaisanne que sur sa rive gauche. Le tumultueux phénomène naturel de la bataillère *(voir lac Léman)* est la dernière manifestation de ce Rhône montagnard, long de 170 km.

LA VIE EN VALAIS

Valaisans et Walser – Tout au long de la vallée du Rhône, devant les manifestations d'unité religieuse que lui offre le pays – le premier vestige daté (377) témoignant de la christianisation de l'Helvétie a été découvert à Sion –, le voyageur de langue française peut se croire en présence d'une civilisation purement latine. Mais, aux approches de Brig, les sonorités gutturales d'un dialecte germanique commencent à frapper l'oreille, tandis que le nom de Valais fait place à celui de « Wallis » – rappelant que le Haut-Valais a été envahi, à partir du 6ᵉ s., par des peuplades alémaniques qui, descendues probablement du Grimsel, ont poussé leurs établissements jusqu'à Sierre. Ces « Walser » essaimèrent souvent par la suite dans d'autres vallées méridionales des Alpes, constituant d'irréductibles foyers de germanisation en terre romane, à Davos par exemple.

Au cours de l'évolution politique du pays, ces rudes montagnards – en particulier les habitants du val de Conches *(voir Goms)* – ont représenté l'élément le plus farouchement démocratique. Grands démolisseurs de châteaux (Raron, Saillon), rognant sans trêve sur les droits temporels des princes-évêques de Sion et sur les prétentions des féodaux locaux, au besoin par la violence, ils ne trouvaient pas inconciliables leur idéal d'indépendance et la mise en tutelle des populations romandes du Bas-Valais.

Le « cardinal de Sion » – La personnalité du Valaisan **Matthäus Schiner** appartient à la Suisse tout entière. Ses grands desseins – coiffer la tiare et former autour du St-Gothard un puissant État englobant, outre les cantons primitifs, la Souabe, la Bourgogne, le Milanais – aboutirent à placer les Suisses dans le camp des vaincus de

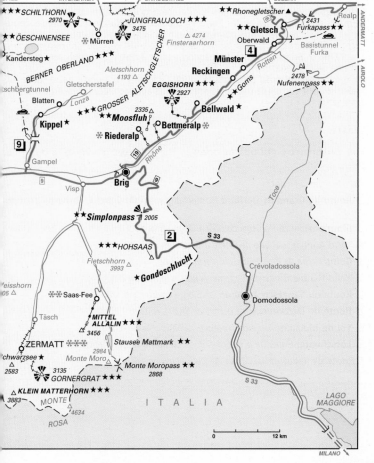

Marignan ; mais ce prélat fut l'un des grands précurseurs de la formation confédérale actuelle. De cette époque de relations très cordiales avec le Saint-Siège date (1506) le privilège de recrutement, toujours en vigueur, par lequel Jules II réserva aux seuls Suisses, et spécialement aux Valaisans de la vallée de Conches, le droit de revêtir le chatoyant uniforme de la garde pontificale, dessiné par Michel-Ange. La réunion du Valais à la Confédération ne date que de 1815 *(voir le chapitre : Un peu d'histoire)*. Auparavant, le pays traitait, en allié, avec les « XIII cantons », puis, Bonaparte régnant, connut les statuts éphémères de république protégée et de département français, sous le nom de Simplon.

Les bisses – La mise en valeur des replats dominant la vallée du Rhône a posé, dans le Valais central (de Martigny à Brig), de redoutables problèmes d'irrigation. La rareté des précipitations, l'encaissement des torrents au fond de gorges inaccessibles ont conduit à l'aménagement de bisses. Ces étroits canaux allaient chercher presque à leur source les eaux de fonte glaciaire des affluents du Rhône, puis, malgré une pente insensible, cheminaient à flanc de montagne. Lorsqu'une paroi rocheuse leur barrait le passage, on les a transformait en chéneaux de bois vertigineusement suspendus, dont l'entretien nécessitait de dangereuses acrobaties.

La surveillance du bisse nourricier, la répartition minutieuse de ses eaux entre les différents ayants droit tenaient une place très importante dans la vie des collectivités montagnardes.

Les progrès techniques réalisés dans le domaine des adductions d'eau ont fait abandonner bon nombre de ces aqueducs rustiques, dont certaines sections – celles établies sous bois par exemple – continuent cependant à offrir de charmants itinéraires de promenade.

On trouve dans le Valais (par exemple au-dessus de Verbier) une méthode originale de transport du lait par conduites : ces « lactoducs », reliant les alpages aux laiteries, totalisent 220 km environ.

EN REMONTANT LE RHÔNE

De Martigny à Gletsch *129 km – environ 1 h 1/2*

Entre Martigny et Sion, les longues sections rectilignes de la route, jadis bordée de peupliers par les ingénieurs des Ponts et Chaussées de Napoléon, ne prédisposent certes pas à la flânerie. Il faut pourtant savoir s'arrêter à bon escient : une cité aussi chargée d'histoire que Sion le mérite, de plus elle bénéficie d'un site remarquable. Entre Sion et Brigue, nous recommandons, entre autres, l'excursion vers la haute terrasse de Montana.

De Brig à Gletsch, nous décrivons le val de Conches *(voir Goms)*, haute vallée du Rhône souvent parcourue trop rapidement par les automobilistes pressés de franchir le col de la Furka.

VISITE

Les itinéraires recommandés – Par ordre décroissant de la durée du parcours.

Voir les noms à l'index.

- ★ ① **Route du Grand-St-Bernard** *De Martigny au col du Grand-St-Bernard – environ 3 h 1/2*
- ★★ ② **Simplonstrasse** *De Domodossola à Brig – environ 3 h*
- ★ ③ **Val d'Anniviers** *Route de Sierre à Zinal – environ 2 h 1/2*
- ★★ ④ **Goms** *Route de Brig à Gletsch – environ 2 h*
- ★★ ⑤ **Val d'Hérens** *Route de Sion aux Haudères – environ 2 h*
- ★★ ⑥ **Route du Sanetsch** *Au départ de Sion – environ 1 h 1/2*
- ★ ⑦ **Route de Derborence** *Au départ de Sion – environ 1 h*
- ★ ⑧ **Val de Morgins** *Route de Monthey à Châtel – environ 1 h*
- ★ ⑨ **Lötschental** *Route de la bifurcation de Gampel à Kippel – environ 3/4 h*
- ★ ⑩ **Route de Tseuzier** *Au départ de Sion – environ 1/2 h*

VALLORBE

Vaud – 3 271 habitants
Cartes Michelin nᵒˢ 927 D 5 ou 217 pli 2 – Schéma : Le JURA SUISSE
Alt. 769 m

Sur le revers Sud du chaînon jurassien du mont d'Or, le bourg de Vallorbe doit son animation à ses activités industrielles (petite métallurgie, industrie du plastique) et, surtout, à sa gare-frontière bien connue des habitués de la ligne du Simplon.

Pour l'automobiliste arrivant de France, Vallorbe est une base de charmants circuits d'une journée en Jura vaudois (Romainmôtier, vallée de Joux, dent de Vaulion, etc.).

Musée du Fer et du Chemin de fer Ⓥ – *Accès par l'Office de tourisme.*

Musée du Fer – Aménagé au bord de l'Orbe sur le site des anciennes Grandes Forges, il rappelle la vocation métallurgique de la région et montre l'évolution du travail du fer : objets de l'âge du fer ; meules, enclumes et outils fabriqués par les Grandes Forges ; deux forges anciennes : l'une telle qu'elle était avant la fin de son activité et l'autre avec un forgeron travaillant comme autrefois ; expositions de réalisations actuelles en mécanique de précision et techniques de pointe. À l'extérieur, trois roues à aubes fournissent l'énergie motrice.

Musée du Chemin de fer – Les grandes heures de Vallorbe sur la ligne du Simplon sont présentées de façon très vivante à partir d'une maquette montrant la gare en 1908 et d'un diaporama. Matériel ferroviaire, outils de cheminot, billets, anciennes affiches, costume de contrôleur complètent l'évocation du développement du chemin de fer dans la région. Au second étage, le visiteur peut faire fonctionner le train de son choix sur un réseau miniature : Micheline, trains régionaux suisses, TGV...

Fort de Vallorbe Ⓥ – Construit juste avant la Seconde Guerre mondiale dans le roc et face à la frontière, cet ouvrage de défense se compose de trois fortins, six casemates et points d'observation puissamment armés, reliés par des galeries souterraines. À 30 m sous terre, salle des machines (filtrage de l'air, production de courant), dépôt de munitions, central téléphonique, casernement, dortoirs, cuisine, réfectoire, mess, salle d'opération, infirmerie, cabinet dentaire s'offrent à la vue et à l'étonnement du visiteur. Mannequins, armes, documents, effets sonores complètent l'évocation de la vie du fort, dans lequel pouvait loger une centaine d'hommes.

ENVIRONS

Source de l'Orbe – *3 km, plus 1/2 h à pied AR. Quitter Vallorbe par la route de la vallée de Joux ; prendre à gauche la route signalée « Source-Grottes », en légère descente. Laisser la voiture près de la centrale électrique.*

Un chemin ombragé de beaux hêtres ou sapins mène au petit cirque rocheux d'où sourd l'Orbe : il s'agit, en réalité, d'une résurgence des eaux des lacs de Joux et Brenet.

Grottes Ⓥ★ – À l'issue d'un tunnel d'accès de 80 m, une galerie artificielle a été aménagée, mettant en valeur, le long du parcours, une succession de colonnes, draperies, stalactites (« tournées », ou fistuleuses : on remarque un « macaroni » de 4 m) et stalagmites dessinant de belles arabesques, jusqu'à la salle Noire offrant le spectacle des eaux tumultueuses de l'Orbe, mal contenues par les étonnantes parois rocheuses.

Le **trésor des Fées** Ⓥ rassemble une riche collection de minéraux provenant de la résurgence de l'Orbe.

VERBIER✳✳✳

Valais – 2 163 habitants

Cartes Michelin nos 427 F 7 ou 219 Nord du pli 2 – Schéma : Le VALAIS
Alt. 1 500 m (Verbier-Station) – Plan dans le Guide Rouge Michelin Suisse

Précédée de **Verbier-Village** aux deux églises (rurale et moderne), la jeune station valaisanne de Verbier, disséminée sur le versant ensoleillé de la vallée de Bagnes, en vue des massifs du Grand-Combin et du Mont-Blanc, poursuit l'extension de ses luxueux hôtels et chalets dans ce **site✳✳** privilégié.

L'amphithéâtre de versants régulièrement inclinés convergeant vers la nouvelle agglomération réunit en effet les conditions de topographie et d'exposition idéales pour les skieurs, qui trouvent là un cadre très ample et reposant, et un équipement mécanique très développé, adapté à leur goût pour la piste.

Verbier est aussi, pour l'adepte du ski de randonnée, un point de départ de la course de la « Haute Route », dont Zermatt ou Saas Fee marquent le terminus.

Le domaine skiable – Dotées de 400 km de pistes et de 100 remontées mécaniques, les **4 Vallées**, dont Verbier est la pièce maîtresse, constituent de loin le domaine de ski alpin le plus intéressant et le plus varié de Suisse, et en tout cas le seul à rivaliser avec les grandes stations françaises de Courchevel, Val-Thorens ou Val-d'Isère. Les équipements sont malheureusement loin d'être parfaits : si Verbier a consenti ces dernières années des investissements importants (Jumbo des Neiges, Funitel, télécabine Tortin-Chassoure…), les trois autres vallées présentent dans l'ensemble des remontées mécaniques très vieillissantes. Les liaisons sont donc peu confortables et rébarbatives, mais elles se font skis aux pieds, ce qui est un cas suffisamment rare dans les grands domaines suisses pour être souligné.

Si les pistes environnant Verbier s'avèrent assez faciles (secteur Ruinettes et Savoleyres), tout le secteur composé par le mont Fort (point culminant du domaine), le col des Gentianes et le mont Gelé ainsi que le massif du Plan-du-Fou sur Nendaz comblent avant tout les skieurs chevronnés, voire experts. Ces derniers y trouvent des pentes raides et des champs de bosses à l'infini. Certains itinéraires de haute montagne sont particulièrement impressionnants, de par la sévérité du paysage et l'inclinaison des champs de neige (vallon d'Arbi depuis le col des Mines, descentes du mont Gelé et du mont Fort sur Tortin).

Les autres stations reliées (La Tzoumaz, Nendaz, Siviez, Veysonnaz, Mayens-de-l'Ours, Thyon et Les Collons) offrent dans l'ensemble des pistes faciles. Notons cependant que les skieurs peu expérimentés verront leurs possibilités de circuits réduites par la difficulté de certains massifs, situés en position centrale du domaine. Les skieurs de niveau intermédiaire regretteront également le manque de longues pistes ni trop difficiles, ni trop faciles. Ils essayeront notamment les pistes rouges du col des Gentianes à la Chaux, de Savoleyres à la Tzoumaz et de Greppon Blanc à Siviez.

L'été constitue également une saison importante avec une multitude d'activités. Sur un territoire communal le plus étendu de Suisse (296 km^2), Verbier offre 400 km de **randonnées pédestres**, l'une des plus célèbres étant le **sentier des Chamois✳✳** entre la cabane du Mont-Fort et le col Termin. Pour les amateurs de VTT, 200 km de chemins sont aménagés et le Grand Raid Cristalp Verbier-Grimentz constitue une course très prisée. Les vacanciers appréciant l'habitat traditionnel peuvent visiter les villages typiques de Bruson, Fionnay ou Sarreyer.

Verbier offre aussi des sites de vol en parapente très réputés et un golf 18 trous. Le centre sportif, ouvert toute l'année, propose deux belles piscines – une couverte, une découverte – et une grande patinoire. Enfin, sur le plan culturel, Verbier organise l'été l'un des festivals de musique les plus fameux de montagne.

✳✳✳ **Mont Fort** Ⓥ – Alt. 3 329 m. *Accès (environ 3/4 h) : par télécabine de Verbier jusqu'aux Ruinettes ; par une navette (5 mn) ou à pied (1/2 h) jusqu'à La Chaux ; par le téléphérique Jumbo jusqu'aux Gentianes, puis par un autre téléphérique jusqu'au sommet.*

Domaine des skieurs et des amateurs de snowboard même en été tant la neige et la glace y sont persistantes, le mont Fort offre, par temps clair, un très vaste **tour d'horizon✳✳✳** (tables d'orientation) embrassant les Alpes bernoises (Eiger), italiennes (Cervin), valaisannes (mont Fort, Grand Combin) et françaises (Mont Blanc).

✳✳ **Mont Gelé** Ⓥ – Alt. 3 023 m. *Accès (environ 3/4 h) : par télécabine de Verbier aux Ruinettes ; par le Funispace jusqu'aux Attelas ; par un dernier téléphérique jusqu'au mont Gelé.*

De la croix marquant le sommet rocailleux du mont Gelé, vaste **tour d'horizon✳✳** embrassant au Sud le massif du Grand-Combin et ses glaciers, à l'Est le mont Fort et ses glaciers, au Nord les cimes des Diablerets, à l'Ouest le mont de Pierre Avoi (surmonté d'un chicot rocheux), Verbier et la vallée d'Entremont.

VEVEY★

Vaud – 15 502 habitants
Cartes Michelin nᵒˢ 927 E 6 ou 217 pli 19 – Schéma : Lac LÉMAN
Alt. 400 m
Plan dans le Guide Rouge Michelin Suisse

Vevey occupe, au débouché de la vallée de la Veveyse et au pied du mont Pèlerin, un fort beau **site★★** face aux Alpes de Savoie qui constituent, avec la nappe bleue du Léman, un magnifique arrière-plan.

Déjà capitale du vignoble de Lavaux, Vevey est devenue, au 19ᵉ s., le berceau de l'industrie suisse des produits lactés, chocolatés et diététiques : le puissant groupe Nestlé y garde son siège et son laboratoire central, doublé d'une usine-pilote.

Les marchés folkloriques qui se tiennent sur la place du Marché le samedi matin en juillet et août font également partie des traditions.

Un géant nommé Nestlé – Le géant mondial de l'agroalimentaire porte le nom de **Heinrich Nestlé**, né à Francfort-sur-le-Main en 1814. D'abord apprenti pharmacien dans sa ville natale, Nestlé s'installe à Vevey en 1843. Sa tante lui transmet une petite entreprise qui fabrique notamment des engrais et de la moutarde. Puis, sous l'influence de son beau-père médecin, il s'intéresse à l'alimentation pour bébés. En 1867, sa farine lactée faite de lait, de farine de froment et de sucre connaît un succès qui ira grandissant. Un an avant, en 1866, deux américains George et Charles Page font de Cham, la première entreprise européenne de lait condensé. En 1905, Nestlé et Cham fusionnent sous le nom de Nestlé and anglo-Swiss condensed milk company. D'autres entreprises vont au fil des années rejoindre le groupe pour faire de Nestlé ce que l'on sait aujourd'hui.

Un hôte de marque – Le 16 avril 1889 naît à Londres **Charles Spencer Chaplin**. Très vite, ce fils d'artistes de music-hall réduits à la misère connaît avec son frère Sydney des années difficiles. Les deux frères très tôt montent sur les planches et se produisent dans des spectacles de pantomime qui les mènent à l'étranger. Lors d'une tournée aux États-Unis en 1913, Chaplin fait la connaissance à Hollywood de Mack Sennett, producteur et réalisateur de films burlesques. Ce dernier lui propose de l'engager. Le contrat est accepté. C'est alors que le personnage de **Charlot** voit le jour. Petite moustache, chapeau melon, pantalon trop long tombant sur de grandes chaussures, redingote, canne et démarche bien particulière caractérisent ce petit homme au teint blafard dont la popularité et le succès feront le tour du monde.

Dans les années 1920, Charlie Chaplin s'attire les foudres de la presse américaine en raison d'une vie sentimentale mouvementée. Après son second divorce, l'Amérique puritaine réclame son expulsion. En octobre 1952, en plein maccarthysme, il quitte les États-Unis pour l'Europe et s'établit avec sa famille à Corsier-sur-Vevey en Suisse. En 1975, il est anobli par la reine Élisabeth II et devient sir Charles Spencer Chaplin. Deux ans plus tard, le 25 décembre 1977, il s'éteint dans sa ville d'adoption.

L'œuvre cinématographique de Chaplin, à travers le personnage de Charlot pris dans des situations des plus burlesques, montre l'homme en proie aux vicissitudes de la vie. Son regard critique sur la société et la politique se traduit par des succès comme *Les Temps modernes* (1936), satire du machinisme et de la taylorisation, *Le Dictateur* (premier film parlant, 1940), satire du nazisme, *Un roi à New York* (1957), pamphlet contre une Amérique intolérante, mais aussi contre le communisme et ses dogmes. Avec *Les Feux de la rampe* (*Limelight*, 1952), Charlie Chaplin réalise un mélodrame chargé d'émotion. De 1958 à 1962, il écrit ses *Mémoires*, qui seront publiées en 1964.

Au bord du lac Léman, devant l'Alimentarium, une statue de Charlot, hommage de sa ville d'adoption, rappelle le souvenir du grand artiste.

C. Senechal/PHOTONONSTOP

La fête des Vignerons, un événement unique au monde – Cette manifestation de portée nationale et internationale est effectivement unique puisqu'elle n'a lieu que cinq fois par siècle (1905, 1927, 1955, 1977, 1999). Avec cette fête, la confrérie des Vignerons perpétue une tradition qui trouve son origine au 17ᵉ s. et qui, au début, était marquée par une simple parade de joyeux drilles défilant dans la ville avant de se réunir autour d'une bonne table copieusement garnie.

Rendez-vous en… 2020 pour refaire la fête !

CARNET D'ADRESSES

Office de tourisme – *Vevey Tourisme, 29 Grande-Place,* ☎ *(021) 922 20 20, fax (021) 922 20 24.*

Se loger à Vevey

Hôtel du Lac – *1 rue d'Italie* – ☎ *(021) 921 10 41* – *fax (021) 921 75 08* – *55 chambres* – *210/370 F* – ⏣
À quelques pas du port et du lac, cet hôtel début du 20ᵉ s. dispose de chambres très confortables. Belle terrasse avec piscine et vue sur le lac.

Se restaurer à Vevey et dans les environs

Restaurant du Raisin – *3 place du Marché* – ☎ *(021) 921 10 28* – *fermé le dimanche et le lundi.*
Face à la Grande-Place et à deux pas du lac, cet établissement propose une formule type brasserie au rez-de-chaussée (vieilles recettes) et une carte plus élaborée à l'étage (sauf le lundi et le dimanche) avec des prix bien sûr plus élevés.

La Terrasse – *Corseaux, 8 chemin du Basset* – ☎ *(021) 921 31 88* – *fermé le lundi et du 23 décembre au 22 janvier.*
L'été, vous pouvez manger sur la terrasse. Carte et menus de bon rapport qualité/prix.

À la Montagne – *Chardonne, 21 rue du Village* – ☎ *(021) 921 29 30* – *fermé du 23 décembre au 7 janvier, du 30 juin au 15 juillet, le lundi et le dimanche.*
Une petite auberge familiale offrant une carte attrayante, des plats savoureux et des prix raisonnables. Belle terrasse avec vue.

Hostellerie chez Chibrac – *Mont-Pèlerin,* ☎ *(021) 922 61 61* – *fermé le dimanche soir et le lundi et du 15 octobre au 1ᵉʳ mars.*
Une maison sympathique, familiale, servant des repas d'un bon rapport qualité/prix.

CURIOSITÉS

- **Église St-Martin** – Bâti sur une terrasse dominant la ville, l'édifice actuel qui date de 1530 est surmonté d'une grosse tour carrée flanquée de quatre clochetons d'angle. À l'origine se trouvait une église du 11ᵉ s. dont les murs ont été découverts lors de travaux de fouilles. De la terrasse (table d'orientation), on découvre une **vue★** étendue sur la ville, le lac Léman et les Alpes.

Musée Jenisch ⊘ – Installé dans un bâtiment néoclassique du siècle dernier, il comprend deux sections.
Au rez-de-chaussée, le **cabinet cantonal des Estampes** réunit des gravures des grands maîtres du passé (Dürer, Rembrandt, Le Lorrain, Belletto, Corot) et d'artistes suisses contemporains exposées par roulement.
Au 1ᵉʳ étage, le **musée des Beaux-Arts** présente des expositions temporaires : œuvres d'artistes suisses et étrangers des 19ᵉ et 20ᵉ s.

Musée historique de Vevey ⊘ – Aménagé dans le château, ancienne demeure des baillis bernois, il est consacré à l'histoire de la région et renferme un très beau mobilier, de l'époque gothique au 17ᵉ s., une collection de petite ferronnerie et de coffrets, des costumes et des souvenirs régionaux. Au 1ᵉʳ étage, le musée de la confrérie des Vignerons conserve les maquettes des costumes ayant figuré aux précédentes fêtes des Vignerons (depuis 1791), ainsi que des estampes, des documents et des bannières ayant trait à ces festivités grandioses.

- ★**Musée suisse de l'Appareil photographique** ⊘ – *Grande Place 99.* Dans une belle demeure rénovée du 18ᵉ s., ce musée présente sur trois étages (dans les combles : expositions temporaires) l'histoire de la photographie, de ses inventeurs et de ses techniques au moyen d'une étonnante collection d'appareils provenant de l'origine de la photographie à nos jours. Cette exposition est enrichie d'installations interactives, d'animations et de vidéos.
Il est intéressant de commencer la visite dès le hall d'entrée en pénétrant à l'intérieur de la camera obscura et découvrir ainsi la naissance de la photographie, dont l'un des grands noms fut Nicéphore Niépce, né à Chalon-sur-Saône en 1765. Au premier étage, plusieurs lanternes magiques illustrent le domaine de la projection. L'importance de la photo dans l'armée, les appareils espions qui peuvent se dissimuler dans des objets anodins sont également bien évoqués. Au deuxième étage, l'appareil Reflex, les appareils précurseurs du petit format, les premiers flashes, la production suisse (Alpa, Escopette de Darier), des noms comme Kodak, Leica

(1930-1940), les appareils à images multiples sont bien des sujets à découvrir. Le troisième étage montre l'essor de l'industrie photographique avec notamment la naissance des appareils miniatures, la transmission des images, la projection.

Une passerelle vitrée mène à l'ancien bâtiment du musée dans lequel sont organisées des expositions temporaires. L'atelier, « Clic-clac » permet aux enfants de s'initier à la photographie.

Alimentarium ⊙ – *Rue du Léman.*

Depuis 1985, un bâtiment néoclassique (ancien siège administratif de Nestlé) abrite le **musée de l'Alimentation**, créé par la grande firme suisse. Le musée a été complètement réorganisé et s'articule autour de quatre sections.

Au rez-de-chaussée, *Cuisiner* (la transformation de la nourriture) montre la diversité d'une telle action en fonction de l'époque, du lieu géographique et de la catégorie sociale ou ethnique. Du feu de l'homme préhistorique au four à micro-ondes ou à induction, le foyer est essentiel pour cuisiner, de même les différents ustensiles dont on voit une présentation. *Manger* (de la nature à la table) constitue la deuxième section. Dans l'action de manger, le plaisir et la communication jouent également un rôle important, de même que l'art de dresser une table. Ces différents éléments sont bien illustrés dans cette section, qui présente également l'alimentation humaine d'origine végétale et animale, le repas (festif ou quotidien) et la façon de manger en fonction des catégories sociales. Une partie est consacrée à la restauration rapide, dont le *push cart* new-yorkais et les marchands ambulants peuvent être considérés comme des précurseurs.

Au moment de la mise sous presse du guide, les deux autres sections *Acheter* (production et commerce) et *Digérer* (de l'aliment au corps) n'étaient pas encore ouvertes au public. À l'étage, on peut voir une grande affiche intitulée *Hommage respectueux de Nestlé.* Elle a été réalisée par Mucha, un publiciste tchèque qui travailla pour Nestlé. Elle symbolise le développement du commerce et de l'industrie sous le règne de la reine Victoria.

ENVIRONS

** **Mont-Pèlerin (Station)** – *Alt. 810 m. Circuit de 25 km – environ 1/2 h. Schéma : Lac Léman. Quitter Vevey par la route de Châtel-St-Denis-Fribourg. 2,5 km après avoir laissé à gauche la route de Chardonne, tourner à gauche vers Attalens, puis encore une fois à gauche, à angle aigu, en direction du Pèlerin.*

Sur plusieurs sections, les routes forment « corniche » à travers les vignes.

Des abords de la gare d'arrivée du funiculaire s'offre une large **vue**** sur le Léman et les crêtes des Alpes vaudoises (dent de Jaman, rochers de Naye, tour d'Aï).

Le retour, par Chardonne et Chexbres, s'effectue le long de routes magnifiquement tracées en vue des dents du Midi et des sommets du Haut-Chablais savoyard.

La Tour-de-Peilz – *2 km par la route n⁰ 9 vers Montreux.*

Le château construit au 13ᵉ s. par les comtes de Savoie a subi plusieurs modifications au 18ᵉ s. De son rôle défensif subsistent les remparts, deux tours d'angle et les fossés.

L'intérieur sert de cadre au **musée suisse du Jeu** ⊙ qui présente des jeux de toutes les époques et de tous les pays, classés selon cinq thèmes : jeux de l'éducation, de stratégie, de simulation, d'adresse et de hasard. Chaque thème met l'accent sur les différentes qualités requises et est illustré par plusieurs exemples. Dans chaque salle, le visiteur a la possibilité de mettre en pratique son habileté en se livrant à un jeu. Plusieurs pièces exposées laissent apparaître une recherche artistique dans leur réalisation, ainsi des figurines d'échec en ivoire ou en os sculpté.

En contournant le château par la gauche, on arrive au port de plaisance ; on peut ensuite longer le bord du lac. En face, côté suisse, se dresse le Grammont (alt. 2 172 m).

Blonay – *4 km à l'Est.*

Le **chemin de fer-musée Blonay-Chamby** ⊙ fait revivre avec panache une ligne ferroviaire ouverte en 1902 et fermée en 1966. Tramways électriques ou vieux trains à vapeur transportent les voyageurs sur un parcours sinueux en montée de 2,950 km. À mi-parcours, l'ancien dépôt, aménagé en musée, rassemble de vieilles machines : fourgon postal (1914), locomotive de la ligne Les Brenets-Le Locle (1890), tramway de Fribourg (1904), etc.

VIERWALDSTÄTTER SEE★★★

Lac des QUATRE-CANTONS

Cartes Michelin nos 927 J 5 ou 216 plis 17, 18 et 217 plis 9, 10

La région du lac des Quatre-Cantons offre au touriste son diorama de collines et de montagnes, ses petites cités d'atmosphère traditionnelle, ses innombrables sommets-belvédères. Le cachet d'une ville comme Lucerne symbolise, pour bien des passants, le charme de cette « Suisse centrale », que la route du col du Brünig (ou de Sachseln ; *voir Sachselner Strasse*) met commodément en relation avec l'Oberland bernois.

Quant au lac lui-même, premier responsable du pittoresque de la région grâce à son tracé capricieux, et qu'entourent au surplus d'importantes nappes d'eau « satellites » (lacs de Sempach et de Zoug, Ägerisee, lac de Lauerz, Alpnachersee, Sarnersee), il comporte trois bassins distincts, d'Ouest en Est : « lacs » de Vitznau, de Gersau-Beckenried et d'Uri, qu'engendrent deux étranglements de ses rives. Le cours de la Reuss s'y engage au Sud pour ressortir au Nord, à Lucerne.

Sa superficie totale (114 km^2) fait du lac des Quatre-Cantons le deuxième – après celui de Neuchâtel – des grands lacs entièrement suisses.

Ses belvédères principaux sont le Pilate et le Rigi-Kulm.

UN PEU D'HISTOIRE

Le sanctuaire national suisse – Le moindre coin de terre ici a son héros, son champ de bataille, sa chapelle commémorative, ses ruines féodales dont les pans de murs croulants rappellent quelque brutale flambée de fureur émancipatrice. C'est ici que la démocratie helvétique a trouvé son berceau.

Bien avant les débuts de la Confédération, les Waldstätten (cantons forestiers) riverains du lac menaient déjà, à l'exemple des populations de maintes vallées isolées des Alpes, une vie toute remplie d'obligations communautaires. L'exploitation des forêts, la mise en valeur des alpages, la répartition du « fruit » du troupeau ne cessaient d'exiger des réunions, des discussions et des élections. Rompus à de tels usages, les Waldstätten s'accommodaient sans trop de peine d'une allégeance symbolique à l'empereur, toute l'Helvétie relevant alors du Saint Empire romain germanique. Le pays d'Uri, auquel sa situation sur l'itinéraire du St-Gothard valait des ménagements particuliers, s'était même vu garantir, dès 1231, son rattachement direct à l'empire.

Cette relative autonomie apparaît menacée lorsque la maison de Habsbourg-Autriche, soucieuse d'administrer efficacement son patrimoine dans la région, met en place, sans tenir compte des susceptibilités locales, un corps de fonctionnaires intéressés au revenu de leur charge. Ces baillis se font vite détester : se voir imposer, du dehors, un juge qui ne soit ni un concitoyen ni un pair, est la suprême offense pour un homme de condition libre.

La situation devient critique lorsque les Habsbourg accèdent au trône impérial (1273). Aussi, à la mort de Rodolphe, qui laisse présager une élection très controversée et une situation politique difficile, les représentants de Schwyz, Uri et Unterwald se réunissent-ils pour conclure une alliance perpétuelle. Ce pacte d'entraide qui, sans préconiser la désobéissance vis-à-vis des seigneurs, rejette tout système administratif et judiciaire imposé de l'extérieur, est considéré par les Suisses comme l'acte de naissance de la Confédération. Ses textes originaux sont conservés à Schwyz et son anniversaire (1er août 1291) est célébré comme fête nationale.

La victoire de Morgarten (1315), remportée sur les troupes de Léopold d'Autriche, marqua l'affranchissement définitif des trois cantons « primitifs ».

L'aurore de la liberté – Une telle évolution, surprenante dans la société féodale de l'époque, doit son retentissement à l'interprétation légendaire qu'on en fit dès le 15e s. et au drame de **Guillaume Tell** que Schiller (1804) a versé au trésor de la littérature germanique. Il ne s'agit plus d'une lutte tenace faisant alterner les négociations avec les coups de main, mais d'une conjuration organisée par les trois communautés de Schwyz, Uri et Unterwald, présentées comme victimes du despotisme qu'incarne le bailli Gessler, et solennellement nouée sur la prairie du Rütli, en face de Brunnen, par 33 représentants de ces communautés. Après avoir été condamné par Gessler à la fameuse épreuve de la pomme, l'archer Guillaume Tell devient le bras justicier de la conspiration : il exécute Gessler dans le chemin creux (Hohle Gasse) de Küssnacht, ouvrant la voie à une ère de liberté. Depuis lors, l'épisode du Rütli n'a pas cessé d'être la source vive de la tradition nationale suisse.

Le « protecteur de la patrie » – Le pays d'Unterwald, et plus précisément le demi-canton d'Obwald, que traverse la route du Brünig, s'honore de compter parmi ses enfants l'ermite **Nicolas de Flüe** (canonisé en 1947), dont l'intervention conciliatrice a marqué le tempérament patriotique suisse. Né en 1417 d'une famille de paysans aisés, « frère Nicolas » (Bruder Klaus) – ainsi l'appellent ses concitoyens –, tout en montrant un goût très vif pour l'oraison et la vie contemplative, assume d'abord toutes les charges familiales et civiques auxquelles un homme de sa valeur peut prétendre. Mais, à cinquante ans, ce père de dix enfants, obéissant à un appel irrésistible, se sépare des siens pour mener la vie d'ascète à laquelle il aspire, dans la solitude du Ranft *(voir ce nom)*, à l'entrée du Melchtal.

Cependant, les confédérés des « VIII cantons » de l'époque sont aux prises avec de graves difficultés intérieures. Deux politiques s'opposent, celle des « Villes », gouvernées par des oligarchies bourgeoises prudentes, et celle des « Pays » (Länder), montagnards restés fidèles aux pratiques de la démocratie directe et donc plus sensibles aux poussées d'opinion.

En 1477, les riverains du lac des Quatre-Cantons entrent en effervescence en apprenant que Lucerne, de concert avec Zurich et Berne, a conclu séparément une alliance avec Fribourg et Soleure. Lucerne ayant maintenu sa position, malgré toutes les objurgations de ses voisins d'Uri, Schwyz et Unterwald, le conflit devient aigu. En désespoir de cause, le curé de Stans se rend au Ranft consulter frère Nicolas. Il en rapporte un admirable appel à la concorde, grâce auquel l'accord peut se faire en quelques instants sur la base d'un compromis (1481).

LE LAC EN BATEAU

Pour agrémenter un séjour, un périple en bateau sur le lac, complété par l'ascension de l'un des sommets qui l'encadrent, est indispensable : certains sites côtiers – et en premier lieu la prairie historique du Rütli – ne sont d'ailleurs accessibles, de façon pratique, que par voie d'eau.

★★★ ① LES RIVES NORD

De Lucerne à Altdorf *54 km – environ 2 h 1/2*

★★★ **Luzern** – *Visite : 3 h. Voir ce nom.*

Entre Lucerne, Küssnacht et Weggis, la route, tracée dans une opulente campagne plantée de noyers et d'arbres fruitiers, contourne les ramifications du « lac de Lucerne » et du « lac de Küssnacht », se rapprochant des croupes accidentées du Rigi, aux affleurements rocheux rougeâtres. Au Sud, les arrière-plans montagneux du Nidwald (région de Stans-Engelberg) se distinguent assez mal, contrairement au Pilate reconnaissable à ses arêtes découpées.

Merlischachen – De belles maisons de bois à combles aigus offrent ici quelques excellents exemples du type de construction de la Suisse centrale *(voir illustration au chapitre de la Suisse pittoresque – La maison paysanne).*

Astridkapelle (Chapelle de la reine Astrid) – La route longe ce petit sanctuaire, élevé à la suite du tragique accident du 29 août 1935 dans le verger où fut précipitée la voiture royale. Une simple croix marque l'endroit où fut retrouvée la reine Astrid de Belgique, après le choc fatal contre l'arbre aujourd'hui entouré d'une grille de protection.

Hohle Gasse – *De Küssnacht* (lieu de séjour), *3 km AR par la route d'Arth (nº 2), plus 1/4 h à pied AR.* Laissant la voiture à l'hôtel Hohle Gasse, prendre le chemin creux (en allemand « hohle Gasse ») en montée, irrégulièrement pavé, où, suivant la tradition, Tell s'embusqua pour faire justice à Gessler. Le chemin, en sous-bois, aboutit à la chapelle commémorative qui représente pour tous les Suisses un pèlerinage patriotique indispensable.

★★**Weggis** – Reine des stations situées sur les rives alpestres du lac des Quatre-Cantons, Weggis s'allonge en vue du Pilate et des montagnes d'Unterwald, le long d'un quai-promenade menant au promontoire d'Hertenstein : l'agglomération touristique se trouve ainsi à l'abri du trafic automobile qui suit la côte de Küssnacht à Brunnen.

Les plaisirs de l'eau, les promenades sur les dernières pentes du Rigi plantées de vergers et même de quelques espèces méridionales – l'influence du föhn allant de pair avec une exposition plein midi –, les distractions mondaines y sont autant de programmes de choix.

À partir de Weggis, le parcours des rives du lac révèle des paysages sans cesse renouvelés.

★**Vitznau** – Les touristes peuvent abandonner leur voiture quelques heures dans cette élégante station, située entre le Rigi et le lac, pour monter au Rigi-Kulm en chemin de fer à crémaillère, le premier chemin de fer de montagne construit en Europe (1871).

★★★**Rigi-Kulm** – *De Vitznau, environ 3 h AR dont 1 h 1/4 de chemin de fer à crémaillère. Voir le Rigi.*

★**Obere Nase** – Le coude très prononcé que décrit la chaussée au passage de ce cap est aménagé en **belvédère**★. Ce « nez », projeté par un contrefort du Rigi, et l'Untere Nase, extrême avancée du Bürgenstock, qui lui fait face, délimitent un détroit large de 825 m seulement, mettant en communication deux bassins d'allure bien différente : en quelques centaines de mètres, on passe d'un « lac de Vitznau », borné au Sud par l'éperon boisé du Bürgenstock, à un « lac de Gersau-Beckenried » étalé dans un cadre beaucoup plus ouvert et distrayant. Le Pilate reste le seul repère familier.

★**Gersau** – Dans l'un des **sites**★★ les plus ouverts des rivages alpestres du lac, la minuscule « république de Gersau » – tel fut le statut du bourg entre 1390 et 1817 –, rattachée aujourd'hui au canton de Schwyz, est devenue une station familiale, connue des gourmets pour ses spécialités de poisson.

Aux approches de Brunnen se dessine peu à peu le bassin bocager de Schwyz, dominé par les pitons jumeaux des Mythen. Plus à droite, sous les falaises arquées du Fronalpstock, s'allonge la terrasse de Morschach. Le moment est alors venu de contourner la baie de Brunnen, à laquelle répond le saillant de Seelisberg.

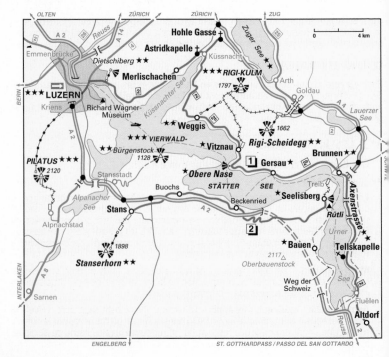

** Brunnen – *Voir ce nom.*

De Brunnen à Flüelen en partie au-dessus du romantique **lac d'Uri** (Urnersee), véritable fjord aux eaux d'un bleu profond, dont les rives sont jalonnées de pèlerinages patriotiques évoquant la naissance de la Confédération (Rütli, chapelle de Tell), se situe la corniche de l'Axenstrasse.

** Axenstrasse – Cette section de route, l'une des plus fameuses de l'itinéraire du St-Gothard et l'une des plus encombrées de toute la Suisse – on y a compté près de 10 000 voitures par jour, en plein été –, a été ouverte au siècle dernier dans les falaises qui plongent dans le lac d'Uri. Auparavant, le recours au bateau était indispensable pour le trajet de Brunnen à Flüelen. Le passage comporte deux tronçons d'allure différente :

Guillaume Tell, par F. Hodler

Kunstmuseum Solothurn

– Entre Brunnen et Sisikon, la route est tracée en corniche face au promontoire de Seelisberg – dont la tache vert clair de la prairie du Rütli interrompt les pentes forestières – en vue des deux pointes jumelles de l'Uri-Rotstock. À la faveur d'un virage au-dessus de la voie ferrée, on se trouve exactement face au Rütli.

– Entre Sisikon et Flüelen, le trajet a changé de caractère depuis la construction d'un tunnel unique remplaçant la fameuse galerie ajourée *(désaffectée et interdite aux voitures)* dont la photographie a été diffusée à des millions d'exemplaires.

Tellskapelle (Chapelle de Tell) – *De l'hôtel Tellsplatte, 1/2 h à pied AR par un sentier en forte descente.*

Édifiée dans un **site*** solitaire, au bord du lac d'Uri, cette chapelle commémore l'un des épisodes les plus dramatiques de l'histoire de Tell : prisonnier de Gessler à l'issue de l'épreuve de la pomme, le vaillant arbalétrier est jeté dans une barque, qu'une subite tempête assaille ; le bailli et ses sbires doivent faire appel au concours de leur captif. Celui-ci en profite pour diriger l'esquif vers le rivage, il bondit sur une plate-forme rocheuse et repousse aussitôt d'un violent coup de pied l'embarcation dans les flots déchaînés.

Les premières maisons d'Altdorf annoncent la fin de la randonnée.

Altdorf – *Voir ce nom.*

*② ROUTE DE SEELISBERG *22 km – environ 1 h – voir Stans*

AUTRES CURIOSITÉS

*** Pilatus – *Voir ce nom.*

** Rigi-Scheidegg – *Accès au départ de Schwyz. Voir ce nom.*

Stans – *Voir ce nom.*

** Stanserhorn – *Accès au départ de Stans. Voir ce nom.*

* Bauen – *Accès au départ d'Altdorf. Voir ce nom.*

VILLARS-SUR-OLLON ✳

Vaud – 1 208 habitants
Cartes Michelin nᵒˢ 927 F 7 ou 217 Est du pli 14
Schéma : Les ALPES VAUDOISES – Alt. 1 253 m

Villars, Chesières et Arveyes ne constituent qu'une seule et même villégiature, suspendue à 800 m au-dessus du Bas-Valais. C'est la station d'altitude la mieux développée de la Suisse française et l'une des plus facilement accessibles, face aux lointains horizons des Alpes françaises, des dents du Midi et de la chaîne des Muverans où se situent tour à tour le Mont Blanc, le glacier du Trient et les sommets des Diablerets.

LES STATIONS

Villars – Campée dans un paysage reposant de moyenne montagne, l'agglomération bénéficie d'un bon ensoleillement, sur une esplanade de prés-bois, en vue des dents du Midi. En été, Villars offre son golf et sa piscine, 300 km de sentiers et 150 km de pistes de VTT. L'hiver, on profite de la patinoire et de la piste de luge. Toute l'année, Villars organise des manifestations, notamment des concerts de musique classique.

Le domaine skiable – De dimension modeste avec 60 km de pistes pour 23 remontées mécaniques, il a connu de sérieuses améliorations avec l'aménagement de plusieurs télésièges. Les deux sommets principaux (**Grand Chamossaire** et **Croix des Chaux**) font le bonheur des skieurs « moyens » : essayer la combe d'Orsay, qui réserve des **vues**★ sur Leysin, et les agréables balades en forêt. Les skieurs plus expérimentés descendront de la Croix des Chaux à la Rasse ou les Fracherets. Un forfait permet de skier sur toutes les Alpes vaudoises *(voir ce nom)* : Les Diablerets et son glacier (50 km de pistes plus sportives, par le télésiège de Conches), Leysin (60 km de pistes) et Les Mosses (40 km) que l'on rejoint uniquement en voiture (route de 30 km).

Bretaye – Alt. 1 806 m. *Accès en chemin de fer à crémaillère.* Joli parcours en forêt puis, à partir du col de Soud, belles échappées sur la Croix des Chaux et les sommets imposants des Diablerets.

Grand Chamossaire – Alt. 2 120 m. *Accès aux skieurs depuis Bretaye par télésiège.* Vaste panorama sur toutes les Alpes vaudoises (Leysin, Gryon, les Diablerets) avec le Valais, le Mont Blanc et les dents du Midi en toile de fond.

Chesières et Arveyes – Ces stations sont recommandées aux séjournants plus sensibles au calme qu'à la proximité du centre mondain.
Le panorama d'Arveyes permet d'apercevoir le massif du Mont-Blanc, à la droite du glacier du Trient et de l'aiguille Verte.

Se loger

La Renardière – *Route des Layeux* – ☎ *(024) 495 25 92 – fax (024) 495 39 15 – 20 chambres – 95/180 F* – **GB** – *ouvert du 22 décembre au 9 avril et du 19 mai au 30 septembre.*
Deux chalets rustiques reliés par une passerelle, dans lesquels vous trouverez des chambres simples. Si vous voulez vous faire plaisir, prenez une des quatre suites (230 à 300 FS), un petit appartement vous attend. Le jardin tranquille ajoute à l'agrément.

Du Golf – *Rue Centrale* – ☎ *(024) 496 38 38 – 69 chambres – 125/340 F* – **GB** – *ouvert du 16 décembre au 19 octobre.*
Situé dans un grand parc au calme. Chambres rustiques avec coin salon.

Se restaurer

Il fait bon, après une randonnée, faire halte dans une ferme d'alpage pour déguster un fromage cuit au feu de bois ou dans l'une de ces petites auberges qu'on appelle ici « pintes vaudoises » : on y partage un papet aux poireaux – copieux mélange de pommes de terre, de poireaux et de crème – arrosé d'un vin local.

Plambuit – *À Plambuit, 6 km au Nord* – ☎ *(024) 499 33 44 – fermé de début janvier à début février, le mercredi sauf de mai à octobre et le jeudi.*
Ce chalet de montagne offre une salle à manger rustique et une bonne cuisine concoctée avec des produits du marché. Le nombre de couverts étant limité, il vaut mieux réserver.

Miroir d'Argentine – *À Solalex, 8 km à l'Est* – ☎ *(024) 498 14 46 – ouvert de début mai à fin octobre.*
Là aussi, il est préférable de réserver. Restaurant de montagne très convivial. La carte est renouvelée en permanence. Cuisine traditionnelle de qualité.

ENVIRONS

De Villars à Pont de Nant – *22 km. Quitter Villars au Sud, direction Bex.*
La route, en descente, procure bientôt une **vue** plongeante sur la vallée boisée de la Gryonne qu'un hardi pont courbe en béton fait peu après enjamber. La Croix de Javerne et la dent de Morcles se dressent en avant.

La Barboleusaz – Alt. 1 211 m. Station de sports d'hiver dans un joli site en vue des Diablerets. On peut de là se rendre au majestueux domaine skiable des **Chaux★** *(5 km par route étroite et sinueuse ; en hiver, accès par télécabine)*, ou, par une pittoresque petite route *(6 km)* remontant le joli torrent de l'Avançon, au **refuge de Solalex★** (alt. 1 466 m) dans un cirque d'alpages aux murailles couronnées de névés ou d'éboulis, au pied des Diablerets.

Gryon – Vieux village en balcon sur la vallée de l'Avançon.
La route sine entre sapins et mélèzes. 2 km avant Bex, tourner à gauche vers Les Plans. À Frenières, remarquer à gauche le site perché de Gryon que l'on vient de quitter. Après Les Plans, on monte, en sous-bois, parallèlement à un torrent tumultueux.

★Pont de Nant – Beau cirque rocheux égayé de sapins et d'épicéas, au pied des glaciers du Grand Muveran. Un jardin alpin de rocaille présente, outre un bassin à nénuphars, plus de 2 000 espèces de plantes montagnardes ou médicinales.

WALENSEE★★
Lac de WALENSTADT
Cartes Michelin nᵒˢ 927 L 4 ou 216 plis 20, 21

Célébré par Liszt, le Walensee, ou lac de Walenstadt, allonge son miroir terni au pied des gigantesques bastions rocheux des Churfirsten.
Entre Näfels et Murg, le nouveau tracé de la route longeant le lac, parallèlement à la voie ferrée, a nécessité d'importants travaux de génie civil, en particulier 6 tunnels et 9 galeries taillés dans les contreforts à pic de la montagne. Il reste possible d'emprunter l'ancienne voie accidentée qui offre, par la terrasse boisée du Kerenzerberg, des **vues plongeantes★★** multiples, à l'Ouest, sur la vallée glaronnaise de la Linth et la basse plaine alluviale dans laquelle débouche ce torrent, à l'Est, sur le lac et les Churfirsten.

Le WEISSENSTEIN★★★

Solothurn

Cartes Michelin nos 927 G 4 ou 216 pli 15 – au Nord de Soleure
Schéma : JURA SUISSE

Les crêtes du Weissenstein, dressées comme un rempart au-dessus du bas-pays soleurois, réservent l'un des panoramas les plus impressionnants du Jura.

Accès ⊙ – *Au départ de Solothurn – 10 km – environ 2 h – par* ⑤ *du plan, Oberdorf, puis un tronçon de route de montagne dont on peut éviter le parcours pénible en empruntant le télésiège reliant la gare d'Oberdorf au Kurhaus Weissenstein (16 mn).*
Au départ de Delémont – 24 km, par la route nº 6 jusqu'à Moutier, puis la route nº 30 jusqu'à Gänsbrunnen, où s'amorce la petite route de montagne (non revêtue dans sa majeure partie) menant au sommet.

★★★ **Panorama** – Quelle que soit la route empruntée pour le trajet en voiture, l'arrivée s'effectue toujours, après la montée, dans une combe de pâturages. Tourner alors dans le chemin du « Kurhaus » situé sur la crête, à 1 287 m d'altitude.
De là descend un chemin jalonnant sur plus de 7 km la route de Gänsbrunnen.

Laisser la voiture devant le restaurant et gagner la terrasse (par le passage à gauche du bâtiment si l'on n'y consomme pas), d'où se découvre l'immense barrière des Alpes, du Säntis, à gauche, au Mont Blanc à droite. La **vue aérienne**★★★ sur les campagnes du Moyen-Pays *(voir Introduction : Physionomie du pays)* est sans égale dans le Jura du Nord. Berne, les lacs de Neuchâtel, de Morat et de Bienne peuvent être repérés par temps clair.

WEISSENSTEINSTRASSE★★

Route du WEISSENSTEIN

Cartes Michelin nos 927 F 3, G 3-4 ou 216 plis 2, 14, 15 – Schéma : Le JURA SUISSE

La route du Weissenstein, riche de passages sous bois ou en gorge, réserve dans sa phase finale l'occasion de découvrir, au mont Weissenstein, un grandiose panorama.

DE PORRENTRUY À SOLOTHURN

102 km – environ 4 h1/2 – itinéraire ① *de la visite du Jura suisse.*

Entre Gänsbrunnen et Oberdorf, la petite route du Weissenstein, généralement obstruée par la neige de décembre à mai, présente un profil très dur sur le versant de Soleure (pentes atteignant 22 % – aborder les lacets, aux dévers souvent accentués, avec une extrême prudence).

★ **Porrentruy** – *Voir ce nom.*
Après Porrentruy, la route doit adopter un profil en fort dos d'âne pour franchir, au col des Rangiers, le chaînon du mont Terri.
En contrebas des Malettes, précédant de peu ce seuil, une rapide descente sous bois mène au plateau doucement ondulé de l'**Ajoie** – qui n'est autre qu'une portion de Franche-Comté rattachée à la Suisse – où pointent çà et là des clochers déjà casqués à la mode franc-comtoise.

★ **St-Ursanne** – *Voir ce nom.*
Ce parcours accidenté, presque continuellement sous bois, n'en reste pas moins roulant et agréable, mais les échappées lointaines sont rares.
Prendre la direction de St-Brais.

★ **Corniche du Jura** – *Voir ce nom.*
À partir de là, jusqu'à Delémont, la route nº 6 présente les mêmes caractéristiques.

Delémont – *Voir ce nom.*
De Delémont à Moutier, la Birse dont on suit maintenant le cours impétueux s'est taillé deux cluses que sépare le village de Roches. La cluse aval présente un aspect nettement industriel (usine métallurgique de Choindez). La cluse amont, beaucoup plus étranglée, tranche le chaînon du Raimeux, dont elle a pris le nom, et s'encaisse entre de grandes lames rocheuses que la voie ferrée perce en une succession de courts tunnels.

Chapelle de Chalières – *Au cimetière de Moutier, à la sortie Ouest du pays (route de Perrefitte).*
Cette chapelle romane, très restaurée, abrite à l'intérieur de son abside (éclairer) des fresques du début du 11e s. dont, à la voûte, un Christ en gloire dans une mandorle, entouré d'anges, d'une licorne et d'un griffon.

★★★ **Le Weissenstein** – *Accès et description ci-dessus.*
Au rude passage du chaînon boisé du Weissenstein – le versant de Soleure présentant l'aspect le plus fourni – font finalement suite les grasses campagnes du Moyen-Pays (Mittelland), toutes couvertes de vergers annonçant l'arrivée à Soleure.

★ **Solothurn** – *Voir ce nom.*

WENGEN**

Bern

Cartes Michelin nos 927 H 6 ou 217 pli 8
Schéma : INTERLAKEN (Environs) – Alt. 1 275 m

Wengen est la station d'altitude la mieux équipée de l'Oberland bernois et l'une des plus mondaines. Le site*** de cet épaulement d'alpages et de forêts, d'où le regard, ébloui par la Jungfrau, capte en enfilade la perspective unique du fossé de Lauterbrunnen, est un enchantement que les promenades le long de sentiers parfaitement aménagés – leur déneigement est même assuré en hiver – renouvellent sans cesse. La saison du ski se déroule au rythme des navettes du chemin de fer desservant la Petite Scheidegg (la station d'Eigergletscher au printemps) et des bennes du téléphérique du Männlichen. La compétition de classe internationale la plus connue est alors la **course du Lauberhorn**, organisée tous les ans début janvier.

WERDENBERG (BUCHS)*

St. Gallen

Cartes Michelin nos 927 M 4 ou 216 pli 21 – Schéma : APPENZELLERLAND
Alt. 451 m.

À l'extrémité Nord de la populeuse agglomération de Buchs, le vieux village de Werdenberg, encadré de verdures profondes et d'eaux dormantes, compose un petit **tableau*** particulièrement bien venu dans le large couloir du Rheinthal *(voir ce nom)*, généralement plus frappant par sa prospérité agricole que par ses sites pittoresques. Laisser la voiture juste avant la promenade longeant l'étang, ou juste après à droite. On pénètre dans le bourg minuscule par une ruelle que borde une série de maisons de bois sur arcades, remarquablement restaurées. Le flâneur y retrouve l'atmosphère des petites cités de la vallée du Rhin aux 17e et 18e s. grâce aux inscriptions, millésimes et motifs décoratifs polychromes. Un passage (entre les nos 8 et 9) mène à une promenade autour de l'étang. On se retrouve alors face aux maisons de Werdenberg étroitement emboîtées, au pied du château de ses comtes ; remarquer sur la gauche la belle façade peinte de la maison « Schlange » (le serpent, voir sous la toiture). Revenu à la ruelle, on s'engage dans la rampe du château auquel on accède par un long escalier.

Schloss ⊙ – Construit et modifié du 13e au 18e s., le **château** a été aménagé au 19e s. en appartement de maître. Sous les combles, une section est consacrée au Rhin (trouvailles, cartographie, géologie, maquettes de ponts). Du sommet de la tour, on bénéficie d'une très belle **vue** sur le Rheinthal. Avant de sortir, ne pas manquer la collection d'armes (sabres, fusils, revolvers, coiffures).

WIL

St. Gallen – 16 084 habitants

Cartes Michelin nos 927 L 3 ou 216 plis 9, 20 – Alt. 571 m

Ancienne résidence des princes-abbés de St-Gall, Wil est bâtie sur un mamelon à l'entrée de la dépression du Toggenbourg. La ville ancienne, avec sa Hofplatz et sa Marktgasse, dont les maisons à toits débordants et à arcades sont ornées d'encorbellements, forme un ensemble pittoresque. De la terrasse de l'église St-Nicolas (Stadtkirche), belle **vue*** sur le massif de l'Alpstein (Säntis) et la chaîne des Churfirsten.

Stadtmuseum im Hof zu Wil ⊙ **(Musée municipal)** – Le « Hof », bâtiment massif du 15e s. occupant le faîte de la colline, était jadis la résidence des abbés de St-Gall. Aménagé au 3e étage, le musée renferme, avec une maquette de la ville, des documents retraçant le passé de Wil.

Schloss WILDEGG*

Aargau

Cartes Michelin nos 927 I 3 ou 216 Nord du pli 17 – 5 km au Nord de Lenzburg

Le **château** ⊙ de Wildegg dresse sa masse imposante au-dessus de la vallée de l'Aare. Construit au 12e s. par un comte de Habsbourg, il a été agrandi et transformé à plusieurs reprises, en particulier par la famille Effinger qui en fut propriétaire durant quatre siècles. Le château renferme un bel **ameublement*** du 17e au 19e s. Le cabinet Bleu, la salle des Armures, la bibliothèque, retiennent particulièrement l'attention par la beauté de leur plafond et de leur mobilier. Des étages supérieurs, la vue embrasse un paysage doucement mamelonné de prairies et de forêts.

WILLISAU STADT

Luzern – 2 866 habitants
Cartes Michelin nᵒˢ 927 H 4 ou 216 pli 16 – Alt. 555 m

Fondée au 13ᵉ s., Willisau possède encore une bonne partie de son enceinte fortifiée. Menant à l'Obertor, ancienne porte de ville, la rue principale de cette petite ville présente un aspect pittoresque avec ses trois fontaines (aux statues religieuses modernes en fonte, dues à Meyer-Kistler) et ses maisons aux façades peintes, ornées d'enseignes de fer forgé et coiffées de toits aux auvents souvent décorés.

Heiligblutkapelle (Chapelle du Précieux-Sang) – *Devant l'Obertor, du côté opposé à l'église paroissiale.*
Elle conserve un plafond à caissons peints. Cette chapelle (fin 17ᵉ s.) aurait succédé à une chapelle située à l'emplacement d'un cabaret : au moment où l'un des joueurs brandissait son épée dans la direction du ciel, des gouttes de sang tombèrent, dit-on, sur la table de jeu. Pour obtenir le pardon de ce sacrilège, la communauté de Willisau fit édifier une chapelle sur le lieu de la faute.

ENVIRONS

Wolhusen – *10 km au Sud-Est.*

Dans le cimetière dominant l'église et la ville se dresse la **chapelle des Morts** (Totenkapelle). Cette minuscule chapelle est décorée à l'intérieur d'une étonnante fresque de 1661, aux tons bruns, représentant une **Danse macabre** (sous-titrée de quatrains en vers allemands exprimant les propos prêtés à chaque personnage) : remarquer les squelettes dont les crânes font saillie sur le mur.

WINTERTHUR

WINTERTHOUR – Zürich – 88 013 habitants
Cartes nᵒˢ 927 K 3 ou 216 pli 8 – Alt. 439 m
Plan dans le Guide Rouge Michelin Suisse

Une bourgade, sous le nom de Vitudurum, existait déjà ici à l'époque romaine. Dès la fin du Moyen Âge, Winterthur fabriquait ces poêles de faïence monumentaux que l'on peut encore admirer dans certains intérieurs suisses. L'essor industriel de la cité, lié, de nos jours, au développement de l'industrie textile et de la construction mécanique (matériel ferroviaire, moteurs Diesel), n'a nullement entravé son rayonnement artistique, encouragé par des mécènes au goût très sûr : c'est une véritable rétrospective de la peinture européenne au 19e s. que les diverses collections publiques de Winterthur peuvent présenter à l'amateur.
Les concerts donnés par le Collegium Musicum, fondé en 1629, sont très suivis.

CURIOSITÉS

Collection Oskar Reinhart – Ce mécène, décédé en 1965, légua sa célèbre collection à la Confédération suisse, à la condition qu'elle reste dans sa ville natale.

Museum Oskar Reinhart am Stadtgarten ⊙ – *Stadthausstrasse 6.* Œuvres d'artistes suisses, allemands et autrichiens, des 18ᵉ, 19ᵉ et 20ᵉ s. Les excellents dessins de Rudolf Wasmann, les portraits d'enfants d'Anker, des œuvres de Böcklin et de Koller, des tableaux de romantiques allemands et de peintres de l'école de Munich, ainsi que les études d'animaux de Jacques Laurent Agasse retiennent particulièrement l'attention, tandis que de nombreuses toiles de Ferdinand Hodler attestent l'importance accordée à celui qui fut le chef de file de la peinture suisse avant 1914.

★★ **Collection Oskar Reinhart « Am Römerholz »** ⊙ – *Haldenstrasse 95.* La maison du collectionneur, située dans un vaste parc, abrite un fort bel ensemble représentant cinq siècles de peinture. Figurent côte à côte : l'Allemand Cranach dit l'Ancien, l'école flamande avec Brueghel, un tableau du Greco, des dessins de Rembrandt, des œuvres françaises de la fin du 17ᵉ au 19ᵉ s. avec Poussin, Le Lorrain, Watteau, Chardin, Fragonard et quelques dessins de Daumier ; pour le 19ᵉ s., des maîtres dont les œuvres reflètent les tendances principales de l'époque en matière d'art pictural, tels que Corot, Delacroix, Courbet, Manet, Renoir et Cézanne auxquels se rattachent le Néerlandais Van Gogh et plus près de nous, Picasso, avec des dessins de la période bleue.

★ **Kunstmuseum** ⊙ **(Musée des Beaux-Arts)** – Les collections de la ville présentent des œuvres du 16ᵉ s. (Cranach), des peintres de l'école locale des 17ᵉ et 18ᵉ s. (Graff, Meyer, Füssli) et, pour les 19ᵉ et 20ᵉ s., des peintres suisses et allemands (Hodler, Vallotton, G. Giacometti, Auberjonois, Corinth, Hofer). La peinture française impressionniste est représentée par Renoir ; les coloristes par Bonnard, Vuillard et Van Gogh. Une partie du bâtiment est réservée aux sculptures de Rodin, Maillol, Haller, Marini et Alberto Giacometti.

La Crèche des enfants, par A. Anker

Stiftung O. Reinhart, Winterthur

★★ **Villa Flora** ⓥ – *Tösstalstrasse 44. Accrochage renouvelé annuellement ; le jardin (deux sculptures d'Aristide Maillol) est accessible en visite de groupe.*
La collection d'œuvres postimpressionnistes qu'Arthur et Hedy Hahnloser-Bühler ont rassemblée ici entre 1907 et 1930 a pour originalité d'avoir été constituée grâce aux contacts personnels qu'ils entretenaient avec les artistes. On reste étonné par la cohérence et le caractère prophétique de leurs acquisitions, que le visiteur a la chance d'admirer dans la maison même de ces amateurs d'art éclairés.
Le groupe des nabis, formé par des peintres nés entre 1860 et 1870 et en réaction contre les conventions académiques, représente le noyau de la collection. Le Suisse F. Vallotton est à l'honneur *(La Charrette)* à côté d'œuvres remarquables de E. Vuillard *(La Partie de dames*, à l'étonnante perspective plongeante) et P. Bonnard *(Les Faunes*, où se combinent différents angles de vue). Le fauvisme, né d'une appellation du critique Louis Vauxcelles à l'occasion du Salon d'automne de 1905, est représenté par H. Manguin, grand ami des Hahnloser-Bühler et de Matisse. Parallèlement aux nabis et aux fauves, l'un des points forts de la visite est le rare ensemble de toiles du peintre de l'irrationnel, O. Redon *(Andromède)* à propos duquel Hedy Hahnloser-Bühler disait en 1919 : « Tous les éléments essentiels propres à la volonté artistique contemporaine se trouvent déjà dans son œuvre. » Enfin, la collection possède quelques œuvres de premier ordre telles que le *Portrait du peintre* de P. Cézanne, *Le Semeur* et *Le Café de nuit* de V. Van Gogh, ainsi que de nombreuses sculptures (bronzes de P. Bonnard, C. Despiau, A. Maillol, H. Matisse, M. Marini, P.-A. Renoir, A. Rodin et F. Vallotton). Des expositions temporaires de qualité sont également organisées de façon régulière.

Technorama ⓥ – *Technoramastrasse 1. Quitter l'autoroute à la sortie Oberwinterthur.*
Sa présentation ludique et attrayante fait de ce musée une bonne introduction pour les jeunes au développement de la science et de la technique (indications en allemand, souvent en français ; écouteurs en langues étrangères dans certains secteurs).
L'exposition permanente se divise en huit secteurs. Au rez-de-chaussée : physique (présentations didactiques) ; trains et jouets (collection de trains miniatures) ; énergie (machines thermiques). Au 1er étage : eau, nature, chaos (expériences des phénomènes naturels) ; musique mécanique (instruments et enregistrement du son) ; matériaux (transformation). Au second : textile (filage et tissage) ; automatisme (analogique et numérique). Le principe de la visite est de manipuler les appareillages et d'assister à des démonstrations ; la plus impressionnante est certainement celle concernant la haute tension. Le « laboratoire » permet, sous la direction de moniteurs, d'apprendre tout en se divertissant.
À l'extérieur, un parc permet aux jeunes d'expérimenter des engins volants *(seulement le samedi et le dimanche).*

ENVIRONS

Schloss Kyburg ⓥ **(Château de Kybourg)** – *6 km au Sud. Quitter Winterthur par la route de Seen. À Sennhof, prendre à droite une petite route le long de la Töss ; à 1 km, tourner à gauche.*
Érigé aux 10e et 11e s., ce château féodal passa, par héritages successifs, de la lignée des comtes de Kybourg à celle des Habsbourg, pour devenir baillage de la ville de Zurich en 1424, jusqu'en 1798. Il appartient depuis 1917 au canton de Zurich et à la ville de Winterthur. Il contient de remarquables collections de meubles et d'armes, et offre une belle vue sur la campagne environnante.

YVERDON-LES-BAINS

Vaud – 22 981 habitants

Cartes Michelin n°s 927 D 5 ou 217 pli 3 – Schéma : Le JURA SUISSE – Alt. 439 m
Plan dans le Guide Rouge Michelin Suisse

Bâtie à la pointe Sud du lac de Neuchâtel, Yverdon bénéficie de la réputation due aux vertus de ses eaux sulfureuses et magnésiennes qui jaillissent de quelque 500 m de profondeur depuis des milliers d'années. Au bord du lac, une plage très bien aménagée contribue également à la réputation de la ville.

Un ensemble de plusieurs menhirs appelé « la Promenade des Anglais », que l'on peut voir à la sortie de la ville sur la route d'Estavayer-le-Lac, témoigne d'une présence humaine ancienne. Importante bourgade celtique (Eburodunum), puis gallo-romaine, la ville conserve de l'époque romaine les vestiges d'un *castrum*, situés à proximité du cimetière.

L'hôtel de ville, avec sa façade de style Louis XV, et surtout le château, méritent l'un et l'autre de retenir l'attention.

Expo.02 : 15 mai-20 octobre 2002 – Yverdon-les-Bains fait partie des villes choisies (avec Bienne, Morat et Neuchâtel) pour l'exposition nationale du nouveau millénaire.

Château – Il date du 13e s. C'est en effet sur l'emplacement d'une première forteresse entreprise quelques années avant lui et restée inachevée que Pierre II de Savoie, qui s'était emparé d'Yverdon en 1259, fit construire cet imposant château fort, flanqué de quatre tours rondes. Après avoir subi plusieurs restaurations, le château est devenu maintenant un lieu culturel important.

Musée d'Yverdon-les-Bains et de sa région ⓥ – Ses collections retracent l'histoire locale depuis la préhistoire. La faune régionale est également représentée. Dans la tour Nord-Est, une salle est consacrée à l'éminent éducateur Pestalozzi *(voir Trogen)*.

Un grand pédagogue

Né à Zurich le 12 janvier 1746, **Johann Heinrich Pestalozzi,** fils d'un chirurgien d'origine italienne et petit-fils d'un pasteur, fut très vite influencé par les idées de Jean-Jacques Rousseau sur l'éducation exprimées dans l'*Émile*. Aussi consacra-t-il l'essentiel de sa vie à l'éducation des enfants pauvres principalement en milieu rural. Son œuvre magistrale *Léonard et Gertrude* (1781-1787) rassemble ses conceptions.

Dans sa maison de Neuhof, à Birr, en Argovie, il emploie toute son énergie à mettre en application ses nobles idées, puis c'est à Stans et à Berthoud (Burgdorf) qu'il poursuit sa croisade. En 1804, il est invité par la ville d'Yverdon en qualité d'éducateur pour les enfants les plus démunis. C'est en 1805 qu'il fonde entre les murs du château un institut dont la renommée franchira les frontières des pays d'Europe. En 1806, il crée à côté de l'hôtel de ville un institut réservé aux filles, où l'enseignement dispensé est le même que pour les garçons. Après vingt ans passés à Yverdon, Pestalozzi retrouve sa maison de Neuhof. Il s'éteint à Brugg en 1827.

Sa pensée et son action peuvent se résumer en ces quelques lignes écrites sur le socle de sa statue :

« J'ai vécu moi-même comme un mendiant
pour apprendre à des mendiants à vivre comme des hommes. »

Maison d'Ailleurs ⓥ – Le musée de la science-fiction, de l'utopie et des voyages extraordinaires est unique. Il accueille des expositions temporaires d'œuvres de sculpteurs, peintres ou dessinateurs de tous horizons, qui emmènent le visiteur sur trois niveaux dans l'au-delà, l'irréel. C'est surprenant, amusant parfois dérangeant.

ZERMATT✳✳✳

Valais – 5 595 habitants

Cartes Michelin nos 927 H 7 ou 219 pli 4 – Schéma : Le VALAIS – Alt. 1 616 m
Plan dans le Guide Rouge Michelin Suisse

Dans ce fond de vallée du Nikolaital, personne n'échappe à la fascination qu'exerce le Cervin (**Matterhorn** – alt. 4 478 m), dont la pyramide crochée apparaît depuis le centre de la station. Elle a scellé le destin de cet ancien village, « découvert » il y a un siècle par les Anglais, et que la dynastie hôtelière des Seiler a transformé en station, à partir de 1855. Bien autant que les alpinistes, Zermatt – qui commande une douzaine de « 4 000 » – attire un flot continu de touristes, de toutes nationalités. Sa rue principale est un long boyau dévolu aux boutiques de luxe, aux hôtels et aux magasins de souvenirs. Tout au moins, la station reste préservée de la circulation – à l'exception des voiturettes électriques et des traîneaux et calèches. On n'accède ici qu'en petit train, soit à partir de Brigue ou de Viège (Visp) où la plupart des visiteurs laissent leur voiture, soit à partir de Täsch (5 km de Zermatt) où un vaste parking a été aménagé. Le temps n'est plus où les hôtes de Zermatt arrivaient à pied ou à dos d'âne, par un chemin muletier exposé aux chutes de pierres...

LA CONQUÊTE DU CERVIN

Les tentatives d'Edward Whymper – Depuis 1860, ce jeune illustrateur anglais, conquis par les silhouettes montagneuses que son éditeur l'avait chargé de « croquer », sillonne les Alpes du Valais, de Savoie et du Dauphiné, à la recherche d'ascensions inédites. Il a déjà inscrit à son tableau les « premières » de la barre des Écrins, de l'aiguille Verte et des Grandes Jorasses. Mais il revient toujours à Zermatt ou en

Zermatt et le Cervin

Valtournenche, fasciné par le Cervin qu'il n'a pas réussi à vaincre malgré huit tentatives menées au départ de Breuil, avec la collaboration du fameux guide valdôtain Jean-Antoine Carrel.

Compétition au sommet – En 1865, **Whymper** modifie son plan de campagne : il décide d'attaquer la pyramide par son arête Nord-Est – celle qui regarde Zermatt. Le 13 juillet, les habitants de Zermatt voient s'ébranler une caravane : trois grimpeurs anglais – Douglas, Hudson, Hadow – et le guide chamoniard Michel Croz sont venus se joindre, en dernière minute, à la cordée formée par Whymper et ses deux guides de Zermatt, les Taugwalder père et fils.

Par un temps idéal et sans chutes de pierres, les alpinistes posent le pied sur la cime du Cervin, le 14 juillet en début d'après-midi ; ils éprouvent la satisfaction de pouvoir narguer une cordée partie de Breuil à leur insu, sous la conduite de **Carrel**, pour une offensive décisive sur la paroi italienne – celui-ci trouvera, le 17 juillet, la récompense de ses efforts.

Amère victoire – S'arrachant à la contemplation du panorama où se découpent 33 sommets de plus de 4 000 m, les vainqueurs reprennent le chemin du retour. Soudain, le jeune Hadow – l'élément le moins entraîné du groupe – « dévisse », entraînant dans sa chute ses voisins de cordée, Croz, Hudson et Douglas. La corde d'assurance se rompt net entre Douglas et Taugwalder père. Whymper et ses guides assistent à l'effrayante chute de leurs quatre compagnons, 1 200 m plus bas.

Ils parviennent à se ressaisir devant ce drame... Mais un phénomène céleste impressionnant – l'apparition de deux croix inscrites dans un immense arc de nuées – vient, dit-on, mettre leur sang-froid à rude épreuve, avant le retour dans la vallée.

Le domaine skiable – Zermatt est l'un des plus beaux et des plus vastes domaines skiables de Suisse. Si la station n'offre pas la variété de pistes que l'on trouve à Courchevel, Val-Thorens ou Val-d'Isère, et ne comporte que 18 remontées mécaniques, elle n'a guère d'équivalent pour les panoramas. Le domaine s'articule autour de 3 hauts sommets, offrant une dénivelée spectaculaire : jusqu'à 2 300 m du côté italien et 2 200 m du côté suisse. Les 260 km de pistes de ski alpin se déploient sur des pentes modérées, dans un cadre splendide de moyenne et haute montagne. Depuis quelques années, on peut s'initier au **télémark**, ski « à l'ancienne » venu des pays scandinaves, et dont la station s'est fait une spécialité.

Le sommet le plus élevé est celui du **Petit Cervin** (3 820 m) où l'on pratique le ski en hiver comme en été, sur le vaste glacier Theodulgletscher pourvu de pistes faciles. La piste 20b est recommandée pour les vues superbes qu'elle réserve sur le Cervin. Du Hörnli partent plusieurs itinéraires qui valent le détour. Les descentes en forêt sur le premier tronçon sont un délice, lorsque l'enneigement est abondant.

Le massif du **Gornergrat** déploie des pistes très faciles, à proximité de la ligne de chemin de fer. Les bons skieurs peuvent opter pour les pistes du Rote Nase (3 247 m) et du Stockhorn (3 407 m) sur 1 200 m de dénivelée.

Le **Rothorn** (3 103 m) est idéal pour les skieurs de niveau intermédiaire, notamment les pistes 22b et 23.

LA STATION

Bahnhofstrasse – La station fut lancée en 1855, avec l'ouverture de l'hôtel du Monte Rosa qui fit le bonheur de la haute société anglaise : sur sa façade a été scellé un médaillon dédié à Whymper. Depuis la gare jusqu'à l'église paroissiale, la rue principale est bordée par les hôtels et les magasins croulant sous les petites cloches, les chalets à musique et autres souvenirs kitsch de la Suisse éternelle. Au-delà, plus au calme, le **vieux Zermatt** masse ses chalets valaisans et ses mazots couleur de pain brûlé.

Alpines Museum ⊘ (Musée alpin) – Situé au centre de la station, près de la poste, il présente des souvenirs de la conquête du Cervin, des premiers guides ou des hôtes illustres de Zermatt, ainsi que l'histoire des Alpes (géologie, faune, flore). Un relief du Cervin permet d'observer en détail les différentes faces du célèbre pic. Une section importante est consacrée au vieux Zermatt (reconstitution d'intérieurs montagnards).

BELVÉDÈRES ACCESSIBLES PAR REMONTÉES MÉCANIQUES

***Klein Matterhorn ⊘ **(Petit Cervin)** – Alt. 3 886 m. *Accès par télécabine puis 2 téléphériques. Compter une demi-journée pour la découverte des panoramas, et une grosse journée si l'on entreprend une randonnée en complément. En hiver, compter au moins 2 h pour accéder au sommet, à cause des files d'attente. La gare de départ, accessible en navette ou en 15 mn à pied, se situe à l'extrémité de Zermatt.*

Le 1er tronçon se parcourt au-dessus de la forêt et d'un raide couloir d'éboulis dont on découvre une vue d'enfilade jusqu'à Zermatt, depuis la 1re station intermédiaire de **Furi** (alt. 1 865 m). Le site comporte plusieurs mazots et des auberges, ouvertes été comme hiver.

La 2e section, dans un décor minéral en vue du Cervin, aboutit à **Trockener Steg** (alt. 2 929 m) où se dévoile le **glacier de Théodule**** bordant la station. Ses séracs rutilent dans un cirque de pentes rougeâtres, striées de cascades et couronnées de pics neigeux.

Le dernier téléphérique, survolant le glacier, mène à la station la plus haute d'Europe. On accède au sommet proprement dit (alt. 3 885 m) grâce à un ascenseur et quelques marches d'escalier.

Le **panorama***** à 360° est extraordinaire. À l'Ouest trônent le Mont Blanc (à droite duquel se dressent le mont Maudit et les Grandes Jorasses), le Grand Combin, la dent d'Hérens et le Cervin. Au Nord, la vue porte sur Zermatt, encadré à gauche par la dent Blanche, l'Obergabelhorn et le Zinalrothorn, et à droite par le Dom et le Täschhorn. Dans le lointain, on reconnaît la Jungfrau, le Mönch et l'Aletschhorn. Mais le regard est surtout attiré, à l'Est, par l'immense langue glaciaire du Gorner, les sommets de Breithorn (4 160 m), Castor (4 226 m) et Pollux (4 991 m). Ce merveilleux tour d'horizon s'achève au Sud par les Alpes italiennes avec le mont Viso, le Grand Paradis et Grivola.

Redescendre à Furi en téléphérique.

★ **Schwarzsee** ⓥ (Lac Noir) – Alt. 2 582 m. *1/2 journée de marche.*

De Furi, un téléphérique mène en 5 mn les amateurs de sites solitaires jusqu'à une cuvette rocheuse et gazonnée : le Cervin se reflète dans ce petit lac dont un sentier fait le tour. Sur une rive se dresse une petite chapelle à toit de schistes. Le lac Noir est le point de départ de superbes randonnées vers Zermatt *(voir ci-dessous)*. Redescendre par Stafel et Zmut.

★★★ **Gornergrat** ⓥ – Alt. 3 135 m. *1 h 40 de chemin de fer à crémaillère AR. Compter la journée pour combiner cette excursion avec une randonnée ou avec l'ascension du Stockhorn.*

La voie ferrée du Gornergrat, qui s'attaque à une pente très accentuée, constitue la plus haute d'Europe à ciel ouvert. Au départ, on découvre des **vues*** d'ensemble sur Zermatt. Après la halte du Riffelberg, où l'on peut admirer le Cervin, elle réserve l'inoubliable vision du **mont Rose** qui culmine avec la pointe Dufour (alt. 4 634 m), et de son immense cirque glaciaire. De la plate-forme terminale, monter en 5 mn au sommet. **Panorama***** grandiose sur les multiples mers de glace et sur le Valais. On peut prolonger cette excursion par la montée au Hohtälli (3 273 m) puis au **Stockhorn***** (3 405 m) par 2 téléphériques successifs *(1 h AR)*. Vue rapprochée sur le mont Rose, le Lyskam, Castor et Pollux : un paysage glaciaire qui tranche avec l'autre côté de la vallée, sévère et désertique. Il est recommandé aux marcheurs, s'ils ne sont pas sujets au vertige, d'accéder à pied du Gornergrat à Hohtälli par un **sentier de crête***** aérien aux vues incomparables.

★★ **Rothorn** – Alt. 3 103 m. *Depuis Zermatt, par funiculaire (long couloir d'accès) jusqu'à Sunnegga, puis par télécabine jusqu'à Blauherd, enfin par téléphérique. Durée totale du trajet aller : environ 20 mn, dont 5 mn de funiculaire.*

Le funiculaire grimpe dans un tunnel (3 mn). À **Sunnegga** (alt. 2 285 m), sur le rebord d'un plateau d'alpages agrémenté d'un petit lac, se dévoile une première vue sur le Cervin, au Sud-Ouest. De la 2ᵉ station intermédiaire, **Blauherd** (alt. 2 577 m), en vue d'une belle sapinière à droite, le téléphérique parvient au sommet du Rothorn, rocheux et arasé. Le **panorama**** est d'une beauté spectaculaire : barré à l'Est par l'Ober Rothorn, il s'étend jusqu'au Cervin que l'on découvre de profil au Sud-Ouest, sur le glacier de Findel au Sud, sur Zermatt à l'Ouest, et sur la vallée du Nikolaital au Nord. Depuis le Rothorn, on peut emprunter les plus hauts sentiers des Alpes jusqu'au **Oberrothorn** (alt. 3 415 m).

RANDONNÉES PÉDESTRES

Même pour les simples promeneurs, les possibilités de randonnées sont exceptionnelles : 400 km de sentiers traversent forêts et alpages où se cachent des hameaux pittoresques, abordant des lacs et des cirques glaciaires grandioses.

★★ **Du lac Noir à Zermatt** – *900 m de dénivelée en descente jusqu'à Zermatt ou 700 m jusqu'à Furi. Prévoir de bonnes chaussures. Compter une demi-journée au minimum.*

Accès au lac Noir en téléphérique et 5 mn de marche. En quelques instants, gagner en contrebas un deuxième lac, de taille plus modeste. **Cadre**** superbe, avec les reflets de la dent Blanche au Nord, du Petit Cervin et du Breithorn au Sud. Poursuivre le chemin, en descente régulière : il réserve des **vues**** remarquables sur le Cervin, les glaciers de Zmutt et d'Arben ainsi que le Dom et le mont Rose. Après une demi-heure de marche, rester sur le chemin de gauche puis bifurquer peu après sur le sentier de droite. L'itinéraire, plus raide, aboutit au Stafelalp (auberge à 2 200 m d'altitude).

Une descente assez pentue mène en bordure de forêt. Une alternative s'offre au randonneur : la descente sur le hameau pittoresque de Zmutt ou le retour sur Furi, puis les gorges de Gorner *(voir ci-dessous)*.

★★ **Du lac Vert (Grünsee) au lac Grindjisee et au lac Leisee** – *Accéder à Riffelalp (alt. 2 200 m) avec le train à crémaillère du Gornergrat. Randonnée assez facile : une demi-journée à une journée selon les variantes. Retour avec le funiculaire du Sunnegga.*

De Riffelalp, un bon chemin (3/4 h environ) conduit, en lisière de forêt, jusqu'au

Grünsee★★ où se déploient des **vues**★★ magnifiques sur le Cervin, la dent Blanche, l'Obergabelhorn, le Zinalrothorn et le Weisshorn. Le tour du lac permet d'apprécier les reflets du cirque de montagnes dans les eaux paisibles.

Gagner en 3/4 h le **Grindjisee**★ (alt. 2 334 m). Les marcheurs entraînés peuvent compléter le circuit des lacs en faisant un détour par le **Stellisee**★, au terme de 200 m de dénivelée en montée (alt. 2 537 m).

Terminer la découverte du hameau traditionnel de **Eggen**, puis la montée (courte mais raide) au très beau lac de **Leisee**★ (2 200 m).

Du lac, monter en 10 mn au **Sunnegga** pour rentrer en funiculaire. On peut aussi redescendre directement à pied sur Zermatt (bel itinéraire en forêt, 1 h 15).

Gornerschlucht ⊘ **(Gorges du Gorner)** – *2 h à pied AR. À la sortie Sud de Zermatt, tourner à gauche (pont), puis suivre la signalisation.*

Le sentier, tracé dans les parois abruptes, surplombe de superbes gorges. Au fond de l'échancrure bouillonne le torrent. On traverse la forêt de pins arolles et de mélèzes jusqu'à Blatten, pittoresque hameau avec sa chapelle, ses mazots *(illustration au texte du Valais)* et ses blocs erratiques. Du charmant restaurant avec terrasse, vue imprenable sur le Cervin.

Prendre, après Zumsee, le chemin regagnant Zermatt.

★★ **De Riffelberg à Zermatt** – *2 h de descente sur 950 m de dénivelée. Accéder à cette station par le train à crémaillère du Gornergrat.*

L'itinéraire vers Riffelalp s'effectue dans un **cadre**★★ alpestre rayonnant. Suivre ensuite la direction de Zermatt (jolie chapelle) à travers une belle forêt de mélèzes et de pins. À Untere Riffelalp, remarquer de pittoresques maisons de chasseurs.

ZERNEZ

Graubünden – 1 035 habitants

Cartes Michelin n°s 927 O 5 ou 218 pli 6 – Schéma : GRAUBÜNDEN – Alt. 1 474 m

Ce gros bourg pittoresque domine le confluent du Spöl et de l'Inn. La proximité du Parc national suisse et son équipement en font un site de villégiature recherché en particulier par les fervents de la nature.

★ROUTE DE L'OFEN

De Zernez au col de l'Umbrail

57 km – environ 2 h 1/2 – itinéraire 6 *de la visite des Grisons.*

La route du col de l'Ofen relie l'Engadine au val Venosta en Italie.

★ **Schweizerischer Nationalpark** ⊘ **(Parc national suisse)** – *Voir ce nom.*

Ofenpass (Col de l'Ofen) – Alt. 2 149 m. Il sépare le val dal Spöl au Nord du val Müstair au Sud dont le torrent, le Rom, est tributaire de l'Adige.

Du col à Tschierv, plusieurs passages en corniche offrent de jolies échappées vers l'aval et surtout sur la coupole neigeuse de l'Ortles.

Après Tschierv, le trajet associant les espaces gazonnés et les bois de mélèzes offre un certain cachet tyrolien, en particulier par les clochers à bulbe des églises de Fuldera et de Valchava.

Santa Maria – Beau village dont les maisons au crépi blanc évoquent l'Engadine.

★ **Müstair** – *Voir ce nom.*

Revenir à Santa Maria.

De Santa Maria au col de l'Umbrail, la route monte dans le sillon du val Muraunza dont les aspects désolés et les horizons limités contrastent avec le **tableau**★ frais et harmonieux qui se révèle à proximité du restaurant Alpenrösli. De la terrasse de cet établissement, la vue plonge dans le val Müstair, conque de prairies allant se resserrant vers l'amont entre les versants boisés qui se ferment au col de l'Ofen.

Les principaux sommets au-dessus de 4 000 mètres

Mont Rose (Valais)	4 634 m	Aletschhorn (Valais)	4 195 m
Dom (Mischabel ; Valais)	4 545 m	Breithorn (Valais)	4 160 m
Weisshorn (Valais)	4 505 m	Jungfrau (Berne-Valais)	4 158 m
Le Cervin (Valais)	4 478 m	Mönch (Berne-Valais)	4 099 m
Dent Blanche (Valais)	4 357 m	Schreckhorn (Berne)	4 078 m
Grand Combin (Valais)	4 314 m	Piz Bernina (Grisons)	4 049 m
Finsteraarhorn (Valais)	4 274 m	Lauteraarhorn (Berne)	4 042 m

ZUG★

ZOUG – [C] Zug – 22 366 habitants
Cartes Michelin nᵒˢ 927 J 4 ou 216 pli 18 – Alt. 425 m

Bâtie à l'extrémité Nord-Est du lac qui porte son nom, cette charmante petite ville s'étend parmi les jardins et les vergers de la rive du lac, au pied des premiers contreforts boisés du Zugerberg.
Selon les résultats des fouilles archéologiques, le site de Zoug aurait été occupé sans interruption par l'homme depuis l'époque néolithique. Au Moyen Âge, la ville appartint successivement aux familles de Lenzbourg, de Kybourg et de Habsbourg, avant d'entrer dans la Confédération en 1352. Son château du 13ᵉ s. a été entièrement restauré.

★★ **Zuger See (Lac de Zoug)** – Sixième lac proprement suisse avec plus de 38 km² de superficie et une profondeur de près de 200 m, il s'allonge, du Nord au Sud, sur environ 14 km, divisé en deux bassins par la presqu'île du Kiemen. Ses eaux bleutées, son site de collines riantes que domine le Rigi, au Sud, ses aménagements le font particulièrement apprécier des estivants.

CURIOSITÉS

★ **Les quais** – De la Seestrasse à l'Alpenquai, ils offrent de belles **vues**★ sur les sommets de la Suisse centrale (Rigi, Pilate, Bürgenstock, Stanserhorn) et, au dernier plan, sur les Alpes bernoises (Finsteraarhorn, Jungfrau, Blümlisalp).

★ **Ville ancienne** – Un certain nombre de vestiges fortifiés – tour de la Poudre (Pulverturm), tour des Capucins (Kapuzinerturm) – délimitent encore le noyau ancien de la ville.
Le quartier traversé par l'Unter-Altstadt et l'Ober-Altstadt présente, avec ses vieilles demeures à pignons à redans, un cachet médiéval plein de saveur.
Le Fischmarkt (marché aux Poissons) montre des maisons à auvents peints et balcons en avancée.
La **tour de l'Horloge** (Zytturm), au toit de tuiles peintes aux couleurs de Zoug (blanc et bleu), se termine par un clocheton effilé. Sous le cadran sont figurés les blasons des huit premiers cantons de la Confédération – Zoug étant le 7ᵉ canton entré dans l'alliance.
La **Kolinplatz**, entourée de maisons anciennes dont la Maison de ville (Stadthaus), édifice du 16ᵉ s., est ornée d'une belle fontaine fleurie.
Cette fontaine porte la statue du banneret Wolfgang Kolin, représentant d'une famille locale qui s'illustra particulièrement à la bataille d'Arbedo – où les forces confédérées défendant la Léventine furent écrasées par les troupes du duc de Milan (1422) ; un membre de cette famille se fit tuer pour sauver sa bannière, tandis que son fils, à qui il l'avait tendue, succombait à son tour.

St. Oswald – De style gothique tardif, l'église St-Oswald a été bâtie aux 15ᵉ et 16ᵉ s. L'intérieur, voûté d'ogives, est assombri par des piliers massifs. La nef est séparée du chœur par une cloison ornée de fresques.
De nombreuses statues de saints, dans le chœur et de chaque côté de la nef, des triptyques de bois peint et doré, dans chacune des chapelles latérales, ainsi que des fresques sur la voûte de la nef et dans les bas-côtés, forment la décoration.

ENVIRONS

★ **Zugerberg** – Alt. 988 m. *La façon la plus pratique d'accéder au Zugerberg est de prendre le bus nᵒ 11 qui part de la gare de Zoug (arrêt Bahnhof Metelli), d'aller jusqu'à Schönegf et de là prendre le funiculaire ⊙.*
Du sommet, on découvre une **vue**★ presque circulaire, au Nord-Ouest sur Zoug et le lac, au Sud-Ouest sur le Pilate, au Sud sur l'Uri-Rotstock et les Alpes d'Uri, à l'Est – par une trouée entre les sapins – sur le village d'Unter-Ägeri et son lac. Au Nord moutonnent les ondulations du « Moyen-Pays », en direction de Zurich.

★ **Ancienne abbaye de Kappel** – *8 km au Nord par la route de Zürich.* Écrasant de sa masse le village blotti contre elle et près duquel fut tué le réformateur Zwingli *(voir ce nom),* la grande église abbatiale se signale de loin par sa haute silhouette à contreforts, toits aigus et fin clocher. Bâtie aux 13ᵉ s. (chœur) et 14ᵉ s. (nef), elle illustre l'art gothique à ses débuts par des lignes pures et la simplicité toute cistercienne de façades seulement ornées d'élégantes baies à lancettes.
À l'intérieur s'offrent maints sujets d'intérêt : l'architecture de la vaste nef et de ses collatéraux surbaissés, à voûtes ogivales et clefs peintes bellement ciselées, le chevet plat (à verrière moderne), le chœur fermé par d'amusantes boiseries reliées aux **stalles** (14ᵉ s.) sculptées de têtes humaines ou animales (remarquer le groupe de la chienne avec ses chiots), les vestiges de fresques (14ᵉ s.) décorant le pourtour du chœur (saint Martin, Christ et saints en médaillons). Des pierres tombales anciennes jonchent le sol de l'édifice. Remarquer surtout les admirables **vitraux**★ (14ᵉ s.) haut placés sur 6 fenêtres du mur de droite de la nef et retraçant des scènes de la vie de Jésus (le dernier, près de l'entrée, la Crucifixion). Deux des anciens bâtiments conventuels subsistent derrière l'abbatiale.

ZUOZ★★

Graubünden – 1 361 habitants
Cartes Michelin nᵒˢ 927 N 6 ou 218 Nord-Ouest du pli 16
Schéma : GRAUBÜNDEN – Alt. 1 716 m

Zuoz, station d'altitude bien équipée pour les séjours d'été, réserve à l'amateur de couleur locale la découverte d'un ensemble de **demeures engadinoises★★** construites, pour la plupart, par des membres de la famille Planta, célèbre dans les annales des Grisons.

CURIOSITÉS

★★ Hauptplatz (Place centrale) – Sa fontaine est surmontée de l'ours héraldique des Planta (le blason de la famille porte plus exactement une patte d'ours coupée, la plante – *planta* – tournée vers le haut). La place est bornée au Nord par la « maison Planta », composée de deux habitations distinctes abritées sous le même toit.
Cet ensemble reste soumis aux canons du style engadinois *(voir Engadin)*, mais ses dimensions inaccoutumées, son escalier extérieur à rampe de style rococo lui donnent un cachet seigneurial.
Le long de la rue principale, l'auberge Crusch Alva (1570) est décorée, au pignon, d'une série de blasons. On reconnaît, à droite de saint Luzius, l'évangélisateur de la Haute-Rhétie, les armes des trois « Ligues » *(voir en introduction au chapitre Les cantons)*, des « XIII cantons » helvétiques de l'époque, enfin celles des trois familles Salis (un saule – *salix* en latin), Planta et Juvalta.
Faire le tour de la maison Planta pour passer sous les arcades qui relient ce bâtiment à la « Tuor » (tour Planta, du 13ᵉ s.) et descendre à l'église.

Dorfkirche ⓥ – Dominée par un clocher grêle, l'église conserve un vaisseau couvert de voûtes en étoile.
Le motif de la patte d'ours revient souvent dans sa décoration intérieure. Trois fenêtres sont pourvues de vitraux modernes : ceux de l'abside (l'Espérance et la Charité), dus au talent vigoureux d'Augusto Giacometti, et celui des « Trois Rois » par Gian Casty.

ZÜRICH★★★

C Zürich – 360 000 habitants
Cartes Michelin nᵒˢ 927 J 3 ou 216 pli 18 – Alt. 409 m
Plan d'agglomération et plan général dans le Guide Rouge Michelin Suisse

Bâtie entre les versants boisés de l'Ütliberg et du Zürichberg, à l'endroit où la Limmat, sortant du lac de Zurich, reçoit la Sihl, Zurich est le plus important centre financier, industriel et commercial de Suisse. C'est aussi la ville la plus peuplée – près d'un million d'habitants pour toute l'agglomération – et la plus influencée par les mouvements contemporains liés à la jeunesse. Beaucoup plus animée le soir que d'autres grandes villes de la Suisse alémanique, Zurich multiplie les restaurants, cinémas, discothèques, salles de concerts…

UN PEU D'HISTOIRE

Zwingli et la Réforme – Nommé curé de Glaris en 1506, à l'âge de 22 ans, Zwingli n'hésite pas à dénoncer, en chaire, le service mercenaire à l'étranger, qui affaiblit les forces vives de la nation, et la vénalité des magistrats. Il passe deux ans à Einsiedeln, puis se voit confier la cure de la cathédrale de Zurich. C'est alors qu'il cherche à réaliser ses projets religieux : il s'élève violemment contre le trafic des indulgences et proclame que la Bible est la seule autorité en matière de foi.

En janvier 1523, une « dispute » publique ayant opposé au Rathaus de Zurich les partisans et les adversaires de Zwingli, ce dernier triomphe, le Conseil s'étant déclaré favorable aux idées nouvelles. En trois ans, la Réforme s'implante complètement à Zurich. Zwingli obtient la suppression des pèlerinages, des processions et de certains sacrements. Il se montre favorable au mariage des prêtres – donnant lui-même l'exemple en 1524 – et fait fermer les couvents dans le canton de Zurich, devenu la terre d'élection de la Réforme en Suisse alémanique. L'autorité de Zwingli inquiète les cantons catholiques. Lucerne, Uri, Schwyz, Unterwald et Zoug s'entendent contre Zurich et l'écartent de la direction des affaires fédérales.

En 1528, une nouvelle grande « dispute » religieuse a eu lieu à Berne : Zwingli en sort encore à son avantage, mais en 1531, la guerre ne peut être évitée : le 11 octobre, Zwingli trouve la mort à Kappel, au cours d'un violent engagement qui voit la déroute des siens. Mais sa disparition ne marque pas la faillite de ses thèses religieuses, qui se propagent peu à peu à travers toute la Suisse alémanique.

Un prodigieux essor – Zurich compte 17 000 habitants en 1800. En 1848, elle doit abandonner à Berne le rang de ville fédérale, mais elle devient, six ans plus tard, le siège de l'École polytechnique fédérale – le fameux « Polytechnicum ». La constitution démocratique qu'elle se donne en 1869 sert de modèle à d'autres constitutions cantonales, et inspire même la Constitution fédérale de 1874. Au début du 19ᵉ s., la ville croît hors de ses fortifications, vers la campagne environnante. Les banlieues industrielles se développent le long des voies de communication. Zurich est, aujourd'hui, la capitale économique de la Confédération.

★★LA VIEILLE VILLE

Rive Ouest de la Limmat

★ **Bahnhofstrasse** (EYZ) – Cette belle avenue plantée de tilleuls (1,4 km) est la plus animée de la ville. Elle a été construite sur l'emplacement du « Fröschengraben » (fossé aux grenouilles) et conduit de la gare centrale (Hauptbahnhof) aux rives du lac. Avec ses banques et ses compagnies d'assurances, c'est le nerf des affaires pour la Confédération helvétique. Tout au long se succèdent les grands magasins et les boutiques de luxe.

Poursuivre jusqu'à Paradeplatz.

Naissance du mouvement dada

Le 5 février 1916 est inauguré le **Cabaret Voltaire** (1, Spiegelgasse, plaque commémorative) par Hugo Ball, poète et metteur en scène, avec sa femme Emmy Hennings, auxquels se sont joints des amis et artistes de tous horizons : Tristan Tzara, Marcel Janco, Jean Arp, Richard Huelsenbeck, Sophie Taeuber. Tous sont animés par le désir de créer un art d'avant-garde, en réaction à l'art existant. Bousculant l'ordre établi, ils donnent des spectacles de danse, récitent des poèmes, exposent des peintures…

C'est en cherchant un nom pour la chanteuse du cabaret qu'Hugo Ball et Richard Huelsenbeck découvrent, par hasard, le mot « dada ». Ils l'adoptent pour désigner le groupe. En 1926, le mot apparaît dans le premier numéro du Cabaret Voltaire, publication éditée en allemand, français et anglais. Il reflète le premier sursaut d'une révolte morale et intellectuelle envers une société trop sûre d'elle-même. Six mois après son ouverture, le Cabaret Voltaire ferme ses portes, mais la revue dada lui survivra.

CARNET D'ADRESSES

Office de tourisme – *Zürich Tourismus, Bahnhofbrücke 1. Ouvert d'avril à octobre, du lundi au samedi de 8 h 20 à 20 h 30 et dimanche de 8 h 30 à 18 h 30 ; de novembre à mars, du lundi au vendredi de 8 h 30 à 19 h, samedi et dimanche de 9 h à 18 h 30 –* ☎ *(01) 215 40 00 – fax (01) 215 40 44. E-mail : information@zurichtourism.ch*
Un choix très fourni de brochures sur l'agglomération de Zurich, mais aussi sur d'autres régions de Suisse. Vente de tickets pour les transports en commun, visites guidées, service de location de voitures...

Circuler

Transports en commun – Dans le centre-ville, les places de parking sont rares et chères, mais Zurich dispose d'un excellent réseau qui s'étend à toute l'agglomération : tramway, bus, métro (S-Bahn), bateau, train urbain... Des forfaits illimités d'une journée sont proposés à l'Office de tourisme, dans la gare et dans les automates. D'autres forfaits combinent les déplacements avec la visite de musées, des excursions, etc. De mai à septembre, le tramway coloré **Chuchichäschtli** permet d'apprécier le centre-ville devant une boisson, une glace ou un en-cas.

Vélo – Des pistes sont aménagées dans toute la ville. Aux beaux jours, on peut emprunter gratuitement une bicyclette contre le dépôt d'une caution et d'une pièce d'identité : Bahnhofstrasse près de la gare, Marktplatz, Oelikon, Altstetten.

Shopping

La **Bahnhofstrasse**, bordée d'élégantes boutiques, est la rue commerçante par excellence. On y trouve les grands magasins Globus, Vilan, Jelmoli, St. Annahof. La **vieille ville** – rive gauche dans les ruelles qui avoisinent la Weinplatz, et rive droite le long de la Niederdorfstrasse et dans les rues avoisinantes – comporte des boutiques originales : design, jouets en bois, confiseries....
Marché aux puces – Sur la **Bürkiplatz**, de mai à octobre, le samedi de 6 h à 15 h 30.
Souvenirs – La confiserie **Sprüngli** *(Bahnhofstrasse 21)* est une institution. Elle propose toutes sortes de truffes et de chocolats dont une spécialité locale, les Luxemburgerli. Le **Schweizer Heimatwerk** *(Rudolf Brun-Brücke)* fait partie de la chaîne de magasins consacrés aux produits « made in Switzerland » : design, jouets, vêtements d'enfants inspirés des costumes traditionnels... Dans la vieille ville, **Pastorini** (Weinplatz 3) est une boutique de jouets dont la plupart sont en bois.

Théâtre et musique

Opernhaus – *Falkenstrasse 1 –* ☎ *(01) 268 66 66*. Un opéra néobaroque (1891) où Richard Wagner eut l'occasion de tenir la baguette.
Tonhalle – *Gotthardstrasse 5 et Claridenstrasse 7 –* ☎ *(01) 206 34 34*. Une salle d'un volume impressionnant, bâtie en 1895 et inaugurée par Johannes Brahms.
Schauspielhaus – *Rämistrasse 34 –* ☎ *(01) 265 58 58*. Une scène (1884) réputée pour la musique et le théâtre.
Bernhard-Theater – *Theaterplatz –* ☎ *(01) 252 65 55*.
Theater Stock – *Hirschengraben 42 –* ☎ *(01) 251 22 80*.

Se loger à Zurich

La « little big city » ne passe pas pour une ville bon marché. Pour réserver une chambre d'hôtel, il est conseillé de téléphoner au **bureau de réservation de l'Office de tourisme,** ☎ (01) 215 40 00 : accueil très sympathique – en français – et grand choix d'hébergement, en ville ou à l'extérieur. En haute saison, compter 160 F par nuit pour une chambre double avec petit déjeuner. Pour les plus jeunes, l'**auberge de jeunesse** est Mutschellenstrasse 114 et répond au téléphone, ☎ (01) 482 35 44. Le **camping Seebucht** est situé Seestrasse 559, sur la rive ouest du lac. ☎ (01) 482 16 12.

VALEUR SÛRE

Ibis – *Zürichstrasse 105 –* ☎ *(01)711 85 85 – fax (01) 711 85 86 – hotelibis@bluewin.ch – 73 chambres –119/160 F –* 🖵 *15 F.*
Un prix accessible et un cadre moderne classique, à 9 km du centre de Zurich.
Landhus – *Katzenbachstrasse 10 –* ☎ *(01) 308 34 00 – fax (01) 308 34 51 – info@landhus-zuerich.ch – 28 chambres – 120/150 F –* 🆒
Un hôtel au design anglais, récemment rénové. Intéressant pour le prix, le confort y est agréable.

Leoneck – *Leonhardstrasse 1 – ☎ (01) 254 22 22 – fax (01) 254 22 00 – info@leoneck.ch – 78 chambres – 120/190 F –* **GB**.

Un hôtel à la décoration originale : elle s'adresse aux amoureux des vaches ! Le mobilier, les fresques… évoquent le monde des bovidés. Situé à 5 mn de la vieille ville. Attention, l'hôtel ne dispose pas de parking.

Adler – *Rosengasse 10, am Hirschplatz – ☎ (01) 266 96 96 – fax (01) 266 96 69 – info@hotel-adler.ch – 52 chambres – 170/290 F –* **GB**.

Situé dans un quartier animé de la vieille ville, ce vieil hôtel séduit par son petit côté artistique. On remarque les œuvres du Bâlois Heintz Hum et les fresques représentant des monuments de la ville. L'hôtel a été récemment rénové, l'insonorisation est satisfaisante, la cuisine est traditionnelle (fondues, raclettes…).

Rex – *Weinbergstrasse 92 – ☎ (01) 360 25 25 – fax (01) 360 25 52 – hotelrex@swissonline.ch – 37 chambres –140/300 F –* **GB**.

Hôtel moderne, proche du centre-ville, avec un parking à disposition. Intéressant d'un point de vue prix et confort.

UNE PETITE FOLIE !

Alpenblick – *Bergstrasse 322, à Ütikon am See – ☎ (01) 920 47 22 – fax (01) 920 62 54 – 12 chambres – 130/240 F –* **GB** *– fermé le lundi et le mardi et de mi-décembre à mi-février.*

Un cadre rustique, une terrasse avec vue sur le lac de Zurich et sur les montagnes : pour ceux qui recherchent le calme, à 20 mn de Zurich.

Uto Kulm – *Giusep Fry, à Ütliberg – ☎ (01) 457 66 66 – fax (01) 457 66 99 – 28 chambres – 120/200 F –* **GB**.

Situé sur les hauteurs de Zurich, avec une vue magnifique sur la ville en contrebas. Pour la tranquillité d'un séjour en pleine nature.

Zürichberg – *Orellistrasse 21 – ☎ (01) 268 35 35 – fax (01) 268 35 45 – 66 chambres – 175/260 F –* **GB**.

En pleine forêt et proche du lac, à quelques minutes en tramway de Zurich, une agréable terrasse et une vue exceptionnelle sur la ville. Le style traditionnel côtoie la décoration contemporaine.

Se restaurer à Zurich

Zunfthaus zur Schmiden – *Marktgasse 20 – ☎ (01) 250 58 48 –* **GB** *– fermé de mi-juillet à mi-août, le dimanche d'octobre à avril et les jours fériés.*

Une belle maison corporative de forgerons, située dans la vieille ville. On admire la salle gothique du 15e s. et le plafond à caissons. Cuisine fine.

Kronenhalle – *Rämistr. 4 – ☎ (01) 251 66 69 –* **GB**.

Une ambiance typique de brasserie, où des œuvres d'artistes contemporains décorent les salles. Les spécialités zurichoises sont accompagnées de vin et de bière. On peut s'attarder au bar.

Haus zum Rüeden – *Limmatquai 42 (1er étage) – ☎ (01) 261 95 66 (CB) – fermé le dimanche.*

Cette ancienne maison corporative du 13e s. est célèbre pour son exceptionnelle salle voûtée en berceau, qui lui donne un caractère chaleureux.

Zunfthaus zur Zimmerleuten – *Limmatquai 40 (1er étage) – ☎ (01) 250 53 63 –* **GB** *– fermé le dimanche, les jours de fête et du 18 juillet au 14 août.*

On y trouve deux salles à manger aux styles très différents : une salle rustique plutôt cossue avec des poutres, une autre charmante, claire et intime, et la possibilité de souper avec vue sur la Limmat.

Wirtschaft Flühgass – *Zollikertstr. 214 – ☎ (01) 381 12 15 –* **GB** *– fermé le samedi (sauf le soir en novembre et décembre), le dimanche, du 22 décembre au 2 janvier et du 17 juillet au 16 août.*

On aimera y retrouver l'ambiance rustique et un service sympathique.

Königstuhl – *Stüssihofstatt 3 – ☎ (01) 261 76 18 –* **GB**.

Dans la vieille ville, un cadre raffiné du 14e s. aux couleurs vives (rouge ou bleu).

Riesbächli – *Zollikerstr. 157 – ☎ (01) 422 23 24 –* **GB** *– fermé le samedi (sauf le soir de novembre à mars), le dimanche, du 23 décembre au 2 janvier et du 27 juillet au 18 août.*

Petit café de quartier typique avec une abondante carte des vins pour les amateurs.

Zeughauskeller – *Bahnhofstr. 28 A – ☎ (01) 211 26 90 – fermé les jours de fête.*

Dans un ancien dépôt d'armes du 15e s. et un décor Art nouveau vous apprécierez des plats locaux, copieusement servis. Terrasse arborée en été.

Oepferlchammer – *Rindermarkt 12 – ☎ (01) 251 23 36 –* **GB** *– fermé du 24 décembre au 8 janvier et du 15 juillet au 13 août.*

La plus ancienne taverne de Zurich, remontant au 13e s. Dans ce cadre rustique, avec ses poutres médiévales et son mobilier traditionnel, on apprécie notamment la carte des vins.

Bierhalle Kropf – *In Gassen 16 –* ☎ *(01) 221 18 05 – fermé le dimanche et les jours fériés.*
À deux pas de la Fraumünster, cette vaste taverne créée en 1888 comporte trois salles Jugendstil vouées à la célébration de la bière, sous des plafonds ornés de fresques. Copieuses assiettes.

Wirtschaft zur Höhe – *Höherstr. 73, in Zollikon à 4 km de Zurich –* ☎ *(01) 391 59 59 –* 🔲 *– fermé du 11 au 17 février, du 7 au 20 octobre et le lundi.*
Dans une vieille ferme typiquement suisse, profitez de la terrasse et du cadre charmant, au calme, autour d'un bon repas traditionnel.

Chez Crettol, Cave valaisanne – *Florarstr. 22, à Küsnacht à 8 km de Zurich –* ☎ *(01) 910 03 15 –* 🔲 *– fermé du 22 décembre au 7 janvier, en juillet et août, le mercredi d'avril à juin et de septembre à octobre.*
Pour les amateurs de fondues et de raclettes !

Où prendre un verre et où finir la soirée ?

Au **bar Jules Verne** de la brasserie Lipp, au n° 9 de Uraniastrasse, on savoure des cocktails en profitant d'une vue panoramique sur la ville. À proximité, les amateurs d'informatique se retrouvent devant les ordinateurs de l'**Internet Café** (Uraniastrasse 3).
Près du Bahnhofbrücke, ambiance feutrée au piano-bar de l'**hôtel Central Plaza**.
La vieille ville, rive droite, offre d'innombrables cafés et restaurants. Les terrasses ne désemplissent pas...
Après un « déci » de vin suisse ou étranger dans le cadre agréable de **La Barrique** (Marktgasse 17), on peut finir la soirée en écoutant de bons morceaux de jazz interprétés par l'orchestre du **Casa Bar** (Münstergasse).
Sympathique piano-bar (jazz, succès des Beatles et autres, repris souvent par les consommateurs réunis autour du piano) au **Splendid Bar** (Rosengasse 5).
Au **Kronenhalle** (Rämistrasse), ouvert en 1863, on se cale dans un profond fauteuil, devant des toiles de Chagall, Giacometti, Picasso, Kandinsky, Klee et Miró : chic et cher.
Célèbre établissement, le **Café Odéon** (Limmatquai 2) au décor Art nouveau fut jadis fréquenté par Thomas Mann et Lénine. Un classique !
Le **Café Select** (Limmatquai 16) s'adresse plus particulièrement aux amateurs de billard. Grande variété de bières et atmosphère de pub anglais au **Lion's Pub** (Ötenbachgasse, rive gauche).

Rote Fabrik – *Seestrasse 395 –* ☎ *(01) 481 91 43. Bus 161 ou 165 depuis Bürkiplatz.*
Cette ancienne usine, rendez-vous prisé de la jeunesse zurichoise, abrite notamment le bistrot **Ziegel oh Lac** et une immense salle de spectacles. Concerts plusieurs soirs par semaine, discothèque.

Bains dans la Limmat

Aux beaux jours, c'est une tradition séculaire à Zurich, où des bains au charme rétro ont été aménagés sur les quais.
Stadthausquai (EZ) – ☎ *(01) 211 95 92.*
Au pied de la mairie, ils sont réservés aux femmes et comportent un solarium. Le soir, le sexe fort peut y faire irruption : concerts, soirées DJ.
Schanzengraben (hors plan par EY) – ☎ *(01) 211 95 94.*
Également au centre-ville, près du Selnaubrücke et de la nouvelle Bourse, ils sont réservés aux hommes.
Flussbad Oberer Letten (hors plan par EY) – *Pier West, Lettensteg 10 –* ☎ *(01) 361 07 37.*
Derrière la gare, emprunter la Limmatstrasse et tourner à droite vers le quai Sihl. Les plus anciens bains de la ville, dans le quartier de Letten : accès mixte, enfants compris.

Manifestations

Le **Sechseläuten** est la fête du printemps, qui a lieu en général le 3e lundi d'avril : les corporations défilent en costumes historiques dans le centre ville. À 6 h du soir, sur le champ du Sechseläuten, à Bellevue, ils brûlent le Böögg, un bonhomme de neige en ouate rempli de pétards, symbole de l'hiver.
La **Knabenschissen**, le 2e week-end de septembre, est l'une des plus anciennes fêtes de Zurich. Un concours de tir est organisé pour les enfants de 12 à 16 ans, sur la prairie de l'Albisgütli (terminus du tramway 13).
La **Züri-Fäscht** a lieu tous les trois ans, defin juin à début juillet : prochaines réjouissances en 2004, sous la forme d'une grande foire dans la vieille ville et sur les quais de la Limmat. Feux d'artifice sur le lac.

Schanzengraben *(EYZ)* – Un détour par le Bleicherweg permet de rejoindre cet ancien fossé, qui s'étire de la gare centrale jusqu'au lac. Ponctué de panneaux explicatifs, c'est l'un des derniers vestiges des fortifications qui enserraient jadis la cité.

Emprunter la Poststrasse pour rejoindre le Münsterhof. Sur cette charmante place, au n° 20, le bâtiment baroque Zur Meisen abrite un petit musée consacré à la porcelaine suisse *(voir Les musées).*

Fraumünster ⊙ *(EZ)* – Un couvent fut fondé ici en 853 par Louis le Germanique et ses deux filles, Hildegard et Bertha, qui en furent les premières abbesses. Il abritait surtout des femmes de la haute noblesse d'Allemagne du Sud.
L'église actuelle, plus imposante, a été bâtie à partir de 1250, mais sa façade a été rénovée en 1911 dans le style néogothique. Le chœur est roman, la nef voûtée d'ogives. On remarque de beaux **vitraux★** : le vitrail Nord du transept est de Augusto Giacometti *(Le Paradis céleste*, 1947). Les cinq vitraux du chœur (1970) et du transept Sud (1980) illustrent des scènes bibliques selon Marc Chagall. Au côté Sud de l'église, les vestiges du **cloître★** (Kreuzgang) roman sont ornés de fresques de Paul Bodmer (1921-1941) qui évoquent la légende de la fondation de l'abbaye.

St-Peterkirche (Église St-Pierre) *(EZ)* – Cette église est la plus ancienne de la ville : ses origines remontent au 7ᵉ s. Son clocher (13ᵉ s.) comporte le plus grand cadran d'Europe, créé en 1534, qui atteint 8,70 m de diamètre.

Weinplatz *(EZ)* – Au Sud de cette place, que décore une jolie fontaine surmontée d'un vigneron portant sa hotte, on découvre, sur la rive opposée, quelques belles maisons anciennes avec leurs toits « à la flamande », l'hôtel de ville (Rathaus) *(FZ H)* – édifice néogothique de 1900 – et la Wasserkirche *(FZ)*, chapelle du 15ᵉ s. La cathédrale (Grossmünster) domine l'ensemble de ses deux hautes tours.

Schipfe *(EZ)* – Avec ses ruelles médiévales qui rejoignent la Limmat, cette zone est le cœur de la vieille ville. Certaines maisons possèdent des jardins en terrasse. Faire un détour dans l'Augustinerstrasse, dont certaines maisons sont flanquées d'oriels – une rareté à Zurich.

Lindenhof *(EZ)* – Cette esplanade, plantée de 90 tilleuls et ornée d'une fontaine, coiffe la colline : un site stratégique, surplombant la Limmat, où furent créés des établissements celte et romain autour desquels se développa la ville. Les amateurs d'échecs y disposent d'un échiquier géant.
De la terrasse, on découvre la ville ancienne, étagée sur la rive droite : en face se dresse la Predigerkirche, à droite le Grossmünster.

Panorama du bar Jules Verne ⊙ *(EY L)* – On y bénéficie d'une belle vue sur le centre de la ville.

Rive Est de la Limmat

Niederdorfstrasse *(FYZ)* – Cette rue traverse le quartier de Niederdorf, en partie piéton, et qui reste très animé le soir avec ses innombrables restaurants et cafés. De belles maisons anciennes rappellent l'opulence passée des corporations.

★ Grossmünster ⊙ **(Cathédrale)** *(FZ)* – Cet édifice imposant, bâti aux 11ᵉ et 13ᵉ s., a remplacé une collégiale fondée, dit-on, par Charlemagne. La cathédrale est le symbole de la Réforme en Suisse alémanique. Zwingli y a prêché de 1519 à sa mort. Sa façade est encadrée de hautes tours à trois étages, surmontées de deux dômes de bois revêtus de plaques de métal. La tour Sud est ornée d'une gigantesque statue (l'original est dans la crypte) représentant Charlemagne assis tenant un glaive sur les genoux.
Les portes de bronze ont été sculptées par Otto Münch en 1935 et 1950. La nef est voûtée d'ogives. Le chœur, surélevé, se termine par un chevet plat, tandis qu'une galerie court au-dessus des collatéraux. On découvre quelques vestiges de fresques dans le chœur et dans la crypte, vaste halle à trois nefs. Les vitraux modernes sont d'Augusto Giacometti (1932).

Le **cloître** roman, voûté d'arêtes, s'ouvre sur la cour par des groupes de trois arcades dont les arcs en plein cintre reposent sur des chapiteaux finement sculptés.

★★ BALADES AU BORD DE L'EAU

La flânerie débute sur les rives de la Limmat, aux abords du Quaibrücke *(FZ)* qui relie Bürkiplatz et Bellevueplatz : ce pont marque l'entrée du lac de Zurich (Zürichsee). La promenade se poursuit sur les quais agrémentés de bouquets d'arbres d'essences variées et de parterres fleuris.

Les quais

Rive Ouest depuis Bürkiplatz

Bürkiplatz (**EZ**) – De nombreux voiliers et canots à moteur se pressent près de l'embarcadère, comme une invite à l'évasion *(voir Promenades en bateau)*.

Poursuivre sur le General-Guisan-Quai (**EZ**) où l'Arboretum abrite des essences exotiques. Dans le prolongement du **Mythenquai**, on découvre une **vue★** de plus en plus étendue sur le lac de Zurich et les Alpes (au loin, l'Oberland).

Rote Fabrik (hors plan par **EZ**) – *Seestrasse 395*. Rendez-vous des étudiants et des alternatifs, cette ancienne usine de brique rouge abrite des ateliers d'artistes, la galerie Shedhalle, et une vaste salle de spectacles *(voir le Carnet d'adresses)*.

Rive Est depuis Bellevueplatz

Emprunter l'Utoquai puis le Seefeldquai. En tramway : 2 ou 4, Fröhlisstrasse.

Jardins du Zürichhorn (hors plan par **FZ**) – On y découvre une œuvre du sculpteur suisse Jean Tinguely, *Heureka* (1964). Belle **perspective★** sur la ville.

Le Corbusier Haus (Maison de Le Corbusier) (hors plan par **FZ**) – *Au-delà de Höschgasse*. Immédiatement identifiable avec ses grands panneaux blancs ou de couleurs vives, c'est la dernière œuvre de l'architecte, également **appelée maison Heidi Weber**. On peut y découvrir l'œuvre graphique de son concepteur.

Jardin chinois (hors plan par **FZ**) – Cadeau de la ville de Kunming, jumelée à Zurich, ce parc a ouvert en 1993 : derrière sa lourde porte rouge – une couleur qui symbolisait l'Empereur, en Chine centrale – se cache un jardin méticuleux, où le thème « trois amis en hiver » est illustré par le pin sylvestre, le bambou et le cerisier d'hiver. Parsemé de gingkos et de bambous, ce jardin où surgissent des pavillons est sillonné de canaux, enjambés de ponts miniatures.

LES MUSÉES

Rive Ouest de la Limmat

★★★ Schweizerisches Landesmuseum Ⓥ **(Musée national suisse)** (**EY**) – *Derrière la gare centrale*.
Ce bâtiment aux allures de château néogothique (1898) recèle des collections d'une richesse considérable, qui touchent à tous les aspects de la culture et de l'art de vivre en Suisse.

Rez-de-chaussée – Réaménagée de fond en comble, l'exposition « Les temps enfouis » est consacrée à l'**archéologie** de – 100 000 avant J.-C. à 800 ans *(aile droite, emprunter un catalogue en français)*. Annoncée par une reconstitution de mammouth, son point fort est la présentation des objets (outils, artisanat de fer et de bronze, tombes, amphores, bijoux…) par thème, et non par époque : la terre et la vie, matières

D. Dorval/EXPLORER

premières et produits finis, gestes et techniques, quête de nourriture, croyances et cultes, se vêtir et séduire… À voir, notamment : la maquette du village lacustre d'Egolzwill (4e millénaire avant J.-C.).

L'aile gauche du musée aborde le Moyen Âge et les Temps modernes *(un guide en français est vendu à la librairie)*. De l'époque romane subsistent surtout des objets d'art religieux : étonnant **Christ des Rameaux** sur un âne à roulettes, tablettes d'ivoire qui ornaient des reliures carolingiennes…

Le style gothique est tardif, marquant l'art du vitrail, la peinture sur panneaux (vue de Zurich, 1500) et les sculptures polychromes : ainsi, ce roi en bois de noyer (vers 1320) avec des yeux bridés et des cheveux ondulés que l'on retrouve dans les enluminures. L'essor des villes favorisa l'art des poêles en céramique : sur un carreau en relief, un homme barbu, vêtu de peaux, symbolise la forêt (1440).

Un parchemin de 4 m où figurent 559 blasons et 18 bannières (1340) évoque la culture chevaleresque. Une chapelle est reconstituée sur un modèle de Schwyz (1518) avec ses vitraux et ses voûtes à nervures. Autres merveilles : la **salle du conseil de Mellingen** (1467) et les trois **chambres de l'abbaye du Fraumünster** : du sol au plafond, le bois est omniprésent, orné de frises et de riches ferrures.

Durant la Réforme, c'est plutôt dans le domaine privé que la Renaissance se manifeste : mobilier sculpté, broderie sur lin typiquement locale (1561).

1er étage – On admire le globe céleste doré, avec ses quatre représentations d'Hermès symbolisant les âges de l'homme : une création de l'astronome Jost Bürgli (1594). Superbes reconstitutions d'**intérieurs vers 1600** : notamment, la salle d'apparat des frères Werdmüller, fondateurs de l'industrie de la soie à Zurich. Les « vitraux de cabinets » (16e et 17e s.) sont animés de blasons et de scènes bibliques. À la même époque, une profusion d'argenterie (coupes, hanaps à couvercle…) traduit l'opulence des corporations. Parmi le mobilier des 17e et 18e s., une armoire est décorée de bas-reliefs maniéristes. La salle baroque de la maison « Zum langen Stadelhof », avec sa galerie d'hommes illustres, témoigne de l'enrichissement de militaires suisses au service d'une armée étrangère (vers 1660). À voir encore : la céramique de Winterthour, première cité faïencière du pays.

2e et 3e étages – Une collection de vêtements et de jouets – souvent miniatures – illustre la vie privée du 18e à la fin du 19e s. Vers 1770, les Zurichoises portaient volontiers la coiffe faite de rubans de soie noire. Les **costumes ruraux** sont d'une grande diversité : le plus connu reste celui du berger d'Appenzell, rouge et jaune avec ses motifs de vache.

Sous-sol – Des ateliers d'artisans du 19e s. sont reconstitués, comme ceux du tonnelier, du forgeron et du charron. On découvre la minutieuse **maquette de la bataille de Morat**, remportée par les Confédérés contre Charles le Téméraire (1476).

Revenir au rez-de-chaussée si l'on veut clore la visite en respectant l'ordre chronologique. La **collection von Hallwill** a été cédée par cette famille noble au musée : armes, tableaux et mobilier (18e et 19e s.) sont issus de son château.

Museum für Gestaltung ⓥ **(Musée d'Arts appliqués)** – *Accès par le Sihlquai* (**EY**). D'intéressantes expositions temporaires sur les arts appliqués depuis 1900 confrontent la Suisse à la création internationale : architecture, objets d'utilisation quotidienne, art graphique, esthétique industrielle… Collection de graphismes et d'affiches.

Zunfthaus « Zur Meisen » (**EZ M¹**) – *Entre le Münsterhof et la Limmat.* Orné d'un beau balcon en fer forgé, cet hôtel de corporation (1757) présente les collections de porcelaine du 18e s. appartenant au Musée national suisse : elles sont exposées dans deux salles rococo, au 1er étage. La faïence d'importation – Strasbourg, Lunéville… – précéda la création de manufactures, notamment à Zurich et Nyon. Les « chinoiseries » abondent, mais on remarque aussi des scènes de chasse au sanglier et, sur un service d'apparat au grand complet, une inflation d'angelots dodus (1775).

ZÜRICH

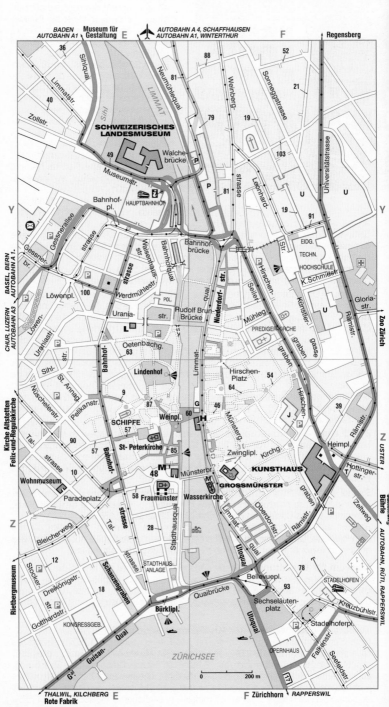

Wohnmuseum  **(Musée de l'Habitat)** (EZ) – Ce musée du vieux Zurich occupe deux maisons contiguës de la fin du 17ᵉ s., très restaurées. Exposés sur trois étages, les meubles, poêles et objets d'usage ou d'ornement datent du milieu du 17ᵉ s. au milieu du 19ᵉ s. Ils sont mis en valeur dans leur cadre d'époque. Au sous-sol, exposition d'une collection de poupées créées dans les années 1920 par une artiste locale.

** **Museum Rietberg**  – *Gablerstrasse 15. Accès par Bleicherweg* (hors plan par EZ). Les villas Wesendonck et Rieter sont nichées au milieu d'un parc, en vue du lac. Elles renferment de précieuses collections réunies par le baron von der Heydt : sculptures des Indes, du Cambodge, de Java, et de Chine ; sculptures africaines et océaniennes. Des estampes japonaises, des œuvres d'art du Proche-Orient, du Tibet et de l'Amérique précolombienne, des peintures d'Extrême-Orient, des masques suisses et des tapis flamands et arméniens complètent cette exposition.

L'Italienne par Pablo Picasso

Stiftung Sammlung E. G. Bührle © Succession Picasso 1999

Rive Est de la Limmat

** **Kunsthaus**  **(Musée des Beaux-Arts)** (FZ) – Ce musée, où sont organisées de grandes expositions temporaires, réserve une place prééminente à la **peinture moderne**. Mais les sculptures du haut Moyen Âge français et allemand, les primitifs suisses et allemands du 15ᵉ s. ne déméritent pas.

Au 1ᵉʳ étage, on peut admirer les toiles les plus représentatives de **Ferdinand Hodler**, considéré comme le chef de file de l'école suisse du début du siècle, ainsi que celles de Vallotton, Böcklin, Anker, Auberjonois, Barraud.

L'école française figure avec des œuvres de Delacroix, Toulouse-Lautrec, Cézanne, Renoir, Degas, Matisse, Utrillo, Léger, Braque et Picasso. Une salle est réservée à quatorze œuvres de Marc Chagall.

Le musée possède la plus importante collection – hors de Scandinavie – d'œuvres du peintre norvégien **Edvard Munch** (1863-1944). Il recèle aussi des œuvres dada : Man Ray, Hans Arp.

La fondation Alberto Giacometti fait une place importante à cet artiste (1901-1966).

** **Sammlung E. G. Bührle**  **(Fondation-collection E.G. Bührle)** – *Accès par la Zeltweg* (FZ). Cette villa, située dans la belle banlieue Sud-Est, abrite l'un des plus importants musées d'art privés en Suisse : les tableaux et sculptures ont été collectionnés entre 1934 et 1956 par l'industriel allemand E. G. Bührle, qui vint habiter Zurich en 1924. Grand admirateur de Claude Monet, il constitua, en vingt ans à peine, une collection superbe (quelque 300 toiles) primitivement centrée sur la peinture française du 19ᵉ s.

Rez-de-chaussée – Quatre pièces sont consacrées à des œuvres du 16ᵉ au 19ᵉ s. : le palier et le salon hollandais avec entre autres Hals *(Portrait d'homme)*, Rembrandt, van Ruysdael *(Vue de Rhenen)* et Teniers ; le salon Louis XVI avec notamment Boucher, Degas *(Portrait de Mme Camus* flanqué de deux études), Fragonard et Ingres *(Portrait de M. Devillers)* ; le salon vénitien avec Canaletto (deux représentations du Grand Canal appartenant à une série de six vues), Goya *(Procession à Valence)*, Le Greco et Tiepolo *(Le Bain de Diane)*.

Le salon rose et la salle de musique concentrent l'extraordinaire noyau de la collection. On verra *Tournesols sur un fauteuil* de Gauguin, *La Route de Versailles à Louveciennes* de Pissarro ou encore *Les Hirondelles* de Manet, toile exécutée en 1873 à Berck-sur-Mer. Le ravissant portrait de la *Petite Irène*, de Renoir, a été réalisé peu avant que le peintre ne se détache de l'impressionnisme. De Monet, on admire *Les Coquelicots près de Vétheuil*, où les personnages, évoqués par des touches rapides, se fondent dans le paysage. *Messaline* de Toulouse-Lautrec a influencé les fauves par ses lumineuses plages de couleur. Une belle série de trois portraits de Cézanne attire le regard, et notamment son fameux *Garçon au gilet rouge* à la pose mélancolique. Enfin, un tableau de Van Gogh, *Branches de marronniers en fleur*, dénote l'influence de l'art japonais sur cet artiste.

Le jardin d'hiver présente quelques pièces antiques, dont un buste en marbre de César.

Escalier – Aux sept tableaux de Delacroix *(Autoportrait)*, aux toiles de Courbet et de Dufy de la première volée s'ajoutent des tableaux de Chagall, Picasso, Rouault et un *Nu couché* de Modigliani.

1er étage – Le palier est consacré au 20e s. avec des œuvres cubistes de Braque *(Le Violoniste)*, Picasso et Gris, mais surtout plusieurs toiles fauves de Derain, Marquet, Matisse (remarquer le changement de palette entre le *Pont Saint-Michel à Paris* et la *Nature morte* réalisée cinq ans plus tard) et Vlaminck *(Chalands sur la Seine près du Pecq)*. La salle Courbet réunit des tableaux réalistes dont le *Spectacle gratuit* de Daumier et le *Portrait de A. Sisley* par Renoir. Une salle adjacente est consacrée à ce peintre : on y découvre aussi *Jardin à Giverny* de Monet, et *Barques à voiles* de Boudin. Dans la salle Manet *(La Sultane*, à l'érotisme subtil), ne pas manquer *Étang aux nénuphars* et *Waterloo Bridge* de Monet, ainsi que l'un des vingt-deux bronzes originaux de la *Danseuse* de Degas. Les trois dernières salles sont consacrées à Van Gogh *(Autoportrait* et *Le Semeur)*, à Sisley *(Été à Bougival)* et à Bonnard *(Portrait d'Ambroise Vollard* où l'on distingue un hommage à Cézanne). À voir aussi : *L'Offrande* de Gauguin (peint aux îles Marquises peu avant son décès), les *Modistes* de Signac, et le *Salon Natanson* (lieu de rencontre des nabis) de Vuillard. La salle gothique (voir les deux paysages de Patenier) et le deuxième étage contiennent de belles sculptures religieuses (12e-16e s.).

AUTRES CURIOSITÉS

★Félix-und-Regulakirche ⓥ **(Église Sts-Félix-et-Regula)** – *Accès par Talacker, Ouest du Plan* (**EZ**).

Cette église moderne est dédiée aux saints Félix et Regula, frère et sœur qui, d'après la tradition, auraient subi le martyre à Zurich, décapités sur l'ordre de Décius. La haute tour-clocher est séparée du reste de l'édifice.

L'intérieur est fort curieux : le vaisseau, en forme d'amande, est surmonté d'une voûte à peine incurvée, soutenue par des piliers obliques. Des vitraux modernes sont disposés à hauteur de la voûte.

Mühlerama ⓥ – *Accès par Kreuzbühlstrasse, Est du plan* (**FZ**).

Cette minoterie, créée en 1913 sur les bases d'une ancienne brasserie, a fonctionné jusqu'en 1983. Son bâtiment Belle Époque abrite un musée dont les machines fonctionnent, permettant de mieux comprendre la transformation du grain en farine. Une exposition présente l'évolution des techniques de la minoterie – de

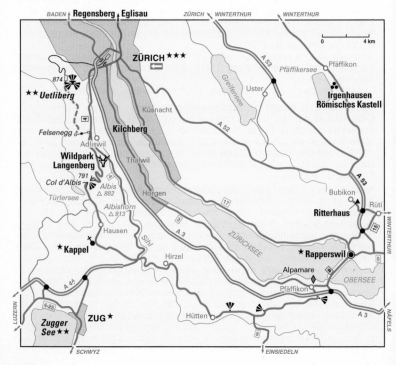

l'écrasement du grain avec les pieds en passant par les moulins à eau... – ainsi que le meunier dans l'histoire, le pain dans la culture populaire, la thématique de l'abondance et de la famine. La rampe qui permettait de faire descendre les sacs de farine, sert aujourd'hui de toboggan pour le plaisir des enfants. On peut acheter la farine du Mühlerama, qui en produit 60 tonnes par an.

Le même bâtiment abrite un restaurant, un théâtre, une galerie, des ateliers et des boutiques.

★ **Zoo Zürich** ⓥ – *Accès par la Gloriastrasse, Est du plan* (FY).

Bien aménagé au Zürichberg dans un très joli cadre de verdure, ce zoo compte plus de 2 000 animaux. Outre les tortues géantes, la loutre et le castor dont on peut observer les activités dans l'eau et sur la terre ferme, il ne faut pas manquer de voir les singes et surtout le bain des éléphants (vers 10 h). Un tableau à l'entrée indique les naissances récentes.

Botanischer Garten (Jardin botanique) – *Accès par Kreuzbühlstrasse, Est du plan* (FZ). Équipé de trois gigantesques coupoles de plexiglas, il reconstitue la forêt tropicale ainsi que la végétation méditeranéenne et celle des Alpes.

Église de Zürich-Altstetten – *Accès par Talacker, Ouest du plan* (EZ). Dominée par une haute tour carrée ajourée, d'une grande élégance, cette église moderne offre une nef dissymétrique, éclairée d'un seul côté par de grandes baies.

PROMENADES EN BATEAU SUR LE LAC DE ZURICH ⓥ

Renseignements à l'Office de tourisme ou sur l'embarcadère principal situé sur la Bürkliplatz, près de Bellevue (EZ). *Pour rejoindre cet embarcadère, on peut emprunter le tramway : lignes 2, 5, 8, 9, 11. Croisières de mars à octobre.*

Une mini-croisière *(1 h 30)* s'impose sur la Limmat, depuis le Musée national suisse jusqu'au Zürichhorn. En outre, de grands bateaux sillonnent le lac, depuis le « petit tour » de 1 h 30 (limité à Erlenbach et Thalwil) jusqu'au « grand tour » d'une demi-journée en bateau à vapeur : cette croisière permet de visiter Rapperswil *(voir ce nom)* et Schmerikon, à l'autre extrémité du lac.

EXCURSIONS

★★ **Uetliberg** ⓥ **et Felsenegg** – *Accès en train : 20 mn par la ligne 10 depuis la gare de Zurich, quai 2 ; départ toutes les 1/2 h. Une carte de l'excursion est disponible à l'Office de tourisme.*

L'**Uetliberg** (alt. 871 m) est l'excursion favorite des Zurichois : le trajet s'effectue en grande partie à travers les bois. À l'arrivée, pas de voitures, et une belle vue sur les sommets neigeux. Par un sentier en forte montée, on gagne la terrasse proche du restaurant Gmüetliberg (table d'orientation). En grimpant 167 marches jusqu'au sommet de la tour-belvédère, on découvre un immense **panorama**★★ : l'agglomération zurichoise, la vallée de la Limmat, le lac de Zurich et la chaîne des Alpes – du Säntis, à l'Est, à la Jungfrau et aux Diablerets, au Sud-Ouest –, tandis qu'à l'Ouest et au Nord-Ouest s'estompent les croupes du Jura et des Vosges.

On peut ensuite longer la crête jusqu'à **Felsenegg** (alt. 804 m, environ 1 h 45 à pied). Un « chemin planétaire » (Planetenweg) y reproduit le système solaire à l'échelle d'un milliardième. À Felsenegg, un téléphérique grimpe à **Adliswil** *(rejoindre Zurich en train, ligne 4)*.

★ **Route du col d'Albis** – *53 km. Quitter Zurich au Sud-Ouest par la Gessnerallee* (EY), *puis la route n° 4.*

La route suit d'abord la vallée de la Sihl, entre les pentes de l'Uetliberg à droite et le lac de Zurich à gauche – devant lequel s'interposent l'autoroute et un chapelet d'agglomérations. À hauteur du bourg d'Adliswil, quitter la route n° 4 pour celle d'Albis, à droite, qui s'engage dans la forêt de Sihl.

Wildpark Langenberg – Ce parc d'animaux sauvages (européens) s'étend de part et d'autre de la route (principalement à gauche), au Nord de Langnau am Albis, sur plusieurs hectares de forêt et de monticules rocheux : cerfs, daims, chevreuils, chamois, bouquetins, ours, lynx, sangliers, marmottes... s'y ébattent dans de grands enclos.

La route s'élève jusqu'au col d'Albis (alt. 791 m) d'où se dégagent des vues étendues sur le relief boisé de la région. Elle redescend entre le lac de Türler et le mont Albis avant d'obliquer à gauche vers Hausen, que l'on traverse au pied de l'Albishorn.

★ **Ancienne abbaye de Kappel** – *Voir ce nom.*

De Kappel, descendre à gauche jusqu'à retrouver la route n° 4 que l'on emprunte à gauche pour prendre, à Hirzel, celle de Schönenberg à droite.

Peu après Hütten, la route, en corniche sur 2 km, fait découvrir la partie la plus large du lac de Zurich. Elle s'élève ensuite, jusqu'à Feusisberg, dans une campagne riante agrémentée d'échappées sur le lac ; dans la descente qui suit se découvrent ses deux îlots boisés.

Après un sinueux passage sous bois, la descente finale sur Pfäffikon révèle une **vue**★ plongeante sur les deux parties du lac (l'Obersee à droite, le Zürichsee à gauche) que sépare la chaussée de Rapperswil, sur cette ville même et son château.

★ **Rapperswil** – *Voir ce nom.*

Alpamare Ⓥ **à Pfäffikon** – *34 km au Sud-Est par l'autoroute A 3, sortie Seedamm Center.*

Situé sur la rive Sud du lac de Zurich, ce centre aquatique possède les plus longs toboggans d'Europe (261 m) avec nombreux rapides et turbulences... Piscines chaudes (36°) et froides, piscine à vagues, bains bouillonnants, sauna, solarium.

Regensberg – *Alt. 617 m. 17 km. Quitter Zurich par l'Universitätstrasse* (FY) *et prendre immédiatement à gauche la route de Dielsdorf, puis, encore à gauche, une petite route.*

Ce petit village de vignerons, admirablement préservé avec ses vieilles maisons à colombage serrées autour de sa place unique, est un charmant but de promenade. De la tour de garde romane, la vue s'étend sur les vignobles et la campagne alentour.

De Zurich à Eglisau – *23 km. Quitter Zurich par l'Universitätstrasse* (FY) *et la route nº 4.*

5 km après Kloten, à la sortie Nord de Seeb-Winkel, prendre à gauche une petite route qui conduit, à 500 m, aux ruines romaines.

Römischer Gutshof Seeb (Ferme romaine de Seeb) – Dans un site riant offrant des vues étendues (tables d'orientation) sur la plaine et les hauteurs environnantes, se disséminent les vestiges d'une importante exploitation agricole du 1er s., agrandie jusqu'au 3ᵉ s., puis détruite ou abandonnée. Les fondations de l'aile Ouest de la villa d'habitation sont conservées sous abri : on y voit les piles en brique de l'hypocauste et une partie des thermes, une belle mosaïque en noir et blanc, la maquette et les relevés topographiques du domaine, une vitrine de poteries récupérées sur place. À l'extérieur, on remarque des vestiges du château d'eau qui servait à alimenter la ferme, d'un four de potier, d'une piscine avec puits central (profond de 6 m), etc.

Eglisau – Ce vieux bourg pimpant, proche de la frontière allemande, occupe un **site**★ charmant sur la rive Nord du Rhin où il s'étage, au milieu d'arbres et de vignes. En contre-haut de l'église à clocher à bulbe (transformée au 18ᵉ s.), une terrasse-belvédère ombragée, et ornée de la statue en bronze d'une jeune femme contemplant le Rhin, offre un joli coup d'œil sur le fleuve, en amont des deux ponts qui l'enjambent.

Kilchberg – *7 km. Quitter Zurich par General-Guisan-Quai* (EZ).
La route nº 3 longe la rive Ouest du lac, bordée de somptueuses propriétés particulières jusqu'à Kilchberg, le faubourg résidentiel de Zurich. Le poète et romancier suisse Conrad Ferdinand Meyer (1825-1898) et l'écrivain allemand Thomas Mann (1875-1955) y ont fini leurs jours et reposent dans le petit cimetière. En bordure du lac s'élevait l'ancienne manufacture de porcelaine de Zurich, connue pour la finesse de ses décors paysagers.

ZURZACH

Aargau – 3 859 habitants
Cartes Michelin nᵒˢ 927 I 3 ou 216 pli 6 – Alt. 339 m

C'est l'ancienne Tenedo romaine et une petite ville thermale (on y soigne les rhumatismes) près du Rhin, avec quelques monuments ou maisons des 17ᵉ et 18ᵉ s. dans sa rue principale et, au bord du fleuve, un château élevé au 19ᵉ s.

August-Deusser-Museum Ⓥ – Le château abrite ce musée constitué par les collections personnelles et des œuvres du peintre allemand August Deusser (1870-1942). Au 1ᵉʳ étage, on remarque, entre autres, le mobilier (en partie Louis XVI), plusieurs tableaux, un bas-relief chinois du 18ᵉ s. et un lit sculpté, à dorures et angelots, fabriqué pour le roi Louis II de Bavière. Le 2ᵉ étage abrite des toiles léguées par Deusser, bon nombre d'entre elles évoquent la guerre de 1870, et le style de certaines s'apparente à celui des impressionnistes.
Dans le parc du château, agrémenté de beaux arbres et d'un étang artificiel, nombreuses sculptures modernes de Johann Ulrich Steiger.

Quelques visites insolites
dans la Confédération helvétique

Le musée Jean Tinguely à **BÂLE** p. 89

La fosse aux ours à **BERNE** p. 99

La mine de sel à **BEX** p. 108

La montée au barrage d'**EMOSSON** p. 136

La fromagerie d'alpage à **MOLÉSON-SUR-GRUYÈRES** p. 182

Le vertigineux chemin de fer à crémaillère de la **JUNGFRAU** p. 190

Les moulins souterrains du **COL-DES-ROCHES** p. 224

La Suisse miniature à **MELIDE** p. 229

L'église Santa Maria degli Angeli au **MONTE TAMARO** p. 231

Le musée des Douanes suisses à **GANDRIA** p. 233

Les chutes du Rhin à **SCHAFFHOUSE** p. 299

Le fort de **VALLORBE** p. 324

Le train à vapeur **BLONAY-CHAMBY** p. 328

Une croisière sur le lac des **QUATRE-CANTONS** p. 330

Conditions de visite

Les renseignements énoncés ci-dessous s'appliquent à des touristes voyageant isolément et ne bénéficiant pas de réduction. Pour les groupes constitués, il est généralement possible d'obtenir des conditions particulières concernant les horaires ou les tarifs. Ces données ne peuvent être fournies qu'à titre indicatif en raison de l'évolution du coût de la vie et de modifications fréquentes dans les horaires d'ouverture de nombreuses curiosités. Lorsqu'il nous a été impossible d'obtenir des informations à jour, les éléments figurant dans l'édition précédente ont été reconduits. Dans ce cas ils apparaissent en italique.

*Les **édifices religieux** ne se visitent pas pendant les offices. Certaines églises et la plupart des chapelles sont souvent fermées. Les conditions de visite en sont précisées si l'intérieur présente un intérêt particulier ; dans le cas où la visite ne peut se faire qu'accompagnée par la personne qui détient la clé, une rétribution ou une offrande est à prévoir.*

Lorsque les curiosités décrites bénéficient de facilités concernant l'accès pour les handicapés, le symbole ♿, figure à la suite de leur nom.

*Les **numéros de téléphone** sont précédés de l'indicatif interurbain (3 chiffres dont le premier est 0). Ne pas composer le 0 à partir de l'étranger. Voir dans les Renseignements pratiques en début de guide, le paragraphe intitulé Téléphone (rubrique Une fois sur place).*

Les prix sont donnés en francs suisses.

A

AARESCHLUCHT

Visite de 9 h à 17 h de début avril à mi-mai ; de 8 h à 18 h de mi-mai à fin octobre. 6 F.
☎ (033) 972 50 50.

AIGLE
 Rue Colomb 5 – 1860 – ☎ (024) 466 30 00

Musée international de l'Étiquette et musée de la Vigne et du Vin – Visite de 10 h à 18 h en juillet et août ; tous les jours (sauf le lundi) de 10 h à 12 h 30 et de 14 h à 18 h d'avril à juin et de septembre à octobre. Fermé de novembre à mars. 9 F (billet combiné pour les deux musées). ☎ (024) 466 21 30.

ALP GRÜM

Chemin de fer au départ d'Osizio Bernina – 4,40 F pour un aller simple.

APPENZELL
 Hauptgasse 4 – 9050 – ☎ (071)788 96 41

Appenzell Museum – Visite de 10 h à 12 h et de 14 h à 17 h d'avril à novembre ; tous les jours (sauf le lundi) de 14 h à 17h le reste de l'année. Fermé le 25 décembre. 5 F. ☎ (071) 788 96 31.

Blauen Haus – Visite de 9 h à 18 h, de 10 h à 17 h le dimanche et les jours fériés. Entrée gratuite. ☎ (071) 787 12 84.

Schloss ARENENBERG

Napoleonmuseum – Visite tous les jours (sauf le lundi) de 10 h à 17 h (16 h 30 le samedi). Fermé les Vendredi saint, 1er août et de mi-décembre à mi-janvier. 7 F. ☎ (071) 664 18 66.

AROSA
 Poststrasse – 7050 – ☎ (081) 378 70 20

Téléphérique du Weisshorn – Départs toutes les 10 mn de 8 h 20 à 16 h 20. Fermé de mi-avril à fin avril. 28 F (AR). ☎ (081) 378 84 84.

L'AUBERSON

Musée Baud – ♿ Visite accompagnée (1 h) de 10 h à 12 h et de 14 h à 18 h le dimanche et les jours fériés, de 14 h à 17 h le samedi toute l'année ; en semaine de 14 h à 17 h de juillet à septembre. Fermé à Noël. 8 F. ☎ (024) 454 24 84. www.museebaud.ch

Ruines romaines d'AUGST

Vestiges antiques – Visite tous les jours de 10 h à 16 h 30 de novembre à février ; de 10 h à 17 h le restant de l'année. Entrée gratuite. ☎ (061) 816 22 18.

Römerhaus – Mêmes conditions de visite que pour le Römermuseum.

Römermuseum – ♿ Visite de 10 h (13 h le lundi) à 17 h de mars à octobre ; de 10 h à 12 h et de 13 h 30 (13 h le lundi) à 17 h le reste de l'année. Fermé les 1er janvier, 24-25 et 31 décembre. 5 F, enfants : 3 F. ☎ (061) 816 22 18.

AVENCHES

🅱 3, place de l'Église – 1580 – ☎ (026) 676 99 22

Musée romain – Visite tous les jours (sauf le lundi) de 10 h à 12 h et de 13 h à 17 h d'avril à septembre ; de 14 h à 17 h le reste de l'année. Fermé les 1er-2 janvier, 25-26 et 31 décembre. 2 F. ☎ (026) 676 42 00.

B

BADEN

🅱 Bahnhofplatz 1 – 5400 – ☎ (056) 200 83 83

Historisches Museum – Visite tous les jours (sauf le lundi) de 13 h à 17 h, de 10 h à 17 h le week-end. Fermé les jours fériés (sauf les lundi de Pâques, de la Pentecôte et le 1er mai). 5 F, gratuit pour les enfants. ☎ (056) 222 75 74.

Museum Langmatt Sidney und Jenny Brown – Visite tous les jours (sauf le lundi) de 14 h à 17 h, de 11 h à 17 h les week-end d'avril à octobre. 10 F, enfants : 5 F. ☎ (056) 222 58 42.

BALLENBERG

Musée suisse de l'Habitat rural – 🦽 Visite de 9 h à 17 h de mi-avril à fin octobre. 16 F. ☎ (033) 952 10 30.

BASEL

🅱 Schifflände 5 – 4001 – ☎ (061) 268 68 68

Visite guidée de la ville – Tour de ville à pied tous les jours (sauf le dimanche) de 14 h 30 à 16 h 30 de début mai à mi-octobre ; le samedi de 14 h 30 à 16 h 30 de janvier à avril et mi-octobre à fin décembre. Rendez-vous à l'Office du tourisme. 15 F, enfants et étudiants : 7,50 F. ☎ 61 268 68 68. www.baseltourismus.ch

Münster – Visite de 10 h à 17 h, de 10 h à 16 h le samedi, de 13 h à 17 h le dimanche de mi-avril à mi-octobre ; 11 h (14 h le dimanche et les jours fériés) à 16 h de mi-octobre à mi-avril. ☎ (061) 272 91 57.

Montée à la tour – De 10 h (13 h le dimanche) à 17 h (16 h le samedi) de mi-avril à mi-octobre ; de 11 h (14 h le dimanche) à 16 h le reste de l'année. 3 F. ☎ (061) 272 91 57.

Museum der Kulturen – Visite tous les jours (sauf le lundi) de 10 h à 17 h (21 h le mercredi de janvier à juin). Fermé le 1er janvier, du 18 au 20 février, les 1er août, 29 novembre, 24-25 et 31 décembre. 7 F (enfants : 5 F), gratuit le 1er dimanche du mois. ☎ (061) 266 55 00/56 32.

Rathaus – Visite accompagnée à 18 h le jeudi. Gratuit. Cette visite peut se donner en français auquel cas il faut s'adresser à l'Office du tourisme au ☎ (061) 268 68 68.

Peterskirche – Tous les jours (sauf le lundi) de 9 h à 17 h. Possibilité de visite guidée, s'adresser à l'Office du tourisme ☎ (061) 268 68 68 ou au presbytère ☎ (061) 261 87 24.

Kunstmuseum – 🦽 Visite tous les jours (sauf le lundi) de 10 h à 17 h. 10 F (enfants : 8 F), gratuit le 1er dimanche de chaque mois. ☎ (061) 206 62 62.

Museum für Gegenwartskunst – 🦽 Visite tous les jours (sauf le lundi) de 11 h à 17 h. 10 F (enfants : 8 F), gratuit le 1er dimanche du mois. ☎ (061) 206 62 62.

Karikatur & Cartoon Museum – Visite tous les jours (sauf les lundi et mardi) de 14 h à 17 h, de 10 h à 17 h le dimanche et les jours fériés. Fermé durant la période de carnaval. 6 F, enfants : 3 F. ☎ (061) 271 13 36.

Basler Papiermühle – Visite tous les jours (sauf le lundi) de 14 h à 17 h. Fermé les 1er janvier, Carnaval, Vendredi saint, dimanche de Pâques et de Pentecôte, Ascension, 1er mai, 1er août, 24-25 décembre. 9 F, enfants : 6 F. ☎ (061) 272 96 52.

Pharmazie-historisches Museum – Visite (sauf les lundi et dimanche) de 10 h à 18 h (17 h le samedi). Visite guidée le 1er samedi du mois. Fermé les jours fériés. 5 F, enfants (0-12) gratuit. ☎ (061) 264 91 11.

Historisches Museum – Visite tous les jours (sauf le mardi) de 10h à 17 h. Fermé les 1er janvier, Vendredi saint, 1er mai, Ascension, 24 et 31 décembre. 7 F (enfants : 5 F), gratuit un dimanche par mois. ☎ (061) 205 86 00.

Antikenmuseum Basel und Sammlung Ludwig – Visite tous les jours (sauf le lundi) de 10 h à 17 h. Fermé les 1er janvier, 18 et 20 février, 1er et 9 mai, 10 et 17 juin et 24-25 décembre. 7 F (enfants : 5 F), gratuit le 1er dimanche du mois. ☎ (061) 271 22 02.

Architekturmuseum – Visite tous les jours (sauf le lundi) de 13 h à 18 h, de 10 h à 16 h le samedi. Fermé du 18 au 24 février et le 25 décembre. 5 F, enfants : 2,50 F. ☎ (061) 261 14 13.

Jüdisches Museum der Schweiz – Visite de 14 h à 17 h les lundi et mercredi, de 11 h à 17 h le dimanche. Entrée gratuite. ☎ (061) 261 95 14.

BASEL

Musikmuseum – Visite tous les jours (sauf les lundi et samedi) de 14 h à 19 h ; de 14 h à 20 h le jeudi ; de 11 h à 17 h le dimanche. Fermé la plupart des jours fériés. 7 F (enfants : 5 F), gratuit un dimanche par mois. ☎ (061) 205 86 00.

Haus zum Kirschgarten – Visite tous les jours (sauf le lundi) de 10 h à 17 h, de 10 h à 20 h le mercredi, de 13 h à 17 h le samedi et de 10 h à 17 h le dimanche. Fermé la plupart des jours fériés. 7 F (enfants : 5 F), gratuit le 1er dimanche du mois. ☎ (061) 205 86 00.

Skulpturhalle – Visite tous les jours (sauf le lundi) de 10 h à 17 h. Fermé les 1er janvier, 18 et 20 février, 29 mars, 1er, 9 et 20 mai, 10 et 17 juin, 24-25 et 31 décembre. Entrée gratuite. ☎ (061) 261 52 45.

Schweizerisches Sportmuseum – Visite de 10 h à 12 h et de 14 h à 17 h, de 13 h à 17 h le samedi et de 11 h à 17 h le dimanche. 5 F, enfants : 2 F. ☎ (061) 261 12 21.

Museum Kleines Klingental – Visite de 14 h à 17 h les mercredi et samedi, de 10 h à 17 h le dimanche. Fermé les 1er janvier, pendant le carnaval, jeudi et Vendredi saint, lundi de Pâques et de Pentecôte, 1er mai, 1er août, 25 et 31 décembre. Entrée gratuite. ☎ (061) 267 66 42/66 25.

Fondation Beyeler – 🦽 Visite de 9 h à 20 h. Fermé les 24-25 décembre. 16 F, enfants (0-16) : 5 F. Visite guidée sur demande, contacter ☎ (061) 645 97 20/00.

Spielzeugmuseum – Visite tous les jours (sauf les lundi et mardi) de 14 h à 17 h, de 10 h à 17 h le dimanche. Fermé les 1er janvier, Vendredi saint, 1er mai, 1er août, 24-26 et 31 décembre. 5 F, enfants : gratuit jusqu'à 16 ans. ☎ (061) 641 28 29.

Museum Jean Tinguely – Visite tous les jours (sauf le lundi) de 11 h à 19 h. Fermé les 1er janvier, vendredi Saint et 25 décembre. 7 F, enfants : gratuit jusqu'à 16 ans. ☎ (061) 681 93 20.

Kutschenmuseum – 🦽 Visite de 14 h à 17 h les mercredi et week-end. Entrée gratuite. ☎ (061) 205 86 00.

Zoologischer Garten – 🦽 Visite de 8 h à 18 h 30 de mai à août ; de 8 h à 18 h de mars à avril et de septembre à octobre ; de 8 h à 17 h 30 de novembre à février. 14 F, enfants (6-16) : 5 F. ☎ (061) 295 35 35.

Visite en bateau – Visite du port avec passages d'écluses de mai à octobre. S'adresser à la Basler Personenschiffahrts-Gesellschaft AG, Hochberstrasse 160, Postfach 4019. ☎ (061) 639 95 00/08.

Ausstellung «Verkehrsdrehscheibe Schweiz und unser Weg zum Meer» – Visite tous les jours (sauf le lundi) de 10 h à 17 h de mars à novembre et les mardi et week-end de décembre à février. 6 F, enfants : 4 F. ☎ (061) 631 42 61.

Siloterrasse Dreiländereck – Accès à la terrasse tous les jours (sauf le lundi) de 10 h à 17 h de mars à novembre ; de 10 h à 17 h les mardi et week-end de décembre à février. 4 F. ☎ (061) 639 33 47.

🄸 Hälteli – 3803 – ☎ (033) 841 18 18

Accès au Niederhorn par télésiège – Fonctionne généralement de 8 h à 17 h en été et de 8 h à 18 h en hiver. 34 F AR. ☎ (033) 841 14 72.

Abbaye – Visite de 8 h à 18 h de début janvier à mi-juin et de septembre à décembre ; de 10 h à 12 h et de 14 h à 18 h le reste de l'année. Fermé une semaine en juin. 5 F. ☎ (032) 484 72 37.

🄸 Palazzo della Posta, via Camminata 2 – 6500 – ☎ (091) 825 21 31

Villa dei Cedri – Visite tous les jours (sauf le lundi) de 10 h à 12 h et de 14 h à 18 h (17 h en automne et hiver), de 10 h à 18 h le dimanche (de 10 h à 12 h et de 14 h à 17 h en automne et hiver). Fermé deux à trois semaines avant chaque exposition. 8 F. ☎ (091) 821 85 18.

Castelgrande – Visite de 10 h à 18 h. Audiovisuel (15 mn). 4 F. ☎ (091) 825 21 31.

Castello di Montebello – Visite de 10 h à 18 h de mars à novembre. 4 F. ☎ (091) 825 21 31.

Castello di Sasso Corbaro – Visite de 10 h à 18 h de mars à octobre. 4 F. ☎ (091) 825 21 31.

Télésiège du Richinen – Fonctionne de 9 h à 12 h et de 13 h 15 à 17 h 30 en été ; de 9 h 15 à 16 h 15 en hiver. Se renseigner sur les périodes de fermeture. 16 F. ☎ (027) 971 19 26.

BERN

🚉 Bahnhof – 3000 – ☎(031) 328 12 12

Visite guidée de la ville – Tour de ville en bus (2 h) à 14 h d'avril à octobre ; le samedi seulement de novembre à mars, 24 F. Promenade dans la vieille ville (1 h 30) à 11 h de juin à septembre, 14 F. S'adresser à l'Office de tourisme. ☎ (031) 328 12 12.

Zeitglockenturm – Visite à 16 h 30 de mai à octobre, à 11h 30 et 16 h 30 de juillet à septembre. 8 F. ☎ (031) 328 12 12.

Einsteinhaus – Visite tous les jours (sauf les lundi et dimanche) de 13 h à 17 h (12 h à 18 h le samedi) de février à mars ; de 10 h à 17 h (10 h à 16 h le samedi) d'avril à novembre. Fermé les jours fériés, en janvier et décembre. 3 F. Fax (031) 312 00 41.

Bärengraben – Visite de 9 h à 17 h 30 (16 h en hiver). Entrée gratuite. ☎ (031) 357 15 15.

Münster – Visite de 10 h (11 h 30 le dimanche) à 17 h en été ; de 10 h à 12 h et de 14 h à 16 h (17 h le samedi), de 11 h 30 à 14 h le dimanche le reste de l'année. Fermé le lundi. Entrée gratuite. ☎ (031) 312 04 62.

Montée à la tour – Montée tous les jours (sauf le lundi) de 10 h (11 h 30 le dimanche) à 16 h 30 en été ; de 10 h à 11 h 30 et de 14 h à 15 h 30 (16 h 30 le samedi), de 11 h 30 à 13 h 30 le dimanche en hiver. Fermeture 1/2 h avant l'heure de fermeture de la cathédrale. 3 F. ☎ (031) 312 04 63.

Bundeshaus – Visite accompagnée (3/4 h) tous les jours (sauf le week-end) à 9 h, 10 h, 11 h, 14 h, 15 h et 16 h (de préférence à 11 h et 14 h pour les individuels). Fermé les jours fériés ainsi que pendant les sessions du Parlement (pendant cette période accès aux tribunes seulement). Entrée gratuite. ☎ (031) 322 85 22.

Kunstmuseum – ♿ Visite tous les jours (sauf le lundi) de 10 h à 17 h (21 h le mardi). Fermé la plupart des jours fériés. 7 F (variable pour les expositions temporaires). ☎ (031) 328 09 44.

Bernisches Historisches Museum – Visite tous les jours (sauf le lundi) de 10 h à 17 h (20 h le mercredi). 8 F (entrée gratuite jusqu'à 16 ans), gratuit le samedi. ☎ (031) 350 77 11.

Schweizerisches Alpines Museum – Visite de 10 h (14 h le lundi) à 17 h. Fermé les 1er janvier, 1er août, 24-25 et 31 décembre. 7 F. ☎ (031) 351 04 34.

Naturhistorisches Museum – Visite de 14 h à 17 h le lundi, de 9 h à 17 h (18 h le mercredi) du mardi au vendredi, de 10 h à 17 h le week-end. Fermé la plupart des jours fériés. 5 F. ☎ (031) 350 71 11/70 00. www-nmbe.ch

Museum für Kommunikation – ♿ Visite tous les jours (sauf le lundi) de 10 h à 17 h. Fermé les 1er janvier, 24-25 et 31 décembre. 6 F, tarifs réduits jusqu'à 16 ans. ☎ (031) 357 55 55.

Tierpark Dählhölzli – ♿ Visite du vivarium de 8 h à 18 h 30 en été, de 9 h à 17 h en hiver. 7 F, enfants : 3 F, gratuit jusqu'à 6 ans. ☎ (031) 357 15 15.

BEROMÜNSTER

Stiftskirche – Visite accompagnée sur demande préalable, de 10 h à 12 h et de 14 h à 17 h en semaine. 5 F. ☎ (041) 930 39 82.

Schloss-Museum – Visite accompagnée (1 h) de 15 h à 17 h les dimanche et jours fériés de mai à octobre. 3 F. ☎ (041) 930 29 34/930 35 51.

Mine de sel de BEX

Visite accompagnée (1 h 3/4) à 9 h 45, 11 h 15, 14 h 15 et 15 h 45 d'avril à octobre. Fermé le lundi (sauf de juin à août). 18 F, enfants : 12 F. Réservation indispensable, ☎ (024) 463 03 30.

BIASCA

🚉 Contrada Cavalier Pellanda 4 – 6710 – ☎ (091) 862 33 27

Église Sts-Pierre-et-Paul – S'adresser à l'Office de tourisme au ☎ (091) 862 32 40.

BIEL

🚉 Bahnhofplatz 12 – 2500 – ☎ (032) 322 75 75

Museum Schwab – Visite tous les jours (sauf le lundi) de 14 h à 17 h, de 11 h à 17 h les dimanche et jours fériés. Fermé les 1er janvier, 24 et 31 décembre. 5 F, gratuit pour les enfants. ☎ (032) 322 76 03.

BLAUSEE

Parc naturel ouvert de 9 h à 17 h d'avril à octobre. 4,50 F (enfants de plus de 6 ans : 2,40 F, gratuit moins de 6 ans) comprenant la promenade en bateau. ☎ 033 672 33 33.

BLONAY

🚉 29, Grande-Place à Vevey – 1800 – ☎ (021) 922 20 20

Chemin de fer-musée Blonay-Chamby – ♿ Fonctionne de mai à octobre, le samedi et le dimanche de 10 h à 18 h, en juillet et août, traction électrique le jeudi et le vendredi de 14 h à 18 h. 14 F incluant la visite du musée. ☎ (021) 943 21 21.

Abbaye de BONMONT

Visite de 13 h à 17 h en juillet et août ; de 13 h à 17 h les lundi et week-end en septembre et octobre. Fermé la plupart des jours fériés et lors de concerts et manifestations. 5 F.

BOSCO/GURIN

Walserhaus – Visite tous les jours (sauf le lundi) de 10 h à 11 h 30 et de 13 h 30 à 17 h, de 13 h 30 à 17 h le dimanche de mi-avril à fin octobre. 3 F. ☎ (091) 754 18 19.

BOUDRY

Musée de la Vigne et du Vin – Visite tous les jours (sauf les lundi et mardi) de 14 h à 17 h. Fermé 3 semaines à partir de Noël. 5 F. ☎ (032) 842 10 98.

Le BOUVERET

🛈 Bâtiment CFF – 1897 – ☎ (024) 481 51 21

Swiss Vapeur Parc – 🕭 Visite de 10 h à 18 h de mi-mai à mi-septembre ; de 13 h 30 (10 h le week-end) à 18 h de début avril à mi-mai ; de 13 h 30 à 18 h de mi-septembre à fin octobre. Fermé de novembre à mars. 12 F. ☎ (024) 468 31 18.

Aquaparc – Ouvert de 10 h à minuit du vendredi au dimanche et jours fériés, de 10 h à 22 h du lundi au jeudi. Prix d'entrée pour 4 h de séjour : 35 F, enfants de 6 à 16 ans : 29 F. ☎ (024) 482 00 00. www.aquaparc.ch

Lac des BRENETS

Promenade en vedette au Saut du Doubs – Départs toutes les 45 mn à partir de 10 h de mai à septembre. 17,8 € AR. ☎ (032) 932 14 14. www.nlb.ch

La BREYA

Télésiège – Fonctionne de 8 h 30 à 12 h 30 et de 13 h 30 à 16 h 30 de mi-juin à fin septembre, de 9 h 15 à 16 h 30 en hiver. 12 F AR, 151 F pour 6 jours. ☎ (027) 783 13 44.

BRIENZER ROTHORN

🛈 Hauptstrasse 143 à Brienz – 3855 – ☎ (033) 952 80 80

Chemin de fer à crémaillère à vapeur au départ de Brienz – Fonctionne de 8 h 30 à 16 h 10 de juin à octobre. 68 F AR. Se renseigner ☎ (033) 952 22 22.

BRIG

🛈 Bahnhofplatz 1 – 3900 – ☎ (027) 921 60 30

Stockalperschloss – Visite accompagnée (3/4 h) tous les jours (sauf le lundi) à 9 h 30, 10 h 30, 11 h 30, 14 h 30, 15 h 30, 16 h 30 de mai à octobre (pas de visite à 16 h 30 en mai et octobre). 5 F. ☎ (027) 921 60 30.

Îles de BRISSAGO

Accès à l'île principale – Un service de bateau est assuré de 9 h à 18 h de mai à octobre. Se renseigner à l'Office du tourisme d'Ascona ou de Losone ou au bureau de la Navigation Lago Maggiore d'Ascona, au port d'Ascona. Parc exotique, exposition d'art. 7 F. ☎ (091) 791 43 61.

BROC

Electrobroc – Visite libre avec audioguide de 9 h à 12 h et de 13 h 30 à 17 h le samedi uniquement (sauf férié). Entrée gratuite. ☎ (026) 352 52 52.

BRUDERHOLZ

Wasserturm Bruderholz – Visite de mai à août de 8 h à 20 h (16 h de septembre à avril). 1 F. ☎ (061) 275 51 11.

BRUGG

Vindonissa-Museum – Visite tous les jours (sauf le lundi) de 10 h à 12 h et de 14 h à 17 h. Fermé les 1er janvier, 1er mai, Vendredi saint, dimanche de Pâques, 24-25 et 31 décembre. 5 F (enfants : 1 F). ☎ (056) 441 21 84.

BUBIKON

Ritterhaus – Visite tous les jours (sauf le lundi) 13 h à 17 h, de 10 h à 17 h les week-end et jours fériés d'avril à octobre. Fermé les Vendredi saint, dimanche de Pâques et de Pentecôte. 8 F (enfants : 5 F). ☎ (055) 243 39 74.

BULLE

🛈 Avenue de la Gare 4 – 1630 – ☎ (026) 912 80 22

Musée Gruérien – 🕭 Visite tous les jours (sauf le lundi) de 10 h à 12 h et de 14 h à 17 h, de 14 h à 17 h les dimanche et jours fériés. Fermé le 1er janvier et 25 décembre. 5 F. ☎ (026) 912 72 60.

BURGDORF   🅱 Poststrasse 10 – 3400 – ☎ (034) 422 24 45

Musée du Château – Visite de 14 h (11 h le dimanche) à 17 h d'avril à octobre, de 11 h à 17 h uniquement le dimanche le reste de l'année. 5 F. ☎ (034) 423 02 14.

BÜRGLEN

Musée Tell – Visite de 9 h 30 à 17 h 30 en juillet et août ; de 10 h à 11 h 30 et de 13 h 30 à 17 h de mai à juin et de début septembre à mi-octobre. 5 F. ☎ (041) 870 41 55.

C

CADEMARIO

Sant Ambrogio – Se renseigner au ☎ (091) 605 68 30.

CANTINE DI GANDRIA

Musée des Douanes suisses – Accessible seulement par bateau. Visite de 13 h 30 à 17 h 30 d'avril à octobre. Gratuit. ☎ (091) 910 48 11.

CASLANO

Museo del Cioccolato – Visite de 9 h à 18 h (17 h le week-end). Fermé les 2 janvier, 1er novembre et 24 décembre. Audiovisuel (20 mn). Boutique de vente. 3 F. ☎ (091) 611 88 56.

CELERINA   🅱 7500 – ☎ (081) 830 00 11

S. Gian – Ouvert de 14 h à 16 h le lundi, de 16 h à 17 h 30 le mercredi et de 10 h 30 à 12 h le vendredi en été ; de 14 h à 16 h les lundi et mercredi et de 10 h 30 à 12 h le vendredi en hiver. Visite guidée de 16 h à 16 h 30 le mercredi de mi-juillet à mi-septembre. ☎ (081) 830 00 11.

CEVIO

Museo di Vallemaggia – ♿ Visite tous les jours (sauf le lundi) de 10 h à 12 h et de 14 h à 18 h, de 14 h à 18 h le dimanche d'avril à octobre. 5 F. ☎ (091) 754 13 40/23 68.

Le CHASSERAL

Route à péage – *4 F.*

CHÂTEAU-D'OEX   🅱 La Place – 1837 – ☎ (026) 924 25 25

Musée d'Art populaire du Vieux Pays d'Enhaut – Visite tous les jours (sauf le lundi) de 14 h à 17 h. Fermé les 1er janvier, Pâques et 25 décembre. 5 F. ☎ (026) 924 65 20.

CHAUMONT

Funiculaire – Départs de la Coudre de 9 h 30 à 19 h 30 environ toutes les heures. 9,60 F AR. ☎ (032) 720 06 00.

Tour-observatoire – Tourniquet : 2,20 F. ☎ (032) 753 24 12.

La CHAUX-DE-FONDS   🅱 Tour Espacité, Place Le Corbusier – 2300 – ☎ (032) 919 68 95

Musée international d'Horlogerie – ♿ Visite tous les jours (sauf lundi) de 10 h à 17 h. 8 F, gratuit le dimanche matin d'octobre à mai. ☎ (032) 967 68 61.

Musée des Beaux-Arts – ♿ Visite tous les jours (sauf le lundi) de 10 h à 12 h et de 14 h à 17 h (10 h à 18 h en juillet et août). Fermé les 1er janvier et 25 décembre. 9 F, gratuit le dimanche matin de 10 h à 12 h. ☎ (032) 913 04 44. www.chaux-de fonds.ch

Musée d'Histoire naturelle – Visite tous les jours (sauf le lundi) de 14 h à 18 h, de 10 h à 12 h et de 14 h à 18 h les dimanche et jours fériés. Fermé les 1er janvier et 25 décembre. Gratuit. ☎ (032) 913 39 76.

Musée d'Histoire – Visite tous les jours (sauf le lundi) de 14 h à 17 h (18 h le samedi), de 10 h à 12 h et de 14 h à 18 h les dimanche et jours fériés. Fermé les 1er janvier et 25 décembre. 5 F, gratuit jusqu'à 16 ans. ☎ (032) 913 50 10. www.chaux-de-fonds.ch

Bois du Petit Château – Parc zoologique ouvert de 8 à 19 h (17 h en hiver). Gratuit. ☎ (032) 968 52 62. Vivarium ouvert de 9 h à 12 h et de 14 h à 18 h (17 h en hiver) en été. Gratuit. ☎ (032) 968 11 55.

Musée paysan et artisanal – Visite tous les jours (sauf le lundi) de 14 h à 17 h, le dimanche de 10 h à 12 h et de 14 h à 17 h d'avril à octobre ; de 14 h à 17 h les mercredi et week-end le reste de l'année. Fermé en mars, les 1er janvier et 25 décembre. 5 F. ☎ (032) 926 71 89.

CHILLON

Visite de 9 h à 18 h d'avril à septembre ; de 9 h 30 à 17 h en mars et octobre ; de 10 h à 16 h de novembre à février. Fermé les 1er janvier et 25 décembre. 8 F. ☎ (021) 966 89 10.

CHUR
🄷 Grabenstrasse, 5 – 7000 – ☎ (081) 252 18 18

Domschatz – Visite accompagnée tous les jours (sauf le dimanche) de 10 h à 12 h et de 14 h à 16 h sur réservation uniquement. Fermé les Vendredi saint et Fête-Dieu. 1,48 F. ☎ (081) 252 92 50/19 70.

Rätisches Museum – Visite tous les jours (sauf le lundi) de 10 h à 12 h et de 14 h à 15 h. Fermé la plupart des jours fériés. 5 F, gratuit jusqu'à 16 ans. ☎ (081) 257 28 88.

Bündner Kunstmuseum – Visite tous les jours (sauf le lundi) de 10 h à 12 h et de 14 h à 17 h (20 h le jeudi). Fermé la plupart des jours fériés. Tarif variable selon les expositions, gratuit jusqu'à 16 ans. ☎ (081) 257 28 68.

CIMETTA

Téléphérique et télésiège au départ de Cardada – Fonctionne de 9 h 30 à 12 h 30 et de 13 h 15 à 17 h d'avril à mai et d'octobre à novembre ; de 9 h à 12 h 30 et de 13 h 15 à 17 h 30 de juin à septembre. Fermé en novembre. 35 F AR (enfants à partir de 6 ans : 18 F AR). ☎ (091) 735 30 30. www.cardada.ch

COLOMBIER

Musée du château – Visite accompagnée (1 h 1/4) à 15 h du mercredi au vendredi, à 14 h et 15 h 30 le premier dimanche de chaque mois de mars à octobre. Entrée gratuite. ☎ (032) 843 95 11.

COPPET

Château – Visite accompagnée (3/4 h) de 14 h à 18 h de mi-avril à fin octobre ; de 10 h à 12 h et de 14 h à 18 h (dernière entrée 1/2 h avant fermeture) en juillet et août. 8 F. ☎ (022) 776 10 28.

CRANS-MONTANA
🄷 Avenue de la Gare à Montana – 3962 – ☎ (027) 485 04 04
🄷 Crans-sur-Sierre – 3963 – ☎ (027) 485 08 00

Bella Lui – Téléphérique au départ de Crans et de Montana. Service jusqu'à Cry d'Err de 8 h 30 à 16 h 30 de début juillet à mi-septembre. Service toutes les 20 mn. 22 F AR. ☎ (027) 485 89 10.

Croix de CULET

Téléphérique au départ de Champéry – Départ en moyenne toutes les 1/2 h de 9 h à 17 h 30 en juillet et août ; départs toutes les heures de 9 h à 17 h en juin, septembre et octobre ; de 9 h à 17 h de décembre à mi-avril. Fermé de fin octobre jusqu'à l'ouverture des pistes. 25 F AR. ☎ (024) 479 02 03.

D

DAVOS
🄷 Promenade 67 – 7270 – ☎ (081) 415 21 21
🄷 Bahnhofstrasse – 7270 – ☎ (081) 415 21 21

Funiculaire et téléphérique du Weissfluhgipfel – Service toutes les 1/4 h de 8 h à 17 h de juillet à octobre et de décembre à avril. Fermé été 2003 pour rénovation. 27 F AR. ☎ (081) 415 21 78.

Funiculaire du Schatzalp – Service toute l'année toutes les 1/4 h de 8 h 30 à 17 h 30. 13 F AR. ☎ (081) 415 21 78.

DELÉMONT
🄷 12, place de la Gare – 2800 – ☎ (032) 422 97 78

Musée jurassien d'Art et d'Histoire – Visite tous les jours (sauf le lundi) de 14 h à 17 h. Fermé une semaine entre Noël et jour de l'An. 6 F. ☎ (032) 422 80 77.

Glacier des DIABLERETS

Télécabine et téléphérique au départ du col du Pillon ou de Reusch – L'accès au glacier est assuré en alternance depuis le col du Pillon ou le col de Reusch. Service de 9 h à 16 h 30 en juin, de 8 h 20 à 16 h 50 en juillet, de 9 h à 16 h 50 d'août à octobre, de 9 h à 16 h 30 en novembre et décembre. Période d'interruption en mai pour entretien. ☎ (024) 492 33 77. Office de tourisme ☎ (024) 492 33 58.

DIAVOLEZZA

Téléphérique – Fonctionne de 8 h 15 à 17 h en été. 28 F AR. ☎ (081) 842 64 19.

DORNACH

Goetheanum – Visite libre de 8 h à 22 h. Visite accompagnée tous les jours à 14 h. 12 F. ☎ (061) 706 42 69.

E

EBENALP

Téléphérique – Départs de 7 h 40 à 19 h en juillet et août, de 7 h 40 à 18 h en juin et septembre, de 8 h à 17 h 30 en mai et octobre, de 8 h 30 à 17 h de novembre à avril. 24 F AR. ☎ (071) 799 12 12.

ÉCHALLENS

Maison du Blé et du Pain – Visite de 8 h 30 à 18 h. Fermé le lundi et deux semaines en période de fin d'année. 8 F. ☎ (021) 881 50 71.

EGGISHORN

Téléphérique au départ de Fiesch – Départ toutes les 1/2 h de 8 h (7 h 30 de juin à octobre) à 18 h. Service interrompu en mai et novembre. 42,80 F AR. ☎ (027) 971 27 00.

EINSIEDELN

🛈 Hauptstrasse 85 – 8840 – ☎ (055) 418 44 88

Grosser Saal – Visite de 13 h 30 à 18 h. Fermé les jours de concert. 3 F. ☎ (055) 418 62 40.

Barrage d'EMOSSON

Funiculaire du Châtelard-Château d'Eau, chemin de fer d'Emosson, minifunic d'Emosson – En service de 9 h 30 à 12 h 30 et de 13 h 30 à 17 h 30 de début juin à mi-octobre. 44 F, enfants de moins de 3 ans : 11 F. ☎ (027) 769 11 11. www.chatelard.net/francais

Visite du barrage – Visite extérieure libre de mai à octobre. Pour tout renseignement, s'adresser au Parc d'attractions, ☎ (027) 769 11 11.

ENGELBERG

🛈 Klosterstrasse 3 – 6390 – ☎ (041) 639 77 77

Kloster – Visite guidée du monastère (1 h) tous les jours (sauf les lundi et dimanche) à 10 h et 16 h ; monastère et salle d'exposition (1 h 1/2) à 16 h les mercredi et samedi. 6 F (monastère), 8 F (monastère et salle d'exposition). ☎ (041) 639 61 19.

ERLENBACH

Téléphérique du Stockhorn – Fonctionne de 8 h 10 à 17 h 40 de mai à octobre ; de 11 h 10 (9 h 10 le week-end) à 17 h 10 de décembre à mi mars ; de 9 h 10 à 17 h 10 les week-end de mi-mars à fin mars. 40 F AR. ☎ (033) 681 21 81.

Église – S'adresser au presbytère. ☎ (033) 681 12 33.

ESTAVAYER-LE-LAC

🛈 place du Midi – 1470 – ☎ (026) 663 12 37

Musée – Visite de 9 h à 11 h et de 14 h à 17 h de mars à octobre ; de 14 h à 17 h le week-end de novembre à février. Fermé le lundi (de mars à juin et de septembre à octobre). Fermé les jours fériés (sauf les lundi de Pâques, de Pentecôte et jour du Jeûne Fédéral). 4 F. ☎ (026) 663 24 48.

F

FIRST

Accès en télécabine au départ de Grindelwald – Fonctionne à partir de 8 h ou 8 h 30 (horaires variables selon les saisons). Fermé en novembre et en avril. 46 F AR. ☎ (033) 854 50 50.

FLIMS

Télésiège et téléphérique du Cassons Grat – Départ toutes les 1/2 h de 8 h 30 à 17 h. 38 F AR (été), 59 F AR (hiver). ☎ (081) 927 70 01.

Téléphériques du Crap Sogn Gion et du Crap Masegn – Départ de 8 h 30 à 17 h. Services tous les 1/4 h. 24 F AR. Service interrompu de mi-avril à mi-juin et de mi-octobre à mi-décembre. ☎ (081) 927 70 01.

Col de la FORCLAZ

Randonnées pédestres – Pour tout renseignement, s'adresser à l'Office du tourisme des Marécottes. ☏ (027) 761 31 01.

FRIBOURG
🅸 1, avenue de la Gare – 1700 – ☏ (026) 321 31 75

Cathédrale St-Nicolas – De 9 h à 17 h 45, de 12 h 30 à 20 h le dimanche.

Musée suisse de la Marionnette – Visite de 10 h à 12 h et de 14 h à 18 h le week-end. Fermé en janvier, au Carnaval, à Pâques et Noël. 5 F. ☏ (026) 322 85 13.

Musée d'Art et d'Histoire – ♿ Visite tous les jours (sauf le lundi) de 11 h à 18 h (20 h le jeudi). 7,99 F. ☏ (026) 305 51 67.

Espace Jean Tinguely – Niki de Saint Phalle – ♿ Visite tous les jours (sauf les lundi et mardi) de 11 h à 18 h (20 h le jeudi). 5,03 F. ☏ (026) 305 51 40.

Musée Gutenberg – ♿ Visite tous les jours (sauf les lundi et mardi) de 11 h à 18 h (20 h le jeudi). Fermé les 1er janvier, 29 mars, 1er avril, 20 mai, 24-25 et 31 décembre. 9 F. ☏ (026) 447 38 28. www.musee-gutenberg.ch

Musée d'Histoire naturelle – ♿ Visite de 14 h à 18 h. Fermé les 1er janvier, vendredi Saint et 25 décembre. Le musée ferme à 16 h les 24 et 31 décembre. Gratuit. ☏ 41 026 300 90 40.

FURKAPASS

Pendant la période d'enneigement, généralement de novembre à mai, le passage des voitures peut se faire par voie ferrée, aux gares d'Oberwald ou de Realp. Départs des trains toutes les heures de 6 h à Oberwald (6 h 30 à Realp) à 21 h à Oberwald (21 h 30 à Realp). Forfait de 30 F incluant voiture et passager(s). En été, de juin à septembre : 25 F.

G

Zoo de la GARENNE

Visite de 9 h à 18 h (17 h 30 de décembre à février). 10 F, enfants : 4 F. ☏ (022) 366 11 14.

GENÈVE
🅸 Rue du Mont-Blanc 18 – 1211 – ☏ (022) 909 70 70

Visite guidée de la ville – Tour de ville à pied : à 10h le samedi. Promenades culturelles : tous les jours (sauf le dimanche) à 10 h de mi-juin à septembre, circuit et rues empruntés varient selon les guides. Renseignements au ☏ (022) 909 70 30.

Musée d'Histoire des Sciences – Visite tous les jours (sauf le mardi) de 10 h à 17 h. Fermé les 1er janvier et 25 décembre. Gratuit. ☏ (022) 418 50 60.

Conservatoire et jardin botaniques – Visite de 8 h à 19 h 30 d'avril à septembre ; de 9 h 30 à 17 h le reste de l'année. Serres ouvertes tous les jours (sauf le vendredi) de 9 h 30 à 11 h et de 14 h à 16 h 30. Visite guidée gratuite le mardi à 12 h 30 de mai à octobre (sur rendez-vous uniquement). Gratuit. ☏ (022) 418 51 00.

Musée Rath – ♿ Visite tous les jours (sauf le lundi) de 10 h à 17 h, de 12 h à 21 h le mercredi. Fermé les 1er janvier et 25 décembre et entre chaque exposition temporaire. Entre 5 et 10 F selon l'exposition. ☏ (022) 418 33 40.

Bibliothèque publique et universitaire – Visite tous les jours (sauf le dimanche) de 9 h à 12 h et de 14 h à 18 h, de 9 h à 12 h le samedi. Fermé les 1er mai, Pâques, Pentecôte, Ascension, 2e jeudi de septembre, les vacances scolaires et week-end. ☏ (022) 418 28 00.

Cathédrale St-Pierre – Visite de 9 h à 19 h, les dimanche et jours fériés 11 h 30 à 19 h de juin à septembre ; de 10 h à 12 h et de 14 h à 17 h, de 11 h 10 à 12 h 30 et de 13 h 30 à 17 h les dimanches et jours fériés d'octobre à mai. ☏ (022) 311 75 75.

Tour Nord – Mêmes heures d'ouverture que pour la cathédrale (dernière entrée 1/2 h avant la fermeture). 2 €.

Site archéologique – Visite de 11 h (10 h le dimanche) à 17 h de juin à septembre ; de 14 h à 17 h, de 10 h à 12 h et de 14 h à 17 h le dimanche le reste de l'année. Dernière entrée 1/2 h avant la fermeture. Fermé le lundi. 3,5 €. ☏ (022) 311 75 75.

Maison Tavel – ♿ Visite tous les jours (sauf le lundi) de 10 h à 17 h. Fermé les 1er janvier et 25 décembre. Exposition temporaire : 3 F. Visites guidées contacter ☏ (022) 418 25 00/37 00.

Hôtel de Ville : salle de l'Alabama – Visite accompagnée (1/4 h) uniquement sur demande. Fermé les week-end et jours fériés. S'adresser à l'Office du tourisme de Genève au ☏ (022) 909 70 00 ou auprès des huissiers de la Chancellerie d'État, Hôtel de ville au ☏ (022) 319 21 11, (022) 327 41 11.

Musée Fondation Zoubov – Visite accompagnée (50 mn) tous les jours (sauf le week-end) à 15 h 45 de mi-juin à fin septembre ; à 18 h le jeudi, à 14 h 30 et 15 h 30 le samedi d'octobre à mi-juin. 5 F. Fermé 15 jours à Pâques et 3 semaines à Noël. ☎ (022) 311 92 55.

Église St-Germain – Visite sur demande préalable à M. le curé J.-C. Mokry, Passage du 1ᵉʳ août, 1212 Grand-Lancy, ☎ 022 794-0654.

Musée Ariana – &. Visite tous les jours (sauf le mardi) de 10 h à 17 h. Fermé les 1ᵉʳ janvier et 25 décembre. 4,50 F pour les expositions temporaires. ☎ (022) 418 54 50.

Palais des Nations – &. Visite accompagnée (1 h) de 10 h à 17 h en juillet et août ; de 10 h à 12 h et de 14 h à 16 h le reste de l'année ; uniquement en semaine de novembre à mars. Fermé 15 jours avant Noël. 8,50 F. ☎ (022) 917 48 96.

Musée philatélique – Visite tous les jours (sauf le week-end) de 9 h à 12 h et de 14 h à 16 h 30. Fermé les 29 mars, 1ᵉʳ, 4-5 avril, 9 et 20 mai, 5-6 septembre, 25 décembre. Gratuit. ☎ (022) 917 48 82.

Musée international de la Croix-Rouge et du Croissant-Rouge – &. Visite tous les jours (sauf le mardi) de 10 h à 17 h. Fermé les 1ᵉʳ janvier, 24-25 et 31 décembre. 10 F. ☎ (022) 748 95 11.

Musée d'Art et d'Histoire – Visite tous les jours (sauf le lundi) de 10 h à 17 h. Fermé les 1ᵉʳ janvier et 25 décembre. Gratuit pour la collection permanente. ☎ (022) 418 26 00.

Collections Baur – Visite de 14 h à 18 h (sauf le lundi). Visite guidée le 1ᵉʳ mercredi du mois. Fermé les 1ᵉʳ janvier et 25 décembre. 5 F. ☎ (022) 346 17 29.

Petit Palais – Musée d'Art moderne – Fermé provisoirement pour travaux de rénovation, réouverture février 2003. ☎ (022) 346 14 33.

Musée d'Histoire naturelle – &. Visite tous les jours (sauf le lundi) de 9 h 30 à 17 h. Fermé les 1ᵉʳ janvier et 25 décembre. Gratuit. ☎ (022) 418 63 00.

Patek Philippe Museum – &. Visite tous les jours (sauf les lundi et dimanche) de 14 h à 17 h, de 10 h à 17 h le samedi. Fermé les jours fériés. 10 F. ☎ (022) 807 09 10.

Musée de l'Horlogerie et de l'Émaillerie – Visite tous les jours (sauf le mardi) de 10 h à 17 h. Fermé les 1ᵉʳ janvier et 25 décembre. Gratuit pour les collections permanentes. ☎ (022) 418 64 70.

Musée Barbier-Mueller – Visite tous les jours de 11 h à 17 h. 5 F, gratuit jusqu'à 12 ans. Possibilité de visite accompagnée sur réservation. ☎ (022) 312 02 70.

Cathédrale orthodoxe russe de l'Exaltation de la Sainte-Croix – Visite tous les jours (sauf le lundi) de 9 h 30 à 12 h et de 14 h 30 à 17 h en été ; de 9 h 30 à 12 h en hiver. ☎ (022) 346 47 09.

Musée d'Ethnographie – Visite tous les jours (sauf le lundi) de 10 h à 17 h. 5 F (pour les expositions temporaires), collections permanentes gratuites. ☎ (022) 418 45 50.

MAMCO – Visite tous les jours (sauf le lundi) de 10 h à 18 h ; de 11 h à 18 h le week-end. Fermé les 1ᵉʳ et 2 janvier, Vendredi saint, 1ᵉʳ mai, 1ᵉʳ août, 1ᵉʳ jeudi de septembre (jeûne genevois) et 25-26 décembre. 8 F. ☎ (022) 320 61 22.

Institut et musée Voltaire – Visite tous les jours (sauf le week-end) de 14 h à 17 h, Ascension, lundi de Pentecôte et jeûne genevois de 14h à 18 h. Fermé 2 janvier, Vendredi saint, lundi de Pâques, 24-26 et 31 décembre. Entrée gratuite. ☎ (022) 344 71 33.

Musée des Suisses à l'étranger – Visite tous les jours (sauf le lundi) de 10 h à 12 h et de 14 h à 18 h d'avril à décembre, tous les jours (sauf les lundi et mardi) de 10 h à 12 h et de 14 h à 17 h le reste de l'année. Fermé pendant les vacances de Noël et du Nouvel An. 5 F. ☎ (022) 734 90 21.

Musée militaire genevois – Visite tous les jours (sauf les lundi et mardi) de 14 h à 17 h d'avril à décembre, de 14 h à 17 h le week-end le reste de l'année. Fermé pendant les vacances de Noël. Gratuit. ☎ (022) 734 48 75.

Musée international de l'Automobile – &. Visite tous les jours (sauf le lundi) de 10 h à 18 h. 12 F. ☎ (022) 788 84 84.

Cascades de GIESSBACH

Services quotidiens pendant la saison d'été. Depuis Brienz, 10,80 F AR en bateau 2ᵉ classe, 4,50 F le funiculaire. Depuis Interlaken, 21,20 F AR en bateau 2ᵉ classe, 4,50 F le funiculaire. S'adresser à l'Office de tourisme au ☎ (033) 952 80 80.

GINGINS

Fondation Neumann – Visite tous les jours (sauf le lundi) de 14 h à 17 h, de 10 h 30 à 17 h le week-end. 8 F. ☎ (022) 369 36 53.

GLETSCH

Eisgrotte – Visite de 8 h à 19 h (19 h 30 le week-end) de juin à octobre. 5 F. ☎ (027) 973 11 29.

Gorges du GORNER

Office du tourisme de Zermatt. ☎ (027) 966 81 00. www.zermatt.ch

GORNERGRAT

Chemin de fer à crémaillère au départ de Zermatt – Départ toutes les 1/2 h environ de 7 h à 19 h de juin à octobre. 64 F AR. ☎ (027) 922 43 11/966 48 11.

Téléphérique du Gornergrat au Stockhorn – Départs toutes les 24 mn de 7 h 10 à 19 h 55 (17 h 55 de mi-juin à fin octobre) en été. 67 F AR. ☎ (027) 921 41 11.

Col du GRAND SAINT-BERNARD

Musée – Visite de 9 h à 12 h et de 13 h à 18 h en juin et septembre ; de 9 h à 18 h en juillet et en août. Fermé lorsque la route du col est inaccessible. 6 F. ☎ (027) 787 12 36.

Tunnel du GRAND-ST-BERNARD

Entrée à Bourg-St-Bernard. Voitures : 27 F aller simple, 38 F AR ; motos : 15 F aller simple, 20 F AR.

GRANDSON

Château – Visite de 8 h 30 à 18 h d'avril à octobre ; de 8 h 30 à 11 h et de 14 h à 17 h en semaine, de 8 h 30 à 17 h les dimanche et jours fériés de novembre à mars. Fermé les 1er janvier et 25 décembre. 10 F, gratuit le 1er dimanche de décembre. ☎ (024) 445 29 26.

GRINDELWALD

Gletscherschlucht – Accès de 10 h à 17 h de début mai à mi-octobre ; de 9 h à 18 h (21 h les mardi et jeudi) de mi-juillet à fin août ; de 10 h à 17 h en septembre et octobre. Fermé en hiver. 6 F. ☎ (033) 853 60 50.

GRUYÈRES   🛈 1663 – ☎ (026) 921 10 30

Musée HR Giger – Visite de 11 h à 18 h 30 en été ; tous les jours (sauf le lundi) de 11 h à 17 h en hiver. 10 F. ☎ (026) 921 22 00.

Château – Visite (1h) de 9 h à 18 h d'avril à octobre ; de 10 h à 16 h de novembre à mars. Dernière entrée 1/2 h avant la fermeture. Fermé le 1er janvier et Noël. 6 F. ☎ (026) 921 21 02. www.gruyeres.ch/chateau/

Maison du gruyère – ♿ Visite de 8 h à 19 h (18 h d'octobre à mai). 5 F. ☎ (026) 921 84 00.

GURTEN

Funiculaire – Il fonctionne toute l'année. 4,50 F aller simple, 8 F AR. ☎ (031) 961 23 23.

GUTTANNEN

Kristallmuseum – Visite tous les jours (sauf le week-end) de 8 h à 17 h de juin à septembre ; visite sur réservation le week-end le reste de l'année. 3 F. ☎ (033) 973 12 47.

H

Château de HALLWYL

Visite tous les jours (sauf le lundi) de 10 h à 17 h d'avril à octobre. 5 F, enfants : 3 F. ☎ (062) 767 60 10.

HARDERKULM

Funiculaire – Fonctionne de 8 h 10 à 17 h 45 d'avril à novembre. Départ toutes les 20 ou 30 mn. 21 F AR. ☎ (033) 828 73 39.

HAUTERIVE

Laténium – ♿ Visite du musée tous les jours (sauf le lundi) de 10 h à 17 h. Fermé les 1er janvier et 31 décembre. 9 F. ☎ (032) 889 69 17. Le parc est libre.

Abbaye d'HAUTERIVE

Visite accompagnée (1 h) de 14 h à 17 h, de 10 h 45 à 11 h 30 les dimanche et jours fériés. ☎ (026) 41 264 097102.

HEIMWEHFLUH

Funiculaire – Fonctionne de 8 h 30 à 17 h 30 de mi-avril à fin novembre. Départ tous les 1/4 h. 11 F AR. ☎ (033) 822 34 53.

HOHER KASTEN

Téléphérique au départ de Brülisau – Le téléphérique au départ de Brülisau fonctionne toutes les 1/2 h. Se renseigner sur les périodes d'ouverture. 26 F. ☎ (071) 799 13 22.

HÖLLOCHGROTTE

Visite accompagnée (1 h 1/2) tous les jours (sauf les lundi et mardi) à 10 h 30, 13 h 30 et 16 h ; à 10 h, 13 h, 15 h et 16 h le week-end de juin à septembre ; sur demande uniquement le reste de l'année. 14 F, enfants : 10 F. ☎ 041 390 40 40.

Château de HÜNEGG

Visite de 14 h à 17 h, de 10 h à 12 h et de 14 h à 17 h le dimanche de mi-mai à mi-octobre. 8 F. ☎ (033) 243 19 82.

I

INTERLAKEN
🛈 Höheweg 37 – 3800 – ☎ (033) 826 53 00

Touristikmuseum – Visite tous les jours (sauf le lundi) de 14 h à 17 h de début mai à mi-octobre. 5 F. ☎ (033) 826 64 64.

INTRAGNA

Museo regionale delle Centovalli e del Pedemonte – Visite tous les jours (sauf le lundi) de 14 h à 18 h de mi-avril à fin octobre. 5 F. ☎ (091) 796 25 77.

Kartause ITTINGEN

Kartause Ittingen – Visite de 14 h (11 h le week-end) à 17 h. 5 F (billet combiné incluant la visite de l'église et des deux musées). ☎ (052) 748 44 11. Visite guidée du labyrinthe végétal, ☎ (052) 748 41 41.

J

JEGENSTORF

Schloss – Visite tous les jours (sauf le lundi) de 10 h à 12 h et de 14 h à 17 h de mi-mai à mi-octobre. 7 F. ☎ (031) 761 01 59.

JUNGFRAUJOCH

Circuit ferroviaire – Billet circulaire Interlaken-Jungfraujoch-Interlaken : 162 F ; en utilisant l'un des deux premiers trains du matin (de novembre à avril) et les trains en correspondance immédiate : 126 F. Billet depuis Lauterbrunnen : 145 F ; en utilisant les deux premiers trains : 108 F. Billet depuis Grindelwald Grund : 140 F ; en utilisant le premier train (de mai à octobre) : 103 F. Billet circulaire Interlaken-Petite Scheidegg-Interlaken (sans monter au Jungfraujoch) : 64 F.

K

KLEIN MATTERHORN

Montée – Téléphérique au départ de Zermatt toutes les 20 mn, de 8 h à 17 h environ. 77 F AR. ☎ (027) 966 64 64.

Kloster KÖNIGSFELDEN

Klosterkirche – Visite de 9 h à 12 h et de 14 h à 17 h, de 9 h à 17 h le week-end d'avril à octobre ; de 10 h à 12 h et de 14 h à 16 h le reste de l'année. Fermé les lundi, 1er-2 janvier, du Vendredi saint au dimanche de Pâques, 24-26 décembre. 3 F, enfants : 2,50 F. ☎ (056) 441 88 33.

KRIENS

Alphorn-Werkstätte – Visite tous les jours (sauf les lundi et dimanche) de 8 h à 12 h, de 9 h à 12 h le samedi. Entrée gratuite. ☎ (041) 340 88 86.

Schloss KYBURG

Visite de 10 h 30 à 17 h 30 (16 h 30 de février à avril et en novembre). Fermé le lundi, certains jours fériés, en janvier et décembre. 8 F. ☎ (052) 232 46 64.

L

LANGNAU IM EMMENTAL 🛈 Schlossstrasse 3 – 3550 – ☎ (034) 402 42 52

Heimatmuseum – Visite tous les jours (sauf le lundi) de 13 h 30 à 18 h d'avril à octobre. 4 F. ☎ (034) 402 18 19.

LAUSANNE 🛈 4 place de la Navigation – 1000 – ☎ (021) 613 73 73

Visite guidée de la ville – Visite (2 h à 3 h) les mardi et vendredi à 13 h 15 de début juin à mi-septembre. Pour de plus d'informations, contacter l'Office de tourisme de Lausanne, ☎ 021 613 73 66, www.lausanne-tourisme.ch

Musée Olympique – ♿ Visite de 9 h à 18 h (20 h le jeudi). Fermé le lundi d'octobre à avril (sauf le lundi de Pâques), les 1er janvier et 25 décembre. 14 F. ☎ (021) 621 65 11.

Musée de l'Élysée – Visite de 10 h à 18 h. 8 F, gratuit le 1er samedi du mois. ☎ (021) 316 99 11.

Musée historique de Lausanne – Visite de 11 h à 18 h du mardi au jeudi, de 11 h à 17 h du vendredi au dimanche. Fermé les lundi (sauf en juillet et en août), Vendredi saint, dimanche et lundi de Pâques, jeudi de l'Ascension et lundi de Pentecôte. 4 F. ☎ (021) 331 03 53.

Cathédrale – Visite de 7 h à 17 h 30 (19 h en été) en hiver. ☎ (021) 316 71 61.

Tour de la cathédrale – Visite de 8 h à 11 h 30 et de 13 h 30 à 17 h 30, de 14 h à 17 h 30 le dimanche en été ; de 8 h à 11 h 30 et de 13 h 30 à 16 h 30, de 14 h à 16 h 30 le dimanche en hiver. Fermé les 1er-2 janvier et 25 décembre. 2F. ☎ (021) 316 71 61.

Musée des Beaux-Arts – ♿ Visite de 11 h à 18 h les mardi et mercredi, de 11 h à 20 h le jeudi, de 11 h à 17 h les vendredi, week-end et jours fériés. Fermé les 1er janvier et 25 décembre. 6 F, gratuit le 1er dimanche du mois. ☎ (021) 316 34 45.

Musée de Géologie, de Paléontologie, de Zoologie, salle d'Archéologie et d'Histoire – Visite tous les jours (sauf le lundi) de 11 h à 18 h (17 h le vendredi et le week-end). Fermé les 1er janvier et 25 décembre. 4 F, gratuit le 1er dimanche de chaque mois. ☎ (021) 316 33 13.

Collection de l'Art brut – Visite tous les jours (sauf le lundi) de 11 h à 18 h. 6 F. ☎ (021) 647 54 35.

Fondation de l'Hermitage – Visite tous les jours (sauf le lundi) de 10 h à 18 h (21 h jeudi). Fermé entre les expositions. Visite guidée (1 h) à 18 h 30 le jeudi et à 15 h le dimanche. 13 F, gratuit jusqu'à 18 ans. ☎ (021) 320 50 01.

Musée de Design et d'Arts appliqués contemporains – ♿ Visite de 11 h à 18 h (21 h le mardi). Fermé les lundis (sauf en juillet et août), 1er janvier et 25 décembre. 6 F. ☎ (021) 315 25 30.

Jardin botanique – Visite de 10 h à 18 h 30 de mai à octobre ; de 10 h à 17 h 30 en mars et avril. Gratuit. Visite du musée sur demande uniquement. ☎ (021) 316 99 88.

Musée de Pully – ♿ Visite tous les jours (sauf le lundi) de 14 h à 18 h. Fermé à Pâques et Noël et en fonction des expositions temporaires. 5 F, gratuit jusqu'à 16 ans. ☎ (021) 729 55 81.

Villa romaine de Pully – Visite tous les jours (sauf le lundi) de 14 h à 17 h d'avril à octobre ; de 14 h à 17 h le week-end de novembre à mars. Fermé à Pâques et Noël. 3 F. ☎ (021) 728 33 04 ou 729 55 81.

LIESTAL 🛈 Altmarkstrasse 96 – 4410 – ☎ (061) 927 65 20

Kantonsmuseum Baselland – Visite tous les jours (sauf le lundi) de 10 h à 12 h et de 14 h à 17 h, de 10 h à 17 h le week-end. Fermé les 1er mai et 1er août. 5,18 F, enfants : gratuit. ☎ (061) 925 59 86.

LOCARNO 🛈 Largo Zorzi 1 – 6600 – ☎ (091) 791 00 91

Castello Visconteo – Visite tous les jours (sauf le lundi) de 10 h à 17 h d'avril à octobre. 7 F. ☎ (091) 756 31 70/80.

Casa Rusca – Visite tous les jours (sauf le lundi) de 10 h à 17 h d'avril à juin et d'août à novembre. 7 F. ☎ (091) 756 31 85/70.

Le LOCLE 🛈 31, rue Daniel-Jean Richard – 2400 – ☎ (032) 931 43 30

Musée d'Horlogerie – Visite de 10 h à 17 h de mai à octobre ; de 14 h à 17 h le reste de l'année. Fermé les lundi (sauf fériés), 1er janvier et 25 décembre. 7 F. ☎ (032) 931 16 80.

Musée des Beaux-Arts – Visite tous les jours (sauf le lundi) de 14 h à 17 h. Fermé de Noël au jour de l'An. 6 F. ☎ (032) 931 13 33.

Moulins souterrains du Col-des-Roches – Visite accompagnée (1 h) à 10 h, 16 h 15 et 17 h de mai à octobre ; tous les jours (sauf le lundi) à 14 h, 15 h 45 et 17 h de novembre à avril. 9 F, enfants gratuit jusqu'à 6 ans : 6 F. ☎ (032) 931 89 89. www.lesmoulins.ch. Température : 7°, se munir de vêtements chauds.

LOTTIGNA

Musée du Blenio – Visite tous les jours (sauf le lundi) de 14 h à 17 h, de 10 h à 12 h et de 14 h à 17 h les week-end et jours fériés de mi-avril à fin octobre. 4 F. ☎ (091) 872 14 87. www.vallediblenio.ch

LUCENS

Musée Sherlock Holmes – Visite de 14 h à 17 h les mercredi et week-end. 4 F. ☎ (021) 906 73 33.

LUGANO   🄸 Palazzo Civico, Riva Albertolli – 6900 – ☎ (091) 913 32 32

Visite guidée de la ville – Visite de 9 h 30 à 11 h 45 le lundi d'avril à octobre. S'adresser à l'Office de tourisme. ☎ (091) 913 32 32.

Museo d'Arte moderna – Visite tous les jours (sauf le lundi) de 9 h à 19 h de mi-mars à fin juin et en automne. 11 F. ☎ (091) 800 72 14.

Monte San Salvatore – Accès par funiculaire. Fonctionne de mi-mars à mi-novembre. Départ toutes les 1/2 h. 20 F AR. ☎ (091) 985 28 28.

Museo cantonale d'Arte – Visite tous les jours (sauf le lundi) de 10 h à 17 h, de 14 h à 17 h le mardi. Fermé à Noël et au jour de l'An. 10 F (collection permanente et temporaire). ☎ (091) 910 47 80.

Villa Heleneum – Museo delle Culture Extraeuropee – Visite tous les jours (sauf les lundi et mardi) de 10 h à 17 h de mars à octobre. 5 F. ☎ (091) 971 73 53.

Monte Brè – Accès par funiculaire au départ de Cassarate via Suvigliana de 9 h 10 à 18 h 15. Départ toutes les 1/2 h. 19 F AR. ☎ (091) 971 31 71.

LUZERN   🄸 Zentralstrasse 5 – 6000 – ☎ (041) 227 17 17

Visite guidée de la ville – Visite (2 h) à 9 h 45 de mai à octobre, les mercredi et samedi de novembre à avril. 16 F. S'adresser à l'Office de tourisme.

Franziskanerkirche – Visite tous les jours (sauf le samedi) de 10 h 30 à 18 h 30, de 12 h 15 à 18 h 30 le dimanche. ☎ (041) 210 14 67.

Hofkirche – Visite de 10 h à 17 h 30, possibilités de visites guidées sur demande. Fermé de 12 h à 14 h de novembre à février inclus. ☎ (041) 410 52 41.

Gletschergarten – Visite de 9 h à 18 h d'avril à octobre ; de 10 h à 17 h le reste de l'année. Audiovisuel (12 mn). 9 F. ☎ (041) 410 43 40.

Museggmauer – Visite de 7 h 30 à 19 h de Pâques à la Toussaint. Entrée gratuite.

Sammlung Rosengart – Visite de 10 h à 18 h d'avril à octobre ; de 11 h à 16 h le reste de l'année. 6 F. ☎ (041) 410 220 16 60.

Picasso Museum – Visite de 10 h à 18 h d'avril à octobre ; de 11 h à 13 h et de 14 h à 16 h le reste de l'année. 6 F. ☎ (041) 410 35 33/17 73.

Kunstmuseum – Visite tous les jours (sauf le lundi) de 10 h à 17 h (19 h 30 le mercredi). Fermé les 7, 11-12 février, 24 et 31 décembre. 10 F. ☎ (041) 226 78 00.

Historisches Museum – ♿ Visite tous les jours (sauf le lundi) de 10 h à 12 h et de 14 h à 17 h, de 10 h à 17 h les week-end et jours fériés. Fermé le 25 décembre. 6 F. ☎ (041) 228 54 24.

Bourbaki-Panorama – Visite de 9 h à 18 h. 7 F. S'adresser à Luzern Tourisme SA, ☎ (041) 227 17 17.

Naturmuseum und Saal zur Archäologie – Visite tous les jours (sauf le lundi) de 10 h à 12 h et de 14 h à 17 h, de 10 h à 17 h le dimanche. Fermé les 24-25 décembre. 6 F. ☎ (041) 228 54 11.

Verkehrshaus der Schweiz – ♿ Visite de 10 h à 18 h d'avril à novembre ; de 10 h à 17 h le reste de l'année. Fermé les 24-25 décembre. 21 F, enfants : 12 F. ☎ (08) 48 85 20 20.

Richard-Wagner-Museum – Visite tous les jours (sauf le lundi) de 10 h à 12 h et de 14 h à 17 h de mi-mars à fin novembre. Ouvert les lundi de Pâques et de Pentecôte. 6 F. ☎ (041) 360 23 70.

Promenades en bateau – Avec la plus grande flotte mondiale de bateaux à vapeur historiques ainsi que des bateaux salons confortables dans le monde des Alpes, la Compagnie de navigation sur le lac des Quatre-Cantons relie toute l'année Lucerne aux célèbres lieux de villégiature bordant le lac et offre des croisières commentées sur les sites chargés d'histoire, des croisières nocturnes avec musique l'été, des correspondances ou combinaisons avec tous les téléphériques et funiculaires de la région ainsi qu'avec l'express «Guillaume Tell» pour un voyage en voitures panoramiques de 1re classe sur la ligne du St-Gothard. En saison, les bateaux de Lucerne à Flüelen et de Lucerne à Alpnachstad partent environ toutes les heures. ☏ (041) 367 67 67 ou (041) 367 66 66.

Gütsch – Le funiculaire fonctionne de 7 h à 0 h 30. Départ toutes les 10 mn. 2 F. Fermé provisoirement. ☏ (041) 249 41 00.

M

MARBACHEGG

Télécabine au départ de Marbach – Fonctionne le jeudi de mi-mars à fin août, le week-end de mai à juillet. Fermé pour rénovation de mi-mars à début mai 2003 et les lundi, mardi, mercredi et vendredi de mai à juillet. Pour plus d'informations sur les horaires d'ouverture, s'adresser au ☏ (034) 493 33 88.

Les MARÉCOTTES

Zoo – Visite de 9 h à la tombée de la nuit de mi-mai à mi-septembre ; de 11 h à la tombée de la nuit (vacances de Pâques, automne et Noël) ; basse saison, entrée par automate à monnaie. 9 F, enfants : 6 F. ☏ (027) 761 15 62.

MARIN

Papiliorama Nocturama – Visite du Papiliorama de 9 h (10 h Nocturama) à 18 h en été, de 10 h à 17 h sans distinction en hiver. 11 F, enfants de 4 à 15 ans : 5 F. ☏ (032) 753 43 44.

MARMORERA

Visite accompagnée tous les jours (sauf le week-end) de 9 h à 15 h de début mai à mi-octobre. ☏ (081) 637 68 68.

MARTIGNY
🛈 9, place Centrale – 1920 – ☏ (027) 721 22 20

Fondation Pierre Gianadda – ♿ Visite de 9 h à 19 h de juin à octobre ; de 10 h à 18 h de novembre à mai. 14 F. ☏ (027) 722 39 78.

MEIRINGEN
🛈 Bahnhofstrasse 22 – 3860 – ☏ (033) 972 50 50

Sherlock-Holmes-Museum – Visite tous les jours (sauf le lundi) de 13 h 30 à 18 h de mai à septembre ; de 16 h 30 à 18 h 30 les mercredi et dimanche d'octobre à avril. 3,80 F. ☏ (033) 971 41 41.

MELIDE
🛈 Stazione FFS – 6815 – ☏ (091) 649 63 83

Swissminiatur – ♿ Visite de 9 h à 18 h de mi-mars à fin octobre. 12 F. ☏ (091) 640 10 60. www.swissminiatur.ch

Castello di MISOX

Santa Maria del Castello – Pour avoir la clé, s'adresser à la «cancelleria comunale» de Mesocco. ☏ (091) 822 91 40.

MOLÉSON-SUR-GRUYÈRES
🛈 1662 – ☏ (026) 921 85 00

Fromagerie d'alpage – Visite à 10 h et à 14 h 45 de mi-mai à début octobre. 2,50 F. Demande préalable auprès de Mme Sylvia Magnin, ☏ (026) 921 10 44 ou (079) 443 23 93.

Téléphérique et observatoire du Moléson – Téléphérique au départ de Moléson-Village : service interrompu de Pâques à mi-mai et de mi-octobre à mi-décembre. L'observatoire est ouvert de 9 h à 16 h 30 de mi-décembre à mi-avril et de 9 h à 18 h (23 h les vendredi et samedi en juillet et août) de mi-mai à mi-octobre. Soirée d'initiation à l'astronomie sur réservation de 17 h à 9 h. 65 F, enfant jusqu'à 13 ans : 50 F. ☏ (026) 921 29 96.

Historial suisse – Visite tous les jours (sauf le mardi) de 8 h à 21 h. Fermé en novembre. Gratuit. ☏ (026) 921 32 63.

MONTE GENEROSO

Chemin de fer à crémaillère au départ de Capolago – Départ chaque heure de début mai à fin octobre. Ouvert en hiver sauf les lundi, mardi et en novembre. 46 F AR. ☎ (091) 648 11 05.

MONTE LEMA

Télésiège au départ de Miglieglia – Départ toutes les 1/2 h de 9 h à 17 h. Service interrompu de mi-novembre à mars. AR : 22 F. ☎ (091) 609 11 68.

MONTREUX ☐ 5, rue du Théâtre – 1820 – ☎ (021) 962 84 84

Audiorama – ♿ Visite tous les jours (sauf le lundi) de 13 h à 18 h. 10 F. ☎ (021) 963 22 33.

Musée du Vieux-Montreux – Visite de 10 h à 12 h et de 14 h à 17 h d'avril à fin octobre. 6 F. ☎ (021) 963 13 53.

MORCOTE

Accès par bateau au départ de Lugano – Durée : 1 h environ d'avril à octobre. Autres excursions possibles en bateau : Gandria, Porlezza (Italie) etc. Renseignements sur les promenades (avec ou sans déjeuner à bord) et croisières auprès de la Società Navigazione del Lago di Lugano. ☎ 41 091 971 52 23. www.lakelugano.ch

MORGES ☐ Rue du Château – 1110 – ☎ (021) 801 32 33

Musée Alexis-Forel – Visite tous les jours (sauf le lundi) de 14 h à 17 h 30. Fermé lundi de Pâques, de Pentecôte et 1er août. 5 F. ☎ (021) 801 26 47.

Château – Visite tous les jours (sauf le lundi) de 10 h à 17 h en juillet et août ; de 10 h à 12 h et de 13 h 30 à 17 h, de 13 h 30 à 17 h les week-end et jours fériés le reste de l'année. Fermé les lundi de Pâques, de Pentecôte et de mi-décembre à fin janvier. 7 F, enfants : gratuit jusqu'à 16 ans. ☎ (021) 804 85 56.

MÔTIERS

Musées – Visite accompagnée (1 h) de 14 h à 17 h les mardi, jeudi et week-end de début mai à mi-octobre. 5 F. ☎ (032) 861 35 51.

MOUDON ☐ Place de la Douane – 1510 – ☎ (021) 905 88 66

Musée du Vieux-Moudon – Visite de 14 h à 18 h les mercredi, vendredi et samedi de fin mars à fin novembre. 5 F, 8 F (billet combiné avec le musée Eugène Burnand : 8 F). ☎ (021) 905 27 05.

Musée Eugène-Burnand – Visite de 14 h à 18 h 30 les mercredi et week-end d'avril à novembre. 5 F, 8 F (billet combiné avec le musée Eugène-Burnand), gratuit jusqu'à 16 ans. Visite sur demande préalable 10 jours avant à l'Office de tourisme. ☎ (021) 905 88 66.

MUOTTAS MURAGL

Funiculaire – Départ toutes les 1/2 h de 8 h à 23 h de juin à mi-octobre et de décembre à avril. 22 F AR en hiver, 26 F en été. ☎ (081) 842 83 08.

MURIAUX

Musée de l'Automobile – ♿ Visite de 10 h à 12 h et de 13 h 30 à 17 h 30, de 10 h à 18 h les dimanche et jours fériés d'avril à octobre ; de 13 h 30 à 17 h 30 le samedi, de 10 h à 12 h et de 13 h 30 à 18 h les dimanche et jours fériés le reste de l'année. Fermé les 1er janvier et 25 décembre. 8,88 F, enfants : 2 F. ☎ (032) 951 10 40.

MURTEN ☐ Französiche Kirchgasse 6 – 3280 – ☎ (026) 670 51 12

Historisches Museum – Visite tous les jours (sauf le lundi) de 10 h à 12 h et de 14 h à 17 h de mai à septembre ; tous les jours (sauf le lundi) de 14 h à 17 h en mars, avril, octobre et décembre ; de 14 h à 17 h le week-end de janvier à février. 4 F. ☎ (026) 670 31 00.

MÜSTAIR

Kirche – Possibilité de visites guidées, s'adresser à Kurerein Müstair. ☎ (081) 858 50 00.

N

NÄFELS ☐ 8752 – ☎ (055) 612 43 25

Freulerpalast – Visite tous les jours (sauf le lundi) de 10 h à 12 h et de 14 h à 17 h 30 d'avril à novembre. Fermé les Vendredi saint, dimanche de Pâques et de Pentecôte, 3e dimanche de septembre (Bettag) et 1er novembre. 5 F. ☎ (055) 612 13 78.

Rochers de NAYE

Chemin de fer à crémaillère – Départ du train à vapeur toutes les heures de 9 h 05 à 17 h 05 (sauf 12 h 05) en été ; dernier départ à 15 h 05 en hiver. 45 F AR. Autre train touristique MOB (Montreux, Oberland, Bernois) : 12 trains panoramic-express par jour en été, week-end toute l'année.

NEGRENTINO

Église San Carlo – Pour visiter, s'adresser au restaurant de Leontica à Prugiasco ou auprès de l'Office de tourisme du Blenio à Acquarossa, ☎(091) 871 14 87.

NEUCHÂTEL   🛈 Hôtel des Postes – 2000 – ☎ (032) 889 68 90

Visite guidée de la ville – Visite (1 h) à 17 h 30 de mi-mai à octobre. 5,05 F. S'adresser à l'Office de tourisme.

Jardin botanique – Visite du parc et des serres de 9 h à 20 h d'avril à septembre ; de 9 h à 17 h le reste de l'année (tous les jours sauf le lundi pour les serres). Entrée gratuite. ☎ (032) 718 23 50.

Centre Dürrenmatt – Visite tous les jours (sauf les lundi et mardi) de 11 h à 17 h (21 h en été). 8 F. ☎ (032) 720 20 78.

Château – Visite accompagnée (3/4 h) tous les jours (sauf le samedi) à 10 h, 11 h, 12 h, 14 h, 15 h, 16 h ; à 14 h, 15 h, 16 h le dimanche et jours fériés d'avril à octobre. Gratuit. ☎ (032) 889 60 00.

Tour des Prisons – Visite de 8 h à 18 h de mi-avril à fin octobre. Tourniquet : 2,20 F. ☎ (032) 717 76 02.

Musée d'Art et d'Histoire – ♿ Visite tous les jours (sauf le lundi) de 10 h à 18 h. Fermé les 1er janvier, 24-25 et 31 décembre. 7 F, gratuit le mercredi. ☎ (032) 717 79 20.

Musée d'Ethnographie – Visite tous les jours (sauf le lundi) de 10 h à 18 h. Fermé les 1er janvier, 24-25 et 31 décembre. 7 F, gratuit le mercredi et de mi-mai à fin octobre. ☎ (032) 718 19 60.

Musée d'Histoire naturelle – ♿ Visite tous les jours (sauf le lundi) de 10 h à 18 h. Fermé le 25 décembre. 6 F, gratuit le mercredi de mi-mai à fin octobre. ☎ (032) 717 79 60.

La NEUVEVILLE   🛈 4, rue du Marché – 2520 – ☎(032) 751 49 49

« Blanche Église » – Pour visiter, s'adresser à l'Office de tourisme, 4, rue du Marché à La Neuveville. ☎ (032) 751 49 49.

NIESEN

Funiculaire au départ de Mülenen – Départ toutes les 1/2 h (ou 1/4 h selon l'affluence), de 8 h à 17 h (se renseigner au préalable) de juin à novembre. 43 F AR. ☎ (033) 676 11 12.

NYON   🛈 7, avenue Viollier – 1260 – ☎ (022) 361 62 61

Musée romain – ♿ Visite tous les jours (sauf le lundi) de 10 h à 12 h et de 14 h à 18 h d'avril à fin octobre (juillet et août : tous les jours) ; de 14 h à 18 h le reste de l'année. Fermé les 1er janvier et 25 décembre. 3 F (l'achat d'un billet donne l'accès gratuit aux autres musées) de Nyon. ☎ (022) 361 75 91.

Musée du Léman – ♿ Mêmes conditions de visite que pour le musée romain. 6 F (billet valable pour les autres musées). ☎ (022) 361 09 49.

O

OBERALPPASS

Rail-route – En hiver le train circule entre Andermatt et Sedrun. Pour connaître les horaires et pour réserver (obligatoire), ☎ (041) 888 75 11 ou ☎ (081) 920 47 11.

OBERHOFEN

Château – Visite de 11 h à 17 h et de 14 h à 17 h le lundi de mi-mai à mi-octobre. 7 F. ☎ (033) 243 12 35.

Musée d'Horlogerie et d'Instruments de musique mécaniques – Visite tous les jours (sauf le lundi) de 10 h à 12 h et de 14 h à 17 h (sans interruption le dimanche) de mi-mai à mi-octobre ; de 14 h à 17 h les dimanche et jours fériés de mi-octobre à mi-mai. 6 F. ☎ (033) 243 43 77.

OESCHINENSEE

Télésiège – Départ toutes les 1/2 h de décembre à octobre (horaires variables selon les saisons). 18 F AR. ☎ (033) 675 11 18.

OLTEN   🅱 Klosterplatz 21 – 4600 – ☎ (062) 212 30 88

Kunstmuseum – Visite tous les jours (sauf le lundi) de 14 h à 17 h ; de 10 h à 12 h et de 14 h à 17 h le week-end. Fermé la plupart des jours fériés et pendant les vacances d'été. 7 F. ☎ (062) 212 86 76.

Historisches Museum – ♿ Visite tous les jours (sauf le lundi) de 14 h à 17 h ; de 10 h à 12 h et de 14 h à 17 h le dimanche. Fermé les 1er janvier, Vendredi saint, Pâques, Pentecôte et 25 décembre. ☎ (062) 212 89 89.

Source de l'ORBE

Grottes – Visite de 9 h 30 à 16 h 30 (17 h 30 de juin à août) d'avril à novembre. 13 F. ☎ (021) 843 25 83.

Trésor des Fées – Mêmes horaires de visite que les grottes.

ORBE

Mosaïques d'Urba – Visite de 9 h à 12 h et de 13 h 30 à 17 h, de 13 h 30 à 17 h 30 les week-end et jours fériés d'avril à octobre. Fermé le 1er novembre et à Pâques. 3 F. ☎ (024) 441 13 81.

ORON-LE-CHÂTEL

Château – Visite accompagnée (3/4 h) de 10 h à 12 h et de 14 h à 18 h le week-end d'avril à septembre. 7 F. ☎ (021) 907 90 51.

P

PARPANER ROTHORN

Téléphérique – Départ toutes les 20 mn de 8 h 10 à 12 h 10 et de 13 h 10 à 17 h 10. Fermé de mi-avril à fin juin. 30 F AR. ☎ (081) 385 03 85.

PAYERNE   🅱 1 place Général Guisan – 1530 – ☎ (026) 660 61 61

Église abbatiale – Visite tous les jours (sauf le lundi) de 10 h à 12 h et de 14 h à 18 h (17 h de novembre à avril). Fermé le Vendredi saint. 3 F. ☎ (026) 662 67 04.

PFÄFFIKON (SCHWYZ)

Alpamare – De 10 h (9 h les week-end et jours fériés) à 22 h (24 h les vendredi et samedi). 34 F (37 F les week-end et jours fériés) pour 4 h, enfants de 6 à 16 ans : 29 F (31 F). ☎ (055) 415 15 19.

PILATUS

Montée en chemin de fer à crémaillère au départ d'Alpnachstad – Ouvert de mai à octobre. 58 F AR.

PIZ CORVATSCH

Téléphérique – Départ toutes les 20 mn de 8 h 10 (8 h 20 en hiver) à 17 h de début juillet à mi-octobre et de décembre à avril. 34 F AR. ☎ (081) 838 73 73.

PIZ LAGALB

Téléphérique au départ de Curtinatsch – Départ toutes les 1/2 h de 9 h à 12 h et de 13 h à 16 h de novembre à avril (horaires variables selon les saisons). 21 F AR. ☎ (081) 842 65 91.

PONTRESINA   🅱 Kongresszentrum Rondo – 7504 – ☎ (081) 838 83 00

Santa Maria – Se renseigner au préalable. ☎ (081) 838 83 00.

PORRENTRUY   🅱 5, Grand-Rue – 2900 – ☎ (032) 466 59 59

Musée de l'Hôtel-Dieu – ♿ Visite tous les jours (sauf le lundi) de 14 h à 17 h d'avril à mi-novembre. Fermé le 1er novembre et de mi-novembre à fin avril. 5 F, gratuit jusqu'à 16 ans. ☎ (032) 466 72 72. museehoteldieu.ch

PRANGINS

Château – ♿ Visite tous les jours (sauf le lundi) de 10 h à 17 h. Ouvert les lundi de Pentecôte et du Jeûne Fédéral. Fermé les 1er-2 janvier et 25 décembre. 5 F. ☎ (022) 994 88 90.

R

RANCATE

Pinacoteca cantonale Giovanni Züst – Visite tous les jours (sauf le lundi) de 9 h à 12 h et de 14 h à 17 h de mars à juin et de septembre à novembre ; de 14 h à 18 h en juillet et août. 7 F. ☎ (091) 646 45 65.

RAPPERSWIL
🚩 Fischermarktplatz 1 – 8640 – ☎ (055) 220 57 57

Polenmuseum – Visite de 13 h à 17 h d'avril à octobre ; le week-end aux mêmes heures en mars, novembre et décembre. Fermé les 25-26 décembre, de janvier à février. 4 F. ☎ (055) 210 18 62.

Heimatmuseum – Visite de 14 h à 17 h le samedi, de 10 h à 12 h et de 14 h à 17 h le dimanche d'avril à octobre. 3 F. ☎ (055) 210 71 64.

Kinderzoo – ♿ Visite de 9 h à 18 h (19 h les dimanche et jours fériés) de mi-mars à fin octobre. 9 F, enfants : 4 F. ☎ (055) 220 67 60.

Grottes de RÉCLÈRE

Visite accompagnée (1 h) de 10 h à 12 h et de 13 h 30 à 17 h (17 h 30 en juillet et août) d'avril à novembre. Fermé de décembre à mars. 9 F (billet combiné avec le parc 14 F), enfants : 6 F (billet combiné avec le parc 10 F).

Préhisto-parc : ♿ visite libre aux mêmes horaires. Fermé de début décembre à mi-avril. 8 F (billet combiné avec les grottes 14 F), enfants : 6 F (billet combiné 10 F). ☎ (032) 476 61 55.

REICHENBACH

Funiculaire – Départ toutes les 15 mn de 8 h 15 à 11 h 45 et de 13 h 15 à 17 h 45 de mi-mai à mi-octobre, juillet et août. 5 F aller simple, 7 F AR. ☎ (033) 972 50 50.

RHEINAU

Ehemalige Klosterkirche – Visite tous les jours (sauf le lundi) de 14 h à 16 h, de 13 h 30 à 17 h les dimanche et jours fériés en avril, mai et octobre ; de 10 h à 12 h et de 13 h à 17 h, de 10 h 30 à 12 h et de 13 h à 18 h les dimanche et jours fériés de juin à septembre. Fermé de novembre à mars. 3 F. ☎ (052) 319 31 00.

RHEINFALL

Les belvédères (Château de Laufen) – *Visite en été de 8 h à 18 h, en hiver de 9 h à 17 h. 1 F.*

Promenades en bateau – Jusqu'aux chutes du Rhin (rocher) : 6,50 F AR. De Schaffhausen à Stein am Rhein : 11,40 F, 20 F AR.

RHEINFELDEN
🚩 Am Zähringerplatz – 4310 – ☎ (061) 833 05 25

Fricktaler Museum – Visite de 14 h à 17 h les mardi et week-end. Fermé le dimanche de Pentecôte et le 3ᵉ dimanche de septembre (Bettag). Entrée gratuite. ☎ (061) 831 14 50.

Brauerei Feldschlösschen – Visite accompagnée (1 h 30) tous les jours (sauf le week-end) de 9 h 15 à 12 h et de 13 h 45 à 17 h, de 9 h 30 à 12 h le 1ᵉʳ samedi du mois. Fermé les jours fériés officiels du canton d'Argovie. Entrée gratuite. ☎ (061) 833 42 58.

RIEDERALP
🚩 3987 – ☎ (027) 928 60 50

Téléphérique ou télécabine au départ de Mörel – Fonctionne toute la journée, départ toutes les 1/2 h. AR : 16 F. ☎ (027) 928 66 11.

Télécabine de Moosfluh au départ de Riederalp – Fonctionne de 8 h à 17 h en été et de 9 h à 16 h 30 en hiver. Se renseigner sur les périodes de fermeture. 13 F AR. ☎ (027) 928 68 11.

RIGGISBERG

Abegg-Stiftung – ♿ Visite de 14 h à 17 h 30 d'avril à novembre. 5 F. ☎ (031) 808 12 01.

RIGI

Montée au Rigi-Kulm par chemin de fer à crémaillère – Depuis Arth-Goldau, Vitznau ou Weggis : 58 F AR. Se renseigner précisément pour les horaires. ☎ (041) 399 87 87.

RIGI SCHEIDEGG

Téléphérique au départ de Kräbel – Départ toutes les 1/2 h de 8 h 10 à 19 h 25 de juin à mars. 30 F AR. ☎ (041) 828 18 38.

ROFFLASCHLUCHT

Visite de 9 h à 17 h de mai à octobre, tous les jours (sauf les mardi et mercredi) de 9 h à 18 h le reste de l'année (se renseigner auparavant). Fermé de novembre à Pâques. 3 F. ☎ (081) 661 11 97.

ROMAINMÔTIER

Église – Visite de 8 h à 19 h. Exposition et diaporama (30 mn) de 9 h à 12 h et de 13 h 30 à 18 h. 4 F. ☎ (024) 453 14 65.

ROMONT
🅱 112, rue du Château – 1680 – ☎ (026) 652 31 52

Collégiale N.-D.-de-l'Assomption – De 9 h à 19 h 30 d'avril à octobre ; de 9 h à 18 h 30 de novembre à mars. Visite accompagnée, prendre contact avec l'Office de tourisme. ☎ (026) 652 31 52.

Musée suisse du Vitrail – Visite tous les jours (sauf le lundi) de 10 h à 13 h et de 14 h à 18 h d'avril à fin octobre ; de 10 h à 13 h et de 14 h à 17 h les week-end et jours fériés le reste de l'année. 7 F, enfant accompagné : gratuit. ☎ (026) 652 10 95.

ROSENLAUI

Gorges glaciaires – Visite de 9 h à 18 h (17 h en mai et octobre) de juin à octobre. 6 F. ☎ (033) 971 24 88.

S

SAANEN

Kirche – Possibilité de visites, s'adresser au secrétariat. ☎ (033) 744 88 48.

SAAS-FEE
🅱 3906 – ☎ (027) 958 18 58

Saaser Museum – Visite tous les jours (sauf le lundi) de 10 h à 11 h 30 et de 13 h 30 à 17 h 30 de début juin à mi-octobre ; tous les jours (sauf le week-end) de 14 h à 17 h de début décembre à mi-avril. Fermé les dimanche et jeudi en juin, septembre et octobre. 5 F. ☎ (027) 957 14 75.

ST-IMIER

Ancienne collégiale – Possibilité de visite guidée, ☎ 032 941 37 58 ou 032 941 22 35.

ST-LÉONARD

Lac souterrain – Fermé pour travaux.

SAINT-MAURICE
🅱 1 avenue des Terreaux – 1890 – ☎ (024) 485 40 40

Trésor de l'abbaye – Visite accompagnée (1 h) tous les jours (sauf le lundi et le matin des dimanche et jours fériés) à 10 h 30, 14 h, 15 h 15 et 16 h 30 en juillet et août ; à 10 h 30, 15 h et 16 h 30 d'avril à juin ; à 10 h 30, 15 h 15 et 16 h 30 en septembre et octobre, à 15 h de novembre à Pâques. 2 F. ☎ (024) 486 04 10.

Fouilles du Martolet – Mêmes conditions de visite que pour le trésor de l'abbaye.

Château (Musée cantonal d'Histoire militaire) – Visite tous les jours (sauf le lundi) de 13 h à 18 h (17 h d'octobre à mai). Fermé les 1er janvier et 25 décembre. 4 F, gratuit le 1er dimanche du mois. ☎ (027) 606 46 70 ou (024) 485 24 58.

Grotte aux Fées – Visite de 9 h à 19 h en juillet et août ; de 10 h à 18 h de mi-mars à mi-novembre. 7 F. ☎ (024) 485 10 45.

ST-PIERRE-DE-CLAGES

Église – Visite de 8 h à 20 h (11 h le dimanche). ☎ (027) 306 15 81 ou (027) 306 20 52.

SAINT-SULPICE

St-Sulpice – Sur demande à M. Gleichmann. Renseignements et réservations au ☎ (021) 625 94 84 ou (079) 569 46 39.

ST-URSANNE

Collégiale – Visite tous les jours (sauf le dimanche matin) de 7 h 30 à 19 h (20 h de juin à octobre). ☎ (032) 461 31 74.

SAINTE-CROIX-LES-RASSES

Centre international de la mécanique d'art – Visite accompagnée (1 h 1/4) tous les jours (sauf le lundi) à 14 h, 15 h 30, 17 h en juin ; 10 h 30, 14 h, 15 h 30, 17 h de janvier à mai, juillet et août. Fermé le 25 décembre. 11 F. ☎ (024) 454 44 79.

SALGESCH

Maison Zumofen – Visite tous les jours (sauf le lundi) de 14 h à 17 h d'avril à octobre et du vendredi au dimanche en novembre, décembre et mars. Fermé de mi-décembre à fin février. 5 F. ☎ (027) 456 45 25.

SALI-SCHLÖSSLI

Panorama – *Accès par le château-restaurant. Fermé le lundi et le dimanche soir, les 24 et 25 décembre ainsi que de janvier à mi-février.* ☎ (062) 295 46 35.

SAN GOTTARDO

Musée national du St-Gothard – Visite de 9 h à 18 h de juin à octobre. Audiovisuel (25 mn). 8 F. ☎ (091) 869 15 25.

SANKT BEATUS HÖHLEN

Visite accompagnée (50 mn) de 10 h 30 à 17 h d'avril à octobre. 16 F. ☎ (033) 841 16 43.

SANKT GALLEN   🛈 Bahnhofplatz 1 a – 9000 – ☎ (071) 227 37 37

Stiftsbibliothek – Visite de 10 h à 12 h et de 13 h 30 à 17 h (16 h le dimanche) de décembre à mars ; de 10 h à 17 h (16 h le dimanche) de début avril à mi-novembre ; de 10 h à 16 h certains jours fériés. 7 F. ☎ (071) 227 34 16.

Kunstmuseum – Visite du mardi au vendredi de 10 h à 12 h et de 14 h à 17 h, sans interruption le samedi et le dimanche. 10 F. ☎ (021) 242 06 71.

Naturmuseum – Visite tous les jours (sauf les lundi et week-end) de 10 h à 12 h et de 14 h à 17 h. 6 F. ☎ (071) 242 60 70.

Historisches Museum – Visite tous les jours (sauf le lundi) de 10 h à 12 h et de 14 h à 17 h, de 10 h à 17 h le dimanche. Fermé les 1er janvier, vendredi Saint, Ascension, lundi de Pâques et de Pentecôte, 1er août, 1er novembre, les 24-25 et 31 décembre. 6 F. ☎ (071) 242 06 42.

Textilmuseum – Visite de 10 h à 12 h et de 14 h à 17 h, de 10 h à 17 h le dimanche. Fermé les vendredi Saint, dimanches de Pâques et de Pentecôte, 1er août et entre Noël et le jour de l'An. 5 F. ☎ (071) 222 17 44.

Völkerkundemuseum – Visite tous les jours (sauf le lundi) de 10 h à 12 h et de 14 h à 17 h, de 10 h à 17 h le week-end. 6 F. ☎ (071) 242 06 43.

Botanischer Garten – ♿ Visite de 8 h à 17 h. Serres : de 9 h 30 à 12 h et de 14 h à 17 h. Fermé les 1er janvier et 25 décembre. Entrée gratuite. ☎ (071) 288 15 30.

SANKT MORITZ   🛈 via Maistra 12 – 7500 – ☎ (081) 837 33 33

Engadiner Museum – Visite tous les jours (sauf le samedi) de 9 h 30 (10 h le dimanche) à 12 h et de 14 h à 17 h en été, de 10 h à 12 h et de 14 h à 17 h en hiver. Fermé en mai, novembre, Pâques et Noël. 5 F. ☎ (081) 833 43 33.

Segantini-Museum – Visite tous les jours (sauf le lundi) de 10 h à 12 h et de 15 h à 18 h. Fermé en mai et novembre. 10 F. ☎ (081) 833 44 54.

Piz Nair – Téléphérique : départ toutes les 1/2 h de 8 h à 17 h 30 de début juillet à mi-octobre et de décembre à avril. 21 F AR. ☎ (081) 836 50 50.

SANKT URBAN

Klosterkirche – Visite de 9 h (11 h le dimanche) à 18 h en été, de 9 h (11 h le dimanche) à 16 h 30 en hiver. ☎ (062) 918 57 10.

Le SÄNTIS

Téléphérique au départ de Schwägalp – Départs toutes les 1/2 h. De 7 h 30 à 18 h 30 (21 h les vendredi et samedi) de mi-juin à octobre, de 7 h 30 à 19 h en juillet et août, de 8 h 30 à 17 h le reste de l'année. Ne fonctionne pas la 2e quinzaine de janvier. 33 F. ☎ (071) 365 65 65.

Château de la SARRAZ

Visite accompagnée (3/4 h) tous les jours (sauf le lundi) de 13 h à 17 h (dernière visite 3/4 avant fermeture) de juin à août ; aux mêmes heures les week-end et jours fériés d'avril à mai et de septembre à octobre. 7 F. Visite libre du musée du cheval. 7 F (12 F billet combiné). ☎ (021) 866 64 23.

SCEX ROUGE

Voir glacier des Diablerets. Se renseigner au préalable au ☎ (024) 492 33 58, (024) 492 33 77, ou (033) 755 10 70. www.ou diablerets.ch. Service interrompu de mai à juin.

SCHAFFHAUSEN 🛈 Fronwagplatz 4 – 8200 – ☎ (052) 625 51 41

Münster Allerheiligen – Visite de 9 h à 17 h (18 h en été).

Belvédère du Munot – De 8 h à 20 h de mai à octobre et de 9 h à 17 h de novembre à avril. Gratuit. ☎ (052) 625 51 41.

Museum zu Allerheiligen – ♿ Visite tous les jours (sauf le lundi) de 12 h à 17 h (20 h le jeudi). Fermé les 1er janvier, Vendredi saint et 25 décembre. Entrée gratuite quand il n'y a pas d'exposition, visite guidée sur demande au préalable. ☎ (052) 633 07 77.

Hallen für neue Kunst – Visite tous les jours (sauf le lundi) de 15 h (11 h le dimanche) à 17 h. Fermé le 25 décembre. 14 F. ☎ (052) 625 25 15.

SCHILTHORN

Téléphérique au départ de Stechelberg – De 6 h 25 à 23 h 25. 89 F AR. Se renseigner sur les périodes d'ouverture. ☎ (033) 856 21 41.

SCHÖNENWERD

Schuhmuseum – Visite accompagnée (1 h 1/2) à titre individuel à 14 h 30 et à 16 h le dernier vendredi de chaque mois. Prévenir environ 3 semaines à l'avance pour être intégré à un groupe. Entrée gratuite. ☎ (062) 858 28 00.

SCHWARZSEE

Schwarzsee – Téléphérique au départ de Zermatt toutes les 20 mn. 33 F AR. ☎ (027) 966 64 64.

SCHWYZ 🛈 Oberer Steisteg 14 – 6430 – ☎ (041) 810 19 91

Bundesbriefmuseum – Visite tous les jours (sauf le lundi) de 9 h 30 à 11 h 30, de 9 h (13 h 30 de novembre à avril) à 17 h le week-end. 4 F. Fermé les Vendredi saint et 25 décembre. ☎ (041) 819 20 67.

Rathaus – Visite accompagnée sur demande de 10 h à 12 h et de 14 h à 17 h le week-end. Fermé les jours fériés. ☎ (041) 811 45 05.

SCHYNIGE PLATTE

Chemin de fer à crémaillère au départ de Wilderswil – Départ toutes les 50 mn de 8 h à 18 h 30 de juin à octobre. 50 F AR. ☎ (081) 828 73 51.

SCUOL 🛈 Stradun – 7550 – ☎ (081) 861 22 22

Maison de la «Chagronda» et musée – Visite de 16 h à 18 h du mardi au jeudi de mi-mai à fin juin et en octobre ; de 15 h à 18 h du lundi au vendredi (sauf le jeudi) en juillet et en septembre ; visite accompagnée à 17 h du mardi au jeudi en hiver. 5 F. ☎ (081) 861 22 21.

SEELISBERG 🛈 Im Bahnhof – 6377 – ☎ (041) 820 15 63

Funiculaire au départ du débarcadère de Treib – Fonctionne toute l'année, horaires variables selon la saison. 5,80 F. ☎ (041) 820 15 63.

SEEWEN

Musée des automates à musique – Visite accompagnée (1 h) tous les jours (sauf le lundi) de 11 h à 18 h. Fermé les 1er janvier, vendredi Saint et 25 décembre. 10 F, enfants : 5 F. ☎ (061) 915 98 80.

SEMPACH

Schweizerische Vogelwarte – ♿ Visite de 8 h (10 h le dimanche) à 12 h et de 14 h à 17 h, de 14 h à 17 h le samedi d'avril à septembre ; visite tous les jours (sauf le week-end) de 8 h à 12 h et de 14 h à 17 h d'octobre à mars. 2 F. ☎ (041) 462 97 00.

Le SENTIER

Espace horloger de la vallée de Joux – Visite tous les jours (sauf le lundi) de 14 h à 18 h. 8 F. ☎ (021) 845 75 45.

Zoo de SERVION

♿ Visite de 9 h à 19 h (18 h en hiver). Dernière entrée 1 h avant la fermeture. 10 F, enfants : 5 F. ☎ (021) 903 16 71.

🏛 place de la Gare – 3960 – ☎ (027) 455 85 35

Musée d'étains – Visite tous les jours (sauf le week-end) de 8 h à 11 h 30 et de 14 h à 17 h. Fermé les jours fériés du canton du Valais. Gratuit. ☎ (027) 452 01 11.

Fondation Rainer Maria Rilke – Visite tous les jours (sauf le lundi) de 15 h à 19 h d'avril à octobre. 6 F. ☎ (027) 456 26 46.

Musée valaisan de la Vigne et du Vin – Visite tous les jours (sauf le lundi) de 14 h à 17 h d'avril à octobre ; de 14 h à 17 h les vendredi et week-end en novembre, décembre et mars. Fermé de Noël à février. 5 F. ☎ (027) 722 90 46.

🏛 place de la Planta – 1950 – ☎(027) 327 77 27

Visite guidée de la ville – Visite guidée (1 h à 2 h) 10 F à 15 F selon la durée. S'adresser à l'Office de tourisme.

Église N.-D.-de-Valère – Visite libre de 10 h à 18 h de juin à septembre ; tous les jours (sauf lundi) de 10 h à 17 h le reste de l'année ; visite accompagnée tous les jours (sauf le dimanche matin) à 10 h 15, 11 h 15, 12 h 15, 14 h 15, 15 h 15 et 16 h 15 (17 h 15) de mi-mars à mi-novembre. Fermé les 1er janvier et 25 décembre. 3 F. ☎ (027) 606 46 70/47 15.

Musée cantonal d'Histoire – Visite tous les jours (sauf le lundi) de 11 h à 18 h (17 h d'octobre à mai). Fermé les 1er janvier et 25 décembre. 6 F, gratuit le 1er dimanche du mois et le 18 mai. ☎ (027) 606 46 70/47 15.

Hôtel de Ville – Visite accompagnée tous les jours (sauf le week-end) de 8 h à 12 h et de 14 h à 17 h 30 (incluse dans la visite guidée de la ville). Fermé les jours fériés (Suisse). S'adresser à l'Office de tourisme au ☎ (027) 322 85 86.

Maison Supersaxo – Visite tous les jours (sauf le week-end) de 8 h 30 à 12 h et de 14 h à 17 h 30. Fermé les jours fériés. ☎ (027) 327 77 27.

Musée cantonal des Beaux-Arts – Visite tous les jours (sauf le lundi) de 13 h à 18 h de juin à septembre (17 h le reste de l'année). Fermé les 25 décembre, 1er janvier et certaines périodes suivant les expositions. Visites guidées le 1er jeudi du mois à 18 h 30. 5 F, gratuit le 1er dimanche du mois et le 18 mai. ☎ (027) 606 46 70/46 90.

Musée cantonal d'Archéologie – Mêmes conditions de visite que le musée cantonal d'Histoire. 4 F. ☎ (027) 606 46 70/47 00.

🏛 Hauptgasse 69 – 4500 – ☎ (032) 626 46 46

Museum Altes Zeughaus – Visite tous les jours (sauf le lundi) de 10 h à 12 h et de 14 h à 17 h de mai à octobre ; de 14 h à 17 h le reste de l'année ; de 10 h à 12 h et de 14 h à 17 h le week-end toute l'année. Fermé le 1er janvier et pour la plupart des fêtes religieuses. 6 F. ☎ (032) 623 35 28.

Kunstmuseum Solothurn – Visite tous les jours (sauf le lundi) de 10 h à 12 h et de 14 h à 17 h, de 10 h à 17 h le week-end. Fermé le vendredi Saint, Pâques, Pentecôte, Noël et le jour de l'An. ☎ (032) 622 23 07.

Naturmuseum – ♿ Visite tous les jours (sauf le lundi) de 14 h à 17 h, de 10 h à 17 h le dimanche. Fermé à Pâques, Pentecôte, Noël et le jour de l'An. ☎ (032) 622 70 21.

Museum Schloss Blumenstein – Visite tous les jours (sauf le lundi) de 14 h à 17 h, de 10 h à 17 h le dimanche. ☎ (032) 622 54 70.

Museo di Val Verzasca – Visite de 11 h 30 à 17 h de mai à octobre. 4 F. ☎ (091)746 17 17.

🏛 Info-Center – 3700 – ☎ (033) 654 20 20

Museum – Visite de 14 h à 17 h le lundi ; de 10 h à 17 h du mardi au dimanche de mi-avril à mi-octobre ; fermeture à 18 h de juillet à mi-septembre. 5 F. ☎ (033) 654 15 06.

Accès en bateau au départ de Bienne – Départ de Biel de début avril à mi-octobre entre 9 h 50 et 16 h 50 (variable selon la saison). 20,80 F AR. ☎ (032) 329 88 11.

Accès en bateau au départ de La Neuveville – Départs de La Neuveville entre 10 h 15 et 18 h (horaires variables selon la saison) de début avril à mi-octobre. 22,80 F AR au départ de La Neuveville. ☎ (032) 329 88 11.

🏛 Bahnhofplatz 34 – 6370 – ☎ (041) 610 88 33

Museum für Geschichte – Visite de 14 h à 17 h (de 10 h à 12 h et de 14 h à 17 h le dimanche) d'avril à octobre ; de 14 h à 17 h (de 10 h à 14 h et de 14 h à 17 h le dimanche) les mercredi et samedi de novembre à mars. 5 F. ☎ (041) 610 95 25.

STANSERHORN

Funiculaire puis téléphérique au départ de Stans – Départ toutes les 1/2 h ou toutes les 10 mn selon l'affluence de 8 h 30 à 17 h 15 de mai à octobre. 48 F AR. ☎ (041) 618 80 40.

STEIN

Appenzeller Volkskunde Museum – Visite tous les jours (sauf le lundi matin) de 10 h à 12 h et de 13 h 30 à 17 h, de 10 h à 17 h le dimanche. Fermé le 25 décembre. 7 F. ☎ (071) 368 50 56.

STEIN AM RHEIN   🖪 Oberstadt 9 – 8260 – ☎ (052) 741 28 35

Historische Sammlung – Visite accompagnée (3/4 h) tous les jours (sauf les week-end et jours fériés) de 10 h à 11 h 30 et de 14 h à 17 h. 3 F. ☎ (052) 742 20 40.

Kloster St. Georgen – Visite tous les jours (sauf le lundi) de 10 h à 17 h d'avril à octobre. Fermé le vendredi Saint. 3 F. ☎ (052) 741 21 42.

SURSEE   🖪 Banhofstrasse 45 – 6210 – ☎ (041) 921 19 45

Visite guidée de la ville – Visite à 14 h le samedi de mai à septembre. ☎ (041) 926 31 11.

T

Gorges de la TAMINA

Visite de 10 h à 17 h 30 de mai à octobre (17 h en mai et en octobre). 4 F. ☎ (081) 302 71 61.

Schloss TARASP

Visite accompagnée (1 h) à 14 h 30 de début juin à mi-juillet ; à 11 h, 14 h 30, 15 h 30 et 16 h 30 de mi-juillet à fin août ; à 14 h 30 et 15 h 30 de début septembre à mi-octobre ; à 16 h 30 les mardi et jeudi de Noël à Pâques. 8 F. ☎ (081) 864 93 68.

THUN   🖪 Bahnhof – 3600 – ☎ (033) 222 23 40

Schlossmuseum – Visite de 10 h à 18 h de juin à septembre ; de 10 h à 17 h en avril, mai et octobre ; de 13 h à 16 h en février et mars. 6 F. ☎ (033) 223 20 01.

Panorama Wocher – Accès tous les jours (sauf le lundi) de 10 h à 17 h (21 h le mercredi) de mai à octobre. 4 F. ☎ (033) 225 84 20.

TITLIS

Télécabine et téléphériques – De 8 h 30 à 16 h 50 de décembre à octobre. 76 F AR. ☎ (041) 639 50 50. Sur la section supérieure entre Strand et Titlis, un téléphérique pivotant, le «Rotair» est en service. Le trajet se fait en 5 mn. La rotation de la cabine autour de son axe, offre aux passagers un panorama spectaculaire.

La TOUR-DE-PEILZ

Musée suisse du Jeu – Visite tous les jours (sauf le lundi) de 14 h à 18 h. Fermé les 1er janvier et 25 décembre. 6 F. ☎ (021) 944 40 50.

TRACHSELWALD

Castel – Visite de 9 h (12 h le dimanche) à 18 h. Entrée gratuite. ☎ (034) 431 21 61.

TRAVERS

Mines d'asphalte – Visite accompagnée (1 h 1/2) à 10 h et 14 h d'avril à octobre (visites supplémentaires à 12 h et 16 h en juillet et août) ; à 12 h et 14 h le dimanche le reste de l'année. 12,50 F. Température environ 8°, se munir de vêtements chauds. ☎ (032) 863 30 10.

TRÜMMELBACHFÄLLE

Visite de 8 h à 18 h en juillet et août ; de 9 h à 17 h en avril, mai, septembre et octobre. 10 F. Prévoir des vêtements de pluie. ☎ (033) 855 32 32.

TRUN

«Cuort Ligia Grischa» – Visite de 14 h à 17 h les lundi, mercredi, samedi et le 2e et dernier dimanche du mois de début novembre à mi-avril ; possibilité de visite guidée (1 h) à 14 h, 15 h et 16 h. 5 F. ☎ (081) 943 23 09/33 88.

U

URNÄSCH

Musée folklorique – Visite de 13 h 30 à 17 h d'avril à octobre. 5 F. ☎ (071) 364 23 22.

UTZENSTORF

Schloss Landshut – Visite tous les jours (sauf le lundi) de 14 h (10 h le dimanche) à 17 h de mi-mai à mi-octobre ; de 10 h à 17 h le lundi de Pentecôte. Fermé le 1er août et au moment du Jeûne fédéral (3e dimanche de septembre). 6 F. ☎ (032) 665 40 27.

V

VADUZ
🄴 Städtle 37, Postfach 139 – 9490 – ☎ (00423) 239 63 00

Kunstmuseum Liechtenstein – ♿ Visite tous les jours (sauf le lundi) de 10 h à 17 h. Fermé les 1er janvier, 24-25 et 31 décembre. 8 F. ☎ (00423) 235 03 00.

Liechtensteinisches Landesmuseum – Réouverture en mai 2003. Pour plus d'informations, s'adresser à Liechtenstein Tourismus, Städle 37, 9490 Vaduz, ☎ 423-232 14 43.

Briefmarkenmuseum – Visite de 10 h à 12 h et de 13 h 30 à 17 h 30 (17 h de novembre à mars). Fermé les 1er janvier et 25 décembre. Entrée gratuite. ☎ (00423) 236 61 02.

VALANGIN

Château de Valangin – Visite tous les jours (sauf le lundi) de 10 h à 12 h et de 14 h à 17 h (de 10 h à 12 h le vendredi) de début mars à mi-décembre. 5 F. ☎ (032) 857 23 83.

VALLON

Musée romain – Visite tous les jours (sauf les lundi et mardi) de 10 h à 12 h et de 14 h à 17 h (sans interruption en juin, juillet et août). 6 F. ☎ (026) 667 97 97.

VALLORBE
🄴 Grandes Forges 11 – 1337 – ☎ (021) 843 25 83

La Carte Trèfle (30 F, enfants : 16 F) est un billet valable des Rameaux à la Toussaint. Il permet de visiter les Grottes, le musée du Fer et du Chemin de Fer ainsi que le parc du Mont-d'Orzaires et le Fort de Vallorbe ; gratuité pour le 3e enfant et les suivants. S'adresser aux sites.

Musée du Fer et du Chemin de fer – Visite de 9 h 30 à 12 h et de 13 h 30 à 18 h d'avril à octobre ; aux mêmes heures du lundi au vendredi le reste de l'année. 9 F, enfants : 5 F. ☎ (021) 843 25 83.

Fort de Vallorbe – Visite accompagnée (1 h 1/2) de 12 h à 17 h 30 en juillet et en août ; aux mêmes heures les week-end et jours fériés de mai à novembre. 13 F. ☎ (021) 843 25 83.

VERBIER
🄴 Place Centrale – 1936 – ☎ (027) 775 38 88

Mont Fort – De 8 h 45 à 15 h 30 de juillet à août ; de 9 h 15 à 15 h 30 de décembre à avril. 34 F AR, enfant moins de 7 ans : 12 F, 10 F les 14 et 28 juillet et le 15 août. ☎ (027) 775 25 11.

Télécabine et téléphériques du Mont Gelé – De 9 h 40 à 12 h 15 et de 13 h à 15 h 30 ou 16 h de mi-décembre à mi-avril. ☎ (027) 775 25 11.

VEVEY
🄴 29, Grande-Place – 1800 – ☎ (021) 922 20 20

Musée Jenisch – ♿ Tous les jours (sauf le lundi, hors de Pâques et de Pentecôte) de 11 h à 17 h 30 de mars à octobre. Les collections du fonds permanent sont visibles en alternance avec des expositions temporaires. Fermé les 1er janvier et 25 décembre. De 6 à 12 F selon les expositions temporaires. ☎ (021) 921 29 50.

Musée historique de Vevey – Visite tous les jours (sauf le lundi) de 10 h 30 à 12 h et de 14 h à 17 h 30 de mars à octobre ; de 14 h à 17 h 30 de novembre à février. Fermé les 1er janvier et 25 décembre. 5 F. ☎ (021) 921 07 22.

Musée suisse de l'appareil photographique – ♿ Visite tous les jours (sauf le lundi) de 11 h à 17 h 30 de mars à octobre, de 14 h à 17 h 30 le reste de l'année. Fermé le 25 décembre. 6 F. ☎ (021) 925 21 40.

Alimentarium – Visite tous les jours (sauf le lundi) de 10 h à 18 h. Fermé les 1er janvier, 24-25 et 31 décembre. 10 F. ☎ (021) 924 41 11.

VIA MALA

Galeries – Visite de 8 h à 19 h de mai à août ; de 9 h à 18 h en mars, avril et novembre. 5 F. ☎ (081) 651 11 34.

VIDEMANETTE

Télécabine au départ de Rougemont – De 9 h à 17 h de mi-juin à mi-octobre et de mi-décembre à mi-avril. 5,86 F AR. ☎ (026) 925 81 61.

W

WEIL AM RHEIN

Vitra Design Museum – ♿ Visite tous les jours (sauf le lundi) de 11 h à 18 h. Fermé les 1er janvier, 24-25 et 31 décembre. 5,50 €. ☎ 0 76 21/7 02 32 00.

WEISSENSTEIN BEI SOLOTHURN

Télésiège au départ d'Oberdorf – De 8 h 30 (8 h le dimanche) à 18 h d'avril à octobre, de 9 h (8 h le dimanche) à 17 h le reste de l'année. Fermé trois semaines au printemps et en automne. 19 F AR. ☎ (032) 626 46 00.

WERDENBERG

Schloss – Visite tous les jours (sauf le lundi) de 9 h 30 à 17 h d'avril à octobre. 4 F. ☎ (081) 771 29 50.

WETTINGEN
🛈 Alberich Zwyssigstrasse 81 – 5430 – ☎ (056) 426 22 11

Ehem. Zisterzienserkloster – Cloître : visite de 10 h (12 h le dimanche) à 17 h d'avril à octobre. Église : visite accompagnée de 14 h à 17 h d'avril à octobre. 5 F. ☎ (056) 437 24 10.

WIL
🛈 Bahnhofplatz 6 – 9500 – ☎ (071) 913 70 00

Stadtmuseum im Hof zu Wil – Visite de 14 h à 17 h le week-end. Fermé durant l'été. ☎ (071) 913 53 72.

Schloss WILDEGG

Visite tous les jours (sauf le lundi) de 10 h à 17 h de mi-mars à fin octobre. Fermé le Vendredi saint. 7 F, gratuit jusqu'à 16 ans. ☎ (062) 893 10 33.

WILLISAU

Heiligblutkapelle – Visite uniquement sur rendez vous, s'adresser au ☎ (041) 972 62 00.

WINTERTHUR
🛈 im Hauptbahnhof – 8400 – ☎ (052) 267 67 00

Museum Oskar Reinhart am Stadtgarten – Visite tous les jours (sauf le lundi) de 10 h à 17 h (20 h le mardi). 8 F. ☎ (052) 267 51 72.

Collection Oskar Reinhart «Am Römerholz» – Visite tous les jours (sauf le lundi) de 10 h à 17 h. Fermé les 1er janvier, Vendredi saint, dimanche de Pâques et de Pentecôte, 1er mai et 25 décembre. 8 F. ☎ (052) 269 27 40.

Kunstmuseum – Visite tous les jours (sauf le lundi) de 10 h à 17 h (20 h le mardi). Fermé les 1er janvier, dimanche de Pâques et de Pentecôte, Vendredi saint, Ascension, 1er mai, dimanche de la St-Alban, 1er août et le 25 décembre. 10 F. ☎ (052) 267 51 62.

Villa Flora – Visite tous les jours (sauf le lundi) de 14 h à 17 h, de 11 h à 15 h le dimanche. Fermé les 1er janvier, Vendredi saint, Pâques, 1er mai, Pentecôte et 25 décembre. 8 F. ☎ (052) 212 99 66.

Technorama – Visite tous les jours (sauf le lundi) de 10 h à 17 h. Fermé le 25 décembre. 17 F, enfants jusqu'à 15 ans : 9 F. ☎ (052) 243 05 05.

Y

YVERDON-LES-BAINS
🛈 1 avenue de la Gare – 1400 – ☎ (024) 423 62 90

Musée d'Yverdon-les-Bains et de sa région – Visite tous les jours (sauf le lundi, hors Pâques et Pentecôte) de 10 h à 12 h et de 14 h à 17 h de juin à septembre ; de 14 h à 17 h le reste de l'année. Fermé les 1er janvier et 25 décembre. 8 F. ☎ (024) 425 93 10.

Maison d'Ailleurs – Visite tous les jours (sauf les lundi et mardi) de 14 h à 18 h. 6 F. ☎ (024) 425 64 38.

Z

ZERMATT
🚩 Bahnhofplatz – 3920 – ☎ (027) 966 81 00

Alpines Museum – Visite de 10 h à 12 h et de 16 h à 18 h en été ; tous les jours (sauf le samedi) de 16 h 30 à 18 h 30 en hiver. Fermé de début novembre à mi-décembre. 8 F, enfants : 2 F. ☎ (027) 967 27 22.

ZERNEZ
🚩 Chasa Fuschina – 7530 – ☎ (081) 856 13 00

Schweizerischer Nationalpark – Visite de 8 h 30 à 18 h (22 h le mardi) de juin à octobre. Gratuit. ☎ (081) 856 13 78.

Nationalparkhaus – Visite de 8 h 30 à 18 h (22 h le mardi) de juin à octobre. Entrée gratuite. ☎ (081) 856 13 78.

Excursions pédestres – S'adresser à l'Office du tourisme de Zernez, ☎ (081) 856 13 00 ou à la Maison du Parc National à Zernez, ☎ (081) 856 13 78.

ZILLIS

Kirche – Visite accompagnée, s'adresser au ☎ (081) 661 11 60.

ZUG
🚩 Alpenstrasse 14 – 6300 – ☎ (041) 711 00 78

St. Oswaldkirche – Visite de 8 h à 18 h (17 h en hiver). Possibilité de visite guidée, ☎ (041) 711 00 78.

Visite guidée de la ville – Visite (1 h 1/2) à 9 h 50 le samedi de mai à septembre. 5 F. S'adresser à l'Office du tourisme. ☎ (041) 780 31 05.

ZUGERBERG

Funiculaire au départ de Schönegg – Départ toutes les 1/2 h, tous les 1/4 h le week-end. 7,60 F AR. ☎ (041) 728 58 30.

ZUOZ
🚩 Via Maistra – 7524 – ☎ (081) 854 15 10

Dorfkirche – S'adresser au presbytère, Hauptstrasse, 52. ☎ (081) 854 20 66.

ZÜRICH
🚩 Im Bahnhof – 8000 – ☎ (01) 215 40 00

Visite guidée de la ville – Visite (2 h) commentée en anglais ou en allemand à 11 h les mercredi et samedi de novembre à avril ; 11 h et 15 h le week-end de mai à juin ; à 15 h du lundi au mercredi et à 11 h et 15 h du jeudi au dimanche en juillet et en août ; à 15 h du lundi au vendredi, à 11 h et 15 h le week-end en septembre et en octobre. S'adresser à l'Office de tourisme de la gare principale, ☎ (01) 215 40 88.

Fraumünster – De 9 h (11 h le dimanche) à 18 h de mai à septembre ; de 10 h (11 h le dimanche) à 17 h en mars, avril et octobre ; de 10 h (11 h le dimanche) à 16 h de novembre à février. ☎ (01) 211 41 00.

Panorama du Bar Jules Verne – Accès par la Brasserie Lipp, Uraniastrasse 9. Ouvert de 11 h à minuit (1h les vendredi et samedi), de 15 h à minuit le dimanche ; tous les jours (sauf le dimanche) de 16 h à minuit (1h les vendredi et samedi) en juillet et août. ☎ (01) 211 11 55.

Grossmünster – Visite de 9 h à 18 h de mi-mars à fin octobre ; de 10 h à 17 h le reste de l'année. La montée à la tour : de 9 h 15 à 17 h de mars à octobre ; de 13 h 30 à 17 h le week-end le reste de l'année. 2 F pour la montée à la tour. Visite du cloître : tous les jours (sauf le week-end) de 9 h à 16 h 30. ☎ (01) 252 59 49.

Museum für Gestaltung – Visite de 10 h à 20 h du mardi au jeudi ; 11 h à 18 h les vendredi et samedi, collection d'affiches de 13 h à 17 h du mardi au vendredi ; visite guidée à 18 h 30 chaque mardi. 7 F pour la halle, 5 F pour la galerie, 10 F billet combiné. ☎ (01) 446 22 11.

Schweizerisches Landesmuseum – Visite tous les jours (sauf le lundi) de 10 h à 17 h. 5 F, gratuit jusqu'à 16 ans et le dernier dimanche du mois. ☎ (01) 218 65 11.

Wohnmuseum – Visite tous les jours (sauf le lundi) de 10 h 30 à 17 h. Fermé certains jours fériés. 8 F, gratuit jusqu'à 16 ans. ☎ (01) 211 17 16.

Museum Rietberg – ♿ Visite tous les jours (sauf le lundi) de 10 h à 17 h (20 h le mercredi). Fermé la plupart des jours fériés. 6 F pour les expositions permanentes, et 12 F pour les expositions temporaires. ☎ (01) 202 45 28.

Kunsthaus – Visite tous les jours (sauf le lundi) de 10 h à 17 h (21 h du mardi au jeudi). Fermé certains jours fériés. 17 F, collections permanentes, gratuit le mercredi uniquement pour les expositions temporaires. ☎ (01) 253 84 84.

Sammlung E. G. Bührle – Visite de 14 h à 17 h les mardi, vendredi et dimanche, de 17 h à 20 h le mercredi. Fermé la plupart des jours fériés. 9 F. ☎ (01) 422 00 86.

Felix-und-Regulakirche – Visite tous les jours (sauf le week-end) de 9 h à 11 h 30 et de 13 h 30 à 16 h 30. ☏ (01) 405 29 79.

Mühlerama – Visite tous les jours (sauf le lundi) de 10 h à 17 h, de 13 h 30 à 18 h le dimanche. 7 F. ☏ (01) 254 25 05.

Zoo Zürich – ♿ Visite de 8 h à 18 h (17 h de novembre à février) de mars à octobre. ☏ (01) 254 25 05/25 31.

Promenades en bateau – Elles durent de 1 h à 5 h ; possibilité de se restaurer à bord d'avril à octobre. Réservations au ☏ (01) 487 13 13.

Chemin de fer d'Uetliberg au départ de la gare centrale de Zürich – Départ toutes les 1/2 h. 14,40 F AR, enfants de 6 à 16 ans 7,20 F AR.

ZURZACH   🛈 Quellenstrasse 1 – 8437 – ☏ (056) 249 24 00

August-Deusser-Museum – ♿ Visite de 13 h à 18 h. Fermé les 1er janvier, du jeudi au Samedi saint, 24 décembre, en janvier et en juillet. 6 F, gratuit les jours de vernissage. ☏ (056) 249 20 50.

Index

Aare (Gorges) . . . .   Villes, curiosités et régions touristiques.
Ticino. . . . .   Canton.
Bonivard (François de) . . . .   Noms historiques et termes faisant l'objet
d'une explication.

Les curiosités isolées (châteaux, abbayes, barrages, cols, cascades...) sont réperto-
riées à leur nom propre.

430

C

D

E

F

G

435

S

U

T

V

W

Y

Z

Éditions des Voyages

46, avenue de Breteuil – 75324 Paris Cedex 07
☎ 01 45 66 12 34
www.ViaMichelin.fr
LeGuideVert@fr.michelin.com

Manufacture française des pneumatiques Michelin
Société en commandite par actions au capital de 304 000 000 EUR
Place des Carmes-Déchaux – 63 Clermont-Ferrand (France)
R.C.S. Clermont-Fd B 855 200 507

Toute reproduction, même partielle et quel qu'en soit le support
est interdite sans autorisation préalable de l'éditeur.

Plans reproduits avec l'autorisation de la Direction Fédérale
des Mensurations Cadastrales (VA032073)

© Michelin et Cie, Propriétaires-éditeurs, 2000
Dépôt légal septembre 2000 – ISBN 2-06-000071-8 – ISSN 0293-9436
Printed in France 06-03/4.4

Compogravure/Impression/Brochage : I.M.E.-P.P.C., Baume-les-Dames

Maquette de couverture extérieure : Agence Carré Noir à Paris 17ᵉ